차별금지법과 **인권교육**,
표적이 된 당신 아이
동성애와 **성전환**,
실상을 파헤친다

우리 아이
꼭 지켜줄게

우리 아이
꼭 지켜줄게

초판1쇄 발행 2023년 7월 28일
초판2쇄 발행 2024년 9월 30일
초판3쇄 발행 2024년 10월 29일
초판4쇄 발행 2025년 4월 8일

지은이 김용준
펴낸이 이예랑
디자인 조수현
펴낸곳 물맷돌

등 록 제2021-0000386호
팩 스 0504-416-8315
이메일 paulkim0602@naver.com

ⓒ 김용준, 2024
이 책의 저작권 및 모든 법적 권리는 저자에게 있습니다. 저작권법에 의해 보호를 받는 저작물이므로 무단 전재와 복제를 금지하며, 이 책의 전부 또는 일부를 이용하려면 반드시 저작권자와 물맷돌의 서면 동의를 받아야 합니다. 파본 및 잘못된 책은 구입처에서 교환해 드립니다.

책값 뒤표지에 있습니다.
ISBN 979-11-983901-1-0 04330

DON'T MESS

3~5세부터 사회적 성 세뇌!

동성 성행위 5명 중 1명! 성전환 44배!

자살 시도 5명 중 2명!

차별금지법과 인권교육, 표적이 된 당신 아이 **동성애와 성전환**, 실상을 파헤친다

우리 아이 꼭 지켜줄게

WITH MY KIDS

김용준

원숭이두창! 에이즈 180배!

언론 표현 재갈 물리기!

물맷돌

차례

프롤로그
당신 자녀를 노리는 불행, 그 앞에서 무심해지지 않기를... ... 10

1부 내 아이 코앞에 다가온 동성애와 성전환, 결코 남의 일이 아니다

- 1장 우리 아이의 일이라면, 웃어넘길 수 있을까 ... 24
- 2장 동성 성행위, 미국 청소년 5명 중 1명 ... 30
- 3장 성전환을 원하는 영국 아동 44배 폭증 ... 36
- 4장 청소년 동성애자/트랜스젠더 폭증과 인권교육의 긴밀한 연관성 ... 42

2부 내 아이를 빠져들게 하는 동성애와 성전환의 실체

- 1장 탈(脫)동성애자의 양심고백 ... 54
  (동성애자들이 말해주지 않는 '동성애에 대한 비밀')
- 2장 탈(脫)트랜스젠더의 양심고백 ... 62
- 3장 미국 최초로 '제3의 성'을 인정받은 사람의 양심고백 ... 72
- 4장 '타고나지 않았다'는 현대과학 ... 84
  - '왼손잡이 같다'는 오해 만들기 ... 84
  - 왼손잡이의 선천성을 밝힌 현대과학 ... 87
  - 현대과학과 통계가 밝힌 동성애의 후천성 ... 88
  - 사회적 논의와 재검증을 가로막는 차별금지법 ... 92

5장	**동성애 유해성과 내재적 원인 (5명 중 2명 진지한 자살 고민)**	98
	신체적 유해성	98
	정신적 유해성	103
	내재적 원인	105
6장	**성전환 유해성과 내재적 원인 (5명 중 2명 실제 자살 시도)**	120
	신체적 유해성	120
	정신적 유해성	128
	내재적 원인	131
7장	**아이에 미치는 해악과 인권교육의 긴밀한 연관성**	144
	성적지향 교육과 동성애자 아들에게 미치는 해악	144
	성(性)정체성 교육과 트랜스젠더 딸에게 미치는 해악	148
8장	**에이즈의 주요 감염경로 (감염률 180배)**	158
	주요 감염경로인 남성 동성애	158
	감염 원인 (남성 동성애 유관성)	162
	에이즈 정보 차단으로 인한 한국 에이즈 증가세	166
	HIV 바이러스 억제 기회 상실	172
	만성질환 아니다	174
	콘돔 만능예방책의 허상	176
	HIV 유병률	179
	사회적 유해성	179
9장	**성중독 유사 증상**	188
	'선택할 수 없다'의 숨은 의미	188
	남성 동성애 중독 증상	190
	심화된 성중독 증상	194
	중독으로 내몰리는 아이들	210

| 10장 | 원숭이두창(엠폭스)의 주요 감염경로 | 218 |
| 11장 | 미국 소아과 학회, 성전환은 아동학대! ("젠더 이데올로기는 아이에게 해롭다") | 234 |

3부 내 아이를 해치는 젠더 이데올로기와 차별금지법

1장	아이를 공략하는 '젠더 이데올로기'의 사상적 뿌리	242
2장	'양성평등'을 해체하는 '성평등' (딸, 역차별과 존엄성 침해)	260
	양성평등을 해체하는 성평등 정책	260
	여성에게 두려운 공간으로 바뀌는 화장실	268
	생물학적 남성이 드나드는 여성 전용공간 (여성 존엄에 역행하는 성평등)	271
	생물학적 남성과의 경쟁 (여성 평등을 해체하는 성평등)	276
	커지는 사회적 갈등	282
3장	동성애 징병제 (아들, 선임병의 성접촉 압력과 은폐)	294
	동성애 성범죄로부터 지킬 수 없는 아들	294
	동성애 확산에 이용되는 의무징병제	305
	병역의무의 형평성과 국가안보를 희생시키는 젠더 이데올로기	307
4장	장애인과 HIV 감염자(게이)를 희생시키는 동성애 확산정책	318
5장	차별하는 차별금지법	326
	차별금지법의 진짜 목적	326
	'차별금지'를 '비판 금지'로 전환하는 메커니즘	330
	역차별 유발 (미디어 공략)	332
	젠더 이데올로기 세뇌 (교육 공략)	335

	악용 가능성을 극대화한 법체계	341
6장	문화혁명의 최상위법 (성인지 예산 35조 원의 실체)	352
	젠더 이데올로기에 대한 복종 의무	352
	젠더 이데올로기 확산을 유도하는 성인지 예산제도 (출산 장려 정책 저해)	366
	가정해체부터 소아성애 합법화까지	373
7장	아동·청소년의 삶을 파괴하는 차별금지법	388
	아동 세뇌, 나다움 어린이책	388
	학문 통제와 교수 해임	397
	정보 차단과 아동·청소년에게 끼치는 악영향	408
	동성애 상담 치료 금지	420
	성전환 상담 치료 금지	430
	자녀를 보호할 수 없는 부모	448
8장	혐오 프레임에 가두는 표현의 자유 (토론과 비판의 원천적 배제)	480
	한국의 '안철수' 사례: 퀴어축제로 인한 아이 걱정과 토론의 배제	480
	영국의 여성부 장관 사례: 성전환 시술로 인한 아이 걱정과 토론의 배제	489
	캐나다의 '조던 피터슨' 사례: 생각할 권리를 앗아가는 강요된 표현	495
	캐나다의 '린제이 셰퍼드' 사례: 진실 탐구와 대학 토론의 중립적 입장 금지	502
	해리포터 작가와 초중고·대학생의 사례: 생물학적 성별을 지지하는 표현의 탄압	513
	표현의 자유를 혐오 프레임에 가두는 메커니즘	528
	강요된 행동과 편향된 정치이념을 실현하는 메커니즘	537
	형사처벌 받는 '생각 범죄' (젠더 이데올로기 정책의 진화)	552
9장	판도라 상자, 어떻게 닫을까	578

에필로그

아이들을 지키는 목소리를 한데 모아...   590

Q&A | 주석 편 차례

성경 불법화와 소아성애 합법화
01_ 성경 불법화, 극단주의자 프레임과 파면, 생각 범죄(기도) 처벌, 이것이 현실이라고? 8
02_ 소아성애 합법화, 젠더 이데올로기 이론가들이 주장했다고? 한국도 시작됐다고? 35

동성애
01_ 동성애 중단, 왜 어려울까? 42
02_ 바텀알바(동성애 성매매)가 동성애와 에이즈를 확산시킬까? 46
03_ 게이 우울증·자살 충동의 주된 원인, 정말 사회적 차별 때문일까? 49

성전환
01_ 트랜스젠더의 자살률, 왜 높을까? 54
02_ 성정체성 혼란의 원인, 의사들은 왜 솔직하게 상담할 수 없을까? 57

인권교육
01_ 인권교육, 아이들을 트랜스젠더가 되도록 부추긴다고? 60
02_ 아이들에게 해악을 끼치는 인권교육의 메커니즘, 어떻게 발현될까? 62
03_ 인권교육과 차별금지법의 해악적 영향력, 가시화되었을까? 65

에이즈
01_ 동성애와 에이즈, 밀접한 관련성이 있을까? 68
02_ 콘돔만능주의, 동성애 에이즈를 막을 수 있을까? 71

젠더 이데올로기 정책

01_ 모든 법 제도로 젠더 이데올로기를 실현하게 되는 메커니즘, 어떻게 구현될까? 76
02_ 젠더 이데올로기 정책, 표현을 강요해 사상을 통제한다고? 79
03_ 이데올로기적 이중잣대, 대학교수까지 학문적 표현의 자유를 박탈시킨다고? 81
04_ 성평등, 양성평등을 해체하고 여성 인권을 오히려 후퇴시킨다고? 85
05_ 동성애/성전환의 사회적 병리현상, 그 논의·검증·비판을 어떻게 금지시킬까? 88

한국은 지금...

01_ 사상 통제를 위한 천문학적인 혈세(하루 천억 원), 출산 장려 정책까지 저해한다고? 92
02_ 국가인권위, 왜 젠더 이데올로기 정책(동성애 확산정책)의 컨트롤타워라고 불릴까? 95
03_ '성적지향'을 주입하는 인권교육 등, 한국 아이들의 삶을 어떻게 파괴할까? 98
04_ '성정체성'을 주입하는 인권교육 등, 한국 아이들의 삶을 어떻게 파괴할까? 102
05_ 세계적인 추세와 달리, 왜 한국만 에이즈가 급증할까? 106
06_ 젠더 이데올로기를 거스르는 목소리, 한국에서도 과도한 탄압이 자행될까? 109
07_ 실질적 입법행위, 국가인권위와 사법부가 연계해서 한다고? 113
08_ 군대 내 동성애 합법화, 어떻게 후임병 성폭행과 에이즈를 폭증시킬까? 116

주석

1부 내 아이 코앞에 다가온 동성애와 성전환, 결코 남의 일이 아니다 122
2부 내 아이를 빠져들게 하는 동성애와 성전환의 실체 136
3부 내 아이를 해치는 젠더 이데올로기와 차별금지법 240
Question & Answer 440

프.롤.로.그.

당신 자녀를 노리는 불행, 그 앞에서 무심해지지 않기를...

동성애/성전환이라는 단어를 접하면 사람들의 반응은 어떨까? "관심 없다" 또는 "나, 우리 자녀와는 아무런 상관이 없다"라고 생각할 수 있다. 그러나 이 같은 생각은 언론이 통제되고 한국의 미래를 엿볼 수 있는 외국 사례를 몰라서 생기는 오해다. 독자들이 상상하는 것보다 동성애/성전환은 당신 자녀의 삶과 아주 가까이 맞닿아 있다. 그리고 외국 사례에서 소개되는 참담한 일들은 가까운 장래에 어떤 가정에서나 누구에게나 일어날 수 있다.

국내외 포괄적 차별금지법(이하 '차별금지법')은 그 기원이 같기 때문에 그 내용도 대동소이하다. 그 결과 이런 법이 시행되는 국가에서 보이는 현상 역시 공통적으로 나타난다. 마찬가지로 '교육계 차별금지법'으로 불리는 인권교육의 폐해도 동일한 양상으로 나타나는데, 이것이 통계로 누적되면서 가시화되고 있다.

따라서 차별금지법이 제정되거나 인권교육이 강화된 한국의 미래를 간접적으로 파악하려면 이것이 선행된 외국 사례들을 보면 된다.

차별금지법이 시행되어 인권교육이 강화된 국가에서는 예외 없이 동성애/성전환에 빠지는 아이들이 폭증한다는 통계가 가시화됐다. 영국에서는 평등법이 시행된 8년 동안 '성전환 시술'을 원하는 아동·청소년이 44배 증가했고, 그중 76%가 어린 소녀들이다. 성정체성 혼란을 겪는 이런 아이들 중 45명은 6세 이하였으며 4살짜리 아동도 있었다. 젠더 이데올로기가 성행하는 스페인 청소년은 6명 중 1명, 미국 청소년은 5명 중 1명이 동성 성행위를 한다. 인권교육의 영향을 가장 많이 받는 미국 고등학생은 4명 중 1명이 LGBT(성소수자)라고 밝힌다. 이것은 동성애/성전환이 사회적 학습의 결과라는 사실을 반증한다는 지적이 많다. 이 아이들 중 상당수는 에이즈·성병 감염이나 정신질환으로 고통받거나 자살 충동으로 생명을 잃게 된다.

동성애/성전환이 아이들에게 미치는 신체적·정신적 유해성은 장기간의 가시적이고 외부적인 통계로 이미 증명됐다. 예컨대 동성애자가 항문성교로 에이즈에 걸릴 확률은 일반인보다 178~183배 높다. LGBT의 인권이 가장 잘 보장되는 스웨덴에서도 성전환 시술을 받은 경우, 자살률이 20배 높다. 차별금지법이 가장 먼저 제정된 네덜란드의 통계를 보더라도 트랜스젠더의 높은 사망률은 50년 동안 감소하지 않았다. 이런 수치들을 보면, LGBT의 정신건강을 해치는 결정적 요인은 사회적 차별이 아니라 동성애/성전환 자체의 문제 때문이라고 분석된다. 이렇게 누적된 통계를 통해 드러난 것은 차별금지법과 인권교육이 LGBT 아동·청소년의 숫자만 폭증시킬 뿐, 장기적으로 이들의 자살 충동이나 정신질환을 개선하지 못한다는 사실이다.

1977년경 미국 정신의학회(APA) 회원인 정신과 의사들 2,500명을 대상으로 조사한 결과, 70%의 의사들은 "동성애자들이 겪는 문제는 사회적 낙인보다 개인적인 내면의 갈등으로 발생한다"라고 밝혔다. 정치이념의 영향을 받지 않은 의료 전문가들의 의학적 견해다. 지금과 같은 젠더 이데올로기 시대에서는 이런 의학적 진실을 표현했다가 의사 자격까지 박탈될 우려가 크다. 젠더불쾌증 분야의 세계적 권위자인 저커 교수마저 성전환 시술을 신중히 해야 한다는 입장을 고수했다가 거짓 프레임에 씌워져 해고당하는 실정이다.

연구결과에 의하면 게이 상당수가 정서적으로 만족하지 못하고 동성애에서 벗어나기를 바라고 있다고 밝힌다. 동성애자 전용 사이트에서 남성 동성애자 h******가 하소연한다.

"중3 때부터 지금까지 바텀(남성 간 성 접촉 때 여성 역할을 하는 게이)만 해서 항문은 이미 망가져 버렸고 겉은 멀쩡하지만 속은 동성애 생각으로만 가득해 제 자신이 혐오스러워요. 완벽한 삶은 없겠지만 돌이켜보면 '후회 없는 삶을 살자'가 제 모토인데, 성욕 앞에선 모든 게 무너집니다. 다른 건 자제가 가능하지만 성욕은 안 됩니다. 젊기 때문일까요. 아님 제가 정말 문란한 걸까요. 1주일 동안 3명과 3번 (성 접촉을) 했는데 또 하고 싶습니다. 어떻게 하면 좋을까요."

1990년대에는 동성애가 선천적으로 타고났다는 논문들이 다수 있었다. 그러나 현대과학이 비약적으로 발달하면서 그 거짓성이 모조리 밝혀졌다. 이에 미국 정신의학회마저 그 원인을 모른다는 입장으로 선회했다. 이와 대조적으로 수십 년간 동성애를 해왔던 탈동성애자들은 한결같이 동성애가 '성중독'이라고 밝힌다. 탈동성애자 김정현은 '항문성교는 전립선을 자극해 쾌감을 느끼게 한다. 여기에 중독되면 그때부터 동성애에서 빠져나오는 것은 거의 불가능하다'라고 밝힌다. 이에 동조하는 의료 전문가나 학자들도 많다. 중독 증상 때문에 수많은 성 파트너들과의 동성 성행위를 절제하기 어렵다는 것이다.

그런데 성중독은 그 증상이 아무리 심각하더라도 연구 초기 단계이기 때문에 정신질환으로 인정받을 수 없다. 중독 증상이나 해악성이 없기 때문이 아니라 왕성한 성행위와 성중독을 구분 짓는 통일된 기준을 아직 마련하지 못했기 때문이다. 성중독이 심각한 우울증이나 자살로 이어지더라도 공식적으로 중독성 정신질환으로 인정받지 못하는 이유다.

연구결과를 분석하면 게이가 이성애 성중독 환자보다 평균 4배 많은 성 파트너들과 성관계를 갖는다. 동성 성행위를 의지적 선택으로 절제하거나 빠져나오기 어려운 원인이 중독·금단증상 때문이라는 지적이 많다. 게다가 항문성교로 유발되는 유해한 증상과 폐해는 일반적인 성중독과 비교할 수 없을 정도로 그 해악성이 심대하다. 이 책에서는 성중독과 동성 성행위가 과연 얼마나 유사한지에 대해 과학적 연구결과들을 정리하여 제시한다.

 나아가 국가인권위원회가 "언론은 성적 소수자(LGBT)를 특정 질환이나 사회적 병리현상과 연결 짓지 않는다"라고 규정한 인권보도준칙을 만들어 한국 언론에 재갈을 물렸지만, 남성 동성애는 에이즈뿐만 아니라 '원숭이두창'(엠폭스, Mpox)의 주요 감염경로이기도 하다. 최근 이슈가 되고 있는 원숭이두창의 실체를 한국 도서 중 최초로 소개했다.

 미국 정신의학회는 성전환 시술을 진행하지 않을 경우 젠더불쾌증이 있는 남아의 98%와 여아의 88%가 성인이 되면 자연스럽게 젠더불쾌증에서 벗어날 것이라고 밝힌다. 세계 최고 권위자와 의료 전문가들은 성급한 성전환 시술이 이런 기회를 박탈한다고 경고한다. 그런데 인권교육은 외부적으로 개입해 아이들이 자신의 성정체성과 성별에 의문을 갖도록 가르친다. 이런 인권교육은 아동과 부모의 선택권 없이 강제적으로 이루어진다. 그리고 이미 정서적 장애를 가진 아이들에게 성전환이 이런 문제를 해결할 것처럼 상담한다. 이 과정에서 부모를 철저히 차단한다. 게다가 인권교육과 성전환 시술을 파이프라인처럼 연계하는 제도적 환경까지 조성한다. 트라우마를 경험한 아이들이 부모를 배제한 채 성급한 성전환 시술을 강행하는 이유다.

 이와 같이 동성애 중독 증상이나 성전환 시술의 안전성은 검증되지 않았다. 이에 따라 아동·청소년에게 동성애/성전환을 강제로 주입하는 것은 임상실험이라는 비판이 많다. 반면 월등히 높은 에이즈 감염률이나 자살률 등 심각한 해악성이 수반된다는 사실에는 이견이 없다. 특히 동성애/성전환에 노출되는 나이가 어릴수록 자살률이 크게 높아진다. 그럼에도 인권교육은 유해성 정보를 차단한 채 듣고 보는 대로 받아들이는 3~5세 아동기부터 동성애/성전환을 미화해서 노출한다. 그리고 무방비로 동성애/성전환에 발을 들여놓은 아이들 대다수는 돌이킬 수 없는 불행에 빠지게 된다. 미국 소아과 학회는 이것을 '아동학대'라고 성명을 냈다. 결국, 인권교육은 성정체성의 혼란을 유발한다. 그리고 동성 성행위에 대한 흥미를 유발한다. 동성애/성전환에 끌어들이는 역할을 하는 것이다. 이후 동성애는 성중독 유사 증상 때문에, 젠더불쾌증은 돌이킬 수 없는 성전환 시술 때문에 발을 들인 아이들에게 고착화된다.

이런 문제에 대해 사회적 논의·검증·비판이 가능해야 아이들을 보호하는 사회 정화기능이 작동할 수 있다. 그런데 차별금지법은 공권력을 이용해 이것을 가로막는다. 이 책은 그 메커니즘을 세계 최초로 자세하게 설명한다. 그리고 아이들을 희생시키는 이유를 밝히기 위해 그 사상적 뿌리까지 추적한다. 그 배후에 있는 편향된 정치이념의 민낯을 들춰내고, 그 산물인 차별금지법과 인권교육이 왜 당신 아이를 공략하는지 그 이유까지 예민하게 감지해낸다.

이 책을 읽다 보면 '여기 쓰인 글들이 과연 진실일까?'라고 묻게 된다. 그만큼 이 책에 기록된 내용은 독자들을 깜짝 놀라게 하거나, 분노를 일으키게 하거나, 충격을 주게 된다. 이런 점 때문에 이 책의 객관성을 극대화하기 위해 수년간 노력해왔다.

이 책의 특장점은 다음 다섯 가지다.

첫째, 객관성을 높이기 위해 심혈을 기울여 한 문장 한 문장 주석(미주)으로 근거를 달았다. 객관적인 근거자료들이 담긴 이런 주석의 수는 5천 개를 훌쩍 넘긴다. 해외 보건당국의 공신력 있는 자료나 통계를 포함한 과학적 근거와 세계적 권위자의 견해 등을 토대로 첨예하게 대립되는 각 논쟁의 영역별로 옳고 그름을 따져본다. 이와 같은 방식으로 모든 논쟁들을 총망라하여 집대성했다. 그리고 2023년 6월까지의 국내외 자료들(통계와 공식자료, 논문과 기사)을 모아 시의성도 높였다. 다만 객관적인 시각을 견지하기 위해 종교의 자유를 침해하는 쟁점과 사례들은 이 책 본문에서 가급적 배제했다. Q&A 중 한 대목[성경 불법화, 극단주의자 프레임과 파면, 생각 범죄(기도) 처벌, 이것이 현실이라고?]에서 다뤘지만 종교의 자유를 침해한 사례들은 일일이 소개하기 어려울 정도로 빈번하고 심각하다. 예컨대, 영국 신학대학 교수가 성경 따라 의견을 말하면 해고된다. 성경대로 믿거나 이를 토대로 생물학적 성별을 지지하는 표현을 하면 극단주의자로 몰아 테러리즘으로 규정하고 제재한다. 노르웨이에서는 성경적 가정교육을 하면 자녀에 대한 양육권이 박탈되기도 한다. 심지어 영국에서 낙태 시술소 150m 반경 안의 공공 거리에서 머릿속으로 기도했다는 이유만으로 체포, 기소되고 형사처벌된다. 이런 제도적 장치는 차별금지법이 시행되는 다른 국가에서도 그 도입을 준비하고 있다. 2022~2023년에 실제 발생한 사례들이다. 젠더 이데올로기의 사상적 뿌리가 교회 해체(성별을 남녀로 구분하는 성경의 불법화)를 주요 전략 중 하나로 삼고 있기 때문이다.

둘째, 이 책은 어떤 이론서보다도 많은 지식을 안기지만 그 내용이 부드럽게 전달되도록 책 곳곳에 실제 사례 등을 배치했다. 이를 통해 몰입감을 크게 높였다. 과학적 근거를 기반으로 쓴 대다수 글들은 너무 건조하고 따분하거나, 추상적이어서 도무지 무슨 말을 하는지 몰라 좌절케 한다는 문제가 있다. 이 책이 차별되는 점은 여러 실화를 통해 소설처럼 쉽게 읽히면서 그 안에 녹아있는 아픔이나 감정들이 그대로 전달된다는 점이다. 제시된 실제 사례들과 그대로 원용된 발언들은 때로는 가슴을 후벼 파는 눈물을, 때로는 분노와 충격을, 때로는 웃음 짓게 하는 유머를 느끼게 한다.

예컨대, 동성애/성전환/제3의 성을 수십 년간 몸소 체험한 경험자들은 그 실상을 상세히 증언하면서 양심고백을 한다. 젠더불쾌증을 체계화한 세계적 권위자/의료 전문가들은 파면당하면서까지 의학적 진실을 밝힌다. 영국 보건복지부 장관/미국 대통령 유력후보자로 거론되는 주지사 등은 모욕을 감수하며 인권교육으로 초래되는 동성애/성전환의 폐해에 대해 발언한다. 젠더 이데올로기 정책으로부터 자녀를 지키려다가 감옥에 수감되거나 위탁가정에 자녀를 빼앗겨버린 부모들은 눈물 섞인 고백을 한다. 울림 있는 이들의 목소리를 날 것 그대로 원용한 것이다. 게다가 이를 뒷받침하는 과학적 내용들도 누구나 넓게 이해하고 깊이 고민할 수 있도록 가급적 쉬운 말로 풀어 썼다. 이런 형식은 관련 내용을 더욱 생생히 전달하면서 객관적 진실이 한층 더 와닿게 만든다. 그 어떤 책보다 동성애/성전환 이야기가 '손에 잡히듯' 설명될 것이다. 대중적인 글과 학술적인 글의 경계를 부수는 글이기 때문이다.

셋째, 독자가 무엇이 진실인지 판단할 수 있도록 논쟁이 되는 개별 쟁점들을 연결해 큰 그림을 볼 수 있게 했다. 단편적인 논쟁들은 왜곡되기 쉽다. 그래서 논쟁이 되는 개별 쟁점들을 단순히 나열만 하지 않았다. 한 걸음 더 나아가 이 쟁점들을 서로 연결시키는 작업을 했다. 나무와 나무를 연결해 숲을 발견해가는 것이다. 나무만 본다면 왜곡될 수 있지만, 숲을 본다면 왜곡하기 어렵기 때문이다. 개별적인 쟁점들이 서로 연결되면 전체 윤곽이 보이기 시작한다. 큰 그림이 드러나면 메커니즘까지 분석된다. 그리고 실제 사례들이 이를 검증한다. 이 단계를 거치면 무엇이 왜곡되었고 무엇이 진실인지 독자들이 명확히 판단할 수 있게 된다. 모든 논쟁들을 총망라한 후 각 논쟁의 핵심적 내용들을 뽑아 연결시킴으로써 전체 윤곽을 머릿속에 그려낼 수 있도록 기획한 이유다.

넷째, 인권교육과 차별금지법이 아이들을 어떻게 공략하고 해악을 끼치는지 그 메커니즘을 현존하는 책 가운데 가장 세밀하게 설명한다. 한국/영국 변호사이자 법학박사인 저자는 오랜 기간 입법정책 전문가로 활동하면서 법 이면의 실체를 꿰뚫는 통찰력을 길러왔다. 표면적으로 잘 드러나지 않는 인권교육/차별금지법의 메커니즘을 설명하는데 이런 경험들과 통찰력을 녹여내었다. 이 책은 LGBT 아동·청소년을 비판하는 대신 그들을 지키고자 하는 따뜻한 시선을 담았다. 이 아이들은 편향된 정치이념을 실현하는 과정에서 희생되었기 때문이다. 나아가 젠더 이데올로기의 시대를 조망하고 아이들을 보호할 수 있는 구체적이고 실질적인 대안까지 제시한다.

다섯째, 이 책은 동성애/성전환으로 고민하는 아이들이 자신의 상태를 점검하고 나아갈 방향을 찾는 실질적인 길라잡이 역할을 한다. 부모는 자살 충동에 시달리는 자신의 자녀가 어떤 상태인지 가늠할 수 있을 것이다. 이 책에는 이미 동성애/성전환을 온몸으로 맞닥뜨리며 수십 년간 경험해온 사람들의 현실감 있는 증언과 조언들로 가득하다. 동성애/성전환으로 인해 생기는 다양한 고민을 어떻게 해결해야 하는지도 전하고 있다. 이 경험자들은 동성애/성전환의 내재적 원인 때문에 자살 시도율이 높아질 수밖에 없다고 한다. 그러면서 자신과 같은 시행착오를 겪지 않기 바란다고 밝힌다. 그리고 의학적 전문가들의 조언도 가득하며 통계와 과학적 연구결과들로 이런 증언과 조언들을 재차 검증한다.

앞뒤 따지지 않고 동성애/성전환이 '타고났다'라는 젠더 이데올로기 메시지는 수많은 아이들에게 독이 되고 있다. 동성애/성전환으로 고통받는 이들에게 더 이상 어찌해볼 도리가 없다는 말과 다름없기 때문이다. 선천적이라는 근거 없는 메시지로 인해 스스로 방향을 틀 수 있는 의지를 앗아가 버린다. 심지어 전문가 도움의 손길까지 제도적으로 차단한다. 이 고통 속에서 어찌할 바를 몰라 우울증과 자살 충동이 생길 수 있다. 동성애/성전환은 일단 발을 들이면 최후 증상이 '자살'로 끝날 가능성이 높다. 그만큼 위험하고 파괴적인 정신질환을 동반하는 경우가 많다. 무엇이든 그 원인과 실체를 알아야 해법이 보이는 법이다. 이 책을 읽으면 최소한 정보 부족으로 자신의 선택권이나 자기운명결정권이 박탈되었다는 한이 남지 않을 것이다. 동성애/성전환에서 벗어나고자 하는 강한 의지가 있다면 충분한 정보를 바탕으로 인생의 해법을 찾는 데도 도움이 될 것이다. 언론이나 학교에서 알려주지 않는 미지의 영역에 대한 궁극의 안내서 역할을 할 수 있기 때문이다.

이 책의 구성을 살펴보자.
이 책은 먼저 차별금지법과 인권교육이 성행하는 나라에서 LGBT 청소년들이 폭증하는 현상을 통계를 통해 살펴본다(1부 1~4장). 다음으로, 동성애/성전환/제3의 성의 실체를 밝히는 경험자들의 증언을 담은 양심고백을 그대로 원용한다(2부 1~3장). 이후 동성애/성전환의 해악성을 공신력 있는 자료 등을 토대로 제시한다. 동성애/성전환의 실체와 '타고나지 않았다'라고 밝힌 현대과학에 대해서도 알아본다. 그리고 동성애/성전환에 수반되는 자살 충동의 결정적 원인은 '스스로 인지하지 못하는 시민들의 차별적 시선' 때문이 아니라 '내재적 원인'에서 비롯된다는 연구결과들을 들여다본다(2부 4~10장). 이에 따라 젠더 이데올로기가 어째서 아이들에게 해로운 사회적 '아동학대'로 불리는지 조명해본다(2부 11장). 이후 차별금지법과 인권교육이 아이들에게 해악을 끼치는 이유를 찾아 그 사상적 뿌리를 추적한다(3부 1장). 그리고 그 메커니즘을 다룬다. 또한, 젠더 이데올로기 정책이 여성, 장애인, 시민들의 인권을 어떻게 후퇴시키고 역차별하는지 설명한다. 심지어 LGBT 인권까지 장기적으로 희생시킨다. 또한, 사상 통제를 위해 천문학적인 혈세가 쓰이면서 출산 장려 정책까지 저해하는 현실을 꼬집는다. 그리고 최근 이슈로 떠오르고 있는 군대 내 동성애 허용 문제 등도 놓치지 않고 함께 다룬다(3부 2~8장). 책 전체에 고루 포진해 있는 실제 사례들은 아이들에게 해악을 끼치는 차별금지법/인권교육의 메커니즘이 현실에서 구체적으로 어떻게 작동하는지 재차 검증한다. 마지막으로 아이들을 젠더 이데올로기 정책으로부터 지킬 수 있는 실질적인 대안을 제시한다(3부 9장).

이 책의 구성을 보면 전체적으로 4중 검증장치를 마련해 전개되었음을 알 수 있다. 먼저 통계를 제시하고 → 경험자들의 증언(양심고백)을 청취한 후 → 과학적 연구결과와 공신력 있는 기관들의 자료 등으로 이를 검증하고 → 실제 사례들로 다시 한번 이를 검증하는 네 단계를 거쳐 객관성을 극대화한 것이다. 왜곡·은폐된 진실을 밝혀내는 것도 이 책의 주요 목적 중 하나이기 때문이다. 또한, 방대한 자료와 풍성한 사례들을 바탕으로 가장 높은 수준의 지식을 전달하면서 어른과 청소년이 함께 읽기에 문제없을 만큼 쉽게 쓰고자 한 방식이기도 하다.

나아가 이 책을 두 권으로 잘랐다.

제1권에서는 본문을 실었다. 제2권은 Q&A(질문과 답변)와 주석(근거 출처)을 담았다. 이 책은 수천 개에 달하는 방대한 근거자료의 정수만을 담았기 때문에 참고문헌(reference)이 400쪽 분량에 이른다. 다시 말해 객관성을 담보하는 근거문헌 자료가 이 책 전체 분량의 3분의 1을 넘기는 것이다. 이에 따라 근거자료를 참조하지 않을 독자들의 재정적 부담을 줄이고자 이 책을 분권했다. 한 문장 한 문장에 달린 주석(미주)을 참조하기 원할 경우, 책을 앞뒤로 오가며 읽는 것보다 본문 편(제1권)과 주석 편(제2권)을 함께 펼쳐놓고 보는 것이 더 편할 것이라는 판단도 있었다.

또한, 제2권의 Q&A는 이 책의 주요 내용을 25개의 질문과 답변 형식으로 재구성했다. 제시된 25개 질문을 화두로 삼아 책 곳곳에 산재된 내용들을 모았고, 그 내용을 다시 재구성하여 추가·보완했다. 제시된 각 질문과 관련하여 전체 윤곽과 큰 그림이 더 잘 보이도록 기획한 것이다. 25가지 질문이 무엇인지는 차례 뒷부분에 제시되어 있다.

이 책은 '아이 보호'라는 렌즈를 통해 동성애/성전환과 그 배후에 있는 젠더 이데올로기 정책을 조망한다. 언론통제와 정보 차단 정책으로 아이들은 동성애/성전환을 몸소 체험하면서 알아낼 수밖에 없다. 그 결과 아이들의 단 한 번뿐인 삶이 파괴되는 경우가 셀 수 없이 많다. 이것을 지켜보는 가족들은 하늘이 무너지는 것 같은 괴로움을 겪게 된다. 이것은 모두 피할 수 있는 불행이다. 이 책은 그 불행을 막을 수 있는 인사이트를 제공할 것이다. 이 책은 아이들의 삶이 더 이상 파괴되지 않기를 바라는 마음으로 기획되었다. 제목을 『우리 아이 꼭 지켜줄게』라고 지은 것도 그런 이유다. 독자들이 우리 아이들을 지키는데 조금이라도 더 공감할 수 있다면 이 책을 쓴 보람을 느낄 수 있을 것 같다. 우리 아이들을 노리는 불행 앞에서 무심해지지 않기를 간절히 바래본다.

DON'T MESS

동성애를 금지하는 모든 법률이 철회될 것이다.
대신에 남성 사이의 사랑을 불러일으키는 법안들이 통과될 것이다.
우리는 당신 아들과 항문성교를 하며 동성애자로 변화시킬 것이다.
우리는 아이들을 너희 학교에서, 기숙사에서, 체육관에서,
운동장에서, 청년부에서, 영화관 화장실에서 유혹할 것이다.
당신 아들은 우리가 원하는 바를 수행할 것이다.
아이들은 우리 모습대로 개조될 것이다.
아이들은 우리를 갈망하고 흠모하게 될 것이다.

- Michael Swift, "Gay Revolutionary," Gay Community News, 1987 -

WITH MY KIDS

1부

내 아이 코앞에 다가온 동성애와 성전환,
결코 남의 일이 아니다

1장

우리 아이의 일이라면, 웃어넘길 수 있을까

1장
우리 아이의 일이라면, 웃어넘길 수 있을까

2021년 7월경 샌프란시스코의 게이(남성 동성애자) 합창단은 '게이 커뮤니티로부터 온 메시지'라는 노래를 인터넷에 올렸다. "우리가 당신 아이를 노리고 간다"라는 가사에 부모들은 크게 분노하며 사회적 문제가 되었다.[1] 발췌한 노래 가사 일부를 보자.

"우리 아젠다에 손 쓰지 않는다면, 우리가 당신 아이들을 타락시킬 것이라고 생각하지. 웃기네, 이번 한 번만은 당신 생각이 맞아. 우리는 당신 아이들을 변화시킬거야. 알지 못하는 사이 조용히. 당신은 거의 눈치채지 못할 거야. 당신은 아이들이 디스코 가는 것을 막을 수 있어. 샌프란시스코에 대해 경고할 수도 있지. 주름진 바지를 입게 할 수도 있어. 우리는 상관 안 해. 우리는 당신 아이들을 변화시킬 테니까."[2]

2014년경 보스턴의 게이 합창단에서도 '당신의 아이들은 당신 아이들이 아니다'라는 곡에서 "당신 아이들을 변화시킬 것이다"라는 가사를 선보였다.[3] '귀신 씨나락 까먹는 소리한다'라며 웃어넘기는 사람들이 많을 것이다. 그런데 내 아이에게 실제 일어나는 일이라면, 웃어넘길 수 있을까?

미국 국회(하원) 청문회에서도 1993년경 동성애 아젠다(agenda, 의제)가 논의되며 우려를 표명했다.[4] 먼저, 동성애 운동가 마이클 스위프트(Michael Swift)가 1987년 2월경 작성한 『게이 혁명』(Gay Revolutionary)이 논의됐다. 게이들이 압제자가 될 수 있기를 절박하게 꿈꾸는 동성애 아젠다인 것이다.[5] 그중 발췌한 내용이다.

"동성애를 금지하는 모든 법률이 철회될 것이다. 대신에 남성 사이의 사랑을 불러일으키는 법안들이 통과될 것이다. (중략) 우리는 당신 아들과 항문성교를 하며 동성애자로 변화시킬 것이다. 우리는 아이들을 너희 학교에서, 기숙사에서, 체육관에서, 운동장에서, 청년부에서, 영화관 화장실에서 유혹할 것이다. 당신 아들은 우리가 원하는 바를 수행할 것이다. 아이들은 우리 모습대로 개조될 것이다. 아이들은 우리를 갈망하고 흠모하게 될 것이다."[6]

이어 1990년에 출간된 동성애 책 『애프터 더 볼』(After the Ball)의 내용도 미국 하원에서 논의됐다. 동성애 아젠다의 실현을 위해 미디어(언론)를 이용하는 전략이 수립되어 있는데, 놀랍게도 30년 후의 현실이 그대로 반영되어 있다. 30년 전에 제시된 여섯 가지 전략이다.

"첫째, 언론이 게이나 레즈비언에 대해 가능하면 자주 그리고 크게 떠들게 하라. 왜? 동성애에 대한 민감성을 무디게 할 것이다.

둘째, 동성애자들이 적극적인 도전자가 아닌 약자로 묘사되도록 하라. 주류 언론이 경각심을 갖지 못하도록 하라.

셋째, 동성애 운동가들에게 대의명분을 주라. 동성애자들을 사회 피해자로 만들어 비동성애자들이 그들의 보호자를 자처하도록 부추겨라. 동성애 대의명분을 사회정의 또는 법원리(인권)와 연계시켜라.

넷째, 동성애자들의 이미지를 좋게 만들라. 동성애자들이 우울증과 대인기피, 음주, 자살 충동, 소아성애와 연계되어 비정상이라는 비동성애자들의 메시지를 무력화시켜라.

다섯째, 비동성애 가해자들을 나쁘게 묘사해라. 가해자들이 대중들에게 범죄자와 같은 이미지가 되도록 만들라. 동성애자들이 나치 수용소에서 고문당하고 가스로 죽임당하는 사진을 보여주라.

마지막으로, 미디어 캠페인을 지원하기 위한 재정을 마련하라."

1990년도 당시 미국 미디어를 이용한 동성애 아젠다는 얼마나 성공적이었을까? 뉴스 4건 중 3건은 동성애 아젠다에 호의적으로 변했다.[7] 30년이 지난 한국 언론의 현주소이기도 하다.

학교에서는 아이들에게 인권교육이라는 미명 하에 성은 타고난 것이 아니라 선택할 수 있다고 가르친다. 공교육을 통해 젠더 이데올로기를 주입하는 것이다.[8] '사회적 성'을 지칭하는 젠더(gender)는 우리가 흔히 성별이라고 얘기하는

'생물학적 성'(sex)과 구분된다. 생식기, 염색체, 신체적 특징을 기초로 하는 생물학적 성과 달리, 젠더는 자기 인식과 느낌을 기초로 하므로 유동적이고 예측할 수 없다고 한다.[9] 똑같이 '성'(性)이라고만 쓰면 의미 구분이 안 되기 때문에 '젠더'라는 외래어를 그대로 사용하는 이유다.[10]

젠데 이데올로기는 생물학적 성별을 해체한다.[11] 그리고 사회적 성(심리적 성)으로 성별 개념을 대체한다. 성별 기준이 신체적 특징에서 주관적 인식으로 바뀌게 되는 것이다.[12] 생래적으로 결정되는 것이 아니라, 후천적 학습으로 성별(gender)을 결정하게 된다. 이를 위해 학교에서는 아이들에게 남자와 여자의 성별정체성(이하 '성정체성')에 대해 의문을 제기하도록 가르친다.[13] 그 결과 포괄적 차별금지법(이하 '차별금지법')과 인권교육이 성행하는 나라에서는 아이들이 성전환자와 동성애자로 변하는 현실이 가시화되고 있다. 동성애 아젠다나 샌프란시스코 게이 합창단의 노래 가사 그대로 미국 청소년 5명 중 1명이 동성애자로 변했다.[14]

반면 동성애 아젠다를 막은 나라들도 있다. 페루에서는 2016년 당시 "성정체성을 선택하라"거나 "남성과 여성은 주관적 성별 인식에 따라 유동적이다"라는 젠더 이데올로기를 공교육 과정에서 가르치고 있었다. 그런데 2017년 3월 7일 150만 명 이상의 페루 시민들이 "내 아이들을 건드리지 마!"(Don't mess with my kids!)라는 구호 아래 반대 시위를 했다. 젠더 이데올로기를 주입하는 공교육에 반대하는 시위였다. 아이들 교육에 대한 부모의 천부적인 권리를 양보할 수 없다는 것이다. 아이들을 젠더 이데올로기에 빼앗길 수 없다는 절박한 부모들의 목소리였다.[15]

2017년 8월경 페루 대법원은 이런 공교육이 헌법적 가치가 아닌 젠더 이데올로기를 주입하는 시도라는 것을 인정하며 부모들의 손을 들어 줬다. 2017년 12월경 페루 정부는 논란이 됐던 젠더 이데올로기 교육과정을 공교육에서 철회했다. 이것은 젠더 이데올로기로부터 아이들을 보호한 부모들의 위대한 승리로 평가된다.[16]

2016년 8월경 콜롬비아에서도 이와 같은 대규모 시위가 열렸다. 이에 콜롬비아 정부도 젠더 이데올로기를 주입하는 공교육을 실시하지 않겠다는 입장을 표명했다. 2016년 7월경 파나마의 수도에서도 이와 유사한 대규모 시위가 열려 젠더 이데올로기에 반대하는 부모들의 목소리를 정부에 전했다.[17] 2021년 8월경에도 푸에르토리코에서 대규모 시위가 일어나며 아이들의 정서적 발달에 악영향을 끼치고 헌법적 가치와 부모의 권리를 박탈하는 젠더 이데올로기를 반대했다.[18]

2017년 9월경 파라과이의 교육부 장관은 이전 정부가 도입한 젠더 이데올로기를 공교육에서 퇴출한다는 기자회견을 했다. '엄마, 아빠, 아이'로 구성되는 가정을 해체하고 성을 선택할 수 있다는 잘못된 교육으로 인해 발생하는 수많은 혼란, 그리고 부모들의 비판을 반영한 것이라는 입장을 표명했다.[19]

한국 법체계에도 젠더 이데올로기와 관련된 규정들이 곳곳에 스며들어 있다. 이에 따라 한국에서도 인권교육이라는 미명 하에 젠더 이데올로기를 주입하는 공교육이 시행되고 있다.[20] 이런 공교육이 시행된 시점부터 동성애와 에이즈가 청소년 사이에서 급증하고 있다.[21] 주요 원인으로 이런 공교육을 지목하는 전문가 목소리가 높아지는 상황이다. 그럼에도 이런 인권교육의 적용대상을 만 3세 아동에게까지 확대했다.[22] 차별금지법이 통과되면 아이들에게 젠더 이데올로기를 주입하는 공교육이 본격적으로 강행될 것이다.[23]

2장

동성 성행위, 미국 청소년 5명 중 1명

2장

동성 성행위, 미국 청소년 5명 중 1명

'동성애'라는 단어는 영어 'homosexuality'의 번역어다. 과거에는 동성애가 정신과에서 질병의 하나로 분류됐지만, 1973년부터 정신과 진단분류에서 빠졌다. 젠더 이데올로기 추종자(이하 '젠더 추종자')들은 동성애를 일반적이지 않은 라이프 스타일로 본다. 그리고 homosexual이라는 용어가 '성적지향'(sex orientation)과 '성정체성'(sex identity)을 포함하는 개념이라고 한다. 성적지향은 자신이 어떤 성의 사람에게 성적으로 이끌리는지를 나타내는 용어다.[24]

동성애자는 자신과 같은 성별을 가진 사람에게 성적, 정서적으로 끌림을 느끼는 사람을 말한다. 남성 동성애자를 게이, 여성 동성애자를 레즈비언이라 부른다. 양성애자는 자신과 같은 성별이나 다른 성별 모두에게 성적, 정서적 끌림을 느끼는 사람을 말한다. 성적으로 끌림을 느끼는 대상이 때로는 남성일 수도, 여성일 수도 있다.[25] 양성애자도 동성 성행위를 하기 때문에 크게는 동성애자로 분류될 수 있을 것이다.

반면, 성정체성은 자신이 성적으로나 정서적으로 누구에게 끌리는지의 측면에서 스스로를 어떻게 정의하고 인식하느냐를 말한다고 한다. 다시 말해, 성적지향이 본인의 자각과는 상관없이 이미 존재하는 성향이라면, 성정체성은 그러한 성적지향을 개인적으로 자각하고 자신을 그렇게 규정하는 것을 가리킨다고 한다. 즉, 젠더 추종자들은 성적지향이 본인의 의지나 선택과 상관없이 주어지는 것이라면, 성정체성이 본인의 인식이나 의지가 동원되는 선택적 행위라는 입장이다.[26]

공교육 과정에서 아이들에게 '성적지향'을 본격적으로 가르치면 어떤 결과가 발생할까? 스페인과 캐나다는 2005년, 미국은 2015년에 각각 동성결혼이 인정되었고, 이에 따라 젠더 이데올로기를 주입하는 공교육도 본격적으로 시행된 국가들이다.[27] 참고로, 성적지향이 포함된 차별금지법과 관련하여 미국은 2009년부터 연방법에 혐오범죄 처벌규정이 추가되었다.[28] 이들 국가의 청소년들에게 어떤 현상이 발생했는지 보자.

먼저 미국의 상황을 보자. 10년(2012~2021년) 동안 12,000~34,000명(18세 이상)을 대상으로 한 갤럽(Gallup) 여론조사 결과,[29] 미국에서는 자신을 성소수자[레즈비언(lesbian), 게이(gay), 양성애자(bisexual), 성전환자(transgender), 성소수자 전반(queer), 이하 'LGBT']로 여기는 사람들이 시간이 지날수록 급증한다는 사실이 밝혀졌다.[30] 특히, 젊은 세대일수록 자신을 LGBT로 생각하는 경향이 컸다. 2021년 기준 18~24세 사이의 이른바 Z세대는 5명 중 1명(20.8%)이 자신을 LGBT로 여기고 있었다.[31] Z세대의 경우, LGBT 중 양성애자 비중이 72%나 됐다.[32] Z세대는 젠더 이데올로기 주입식 교육에 본격적으로 노출된 세대다.

갤럽 여론조사 결과를 분석하면 젠더 이데올로기 주입식 교육에 노출이 많은 세대일수록 LGBT 비율이 급격히 높아지는 현상이 확인된다. 특히 이성과 동성 양쪽 모두에게 성적 끌림을 느끼는 양성애자 비율이 젊은 세대일수록 급증하게 된다.[33] 이성애자 청소년 가운데 후천적으로 동성 성행위를 하는 비율이 높아졌다는 지적이 나온다. 구체적인 수치를 살펴보자.

자신을 LGBT로 밝히는 미국 성인의 비율은 2012년에 3.5%, 2015년에 3.9%, 2016년에 4.1%, 2017년에 4.5%, 2020년에 5.6%,[34] 2021년에 7.1%로 시간이 갈수록 높아졌다.[35] 10년 동안 LGBT 인구 비율이 2배 증가한 것이다.[36] 2021년 기준 LGBT의 구성 비율을 보면 56.8%는 양성애자, 20.7%는 게이, 13.9%는 레즈비언, 10.0%는 트랜스젠더 등으로 양성애자 비율이 압도적으로 가장 높다.

2021년 기준 미국에서 본인을 LGBT라고 밝힌 비율을 세대별로 분석해 보자. Z세대(1997~2003년 출생)는 20.8%, 밀레니얼 세대(1981~1996년 출생)는 10.5%, X세대(1965~1980년 출생)는 4.2%였다.[37] 가장 어린 Z세대가 밀레니얼 세대보다 LGBT 비율이 2배나 높다. 1965년 이전에 태어난 베이비붐 세대는 2.6%, 1946년 이전 출생자 가운데 자신을 LGBT라고 답한 비율은 0.8%에 불과했다.[38] 세대가 젊을수록 LGBT 비율이 더 높아지는 현상이 뚜렷하다. 그런데 세대가 젊을수록 아동기 때부터 인권교육에 더 많이 노출되는 특징이 있다. 이것은 젠더 이데올로기를 주입하는 공교육 노출에 비례해 동성 성행위를 하는 사람들이 증가한다는 사실을 시사한다.

나아가 인권교육에 더 많이 노출된 어린 세대일수록 양성애자 비율 역시 더 높아지는 현상을 보이게 된다. Z세대(2020년 기준 17~23세)는 LGBT 중 3분의 2(약 72%), 밀레니얼 세대(2020년 기준 24~39세)는 LGBT 중 절반이 자신을 양성애자라고 밝혔다.[39] 그러나 이보다 연령대가 높은 세대에서는 양성애자 비율이 게이나 레즈비언보다 유의미하게 높지 않거나 오히려 낮았다.[40] 인권교육에 노출된 정도에 따라 양성애자 비율이 확연하게 달라지는 것이다. 이성애자 청소년이 동성애를 학습하게 되면서 양성애자 비율이 높아진다는 분석이 나온다.

인권교육의 영향을 받지 않은 X세대(1965~1980년 출생)나 나이가 더 많은 세대들은 10년(2012~2021년) 동안 자신을 LGBT로 밝히는 비율이 거의 변하지 않았다. 이와 대조적으로 인권교육의 영향을 받은 밀레니얼 세대(1981~1996년 출생)에서는 자신을 LGBT로 밝히는 비율이 2012년에 5.8%, 2017년에 7.8%, 2020년에 9.1%, 2021년에 10.5%로 시간이 지남에 따라 높아졌다. Z세대(1997~2003년 출생)는 2017년 10.5%, 2020년에 15.9%,[41] 2021년에 20.8%로 자신을 LGBT로 밝히는 비율이 훨씬 가파르게 상승했다. 밀레니얼 세대는 10년 동안 LGBT 비율이 2배 못 미치게 상승한 반면 Z세대는 불과 5년 만에 2배 상승한 것이다. 그리고 Z세대에서는 미국 청소년들이 2017년 당시 '10명 중 1명', 2020년 당시 '6명 중 1명',[42] 2021년 당시 '5명 중 1명'이 동성 성행위를 하게 된 셈이다.[43] 다른 세대보다 젊은 Z세대는 인권교육의 영향을 가장 많이 받은 특징을 가지고 있다.

그렇다면 이 Z세대보다 더 어린 미국 고등학생들 사이에서는 LGBT 비율이 어떻게 될까? 미국 질병통제예방센터(CDC, 이하 '미국 질병관리본부')가 발행한 보고서에 의하면 2021년 기준 미국 고등학생(14~18세) '4명 중 1명'이 자신을 LGBT로 밝힌다고 한다.[44] 구체적으로 미국 전국의 152개 고등학교에 재학 중인 17,508명의 학생을 대상으로 조사한 결과, 74.2%만이 자신을 이성애자라고 밝혔고,[45] 4분의 1은 자신을 LGBT라고 밝혔다.[46] 미국 질병관리본부는 고등학생 중

LGBT 학생의 비율이 2015년 11%에서 2021년 26%로 크게 높아졌다고 한다.[47] LGBT 고등학생 중 양성애자가 차지하는 비율 역시 게이나 레즈비언보다 압도적으로 높다.[48] 2021년 기준 LGBT가 차지하는 비율은 성인 세대(7%)보다 고등학생 세대(26%)가 약 4배 많다.[49] 모든 세대는 젠더 이데올로기가 반영된 미디어로부터 큰 영향을 받게 된다.[50] 그럼에도 세대 간에 이런 통계적 차이를 보이는 것은 인권교육의 노출 여부나 정도에 따라 LGBT 상승 비율이 크게 달라진다는 사실을 확인시켜준다. 미국 고등학생들이 Z세대보다 LGBT 비율이 더 높은 이유도 인권교육의 영향을 더 강하게 받았기 때문이라는 지적이 나온다.[51]

한편, 젠더 이데올로기가 만연한 국가에서는 그렇지 않은 국가보다 동성 간 성관계로 인한 HIV 감염 발생률도 월등히 높다.[52] 미국은 한 해에 9천 명 가까운 남학생들이 에이즈에 감염되고 그중 95% 가까운 아이들이 '동성 성행위를 했다'라고 밝힌다.[53]

스페인의 상황도 미국과 크게 다르지 않다. 2021년 스페인 사회학 연구 센터(CIS) 통계에 따르면, 18세에서 24세 청소년 16.4%(0.9%의 무응답 제외)가 동성애 혹은 양성애 경향이 있다는 사실이 확인됐다. 스페인 Z세대도 6명 중 1명이 동성 성행위를 하게 된 것이다.[54]

또한, 스페인 청소년 연구소(INJUVE)의 통계를 보더라도, 젠더 이데올로기가 반영된 미디어와 교육의 노출이 많을수록 동성애자 비율이 급증하는 현상을 보였다. 지난 10년간(2010~2021년) 성적지향에 관한 설문조사를 비교한 결과, 젊은 여성 이성애자가 75%이고 남성 이성애자가 80%라고 한다. 스페인 일간지 '엘디아리오'는 이성애자가 약 15%나 감소했다고 보도했다.[55] 이것은 지난 10년간 동성애자가 약 15% 증가했다는 것을 의미한다.

캐나다는 차별금지법을 세계에서 가장 강력하게 시행하는 나라다. 캐나다 온타리오주에서는 자녀의 동성애 성향이나 성전환을 반대하는 부모의 양육권을 박탈·제한할 수 있게 하는 법안이 통과됐을 정도다.[56] 캐나다 통계청이 밝힌 성소수자 실태조사 보고서에 따르면, LGBT 상당수가 젊은 층에 쏠린 양상이 두드러졌다. 15~24세 연령층은 전체 인구의 14%임에도 불구하고 전체 LGBT의 약 30%를 차지했다. 반면 65세 이상 연령층은 전체 인구의 21%인 데 비해 전체 LGBT

의 약 7%를 차지하는 데 그쳤다.⁵⁷⁾ 이 또한 젠더 이데올로기 주입식 교육에 노출이 많은 세대일수록 LGBT 비율이 급증하는 현상을 보인 것이다.

영국 역시 2010년부터 개별적 차별금지법을 통합한 평등법(포괄적 차별금지법)이 시행 중이고 16~24세 연령층이 65세 이상 연령층보다 동성 성행위를 할 가능성이 5배 이상 높다고 조사됐다.⁵⁸⁾ 젠더 이데올로기 주입식 교육의 영향 때문인 것으로 보인다.⁵⁹⁾

한국 사회 또한 포괄적 차별금지법의 통과 여부가 '뜨거운 감자'로 떠올랐다. 심지어 2021년 11월경 초·중등교육법에 '성적지향'과 '성정체성'을 새로 포함시킨 법안까지 발의됐다. 젠더 이데올로기를 아이들에게 주입하겠다고 선언한 것과 다름없다. 이것은 곧 학생들에게 동성애를 아동기 때부터 노출하면서 그 유해성과 위험성을 가르쳐서는 안 된다는 것을 의미한다. 교육과 관련된 미니 차별금지법인 셈이다.⁶⁰⁾ 이런 법들이 시행될 경우 동성 성행위를 하는 아이들이 폭증하는 것은 시간문제일 것이다.

3장

성전환을 원하는
영국 아동 44배 폭증

3장

성전환을 원하는 영국 아동 44배 폭증

트랜스젠더(transgender)는 출생 시 지정된 성별과 다른 성정체성을 가지는 사람을 말한다.[61] 다시 말해, 몸은 남자지만 마음으로 자신을 여자라고 생각하는, 또는 몸은 여자지만 마음으로 남자라고 생각하는 사람들로서, 출생 시 주어진 생물학적 성별과 반대인 성정체성을 가지고 있다. 이를 정신의학에서는 이전에 '성정체성 장애'라 불렀는데, 지금은 '젠더불쾌증'(gender dysphoria)이라 부른다. 이전에는 정신질환 목록에 올라가 있었으나 지금은 성별 불일치로 건강상태 항목에 포함됐다. 정치적 압력과 로비 때문이라는 견해가 많다.[62]

트랜스젠더는 성전환 수술을 한 사람만 지칭하지 않는다. 생물학적 성별과 반대로 자신을 '인식'하는 사람까지 포함하기 때문이다. 이에 따라 수술 등을 통해 자신의 신체를 전환한 사람도, 수술이 아닌 호르몬 등 몇 가지 의료적 조처만을 받은 사람도, 심지어 별도의 의료적 조처를 원치 않는 사람도 모두 트랜스젠더라고 한다.[63]

아이들에게 '성별'이나 '성정체성'을 선택할 수 있다고 공교육 과정에서 본격적으로 가르치면 어떤 결과가 발생할까? 젠더 이데올로기 교육을 시행하는 나라에서는 자신을 트랜스젠더로 인식하는 아동·청소년들이 폭증하는 통계가 가시화됐다.[64]

영국에서는 '성전환 시술'(gender treatment)을 원하는 아동·청소년이 2009~2010년에는 97명에 불과했으나 2017~2018년에는 2,519명으로 급격히 늘어났다. 8년 사이 4,415%(약 44배)나 증가한 것이다. 2009~2010년에만 해도 40명의 여학생이 '성전환 시술'을 받았으나 2017~2018년에는 1,806명으로 4,515%(약 45배)나 증가했다. 남학생 수는 같은 기간 56명에서 713명으로 증가했다. 2017년에서 2018년까지 성전환 시술을 원하는 아동 중 45명이 6세 이하였으며 가장 어린아이는 4세였다. 또 2017년경 약 800명의 젠더불쾌증을 가진 어린이들에게 사춘기 차단제를 투여했으며 그중 10세 아동도 포함됐다.[65] 영국 여자 청소년들이 남성이 되기 위해 유방절제 수술을 받은 비율도 과거에 비해 2배 증가했다.[66]

2020년경 영국의 타비스톡 젠더 정체성 개발원(Tavistock Gender Identity Development Service, 이하 '타비스톡')에서는 영국 건강보험공단의 통계를 인용하면서 성전환 시술을 받은 18세 이하 아동·청소년이 2009년 77명에서 2019년 2,590명으로 폭증했다고 밝혔다. 10년 만에 3,264%(약 32배)가 증가한 것이다.[67] 그리고 놀랍게 여긴 현상은, 평등법이 시행된 지 10년 이후 성전환 시술을 받은 아동과 청소년 중 70%가 여자로 변했다는 것이다.[68]

많은 의료 전문가들은 어린이에게 투여되는 사춘기 차단제뿐만 아니라 성호르몬을 포함한 화학 물질(교차 성호르몬)의 장기적인 영향에 대해 우려를 하고 있다.[69] 특히, 타비스톡 조사에 의하면, 사춘기 차단제를 투여한 아동·청소년의 98%가 교차 성호르몬까지 투여한다는 사실을 밝혔다.[70] 다른 연구결과에서도 이 수치를 90% 이상으로 본다.[71] 즉, 성전환 절차를 시작하면 중단하기 어려운 것이다.[72] 브리스톨 왕립 병원(Bristol Royal Infrastructure)의 컨설턴트 정신과 의사인 루시 그리핀(Dr Lucy Griffin)은 경고한다.

"이 문제에 대해 매우 걱정하고 있습니다. 이런 시술은 골다공증을 일으키고 성 기능 장애를 일으키며 불임에 이를 수 있습니다."[73]

영국의 공식 대학원서 접수기관인 대학교 입학 서비스(Universities and Colleges Admissions Service)가 발표한 연구보고서에 따르면 대학교에 지원할 때 자신의 정신건강에 문제가 있다고 밝힌 학생 수는 2011년부터 2020년 사이에 450%가 증가한 것으로 나타났다.[74] 평등법이 제정된 시점(2010년) 이후에 청소년들의 정신건강이 크게 악화된 것이다.

구체적으로, 성전환을 원하는 영국 아동·청소년의 63%는 정신질환이나 신경발달 장애에 대한 진단을 적어도 한 번 이상 받은 것으로 확인된다.[75] 스웨덴의 연구결과, 성전환 수술을 받은 트랜스젠더들은 일반인보다 자살할 가능성이

19.1배 더 높다고 밝혀졌다.[76] 스웨덴은 1987년부터 LGBT에 대한 차별을 법으로 금지했다. 그리고 2004년에 차별금지법을 도입해 일곱 번의 개정을 거쳤으며 형법에도 차별행위에 대한 처벌규정을 두고 있다.[77] 이렇게 스웨덴에서는 트랜스젠더를 옹호하는 문화가 매우 강하기 때문에,[78] LGBT의 높은 자살률에 사회적 낙인이 기여했을 가능성이 극히 낮다는 것이 연구결과의 입장이다.[79]

이런 성전환 폐해가 평등법 시행 후 가시화되자 영국 사회는 큰 충격에 빠졌다. 2018년 9월경 영국의 여성평등부 장관 페니 모던(Penny Mordaunt)은 지난 8년간 자신의 성을 바꾸고 싶어 하는 어린이 수가 기하학적으로 늘어난 이유에 대해 조사를 지시했다.[80] 여성평등부는 소셜미디어와 학교에서의 트랜스젠더 이슈에 관한 교육이 어린이들의 생각에 영향을 끼치고 있는지, 또 사춘기가 안 된 어린이들의 성전환을 위해 약물 치료하는 것이 적합한지 조사할 것이라고 발표했다.[81]

미국에서는 젠더 이데올로기를 주입하는 공교육이 너무나 성공적이었다. 2017년 캘리포니아 대학교 연구에 의하면, 캘리포니아에서 교육받는 어린이 4명 중 1명 이상은 젠더불쾌증을 가진다고 밝혔다. 극히 보수적인 미국 유타주에서도 처방전 데이터를 분석한 결과, 2015~2020년 사이에 성전환 시술이 10,000%(100배) 증가했다. 놀랍게도 5세 아동들에게까지 젠더(사회적 성)와 생물학적 성별의 차이를 가르치게 되어 있다.[82]

미국 정부(CDC)의 건강 설문조사(2017~2020년)를 이용한 연구결과를 보면, 자신을 트랜스젠더라고 밝히는 사람들이 13~25세 연령층에 불균형적으로 집중된 것으로 나타났다. 일례로, 18~24세 연령층 인구는 전체 인구의 11%에 불과하지만 트랜스젠더 인구의 24%를 차지했다.[83] 더 어린 10대는 전체 인구의 7.6%이지만 트랜스젠더 인구의 18%에 달했다.[84] 2016년 미국의 한 연구에서는 10대 트랜스젠더의 수가 예상보다 4배 이상 많으며,[85] 트랜스젠더 중 41%는 자살을 시도했다는 사실을 밝혔다.[86]

그러나 아이들이 사회적 성을 선택하라고 강요받기에는 지나치게 어리다는 증거들이 많다.[87] 미국 소아과 학회(American College of Pediatricians)는 공식적으로 "아이들에게 심리적 혼란을 일으키고 성호르몬을 포함한 화학 물질의 장기적인 영향에도 불구하고 성전환이 정상이고 건강한 것이라고 믿도록 하는 것은 아동학대"라는 입장을 표명했다.[88] 미국 텍사스주에서도 성전환 시술은 아동학대와 다름없다고 밝혔다.[89]

2021년 미국의 한 조사에서는 자신을 트랜스젠더로 인식하는 사람들이 2006년부터 현재까지 약 4,000%(40배) 증가했다고 밝혔다. 또 동성결혼이 인정된 네덜란드(2001년), 캐나다(2005년), 노르웨이(2009년), 핀란드와 오스트레일리아(2017) 모두 비슷한 수치의 폭발적인 트랜스젠더 증가 현상을 보인다.[90]

2009년부터 동성결혼이 인정된 스웨덴도 성정체성 장애 진단(젠더불쾌증)을 받은 10대 여자 청소년 수가 10년간(2008~2018년) 1,500%(15배) 증가했다.[91] 다른 연구결과에서는 10년 동안 20세 미만 아동·청소년의 젠더불쾌증 진단률이 스웨덴에서 20배 증가했다고 밝혔다.[92] 스웨덴에서는 젠더불쾌증을 가진 아이들 수가 매년 100%(2배) 증가하고 있고, 그 아이들의 연령도 매년 낮아지고 있다.[93]

신경정신 의학계의 권위자인 연세대 정신과의 민성길 교수는 최근 소아·청소년들 중 트랜스젠더의 증가를 지적하며, 그 원인으로 젠더 이데올로기를 반영한 개방적인 성교육을 꼽았다. 민 교수가 편찬한 『최신정신의학』은 한국 정신의학계에서 대표 교과서로 불린다. 그는 다음과 같이 설명한다.

> "많은 청소년이 성정체성의 혼란을 겪지만, 상당수가 사춘기를 겪은 후 자기의 성정체성을 확인하고 시스젠더(생물학적 성별과 성정체성이 일치하는 사람)가 됩니다. 이때 성교육이 잘못 이뤄지면 성정체성의 혼란이 있는 청소년들은 자신이 트랜스젠더라고 결정하는 오류를 범하게 됩니다."[94]

의학 전문가들도 성정체성이 확립되지 않은 상태에 있는 아이들에게 인위적으로 젠더 이데올로기 교육을 강행하여 성정체성에 혼란을 일으킬 경우, 아이들은 자연스럽게 생물학적 성별과 성정체성을 일치시킬 기회를 빼앗기게 된다고 말한다.[95] 그리고 그 반작용으로 성전환 시술을 원하는 아동·청소년 수가 폭증하는 것으로 판단한다.[96]

한국에서도 법안으로 발의된 4개의 차별금지법과 초·중등교육법에 '성정체성'을 새로 추가했다. 한국 법체계에서 그 전에 볼 수 없었던 용어다.[97] 그리고 만 3세 아동까지 인권교육을 확대했다.[98] 차별금지법 시행 국가와 마찬가지로, 이 법들을 근거로 한국의 인권교육이 강화된다면 자신을 트랜스젠더로 인식하는 아동·청소년의 수가 폭증할 우려가 크다.[99] 이런 무책임한 교육정책으로 인한 고통은 성정체성 혼란을 겪는 아이들과 그 부모들의 몫으로 오롯이 돌아갈 것이다.

4장

청소년 동성애자/트랜스젠더
폭증과 인권교육의 긴밀한 연관성

4장

청소년 동성애자/트랜스젠더 폭증과 인권교육의 긴밀한 연관성

 젠더 이데올로기를 주입하는 공교육(인권교육)의 사회적 폐해는 단기간 내에 가시화되지 않는다. 그래서 최근에서야 청소년 동성애자/트랜스젠더(이하 'LGBT') 폭증 현상이 차별금지법 시행 국가에서만 가시화된 것이다. 더불어 아동·청소년에게 미치는 정신적·육체적 해악성도 함께 가시화되었다.

 외국 사례를 분석하면, 차별금지법 시행 시점부터 아동·청소년 LGBT 급증이 시작된다. 그런데 차별금지법이 시행되면 언론에서는 동성애/성전환으로 인한 사회적 병리현상(해악성이나 위험성)에 대해 보도하기 어렵다. 교육현장에서 또한 유해성 정보를 제공한 교사를 파면시킨다.[100] 아이들은 이런 정보들에 대한 접근이 허락되지 않은 채 공교육을 통해 젠더 이데올로기가 어릴 때부터 주입된다.[101]

 장소적 측면에서도, 차별금지법이 시행되는 국가에서만 공통적으로 LGBT 청소년들이 폭증하는 현상을 보인다. 이러한 시기, 장소와 관련된 외국 통계를 보더라도, LGBT 청소년 폭증 현상과 차별금지법(인권교육) 시행의 긴밀한 연관성은 실증적으로 뒷받침된다.

 젠더 추종자들은 성적지향(동성애)이 본인의 선택과 상관없는 반면, 성정체성(성전환)은 본인의 선택적 행위라고 한다.[102] 그렇다면 성정체성(성전환)은 개념 내재적으로 후천적 학습에 의한 영향을 받는다. 특히, 아동들은 성정체성 등 사회적 성을 포함해 모든 것을 흡수하며 배우는 특징이 있다. 이런 아동들의 선택에 교육보다 강한 영향을 주는 것은 없다. 젠더 이데올로기의 선구자이자 퀴어이론의 창안자 주디스 버틀러(Judith Butler)도 후천적 학습으로 성(gender)이 결

정된다는 입장이다.[103]

2017~2018년경 성전환 시술을 원하는 영국 아동 중 45명이 6세 이하였으며, 그중 가장 어린아이가 4세였다.[104] 일각에서는 차별금지법 시행으로 인해 사회적 낙인 효과가 없어지면서 LGBT가 가시화된다고 주장한다. 상식적으로 4~6세 아동들이 사회적 낙인을 생각하며 성전환 시술을 원한다고 하겠는가? 그것은 바로 젠더 이데올로기를 4~6세 아동들에게까지 주입했기 때문이다.

아동·청소년들은 돌이킬 수 없는 성전환 시술의 장기적 효과를 이해하거나 동의할 능력이 없다. 그럼에도 부모 몰래 이뤄지는 인권교육 등으로 자신의 성별을 선택할 수 있다고 세뇌를 당하게 된다.[105] 학교 선생들도 이데올로기를 따르고 자녀 복리에 심각한 영향을 미치는 결정에 부모를 배제시킬 것을 요구받는다.[106] 영국의 법무부 장관인 수엘라 브라버먼(Suella Braverman)이 이런 현상을 비판한다.

"아이들 의료서비스에서는 다른 특별한 사정이 없다면 부모가 아이 복리에 가장 부합하는 방법으로 행동한다고 법적으로 추정됩니다. 학교가 부모를 배제한 채 아이들의 인생에 중대한 변화를 유발하는 결정을 해서는 안 됩니다. 이것은 젠더불쾌증을 가진 아이들도 마찬가지입니다."[107]

영국에서는 "일부 교육자들이 학교에서 트랜스젠더 문제를 홍보하는 것이 아이들의 마음에 혼란을 준다고 경고한 바 있으며, 아이들에게 성별을 의심하도록 격려하는 것이 일종의 '산업'이 되었다"는 목소리가 나온다. 『여성 대 페미니즘』(Women Vs Feminism)의 저자인 조안나 윌리엄스는 "학교가 어린이들에게 실제 소년인지 소녀인지 의문 제기하는 것을 격려하고 있다"라고 했다.[108] 브라버먼 법무부 장관도 말한다.

"잘못된 정보에 따르는 선생들은 좋은 의도가 있더라도 아이들에게 편향적인 젠더 관점을 세뇌할 수 있습니다. 4세 아동에게 젠더나 성을 바꿀 수 있다고 가르치는 것은 그 연령에 적합하지도 않습니다."[109]

또 많은 학교와 선생들은 젠더불쾌증을 가진 아이들이 원하면 어떤 것이든 따라야 할 법적 의무가 있다고 잘못 믿고 있습니다. 스포츠 경쟁이나 성중립적 인칭대명사부터 시설 사용까지 모든 면에서 그렇습니다.[110] 이 모든 것들은 부모에게 알리지 않고 다른 아이들에게 끼치는 영향력을 고려하지도 않은 채 일어납니다. 이런 접근 방식에 의문을 제기하는 사람들은 트랜스포비아(트랜스젠더 혐오)로 비난받습니다."[111]

많은 선생은 자신들에게 제공된 도그마(젠더 이데올로기 교리)나 자료들을 수용할 수밖에 없는 궁지에 몰렸다고 느낍니다. 그들은 잘못된 것을 행한다는 공포에 질려 있습니다. 선생들은 아이에게 해롭고 근본적으로 동의하지 않으며 심지어 잘못됐다고 생각하는 것들까지 가르칠 수밖에 없다고 느낍니다. 선택의 여지가 없다고 느끼는 것입니다. 우리는 그런 환경에서 살 수 없습니다. 우리는 학교, 부모, 그리고 젊은 사람들이 재갈을 물었다고 느끼는 나라에서 살 수 없습니다."[112]

미국에서도 5세 아이들에게 부모 몰래 성전환을 장려하는 교육을 함으로써 논란이 되고 있다.[113] '자녀들이 인권교육을 받기 이전에는 자신의 성정체성을 의문시하지 않았다'라고 많은 부모들이 토로한다.[114] 일례로, 미국 캘리포니아 유치원(Rocklin Academy Gateway)에서 5세 아동에게 트랜스젠더 주입식 교육을 하여 부모들의 반발을 샀다. 학교에서는 부모에게 알리지 않은 채 '소년의 몸에 갇힌 소녀'에 대해 가르쳤다.[115] 선생은 트랜스젠더를 설명하는 책 2권을 아동들에게 읽어줬다. 그리고 여자 옷을 입은 5세 남아가 여아로 성전환했다면서 앞으로 바뀐 여자 이름을 사용하라고 했다. 아동들 앞에서 성전환 이벤트를 한 것이다. 유치원 측에서는 부모가 이 수업을 거부할 수 없으므로 트랜스젠더 수업에 대한 사전 통지를 할 필요가 없었다고 한다. 그리고 트랜스젠더 책을 읽어주지 않는 선생들은 차별했다는 이유로 소송을 당할 위험에 노출된다.[116] 한 부모는 "내 딸이 남자로 변할까 봐 두렵다면서 몸을 떨고 울면서 집에 왔다"라고 말한다.[117] 부모들은 이를 항의하기 위해 캘리포니아 가족협의회(California Family Council)에 연락했다. 가족협의회의 이사인 그레그 버트(Greg Burt)가 말한다.

"인권교육을 받기 전에 젠더 정체성에 대해 단 한 번도 고민한 적이 없었던 아동들이 갑자기 남자로 변할까 봐 두려워하고 있습니다."[118]

가족협의회의 조나단 켈러(Jonathan Keller)가 말한다.

"수업을 들은 어린 소녀들 몇 명은 부모에게 달려가 '엄마, 아빠 나 이제 남자로 변하는 거야'라고 울면서 말했습니다. 한 남자아이는 수업을 듣기 전에 젠더에 대해 전혀 생각해 보지 않다가 갑자기 여자 옷을 입고 학교에 가도 되는지 엄마에게 물어보고 있습니다."[119]

또 미국 소아과 학회(American College of Pediatricians) 회장인 미쉘 크레텔라(Michelle Cretella)가 말한다.

"권위 있는 선생이 잘못된 몸에 갇힐 수 있다고 가르칠 경우, 아이들은 잠재적으로 자신의 신체와 일치하지 않는 성별을 가진다는 두려움을 가지게 됩니다.[120] 이런 기관들이 성전환을 장려하는 것은 알려주지 않는 정신건강의 손상을 유발할 수 있습니다. 제도화된 아동학대라고 보는 이유입니다."[121]

전문가들은 이런 인권교육이 아이들에게 젠더불쾌증을 유발할 뿐만 아니라 지속시키는 요인이 된다고 우려한다. 젠더불쾌증 분야의 세계적 권위자인 케네스 저커(Kenneth Zucker)도 같은 입장이다. 그는 캐나다 토론토(Toronto) 대학의 정신과 교수다. 그리고 35년 동안 캐나다에서 규모가 가장 큰 젠더 정체성 클리닉을 이끌면서 젠더불쾌증을 앓는 아동·청소년 560명을 치료했다.[122] 치료받은 아이들은 3살부터 청소년까지 연령대가 다양했다.[123] 저커 교수는 성별전환이 장려되지 않는다면 젠더불쾌증을 앓는 아이들의 80~90%는 사춘기 이후 생물학적 성별을 받아들이면서 자신의 신체에 편안함을 느끼게 된다고 밝힌다.[124] 아이들이 본래 성에서 떠나가도록 적극적으로 유도하는 인권교육과 같은 외부 간섭이 없다면 대부분 아이들에게 젠더불쾌증이 지속되지 않는다는 것이다.[125] 저커 교수가 말한다.

"대부분의 아이들은 다른 성별이 되고자 하는 욕구를 나중에 잃습니다. 이것이 의미하는 바는 가령 6세 아동에게 다른 성별이 되고자 하는 강한 욕구가 있더라도 10년 후에 그렇게 느낄 것이라는 가정은 매우 신중히 해야 한다는 것입니다."[126]

네덜란드에서도 이와 유사한 연구결과가 있다.[127] 그리고 외부 개입이 없다면 젠더불쾌증을 가진 학령기 아이들의 94%가 자연스럽게 성정체성 문제가 해결되며 성인이 되면 성전환 욕구가 사라지게 된다는 연구결과도 있다.[128] 그러나 인권교육은 아동에게 자신의 성정체성에 의문을 갖도록 가르친다. 그리고 판단 능력이 미성숙한 시기를 틈타 성정체성을 선택하도록 격려한다.[129] 젠더 이데올로기에 의해 통제된 미디어는 성전환을 미화한다.[130] 이로 인해 성전환을 원하는 아이들 수가 폭증한다고 보는 것이 논리적이다.[131]

영국과 호주의 한 연구에서는, '성전환과 관련된 언론 보도'와 '젠더 클리닉에서 치료를 받는 트랜스젠더 아동·청소년(0~18세)의 급증 현상' 사이에 연관성이 인정되며 이를 뒷받침하는 증거들을 발견했다고 한다.[132] 이처럼 인권교육과 미디어를 통해 유발된 아동·청소년의 젠더불쾌증이 성전환 시술하게 되면 돌이킬 수 없게 된다.[133] 이 과정에서 부모를 정책적으로 배제하기 때문에[134] 아동·청소년에게 동의 능력이 없다는 비판의 목소리가 높다.[135]

게다가 트랜스젠더의 자살률이 매우 높다.[136] 인권교육 등은 아이들의 생명까지 위협하는 셈이다. 나아가 젠더 이데올로기가 아동에게 노출되는 시점이 이를수록 자살률도 현저히 높아진다.[137] 젠더 이데올로기의 실현(성전환 확산정책)을 위해 아이들이 희생되는 것이다.[138]

젠더 추종자들은 성적지향(동성애)이 본인의 선택과 상관없는데 그 원인을 모르겠다고 한다. 그러나 뒤에서 보는 바와 같이, 동성애자 중 일부가 본인의 선택과 상관없다고 느끼는 것은 게이 동성애의 중독성과 어릴 때부터 주입된 인권교육 때문이라는 견해가 설득적이다. 그리고 미디어도 유동적인 사회적 성의 선택을 적극적으로 장려한다.[139] 이로 인해 아이들은 동성애에 대한 성적 호기심을 갖게 된다.[140] 그리고 게이 동성애를 경험하게 될 경우, 중독성 때문에 아이들은 본인의 선택과 의지로 빠져나오지 못하는 경우가 많다.[141]

2015년 조사에 의하면, 영국 젊은 사람들의 절반,[142] 미국 젊은 사람들의 3분의 1은 각각 자신이 완전한 이성애자가 아니라고 밝혔다.[143] 영국의 18~24세 연령층 1,632명을 대상으로 조사한 결과, 46%만 이성 간 성행위를 하고, 6%는 자신이 완전한 동성애자라고 밝혔다. 43%는 자신이 이성애자와 동성애자의 중간 정도에 위치한다고 밝혔다.[144] 미국의 13~20세 연령층은 52%가 자신이 완전한 이성애자가 아니라고 밝혔다.[145] 또 다른 연구에 의하면, 영국 여성 중 완전한 이성애자가 오히려 드물다고 한다.[146] 젠더 이데올로기를 교육하는 나라에서는 젊은 사람들과 여성 중 상당수가 LGBT가 아님에도 불구하고 동성 성행위를 경험했음을 시사한다. 즉, 이들의 동성 성행위는 본인의 의지와 선택으로 이루어진 것이다. 선택할 수 없을 정도로 중독에 이르지 않았기 때문이다. 그리고 후천적 학습에 의해 이루어졌다.[147] 젠더 이데올로기 공교육에 노출이 많이 된 어린 세대일수록 동성 성행위를 하는 사람들이 폭증한다는 결과가 그 단적인 증거다.[148]

이것은 2019년경 현대과학이 동성애의 후천성을 밝힌 것과 맥락을 같이한다. 1993년경 미국 국회(하원) 청문회에서 동성애 운동가인 도나 민코위츠(Donna Minkowitz)가 제기한 문제를 논했다. 즉, "공교육에서 게이가 정상이라고 가르침으로써 아이들 일부가 게이 대열에 참여토록 하는 것이 윤리적인지" 논의했다.[149] 30년 전에 수립되었던 동성애 아젠다 그대로 미디어와 젠더 이데올로기를 주입하는 교육을 통해 미국 청소년 5명 중 1명이 동성애자로 변한 것이다.[150]

왜 인권교육을 시행하면 LGBT 아동·청소년이 폭증할까? 아동은 만 2세 이후 두뇌가 급격히 발달하기 시작한다. 어떤 교육이나 사상이든 간에 무비판적이고 무조건적으로 수용하게 되는 것이다.[151] 일반적으로 성 의식은 초등학생 고학년부터 형성되기 시작해 일정한 발달 과정을 거쳐 청소년 시기에 굳어지게 된다. 이러한 성 의식은 주로 부모나 사회 환경 등을 토대로 하여 성적 가치관을 형성하게 된다. 즉, 어린 시절 트라우마, 인권교육, 개인적 성격 등이 복합적으로 작용해 성 의식을 후천적으로 형성한다.

청소년기는 호기심이 많고 성적 가치관이 아직 정립되지 않은 시기이기 때문에 감수성도 예민하다. 주변 제도적 환경에 영향이나 자극도 쉽게 받는다. 이로 인해 합리적 판단이 배제된 채 행동하기도 쉽다. 따라서 아동·청소년에게 동성애/성전환를 미화해서 어릴 때부터 계속 노출하면 이들의 성 의식도 쉽게 왜곡된다.[152] 그리고 아직 인지적, 정서적 성숙이 이루어지지 않는 시기에 동성애/성전환 관련 성행동을 부추길 가능성이 높아지는 것이다.[153] 유아 때부터 사회적 성을 세뇌하는 인권교육이 성행할 경우 LGBT 아동·청소년들의 폭증이 통계를 통해 가시화되는 이유다.[154]

한국도 젠더 이데올로기 주입식 교육이 본격적으로 강행되기 시작했다. 2021년경 서울시 교육청이 확정한 2기 학생인권종합계획은 2018년에 마련된 1기 종합계획과 달리 '성소수자'나 '성평등' 같은 젠더 이데올로기를 주입할 수 있는 근거들을 다수 포함했다. 2기 학생인권종합계획이 시행하는 인권교육은 영국에서 실시하고 있는 젠더 이데올로기 교육(LGBT 교육, 관계와 성교육)과 매우 흡사하다.[155] 이로 인한 LGBT 청소년 폭증 문제가 한국 사회에서만 예외일 것으로 보기 어렵다.[156] 뒷부분에 언급되는 바와 같이, 아이들에게 미치는 정신적·신체적 해악성도 아주 심각할 것이다.

그런데 현재 한국에서 발의된 차별금지법이 통과될 경우, 아동·청소년에게 해악을 끼치는 사회적 병리현상에 대한 사회적 논의와 검증이 불가능하게 된다. 관련 논의와 검증이 혐오 프레임에 갇히기 때문이다.[157] 아이들의 피해에 대한 주된 책임은 바로 젠더 추종자들에게 있을 것이다. 비판받아 마땅하다. 그럼에도 차별금지법은 시민들의 비판에 재갈을 물려버린다. 언론도 통제된다. 이로 인해 사회적 논의의 전제가 되는 알 권리까지 차단시킨다. 차별금지법 시행으로 젠더 추종자들은 일체의 책임이나 비판을 면하게 되는 것이다. 오히려 젠더 이데올로기에 대한 반대를 표현하거나 아이들의 피해를 우려하는 비판자들을 처벌한다. 본보기를 위해 사회적으로 매장하거나 파면시키는 경우가 다반사다.[158]

만일 젠더 이데올로기의 최상위법인 차별금지법이 제정될 경우, 관련 법 제도는 향후 견제를 받지 않은 채 계속 진화할 것이다. 이로 인해 발생하는 사회적 폐해가 아무리 심각해지더라도 차별금지법은 철회되기 어렵다. 여지껏 그런 사례 자체가 없다. 알 권리, 표현의 자유, 언론의 자유, 학문의 자유 등이 모두 무력화되기 때문이다. 이로 인해 젠더 이데올로기에 장악된 공권력을 견제할 수 없게 된다. 비판이나 공론화 자체가 금지되는 것이다. 이에 따라 젠더 이데올로기 실현을 위해 희생되는 우리 아이들을 보호할 수 없게 된다.[159]

DON'T MESS

동성애자들은 항문성교에 대해 알려지는 것을 굉장히 민감하게 생각하므로
사람들에게 성적으로 문란한 극소수의 동성애자들만 한다고 말할 것입니다.
하지만 동성애자 세계에서 항문성교를 하지 않으면 거의 장애인 취급을 당합니다.
항문성교는 항문 안에 있는 전립선을 자극하는 것입니다.
처음에는 무척 아픔을 느끼지만 몇 번 하다 보면 쾌감을 느끼기 시작하는데,
여기에 중독되면 그때부터는 동성애에서 빠져나오는 것은 거의 불가능합니다.

- (탈동성애자) 김정현, "동성애자들이 말해주지 않는 동성애에 대한 비밀," 조선일보, 2010 -

WITH MY KIDS

2부

내 아이를 빠져들게 하는 동성애와 성전환의 실체

1장

탈(脫)동성애자의 양심고백
(동성애자들이 말해주지 않는 '동성애에 대한 비밀')

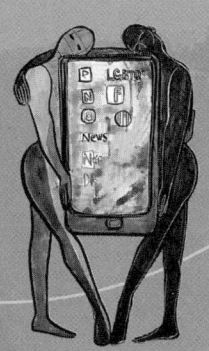

1장

탈(脫)동성애자의 양심고백
(동성애자들이 말해주지 않는 '동성애에 대한 비밀')

　동성애자에서 전향한 김정현은 2010년 11월 10일 '조선일보'에 이례적인 전면광고를 실었다. '동성애자들이 말해주지 않는 동성애에 대한 비밀'이란 제목의 양심고백이다. 대통령, 법무부 장관, 헌법재판소 재판관, SBS 회장 등에게 보내는 편지 형식의 이 광고는 동성애 실태를 적나라하게 묘사해 한국 사회에 충격을 주었다.[1] 김정현은 "양심고백에 적은 내용은 단 하나도 거짓이 없다. 부정적인 측면만 강조한 것도 아니다"라며 "이성애자들이 잘 모르는 사실을 있는 그대로 소개했다"라고 말한다.[2] 양심고백 중 발췌된 내용은 아래와 같다.

　동성애 체험을 고백하기에 앞서 김정현은 자기를 소개한다.

　"저는 초등학생 고학년 때부터 동성애를 느꼈고 대학에 들어와 종로, 이태원에서 동성애자 커뮤니티에 가입하였습니다. 29살에 동성애를 극복하기 위해 결심하였고 6년이 지난 지금은 여성과 교제 수준에 이를 정도로 동성애는 거의 없어졌습니다. 지금도 종로와 이태원 어디에 게이바가 있는지 족족 집어낼 수 있을 정도로 그쪽 실상에 대해 누구보다 더 잘 알고 있습니다.

　지금 드라마에서 영화에서 동성애가 쏟아져 나오고 있습니다. 두 남자가 산에서 일을 하며 동성애를 경험하고 사랑하게 된 내용으로 화제가 되었던 영화가 개봉되었을 때 일반인들은 감동적이었다고 했으나 정작 동성애자들은 그다지 공감하지 못하였습니다. 이유는 동성애는 그런 것이 아니기 때문입니다."

　김정현은 동성애자들이 특정 대상, 특정 스타일에 절대적으로 집착하며 성적 흥분과 만족을 느끼는 '식성'(보통 '좋아하는 스타일'과 유사한 의미를 갖는 동성애자 세계의 은어)을 갖고 있다고 설명했다. 예를 들면 뚱뚱한 남자만 좋아하는 식성, 중년 남성만을 좋아하는 식성 등이다. 이성애자들의 '스타일 찾기'와 차이가 있다면 동성애자들은 '스타일'이라는 것에 절대적으로 집착한다며 아래와 같이 양심고백 한다.

"식성이 무엇이겠습니까? 바로 외모로 인한 '성욕'이 식성의 모티브입니다. 사람의 내면이나 그 밖에 그 사람을 이루고 있는 것들, 교감 등 다 소용없습니다. 동성애자들은 식성을 보면 그의 신체를 탐하고자 하는 욕구가 급상승합니다. 그래서 그들은 식성이 통하면 거의 대부분 만난 첫날 성관계를 가집니다. '식성 발견 → 성욕 증대 → 성관계 → 애정관계 형성', 이것이 이들의 사랑 방식입니다.

동성애자들은 일반 사회에서도, 군대에서도, 일반 사우나에서도 식성을 찾습니다. 이들은 지금도 하루에 수도 없이 식성을 말합니다. 길을 지나는 남자 중 마음에 들면 '식성 지나간다'라고 말하고, 그 남자의 외모에서 온몸으로 성적 모티브를 얻는다면 '올(all)식'이라고 표현합니다. 올식을 만나면 성적 욕구가 최강으로 증대되므로 정신 차리기가 매우 어렵습니다. 그들에게 있어서 짝사랑은 온몸으로 그에게 성욕을 느끼는 것입니다. 따라서 동시에 여러 명을 짝사랑하는 것도 가능합니다. 이것은 정상이 아닙니다."

김정현은 동성애 원인이 된 자신의 성장 환경에 대해서도 말을 잇는다.

"저는 어릴 때 누나들 틈에서 자랐습니다. 그리고 누나들처럼 아무것도 모르고 여장 놀이를 했습니다. 이것이 제 인생을 망쳤습니다. 백지상태의 유년기에 여자 역할 놀이를 했던 저는 제대로 된 남성성이 자라지 못하고, 대신 여성성이 그 자리에 심어졌습니다. 그래서 저는 '여자 같다'는 말을 많이 들었습니다.

저는 많이 고쳤지만 아직도 저도 모르게 여성적인 모습이 있습니다. 저 또한 식성을 가지고 있었고 그 식성에 해당하는 사람을 보면 밤잠을 이루지 못하였고 그의 성기와 그의 육체를 갈구하였습니다. 저는 그것이 사랑의 감정인 줄 알았습니다. 물론 이성애자 사이에서도 최소한 상대방이 이성으로 보여야 하고 성적 매력에 끌리는 것은 당연한 것입니다. 하지만 그것만이 절대적이라면 아무리 남자라도 그건 좀 이상한 것 아닐까요? 더구나 그것이 일부러 의도한 것이 아니라 자신도 모르게 거기에 중독되어 있는 것이라면, 그것에서 벗어나기 위해 치료를 받아야 할 것입니다.

저는 동성애를 치료하던 중 어느 날 식성에서 해방된 것을 알았고 어린 시절부터 저를 억눌러 온 식성에서 해방된 느낌은 정말 말로 표현할 수 없을 정도였습니다. 식성이 없어지고 남자가 나와 같은 개체임을 알게 된 시점부터 동성애는 급격히 떨어졌습니다. 자석이 같은 극끼리는 밀어내듯이 남자가 아무리 매력적이더라도 나와 같은 개체-그도 남자, 나도 남자-임을 새삼 식성을 벗어난 시각에서 보게 되자 더 이상 남자를 통해 나의 훼손된 남성성을 갈구하지 않게 되었습니다.

제가 만나 본 많은 동성애자들이 저처럼 어릴 때 남성성을 제대로 채우지 못하는 환경에서 자랐고, 저처럼 여성성이 채워진 동성애자는 행동도 여성적입니다."

찜방은 남성 동성애자들이 밀폐된 공간에서 일회성 만남 등을 갖는 시설로 통한다.[3] 김정현은 동성애자들의 '찜방' 문화와 성병의 실태에 대해서도 양심고백한다.

"동성애자들은 찜방을 부정하지는 않으나 이성애자들의 '업소'에 비유하여 극히 음란한 동성애자만 간다고 하는데 절대 그렇지 않습니다. 많은 수의 동성애자가 찜방을 이용합니다.

문제는 찜방을 통하여 무작위로 퍼지는 성병입니다. 실제 여성 역할을 하는 동성애자는 상대방이 성관계 도중 콘돔을 슬쩍 빼버릴까 봐 매우 걱정합니다. 에이즈에 걸린 동성애자가 보복심리로 콘돔에 구멍을 뚫어 오는 경우도 있고 관계 도중 빼는 경우도 많습니다. 그리고 콘돔만으로 에이즈를 다 막을 수 없습니다. 또한 유부남 동성애자들은 애인을 사귀기 힘들므로 찜방에서 성욕을 해소하고 가는 경우가 많은데 이 경우 부인까지 무차별적으로 감염됩니다.

'곤지름'(항문사마귀)은 동성애자들이 이름만 들어도 치를 떠는 병인데, 동성애자 카페에 들어가서 '곤지름'을 검색하면 몇 페이지에 달하는 것을 보실 수 있습니다. 항문섹스를 하는 그들은 항문사마귀에 감염될 확률이 매우 높습니다. 이 병은 잘 낫지도 않고 재발이나 감염이 잘 되어 동성애자들은 곤지름을 아주 끼고 삽니다. 그리고 임질과 매독 등도 아주 잘 걸립니다. 매독은 2차 시기엔 피부 접촉만으로 감염될 수 있습니다. 성병에 걸린 상태에서는 면역력이 많이 떨어지므로 줄줄이 성병에 감염될 가능성이 큽니다.

또한 처음 찜방에 발을 들인 사람은 그곳을 주로 이용하는 동성애자에게 (이들은 거의 100% 에이즈 환자라고 봐도 무방합니다) 타켓이 됩니다. 대부분 나이가 어린 동성애자이므로 그곳 실정을 잘 모르고 호기심에 와보는 경우가 대부분인데, 이 경우 경험 많고 능글능글한 동성애자들에 의해 에이즈를 비롯해 여러 성병에 감염될 확률이 아주 높습니다. 방문 첫날, 에이즈에 감염될 수 있습니다. 찜방 인근 주민은 동네에 에이즈 제조 공장이 있는 줄도 모릅니다.

동성애자들은 일반 남자들이 업소 다니는 거나 마찬가지라고 하지만, 성병의 전파력에 있어서는 항문성교를 하는 동성애자들의 찜방은 일반 업소와는 비교가 되지 않습니다. 그 파괴력은 엄청납니다. 동성애자들은 이를 알면서도 뻔뻔스럽게 이성애자의 업소와 비교합니다.

무작위로 성병 검사를 한다면 이성애자와 비교했을 때 아주 큰 차이로 동성애자의 성병 감염률이 높을 것입니다. 제 친한 친구 둘도 젊은 나이에 에이즈에 걸려 있습니다. 하지만 찜방은 여전히 다니면서도 절대 상대방에게 말하지 않습니다. 식성을 통해 육체를 갈구하고자 하는 욕구는 에이즈에 걸렸다고 해서 사라지는 게 아니니까요.

그리고 나이 들면 결국 에이즈에 걸리게 되어 있습니다. 확률 게임이고 도박에 빠진 사람이 결국은 가산을 탕진하는 것처럼 이 바닥에서 생활하면 본인이 아무리 건전하게 생활한다 하여도 결국 에이즈 걸린 사람과 만나는 것은 정해진 수순입니다. 더구나 동성애자라는 그다지 크지 않은 무리 가운데서 성관계 상대자가 돌고 돌면 결국 그 사람이 그 사람이 되며 자기도 에이즈 감염이 되는 것은 시간문제일 뿐입니다.

찜방에 대응하여 많은 만남으로 이루어지는 것이 바로 채팅을 통한 만남인데, 이들은 사진을 교환하거나 캠을 통해 상대를 확인하고 어느 정도 식성이 되면 직접 만나 모텔로 갑니다. 하지만 상대방이 전날 찜방에서 뒹굴다 온 사람인지 서로 전혀 알 수 없습니다."

김정현은 항문성교와 같은 민감한 주제에 대해서도 거침없이 양심고백 한다.

"동성애자들은 항문성교에 대해 알려지는 것을 굉장히 민감하게 생각하므로 사람들에게 성적으로 문란한 극소수의 동성애자들만 한다고 말할 것입니다. 하지만 동성애자 세계에서 항문성교를 하지 않으면 거의 장애인 취급을 당합니다. 항문성교는 항문 안에 있는 전립선을 자극하는 것입니다. 처음에는 무척 아픔을 느끼지만 몇 번 하다 보면 쾌감을 느끼기 시작하는데, 여기에 중독되면 그때부터는 동성애에서 빠져나오는 것은 거의 불가능합니다.

그 정도까지 되면 그 사람은 외모만 남자이지 정서적으로 그냥 여자라고 봐야 합니다. 남자를 볼 때 그 사람의 물건을 상상하며 그를 통한 여성적인 성적 자극을 생각합니다. 그건 남자가 아닙니다. 많은 동성애자를 보았지만 그들의 대화에서 항문성교를 하지 않는다는 동성애자는 거의 본 적이 없습니다. 이 바닥에 갓 나온 어린 동성애자도 사랑하는 형이 원하면 아파도 참습니다.

그런데 항문성교를 하면 성병 감염이 현저히 높을 뿐 아니라 항문이 완전히 망가지게 됩니다. 나이가 들수록 배변 기능이 떨어지기에 변이 묽어지는 경우가 많은데, 항문이 늘어나면 변이 나오는 것을 막지 못합니다. 변의가 있을 때 빨리 화장실에 가지 않으면 항문 괄약근이 조여주지 못하므로 변을 그대로 줄줄 싸게 됩니다.

동성애 카페 게시판에서 '변실금'을 검색하시면 그들이 항문이 늘어남으로 인해 받는 고통을 잘 보실 수 있습니다. 또한 평소에도 항문으로 가스가 나올 때, 혹은 괄약근에 힘을 줄 일이 있었을 때 묽은 변이 조금씩 새어 나오므로 항문은 항상 이상한 액체가 흐르고 그들은 만성 항문소양증에 시달립니다. 늘어난 괄약근은 줄어들지 않으며 평생 치료가 안 됩니다. 나이가 더 들수록 항문의 힘은 더 빠져 증세는 갈수록 심각해집니다.

그러나 동성애자 세계에서는 이러한 것에 거의 주의를 주지 않습니다. 창피하므로 숨깁니다. 그럼에도 불구하고 항문섹스의 쾌감을 포기할 수 없으므로 될 대로 되라는 식으로 항문섹스를 합니다. 이 정도가 되면 에이즈는 오히려 작은 문제일 뿐입니다."

김정현은 자신의 '동성애 치료'에 대해서도 설명한다.

"저의 경우 치료한 지 4년 정도 됐을 때 식성을 비롯하여 남성에 대한 성 집착이 떨어져 나갔습니다. 식성에서 해방된 것이 지금도 감격스럽습니다. 동성애는 극복하려는 의지가 중요하다고 생각됩니다. 동성애에 미련을 두면 40년이 걸려도 소용없다고 생각합니다.

작용·반작용의 법칙처럼, 식성에서 어느 정도 자유로워지기 전까지는, 동성애를 끊으려 하면 동성에 대한 집착이 더 강해집니다. 하지만 이것은 어떠한 중독 치료도 마찬가지일 것입니다. 그러나 치료를 계속해나갔을 때 동성애의 내부 균열이 미세하게 진행되고, 거대 빙산이 붕괴되는 것처럼 때가 되면 급속히 무너지는 것을 경험했습니다. 그리고 이 과정에서 저 자신의 남성성이 얼마나 훼손되어 있었는가도 느낄 수 있었습니다.

성인 이후 늦게 동성애를 배운 사람은 이 과정만 극복해도 과거로 되돌아갈 수 있습니다. 어린 시절에 남성성이 훼손되고 여성성이 채워진 동성애자는 식성 치료 후 본질적인 동성애 치료인 남성성 회복을 해야 합니다. 이때가 되면 다른 남성을 통해 남성성을 갈구하지 않으며 자기 자신에게서 남성성을 채우고자 하게 됩니다. 따라서 그동안 관심이 없던 격렬한 스포츠나 축구, 족구에 관심을 갖게 되고, 이 단계에서 군대 같은 환경에 들어간다면 상당한 효과를 볼 수 있다고 봅니다."

김정현은 동성애자들의 실상을 말하면서, 이를 외면하는 젠더 추종자들을 비판한다.

"나이든 동성애자들은 동성애 세계가 얼마나 무서운지 다 알고 있습니다. 젊음의 때가 가고 30대가 넘어 식성 경쟁에서 밀려나기 시작하면 동성애자들은 그 후로 절대 고독과 외로움에 평생을 살아야 합니다. 나이든 동성애자는 서로 얘기 안 해도 누가 에이즈에 걸렸는지도 잘 압니다. 하지만 젊은 동성애자나 일반인에게 이런 것들을 말해주지 않습니다. 또한 동성애자들이 제시하는 동성애자로서 멋지게 사는 자들의 사례에 속지 마십시오. 본질은 그것이 아닙니다. 주말마다 찜방을 헤매고 항문이 다 늘어나 변을 질질 싸고, 성병의 고통과 계속되는 공포에 계속 시달리며 결국 에이즈로 마감하는 대부분의 동성애자는 처음부터 그렇게 살려고 한 것이 아닙니다. 아무리 마음을 먹어도 시간과 환경이 결국은 그들을 그렇게 만들어 버립니다. 그것은 절대 인권이 아니며 인권법으로 해소할 수도 없습니다."[4]

"감성적 인권론자들은 정확한 실상을 외면한 채 무조건 '호모포비아'(동성애 혐오증)로 몰아붙입니다. 책 보고 동성애 공부한 사람들이 철학과 역사 들먹이며 토론하는 것 보면 역겹습니다."[5]

2장

탈(脫)트랜스젠더의 양심고백

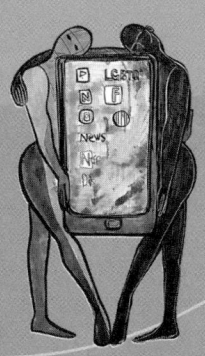

2장

탈(脫)트랜스젠더의 양심고백

월트 헤이어(Walt Heyer)는 생물학적 남성이다. 그는 4세 때부터 약 40년 동안 젠더불쾌증을 겪다가 성전환 수술을 받았다. 이후 8년 동안 트랜스 여성으로 살다가 다시 남성으로 전향했다. 이후 '후회하는 성전환'(Sex Change Regret)이라는 웹사이트를 운영하며, 성전환 수술로 후회하는 트랜스젠더들에게 상담을 해왔다.[6] 도움의 손길이 차단된 사회에서 수년 동안 유일하게 위안을 제공하는 역할을 한 것이다.[7] 월트는 웹사이트를 운영하게 된 계기에 대해 말한다.

"내가 1980년대에 경험한 성전환 수술을 둘러싼 기만은 오늘날까지 이어지고 있습니다. 성전환 수술로 인한 후회를 직접 경험했기 때문에 누구보다 그 아픔을 잘 압니다. 나와 같이 젠더불쾌증으로 고통받는 사람들을 위해 침묵할 수 없었습니다. 일어서서 성전환의 후회를 얘기하는 용기가 생길 때까지 수년이 걸렸습니다."[8]

월트는 젠더불쾌증을 유발하게 된 자신의 성장 환경에 대해 말한다.

"4살 때부터 할머니는 손수 만든 보라색 드레스를 나에게 입히며 부모 몰래 여장 놀이를 했습니다. 2년 반 동안 지속됐는데, 할머니와 여장 놀이를 할 때면 부모님은 대체로 캠핑 여행을 갔습니다. 이후 삼촌으로부터 성추행을 당했습니다. 이로 인한 심리적 고통은 여자가 되고 싶게 만들었습니다. 이렇게 4살 때부터 생긴 젠더불쾌증은 40년간 이어졌습니다. 나는 여자인데 남자 몸에 갇혀 산다고 한평생 느끼며 살았습니다. 성정체성 혼란으로 20대에는 알코올에 중독됐습니다. 적절한 심리치료를 받기 전까지 젠더불쾌증이 아동기 때 트라우마로 발생한 것인 줄 모르고 살았습니다. 괴로운 현실을 도피하는 은닉처였던 것입니다."[9]

월트는 성전환 수술에 대해 이어서 말한다.

"나는 호르몬 치료를 받기 시작했고 젠더 치료사를 찾았을 때 너무나 빠르게 성전환 수술을 권했습니다. 젠더불쾌증으로 진단받고 42살 때 성전환 수술을 받았습니다. 트랜스 여성인 라우라 젠슨(Laura Jenson)이 되었고, 그렇게 8년 동안 살았습니다. 심리적 안정을 얻고 행복해지는 길이라고 확신했습니다. 나의 괴로운 문제를 해결해줄 것으로 기대했던 것입니다. 4살 때부터 잘못된 신체에 갇혔다고 느끼며 살아왔기에 성전환 수술 직후에는 매우 기뻐했습니다. 어릴 때부터 간직했던 여성이 되는 꿈을 이루었다고 느끼며 만족했습니다.[10]

그러나 시간이 지나면서 초기의 행복감은 사라지지만 젠더불쾌증은 사라지지 않았습니다. 진짜 여성이 될 수 없다는 사실을 깨닫고 후회하게 되었습니다. 몸에 실험을 끝낸 후 너무 늦게 깨달은 진실이었습니다. 돌이킬 수 없는 성형된 몸을 갖게 되면서 정신질환은 더욱 악화만 되어 갔습니다. 젠더 치료사로부터 3년간 상담을 받아도 소용이 없었습니다. 성전환은 일시적인 만족감을 주지만, 내 정신질환의 근본 원인에 대해서는 아무것도 해주지 못했던 것입니다. 오히려 정신질환의 근본 원인을 가리고 더 악화시킬 뿐이었습니다. 나는 자살 직전까지 갔습니다."[11]

월트는 자신의 '트랜스젠더 치료'에 대해서도 설명한다.

"나의 성정체성 혼란은 계속되었습니다. 결국에는 일반 심리학자의 조언을 구하게 됐는데, 해리성 장애(dissociative disorder)라고 진단을 내렸습니다.[12] 어린 시절 트라우마로 다수의 인격체가 존재하는 장애를 말합니다. 집중적인 인지 치료는 내가 경험한 어린 시절의 트라우마를 알게 해줬습니다. 어린 시절의 트라우마로 해리성 장애가 유발된 것이었습니다. 이것을 깨닫고 우울증과 불안장애를 치료받으면서 젠더불쾌증도 함께 사라져갔습니다. 여자로 살고자 했던 나의 인생은 현실 도피를 위한 시도였던 것입니다. 슬프게도 너무나 많은 사람들은 젠더불쾌증이 다른 정신질환의 부산물이거나 증상이라는 사실을 모릅니다.[13]

나는 2년 동안 원래 태어났던 성으로 돌아가는 것을 고민했습니다. 그리고 트랜스 여성이 된 지 8년 만에 다시 남성으로 전향하는 수술을 받았습니다. 심리상담은 성전환 수술이 절대 해줄 수 없는 것을 해줬습니다. 내가 생물학적으로 될 수 없는 존재가 되고자 하는 욕구를 치료해줬습니다. 온전한 심리상담은 나의 젠더불쾌증을 끝내줬습니다."[14]

월트는 트랜스젠더가 되는 근본적인 이유에 대해서도 설명을 한다.

"성을 바꾸려는 욕구는 정신적 트라우마에서 비롯됩니다. 1980년대 중반이 되어서야 나 역시 어린 시절 깊게 뿌리내린 트라우마가 젠더불쾌증을 유발했다는 사실을 깨달았습니다. 성전환 이전 또는 그 이후 수많은 사람이 후회하면서 나에게 연락하고 조언을 구합니다. 상담했던 수많은 사람의 성전환 욕구는 예외 없이 어린 시절 문제로 추적될 수 있습니다. 만일 사회가 더 나은 심리상담이나 평가를 허용했다면 이런 문제들은 발견됐을 것이고, 그들은 상처받지 않았을 것입니다.[15]

대다수의 트랜스젠더는 최소한 한 개 이상의 정신질환을 동반합니다. 그들 모두 원치 않는 고통을 경험했습니다. 성적 학대, 끔찍한 가정환경이나 상실 경험, 정신질환이나 심각한 트라우마를 어린 시절 경험했습니다.[16] 부모들이 이런 학대나 트라우마에 대해 알지 못하는 경우도 종종 있습니다. 이 중 가장 많은 사례는 어린 시절에 겪은 성적 학대입니다. 많은 사람들은 성전환 수술 후 뒤늦게 이것이 자신의 정신질환 치료 방법이 아니라고 깨닫습니다. 수년 후에도 후회하는 사람들이 많습니다. 성전환 수술이 오랫동안 고통에 시달리게 한 근본적인 문제를 해결해주지 못한다는 사실을 깨달으면서......"[17]

월터는 우리 주위에 성전환을 후회하는 트랜스젠더들이 잘 보이지 않는 이유를 설명한다.

"성전환 수술을 후회하는 사람들은 너무나 많습니다. 트랜스젠더의 자살 시도율이 41%에 이른다는 사실이 이른 단적으로 증명합니다. 나와 같이 성전환 수술 후 본래 성으로 전향하는 수술을 다시 받은 사람들로부터도 매주 연락받습니다. 나에게 연락하는 사람들은 자신이 스스로에게 불러온 절망으로 인해 자살 직전까지 갈 만큼 상처받은 사람들입니다. 본래 성으로 전향하는 수술에 대해 공개적으로 얘기하는 순간 트랜스 운동가들의 표적이 됩니다. 그들이 커밍아웃하면 인권운동가들로부터 경멸과 신랄한 비판을 받는다는 것을 잘 압니다. 그들은 그것을 견딜 수 있는 심리 상태가 아닙니다.[18]

그리고 트랜스 여성이 태어날 때의 성별인 남성으로 전향하는 수술을 받기 위해서는 성기를 다시 성형해야 합니다. 그런데 비용이 너무 많이 들고 원래 기능도 잘 회복되지 않아 위험부담이 큽니다. 그래서 포기하는 사람들이 많습니다.[19] 결코, 만족해서 트랜스 여성으로 살아가는 것이 아닙니다.

성전환을 후회하는 사람들은 사회에서 고립됩니다. 젠더 이데올로기와 정치적 올바름은 트랜스젠더의 후회라는 것 자체를 인정하지 않습니다. 더구나 젠더 추종자들은 성전환을 후회하는 사람들이 절박하게 원하고 필요로 하는 상담 치료를 받기 어렵게 합니다. 성전환을 후회하는 사람들의 고통은 진지하게 받아들여야지, 소외시키거나 경멸해서는 안 됩니다. 그들의 인권은 사회에서 존중받지 못합니다.[20]

때로는 후회의 감정이나 자살 충동이 성전환 수술한 지 10~15년 후에 찾아오는 경우도 있습니다. 나에게 연락한 후회하는 사람들 중에는 성전환 수술한 지 30년이 된 사람도 있습니다. 젠더 추종자들이 주도하는 연구에는 성전환 후 단기간만 들여다보고 젠더 이데올로기에 유리한 연구결과만을 도출합니다.[21] 성전환 후 일시적으로 만족하는 상태만을 추출해 실상과 다른 연구결과를 냅니다.[22] 후회하는 사람들 대부분은 연구대상에서 제외됩니다. 트랜스젠더의 정신질환 상태 등을 장기간 추적 조사한 연구가 없는 이유입니다."[23]

월터는 자기와 상담했던 빌리의 이야기를 전한다.

"성전환 수술을 후회하는 것이 어떤 것인지 상상해봅시다. 당신은 의사에게 학대받았던 어린 시절의 트라우마를 얘기합니다. 당신의 젠더불쾌증을 설명할 수 있는 하나의 가능성으로서요. 그런데 의사는 당신의 과거 경험에는 전혀 관심이 없고 무시할 뿐입니다. 대신에 당신의 정신질환을 극복하는 유일한 길은 성전환 절차를 진행하는 것이라고 밀어붙입니다.

당신은 의료 전문가의 식견을 믿기로 하고 성전환 절차를 받아들입니다. 호르몬 치료와 성전환 수술까지 해버립니다. 그런데 뒤늦게 깨닫습니다. 기대했던 문제 해결이 없다는 걸요. 내가 무슨 일을 저지른 건가? 그때 젠더 추종자들이 얘기합니다. 너의 선택이니 너의 책임이고 잘못이라고요. 그리고 후회하는 것을 보니 너는 원래부터 트랜스젠더가 아니었다고 합니다. 그러니 입 닥치라고요...... 빌리의 이야기입니다."[24]

월터는 젠더 추종자들이 어린아이들을 대상으로 추진하는 인권교육에 대해 비판한다.

"아동·청소년들은 자신이 겪는 정신질환 등 여러 문제의 해결 방안으로 '젠더 확인'(gender affirming) 절차가 제시될 때 특히 취약합니다. 할머니가 성별을 바꿔야 한다면서 어린 나를 조정했던 것이 얼마나 손쉬웠는지 경험했습니다. 젠더 추종자들은 유치원이나 초등학교 시기에 아이들이 부모의 가치관을 배척하고 젠더 이데올로기를 주입하기가 손쉬운 최적의 시기라는 것을 잘 압니다. 이 시기에 아이들은 감수성이 매우 예민하고 가르치는 대로 받아들입니다. 아직 가치관과 판단 능력이 성숙하지 못하고 변별력이 미약한 시기입니다. 젠더 추종자들은 아이들의 이 취약한 시기를 적극 활용합니다.[25]

인권교육은 아동·청소년들이 자신의 성정체성과 성적지향을 의문시하고 장려하도록 고안되어 있습니다.[26] 아동·청소년들을 가르치는 인권교육 교재에는 성별을 자기가 마음대로 선택할 수 있다는 사회적 성, 엄마와 아빠가 서로 바뀔 수 있다는 메시지들이 가득합니다. 공적 자금으로 지원되는 인권교육은 동성애와 성정체성 혼란이 선천적이기 때문에 바뀔 수 없다는 메시지를 퍼붓습니다. 그리고 이와 다른 얘기를 하는 사람은 부모를 포함한 그 누구이든 증오와 편견을 가진 혐오주의자라고 가르칩니다.[27]

인권교육을 하는 교사는 선의일지 몰라도 아이들에게 돌이킬 수 없는 상처를 주는 아젠다가 포함되어 있습니다. 젠더 이데올로기 교육은 LGBT 아동·청소년들의 높은 자살률을 맞서는 데 아무런 도움을 주지 않습니다. 오히려 학교가 자신을 동성애자나 트랜스젠더라고 밝히도록 장려할 때 어린아이들은 자살 등 심각한 위험에 빠지게 됩니다. 아동에게 주입하는 젠더 이데올로기 교육은 자살 리스크를 높입니다. 아동·청소년이 자신을 LGBT로 인식

하는 시기가 1년씩 늦추어질 때마다 자살 리스크도 20%씩 감소하기 때문입니다.[28]

성정체성 혼란을 겪는 아이들의 94%는 외부 개입이 없을 경우 자연스럽게 성정체성 문제가 해결되며 성인이 되면 성전환 욕구가 사라지게 됩니다.[29] 그런데 학교가 LGBT 성정체성을 내면화하고 이를 밝히도록 장려하기 때문에 아이들의 성정체성 혼란이 고착되고 자연스럽게 해결되는 것을 막습니다.[30]

LGBT는 다른 시민들과 마찬가지로 당연히 폭력이나 학대로부터 보호받아야 합니다. 그렇다고 젠더 이데올로기와 정치적 아젠다가 아이들에게 주입되는 공교육을 반대하는 부모들의 인권을 무시해서도 안 됩니다. 특히 젠더 이데올로기 메시지가 내포된 인권교육이 아이들에게 해롭다는 명백한 증거들이 있어 더욱 그렇습니다."[31]

월터는 젠더 추종자들이 트랜스젠더의 치료를 가로막는 현실에 대해 비판한다.

"교사뿐만 아니라 의료 전문가들도 아동·청소년들이 사회적 성을 선택하고 돌이킬 수 없는 치료를 받도록 몰고 가서 해를 끼칩니다. 성전환 수술이 젠더불쾌증 치료에 소용이 없고 호르몬 치료가 유해하다는 사실을 무시하는 것은 지적으로 부정직한 것입니다.[32] 트랜스젠더의 높은 자살 시도율(41%)은 성전환 수술이 전혀 효과가 없다는 것을 증명합니다. 반면 성전환 수술의 긍정 효과를 평가하기 위해 트랜스젠더의 정신질환 상태 등을 장기간 추적한 연구는 존재하지 않습니다. 젠더 추종자들은 상처받은 사람들을 대상으로 임상실험하고 있습니다. 그리고 윤리는 사라졌습니다. 의사들은 젠더불쾌증에 동반하는 정신질환에 대해 진단하지 않습니다. 근본 치료에 손을 놓은 것입니다.[33]

트랜스젠더의 높은 자살 시도율(41%)은 오늘날까지 그대로입니다. 수많은 환자를 자살로 몰고 가는 치료는 돌팔이 치료입니다. 그리고 진짜 돌팔이들은 근본 치료를 막고 상처 입은 사람들이 더 망가지도록 성전환 수술과 호르몬 치료를 강요하는 자들(젠더 추종자)입니다. 젠더 치료사들은 정치적 이념에 의해 동기가 부여되어 어린 시절의 트라우마를 무시합니다. 그리고 가능한 많은 환자들을 성전환 절차로 몰아넣어 우려를 받고 있습니다. 의사들은 성전환을 권유하는 대신 트라우마를 치료할 경우 트랜스 커뮤니티의 악랄한 반발로 사회적으로 매장당하는 것을 두려워합니다.[34]

소위 '전환치료의 금지'라는 것은 사실상 환자가 스스로 진단한 젠더불쾌증에 동조하지 않는 모든 상담 치료가 포함됩니다. 환자가 성전환을 원하는 이유를 의문시하는 의사들은 자격 박탈이나 파면을 각오해야 합니다.[35] 환자의 계속되는 질문에 대응해 상담하더라도 마찬가지입니다. 금지되는 '전환치료'의 범위가 너무나 포괄적이기 때문입니다. 사실상 의사의 판단이 아니라 젠더 추종자들과 그들이 추진한 입법 장치로 좌우되는 것입니다. 의사들은 환자가 스스로 진단한 젠더불쾌증에 동조하지 않을 경우 법적 책임이 기다린다는 사실을 인식하고 있습니다.[36]

정치적 올바름이나 젠더 추종자들의 권력이 강해짐에 따라 '트랜스젠더 인권'이라는 명분은 상상할 수 없는 범위까지 확장됐습니다. 이로 인해 트랜스젠더에게 진짜 필요한 치료나 진단은 무시되며 가로막힙니다. 젠더불쾌증의 고통이 진단받지 않은 다른 정신질환에서 비롯된다는 의학적 사실을 지적하거나 표현하는 것조차 정치적 올바름에 어긋납니다. 젠더 추종자들이 주장하는 인권을 명분 삼아, 높은 자살률로 뒷받침되는 '근본 치료가 이루어지지 않는 사실'을 은폐합니다. 의학적 문제를 정치화함으로써 관련 연구도 방해하고, 이로 인해 젠더불쾌증으로 고통받는 사람들에게 해악을 끼칩니다. 성 정체성에 대한 우리 사회의 집착은 순진한 아이들에 대한 오진을 의미할 뿐만 아니라, 아이들의 건강을 위협하며 그들의 삶을 파괴하는 것을 의미합니다."[37]

월터는 젠더 추종자들에 의해 통제되는 언론에 대해서도 비판한다.

"젠더 추종자들은 트랜스젠더가 성전환 수술로 겪는 후회, 불행, 자살에 대한 개인적 이야기나 관련 연구가 대중에게 새나가지 못하도록 억누릅니다. 이렇게 출판되는 정보의 흐름을 통제함으로써 의학적으로 쓸모가 없는 성전환 수술을 확산시킵니다. 이로 인한 사회적 병리현상이나 병폐는 사회를 탓

하거나 트랜스포비아에 핑계를 대기 위한 방편으로 인정할 뿐입니다.[38]

대다수 언론은 트랜스젠더가 후회한다는 사실이나 그들의 이야기를 받아들이지 않습니다. 그래서 사회적 논의는 균형을 잃었습니다. 그들의 목소리에도 귀를 기울여야 합니다. 상처받고 원래의 성으로 전향한 탈트랜스젠더들에게도 똑같은 지원, 보호, 평등이 인정되어야 합니다.[39]

언론은 성전환 수술 후 트랜스젠더들이 일시적으로 기뻐하는 모습만 보여줍니다. 누구나 성전환 수술 직후에는 일시적으로 행복해합니다. 그러나 언론은 수년 이후 그들이 어떻게 변하며 후회하는지 보여주지 않습니다. 알코올과 약물에 중독되고 자살하는 트랜스젠더 삶의 실상을 말하지 않습니다.[40] 젠더 추종자들과 언론 운동가들은 젠더 이데올로기를 확산시키기 위해 트랜스젠더의 실상을 비밀로 지킵니다."[41]

한편 동성애자로 20년, 트랜스젠더로 5년간 살았던 이효진도 동일한 경험담을 고백한다.

"단돈 20만 원과 맞바꾼 정신과 진단서를 들고 가정의학과 병원에서 남성호르몬을 투여했습니다. 그리고 단 1년 만에 누가 봐도 남자의 외모를 얻었지만 정신과 장기는 병들어갔습니다. 겉모습이 남성화되면 정신적 안정감을 갖게 될 줄 알았는데 젠더불쾌증은 더 악화됐습니다."[42]

3장

미국 최초로 '제3의 성'을 인정받은 사람의 양심고백

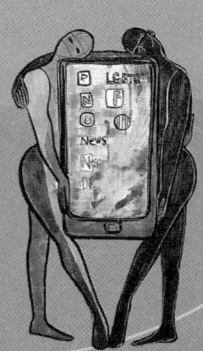

3장

미국 최초로 '제3의 성'을 인정받은 사람의 양심고백

생물학적 남성이자 트랜스젠더 여성인 제이미 슈페(Jamie Shupe, 52세)는 2016년 6월 10일 미국 법원(오리건주 지방법원)에서 LGBT 사회가 열광하는 역사적인 판결을 받았다.[43] 미국 시민 최초로 남성도 여성도 아닌 '제3의 성'을 법적으로 인정받는 것이다.[44] 슈페의 출생증명서도 '제3의 성'을 의미하는 '성별: 알 수 없음'이 최초로 표기됐다.[45] 신분증도 마찬가지다.[46]

제3의 성(nonbinary)은 여성과 남성으로 분류된 성별 기준을 벗어나는 모든 성정체성을 의미한다.[47] 반대의 성별인 여성/남성으로 성전환하는 트랜스젠더를 넘어 주관적 인식에 따라 성정체성의 범위를 무제한 확장시키는 개념인 것이다. 젠더 정체성을 스펙트럼(spectrum)으로 부르는 이유다.[48] 이것은 생물학적 성별을 완전히 해체하게 된다. 이 판결로 슈페는 LGBT 운동의 영웅이자 아이콘이 되면서 전 세계적으로 유명해졌다.[49] 그리고 이 판결로 미국에서는 제3의 성 운동뿐만 아니라,[50] 이를 인정하는 판결들이 잇따랐다.[51] 게다가 오리건주 등 13개 주에서 운전면허증 등 공문서에 '제3의 성'을 의미하는 'X'가 표기되는 초석을 놓았다.[52] 2016년 당시 슈페가 말했다.

"내 성정체성은 남성과 여성의 혼합입니다.[53] 제3의 성인 것입니다.[54] 그리고 이 판결은 내 인생 최고의 승리입니다.[55] 기뻐서 눈물이 났습니다.[56] 인생을 되찾았기 때문입니다.[57] 그동안 남성과 여성이라는 전통적 분류로는 저와 같은 사람을 제대로 분류할 수 없었습니다.[58] 그래서 저는 맞서 싸우기로 했고,[59] 제 정체성을 스스로 창조했습니다.[60] 나 혼자만을 위한 싸움이 아니었습니다.[61] 그리고 내 존재를 정의하는 권리를 선언했고 승리했습니다. 마치 판도라 상자를 여는 것과 같았습니다.[62] 내가 동의하지 않는 이분법 분류 시스템에서 해방되어 기쁩니다.[63] 가장 중요한 것은 내 판결의 승리로 이분법적인 생물학적 성별로부터 해방되었다는 것입니다. 나와 같은 모든 사람에게 제3의 성을 인정하는 법적 문호가 열리길 희망합니다."[64]

남성인 슈페는 2012년부터 호르몬 치료를 시작했다.[65] 그리고 2013년 트랜스젠더 여성으로 성전환하며 뉴욕타임즈 헤드라인을 장식했다.[66] 그리고 2016년경 제3의 성을 인정한 오리건주 법원의 판결도 주요 언론사들이 앞다퉈 취재했다.[67] 이 당시 그는 성전환을 위해 싸웠다.[68] 그러나 2019년 1월경 슈페는 자신의 생물학적 성별인 남성으로 전향하며 '제3의 성은 사기이고 거짓이며 성전환을 후회한다'라고 양심고백 했다.[69]

"저를 국제적으로 유명하게 만든 이 기념비적이고 획기적인 법원 판결을 부정하고 이 모든 것이 거짓말과 기만에 근거했다는 것을 자인하는 것은 대단히 고통스러운 일입니다.[70] 그러나 이 치밀한 사기 행각에 참여함으로써 얻은 명성의 가치보다 저의 양심에 가해지는 거짓말의 무게가 더 무거웠습니다.[71] 자신의 성적 문제와 연계된 정신질환을 인정하는 것만큼 힘든 일도 없습니다. 특히, 미국에서 최초로 무엇인가를 한다는 것은 극히 희소한 일이고, 저는 뉴욕타임즈에 소개되면서 세계적인 명성까지 얻었습니다. 그래서 타고난 성별로 전향한다는 것이 저에게 무척 어려웠습니다. 이 모든 것을 무너뜨려야 했기 때문입니다.[72]

제3의 성으로 성전환하는 것은 의학적·과학적 사기입니다. 저를 가장 힘들게 했던 것은 제가 아이들을 제3의 성으로 끌어들이고 있었다는 것입니다. 제가 제3의 성을 법적으로 인정받았던 것은 사람들에게 몸을 바꿀 필요가 없는 공간을 주고자 하는 바람이 컸습니다. 그러나 트랜스 운동가들은 근본적으로 제3의 성에 대해서도 의학적 개입을 하기 원하고 있습니다.[73] 저는 제3의 성이나 트랜스젠더가 더 이상 아닙니다.[74] 성전환을 후회합니다.[75] 그래서 남성으로 전향했고 트랜스젠더 커뮤니티와의 모든 관계를 절연했습니다.[76] 그리고 나서 모든 기만을 밝히는데 정말 많은 용기가 필요했습니다.[77] 제가 촉발시킨 문제를 뒤바꾸는 데 도움이 되기를 희망하면서 저의 이야기를 공개합니다."[78]

슈페는 성전환을 잘못 선택한 원인이 자신의 정신질환과 젠더 이데올로기에 장악된 정신건강 시스템 때문이라고 밝힌다.[79] 먼저, 정신질환과 젠더불쾌증을 유발하게 되는 환경에 대해 말한다.

"부모는 저를 어릴 때부터 심하게 구타했습니다. 그리고 친척인 삼촌은 초등학교 때부터 저를 성추행했습니다. 매우 고통스러웠습니다.[80] 어느 순간부터 이런 성적 학대의 표적이 된 이유가 '내가 여자이기 때문이다'라고 스스로 말하면서 믿게 되었고, 이를 통해 정신적으로 버텼습니다. 학대에 대처하는 메커니즘이 된 것입니다.[81] 그러나 사실은 삼촌이 어린 남자에게 끌리는 소아성애자였을 뿐입니다.[82] 이런 성적 학대는 저에게 수십 년간 젠더 정체성의 혼란을 유발한 사건이 되었습니다.[83] 부모 구타 등 너무나 많은 폭력에 노출되어 이것을 정신적으로 어떻게 받아들여야 할지도 알지 못했습니다.[84] 게다가 군대에서 18년간 근무를 했는데 모든 의사들은 제가 외상후스트레스장애(PTSD)를 앓고 있다는 진단을 내렸습니다. 조울증과 경계성 성격장애라는 진단도 있었습니다.[85] 정신건강이 점점 나빠졌습니다.[86] 이때 일부 의료 전문가들과 진보 운동가들은 저의 정서적 장애가 잘못된 젠더 때문이라고 믿도록 저를 유도했습니다.[87] 그러나 진짜 뿌리는 아동기 시절의 성적 학대와 구타였습니다.[88]

저는 2012년부터 교차 성호르몬 치료를 받았습니다. 그런데 젠더불쾌증을 해결하기는커녕 더 악화시켰습니다. 공식적으로 젠더불쾌증으로 진단받고 자신을 여성이라고 믿도록 세뇌당한 후, 저는 실제 여성처럼 보여야 한다는 심한 압박을 받게 됐습니다. 그리고 호르몬 치료로 정신건강이 악화되는 바람에 정신과 병원 입원을 세 번이나 했습니다.[89] 그런데 정신과 병원에서 나가는 조건 중 하나는 약물 재활원에 참가하는 것이었습니다. 저는 많은 남자들이 속해 있는 그룹에서 저의 성적 학대 경험을 얘기했습니다. 그런데 거기 참여한 거의 모든 남성 환자들은 저와 마찬가지로 어린 시절 성추행을 당했다고 밝혔습니다. 특히 남성 화장실에서 어린 소년들이 당하는 성추행의 숫자, 규모와 끔찍함은 상상을 초월합니다."[90]

슈페는 젠더 이데올로기에 장악된 의료 시스템에 대해서도 말을 잇는다.

"전환치료에 대한 낙인은 '왜 성전환을 원하는지'에 관한 환자의 동기를 조사할 수 없게 만들었습니다.[91] 트랜스 운동가들이 성전환을 너무나 쉽게 만든 것입니다. 의료기관들은 성전환 시술을 원하는 환자의 건강에 상관없이 성전환 시술을 원하는 환자의 뜻을 무조건 받아들이도록 압박을 받습니다. 저를 포함한 환자들은 트랜스젠더리즘에 낚이면 성별을 바꿀 수 있다는 확신을 갖게 됩니다.[92]

의료계는 트랜스 커뮤니티를 굉장히 두려워하기 때문에 젠더불쾌증 이면에 있는 정신질환에 대해 진단하기를 두려워합니다. 트랜스 운동가들을 두려워하는 간호사, 의사, 치료사들은 환자의 성전환 시술 요청을 거절하지 못합니다. 트랜스 운동가들이 의학을 이기고 있으며 그들의 언어가 싸움에서 승리하고 있습니다.[93] 이것은 의료 전문가들만의 문제가 아닙니다. 왜냐하면, LGBT 옹호자들은 전환치료에 매우 엄격한 법안들을 통과시키기 때문입니다. 사실상 성전환을 원하는 사람들의 동기를 묻는 것을 불가능하게 만듭니다. 치료는 원래 거기서부터 시작돼야 하는데 말입니다. 그러나 의사들이 마땅히 해야 하는 이런 질문을 한다는 이유로 해고되기 때문에 의사들의 손은 근본적으로 묶여 있습니다.[94]

의료 전문가들은 제게 외상후스트레스장애(PTSD)가 존재한다는 사실도 무시했습니다.[95] 저에게 있어 최선은 의사가 이런 정신질환을 집중적으로 치료해주는 것이었습니다. 그랬다면 위험성이 큰 성전환으로부터 저를 보호했을 것입니다. 그러나 의료 전문가들이라고 주장하는 돌팔이들은 '당신의 젠더 정체성이 여성이다'라고 말합니다. 그리고 젠더불쾌증이라고 고무도장을 찍은 후 여성이 되면 저의 정신질환이 치료될 것이라고 설득합니다.[96] 그러나 이면에 있는 정신질환의 진짜 원인은 조사하지 않습니다.[97] 게다가 다른 사람들의 아내와 딸들이 있는 여성 전용 화장실에 저를 숨기기까지 합니다. 성전환은 과학적·의학적 사기입니다."[98]

슈페는 '트랜스젠더 여성'에서 '제3의 성'으로 성전환을 하게 된 경위에 대해 말한다.

"교차 성호르몬은 저의 젠더불쾌증을 완화하지 못했습니다. 오히려 내가 여성이라는 믿음을 깼을 뿐입니다. 많은 트랜스젠더 여성처럼, 저는 단지 유방만 커진 중년 남성처럼 보였습니다.[99] 여성으로 성전환하지 3년이 된 어느 날 하루, 저는 거울을 뚫어지게 보고 있었습니다. 그때 여성이라는 허울이 허물어졌습니다. 제가 여성이 아니라는 현실을 받아들이는 데 3년이 걸린 것입니다.[100]

그러나 언론 노출 때문에 창피를 면하기 위해서라도 무언가를 해야 했습니다.[101] 여성이라는 환상이 깨지고 나서 나는 성전환을 한 의사 2명에게 여성 대신 제3의 성이 될 수 있게 해달라고 요구했습니다. 의사들은 흔쾌히 동의했습니다.[102] 그들도 실패한 여성 성전환의 곤경에서 벗어나고자 했던 것입니다. 그들은 저에게 매일 20알의 피임약과 맞먹는 호르몬 치료제를 투여한 후 제3의 성을 인정한다는 편지를 써줬습니다. 그리고 여성이라는 환상에서 벗어나기 위해 저는 미국 역사상 전무했던 일을 벌였습니다. 2016년경 오리건주 판사에게 남자도 여자도 아닌 제3의 성을 선언해 줄 것을 요구한 것입니다.[103]

저는 법원에 가서 '여성 성전환이 나에게 효과가 없다. 나의 남성적 측면과 여성적 측면이 분리될 수 없다. 성별과 젠더는 두 개만 있는 것이 아니라 스펙트럼이라는 것을 인정해야 한다'라고 말했습니다.[104] 판사는 나에게 단 한 개의 질문도 하지 않았습니다. 의학적 증거도 요구하지 않았습니다. 증거로 뒷받침한 판결이 아니었습니다.[105] 그리고 '제이미 슈페의 성별이 여성에서 제3의 성으로 전환됐다'라는 법원 결정을 그냥 승인했습니다.[106] 그렇게 법적으로 제3의 성이 인정된 사람이 미국에서 처음으로 탄생한 것입니다.[107] 그러나 모든 성적인 혼란은 제 머릿속에만 있었습니다. 성적 발달장애 같은 것은 저에게 없었습니다.[108] 저는 치료를 받았어야 했는데, 그 대신 매 단계 트랜스젠더 옹호 단체, 의사, 판사들이 저의 허구에 동조했던 것입니다."[109]

슈페는 호르몬 치료의 신체적 부작용에 대해 말한다.

"저는 호르몬 치료를 수년간 받았습니다. 이런 의학적 임상실험으로 저의 정신은 영원히 상처받게 됐고 많은 건강상 문제들이 발생했습니다.[110] 200이어야 하는 에스트로겐 수치가 2,585까지 높아져 눈에 혈전이 생겼고, 방광

조절 등 신장 문제도 발생했습니다. 여러 건강상 합병증 가운데 가장 심각한 것은 골밀도 문제였습니다. 골다공증을 진단받았는데, 호르몬 치료가 아니었다면 이런 진단을 받기에는 제 나이가 많지 않습니다. 운동할 때 뼈가 부러질까 봐 겁이 납니다. 그리고 남성 몸에 여성형 유방증이 심해 공공장소에서 지나치게 신경 쓰였습니다.[111] 이렇게 커진 유방은 되돌릴 수 없습니다.[112] 게다가 아직 표면화되지 않았지만, 호르몬 치료가 내 몸 안에 입힌 알 수 없는 손상들이 우려됩니다."[113]

슈페는 성전환이 유발하는 정신적 부작용에 대해서도 말을 잇는다.

"호르몬 치료를 받은 지 5년이 지나도 여전히 우울증과 불안장애로 시달리고 젠더불쾌증을 앓고 있었습니다. 그러나 그 부작용은 진짜였습니다. 정신건강 악화로 정신과 병원에 세 차례나 입원했습니다.[114] 그리고 정신과 재활 프로그램을 위해 입원하는 비용이 자그마치 미화 30,000달러에 이르는데, 국민 세금으로 충당합니다.[115]

의사들은 호르몬 치료가 나의 정신건강 문제를 도울 수 있다고 약속했습니다. 그러나 결과는 그 반대였습니다. 왜냐하면, 거짓된 현실 속에서 살고 있어서 저의 정신건강을 불안정하게 만들었기 때문입니다. 저의 정신질환은 점점 악화됐습니다. 계속 정신질환 약을 처방해 항상 약에 취해 있었습니다. 저는 저의 몸과 싸워야 했습니다. 사회와도 싸웠습니다. 왜 트랜스젠더의 자살률이 그렇게 높은지 완전히 이해하게 됐습니다. 이것을 사회 탓으로 돌립니다. 그러나 사회 때문이 아닙니다. 성전환 프로그램 그 자체가 우리 트랜스젠더들을 죽이는 것이었습니다.[116]

교차 성호르몬 치료는 젠더불쾌증을 해결하기는커녕 더 악화시킵니다. 공식적으로 젠더불쾌증으로 진단받고 자신을 여성이라고 믿도록 세뇌당한 후, 저는 실제 여성처럼 보여야 한다는 심한 압박을 받게 됐습니다. 저는 성별을 바꿀 수 있다는 해로운 이데올로기의 실험용 쥐로 과학적으로 검증되지 않은 확인치료를 받았습니다. 그리고 이런 비극적인 성전환 절차에 심각한 오류가 있다고 믿게 됐습니다. 그 근거는 걷잡을 수 없는 자살 성향과 자살 통계입니다. 트랜스젠더의 자살률은 41%에 이릅니다. 젠더불쾌증을 앓는 사람들도 자살 성향이 만연합니다. 성전환 절차의 근본적이고 치명적인 오류는 성전환 시술을 받는 사람을 기껏해야 여성과 남성의 혼합체로 만든다는 것입니다. 트랜스젠더는 결코 온전한 반대 성별의 사람이 될 수 없습니다. 젠더불쾌증으로 항상 고통을 받을 수밖에 없는 이유입니다.[117]

우리는 '성전환을 허용하지 않을 경우 자살을 유발한다'라는 소리를 종종 듣습니다. 그러나 성전환 시술 자체가 자살 성향을 유발합니다. '닭이 먼저냐 달걀이 먼저냐'를 생각해 봅시다. 젠더불쾌증이 먼저 발생할까요, 아니면 반대의 성이라고 먼저 믿게 된 후에 젠더불쾌증이 발생할까요? 저는 후자라고 봅니다. 제 경우도 그랬습니다. 저 자신이 여자라고 스스로 진단하고, 사람들이 그것을 확인한 이후에서야, 제 자신을 바라볼 때 '맙소사, 잘못된 몸에 갇혀 있구나'라고 생각하게 됐습니다. 그리고 자신을 여성으로 바꾸기 위한 과정에 들어서게 됩니다. 그러나 성별을 바꾸는 것은 불가능합니다. 불가능을 위해 노력하다가 죽게 되는 것입니다.[118]

2015년 말경이 되었을 때, 저는 성전환이 실패했다는 사실을 깨닫게 되었습니다. 저는 뉴욕타임즈에 나와 모든 사람에게 '나는 트랜스 여성이다'라고 말해왔고, 트랜스 운동을 이끄는 상황이었습니다. 엉망진창이 된 이 상황에서 어찌할 바를 몰랐습니다. 내 마음에 '그냥 자살해서 모든 것을 끝내버릴까'라는 생각도 들었습니다. 그러다가 인터넷에서 '제3의 성'을 발견했습니다. 이것을 보고 '제3의 성이라는 것을 합법화한다면 사람들에게 안전한 도피처가 생길 수 있겠다'라는 생각을 하게 되었습니다. 왜냐하면, 남자 신체를 갖고 여성일 수 있다는 것은 정말 말도 안 되는 소리인데, 이로 인한 자살 요인이 존재하여 제3의 성이 도피처라고 생각한 것입니다.[119] 그러나 진실을 말하자면 제3의 성으로 성전환하는 것도 의학적·과학적 사기일 뿐입니다."[120]

슈페는 성전환의 기만성에 대해 자세히 말한다.

"제가 왜 성전환을 추구하는지 그 원인을 스스로에게 교육해 알아가는 것이 내가 현실로 되돌아오고 자신과 화해하는 열쇠가 됐습니다.[121] 남자가 아니라는 가식과 법적 허구는 끝났습니다. 처음에는 여성, 다음에는 제3의 성으로 성전환한 나의 거짓된 허구가 드러난 것입니다. 미국 최초로 제3의 성을 법적으로 인정받게 해준 속임수는 진실로 대체되어야 합니다. 저는 항상 남자였습니다.[122] 이것은 제가 현실에 기초할 수 있도록 하는 유일한 생물학적 진실입니다.[123]

제3의 성은 가짜였습니다. 젠더 정체성은 사이비 과학에 근거한 사기입니다. 법적 허구입니다. 트랜스젠더 커뮤니티가 추진한 거짓말에 근거할 뿐입니다.[124] 트랜스젠더 커뮤니티는 반대 성별의 삶이 아주 훌륭하고 만족감을 줄 것 같이 묘사합니다. 그러나 실제로는 저를 더 비참하게 만들었을 뿐입니다. 한번 변화된 신체는 결코 되돌릴 수 없습니다. 성전환이 진짜라고 믿는 사람들이 자신의 삶을 파괴하는 것입니다.[125] 이들의 말년은 젠더 정체성이 사기이고 법적 허구라는 사실이 드러나면서 굉장히 불행해집니다.[126]

의료 전문가들은 잘못된 몸에서 태어났다고 서류를 작성함으로써 저와 같은 환자들의 성정체성 혼란을 더욱 악화시킵니다. 그리고 정부 기관과 법원이 이 개념을 인증합니다.[127] 그러나 성전환의 허구성을 알려주는 문헌들은 온라인에 아주 많이 있습니다. 그렇더라도 자격증이 있는 의사가 '당신이 잘못된 몸에 태어났다'라고 기재된 서류를 써주고 정부 기관과 사법부가 이런 망상을 인증해준다면, 환자는 망가지고 혼란에 빠질 수밖에 없게 됩니다. 저는 분명히 그랬습니다.[128]

불행히도, 성전환의 후회는 아주 흔합니다. 그러나 미디어는 성전환의 부작용이나 건강 합병증의 문제를 알리지 않습니다.[129] 젠더 정체성은 법적 허구이기 때문에 성 '전환'이라는 용어 자체가 부적절합니다. LGBT 커뮤니티에서는 처음에 나를 '여성'이라고 했다가, 다음에는 '남성과 여성의 혼합체'라고 했고, 모두가 이에 동조했습니다.[130] 그러나 이것은 정신적으로 해로운 법적 허구일 뿐입니다.[131] 두 개의 거짓된 성정체성은 생물학적 현실에 기초한 진실을 숨길 수 없습니다. 제3의 성은 존재하지 않습니다. 나와 마찬가지로, 간성인 사람들도 남자 또는 여자 둘 중 하나입니다. 그들의 상태는 성적 발달 장애의 결과이며, 연민과 도움이 필요합니다.[132] 저는 이 거대한 환상을 추진하는 데 큰 역할을 했습니다. 그래서 저는 피해자라고 할 수 없습니다. 진짜 피해자는 저의 아내와 딸, 그리고 납세자인 국민입니다.[133]

젠더 정체성은 정신 의학이 자행한 사기일 뿐입니다. 저는 더 이상 이것을 지지하지 않습니다. 성정체성 혼란을 겪는 아이들의 신체를 훼손하고 불임으로 만들며, 삶을 파괴하고 죽음을 유발하는 해로운 젠더 이데올로기를 실현하는데 더 이상 참여할 수 없습니다. '내가 항상 남자였다'라고 말한다고 해서 사회적·법적으로 처벌해서는 안 될 것입니다. 저의 이야기는 성전환을 믿는 모든 사람에게 경고가 되는 교훈입니다."[134]

슈페는 성정체성 혼란을 겪는 아이들에게 조언한다.

"저는 아이들이 나이든 어른들의 조언을 꺼리고 스스로 실험해보고 싶어 한다는 사실을 이해합니다. 그러나 성전환이 끼치는 해악은 결코 되돌릴 수 없습니다. 여러분은 몸이 하나밖에 없습니다. 생식 시스템도 오로지 한 개입니다. 생물학적 성별이 아닌 환상을 좇다가 이것을 파괴하지 말아 주세요. 여러분들이 겪는 고통은 진짜이지만, 성전환은 그 문제에 대한 해답이 아닙니다.[135]

아이들에게는 호르몬 치료나 성전환 수술이 필요하지 않습니다. 그리고 성정체성 혼란 때문에 불임이 될 필요는 더더욱 없습니다. 이 아이들에게는 성전환 시술 없이 자신의 젠더와 독특함을 안전하게 표현하는 것이 필요할 뿐입니다. 내가 아동일 때나 55세 어른일 때나 여전히 필요로 하는 것입니다.[136] 거짓된 성별 분류를 위해 성전환 시술을 아이들에게 자행하는 것을 단호히 반대합니다. 모두 법적·의학적 허구이기 때문입니다. 성전환 시술은 나에게 도움이 되지 않았고, 아이들에게도 도움이 되지 않습니다. 트랜스젠더 아이들은 나의 어린 버전입니다."[137]

슈페는 젠더불쾌증을 가진 자녀의 부모들에게 조언한다.

"LGBT 단체나 젠더 클리닉이 부모에게 자녀의 자살이나 성전환 시술 중 하나를 선택하라며 겁을 준다는 사실을 잘 압니다. 당신 자녀가 어떻게 자살을 무기화하는 방법을 배웠는지도 이해하고 있습니다. 저도 그런 것을 배웠기 때문입니다. 당신의 자녀가 얼마나 소중한지도 이해합니다. 왜냐하면, 저에게도 자녀 한 명이 있기 때문입니다. 제 자녀는 성전환 시술에 대한 저의 지지를 절대 받지 못할 것입니다. 의사들은 당신 자녀가 잘못된 사춘기를 겪지 않아야 한다고 경고할 것입니다. '자신의 신체가 자연스럽게 경험해야 할 사춘기를 겪지 않고서, 아이가 잘못된 사춘기인지 도대체 어떻게 알 수 있는가?'라고 부모는 반문해야 할 것입니다.[138]

젠더불쾌증은 항상 동반되는 병적인 정신질환의 일부라는 사실을 부모가 이해해야 합니다. 셀 수 없이 많은 아이들이 호르몬 치료와 성전환 수술로 인해 생명을 잃었습니다. 젠더불쾌증 이면에 있는 근본적인 문제를 치료하지 않기 때문입니다. 자녀들은 정신건강에 대한 상담이 필요한 것이지, 수술이 필요한 것이 아닙니다.[139] 동성애자보다 트랜스젠더가 겪는 의학적, 사회적 해악은 훨씬 심각합니다. 동성애자는 호르몬 치료나 성전환 수술을 받지 않기 때문입니다."[140]

슈페는 젠더 추종자들에 의해 통제되는 언론도 비판한다.

"성전환 수술과 트랜스젠더 아이들의 폭증에 대해 공연히 반대하기 때문에 저는 LGBT 커뮤니티에 의해 지탄받고 소외당하고 있습니다.[141] 트랜스젠더라고 밝혔던 이전에 저는 미디어의 스포트라이트를 받았습니다. 그러나 더 이상 트랜스젠더리즘을 지지하지 않게 되자 정치적 좌파는 저의 목소리를 완전히 침묵시켰습니다. 저의 존재 자체도 부정하기를 원하고 있습니다. 젠더 이데올로기를 경험한 여정에서 내가 배운 것은 많은 주류 언론들이 정치적 아젠다의 실현을 위해 나를 이용했다는 것입니다. 그들이 듣고 싶어 하는 언어(젠더 이데올로기 지지 내용)를 말하는 한 언론의 한 페이지를 장식합니다. 그러나 그들의 언어를 말하지 않거나 반대할 경우, 새로운 목소리로 대체됩니다. 거대한 권력이 미디어와 그 메시지, 그리고 누가 그 메시지를 보는지도 통제하는 세계가 되어가고 있습니다. 그 끝은 좋지 않을 것입니다."[142]

4장

'타고나지 않았다'는 현대과학

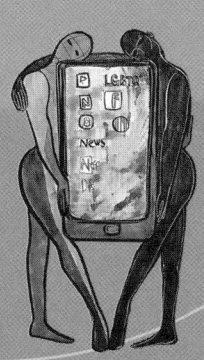

4장

'타고나지 않았다'는 현대과학

'왼손잡이 같다'는 오해 만들기

1990년에 출간된 동성애 책 『애프터 더 볼』(After the Ball)에 기재된 동성애 아젠다 전략 여섯 가지 중 하나다.

"동성애 운동가들에게 대의명분을 주라. 동성애자들을 사회 피해자로 만들어 비동성애자들이 그들의 보호자를 자처하도록 부추겨라. 동성애 대의명분을 사회정의 또는 법원리(인권)와 연계시켜라."[143]

30년이 지난 지금, 이 전략은 어떻게 실현되고 있을까? 젠더 추종자들은 평등원칙을 이용해 동성애 아젠다를 인권과 연계시킨다. 평등원칙은 본질적으로 같은 것을 같게, 다른 것을 다르게 취급할 것을 요구한다. 그리고 성별, 인종, 피부색, 나이, 민족과 같이 선천적인 차별금지 사유가 있다. 젠더 추종자들은 이런 사유들과 동성애가 본질적으로 동일한 비교집단이라고 주장한다. 이를 위해 동성애는 선천적이라고 주장한다. '동성애가 타고났다'라는 것은 인권 연계를 위한 정당화 근거인 셈이다.[144]

젠더 추종자들은 이를 위한 이론적 근거를 만들기 위해 1990년대부터 쌍둥이 연구, 유전자, 호르몬, 뇌 구조 등의 연구결과를 내세웠다.[145] 그리고 언론은 '동성애가 선천적'이라고 대서특필했다. 2000년대 이후 이 연구결과들은 모두 거짓으로 밝혀졌다.[146] 그러나 주요 언론들은 이에 대해 침묵했다. 이로 인해 대중들은 "동성애자가 동성 성행위를 하는 것은 타고난 것이며, 마치 왼손잡이 같다"라고 오해하게 된다.[147]

1993년에는 대중들 사이에 동성애가 유전이라는 인식이 퍼졌다.[148] 왜냐하면, 동성애자인 딘 해머(Dean Hamer)가 세계적으로 최고 권위 있는 국제학술지인 사이언스(Science) 머리말에 "99% 이상 동성애가 유전된다"라고 강조하며 논문을 발표했고, 서구 언론도 "동성애를 결정하는 단일 유전자가 발견됐다"라고 대서특필했기 때문이다. 동성애자인 해머는 38명의 남성 동성애자 가계의 X염색체를 분석해 동성애 성향이 X염색체 위의 Xq28이라는 유전자군 존재와 상관관계가 있다고 했다.[149] 그러나 1995년 사이언스 학술지는 다음과 같은 내용을 싣는다.

"해머와 공동으로 연구를 수행한 논문의 공저자이자 해머 연구팀 중 한 명은 해머가 1993년 논문 데이터를 선별적으로 선택했다고 고발해 미국 연구윤리국에서 조사 중이다."

해머가 의도적으로 '동성애 선천성'이라는 연구결과를 도출하기 위해 1993년 논문을 왜곡했다는 의혹이 제기된 것이다.[150] 해머의 1993년 연구결과는 겨우 38쌍의 게이 커플만을 분석한 결과였기 때문에 데이터를 선별하기도 쉬운 여건이었다.[151] 결과적으로, 대중들에게 동성애가 유전됐다고 오해하게 만든 이 연구결과는 거짓이었다. 1999년 라이스 등은 사이언스 학술지에 Xq28의 유전자를 분석해 동성애와 관련이 없다고 밝혔다.[152] 또한 2005년에 해머를 포함한 연구팀은 더 많은 가계(456명)를 분석한 결과, 동성애 성향과 Xq28 유전자군과의 상관관계가 없다고 발표했다. 다시 말해, 해머도 동성애가 유전된다는 본인의 1993년 연구결과를 스스로 번복한 것이다.[153] 그러나 주요 언론들은 1993년 해머 논문의 거짓을 밝힌 이런 사실들에 대해 침묵했다.[154]

동성애 유전자에 대한 또 다른 연구도 매스컴을 탔다. 1991년 미국 노스웨스턴대의 마이클 베일리(Michael Bailey)는 161명의 동성애자 지원자를 조사하며 선천성을 주장하는 동성애 쌍둥이 연구결과를 발표했다. 일란성 쌍둥이의 경우 한 명이 동성애자면 나머지 한 명도 동성애자일 확률이 52%에 달하며, 이란성 쌍둥이는 22%, 입양 형제의 경우 11%에 그친다고 한 것이다. 유전자가 같은 일란성 쌍둥이의 동성애 일치 비율이 유전자가 다른 이란성 쌍둥이와 형제들에 비해 월등히 높다는 주장이다. 이를 근거로 "동성애 유전자가 태아의 남성화를 막아서 게이가 된다"라고 했다.[155]

그런데 이 결과는 동성애를 옹호하는 잡지와 신문을 통해 161명의 조사 대상을 모집했기에 신뢰성이 떨어진다. 동성애가 선천적이라는 결과를 보이고자 의도적으로 많은 동성애자 쌍둥이들이 응모했다는 비판이 높다. 조사 대상이 된 샘플 자체가 편향적이다. 이를 '자원자 오류'(volunteer error)라 부른다.[156] 또한 일치하는 쌍둥이에게 두 배의 가중치를 주는 방식으로 부적절하게 계산함으로써 52%라는 과장된 수치를 도출했다. 이로 인해 대중들은 동성애가 유전으로 결정된다고 오해하게 됐다.[157]

  1990년대에 자궁 내 호르몬 이상으로 태어날 때부터 동성애가 결정된다는 가설도 나왔다. 성호르몬의 이상에 의해 동성애자는 일반인과 다른 두뇌가 형성된다는 주장도 있었다. 그러나 그 거짓이 모두 밝혀졌다. 1991년 동성애자인 리베이(Levay)는 남성 동성애자의 두뇌가 여성을 닮았다고 사이언스 학술지에 발표했다.[158] 그러나 2000년대에 그 오류가 지적되며 모두 번복됐다.[159] 특히, 과학 기술이 발전한 2000년대 이후에는 조사 대상이 편향적일 수 없는 대규모 조사들이 이루어지며 과학적 진실이 검증됐다. 그 결과 동일한 호르몬과 유전자를 공유하는 일란성 쌍둥이의 동성애 일치 비율은 10%에 불과했다. 호르몬 이상 가설이나 베일리 연구결과의 거짓성이 드러난 것이다.[160]

  이렇듯 1990년대에 쌍둥이 연구, 유전자, 호르몬, 뇌 구조 등의 연구결과를 통해 '동성애가 타고났다'는 잘못된 인식이 대중들에게 각인됐다. 그러나 오류를 밝힌 과학적 진실은 언론을 통해 알려지지 않았다.[161] 이렇게 동성애를 인권과 연계시키기 위한 이론적 토대가 마련된 것이고 이를 명목으로 젠더 이데올로기가 법·정책·교육에 반영됐다.[162] 특히, 차별금지법은 공권력으로 동성애에 대한 과학적·의학적 진실을 막는 역할을 한다. 언론도 통제한다. 그러나 현대과학은 동성애의 후천성을 밝혔다. 동성애로 인한 사회적 병리현상도 가시화됐다. 그럼에도 차별금지법은 시민들의 알 권리를 차단한다. 공권력으로 사회적 논의나 검증도 금지한다. 이렇게 거짓된 과학 논문과 젠더 이데올로기가 반영된 법 제도를 통해 "동성애가 왼손잡이 같다"라는 오해가 만들어진 것이다.

왼손잡이의 선천성을 밝힌 현대과학

2003년 인간 유전체(게놈) 지도가 처음으로 완성된 후부터 유전자 관련 과학 기술은 비약적으로 발전했다. 게놈(genome)은 유전자(gene)와 염색체(chromosome)의 합성어로 DNA로 구성된 모든 유전정보를 지칭하는 말이다. 흔히 '생명의 설계도'라고 불린다. 게놈 지도가 발전해 인간 유전체에 존재하는 거의 모든 유전 변이를 탐색할 수 있게 됐다.[163]

각종 질병 해법도 찾게 됐다. 가령 누군가 암에 걸렸다고 가정하자. 정상 세포와 비교해 암을 유발한 세포의 어떤 염기서열에 돌연변이가 발생했는지 확인해 암을 진단하거나 치료하는 데 활용된다.[164] 뿐만 아니라, 왼손잡이, 우울증, 알코올 중독에 선천적 요인이 있는지도 확인된다.

영국 옥스퍼드 대학을 중심으로 세계 20개 연구소의 과학자들로 이루어진 국제연구진은 'LRRTM-1'이라는 유전자가 뇌의 비대칭(brain asymmetry)에 변화를 일으켜 왼손잡이가 되게 한다고 밝혔다. 왼손잡이를 만드는 특정 유전자가 발견된 것이다.[165] 또 다른 연구결과는 임신 18주 때 왼손잡이인지 오른손잡이인지 89~100% 정확도로 예측할 수 있다고 한다. 왼손잡이는 태아가 자궁에 있을 때 결정되는 것이다.[166] 현대과학이 '왼손잡이가 타고났다'는 사실을 밝힌 것이다. 우울증 발병 위험을 높이는 44종의 유전자 변이와 우울증 관련 유전자 153개도 일일이 특정됐다.[167] 심지어 알코올 중독과 유전적 연관성이 있는 29개의 유전자 변이도 특정됐다.[168]

2003년 당시에는 게놈 해독을 위해 13년에 걸쳐 27억 달러(한화 3조 원)의 비용이 소요됐다. 그러나 현재는 400달러(한화 50만 원)를 지불하면 이틀 만에 게놈 해독이 가능할 정도로 과학 기술이 급진적으로 발전했다.[169] 유전자 분석 기술이 10년 만에 '100만 배' 발전했다고 한다.[170] 왼손잡이, 우울증, 알코올 중독의 선천적 요인을 결정하는 유전자나 유전자 변이가 정확히 특정될 정도다. 그런데 동성애는 이런 왼손잡이, 우울증, 알코올 중독보다 훨씬 독특한 행동 양식을 보인다. 만일 동성애의 선천성을 결정하는 유전자가 존재한다면 최첨단 현대과학 기술로 특정될 수밖에 없다. 특정되지 않는다면 동성애가 타고난 것이 아님을 입증한다.

현대과학과 통계가 밝힌 동성애의 후천성

현대과학은 동성애가 '타고나지 않았다'고 밝힌다. 두 가지가 대표적이다. 하나는 2019년 47만여 명을 대상으로 한 대규모 조사에서 동성애 유전자가 없다는 사실을 확인한 것이다. 다른 하나는 선천적인 영향이 동일한 일란성 쌍둥이의 동성애 일치 비율이 낮다는 사실이다. 아래에서 자세히 살펴보자.

유전을 연구하는 첨단기술 중에 게놈연관연구(genome-wide association study, 이하 'GWAS')가 있다. 어느 염색체의 어떤 위치의 유전자에 변이가 있으면 몇 살 때 어떤 암이 발생할 가능성이 몇 %라는 정보까지 얻을 수 있다.[171] 그런데 2012년에 드라반트(Drabant) 등은 23,874명을 대상으로 GWAS 연구를 했다. 그 결과 X염색체 상에서는 물론 전체 게놈에서도 동성애 관련 유전인자를 하나도 발견하지 못했다.[172]

2019년 동성애 경험이 있는 47만 명의 유전체를 조사한 결과에서도 동성애와 관련된 특정 유전자가 발견되지 않았다. 미국 매사추세츠 종합병원과 하버드대, 영국 케임브리지대 등 국제공동연구진은 영국과 미국에서 동성 간 성관계를 맺은 적이 있다고 응답한 남성과 여성 47만7,522명의 유전체를 조사한 결과 동성애와 관련된 특이 유전자가 발견되지 않았다고 밝혔다. 이 연구결과는 2019년 8월경 사이언스 학술지에 게재됐다.[173]

이 연구결과에 대해 한국과학기술연구원(KIST)의 신경과학연구단장(책임연구원)인 류훈이 설명한다.

"연구성과를 토대로 객관적인 설명이 담긴 논문입니다. 논문은 염기서열의 변화, 그리고 그 조합이 동성애와 관련성은 있지만 작은 부분에 속하며 동성애를 지향하는 특정한 유전자는 발견되지 않았음을 보여주고 있습니다. 동성애에서 나타날 수 있는 유전자 변이를 유전학 관점에서 살펴본 것인데, 사람이 갖고 있는 특정한 성향은 환경, 사회, 행동 등 수많은 외부 요인이 영향을 미친다고 볼 수 있습니다."[174]

서울대학교 치의학대학원 분자유전학-약리학교실의 류현모 교수는 "이 연구가 1993년 이래 지속해 온 동성애 유전 여부 논란을 완전히 종식시켰다"라면서 그 이유를 말한다.

"첫째, 47만 명이라는 압도적인 수의 사람을 대상으로 한 연구이기 때문에 통계적 신뢰성이 기존 연구보다 훨씬 높습니다.

둘째, GWAS라는 정밀하고 신뢰도 높은 유전체 분석 방법을 사용했습니다. DNA 염기서열 전체를 하나씩 비교하는 가장 정밀한 최신의 방법을 사용해서 연구결과의 신뢰성이 높습니다.

셋째, 동성애 옹호 단체가 사전에 참여하여 연구대상의 선정, 연구결과의 분석 방법, 표현 방법 등 모든 부분을 연구팀과 조율했습니다. 따라서 편파성 시비도 원천적으로 차단됐습니다."[175]

이 연구는 그동안 논란이 많았던 'Xq28'과 같은 동성애 유전자가 없다는 사실을 확증했다.[176] 유전자로 동성애를 예측하는 것이 불가능하다는 사실도 밝혔다.[177] 향후 동성애 관련 유전자가 발견될 가능성이 없다는 말이다. 다만 동성애 행동과 관련 있는 것으로 보이는 유전자 변이 5개가 발견됐다. 이들은 각기 우울증, 조현병(정신분열증), 양극성 장애(조울병), 대머리와 후각에 관련된 유전자다. 그러나 이들 5개의 변이가 동성애에 영향을 미칠 확률은 1% 미만이라고 발표됐다.[178] 다시 말해, 동성애 선천성을 뒷받침할 수 없으며, 통계적으로 무의미한 수치라는 것이다. 단지 우울증 등 관련 유전자를 가진 사람은 그렇지 않은 사람보다 동성 성행위를 할 확률이 높다는 의미만 있을 뿐이다. 왼손잡이, 우울증, 알코올 중독 관련 연구와 달리, 위 5개 외에는 어떠한 유전적 변이도 특정되지 않았다. 동성애의 선천성을 결정하는 유전적 변이가 존재하지 않기 때문에 GWAS로도 특정될 수 없는 것이다.

동성애 행동 양식도 그 선천성을 부정한다. 동성애 유전자가 존재했다고 가정해보자. 그렇다면 자식 생산이 불가능한 동성애 유전자는 '자연선택' 과정에서 도태될 것이다.[179] 연구결과에 의하면, 남성 동성애자의 15%만이 결혼한다. 그리고 동성애자 사이에서는 아이를 낳지 못한다. 이처럼 자녀를 적게 낳는 행동 양식으로는 유전자를 다음 세대에 전달하지 못한다. 선천적 요인으로 동성애가 유발됐다면 동성애는 이미 지구상에서 사라졌어야 한다.[180] 차별금지법 시행 국가에서 공통적인 현상으로 동성애자 수가 폭증하는 이유는 동성애가 학습 등 후천적 요인으로 유발되기 때문이다.

동성애의 선천성 여부를 확인할 수 있는 결정적인 증거는 일란성 쌍둥이의 동성애 일치 비율이다. 일란성 쌍둥이는 한 개의 수정란이 나누어져 두 사람이 되기 때문에 동일한 유전자를 가진다. 그리고 같은 자궁 안에서 동일한 호르몬의 영향을 받는다. 동성애가 유전자와 태아기의 호르몬의 영향으로 결정된다면, 일란성 쌍둥이는 당연히 높은 동성애 일치 비율을 가져야 한다. 즉, 일란성 쌍둥이 중 한 명이 동성애자라면, 일란성 쌍둥이의 다른 형제도 동성애자일 확률이 높아야 한다. 알려지지 않은 다른 선천적 요인으로 동성애가 결정된다고 가정하더라도, 그 요인들까지도 일란성 쌍둥이에게 동일한 영향을 줄 것이다. 따라서 모든 선천적 요인의 영향을 동일하게 받는 일란성 쌍둥이의 동성애 일치 비율을 보면, 동성애가 정말 타고난 것인지 확인할 수 있다.

그런데 통계학적으로 조사 대상이 많을수록 그 결과로 얻은 수치의 신뢰도는 높아진다. 연구자의 편향된 의도나 '지원자 오류'로 인한 결과 왜곡이 어렵기 때문이다. 2000년대 이후 세 차례에 걸쳐 이뤄진 일란성 쌍둥이의 동성애 일치 비율에 대한 대규모 조사를 소개한다. 2000년에 미국 국민 1,512명을 대상으로 조사한 결과, 남녀를 합한 동성애자 일치 비율은 18.8%였다.[181] 2000년에 호주 국민 3,782명을 대상으로 조사한 결과, 일란성 쌍둥이의 동성애 일치 비율은 남성 11.1%, 여성 13.6%이었다.[182] 2010년에 스웨덴 국민 7,652명을 대상으로 조사한 결과, 남성 9.9%, 여성 12.1%였다.[183] 조사 대상이 많아질수록 일란성 쌍둥이의 동성애 일치 비율이 낮아진다.[184] 신뢰도가 가장 높은 대규모 조사를 기준으로 볼 때, 일란성 쌍둥이의 동성애 일치 비율은 대략 10%다.

그런데 이 10%라는 수치도 선천적 요인을 의미하지 않는다.[185] 왜냐하면, 쌍둥이는 같은 부모와 환경 아래 성장하고 서로 간 긴밀한 후천적 영향을 주고받으며 자라기 때문이다. 한 쌍둥이가 먼저 동성애를 후천적으로 습득할 경우 다른 쌍둥이도 이를 따라 하거나 직간접적 영향을 받으며 동성애를 학습할 가능성이 높아진다.[186] 따라서 일란성 쌍둥이의 낮은 동성애 일치 비율은 유전자나 호르몬 등 어떠한 선천적 요인에 의해서도 동성애가 결정되지 않는다는 사실을 분명히 증거한다.[187]

한 연구에서는 청소년기(14~16세)를 어떤 장소에서 보냈느냐에 따라 동성애의 빈도가 다르다는 사실을 밝혔다. 큰 도시에서 자랐으면 동성애자가 될 확률이 높고 시골에서 자랐으면 동성애자가 될 확률이 낮다. 동성애는 자란 환경의 후천적 영향을 받는 것이다.[188] 인권교육이 본격적으로 시행되는 모든 국가에서도 동성애자 수의 폭증이 가시화되며 우려를 낳고 있다. 앞서 언급했듯, 인권교육을 받은 스페인 청소년은 6명 중 1명,[189] 미국 청소년은 5명 중 1명이 동성 성행위를 할 정도도.[190] 미국 고등학생은 4명 중 1명이 LGBT라고 밝힌다.[191] 이러한 통계의 추이는 인권교육의 시행 환경이 동성애를 후천적으로 유발한다는 사실을 강력히 뒷받침한다.[192]

한편, 많은 연구에서 성적 취향의 변화를 의미하는 동성애자의 성적 유동성(sexual fluidity)을 확인할 수 있다.[193] 통계를 보더라도 나이 많은 세대일수록 동성애자 수가 급격히 감소한다. 50대 동성애자 수는 30대 동성애자 수의 4분의 1 정도밖에 되지 않는다는 연구결과가 있다.[194] 특히, 동성애자의 약 50%가 이성애자로 회귀한다는 연구들이 다수 있는데, 이는 동성애의 후천성을 증거한다.

1981년 벨(Bell) 연구팀과[195] 1985년 카메론(Cameron) 연구팀은[196] 동성애의 빈도를 인구의 4%로 추정하고 동성애자들의 절반 정도가 이성애자로 변화했다고 밝혔다. 이성애자들의 2%가 한 때는 동성애자였다고 한다. 2003년 뉴질랜드에서는 아이들 1,000명의 성장 과정을 따라가면서 조사한 결과, 21~26세 사이에 1.9%의 남성이 이성애자로부터 떠났으며, 1%는 이성애자로 돌아왔다.[197] 2005년 키니쉬(Kinnish) 연구팀은 예전에 이성애자가 아니었다가 이성애자로 변한 사람이 인구의 3%인데, 양성애자와 동성애자를 합한 수보다 많았다고 보고한다.[198] 2006년 로사리오(Rosario) 연구팀이 성장 과정을 따라가면서 조사한 결과, 동성애자의 57%는 그대로 동성애자로 남아 있었지만, 나머지는 이성애자로 변화된 것으로 나타났다.[199] 이런 성적 유동성은 "동성애가 선천적이라 바뀌지 않는다"라는 젠더 추종자들의 주장을 부정한다.[200]

2016년 존스 홉킨스 대학의 연구팀은 그동안 발표된 200개 이상의 동성애 관련 논문을 분석했다. 그 결과 동성애가 타고났다는 주장을 뒷받침할 어떠한 과학적 증거도 없다고 밝혔다. 이 연구결과는 과학기술 전문지인 '더 뉴 아틀란티스'(The New Atlantis)에 게재됐다.[201] 젠더 추종자들은 게놈 지도가 완성되기 전인 1990년대부터 편향된 의도로 동성애의 생물학적 원인론을 입증하고자 노력해 왔다. 정치 권력의 지지를 업고 천문학적인 돈과 시간을 들였다. 만일 동성애의 선천적 요인이 존재했다면 현대과학이 이미 발견했을 것이다. 그러나 오늘날까지 동성애의 생물학적 원인을 입증하는 객관적·실증적 자료는 하나도 없다. 오히려 현대과학이 비약적으로 발전하면서 동성애의 선천성을 부정한다. 젠더 이데올로기를 법 제도에 반영한 정당화 근거가 사라진 셈이다. 차별금지법 등으로 대표되는 이 법 제도는 이 정당화 근거의 오류를 지적하는 말에 대해 '혐오 표현'이라 부르며 포괄적으로 금지한다.[202] 특정 정치이념이 과학을 뒤덮는 것이다. 현대과학이 발전한 오늘날 젠더 추종자들은 과학적 진실 등을 밝히는 반대 의견에 재갈을 물리기 위해 동성애 관련 생물학적 원인을 입증하는 대신 사회심리학적 연구만을 쏟아내고 있다.[203]

사회적 논의와 재검증을 가로막는 차별금지법

가짜뉴스에 대한 한국 법원의 판단이다.

"가짜뉴스는 아직 정립된 개념은 아니지만, 그 핵심적인 요소는 '내용의 진실성 여부, 즉 정보에 포함된 사실이 실재하는가' 그리고 '정보의 전달 과정에서 어떠한 의도가 있는가'에 있다."[204]

젠더 추종자들은 1990년대에 쌍둥이 연구, 유전자, 호르몬, 뇌 구조 등의 연구결과를 내세워 동성애 선천성을 주장했다. 1990년대의 이 논문들은 백 명 이내의 소규모 집단을 조사 대상으로 했기 때문에 사실이 아닌 것을 사실처럼 꾸미기 쉬웠다. 그러나 현대과학은 이 연구결과들을 진실이 아니라고 밝혔다. 이는 대규모 집단을 조사했기 때문에 왜곡되지 않은 객관적 결과들이다.[205] 동성애 선천성 주장은 '내용의 진실성'이 없는 것이다. 그리고 1990년대 허위 연구결과들이 대서특필된 것은 차별금지법 제정을 정당화할 의도로 보인다.[206] 동성애 선천성의 정보 전달 과정이 젠더 이데올로기 실현을 의도한 것이다. 결국 '동성애가 타고난다'라는 주장은 가짜뉴스의 요건을 충족하는 것이다.

1990년대에 만들어진 이 가짜뉴스는 오늘날까지도 강조·확대·재생산됨으로써 사실을 왜곡하고 대중들을 오해하게 만든다.[207] 국내 문헌을 보더라도 1990년

대의 허위 연구결과들이 아직도 동성애가 선천적이라는 증거들로 많이 인용된다.[208] 반면 이 가짜뉴스의 오류를 지적하는 과학적 사실들은 혐오 프레임에 갇혀 언론에 거의 소개되지 않는다.[209] 마찬가지로 동성애로 인한 사회적 병리현상도, 그 정보가 대중들에게 전달되지 않는다. 언론에 대한 젠더 추종자들의 강력한 영향력 때문이다.

이렇게 왜곡된 정보의 파급력이 젠더 이데올로기가 반영된 법 제도를 형성케 한다. 이 과정에서 아이들에게 심각한 해악을 끼치는 사회적 병리현상이 발생한다. 그런데 젠더 추종자들은 동성애를 비롯한 LGBT의 실상을 밝히는 과학적·의학적 사실이나 동성애로부터 파생되는 사회적 병리현상에 대한 표현을 '혐오 표현'으로 간주한다. 차별금지법으로 이런 표현을 포괄적으로 금지한다. 이를 어기는 의사,[210] 교수, 교사의 경우 자격이 박탈되거나 파면되는 사례가 많게 된다.[211] 연구결과들을 이용한 적극적 속임수를 지적하는 학문적 표현의 자유가 박탈되는 것이다.

미국 정신의학회는 1999년만 해도 생물학적 요인이 중요하다며 동성애 선천성을 강조했다. 그러나 1990년대 연구결과들의 거짓성이 드러나자 동성애 원인을 모른다고 입장을 변경한다.[212]

"한 개인이 이성애자, 양성애자, 게이나 레즈비언의 성적지향을 갖게 된 원인과 관련하여, 과학자들 사이에 합의점이 존재하지 않는다. 비록 성적지향에 대한 호르몬, 유전적, 사회적, 문화적 영향에 관한 연구가 많이 있었지만, 과학자들은 성적지향이 어떠한 요인 때문에 결정되는지 발견하지 못했다."[213]

최근 차별금지법 정당화 근거의 오류가 밝혀지고 LGBT와 연계된 사회적 병리현상으로 아이들에게 미치는 유해성이 뚜렷하게 가시화되고 있다. 사회적 논의와 재검증이 절실한 시점이다. 이를 위해 알 권리와 표현, 학문, 언론의 자유가 어느 때보다 보장돼야 한다. 그러나 젠더 이데올로기 정책은 이를 억압한다.

헌법재판소와 대법원 전원합의체 반대 의견은 다음과 같이 밝힌다.

"표현의 자유는 사상의 경쟁이 자유롭게 허용되는 사회에서만 건전하고 실질적으로 보장될 수 있다. 한 시대 또는 한 사회에서의 기존의 진리와 가치는 사상의 자유경쟁과 도전을 거쳐 새로운 진리와 가치로 발전 또는 창조되어 나아가는 것이고, 이러한 새로운 진리와 가치의 발전과 창조는 때로는 기존의 진리와 가치를 부정하고 극복함으로써 이루어지는 것이므로, 기존의 사상·이념에 반하거나 무가치하고 유해한 사상과 이념이라고 할지라도 무조건 억제하고 배척할 것이 아니라 가급적 자유경쟁의 시장에서 비판되고 도태되는 과정을 거치게 함으로써 건전한 국가와 사회체제의 기초가 형성될 수 있다.[214] 따라서 성숙한 민주주의 사회라면, 다수가 언뜻 보기에 불온하고 선뜻 수긍하기 힘들며 경우에 따라서는 정서적으로 불편하게 만들기도 하는 이례적인 주장마저도 우리 사회를 잠재적인 오류로부터 구해 줄 수 있는 소중한 자원으로 대해야 한다."[215]

사실의 권력적·조직적 은폐로 인해 객관적 진실이라 믿어지던 것이 후에 허위인 것으로 밝혀지거나 그 반대의 경우도 있을 수 있다. 따라서 어떤 사상과 견해가 옳고 그른지, 가치가 있는지 여부를 평가하고 결정하는 것은 '사상의 공개시장'이며, 유해한 사상이나 표현도 그 교정은 사상의 공개시장에서 이루어져야 한다. 그런데 차별금지법이 제정되면 LGBT에 대한 어떤 표현이나 정보의 가치 유무, 해악성 유무도 시민사회의 자기교정 기능, 사상과 의견의 경쟁 메커니즘에 맡길 수 없게 된다. 사실상 젠더 추종자들이 1차적으로 재단하게 되는 것이다. 차별금지법은 젠더 이데올로기의 실현을 위해 사회를 잠재적인 오류로부터 구해 줄 수 있는 소중한 자원(표현의 자유)을 배척하는 역할을 한다.

더 심각한 문제는 시민의 알 권리가 차단된다는 것이다. 한국기자협회와 국가인권위원회(이하 '국가인권위') 사이에 체결된 인권보도준칙에는 동성애자를 비롯한 LGBT를 에이즈 등 특정 질환이나 사회적 병리현상과 연결 지어선 안 된다는 내용이 있다.[216] 아무리 아이들에게 해악을 미치는 사실이라도 시민들은 관련 정보를 접하기 어렵다. 전제되는 알 권리가 차단되기 때문에 사회적 논의나 검증뿐만 아니라 대책 마련도 어렵다. 이에 따라 아이들의 삶을 파괴하는 사회적 병리현상도 방치될 뿐이다.[217] 이와 같은 젠더 추종자들의 영향력은 정부, 언론, 교육계뿐만 아니라 사회 전반에 걸쳐 광범위하다.[218] 아마존의 도서(젠더 이데올로기 비판 도서) 판매금지 사례가 이를 단적으로 보여준다.

미국의 인터넷 종합 쇼핑몰 아마존은 미국 내 도서 판매량의 53%, 전체 전자책 판매량의 80%를 점유한다. 젠더불쾌증을 겪는 사람들에 대한 성전환 시술의 문제를 다룬 서적 『해리가 샐리 되었을 때: 트랜스젠더 운동에 대한 반응』(When Harry Became Sally: Responding to the Transgender Moment)은[219] 아마존 플랫폼에서 3년 동안 베스트셀러였다. 존스 홉킨스, 보스턴 대학, 뉴욕 대학, 콜롬비아 대학의 정신의학, 심리학, 의료윤리학 교수들이 긍정적으로 평가한 후 추천한 도서다. 젠더 이데올로기 논쟁과 관련해, 생물학적, 심리적, 철학적 영역을 탐구하며 트랜스젠더 운동에 대한 학술적 비판을 했다.[220] 특히, 젠더불쾌증의 슬픈 실상과 성전환 시술을 후회하는 사람들의 생생한 목소리도 담겨 있다. 그런데 아마존은 2021년 아무런 통보도 없이 이 서적을 판매목록에서 사라지게 해 사회적으로 문제가 됐다.[221] 반면 반대 관점을 피력한 책들은 버젓이 판매되고 있다.[222] 미국 공화당 상원의원 4명은 아마존과 킨들(아마존의 전자책 서비스) 목록에서 이 책이 갑작스럽게 삭제된 것을 지적하며 불만을 제기한다.

"디지털 시대에 공개된 담론의 장에서 중대한 영향을 미칠 표현의 자유를 심각하게 침해한 행위입니다."[223]

라이언 앤더슨도 "자신의 저서에 성정체성 문제를 정신질환이라고 말한 부분이 없다"라고 밝히면서 아마존의 조치를 비판한다.

"젠더불쾌증이 큰 고통을 야기한다는 점에 모두가 동의합니다. 아마존은 젠더불쾌증을 앓는 환자들에게 어떤 치료가 최선인지 논의하는 것 자체를 봉쇄하고자 합니다. 합리적인 사람들도 동의하지 않는 중요한 문제에 관하여, 논의 자체를 막는 것은 아무런 득이 없습니다. 아마존은 그 거대한 힘을 이용해 사상의 시장을 왜곡하고 있으며, 그 과정에서 시민들을 기만하고 있습니다."[224]

다음은 프린스턴 대학교 법대의 로버트 조지(Robert George) 교수의 비판이다.

"다시 깨어난 금지도서 목록입니다"[225]

아마존은 동성애 전환치료를 다룬 조셉 니콜로시(Joseph Nicolosi)의 저서 『동성애 예방을 위한 부모 지침서』(A Parents Guide To Preventing

Homosexuality)도[226] 판매목록에서 제거했다.[227] 그리고 성정체성 교육이 10대 여아들에게 끼치는 문제를 다룬 아비게일 쉬러(Abigail Shrier)의 저서 『돌이킬 수 없는 피해: 우리 딸들을 유혹하는 트랜스젠더 열풍』(Irreversible Damage: The Transgender Craze Seducing Our Daughters)에[228] 대해서도 유료 광고를 금지했다. 월스트리트 저널의 기자이기도 한 아비게일 쉬러는 비판한다.

"아마존은 고통받는 10대 여아의 트랜스젠더 커밍아웃을 찬성하는 책에 대해 적극 지지합니다. 그런데 성전환의 위험성을 다룬 책을 쓰면 아마존은 모든 연결고리를 끊습니다."[229]

알 권리와 표현·학문·언론의 자유는 민주국가의 존립과 발전을 위한 기초가 되며 우월적 지위를 지닌 것이 현대 헌법의 특징이다. 진실 발견의 전제가 되고 비판과 감시의 기능을 수행하며 자유로운 의사 형성과 여론을 촉진하기 때문이다. 그러나 이러한 헌법적 가치는 차별금지법으로 실현하는 젠더 이데올로기적 가치에 의해 형해화된다.[230] 권력적·조직적 은폐에 따라 진실로 호도된 허위 사실들이 시간이 지난 후에도 재검증될 수 없다. 편향된 정치이념인 젠더 이데올로기는 현대과학을 근거로 잘못된 판단을 논의하거나 검증조차 할 수 없게 한다. 그에 따른 피해는 오롯이 우리 아이들에게 돌아간다.

5장

동성애 유해성과 내재적 원인
(5명 중 2명 진지한 자살 고민)

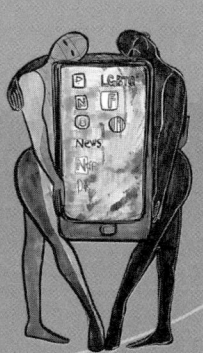

5장

동성애 유해성과 내재적 원인
(5명 중 2명 진지한 자살 고민)

신체적 유해성

영국 공중보건국(Public Health England)은 게이 성행위의 특이성으로 항문성교와 구강성교를 꼽는다.[231] 항문성교는 남성 동성애자들에 의해서 거의 예외 없이 행해진다.[232] 앞서 거론했듯이 탈동성애자 김정현도 "동성애자 세계에서 항문성교를 하지 않으면 거의 장애인 취급을 당한다"라고 밝힐 정도다.[233]

항문은 성 기관이 아니라 배설기관이다. 병균과 바이러스가 가장 많은 곳이다. 그래서 항문 성관계를 하면 건강에 해롭다. 에이즈를 포함한 각종 질병에 걸릴 확률이 크게 높아지기 때문이다. 남성 동성애자(양성애자 포함, 이하 '게이')들은 항문성교를 할 뿐만 아니라, 일반인보다 성관계 파트너를 훨씬 자주 바꾼다.[234] 또한, 불특정 다수의 많은 이들과 성관계를 하면 성병에 걸릴 확률이 올라간다. 이런 게이들의 라이프 스타일과 항문성교는 인체에 심각한 위해를 가하게 된다.

항문을 통해 남성 성기를 받아들이는 사람은 항문과 직장에 상처가 생기기 쉽다. 항문이 찢어짐에 따라 출혈도 발생한다. 이로 인해 몸의 체액이 혈액과 함께 섞이게 된다. 그 결과로 후천성면역결핍증(에이즈)을 일으키는 HIV 등의 질병을 비롯해 아주 다양한 성병 감염이 일어난다.

잦은 항문성교는 각종 감염질환을 일으킬 뿐만 아니라 괄약근을 늘어나게 한다. 그리고 한번 늘어난 괄약근은 회복될 수 없다.[235] 이로 인해 대변을 참는 힘이 떨어져 변이 새어 나온다. 항문성교를 하는 대부분의 동성애자들이 앓는 질환 가운데 하나가 바로 이 변실금이다.[236] 변을 가리지 못하는 변실금 환자들은 여자들이 사용하는 삽입형 생리대나 기저귀를 착용한다. 그리고 화장실을 자주 갈 수밖에 없다. 2014년 2월 19일 게이 연예인 홍모씨가 KBS TV 프로그램에 출연해 하루에 12~15번씩 변을 보며 한번 화장실에 갈 때마다 10분을 머문다고 말했을 정도다.[237]

　남성 간 구강성교를 하는 경우, 상대방의 항문에 삽입한 성기를 상대방의 입에 넣기 때문에 각종 세균을 옮기게 된다.[238] 미리 항문 내부세척을 하더라도 대장을 완전히 꺼내서 세척하는 것이 아닌 간접적인 방식이다. 혹은 이전 파트너와의 항문 성관계에서 오염되었던 성기를 그대로 다른 남성 파트너의 구강이나 항문에 삽입하게 된다. 이후 씻더라도 세균 등이 남게 될 가능성이 매우 크다. 이때 항문에 있는 세균들이나 장내 기생충의 전염병들은 구강을 통해 소화기관으로 전파된다. 이로 인해 각종 성병이나 간염 등의 감염 위험률이 높아진다.[239]

　게이들의 독특한 성행위 중 하나로 리밍(rimming)이 있다. 항문을 직접 입이나 혀 등으로 자극하는 행위다. 이로 인해 미국 질병관리본부(CDC)는 게이들에게 간염 등의 감염질환이 많이 발생한다고 경고한다.[240]

　이와 같이 남성 간 성관계를 할 때 항문과 구강을 통해 성행위를 하므로 질병에 걸릴 위험이 크다.[241] 미국 질병관리본부는 게이들에게 이질 등 대변이 입으로 들어가 걸리는 질병에 대해 경고한다.

　"이질균(shigella)은 설사가 있을 때, 설사가 사라진 이후에도 최대 2주 동안 아픈 사람들의 대변에서 발견된다. 이질 감염은 사람들이 세균감염으로 아픈 사람의 대변과 접촉한 무언가(예: 손가락, 음식 또는 물건)를 입에 넣거나 삼킬 때 전파된다. 여기에는 성접촉을 통해 대변에 노출된 것이 포함된다. 남성과 성관계하는 남성은 일반인보다 항생제가 안 듣는 이질균에 감염될 확률이 높다."[242]

　미국 질병관리본부는 게이들 사이에서 발병하는 이질과 에이즈 사이의 부정적 시너지에 대해서도 염려한다.[243] 이에 미국 질병관리본부는 이질 예방책으로 항문 성관계 시 고무장갑을 낄 것을 권유한다. 그리고 입을 대변 오염으로부터 보호하는 덴탈 댐(dental dam)의 사용을 권한다. 기저귀를 갈 때도 자주 손 씻을 것을 권한다.[244] 항문성교를 자주 하는 게이는 대부분 변실금이 있기 때문이다.[245]

　미국의 오클라호마주 보건국은 대변-구강(fecal-oral) 오염 예방법을 알리며,

대변에 오염된 손을 잘 씻지 않으면 자신뿐만 아니라 다른 사람도 세균에 감염될 수 있다고 경고한다.[246] 항문성교는 세균감염으로 인해 주변 사람들에게도 피해를 줄 수 있다.[247] 남성 간 성접촉 시 성기와 입, 손을 대변 감염으로부터 보호하라는 내용의 문건은 이질 방지용 대국민 전단 형태로도 배포되고 있다.[248]

이질은 대변처리 시설이 미비한 개발도상국에서 주로 발생하며 선진국에서 유행이 끝나가는 전염병이었다. 그러나 이런 흐름에 역행하여 미국과 영국 등 선진국에서 다시 이질이 유행하며 보건당국을 긴장시키기 시작했다.[249] 게이들을 중심으로 한 이질 재유행이 보고되기 시작한 것이다. 영국 보건당국은 2014년경 게이 그룹에서 이질 감염이 증가추세에 있다고 경고했다.[250] 이질 재유행 시점도 2010년 영국 평등법이 제정된 이후다.[251]

미국 질병관리본부는 게이가 일반 남성보다 1,700%(17배) 더 많이 항문암에 걸린다고 밝혔다. 항문암의 주요 원인은 성병 중 가장 자주 걸리는 HPV(human papilloma virus, 인유두종 바이러스)이다.[252] 영국의 HIV 협회는 게이들에게 항문암이 증가하고 있으며 항문암의 90% 이상이 HPV에 의한 것이라고 밝혔다. 특히 HIV(에이즈 바이러스) 감염자의 경우 항문암 발병률이 매우 높다.[253] HPV는 성기에 발생하는 사마귀로 전염성이 강한 곤지름(콘딜로마)의 유발원인이기도 하다.[254]

면역 체계가 낮은 사람이 HPV에 감염될 경우 빠르게 암 발생으로 연결된다. 일반인과 달리, 게이들은 에이즈 유병률이 높아 면역 체계가 낮은 경우가 많다. 이에 따라 게이들의 항문암 유병률이 높은 것이다.

또한, HPV는 성기의 암과 구강암 발생과도 밀접한 관련이 있다. 위에서 본 것 같이 대변에 오염된 성기가 구강으로 들어갈 경우, 씻더라도 남아 있는 세균이나 HPV에 감염되는 경우가 많기 때문이다. 흡연과 음주는 구강암 발생률을 2.5~3배 높인다. 그런데 HPV에 감염된 과거력이 있는 사람은 그렇지 않은 사람보다 구강암 발생률이 무려 32배나 높다.[255] 한편, 동성애자와 양성애자 중 58%가 HPV에 감염되었고,[256] 10대 게이들은 대체로 성적 활동을 처음 시작한 때부터 이른 시일 안에 HPV에 걸린다는 연구결과도 있다.[257]

영국 공중보건국은 2015년도 기준으로 런던에서 보고된 매독의 90%가 게이에 의한 것이라고 발표했다. 전체 런던 성인 인구 중 2%에 불과한 남성 동성애자들이 런던 전체 매독의 90%를 차지한 것이다. 그리고 이들 중 절반에 해당하는 51%는 HIV(에이즈 바이러스)에도 동시 감염된 상태였다.[258]

미국 질병관리본부는 2012년에 남성 동성애자가 미국 전체 매독의 75%를 차지했는데,[259] 2014년에는 이 수치가 83%까지 상승했다고 밝혔다.[260] 동성애가 가장 성행하는 미국 샌프란시스코의 경우 매독 환자의 90%가 남성 동성애자인 것으로 나타났다.[261] 남성 동성애자의 매독 감염자 비율은 일반 남성보다 106배, 일반 여성보다 168배 높다.[262]

캐나다 보건국의 '2011년 캐나다 성매개 감염병 보고서'에 의하면 온타리오주에서 매독의 96%가 남성 중에 발생했고, 그중 88%가 남성 동성애자였다. 이 매독에 걸린 남성 중 40%는 HIV에도 감염된 상태였다.[263]

미국 질병관리본부는 남성 동성애자가 일반인보다 A, B, C형 간염에 더 많이 걸린다고 강조한다.[264] 간암으로 발전할 수 있으며, C형 간염은 백신이 없다. 2020년 한국 통계청에 따르면 간암이 암 사망률 순위 중 2위를 차지한다. A형 간염은 바이러스 오염(대변-구강 오염)으로 전파되는 반면, B, C형 간염은 혈액 접촉(항문 상처)으로 전파된다.[265]

A형 간염은 세균 오염이다. 따라서 중간 매개체를 통해 성접촉하지 않은 주변 사람들에게도 전파될 수 있다. 이에 WHO(World Health Organization, 세계보건기구)도 "미국과 유럽에서 매년 열리는 퀴어축제가 A형 간염 확산에 기여할 수 있다"라고 경고한다.[266] 이어 "A형 간염 확산의 주된 원인은 동성애자 간 성접촉"이라고 발표했다.[267] 2016년경 전 세계적으로 A형 간염의 발생 추이를 보면 미국과 유럽, 칠레 등에서 남성 동성애자에 의한 확산이 눈에 띈다. 2016년 7월부터 2017년 4월 2일까지 영국에서 발병된 A형 간염의 74% 이상이 남성 동성애자였다.[268]

WHO는 해마다 전 세계적으로 간 질환으로 진행된 B, C형 간염 때문에 140만 명이 사망한다고 밝혔다. B, C형 간염은 간경화와 간암 등의 주원인이 된다. 남성 간 성행위자는 일반인보다 10~15배 더 많이 B형 간염에 전염된다. 영국 공중보건국은 2014년 '런던 동성애자의 HIV와 성병'(HIV and STIs in men who have sex with men in London)이라는 보고서를 통해 남성 간 성행위가 B형 간염자 전파의 주된 경로임을 발표했다.[269]

그 외 많은 성매개 감염병들이 일반인보다 게이들에게 월등히 높게 나타난다.[270] 한 예로 세균성 성병인 임질을 보자. 2015년 미국 보건당국 보고서에 의하면 샌프란시스코에서 발생한 임질의 87.8%를 남성 동성애자가 차지했다.[271] 2015년경 영국 전역에서 발생한 임질의 70%도 남성 동성애자들에 의한 것이었다.[272] 영국 공중보건국의 2016년도 보고서에도 남성 간 항문성교가 크게 작용했다고 명시했다.[273]

일반 청소년보다 LGBT 청소년이 각종 성병(HIV 포함)에 걸릴 확률도 훨씬 높다.[274] 2015년 영국의 성병 통계를 분석하면 25세 이하 LGBT 영국 청소년들에게 치명적인 성병들이 급증하고 있다. 영국 공중보건국에서 성병을 관리 감독하는 총책임자인 그웬다 휴즈(Gwenda Hughes)는 이 사실에 대해 우려를 표명했다.[275] 게이 데이팅 앱(gay dating app, 이하 '동성애 앱')을 사용해 동성 성행위를 할 경우, 성병이나 HIV에 걸릴 확률이 더욱 높아진다는 사실도 확인되었다.[276]

동성 성행위를 하면 오래 살지 못한다.[277] 건강에 치명적이라는 뜻이다. 흡연은 사람의 수명을 1~7년 단축한다. 그런데 캐나다 보건국에 의하면 게이의 수명은 8~20년 줄어든다.[278] 노르웨이와 덴마크의 자료를 보면 평균 24년 정도 빨리 죽는다.[279] 또 다른 연구에서는 남성 동성애자 수명은 일반 남성보다 25~30년 짧고, 알코올 중독자보다 5~10년이 더 짧다고 한다.[280] 과도한 음주나 흡연 이상으로 동성 성행위가 신체 건강에 해로운 영향을 미친다는 것을 알 수 있다.[281] 성균관의대 비뇨의학과의 임수현 교수가 국민건강보험공단의 HIV 감염 후 생존률 조사(2004~2018년)를 인용하면서 말한다.

"HIV에 감염만 돼도 기대수명이 30년가량 줄어드는 것으로 나타났습니다. 15년 지나면 감염인 10명 중 2명이 사망한 것으로 드러났습니다. 사망 시 평균 연령은 54.5세로, 일반인의 평균 기대수명보다 30년 정도 낮습니다."[282]

정신적 유해성

　LGBT 청소년 대다수가 정신질환으로 고통받는다는 사실은 이미 잘 알려져 있다.[283] 한 연구결과에서는 LGBT가 자살을 시도할 경우 그 다음 해에 재차 자살을 시도할 확률이 10배가 넘는다고 밝힌다.[284] 최대 규모의 미국 연구결과를 보면 LGBT의 자살 문제가 특히 심각하다.

　2011년 미국 오리건주에 거주하는 10대 청소년 3만2천 명을 대상으로 자살 시도 경험을 조사했다. 일반 청소년은 4.2%인데 반해, LGBT 청소년은 21.5%였다. 2011년 당시 LGBT 청소년이 일반 청소년보다 자살을 시도할 확률이 5배 높은 것이다.[285] 2016년 연구에서도 이 수치는 약 5배로 변함이 없었다.[286] 이런 현상은 2019년에도 그대로였다. 인권교육으로 LGBT 청소년의 자살 시도가 전혀 나아지지 않았다. 반면 LGBT 청소년의 숫자만 폭증시켰을 뿐이다.

　역사상 가장 큰 규모의 조사에서, 미국 LGBT 청소년 5명 중 2명(40%)은 2019년 한 해 동안 자살 기도를 진지하게 고려한 것으로 나타났다. 미국의 자살 예방 비영리단체인 '트레버 프로젝트'(The Travor Project)가 미국에 거주하는 13~24세 LGBT 청소년 4만 명 이상을 대상으로 '2020년 전국 청소년 정신건강 조사'를 진행한 결과, 40%는 이같이 답했다. 미국 LGBT 청소년 68%는 지난 2주 동안 불안장애 증상을 보였으며, 48%는 1년 동안 자해 경험이 있는 것으로 보고됐다.[287]

　특히 성전환자와 제3의 성(nonbinary) 미국 청소년의 경우 1년 동안 50% 이상이 자살 시도를 진지하게 고려했으며, 60% 이상이 1년 동안 자해 경험이 있다고 답했다.[288]

　영국의 2016년 연구에서는 26세 미만인 남성 동성애자들이 45세 이상 일반 남성들보다 자살 시도율이 6배 이상 높았다고 밝혔다.[289] 2014년 조사결과, 영국 LGBT 청소년 5명 중 2명(40%)도 자살 기도를 진지하게 고려한 것으로 밝혀졌다.[290] 2018년 영국 조사결과, 동성애(양성애 포함)를 지향하는 14세 여자 청소년의 46%는 자해 경험이 있는 것으로 나타났다.[291]

　2019년 조사결과, 중국 LGBT 청소년 5명 중 2명(40%)도 자살 기도를 진지하게 고려한 것으로 밝혀졌다. 그리고 중국 LGBT 청소년 80%는 불안장애 증상을 보였다.[292] 이것은 인권교육을 받은 미국, 영국 LGBT 청소년들과 거의 동일한 수치다.

2016년 7월 18일 삼성서울병원은 질병관리본부가 5년간 37만여 명의 한국 남녀 중고등학생을 대상으로 실시한 조사 데이터를 분석했다. 그 결과 165명 중 1명꼴인 2천306명(0.6%)이 동성애 관계나 스킨쉽 등을 가진 것으로 확인되었다. 동성애 청소년들은 일반 청소년들에 비해 음주와 흡연에 노출될 위험이 각각 2.84배, 4.24배 높았으며, 약물사용과 폭력에 노출될 위험도는 각각 13.54배, 8.09배에 달했다. 또 우울감은 2.23배, 자살 생각은 2.75배, 자살 시도는 4.18배 등으로 나타났다. 이 연구결과는 국제학술지 '메디신'(Medicine)에 게재됐다.[293]

스웨덴은 세계에서 LGBT에 가장 우호적인 나라 중 하나다.[294] 그런데 2016년 유럽역학저널이 발행한 연구에 의하면, 스웨덴에서조차도 동성결혼한 사람들이 이성 간 결혼한 사람들보다 자살률이 거의 3배 이상인 것으로 확인되었다.[295] 다른 연구들도 등록된 파트너쉽 관계에 있는 남성 동성애자들이 이성 간 결혼한 남자들보다 월등히 높은 자살률을 보인다고 밝혔다.[296]

2019년 영국 범죄 조사결과, 남성 간 성관계 시 33%가 불법 약물을 남용했다는 사실이 확인됐다. 이것은 일반 남성(11%)보다 3배 더 높은 수치. 여성 동성애자(22.9%)는 일반 여성(5.1%)보다 이 수치가 4배 높다.[297] 성소수자 재단 보고서에 따르면, 2017년 한 해 동안 거의 매일 술을 마셨다고 답한 LGBT는 6명 중 1명꼴이었다.[298] LGBT 청소년 역시 알코올이나 마약과 같은 약물중독이나 위험 행동에 빠질 가능성이 높다.[299]

연세대 의대 신경정신과의 민성길 교수가 말한다.

"수많은 논문과 연구 등에서 동성애자가 일반인에 비해 정신질환 발병 수가 높다는 것이 증명됐습니다.[300] 기분장애, 불안장애, 우울증, 단순 공포증, 공황장애, 행동장애, 고의적 자해,[301] 강박장애 등 여러 분야의 정신질환 발병 가능성이 일반인에 비해 적게는 3배, 많게는 10배 이상으로 높습니다. 가장 큰 문제는 이런 정신질환이 자살 충동으로 연결된다는 점입니다.

최근 미국에서 진행된 연구에서 동성애자 5명 중 2명이 자살을 진지하게 고민했다는 것이 밝혀졌습니다. 대부분 우울증 증세, 자해 증세 등을 보이다가 급기야는 자살 기도까지 가는 식이었습니다. 이것이 믿기지 않는다면 동성애자들의 말년 등을 잘 살펴보면 됩니다. 커밍아웃을 한 유명 동성애자 중에 우울증을 겪다 자살한 이들이 적지 않습니다."[302]

차별금지법이 제정되고 동성결혼이 오래전에 인정된 서구 국가에서도 동성애자의 우울증과 자살, 약물 남용은 줄어들지 않고 있다.[303]

내재적 원인

미국 정신의학회(American Psychiatric Association)가 출간한 『정신장애 진단통계편람』(Diagnostic and Statistical Manual of Mental Disorders, 이하 'DSM')은 정신의학 분야의 '성서'로 여겨진다.[304] "DSM 안에 없으면 그런 병은 존재하지 않는다"라고 인식될 만큼 보편적인 권위를 인정받는다.[305] DSM 기준이 공신력을 인정받는 전제조건은 신중함과 보수성이다. DSM은 1952년 처음 출간되어 1968년, 1980년, 1994년, 2013년에 개정되었다.[306] 신중하고 보수적으로 개정이 이루어진 것이다. 일례로 가장 최근(2013년)에 개정된 DSM-5의 경우는 1999년에 연구 계획이 처음 수립되어, 2013년 최종판이 발표될 때까지 무려 15년 동안 개정 작업이 지속 되었다. 정신질환으로 정하기도 쉽지 않지만, 한번 정해진 것은 쉽게 바뀌지 않는다. 그런데 예외가 있다. 바로 '동성애'다. 19세기 말부터 정신질환으로 판단되었던 동성애는 DSM 출간 당시부터 정신질환(성도착증)으로 분류됐다. 그럼에도 동성애가 DSM-2판(1968년)과 DSM-3판(1980년)의 중간, 6쇄(1974년)에서 수정이 아니라 아예 '삭제'된 것이다.[307]

왜 신중함과 보수성을 생명으로 여기는 DSM 정신질환 목록에서 '동성애'만 개정 시점이 아님에도 불구하고 삭제되었을까? 이런 이례적인 결과는 의학적 결정이 아니라 동성애 운동가들의 강요에 의한 정치적 결정이었다는 견해가 많다. 동성애 운동가들은 1970년부터 3년간 미국 정신의학회에 정치적인 압력을 가했다.[308] 1970년 5월 14일 게이 연합은 샌프란시스코에서 열린 미국 정신의학회 회의에 난입해 그 진행을 막았다.[309] 이후 시위, 세미나장 난입, 마이크 뺏기, 소란, 위장 입장, 전시장 난동 등을 지속하며 미국 정신의학회에 조직적인 압력을 가했다.[310] 이 기간 폭력적 공격을 주도한 동성애 운동가이자 행동주의자로 잘 알려진 바바라 기팅스(Barbara Gittings)가 말한다.

"나는 몽둥이(폭력적 공격) 전술에 반대하지 않습니다. 사실 나는 정신과 의사들의 미팅에서 폭력적 공격의 선봉이었고 다시 그것을 할 준비가 되어 있습니다."[311]

다음은 바바라 기팅스가 1974년 7월 19일 인터뷰한 내용이다.

"그것은 우리가 10년이 지나 어디까지 왔는가입니다. 지금 우리는 미국 정신의학회를 두려움에 떨게까지 하고 있습니다."[312]

잡지 '게이 운동'의 공동집필자인 키 토빈 로센(Kay Tobin Lahausen)이 말한다.

"우리는 모든 종류의 항의를 했습니다… 미국 대사가 유엔 미팅을 위해 커다란 검은 리무진에 탔을 때, 나는 미쳤었고, 무리를 동요시켰으며 리무진을 공격한 것을 기억합니다… 그는 이전에 동성애자 무리에 둘러싸인 적이 절대로 없었습니다. 하지만 그는 우리를 행동하게 만드는 뭔가를 말해왔습니다."[313]

전국 게이 태스크포스(National Gay Task Force, 이하 'NGTF')는 미국 정신의학회 회원들 주소를 입수했다. 그리고 1973년경 모든 회원에게 'DSM에서 동성애를 삭제하는 투표를 독촉'하는 위협적인 편지까지 보냈다.

투표결과, DSM(정신질환 범주)에서 동성애를 삭제하는 찬성표(5,854명)는 미국 정신의학회 전체 인원(17,905명)의 32.7%였다. 과반수에 훨씬 못 미치는 찬성표로 미국 정신의학회는 정신질환 목록에서 동성애를 삭제하게 된 것이다.[314] 더불어 LGBT 치료에 대한 연구결과들도 모두 은폐됐다. 1966~1974년 사이에 1,021건의 동성애 치료 연구자료들이 있었는데 모두 폐기됐다.[315]

NGTF의 지도자인 브루스 볼러(Bruce Voeller)가 말한다.

"어쩌면 우리의 값비싼 편지가 변화를 만들어 왔는지도 모릅니다."[316]

이 사건은 과학(의학)이 사회적 이슈에 의해 굴복당하는 정치적 사건이라는 평가를 받는다. 이에 관해 동성애자인 로날드 바이어(Ronald Bayer)는 자신의 저서에서 밝힌다.

"이러한 결과는 과학적 진실에 기반한 논리에 근거한 것이 아니었습니다.

대신에 시대의 이데올로기적 요구에 의한 것이었습니다."³¹⁷⁾

미국 국회(하원) 청문회에서도 동성애 커뮤니티가 미국 정신의학회를 협박해 DSM 정신질환 목록에서 동성애를 삭제하도록 강요했다는 사실이 지적되었다.³¹⁸⁾

바바라 기팅스가 말한다.

"절대 의학적 결정이 아니었습니다. 그렇게 생각하는 이유는 결정이 매우 갑작스러웠기 때문입니다. 어찌 됐건 페미니스트와 게이들이 처음으로 미국 정신의학회 행동요법 회의를 쳤을 때부터 위원회가 1973년 투표에서 동성애를 정신질환에서 삭제 승인할 때까지 불과 3년밖에 안 걸렸습니다. 그건 정치적인 조치였습니다."

키 토빈 로센이 말한다.

"이것은 어디까지나 의학적 결정이라기보다는 정치적인 결정이었습니다."³¹⁹⁾

유명 저널리스트이자 동성애 운동가인 앤드류 설리반(Andrew Sullivan)도 저서에서 밝혔다.

"1973년 12월 미국 정신의학회가 격렬한 정치적 압력으로 정신장애의 공식 리스트에서 동성애를 삭제했습니다."³²⁰⁾

미국 정신의학회 회원인 라이언 솔바(Ryan Sorba)가 고백한다.

"그건 결코 의학적 결정이 아니었습니다. 그렇게 생각하는 이유는 결정이 너무나 갑작스러웠기 때문입니다. 그것은 정치적인 조치였습니다."³²¹⁾

대체 이런 정치적 조치를 이끌어 낸 이유는 무엇일까? 미국 정신의학회 권위를 이용해 동성애 아젠다의 이론적 토대를 제공하기 위한 것으로 보인다. 동성애 운동가들은 연구 두 편을 내세워 미국 정신의학회를 3년 동안 조직적으로 압박했다. 곤충동물학자인 킨제이(Kinsey)의 보고³²²⁾와 동성애자들이 심리적으로 건강하다고 주장한 후커(Hooker)의 연구³²³⁾다. 미국 정신의학회도 이 연구 두 편을 받아들여 동성애를 정신장애 진단분류에서 삭제하는 과학적 근거로 홍보했다. 그러나 킨제이와 후커 모두 연구 대상자 선정의 편향성(지원자 오류)과 비과학적인 연구방법(결과의 평가상 오류)으로 의도된 결과를 도출했다는 비판을 받는다.³²⁴⁾ 왜냐하면, 연구대상의 모집은 무작위적인 방법이 사용되어야 연구자의 편향된 의도가 배제되고 연구결과를 신뢰할 수 있기 때문이다.

일례로, 후커의 연구대상 30명은 대부분 뉴욕의 미국 동성애자 클럽인 '매터친 소사이어티'(The Mattachine Society)가 추천한 동성애자들이었는데,³²⁵⁾ 동성애자들의 정신건강이 이성애자와 다를 바 없다는 왜곡된 연구결과를 도출했다.³²⁶⁾ 정신과 치료를 받은 적이 없는 동성애자들만 표본이 됐다고 한다.³²⁷⁾ 이후 평가 방법적 측면에서의 오류도 밝혀졌다.³²⁸⁾ 오늘날 가시화된 관련 통계와 비교하면 후커의 연구결과가 사실이 아님을 알 수 있다. 소아성애자이자 동성애자인 킨제이는 나치 강제수용소에서 학대받았던 소아들을 연구대상으로 삼으며 "소아들도 오르가즘(성)을 즐긴다"는 결과를 도출해 소아성애를 옹호했다.³²⁹⁾

그런데 1977년에 미국 정신의학회 회원인 정신과 의사들 2,500명을 대상으로 무작위적인 조사가 이루어졌다. 정치적 압력으로 1973년 투표를 한 지 4년이 지난 시점이었다. 조사결과 의사의 69%는 동성애가 "병리학적 문제에서 발생한다"라고 했고, 73%가 "동성애자가 이성애자보다 덜 행복하다"라고 했다. 의사의 60%는 "동성애자들은 성숙한 사랑의 관계를 맺는 능력이 부족하다"라고 말한다.

특히, 의사의 70%는 "동성애자들이 겪는 문제는 사회적 낙인보다 개인적인 내면의 갈등으로 발생한다"라고 했다. 즉, 동성애자들이 겪는 높은 비율의 정신질환은 사회적 차별이 아닌 내재적 원인 때문이라고 밝힌 것이다. 정치적 압력이나 의사 자격 박탈에 대한 염려 없이 이루어진 전문의들의 솔직한 의견이었다. 이 조사결과는 1978년 2월 타임지(Time) 헤드라인 기사로 나왔다.³³⁰⁾

사회적 낙인이나 차별이 LGBT 정신질환의 주된 원인이라는 실증적·객관적 근거는 없다.³³¹⁾ 반면 내재적 원인 때문이라는 근거들이 속속 드러나고 있다. 유럽 여러 국가의 LGBT 청소년을 대상을 한 연구결과에서는 괴롭힘이나 약물 남용 등과 상관없이 LGBT의 지속적이고 심각한 자살 성향이 LGBT 상태(성적지향) 그 자체와 매우 밀접하게 연관되어 있다고 밝혔다. 이것은 음주, 약물사용, 따돌림, 가족의 상호작용, 학교 스트레스, 경제적 지위, 종교, 국적 요인의 영향을 배제하더라도 LGBT 청소년의 정서적 장애가 이성애 청소년보다 월등히 심각하다는 사실을 확인해 준다. 이러한 요인들을 조정해 계층적으로 분석하더라도

LGBT의 정서적 장애가 LGBT 상태(성적지향)와 독립적으로 관련되어 있으며, 특히 남성 동성애자의 경우 그 연관성이 매우 강력하다고 한다.³³² 특히, 남성 동성애자의 성중독 유사 증상과 그 상태에서 유발되는 정서적 장애의 연관성 때문일 가능성이 크다는 지적이 나온다.

만일 사회적 낙인이 LGBT 정신질환의 주된 원인이었다고 가정한다면, 동성결혼이 합법화된 지 오래된 서구 국가에서는 LGBT의 정신질환이 감소하는 현상을 보여야 한다. 그러나 실상은 그렇지 않다. 인권교육이 시행되는 미국, 영국이나 그렇지 않은 중국 모두 LGBT 청소년 5명 중 2명(40%)이 자살 기도를 진지하게 고려하는 것으로 밝혀졌다.³³³ 미국 LGBT 청소년은 일반 청소년보다 자살을 시도할 확률이 5배 높다. 이 수치는 2011년, 2016년, 2019년 각 조사결과에서도 변화가 전혀 없었다.³³⁴ 결국, 차별금지법이나 인권교육이 시행되는 국가인지, 인권교육이 오랫동안 시행되어 사회적 낙인이나 차별이 감소했는지를 불문하고 LGBT 청소년들의 정신질환 비율은 한결같이 변함이 없었다. 정서적 장애로 고통받는 LGBT 청소년들의 숫자만 폭증시킬 뿐이다. 동성애자들의 정신질환이 내재적 원인에서 비롯되었다는 정신과 의사들의 의견(1977년)을 강력히 뒷받침하는 통계인 셈이다.

2001년 최초로 동성결혼을 인정한 네덜란드에서도 남성 동성애자들의 정신적 장애뿐만 아니라 자살률이 일반 남자들보다 월등히 높다.³³⁵ 연구자들은 동성애자들에게 사회, 경제, 정치, 법적 평등이 해결해주지 못하는 내면적 문제가 있다고 지적한다.³³⁶ 동성애자의 정신건강 문제가 사회적 시선보다 내재적 문제에서 비롯된다는 점을 시사한다.

앞서 언급했듯이 약 47만 명을 대상으로 한 동성애 게놈 연구에서 단일의 게이 유전자가 없다는 사실이 확인됐지만, 동성애 행동과 관련성이 높은 유전자 변이가 5개 발견됐다. 이들은 각기 우울증, 조현병(정신분열증), 양극성 장애(조울병), 대머리와 후각에 관련된 유전자들이었다. 이들 5개의 변이는 동성애 행동의 1%만 설명한다. 즉, 이 5개의 유전자 변이를 모두 가진 사람이 100명 있다면 그중 동성애자는 1명이라는 의미다.³³⁷ 연세대 의대 신경정신과의 민성길 교수가 말한다.

"동성애 자체의 유전자는 없지만, 우울증, 조현병, 양극성 장애의 원인이 되는 유전자를 많이 가질수록 동성애자가 될 확률이 높아진다는 것을 의미합니다."[338]

2020년 미국 예일대(Yale) 연구결과에서는 게이들의 우울증이나 자살 충동이 게이 커뮤니티가 집착하는 성적 매력에 대한 차별과 비교, 식성 경쟁에서 밀린 좌절과 소외감 등에서 비롯된다는 사실을 밝혔다.[339] 즉, 동성애자들의 정신질환의 근본 원인은 사회적 시선이 아닌 게이 커뮤니티의 내재적 문제 때문인 것이다.

게이 커뮤니티에서는 서로 성관계를 갖고 성적 욕구를 충족시키기 위한 지위 획득과 경쟁이 아주 치열한 문화가 있다. 자세히 설명하자면 게이 커뮤니티 안에서 성적 매력에 따른 비교와 차별이 매우 심하다.[340] 더 높은 성적 매력과 남성성을 가진 게이가 더 우월한 지위를 가지게 되는 것이다. 이렇게 우월한 지위를 지닌 동성애자로부터 거절을 경험한 동성애자들은 '비교-절망' 메커니즘으로 인해 정신적 스트레스를 심하게 받으며 자존감이 크게 낮아진다는 사실이 확인됐다.

동성애자들의 정신적 스트레스는 게이 커뮤니티가 집착하는 성관계, 성적 매력에 따른 지위, 경쟁, 동성애자들 간 인종차별(다양성의 배척)에서 기인한다는 점이 증명됐다. 이로 인해 게이 커뮤니티 내 지위가 낮은 동성애자들의 정신건강은 크게 악화된다. 성적 매력이 낮으면 식성 경쟁에서 밀리고, 거절당한 남성 동성애자의 자존감이 낮아지기 때문이다. 예를 들어, 동성애 앱에서 지속적으로 거절당하거나 인종 차별성 발언을 듣는 경우다. 게이 커뮤니티 내 가장 흔히 차별받는 이유는 '몸무게'라고 보고된다.[341] 이때 우울증이 심해지고 약물 남용의 가능성이 커진다.[342] 그뿐만 아니라 HIV에 노출되는 위험한 성행위(예컨대, 찜방에서의 성행위)에 관여할 가능성도 크게 높아진다.[343] 최근 연구결과에서도 우울증을 겪는 동성애자들은 여러 성 파트너들과 안전하지 않은 성관계를 함으로써 HIV에 걸릴 가능성이 크다는 사실이 밝혀졌다.[344]

그러나 거절하는 상대방이 동성애자가 아닌 이성애자일 경우, 거절당하는 동성애자는 지위 불균형이나 거절에 따른 스트레스를 전혀 받지 않는다는 사실도 확인됐다.[345]

남성 동성애자들이 우울증과 자살 충동을 겪는 이유에 대한 조사도 이루어졌다. 동성애자들의 70%는 낮은 자존감 때문이라고 밝혔다. 다른 요인들로는 인간관계(56%), 소외감(53%), 자신이 매력적으로 느껴지지 않는 점(49%)이 있었다. 남성 동성애자 상당수의 이런 스트레스는 그들의 성 문제와 직결되며, 그들의 정신건강 악화에 기여한다고 밝혔다.[346] 특히, LGBT 커뮤니티의 구조적 차별을 경험하거나 식성 경쟁에서 거절당할 경우, 소외감과 자신이 매력적으로 느껴지지 않게 되어 자존감이 낮아지게 된다. 그리고 LGBT 커뮤니티에서 보편적으로 경험하게 되는 친밀한 파트너의 폭력을 경험할 경우 인간관계에 문제를 느끼게 된다.[347] 이것은 게이의 식성과 연관되는 문제이기 때문에 우울증과 자살 충동으로 이어진다. 남성 동성애자들은 게이 커뮤니티 내의 독특한 지위에 따른 경쟁 압박을 받는다. 다시 말해, 일반 사회가 아닌 게이 커뮤니티의 구조적 차별문제와 동성애의 내재적 원인이 동성애자들의 정신건강을 악화시키는 주요인으로 작용하는 것이다.[348]

일반 사회와 달리, 게이 커뮤니티에서는 구성원을 절대적으로 이미지나 외모로 평가하는 특징이 있다. 이것은 외모에 대한 과도하게 높은 기준과 자신에 대한 비판적인 평가의 조합을 유발한다. 그리고 식성 경쟁에서 밀려 소외감을 느끼는 대다수 동성애자들은 우울증과 불안장애를 겪게 된다. 성적 매력에 따른 게이 커뮤니티 내 지위의 양극화가 매우 심한 환경인 것이다.[349]

이런 현상을 심화시키는 것이 동성애 앱이다. 프로필 사항에 '나이, 사진, 성행위 역할(바텀 또는 탑)'만을 공유하고, 상대방도 주로 이것에만 관심을 둔다.[350] 통상적인 데이팅 앱과 달리 곧바로 이미지를 공유하며 식성 확인부터 시작하는 것이다. 일반 사회에서의 만남과 달리, 정서적 유대감부터 형성하지 않는다. 외모로 인정받는 세계에서 동성애 앱의 이용자들은 자신의 몸을 매력적인 남성들의 외모와 비교하며 자괴감에 빠진다. 이것은 정서적으로 매우 위험하고 자존감을 크게 낮춘다. 이러한 연유로, 20만 명을 대상으로 한 조사결과에서 동성애 앱 그린더(grinder)에 접속한 이용자 중 77%가 후회하거나 불행을 느낀다고 밝혔다.[351]

그리고 정서적 유대감 없이 식성에 따른 공허한 성관계는 외로움을 유발한다.[352] 스스로 조절되지 않는 성행위도 무력감과 우울증에 빠지게 만든다.[353] 성중독 단계로 넘어가면 동성애자들은 성관계를 스스로 끊지 못하는 자기 모습을 보면서 자존감이 무너진다. 그럼에도 불특정 다수와의 성관계를 끊지 못하는 악순환이 이뤄지며 정신건강은 악화된다.

LGBT에 대한 성적 학대도 심각한 문제이다. 남성으로부터 성적 학대를 받은 남성은 성적지향의 혼란을 겪으며 게이로 변화될 가능성이 크다는 연구결과들이 있다.[354] 미국 국회(하원) 청문회에서 논의된 연구결과에 의하면,[355] 성범죄 피해를 입은 남아들은 그렇지 않은 경우보다 7배 더 동성애자나 양성애자가 된다고 밝혔다.[356] 그리고 게이가 아동기 성적 학대를 경험하는 비율이 매우 높다.[357] 2020년 영국 조사결과에 의하면, 동성애자들 중 거의 반(45%)은 성폭력을 당했다. 이것은 일반인보다 10배 많은 수치다. 18~34세 동성애자들은 거의 모두가 성적 학대를 경험했다.

그런데 성폭력을 당한 37%는 그 누구에게도 말하지 못한다고 밝혔다. 동성애자 85%는 성폭력을 당하더라도 신고하지 않겠다고 응답했다. 특히, 피해자가 남성이기 때문에 강간 피해를 신고하는 것은 더욱 어려웠다. 동성애자 5명 중 1명(19%)은 성관계 도중 성 파트너가 자신 모르게 또는 동의 없이 콘돔을 제거했다고 밝혔다. 동성애자 28%는 알코올이나 약물 남용으로 인해 동의 자체를 할 수 없는 상태에서 성관계가 이루어졌다고 밝혔다. 2010~2012년 미국 정부 자료에 의하면, 남성 동성애자의 40%가 성폭력을 경험했다.[358]

이렇게 성적 학대를 받은 경험이 있는 동성애자 중 61%가 자살을 시도한다는 연구결과가 있다.[359] 일반적인 괴롭힘 피해와 달리, 성적 학대는 친밀한 파트너의 폭력(intimate partner violence, 이하 'IPV')으로까지 이어져 동성애자의 정신질환에 심각한 악영향을 미치게 된다. 연구결과 LGBT 청소년이 성적 학대를 경험하는 경우 관계 학대(relationship abuse)도 경험하는 확률이 높은 반면, 통상적인 또래 괴롭힘 피해는 관계 학대로 이어지지 않는 것으로 나타났다. 그리고 LGBT 청소년에 대한 성적 학대가 성적 가치관이 형성되는 시기에 이루어지고, 관계 학대까지 유발하기 때문에 특히 해롭다고 한다.[360] 결국, LGBT 청소년에 대한 성적 학대는 IPV로 이어지는 반면, 이성애자의 괴롭힘 피해는 IPV로 이어지지 않는다는 것이다. 이것은 이성애자의 괴롭힘(사회적 차별)보다 성 파트너의

IPV(LGBT 커뮤니티의 권력적 차별)가 LGBT의 정서적 장애에 훨씬 해로운 영향을 미친다는 사실을 시사한다.

LGBT 연인관계에서 벌어지는 IPV는 신체적, 성적, 정서적, 언어적 폭력이 지속되고 반복되는 특징이 있다.[361] IPV 형태 중 성적 폭력은 파트너에게 원하지 않는 성적 경험을 강요하는 것을 의미한다. 그리고 심리적 공격 또는 감정적 학대도 IPV의 한 형태이다.[362]

IPV에 있어 '친밀한 관계의 파트너'는 가까운 관계를 맺고 있는 사람으로 LGBT의 경우 대부분 동성 커플 또는 성 파트너를 의미한다. 그리고 자행되고 있는 IPV의 저변에는 사실상 친밀한 관계라는 것이 동등한 관계가 아닌 권력적 관계를 말한다. IPV의 핵심이 식성과 연계된 권력적 관계인 것이다. 특히 성년과 미성년 간 동성 성행위를 할 경우, 이런 현상이 더욱 뚜렷해진다. 이러한 권력적 관계에서 우위에 있는 사람이(대개는 LGBT 성인) 그보다 아래에 있다고 여기는 상대방(대개 LGBT 미성년자)에게 폭력을 가하는 사례가 빈번하다.[363] 한 사람이 다른 사람에 대한 권력이나 통제권을 잡을 수 있는 학대 행동의 패턴인 것이다.[364]

동성 커플의 경우 양성 커플보다 IPV 문제가 훨씬 심각할 것으로 추정되었다.[365] 실제 연구결과에서도 이성애자에 비해 LGBT가 IPV를 경험하는 비율이 월등히 높다(50%)고 한다.[366] LGBT 중 절반가량이 IPV로 정신적 고통을 받는데, 이것은 보편적 현상이라고 밝혔다. 또 IPV 중 LGBT 정신건강에 가장 위협적인 형태의 폭력은 권력 차이, 성행위 역할(바텀 또는 탑), 내재화된 혐오포비아에서 기인하는 정서적 폭력이라고 한다.[367] 파트너가 범행에 취약한 피해자의 심리 상태를 조작하는 행위 전반이 강압과 폭력에 해당하는 것이다.[368]

연구결과 'LGBT가 당하는 IPV의 신체적 폭력의 형태'로 의사에 반해 콘돔 없는 성관계가 자주 이루어진다고 한다.[369] 다른 연구결과에서도 IPV를 상담한 LGBT 중 41%가 파트너에게 성관계를 강요당한다고 보고했다. LGBT 상당수(28%)는 학대하는 파트너에게 안전한 성관계(콘돔 사용 성관계)를 요청하는 것이 안전하지 못하며 그러한 요청에 대한 파트너의 반응을 두려워한다고 밝혔다. 실제로 안전한 성관계를 요청한 직접적인 결과로 파트너로부터 성적 학대(19%),

신체적 학대(21%), 언어적 학대(32%)를 경험했다고 밝힌다.[370] 이것은 IPV가 HIV 감염확률까지 높이는 것이다.

　피해자에게 IPV 폭력 발생에 대한 통제권이 없으며 모든 것이 가해자에게 달려있다고 학자들은 말한다.[371] 특히, 아동·청소년에게 HIV 감염확률을 감소시킬 수 있는 통제권이 없는 경우가 많다. HIV에 감염된 아동·청소년이 급증하는 이유 중 하나일 것이다. LGBT 커뮤니티의 보편적 현상인 IPV가 에이즈 감염, 약물 남용 등 넓은 범주의 건강 문제와 연관됨을 알 수 있다.[372]

　연구결과, LGBT 커뮤니티는 IPV 유병률이 극단적으로 높다.[373] 반면 피해자가 도움을 청하는 행동을 보일 확률은 극단적으로 낮다. 이것은 수많은 LGBT 피해자가 아무런 지원 없이 방치됨을 의미한다고 밝힌다.[374] IPV는 친밀한 관계에서 발생하는 폭력인 만큼 사적인 문제로 간주 되기 때문에 상대적으로 다른 폭력들에 비해 가시화되기 어렵다.[375] 따라서 폭력으로 인해 발생하는 신체적, 정신적 상해에 대한 적절한 치료도, 충격을 완화할 수 있는 사회적 지지도 받기 어렵다.[376] 특히, LGBT는 IPV 고위험군에 속하나 사회적 시선을 우려해 IPV 문제를 잘 공개하지 않는다.[377] 방치된 LGBT 피해자는 고립된 채 안전한 도피처 없이 혼자 고통을 감당해야 하고 심각한 결말로 이어지는 사례가 많게 된다.[378] 우울증과 자살 충동이 높은 이유 중 하나일 것이다.

　다시 말해 일반적인 폭력과 달리, IPV가 더욱 큰 피해를 초래하는 이유는 가해자와의 관계 때문이다. 성적 행위가 오고 가는 친밀한 관계에서의 폭력이기 때문에 정신적 트라우마가 크게 남는 것이다.[379] 특히 아동기 때 이를 경험하면 내면의 상처가 더욱 커질 수밖에 없다. 그리고 IPV로 인한 정신질환 및 증상은 시간이 지남에 따라 약화 되거나 사라지지 않고 남은 삶 동안 지속적으로 부정적인 영향을 미친다.[380] IPV로 유발되는 정신질환으로는 LGBT에게 유병률이 높은 외상후스트레스장애(posttraumatic stress disorder, PTSD)가 대표적이며,[381] 우울증, 불안, 섭식 장애 등도 포함된다.[382] 연구결과, 일반적으로 연인으로부터 성폭력 피해를 경험할 경우・외상후스트레스장애 위험이 32.4배,・강박장애 위험이 27.8배,・니코틴 의존증 위험이 22.4배,・불안장애 위험이 13.3배나 높다는 결과가 나왔다.[383]

그런데 외상후스트레스장애는 유사한 사건을 경험했을 때 그 효과가 더욱 증폭된다는 연구결과가 있다. IPV가 끼치는 부정적인 영향이 몸에 각인되어 지속적인 영향을 미치고 트라우마로 남기 때문이다. 폭력을 가한 파트너에 대한 두려움이 높을수록, 아동기 학대 및 방임의 경험이 모두 IPV와 관련된 외상후스트레스장애를 유의하게 높이는 것으로 나타났다.

다시 말해 과거의 IPV 경험이 최근 겪은 폭력으로 인한 두려움과 외상후스트레스를 현격히 높일 수 있다. 이는 IPV 경험이 한 번일 때도 정신건강에 지속적인 악영향을 미치지만 그러한 경험이 중복되는 경우 그 효과가 훨씬 커진다는 것을 의미한다.[384] 따라서 수많은 성 파트너들이 있고, 그들로부터 당하는 IPV가 대다수 한 번에 그치지 않는다는 점은 LGBT의 정신건강 문제가 더욱 심각해질 가능성을 보여준다.

연구결과 IPV는 LGBT 사이에서 극단적으로 높은 비율을 나타내며,[385] 내재화된 혐오포비아와 밀접한 연관성이 있다고 밝힌다. 즉 IPV는 LGBT의 정신질환에 직접적 관련성이 있는 것이다.[386] 다른 연구결과에서도 IPV는 우울증을 유발하는 강력한 원인이라고 밝힌다. IPV를 경험할 경우 내재화된 혐오포비아와 약물 남용의 비율도 높인다고 한다.[387]

IPV는 LGBT에게 나타나는 보편적 현상이라고 한다.[388] 결국, 동성애자들 사이에서 이루어지는 높은 비율의 성적 학대나 IPV도 식성과 연계된 게이 커뮤니티의 내재적 문제이며, 게이 커뮤니티의 구조적 차별과 함께 LGBT의 정서적 장애를 유발하는 주된 요인으로 작용하는 것이다.[389]

한 연구결과에서는 LGBT를 장려하는 학교 환경이 남성 동성애자들에게 성적 IPV의 유병률과 위험을 높인다고 밝혔다.[390] 인권교육이 동성애를 학습하게 하고,[391] 항문 전립선 중독이 자신을 동성애자로 오해하게 만들면서,[392] 아이들이 IPV에 쉽게 노출되는 제도적 환경을 조성하기 때문이다. 결국, 젠더 이데올로기 정책과 인권교육, 그리고 성중독 유사 증상 등이 복합적으로 작용하면서 LGBT의 정서적 장애를 유발하는 원인이 된다.

동성애자 대부분이 경험하는 아동기 트라우마도 정신질환의 주요 원인이라는 연구결과들이 있다.[393] 2014년 약 2만 명을 대상으로 한 연구에서, 어릴 때 불행을 경험한 경우 성인이 돼서 동성애자가 되는 사람이 많다는 결과가 나왔다.[394] 지금도 동성애가 어릴 때의 부정적인 부모·자식 관계, 부모의 이혼 등의 역경 혹은 성적 트라우마로 인해 생긴다는 연구결과가 지속해서 발표된다.[395] 특히, 유년 시절의 신체적 또는 성적 학대가 동성애 유발과 밀접한 관련이 있다고 한다.[396] 한 연구결과에서는 LGBT가 아동기 성적 학대를 경험하는 비율이 불균형적으로 과도하게 높은데, 이런 트라우마가 정신질환과 약물 남용, 성적 위험 행동과 HIV 감염의 원인이 된다고 밝힌다.[397]

동성애자가 나이 들면 성적 매력을 잃게 되고 식성 경쟁에서 밀리게 되는데, 이 또한 정서적 장애를 유발하는 원인이 된다. 다시 말해, 나이 많은 동성애자들은 외모로 평가받는 게이 커뮤니티에서 환영받지 못한다. 그리고 많은 동성애자는 독특한 라이프 스타일로 인해 나이가 들어도 가족 없이 외로움에 시달린다.[398] 탈동성애자 김정현이 말한다.

"대부분의 동성애자들은 주말마다 찜방을 헤매고 항문이 늘어나 변실금과 성병, 에이즈 공포 속에 고독하게 삶을 마감합니다."[399]

여러 연구결과들은 LGBT가 나이 들면 다양한 신체적 질병, 정신질환과 약물 남용을 경험할 위험이 일반인보다 월등히 높다고 한다.[400] 1998~2001년 사이에 진행된 4개의 독립적인 연구결과에서 동성애자들이 일반적인 이성애자들보다 최소 2배 더 알코올에 의존하고, 남성 동성애자가 일반 남성보다 3배 더 자살을 시도한다고 밝혔다.[401]

젠더 추종자들은 '동성애자들의 정신질환과 그들에게 형성되는 내재적 혐오포비아가 사회의 차별과 편견에서 비롯된다'라고 주장한다. 이를 명분 삼아 오히려 아이들에게 동성애에 빠지는 원인을 제공하는 인권교육을 강행하고 있는 격이다.[402] 반면 아이들이 사회적 성에서 빠져나오지 못하는 정책을 추진한다. 사회적 성의 실체를 알리는 정보를 차단하고 전문가에 의한 상담 치료조차 금지한다.[403] 아이와 부모들의 선택권이 원천봉쇄되는 것이다. 차별금지법이 법제화될 경우, 아이들에게 해악을 끼치는 사회적 병리현상이나 그 원인에 대한 검증이나 논의를 사실상 불가능하게 만든다. 이에 대한 의학적·과학적 사실을 폭로하는 교수, 교사, 의사들이 갖은 핑계 속에서 파면되는 사례들이 늘어나는 이유다.[404]

그러나 젠더 추종자들의 주장은 그 오류가 드러나고 있다. 이성애자의 괴롭힘은 동성애자 대부분이 경험하는 친밀한 파트너의 폭력으로 이어지지 않으며,[405] 이성애자의 거절은 게이에게 지위 불균형에 따른 스트레스를 주지 않는다는 연구결과들이 속속 나오고 있다.[406] 성중독 유사 증상을 보이는 식성과 관련이 없기 때문이다. 반면 게이의 정신질환과 내재적 혐오포비아를 유발하는 가장 큰 원인 중 하나는 성 파트너의 거절이나 정서적 학대이다. 이로 인한 자존감이나 인간관계의 상처로 게이의 우울증 등이 심각해진다. 식성을 만족하지 못할 경우, 금단 증상과 더불어 정신적으로 가장 큰 어려움을 겪기 때문이다. 결국, 게이의 정서적 장애는 사회적 차별이 아니라 동성애의 내재적 원인이 진짜 문제일 개연성이 높다.[407] 아동기 트라우마, 게이 커뮤니티 내의 구조적 차별과 식성 경쟁, 이 과정에서 나타나는 IPV 등 권력적 구조와 개인적인 내면의 갈등, 그리고 성중독 유사 증상에서 비롯되는 일반적 증상들이 복합적으로 작용해서 동성애자들이 겪는 정신질환을 유발한다는 견해가 설득적이다.

전문가들은 정신분석적으로 동성애 관련 문제들이 정신건강 문제의 원인과 공통점이 많으며,[408] 동성애자의 우울증을 정신분석 치료하면 동성애도 함께 호전될 수 있다고 한다.[409] 그런데 차별금지법은 실증적 근거가 없는 '사회적 차별'을 근거로 미성숙한 아이들에게 미화된 동성애를 노출하면서 고착화시킨다.[410] 게다가 어린 시절의 트라우마나 성중독 유사 증상에 대한 상담 치료까지 가로막는다. 이런 연유로 차별금지법이 시행되거나 인권교육이 본격적으로 시행되는 국가에서 예외 없이 LGBT 청소년 수의 폭증이 통계로 가시화되는 것이다.

6장

성전환 유해성과 내재적 원인
(5명 중 2명 실제 자살 시도)

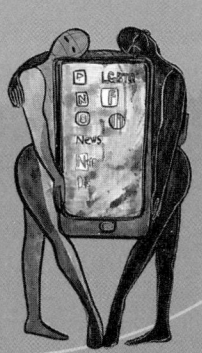

6장

성전환 유해성과 내재적 원인
(5명 중 2명 실제 자살 시도)

신체적 유해성

성전환 시술에는 사춘기 차단제와 교차 성호르몬(이하 '호르몬 치료'), 그리고 성전환 수술이 있다. 연구결과 사춘기 차단제를 시작할 경우 90% 이상은 교차 성호르몬까지 투여한다고 밝힌다.[411] 그리고 호르몬 치료를 할 경우, 심혈관 질환, 심장종양, 혈전, 간 수치와 프로락틴 증가의 위험을 경고한다.[412] 프로락틴(prolactin)은 유방암의 발달에 중요한 유전자를 활성화시킨다.[413] 호르몬 치료를 받은 트랜스젠더를 대상으로 한 연구결과, 혈전이 45배, 프로락틴이 400배, 우울증이 15배 증가한다는 사실을 보고했다.[414] 불임과 골다공증의 우려도 크다.[415] 특히 골밀도 부작용이 심각하다는 연구결과가 다수 있다.[416] 사춘기를 지연시키는 것이 아니라 완전히 중단시키는 사춘기 차단제만 하더라도 아이들의 뼈를 평생 약화시키고,[417] 뇌 성장을 방해하며 불임을 유발한다.[418]

그밖에 혈액 응고, 담석증, 체중 증가, 중성지방 증가, 고혈압, 적혈구 증가, 여드름, 대머리, 수면무호흡증, 당뇨병, 고지혈증 등의 부작용도 있다. 연구결과 교차 성호르몬을 투여한 트랜스젠더는 자살, 에이즈, 심혈관질환, 약물 남용 등으로 인해 사망률이 일반인보다 51% 높다고 밝혔다.[419]

수천만 원이 소요되는 성전환 수술의 경우,[420] 성 기능과 배뇨·배변 기능 장애, 질 협착 및 파열, 조직괴사, 혈전증, 수명 단축 등의 부작용이 뒤따른다.[421] 없던 병이 생기며 몸이 훼손되는 것이다. 실제로 염색체나 성이 전환되는 것이 아니다.[422] 시술 전 약속되었던 정신건강도 좋아지지 않는다.[423] 오히려 성전환 수술은 정신질환의 근본 원인을 알 수 없게 한다. 거짓된 희망을 품게 하고 뒤늦게 후회한다 해도 돌이킬 수 없는 상황이 된다. 그런 가운데 정신질환이 장기적으로 악화될 개연성이 높아진다.[424] 게다가 여성의 경우 영구적으로 임신을 할 수 없는 몸이 된다.[425]

아래에서는 성전환 시술이 끼치는 해악성에 대해 여러 의료 전문가들의 공통된 의견들을 청취하겠다. 젠더 추종자들이 이와 관련된 사실을 왜곡하면서 사춘기 차단제 등의 투여를 아동·청소년에게 강행하기 때문이다. 미국 캘리포니아의 내분비학자이자 전문의인 마이클 레이드로(Michael Laidlaw)가 호르몬 치료의 실상을 말한다.

"사춘기 차단제는 청소년에게 골다공증과 골절의 위험을 월등히 높입니다. 왜냐하면, 청소년기가 뼈·골격 건강에 가장 중요한 시기인데, 사춘기 차단제가 이런 골밀도 증가를 막기 때문입니다. 평생 이루어지는 골밀도 증가의 절반 이상이 10대에 이루어지는데, 사춘기 차단제가 이 과정을 방해하는 것입니다. 청소년들은 뼈, 뇌, 골반 발달에 필요한 세월을 잃어버리게 되는데, 되돌릴 수 없습니다. 그러나 트랜스젠더 아이들이나 부모에게 이런 정보들은 제대로 제공되지 않습니다. 대신 이데올로기에 근거한 법체계로 이런 약물 투여를 밀어붙입니다.[426]

호르몬 치료제는 의심의 여지 없이 위험합니다. 뇌와 골격 발달에 악영향을 미칠 뿐만 아니라, 심혈관계 질환과 암의 위험성을 높이기 때문입니다.[427] 특히 교차 성호르몬은 불임, 치명적인 혈전, 심장마비, 유방암과 난소암, 간 기능 저하뿐만 아니라 정신질환까지 악화시킬 위험성이 매우 높습니다.[428]

문제는 이런 해로운 확인치료를 객관적 진단기준 없이 투여한다는 것입니다.[429] 혈액검사나 유전자 검사, 뇌 영상 스캔으로도 젠더 정체성을 확인할 수 없습니다. 게다가 2017년부터 교차 성호르몬을 투여하는 아동의 나이가 13세에서 8세로 낮춰졌습니다. 믿을 수 없는 일이지만, 젠더 정체성이라는 막연한 개념으로 8세 여아에게 테스토스테론을 실제로 투여하는 것입니다. 13세 여아가 유방 절제술로 유방을 제거하고 있습니다. 17세 남자 청소년은 사춘기 차단제로 인해 9세 연령대의 성기를 지니고 있습니다. 이 사춘기 차단제는 화학적인 전환치료의 일종인 셈입니다. 이 모든 것은 아이들에 대한 임

상실험입니다. 성전환을 후회하면서 본래 성으로 전향한 사람들의 목소리를 무시하는 것입니다.[430]

영국 옥스포드 대학의 마이클 빅스(Michael Biggs) 교수는 타비스톡 자료를 근거로 성전환 시술을 받은 아이들의 자해 비율이나 소녀들이 정서적 문제를 보일 확률이 훨씬 높다는 사실을 발견했습니다. 성전환 시술의 이런 부작용을 고려한다면, 중단하고 싶지 않습니까?"[431]

의사인 송흥섭도 장기적 부작용이[432] 많은 성전환 시술을 비판한다.

"성전환 시술에는 성 기능과 배뇨·배변 기능 장애, 영구불임, 우울증과 불안, 높은 자살률, 수명 단축 등 심각하고 돌이킬 수 없는 부작용이 뒤따릅니다. 정신적 문제가 있는 환자를 성전환 수술로 해결하려는 것은 윤리적으로도 잘못된 의료행위입니다."[433]

연구결과 LGBT 중 트랜스젠더가 항문성교로 인한 HIV 감염에 가장 취약할 뿐만 아니라 성적 건강을 해칠 위험성도 가장 높다는 사실이 밝혀졌다.[434] 젠더불쾌증을 앓던 아이들 상당수가 자연스럽게 성정체성 혼란을 겪지 않게 되더라도 동성 성행위를 하는 성적지향을 가질 확률이 매우 높기 때문이다.[435] 그리고 트랜스젠더가 위험한 성적 행동을 할 확률이 높다는 연구결과도 있다.[436] 세계보건기구(WHO)에서도 '15개 다른 나라에서 연구한 결과, 트랜스젠더가 일반인보다 HIV에 감염될 확률이 49배 더 높다'라고 보고했다.[437] 전 세계적으로 트랜스젠더의 HIV 감염률이 일반인보다 훨씬 높은 것이다.[438]

무엇보다 성전환 시술은 일시적인 정신건강 문제로 인해 돌이킬 수 없는 장기적 건강 문제를 초래한다.[439] 그 장기적 부작용이 아직까지도 충분히 알려지거나 검증되지 않았다.[440] 성전환 시술을 아이들에게 유도하는 젠더 이데올로기 정책이 '미성년자에 대한 임상실험'이라고 비판받는 이유다.[441] 의학적 개입 이전에 선행되어야 하는 '통제된 임상실험'이나 '장기적 후속 연구'라는 안전장치도 없다.[442] 임상실험을 할 경우, 실험 쥐 상당수는 살아남지 못한다. 이런 상황 속에서 성전환 시술이 실험 쥐 대신에 아이들을 대상으로 임상실험을 진행한다는 지적이 수긍그러들지 않는다.[443]

스티븐 레빈(Stephen Levine)은 1974년부터 수십 년간 젠더불쾌증을 앓는 환자들을 치료하며 이 분야를 개척한 세계적 전문의이자 미국 케이스 웨스턴(Case Western) 의과대학의 정신과 교수다.[444] 그는 미국 정신의학협회의 DSM-IV 소위원회에서 젠더불쾌증 스펙트럼의 개념과 진단기준 등을 확립하는 데 역할을 했다.[445] 또 젠더불쾌증을 진료하는 임상의(직접 환자를 상대하는 의사)를 위해 많은 저서와 논문을 발표했다. 그리고 1997~1998년 세계 트랜스젠더 건강전문가협회(World Professional Association for Transgender Health, 이하 'WPATH')에서 젠더불쾌증 진료에 대한 국제적 표준(Harry Benjamin International Gender Dysphoria Association Standards of Care 5판)을 정하는 위원회의 의장이었다.[446] 그는 젠더 이데올로기의 영향을 강하게 받는 WPATH에[447] 대해 비판한다.

"WPATH는 2002년부터 전문가 자격도 없는 트랜스젠더 개인에게도 개방되었습니다. WPATH가 더 이상 순수한 전문가 집단이라고 할 수 없습니다. 이것은 솔직하고 과학적인 논의의 가능성이 제한된다는 것을 의미합니다."[448]

젠더불쾌증 분야의 세계적 권위자인 레빈 교수가 성전환 시술의 문제에 대해서도 말한다.

"사춘기 차단제는 그 안전성과 효과가 과학적으로 검증되지 않았기 때문에 실험적입니다. 이와 같은 빈약한 검증이나 근거로 아이들에게 급진적인 의학적 개입이 이루어지는 것은 다른 의학 분야에서 결코 찾아볼 수 없습니다. 평생 남을 후유증의 위험이 큽니다. 2년 동안 사춘기 차단제가 처방된 대다수 여성은 또래보다 골밀도가 낮습니다. 또 뇌 발달을 손상시켜 IQ에 부정적인 영향을 미친다는 보고가 있습니다. 사춘기 차단제를 시작하면 거의 100% 교차 성호르몬으로 이어지는데, 돌이킬 수 없는 신체 변화(불가역적 변화)가 촉발됩니다. 심장마비의 위험도 4배 증가하며, 호르몬 치료를 받은 트랜스젠더의 기대수명도 20년 정도 줄어듭니다.[449]

젠더불쾌증을 앓는 아동·청소년은 정신적 고통을 심각하게 겪는데, 다른 치료 접근방법과 비교할 때 확인치료(성전환 시술)가 자살이나 그 밖의 장기적인 결과를 개선한다는 어떠한 연구결과도 존재하지 않습니다.[450] 확인치료

는 실험적이며, 부정적인 결과를 유발할 가능성이 매우 높습니다.[451]

이미 알려진 성전환 시술의 리스크도 충분히 심각하지만, 이에 대해 '정보가 제공된 동의'(informed consent)가 불가능한 이유는 이런 의학적 개입이 실험적이기 때문입니다. 장기적인 후속 연구가 미미하거나 존재하지도 않습니다. 따라서 의사들은 예측할 수 없는 다양한 부작용이 발생할 수 있다고 포괄적으로 경고할 수밖에 없습니다. 물론 환자들이 실험적인 치료에 동의하는 것은 허락됩니다. 그러나 윤리적인 관점에서 볼 때, 심신의 건강을 해치고 기대수명까지 줄이는 의학적 개입은 생명을 잃게 하는 불치병에 대해서만 허용되어야 할 것입니다.[452]

이러한 의학적 개입에 관해 신중하고 조심스러운 목소리를 낼 경우, 트랜스포비아,[453] 혐오 그리고 전환치료를 한다고 과열된 비난을 받게 됩니다. 이처럼 험악하고 적대적인 환경 속에서 (의사들은) 불가피하게 침묵과 묵인으로 일관할 수밖에 없습니다. 경력이 끝나가고 더는 잃을 것이 없는 우리와 같은 사람들만이 남아서 우려의 목소리를 낼 수 있을 뿐입니다.

성정체성 혼란에 대처하는 최근 접근 방식은 '과학'보다 '유행하는 문화'에 근거하고 있습니다. 사춘기 차단제는 과학 실험의 기본인 '통제된 임상실험'을 거친 적이 없습니다. 의학적 개입을 위한 과학적 전제조건은 의학 분야에서 잘 확립되어 있습니다.[454] 의학적 진전은 신중하게 진행하는 '통제된 임상실험'을 통해 이루어집니다. 그런데 어째서 젠더 문제만 예외를 인정하는 것입니까?"[455]

호르몬이 신체에 미치는 영향을 연구하는 내분비학자이자 미국 워싱턴(Washington) 의과대학의 소아과 교수인 폴 흐루즈(Paul Hruz)가 말한다.[456]

"확인치료는 네덜란드에서 시작됐습니다. 이것은 네덜란드 프로토콜로 알려져 있습니다. 그 첫 단계는 사회적 확인(장려)인데 3세부터 시작될 수 있습니다. 성정체성의 불일치를 주장하는 개인에게 그 원인을 질문하기보다 이를 지지하게 됩니다. 그러한 지지에는 여장/남장, 성중립적 인칭대명사의 사용, 반대 성별의 화장실 사용을 장려하는 것이 포함됩니다. 다음 단계는 사춘기 차단제를 사용하는 의학적 개입을 합니다. 이것은 사춘기 시작과 함께 처방됩니다. 여아는 8세, 남아는 9세부터 시작될 수 있습니다. 옹호론자(젠더 추종자)들은 젠더 문제로 인한 자살이나 심리적 고통을 사춘기 차단제로 예방하도록 격려합니다. 트랜스젠더 정체성이 지속될 경우 의사는 교차 성호르몬을 10대에게 제공하며 신체 변화를 장려합니다. 여아의 경우 얼굴에 털이 나고 목소리가 굵어지게 됩니다. 마지막 단계는 성전환 수술로서 생식기를 제거하거나 만들어줍니다.

그러나 이런 프로토콜은 우려되며 그 필요성에 의문이 듭니다. 트랜스 옹호자들조차도 젠더불쾌증을 가진 사춘기 이전의 아이들 대부분(80~95%)이 성인이 되면서 이를 자연스럽게 극복한다는 사실을 인정합니다.457) 이것은 의학적 개입은 물론이고, 사회적 확인(장려)의 필요성에 대한 의문을 갖게 합니다. 어른들과 전문가들이 아이들에게 장려하지 않았다면 결국에는 존재하지 않았을 트랜스젠더 정체성인데, 이를 장려함으로써 트랜스젠더 정체성이 유지되기 때문입니다. 젠더 정체성을 장려하는 이런 의학적 접근방법은 수많은 아이들로 하여금 평생 의학적 조치에 의존케 할 것입니다. 그리고 사춘기와 같이 아이들에게 중요한 발달 단계를 막는 것이 바람직한 과학인지도 의문입니다.

데이터를 볼 때 가장 우려되는 것은 확인치료를 받은 아이들의 자살 생각 비율이 현저하게 높아진 상태로 남아 있다는 점입니다. 한 연구에서는 사춘기 차단제 처방을 받은 아이들의 50%가 여전히 자살 생각을 한다고 밝힙니다.

사춘기 차단제와 교차 성호르몬은 아이들을 신체적 위험에 노출시킵니다. 그 위험에는 불임, 뇌졸증, 심장마비, 뼈의 약화가 포함됩니다. 특히 사춘기 차단제는 골밀도에 심각한 부작용이 있습니다. 사춘기는 골밀도를 증가시키는 매우 중요한 시기인데, 이것이 방해되면 아이들은 나중에 골다공증과 골절의 위험에 처하게 됩니다.458) 사춘기 차단제가 안전하거나 효과적이거나 돌이킬 수 있다는 증거가 거의 없는 것입니다.459)

확인치료는 트랜스젠더 정체성을 고착화할 가능성이 큽니다. 확인치료를 하지 않았다면 아이들 중 상당수가 젠더와 본래 성을 일치시킬 기회를 잃지 않았을 것입니다.⁴⁶⁰⁾ 부모들은 최소한 확인치료 이면에 있는 과학이 여전히 실험단계라는 사실을 알아야 합니다. 아이들에게 이런 의학적 개입을 사용하는 것에 대한 장기적인 데이터가 사실상 없습니다. 단기적인 연구들은 존재하나 심각한 오류와 한계를 지니고 있습니다. 아이들에 대한 데이터의 수집을 시작하는 단계이나 과학자들이 그 이익과 리스크를 충분히 이해하기 위해서는 수십 년이 걸릴 것입니다. 그렇다면 꼭 짚고 넘어가야 할 질문이 있습니다. 만일 올바른 의학적 접근방법이 아니라면 얼마나 많은 아이들에게 해악을 끼치겠습니까?⁴⁶¹⁾

확인치료는 다른 치료법을 평가하는데 사용하는 과학적 기준에 미달합니다. (아이들을 대상으로 한) 임상실험을 통해 의학적 진실을 실험하는 것입니다."⁴⁶²⁾

성전환 시술과 관련된 네덜란드 프로토콜에서는 사춘기 차단제는 12세, 교차 성호르몬은 16세, 성전환 수술은 18세에 시작하도록 한다.⁴⁶³⁾ 다만 이른 나이에 사춘기가 시작될 경우 8~9세부터 사춘기 차단제를 처방하는 사례가 늘고 있다.⁴⁶⁴⁾ 영국에서는 10세 아동에게 사춘기 차단제를 처방한다.⁴⁶⁵⁾ 한 보스턴의 연구진은 성전환 수술 나이로 9세가 제시되기까지 했다.⁴⁶⁶⁾ 젠더 추종자들이나 WPATH는 성전환 시술의 나이를 점점 낮추는 지침을 제시하고 있다.⁴⁶⁷⁾ 그러나 성전환 시술이 돌이킬 수 없으며 부작용이 있는 점, 임상실험적 특징으로 인해 장기적 부작용이 충분히 검증되지 않은 점,⁴⁶⁸⁾ 돌이킬 수 없는 의학적 개입에 대해⁴⁶⁹⁾ 아동·청소년이 이해하고 판단할 능력이 미숙한 점,⁴⁷⁰⁾ 이 과정에서 부모들이 정책적으로 배제되는 점, 젠더 이데올로기 압력으로 의사들이 소신껏 의학적 판단을 하기 어려운 점 등에 비추어 볼 때,⁴⁷¹⁾ 성전환 시술에 대한 아동·청소년의 동의 능력이 인정될 수 없다.⁴⁷²⁾

그런데 성전환 시술의 부작용이 가시화됨에 따라 WPATH의 지침이나 네덜란드 프로토콜에서 이탈하려는 조짐도 엿보인다.⁴⁷³⁾ 여러 국가의 보건당국이 자체적으로 증거를 검토한 결과 때문이다. 성전환 시술과 관련된 조기 의학적 개입을 정당화하기에 증거가 불충분하다는 사실이 발견된 것이다. 2020년경 핀란드는 성전환 시술에 대한 과학적 증거의 부족과 위험성을 근거로 사춘기 차단제 사용의 제한을 최초로 권장했다. 핀란드 보건의료선택위원회(Finland's Council for Choices in Health Care)의 성명이다.

"미성년자에 관한 한 증거를 기반으로 이루어진 의학적 치료는 없다. 사춘기 차단제의 잠재적인 위험에는 골광화의 붕괴와 아직 알려지지 않은 중추신경계 영향 등이 포함된다."[474]

스웨덴도 아동용 사춘기 차단제의 금지를 권고하게 됐다.[475] 스웨덴 국립보건복지위원회(Swedish National Board of Health and Welfare, 이하 'NBHW')는 2015년에 과학적 근거가 부족함에도 아이들에게 사춘기 차단제를 권장했으며 당시에는 임상 연구가 향후 몇 년 동안 진행될 것이라고 밝힌 바 있다. 그러나 스웨덴 의료사회평가위원회(Swedish Board of Medical and Social Evaluation, 이하 'SBU')에 따르면 "현재까지 젠더불쾌증을 가진 미성년자가 복용한 약물을 평가한 양질의 연구가 없다"라고 결론지었다. SBU는 수년간 어린이를 대상으로 실험한 결과 "과학적 증거에 근거해서 치료제의 효과와 안전성에 대한 명확한 결론을 내리는 것이 아직은 불가능하다"라고 밝혔다.

NBHW는 10년(2008년~2018년) 동안 10대 소녀들(13~17세)이 젠더불쾌증으로 진단받는 비율이 1,500% 급증했다고 통계를 발표했다.[476] 그리고 2021년 스웨덴에서 가장 유명한 젠더 클리닉 중 하나인 카롤린스카(Karolinska) 병원은 젠더불쾌증이 있는 미성년자에게 사춘기 차단제나 교차 성호르몬을 더는 처방하지 않을 것이라고 발표했다. 이 병원은 스웨덴에서 처음으로 아이들을 위한 "성 정체성 평가"를 실시했으며 14세에 유방 절제술을 받은 소녀를 포함하여 어린이들에게 성전환 수술을 공개적으로 실시한 바 있다. 그러나 사춘기 차단제를 투여한 12명 이상의 미성년자가 '심각한 부상'을 입었다는 보고서가 나오게 됐다. 사춘기 차단제를 투여받은 11세 소녀가 골다공증과 척추 손상을 입었고, 다른 아이들은 간 손상과 골밀도 감소를 겪었으며 일부는 자살 충동을 느꼈다고 밝혔다. 카롤린스카 병원의 성명이다.

"이런 치료에는 심혈관질환, 골다공증, 불임, 암 위험 증가, 혈전증 등 광범위하고 돌이킬 수 없는 부작용이 잠재적으로 가득하다. 이로 인해 환자 개개인에게 미칠 위험과 혜택을 평가하는 것이 어렵고, 미성년자와 보호자가 이

런 치료에 대해 충분한 정보를 제공받도록 하는 것은 더욱 어렵다."⁴⁷⁷⁾

이후 NBHW는 새로운 지침을 만들어 "불확실한 과학성과 심각한 부작용 위험을 이유로 호르몬 약물에 대해 제한을 권고한다"라고 밝혔다. NBHW의 토마스 린덴(Thomas Linden) 박사가 말한다.

> "무엇보다 성전환 치료가 미성년자의 젠더불쾌증, 정신건강과 삶의 질에 미치는 영향에 대해 장단기적으로 더 많은 지식이 필요하다. 18세 미만의 아이들에 대한 호르몬 약물의 위험성이 이점의 가능성보다 더 크다."⁴⁷⁸⁾

정신적 유해성

트랜스젠더의 정신질환 위험성이 매우 높다는 연구결과가 많다.⁴⁷⁹⁾ 구체적으로 LGBT 청소년의 80%는 최소한 한 개 이상의 정신질환을 앓고 있다.⁴⁸⁰⁾ 그런데 여러 연구결과에서는 LGBT 중 트랜스젠더의 정신질환이 가장 심각하다고 밝힌다.⁴⁸¹⁾ 성정체성 혼란의 고통까지 있기 때문이다.⁴⁸²⁾ 미국 연구결과에서는 트랜스젠더의 90%가 우울증, 불안장애 증상 등 정신질환을 겪는다고 한다.⁴⁸³⁾ 젠더 이데올로기가 성행하는 스페인 등 다른 나라도 마찬가지다.⁴⁸⁴⁾ 캐나다 연구결과에서는 트랜스젠더 청소년(14~18세)의 65%가 전년도에 자살 생각을 심각하게 했다고 밝힌다.⁴⁸⁵⁾ 다른 연구결과에서는 캐나다의 트랜스젠더 청소년(15~17세)은 자살 생각의 확률이 5배, 자살 시도할 확률이 7.6배 더 높다고 한다.⁴⁸⁶⁾ 성전환 수술을 받으면 중장기적으로 이런 정신질환은 더욱 악화된다.⁴⁸⁷⁾ 특히 자살 성향이 훨씬 강해진다.⁴⁸⁸⁾ 최대 규모의 미국 연구결과 등은 이런 사실들을 확인케 한다.

'트레버 프로젝트'에서 미국에 거주하는 13~24세 LGBT 청소년 2만5천 명 이상을 대상으로 조사한 결과, LGBT 청소년 중 트랜스젠더와 제3의 성(nonbinary) 미국 청소년의 정신질환이 가장 심각한 것으로 확인됐다. 2019년 한 해 동안 82.8%(5명 중 4명)는 우울증이 있었으며, 54.2%(절반 이상)는 자살 시도를 진지하게 고려했고, 28.6%는 실제로 자살을 시도했다.⁴⁸⁹⁾

2015년 미국 조사결과에 따르면 트랜스젠더(성전환자)의 41%(5명 중 2명)는 실제로 자살을 시도했다. 이것은 일반인 자살 시도율(1.6%)보다 무려 25배 이상 높은 수치다.⁴⁹⁰⁾ 이 수치는 2016년 미국 조사결과에서도 40%로 그대로 유지됐다.[491] 2019년 미국 조사결과에서도 트랜스젠더의 40.4%(5명 중 2명)가 실제로 자살을 시도했고, 81.7%는 우울증을 겪고 있었다.[492]

2018년 미국 연구결과에 의하면, 트랜스 남성(생물적 여성) 청소년의 50.8%, 트랜스 여성(생물적 남성) 청소년의 29.9%가 한 해 동안 실제 자살을 시도했다. 자신이 완전한 남성이나 여성이 아니라고 밝힌 청소년의 41.8%와 자신의 성정체성을 의문시하는 청소년들의 27.9%도 자살을 실제로 시도했다.[493] 성정체성 혼란을 겪는 청소년은 일반 청소년보다 정신질환의 비율이 월등히 높은 것이다.

트랜스젠더 중 상당수는 결국 자살한다.[494] 정신질환의 진짜 원인을 치료할 수 없기 때문이다. 많은 전문가는 정신질환의 근본 원인이 성정체성 혼란과 아동기 트라우마가 복합적으로 작용해 유발된다고 한다.[495] 그러나 성전환 시술로는 이런 근본 원인이 해결되지 않는다.[496] 오히려 근본 원인을 고착화한다.[497] 전문의가 트라우마 등을 조사하거나 상담 치료를 할 경우 트랜스포비아로 몰려 파면될 가능성이 크다.[498] 이에 따라 젠더불쾌증 이면에 존재하는 아동 개개인의 독특한 상황을 의학적 판단에 따라 치료할 수 없게 된다.[499] 오로지 젠더 이데올로기 정책에 따른 성전환 시술만 강요될 뿐이다.[500] 트랜스젠더의 정신질환이 악화되는 원인 중 하나라는 지적이다.[501]

2019년 스웨덴 연구에서는 호르몬 치료나 성전환 수술이 정신건강에 어떤 이득도 제공할 수 없다고 최종 결론 내렸다. 젠더불쾌증을 겪는 2,679명과 성전환 수술을 한 1,018명의 스웨덴 트랜스젠더들을 대상으로 연구가 이루어졌다. 역사상 가장 큰 규모의 데이터를 기반으로 한 연구다. 처음에는 성전환 수술이 장기적으로 정신건강을 향상시킬 수 있다는 결론을 내렸으나, 1년 후 데이터 분석의 오류를 인정하며 결론을 뒤집었다. 트랜스젠더는 일반인보다 우울증이나 불안장애 증상으로 치료받는 사례가 6배 높고, 자살 시도 후 병원치료를 받을 확률도 6배 더 높다고 밝혔다. 그런데 정정된 결론에서는 성전환 수술이 우울증이나 불안장애 증상을 개선하는데 어떠한 유익도 제공할 수 없다고 명시했다.[502]

2014년 연구결과에서는 성전환 수술 49건 가운데 한 건만 유익을 기대할 수 있을 정도로 확률이 낮다고 밝혔다. 49명이 성전환 수술을 받으면 그중 1명만 후속적인 정신질환 치료를 위해 병원을 찾지 않는다는 것이다.[503] 호르몬 치료도 트랜스젠더의 정신질환을 개선하는 데 아무런 유익을 주지 못한다고 한다.[504] 반면 건강 이상 등의 부작용으로 이어지는 사례는 무수히 많다.

성전환 수술은 유익이 없을 뿐만 아니라 오히려 정신질환을 악화시킨다는 연구결과도 다수 있다. 우선, 성전환 수술을 한 트랜스젠더가 수술 없이 젠더불쾌증을 겪는 트랜스젠더보다 우울증이나 불안장애 증상으로 치료받을 확률이 더 높다.[505] 그리고 성전환 수술을 할 경우, 자살률이 오히려 증가한다.[506] 한 연구결과 트랜스젠더가 전년도에 자살을 생각하는 비율이 성전환 수술 이전에는 36.1%인 반면, 성전환 수술 이후에는 50.6%로 크게 높아진다고 밝혔다.[507] 자살률 관련 통계도 이런 사실을 뒷받침한다.[508]

트랜스젠더 옹호 문화가 강한 스웨덴에서도[509] 성전환 수술을 받은 트랜스젠더의 자살 가능성이 일반인보다 19.1배가 더 높다.[510] 스웨덴의 연구결과에서도 트랜스젠더가 성전환 수술을 한 이후 훨씬 더 높은 자살 성향과 자살률을 보인다고 밝힌다.[511] 이것은 자살률 통계가 뒷받침한다. 이에 대해 존스 홉킨스의 전문의이자 정신과 교수인 폴 맥휴(Paul McHugh)가 말한다.

"가장 충격적인 것은 트랜스젠더의 자살률이 대조군인 일반인보다 거의 20배가 높다는 것입니다. 이 불편한 결과는 아직 설명되지 않았지만, 성전환 이후 점점 커지는 고립감을 반영했을 것입니다. 확실한 것은 극단적으로 높은 이런 자살률은 성전환 수술 처방에 이의를 제기케 합니다."[512]

성전환 시술은 자해 증상도 악화시킨다. 자해는 트라우마나 성정체성 혼란 등 해결되지 않는 더 깊고 근본적인 문제를 표현하는 것이다. 이에 따라 자살과 연계되는 위험 요소이기도 하다.[513] 한 연구결과에서는 자해할 경우 자살로 사망할 확률이 2배 이상 높아진다고 한다.[514] 2015년 영국 타비스톡(Tavistock) 자료에 의하면, 사춘기 차단제를 1년 투여받을 경우, "의도적으로 자해했다"는 아이들이 급증했다.[515] 2017년 동성애 옹호 단체인 스톤월(Stonewall)의 보고서에 의하면, 영국 트랜스젠더 취학아동 5명 중 4명이 자해를 하고 거의 절반이 자살을 시도한다.[516] 2016년 연구결과에 의하면, 캐나다 트랜스젠더 청소년 10명 중 9명(90%)은 우울증과 불안장애 증상을 겪는다고 밝혔다.[517]

2020년 미국 미네소타 연구결과에 의하면 트랜스젠더 청소년 35.7%가 성관계 전에 알코올이나 약물을 남용했다. 일반 청소년(4.6%)보다 7배 이상 위험 행동할 가능성이 큰 것이다.[518] 다른 연구결과에서는 트랜스젠더의 58%가 알코올, 43.3%가 약물을 사용하는데, 이것은 HIV 감염에 취약한 위험한 성적 행동과 밀접한 연관성이 있다고 한다.[519] 또 다른 연구결과에서는 트랜스젠더의 65%가 알코올을 사용하고 61%가 DSM 정신질환으로 진단받는데, 이런 트랜스젠더의 정서적 장애와 위험한 성적 행동이 상호 연관성이 있다고 밝힌다.[520] 트랜스젠더의 HIV 감염률이 높은 이유다.[521]

한국의 국가인권위는 트랜스젠더 관련 실태조사를 담은 보고서를 발표했다. 2019년 한 해 동안 성인 트랜스젠더 591명 중 337명(57.1%)은 우울증, 143명(24.4%)은 공황장애를 진단받거나 치료받은 적이 있다고 답했다. 2016년 조사에서 일반 성인의 우울증 평생 유병률은 5%, 공황장애 등을 포함한 불안장애 평생 유병률은 9.3%였다. 일반인보다 트랜스젠더의 우울증, 공황장애 수치가 월등히 높다.[522] 국내 트랜스젠더 10명 중 6명이 우울증 진단을 받았는데,[523] 일반인의 10배가 넘는 수치다.

내재적 원인

영국 통계를 보면 2011년에 성전환 시술을 치료한 남녀 아동의 비율이 반반이었으나, 2019년에는 여아 비율이 76%를 차지한다.[524] 또 캐나다와 네덜란드에서의 연구결과 또한 2006~2013년에는 젠더불쾌증 치료를 받는 비율이 여아가 많았으나, 그 이전에는 남아가 많았다고 밝힌다. 젠더불쾌증 외 다른 질환에 대해서는 성별 비율의 변화가 발견되지 않는다. 이런 젠더불쾌증의 성비 변화는 사회문화적 원인으로 설명된다고 밝힌다.[525] 즉, 젠더 이데올로기 정책과 인권교육, 통제된 미디어와 같은 사회문화적 원인이 젠더불쾌증을 앓는 아이들의 숫자 폭증과 성비 변화를 유발한다는 것이다.[526] 트랜스젠더 정체성이 선천적 요인이 아니라 사회문화적 요인에서 비롯된다는 것을 시사한다.

나아가 통계와 연구결과는 트랜스젠더의 정신질환이 사회적 차별이 아니라 내재적 원인에서 비롯된다는 사실을 보여준다. 네덜란드 암스테르담 대학교 의료센터(이하 '의료센터')에서 약 50년(1972~2018년) 동안 호르몬 치료를 받은 트랜스젠더 대상으로 코호트(동일한 통계적 특성을 공유하는 집단) 연구가 진행됐다. 의료센터는 네덜란드에 거주하는 트랜스젠더 90%에게 호르몬 치료를 한다. 이 연구에서는 2,927명의 트랜스 여성과 1,641명의 트랜스 남성에 대한 의료센터의 데이터를 분석했다. 이 데이터는 네덜란드 통계청과 연계된 공식자료들이다.

연구결과, 호르몬 치료는 트랜스젠더의 사망 위험을 급격히 높인다. 트랜스 여성(생물학적 남성)은 일반 여성보다 거의 3배, 일반 남성보다 거의 2배 사망할 확률이 높아지는데, 이 수치는 50년 동안 전혀 감소하지 않았다. 사망 원인은 주로 자살, HIV 관련 질병, 폐암, 심혈관질환 등 자연사가 아닌 경우가 많았다.[527]

네덜란드는 2001년 세계 최초로 동성결혼이 인정되었다. 차별금지법과 인권교육이 시행되고 사회적 차별도 사라진 네덜란드에서 2001년 이후 약 20년간 트랜스젠더의 높은 사망 확률이 전혀 감소하지 않았다. 이 연구결과는 호르몬 치료의 유해성뿐만 아니라 트랜스젠더의 정신질환(자살)이 내재적 원인에서 비롯된다는 사실을 시사한다.

앞서 언급했듯 트랜스젠더의 자살 시도율은 41%(5명 중 2명)다. 이 수치는 2015년, 2016년, 2019년에 각각 이루어진 미국 조사결과에서 변화가 없었다.[528] 인권교육 시행 여부와 상관없이 트랜스젠더의 높은 정신질환 비율이 떨어지지 않는다. 이 또한 내재적 원인을 시사한다. 그리고 장기적으로 성전환 시술이 오히려 자살 시도율을 높인다는 지적도 나온다.[529]

그렇다면 트랜스젠더가 겪는 정신질환의 내재적 원인은 구체적으로 무엇일까? 전문가들은 트랜스젠더 정체성에 대해 선천적이거나 고정되었다는 가설이 증거로 뒷받침되지 않는다고 한다.[530] 오히려 성정체성의 혼란, 아동기 트라우마, 젠더 이데올로기를 주입하는 인권교육과 미디어, 동료의 영향을 받는 사회적 전염(social contagion) 등의 후천적 요인들이 복합적으로 작용하는 것이라고 한다.[531] 즉, 젠더불쾌증은 선천적인 것이 아니라 이런 요인들로 인한 정신질환이 근본 원인이라는 것이다.[532]

인권교육이 시행되면 학교에서는 트랜스젠더를 위해 안전하고 포용적인 환경을 조성한다는 명목으로 아이들에게 사회적 성을 어릴 때부터 노출한다. 그리고 자신의 성별과 성정체성을 의문시하도록 가르친다.[533] 이런 인권교육이 없었다면 일시적으로 성정체성 탐색·혼란 단계만을 거칠 수 있었던 아이들이 인권교육으로 인해 자신의 생물학적 성별을 거부하게 될 가능성이 커진다.[534] 특히 인권교육과 연계된 확인치료에 발을 들여놓은 아이들은 돌이키기 어렵게 된다. 그리고 이미 정신건강 문제가 있는 10대 소녀들 사이에서 트랜스젠더 정체성이 사회적으로 전염된다는 증거들도 속속 드러나고 있다.[535]

미디어도 이런 현상을 조장한다. 이로 인해 자신을 용납할 수 없는 '자기 거부' 현상이 발생한다.[536] 이렇게 성정체성의 혼란이 유발되면서 그 이면에 존재했던 정신질환이 더욱 악화된다. 특히 아동기 때 트라우마를 경험한 아이들이 젠더불쾌증에 취약하다.[537] 가정 파탄이나 성적 학대를 경험했거나 자신의 신체에 불만족하는 경우가 그렇다.[538]

LGBT 중 트랜스젠더가 어린 시절 성적 학대를 당할 확률이 가장 높다. 연구결과 LGBT는 이성애자보다 어린 시절 성적 학대를 당했을 가능성이 2~3배 더 높다고 한다.[539] 그런데 트랜스젠더는 다른 동성애자·양성애자보다 성폭력·성적 학대를 당했을 확률이 2배 이상 높다고 밝힌다.[540]

연구결과 젠더불쾌증이 발생하기 이전에 정신질환이 먼저 발생하는 경우가 대부분이다.[541] 그리고 심리적 고통을 유발하는 아동기 트라우마 등과 연계된 경험을 회피하려는 시도로 트랜스 정체성을 갖게 될 가능성이 높다.[542] 젠더불쾌증 이면에는, 이혼, 형제의 죽음, 성적 학대와 같은 어린 시절의 부정적 경험들이 심각한 심리적 부적응과 내면화를 유발하며, 아이들은 이런 정서적 고통으로부터 보호받고 회피하기 위해 본래 성의 역할에서 벗어나고자 하는 것이다.[543]

성전환 수술을 받은 여성 청소년을 대상으로 한 보스턴의 연구결과에서도, 대부분 이혼 가정에서 성장했고 9세 때부터 성전환 시술을 시작했다고 한다. 후속 연구에서 이들 청소년은 자살 생각, 우울증, 불안장애 등을 포함한 정신질환에 걸릴 위험이 2~3배 증가했다고 밝힌다.[544]

연구결과 부모가 이혼할 경우 아이들은 자기 탓을 하며 그 충격을 내면화한다.[545] 이로 인해 아이들은 정서적 안정감을 잃으면서 자기 거부 현상이 발생하게 된다.[546] 부부 갈등 등 가족 해체가 아이들에게 내면적 문제를 유발하는 것이다.⁵⁴⁷⁾ 트랜스젠더의 젠더불쾌증 또한 그 이면에 가진 내면화된 트라우마에서 비롯되는 경우가 많다. 젠더불쾌증 분야의 세계적 권위자인 케네스 저커(Kenneth Zucker)와 수잔 브래들리(Susan Bradley),⁵⁴⁸⁾ 1970년대에 젠더불쾌증을 위한 성전환 수술 분야를 개척한 존스 홉킨스(Johns Hopkins) 병원의 수석 정신과 전문의이자 존스 홉킨스 대학 정신의학 및 행동과학 교수인 폴 맥휴(Paul McHugh)는⁵⁴⁹⁾ '젠더불쾌증이 형성되는 과정이 어릴 때 부정적인 부모 자식 관계와 연관이 높다'라고 밝힌다.⁵⁵⁰⁾

"아동은 엄마의 부정적인 감정에 민감한데, 가족 갈등으로 인한 분노와 불안감이 자신을 향하는 것으로 인식하게 된다. 자아 가치에 대해 확신이 서지 않게 되면서 정체성 혼란의 뿌리가 되는 것이다. 반대 성별이 될 경우, 이런 어려움을 덜 겪게 되거나 자신이 더욱 소중하게 여겨질 수 있다는 인식을 하게 된다. 특히 가정 내에서 남성의 공격적 성향으로 엄마가 두려워하는 감정을 함께 느끼게 될 경우가 그렇다. 가정 갈등과 상처받는 것에 대한 두려움은 반대 성별이 될 경우, 더 안전하다고 무의식적으로 믿게 되는 것이다.⁵⁵¹⁾

또 젠더불쾌증을 가진 아이들은 또래와의 대인관계가 나쁠 확률이 훨씬 높다.⁵⁵²⁾ 어린 시절 동성 또래로부터 배척당하는 경험이 있는 경우 어울릴 수 없다는 감정을 갖게 된다.⁵⁵³⁾ 그 결과 거절에 대한 강한 두려움이 생긴다. 그리고 반대 성별이 될 경우, 더 안전해질 수 있다는 무의식적인 믿음을 갖게 된다."⁵⁵⁴⁾

트랜스젠더는 아동기 때 심리적(73%), 신체적(39%), 성적(19%) 학대를 경험한 비율이 압도적으로 높으며,⁵⁵⁵⁾ 이로 인해 외상후스트레스장애(큰 정신적 충격 때문에 겪게 되는 의학적 증상)를 겪는 경우가 많다는 연구결과가 있다.⁵⁵⁶⁾ 젠더불쾌증은 이런 트라우마에 대한 현실 도피처가 되는 것이다.⁵⁵⁷⁾ 이로 인해 젠더불쾌증 이면에 이미 존재하고 있던 정신건강 문제가 동반될 개연성이 높다.⁵⁵⁸⁾ 따라서 트랜스젠더의 젠더불쾌증과 그 동반장애는 모두 노이로제 현상으로 볼 수 있고 그 원인은 궁극적으로 공통적이다.⁵⁵⁹⁾ 그러나 젠더 이데올로기 정책과 확인치료는 젠더불쾌증 이면에 있는 트라우마를 치료할 수 없게 한다.⁵⁶⁰⁾ 트랜스젠더의 정신질환이 성전환 시술 이후 더 악화되면서 자살 성향도 높아지는 이유다.⁵⁶¹⁾

게다가 IPV(친밀한 파트너의 폭력)가 트랜스젠더 정신질환에 악영향을 미친다는 연구결과도 다수 있다.562) 한 연구결과에서는 트랜스젠더의 72%가 일생 동안 어떠한 형태로든 IPV 피해를 입게 되는데, 71%는 정서적 학대, 43%는 신체적 학대, 32%는 성적 학대, 29%는 학대로 인한 상해를 입는다고 한다. 이런 IPV는 게이 커뮤니티 내의 문제로서 불안장애나 우울증 등 트랜스젠더의 정신질환과 연관된다고 밝힌다.563) 트랜스젠더 청소년(14~18세)을 대상으로 IPV를 조사한 다른 결과에서는 73%가 심리적 학대, 39%가 신체적 학대, 19%가 성적 학대를 당했다고 보고한다. 이것은 아동기 트라우마를 형성하는데, 트랜스젠더 정신질환에 영향을 미칠 수 있다고 분석한다.564) 또 트랜스젠더 청소년에게 우울증 증상이 있다면 IPV를 경험했을 확률이 8배 더 높다고 밝힌다.565) 연구결과 IPV 피해는 이성애자 청소년보다 트랜스젠더가 월등히 높으며, 위험한 성적 행동, 약물 남용, 정서적 고통과 밀접하게 연관된다.566) 심지어 LGBT 중 트랜스젠더의 IPV 피해가 가장 심각하다고 밝힌다.567) 이것은 사회적 차별의 문제가 아니라 내재적 원인인 것이다.

여러 연구결과에서는 젠더불쾌증과 자폐증이 공존하는 비율이 매우 높다는 사실도 밝힌다. 이를 인정하는 의사들도 증가하고 있다.568) 자폐증을 앓는 아이 중 상당수가 젠더불쾌증을 가진 것이다. 정신적 요인을 파악할 경우 자폐적 특성과 젠더불쾌증 특성의 연관성이 확인된다는 연구결과도 있다.569) 청소년의 자폐증이 과장되어 젠더불쾌증으로 오인될 수도 있는 것이다.570) 젠더불쾌증을 가진 청소년은 대조군보다 자폐적 특성으로 인해 사회적 관계도 손상될 가능성이 크다고 밝힌다.571)

연구결과 자폐증을 앓는 개인은 성적으로 친밀한 관계를 갖고자 하는 욕구가 있는데, 장애로 인해 건강한 성적 관계를 맺는데 필요한 지식과 능력을 형성하는데 어려움을 겪는다고 밝힌다. 그 결과 그들은 적절하지 않은 성적 행동과 성적 학대를 받을 위험성이 높다고 한다.572)

한 연구결과에서는 자폐증을 가진 사람 중 69.7%는 이성애자가 아니라고 밝혔다. 자폐증을 가진 집단은 동성애, 양성애 등의 비율이 높은 반면 이성애 비율이 낮다고 한다.573) 이성애자와 비교할 때 자폐증 남성은 양성애자, 자폐증 여성은 동성애자일 확률이 높다. 자폐증 환자는 자신을 LGBT라고 밝힐 확률이 높은 것이다.[574] 다른 연구결과에서는 젠더 다양성을 표현할 가능성이 자폐증(ASD)이 있으면 7.59배, 주의력결핍 과다행동장애(ADHD)가 있으면 6.64배 더 높다고 한다.[575]

젠더불쾌증을 앓던 아이들은 동성 성행위를 하는 성적지향을 가질 확률이 매우 높다.[576] 성정체성 혼란을 겪는 아이들은 자폐증을 가질 확률도 매우 높다. 연구결과에서는 자폐증이 있는 경우 비이성애와 젠더불쾌증 특징을 보인다고 밝힌다.[577] 즉, 젠더불쾌증과 동성애 성적지향과 자폐증은 상호 밀접한 연관성이 있는 것이다. 자폐증의 세계적 권위자이자 아동·청소년 정신과 의사인 크리스토퍼 길버그(Christopher Gillberg)가 말한다.[578]

"자폐증을 앓는 아이들은 자신의 문제에 대해 단 하나의 해결책을 찾았다고 생각할 때 특히 취약하게 됩니다. 자폐증을 앓는 아이들의 비율은 일반인보다 트랜스젠더 인구에서 더 높습니다.[579]

우리는 증거를 기반으로 하는 확립된 의학적 관행을 이탈한 채 단순 믿음에 근거해서 취약한 아동·청소년에게 인생을 바꾸는 강력한 의학적 개입을 하고 있습니다.[580] 사춘기 차단제를 처방하는 믿음은 취약한 아이들을 대상으로 하는 '살아있는 임상실험'입니다.[581] 성정체성 혼란을 겪는 아이들을 대상으로 검증되지 않은 치료를 하는 것은 의학 역사상 최악의 스캔들 중 하나라고 판단됩니다."[582]

나아가 아동이 자신을 반대 성별로 인식하게 하는 성장 환경도 젠더불쾌증을 형성하는 요인이 된다.[583] 어린 시절에 남장·여장 놀이를 하는 환경에서 성장하는 경우다.[584] 젠더 이데올로기 정책은 성정체성 혼란을 겪는 아이들에게 학교 등에서 반대 성별의 옷을 입도록 장려한다. 그러나 케네스 저커(Kenneth Zucker) 교수는 반대한다.[585] 40년 이상 수많은 아동 젠더불쾌증을 치료했던 저커 교수가 말한다.[586]

"가족, 또래 친구들, 사회는 젠더불쾌증의 형성, 강화, 고착화에 굉장히 중요한 역할을 합니다. 그런데 젠더 정체성은 어린 나이에 상당히 유연하고 잘 변하는 경향이 있습니다. 잠재적으로 혼란이 유발될 가능성이 큰 것입니다.

남아가 새로 태어난 여동생이 자신보다 더 큰 관심을 받는다는 사실을 인지하고, 관심을 받기 위해 여아처럼 옷을 입기 시작할 수 있습니다. 부모는 어떻게 할지를 몰라서 이런 행동에 동조할 수 있습니다. 무심코 하는 이런 행동은 남아가 자신을 여자로 생각하는 관념을 강화합니다. 이것은 근본적으로 사회와 가족의 역학관계에서 유발되는 것입니다."[587]

미국 브라운(Brown) 대학의 리사 리트만(Lisa Littman) 교수는 아동·청소년이 아동기 때 젠더불쾌증에 대한 어떠한 증상도 보이지 않다가 사춘기나 그 이후에 처음으로 갑작스럽게 나타나는 젠더불쾌증 증상을 '급격히 시작된 젠더불쾌증'(rapid-onset gender dysphoria)이라고 명명했다.[588] '사회와 또래의 전염'과 젠더불쾌증 이면에서 그 이전부터 존재하던 정서적 장애가 이러한 현상의 원인이라고 한다.[589] '급격히 시작된 젠더불쾌증'이 발달하는 경위를 보면 동일한 시간대에 자신이 속한 또래 집단에서 한 명 이상의 친구들이 젠더불쾌증으로 트랜스젠더 정체성을 표명하고 미디어·인터넷 사용 시간이 급증했다고 밝힌다.[590] 아이들 사이의 트랜스젠더리즘은 '사회적 전염'(social contagion) 효과로 발생한다는 것이다.[591] 폭탄선언과 같은 이 연구결과는 국제적 논란과 철저한 조사를 거치면서[592] 많은 전문가의 동조를 얻게 됐다.[593] 존스 홉킨스 의과대학의 폴 맥휴 교수가 말한다.

"청소년의 성정체성 혼란은 대부분 심리적인 문제로 유발됩니다. 이것은 리트만 교수가 언급한 '급격히 시작된 젠더불쾌증'에 대해 잘 설명해줍니다."[594]

리트만 교수는 젠더불쾌증이 거식증·약물사용과 같이 사회적 상호작용에 적응하지 못해 후천적으로 유발된다는 입장을 표명했다. 연구결과 트랜스젠더 자녀를 둔 부모의 86.7%는 젠더불쾌증이 갑작스럽게 유발되는 시점에 자녀가 트랜스젠더가 포함된 지인 그룹에 속해 있거나 미디어·인터넷 사용 시간이 급증했다고 밝혔기 때문이다.[595] 부모와 자녀 간의 갈등도 젠더불쾌증을 유발하는 요인이 될 수 있다고 한다.[596] 또 트랜스젠더리즘을 다루는 미디어에서 취약한 개인에게 특정되지 않는 공허한 느낌을 젠더불쾌증으로 잘못 해석하도록 유도한다고 제시했다.[597] '급격히 시작된 젠더불쾌증' 현상을 보인 청소년들을 대상으로 한 리트만 교수의 2018년도 연구결과다.

"• 청소년의 82.8%는 여성이었으며, 트랜스젠더 정체성을 표명한 평균 나이는 16.4세였다.
• 청소년 대다수는 아동기 젠더불쾌증을 나타내는 지표가 '0'이었으며, DSM-5 젠더불쾌증으로 진단받기 위해 요구되는 6가지 요건을 충족하지 못했다.
• 청소년 대다수는 한 개 이상의 정신질환 진단을 받았고 절반가량은 젠더불쾌증이 시작되기 이전부터 자해를 하고 있었다.
• 청소년의 41%는 트랜스젠더 정체성을 밝히기 이전에 이성애가 아닌 성적지향을 가지고 있었다.
• 청소년의 70%가량은 한 명 이상의 친구가 트랜스젠더인 지인 집단에 속해 있었고, 어떠한 집단에서는 지인 대다수가 트랜스젠더였다.
• 청소년의 63%가량은 트랜스젠더 정체성을 표명하기 직전에 소셜미디어와 인터넷 사용 시간이 증가했다.
• 자녀의 사회적 지위를 알고 있는 부모 중 60% 이상은 트랜스젠더 정체성의 표명 후 친구 집단에서 자녀의 인기가 증가했다고 한다.
• 부모의 64%가량이 자녀들에 의해 다음과 같은 이유로 '트랜스포비아' 또는 '편견'을 가졌다고 비난을 받았다: 트랜스젠더라는 아이의 자기진단에 대해 동의하지 않는 경우, 젠더불쾌증 느낌이 지속되는지 시간을 더 갖고 신중히 보자고 아이에게 권고하는 경우, 아이에게 성중립적 인칭대명사를 잘못 사용하는 경우, 호르몬 치료나 성전환 수술이 도움 될 가능성이 낮다고 말하는 경우, 출생 당시 지어준 이름으로 아이를 부르는 경우, 성전환 시술을 시작하기 이전에 젠더불쾌증 이면에 있는 정신건강 문제의 해결을 위해 노력하자고 권하는 경우.
• 트랜스젠더 정체성을 표명한 이후 부모의 13%가량은 청소년의 정신건강이 개선된 반면, 47%가량은 악화됐다고 보고한다."[598]

2017년도에도 유사한 연구결과가 있다.

"• 청소년의 93% 이상은 여성이었으며, 트랜스젠더 정체성을 표명한 평균 나이는 15세였다.
• 트랜스젠더 정체성을 표명한 때로부터 2년 후 75.7%는 부모와 자녀 관계가 악화됐다.
• 자녀의 사회적 지위를 알고 있는 경우, 64.2%는 트랜스젠더 정체성의 표명 후 지인 집단에서 자녀의 인기가 증가했다.
• 청소년의 37.3%가 '호르몬 치료에 동의하지 않는 부모는 학대적인 트래스포비아다'라는 조언을 온라인에서 받았으며, 46.5%는 가족에서 멀어졌다.
• 트랜스젠더 정체성을 표명한 때로부터 2년 후 청소년 13.6%는 정신건강이 개선된 반면, 51.2%는 악화됐다는 부모들의 보고가 있었다."[599]

나아가 리트만 교수는 이런 사회적 전염의 세 가지 요인에 대한 가설을 아래와 같이 세웠다.

"• 특정되지 않는 증상이 젠더불쾌증이라고 인식되어야 하고 그들의 존재 자체가 트랜스젠더라는 증거가 된다는 믿음,
• 행복으로 가는 유일한 길은 성전환 시술밖에 없다는 믿음,
• 트랜스젠더라는 자기진단과 성전환 시술에 동의하지 않는 사람은 누구든지 간에 학대적인 트래스포비아이기 때문에 자신의 삶에서 차단돼야 한다는 믿음."[600]

2020년 영국의 국민보건서비스(National Health Service)가 진행한 연구결과에서도 트랜스젠더에 대한 언론 보도의 증가와 성전환을 요구하는 10대, 특히 여자 숫자의 증가 사이에 연관성이 있다고 밝혔다. 트랜스젠더 정체성의 '사회적 전염'을 뒷받침하는 셈이다. 리트만 교수는 다양한 부모들의 보고를 바탕으로 '급격히 시작된 젠더불쾌증'의 현상을 관찰·분석했다. 이런 현상과 아이들의 정신건강 및 부모-자녀 관계의 악화 현상을 이해하기 위해서는 더 많은 연구가 필요하다고 밝혔다.[601]

그러나 젠더 추종자들은 과학적 근거에 기반한 이 연구에 격렬히 반발했다. 체계적인 분석에 기반한 비판이 아니라 젠더 이데올로기에 기반한 비난이었다.[602] 젠더 정체성 이론과 상충되는 학문적 표현의 자유가 부당히 제한되는 것이다.[603] 이런 정치적 압력으로 브라운 대학은 웹사이트에서 관련 논문을 삭제하고,[604] 논문이 실린 저명한 과학저널(PLOS ONE)에서도 내용을 수정하겠다며 사과를 했다.[605] 리트만 교수도 상담 역할을 잃는 등 불이익을 당했다.[606] 그러나 그 이후 논문은 주요 내용을 그대로 유지한 채 약간의 수정만 이루어졌을 뿐이다.[607] 내용을 철회할 만한 오류가 지적되지 않았기 때문이다.

과학적 근거에 기반하는 연구를 이데올로기가 막는 것은 젠더불쾌증을 가진 아이들의 고통을 악화시킬 뿐이라는 목소리가 높다.[608] 아이들 개개인의 독특한 상황을 의학적 관점에서 살필 수 없도록 하면서 아이들을 정치적 상징으로 전락시켜 해악을 끼치기 때문이다. 편향된 정치이념이 반영된 문화가 고통받는 아동·청소년의 문제를 다루는데 필요한 사상의 자유까지 박탈하는 것이다.[609] 이에 대해 리트만 교수가 말한다.

"운동가(젠더 추종자)들은 의식적으로 괴롭히고 협박하는 전략을 따르는데, 그들은 이것을 정당하다고 느낍니다. 그들은 침묵시키고자 하는 사람의 평판을 깎아내리고, 그 사람이 소속된 단체까지 공격합니다. 그 단체가 그 사람에 대한 신속하고 단호한 징계를 내릴 경우만 물러서겠다고 제안을 합니다."[610]

"성전환 시술 여부를 결정하는 것은 어렵습니다. 개별적인 상황에 따라 의학적 개입의 위험성, 유익, 대안이 있는지 등에 대한 정확한 정보가 필요하기 때문입니다. 이것이 정보가 제공된 동의(informed consent)의 본질입니다. 활동가들이 젠더불쾌증과 관련된 잠재적 위험성과 성전환의 부정적 측면의 연구를 가로막을 때, 그들은 정확한 정보를 제공받을 트랜스젠더 커뮤니티의 권리까지 박탈하는 것입니다."[611]

인권교육을 받은 아이들은 정신질환 등 자신의 문제가 오로지 성전환 시술로만 해결될 수 있다고 믿게 된다.[612] 이와 다른 말을 하거나 트라우마 상담을 하는 것도 '학대적 혐오포비아'이며 '편견'이라고 가르친다. 반대하는 부모도 믿지 말라고 한다.⁶¹³⁾ 다시 말해, 젠더 추종자들은 성전환 시술을 정책적으로 강요한다. 그러나 장기적인 후유증이 심각하다는 통계만 나올 뿐이다.⁶¹⁴⁾

시술받은 후 얼마간 트랜스젠더 중 상당수가 만족해한다. 그러나 일시적일 뿐이다.⁶¹⁵⁾ 정신적 문제를 신체적 수술로 해결하려는 것은 외형만 변화시킬 뿐이고,⁶¹⁶⁾ 아동기 트라우마와 같은 근본 원인도 치료받지 못하기 때문이다.⁶¹⁷⁾ 새로운 젠더에 대한 기대도 시간이 지나면서 절망으로 바뀌어 간다.⁶¹⁸⁾ 이로 인해 정신건강 문제가 더 악화되는 경우가 많다.⁶¹⁹⁾ 실제로 성전환 시술 이전에 상담 치료를 제대로 받지 못해 후회한다는 트랜스젠더들이 급증하고 있다.⁶²⁰⁾ 성전환 시술에 동의한 아동들은 이런 결과를 이해하거나 동의할 능력이 없었다. 그러나 성전환 시술 이후에는 도움받기도, 돌이키기도 어렵다. 자살 시도율 41%가 이런 사실을 반증한다.⁶²¹⁾

영국의 버밍엄 대학에서 100개 이상의 국제 의학연구 자료들을 분석한 결과, 성전환 수술이 트랜스젠더의 삶을 개선하는데 기여한 증거가 없다고 밝혔다. 성전환 수술 후에도 많은 사람이 자살 등 심각한 정신질환을 겪고 있다고 한다.⁶²²⁾

존스 홉킨스 대학병원은 세계 10대 병원 중 하나이며 미국에서 최초로 트랜스젠더 성전환 수술을 시행한 병원이다.⁶²³⁾ 1966년부터 성전환 수술 분야를 개척하고 가장 뛰어난 의술을 가지고 있다. 교육 역할도 한다.⁶²⁴⁾ 그러나 1979년 더 이상 성전환 수술을 하지 않겠다고 결정하고 관련 진료센터를 폐쇄했다.⁶²⁵⁾ 성전환 수술 후 유발되는 자살 등 정신과 문제가 심각했기 때문이다.⁶²⁶⁾ 1979년 8월 10일 존스 홉킨스 소속 의사인 존 마이어(Jon Meyer)는 공식 발표한다.

"성전환 수술이 정신질환을 치료한다고 말하는 것은 오류입니다. 성전환 수술이 사회적 안전감을 제공하는데 실질적으로 아무런 차이를 주지 못한다는 객관적인 증거들이 있습니다."

존 마이어(Jon Meyer)가 뉴욕타임지와 인터뷰한 내용이다.

"성전환 수술은 올바른 치료 방법이 아닙니다. 성전환 수술 후에도 환자들의 심각한 정신질환이 사라지지 않는다는 것은 명백합니다."⁶²⁷⁾

찰스 이랜필드(Charles Ihlenfeld)는 벤자민(Benjamin) 젠더 클리닉에서 500명의 트랜스젠더들을 6년 동안 호르몬 치료했던 내분비학자다. 그는 동성애자이나 성전환 수술을 받지 않았다. 그런 찰스 이랜필드가 1979년경 공식 발표한다.

"성전환을 원하는 사람 중 80%는 성전환 수술이나 호르몬 치료를 진행해서는 안 될 것입니다. 성전환 수술 후 너무나 많은 사람이 불행합니다. 자살로 끝나는 사람들이 너무나 많습니다."[628]

"성전환 수술이 무엇을 했건, 정의하기 어려운 기본적인 갈망을 충족시키지 못했습니다. 이것은 훨씬 깊은 무엇인가를 피상적으로 다루려고 하는 사상과 맥락을 같이합니다."[629]

2017년경 '트랜스젠더 아이들: 누가 제일 잘 아는가?'라는 제목의 영국 BBC 다큐멘터리가 방영됐다.[630] 젠더불쾌증을 가진 아이의 부모가 취할 최선의 접근 방식을 조사하는 다큐멘터리다.[631] 케네스 저커(Kenneth Zucker) 교수는 자폐스펙트럼 장애(ASD, 이하 '자폐증')로 고통받는 아이들을 트랜스젠더로 진단하는 현상에 깊은 회의를 던졌다.[632] 방송에 출연한 저커 교수가 말한다.

"무엇인가에 집착하고 연연하는 성향이 있는 아이들은 젠더에 매달릴 가능성이 있습니다. 아이가 무엇인가를 단지 말했다고 해서 당신이 그것을 반드시 받아들여야 하거나, 그것이 사실이거나, 그것이 아이에게 최선의 이익이 된다는 것을 의미하지 않습니다. 4살짜리 아이가 자신을 강아지라고 말할 수 있습니다. 그러면 당신은 나가서 개 사료를 삽니까?"[633]

7장

아이에 미치는 해악과 인권교육의 긴밀한 연관성

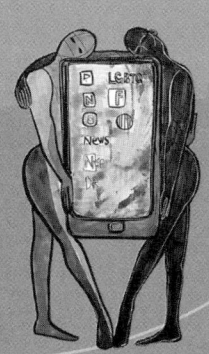

7장

아이에 미치는 해악과 인권교육의 긴밀한 연관성

성적지향 교육과 동성애자 아들에게 미치는 해악

서구사회에서 동성결혼이 인정되거나 차별금지법이 통과할 당시만 해도 인권교육의 폐해가 가시화되지 않았다. 그러나 지금은 다르다. LGBT 청소년 수의 폭증이나 자살 등 정신질환 문제가 심각하다는 사실이 가시화될 뿐만 아니라 실증적으로 증명됐다.[634]

그런데 한국에서 2021년에 확정한 2기 학생인권종합계획은 영국에서 실시하고 있는 젠더 이데올로기 교육(LGBT 교육, 관계와 성교육)과 매우 흡사하다.[635] 그 전에 없던 '성소수자'나 '성평등' 등의 젠더 이데올로기 주입 근거들도 다수 포함됐다. 인권교육의 본격적 시행이 시작된 것이다.[636] 따라서 향후 한국의 인권교육이 불러올 사회적 문제를 예측하기 위해서는 2010년부터 평등법을 시행한 영국의 선례를 주목할 필요가 있다. 구체적으로, 2010년 이후부터 영국의 인권교육이 강화되었으므로 2010년 이후에 나타나는 통계 결과 등을 살펴보면 인권교육이 아이들에게 미치는 해악성을 분석할 수 있을 것이다. 아래 연구결과들을 보면 인권교육의 시행 기간 동안 아이들의 삶을 파괴하는 사회적 병리현상들이 급증했다는 사실을 확인할 수 있다.

먼저, 인권교육이 아이들에게 미칠 신체적 해악성을 보자. 2015년도 기준으로 런던에서 보고된 매독의 90%,[637] 영국 전역에서 발생한 임질의 70%가 게이들에 의한 것이었다.[638] 그런데 영국의 경우 2010년부터 2014년 사이에, 임질 진단은 16,843건(2010년)에서 34,958건(2014년)으로 107%(2배 이상) 증가했고, 매독 진단은 2,647건(2010년)에서 4,317건(2014년)으로 63% 증가했다.[639] 영국 공중보건국은 2015년 런던에 거주하는 15~24세 청소년들이 각종 성병의 36%를 차지한다고 밝혔다. 2011년부터 2015년 사이에 15~24세 영국 청소년들의 신규 매독 진단은 128%, 신규 임질 진단은 61% 각각 증가했다.[640] 영국 보건당국은 2014년경 게이 그룹에서 이질이 재유행한다며 감염 증가추세라고 경고했다.[641] 영국에서는 2010년 평등법이 시행된 이후부터 게이들이 주로 걸리는 임질, 매독, 이질 등 성병 감염이 가파르게 증가하는 추세다. 인권교육이 본격적으로 시행되면서부터 게이 청소년의 숫자뿐만 아니라 동성 성행위에 수반되는 성병 감염률도 함께 급증한다.[642] 인권교육이 성행하는 미국, 캐나다도 동일한 현상을 보인다.[643] 미국에서 에이즈에 걸린 남학생의 약 95%가 동성 성행위를 했다고 밝혔다.[644]

다음으로, 인권교육이 아이들에게 미칠 정신적 해악성을 보자. 게이 청소년은 5명 중 2명(40%)이 자살 기도를 진지하게 고려하며, 일반 청소년보다 자살을 시도할 확률이 5배 높다. 앞서 언급했듯 인권교육이 시행되는 국가인지 아닌지, 그 기간이 얼마인지 관계없이 LGBT 개인의 높은 자살률 수치는 유의미하게 줄어들지 않는다.[645] 이를 나타내는 통계는 인권교육이 아이들의 정신질환을 개선하지 못한다는 사실을 실증적으로 가시화한 것이다. 동성애자의 자살 충동, 심각한 우울증과 불안장애는 사회의 부정적 시각 탓이 아니기 때문이다.[646] 동성결혼이 동성애자의 자살률을 낮추지 못한다는 연구들도 이를 뒷받침한다.[647]

연구결과 LGBT가 이성애자보다 자살 성향이 훨씬 강한데,[648] 그중 LGBT 아동·청소년의 자살 시도 확률이 다른 연령대와 비교해 가장 높다고 밝힌다. 특히 본인의 LGBT 정체성을 처음 인지한 때로부터 5년 이내에 자살을 시도할 확률이 60.9%에 이른다고 한다.[649] 2021년의 한 연구결과에서는 15세 미만의 LGBT 아동·청소년의 자살 시도 성향이 15세 이상의 LGBT보다 강하다고 밝힌다.[650] LGBT를 장려하는 인권교육(학교 환경)이 남성 동성애자에게 IPV의 위험까지 높인다는 연구결과도 있다.[651] 아이들이 어릴 때부터 LGBT 성 파트너들의 성적 학대에 쉽게 노출되는 제도적 환경을 조성하는 것이다.

아일랜드에서 19~24세 청소년을 대상으로 연구한 결과, LGBT 청소년은 이성애자 청소년보다 자해 확률이 6.6배, 자살 생각이 5배, 자살 의도가 7.7배, 자살 시도 확률이 6.8배 높다고 밝힌다.[652] 인권교육은 아동의 정신건강도 악화시킨다. 2022년의 한 연구결과, 동성에 끌리는 아동은 12살 때 우울증, 15살 때 불안장애 증상을 처음 나타내는 경우가 다른 아동보다 월등히 많다고 밝힌다.[653] 특히 여자 아동의 경우 11세부터 우울증 증상을 보일 위험이 매우 크다.[654] 2021년의 다른 연구결과, 이런 아동기 우울증은 10대 초반 아동의 위험 행동과 밀접한 연관이 있다. 10대 초반의 성관계, 흡연, 알코올과 약물사용은 우울증을 겪는 LGBT 청소년 사이에 만연하며, 일반 청소년보다 압도적으로 많다고 밝힌다.[655] 이런 장애는 높은 자살률이나 HIV나 성병 감염을 유발하는 위험요인으로 작용한다.[656] 결국, 아동기 우울증의 원인인 동성애는 아동에게 유해한 행동과 결과를 유발한다. 그리고 아동기부터 동성애에 대한 호기심을 자극하는 인권교육이 이런 사회적 병리현상을 조장하는 셈이다.

그뿐 아니라 인권교육은 아이들의 생명까지 위협한다. 젠더 이데올로기가 아동에게 노출되는 시점이 이를수록 자살률도 현저히 높아지기 때문이다.[657] 1,500명 이상의 의사들과 임상 심리치료사들을 회원으로 둔 미국의 '전국 동성애 연구·치료협회'(National Association for Research and Therapy of Homosexuality, 이하 'NARTH')는[658] 다음과 같이 설명한다.

"동성애자의 자살률을 높이는 원인은 사회적 차별이 아니라, 동성애자 자신이 동성애자라고 어린 나이에 느끼는 것, 어린 나이에 성행위를 시작한 것, 성적 학대 경험, 가정의 결손 등이다."[659]

"아동·청소년이 자신을 동성애자로 인식하는 나이가 어릴수록 더 쉽게 자살을 시도한다."[660]

한편, 동성애는 인권교육 등을 통해 후천적으로 학습된다. 2018년 미국 노스캐롤라이나 및 미주리 대학교 연구에서는 2017년 한 해 동안 남성 간 성관계를 가진 2만4천 명 대학생을 대상으로 조사를 했다. 그 결과 남성 간 성관계를 가진 8명 중 1명은 남성 이성애자라고 밝혔다. 미국 질병관리본부(CDC)가 2016년에 밝힌 수치도 이와 유사하다. 여성의 경우는 이 수치가 2배 높다. 여성 간 성관계를 가진 4명 중 1명은 여성 이성애자라고 밝혔다. 남성 간 성관계를 가진 남성 이성애자 60%는 사적으로 동성 성행위를 실험하였던 것으로 나타났다.[661] 한 연구에서는 남성 이성애자 중 24%, 여성 이성애자 중 36%가 각각 동성 성행위를 했다고 밝혔다.[662] 이성애자 중 상당수가 동성 성행위를 후천적으로 학습하여 실험해보는 것이다. 이런 현상을 연구한 미국 코넬 대학의 리치 사빈-윌리엄스(Ritch Savin-Williams) 교수는 다음과 같이 말한다.

"엄밀히 말하면 그 누구도 100% 이성애자라고 단정할 수 없습니다. 동성애자와 이성애자 사이의 경계가 허물어지는 것입니다. 자라나는 아이들에게 더 많은 다양성과 선택의 기회가 주어집니다."[663]

이 말인즉슨 이성애자는 누구든지 후천적 학습으로 동성 성행위를 할 수 있다는 의미다. 인권교육은 청소년들에게 유해성 정보를 차단한 채[664] 동성 성행위에 대한 호기심을 자극해 경험토록 한다.[665] 그런데 사빈-윌리엄스의 다른 연구결과에 의하면, 16세에 양성애자 또는 동성애자라고 대답한 청소년 중 대부분은 일년 후인 17세에 이성애자로 바뀌었다는 사실이 확인됐다.[666] 동성애자인 게리 라마페디(Gary Ramafedi)나 레즈비언인 리사 다이아몬드(Lisa Diamond)는 다음과 같이 밝힌다.

"동성 성행위 경험이 있는 아이들은 청소년기를 지나면서 자연스럽게 동성 끌림이나 동성애 정체성이 바뀌어 이성애자가 되는 경우가 많습니다."[667]

그 외에도 성적 유동성(sexual fluidity)이 청소년 시기에 뚜렷하다는 연구들이 많다.[668] 그러나 어릴 때 남성성을 채우지 못하는 환경에서 성장하거나 트라우마를 경험한 아이들은 동성애에 취약하다. 인권교육이 이런 아이들에게 동성애를 고착화시킨다.[669] 여론조사에 의하면 미국 일반인도 시간이 지남에 따라 동성애가 후천적이라고 생각하는 비율이 높아지고 있다.[670]

2016년 조사결과 한국 남녀 중고등학생 165명 중 1명꼴로 동성애 관계를 가진 것으로 확인됐다.[671] 인권교육이 본격적으로 강화된다면 동성 성행위를 후천적으로 학습하는 한국 청소년들이 기하급수적으로 많아질 것이다. 미국의 고등학생들처럼 '4명 중 1명'이 이성애자가 아니라고 밝히는 것도 시간문제가 될 수 있다.[672]

성적지향을 주입하는 인권교육은 편향된 이념을 위해 아이들에게 육체적 상처와 정신적 고통을 안길 뿐이다.[673] 그리고 동성애는 여아보다 남아에게 그 해악성이 훨씬 클 것이다. 여성과 달리 남성은 항문성교로 동성 성행위를 하는데, 뒤에서 보는 것 같이 항문성교가 중독 증상, 성병, 에이즈에 매우 취약하기 때문이다.

성(性)정체성 교육과 트랜스젠더 딸에게 미치는 해악

한국에서 발의된 차별금지법들과 초·중등교육법에 '성정체성'이 새로 추가됐고,[674] 2021년에는 3세 아동까지 인권교육을 확대한다고 발표했다.[675] 그렇다면 한국과 유사한 내용의 인권교육을 시행하는 영국에서는 어떤 결과가 발생했을까?

앞서 다룬 내용을 간략히 정리해보자. 영국에서는 2010~2018년 사이에 '성전환 시술'을 원하는 아동·청소년이 44배 증가했다. 그중 45명은 6세 이하였으며 4세 아동도 있었다.[676] 평등법이 제정된 지 8년 만에 이런 폐해가 가시화되자 영국 사회는 큰 충격에 빠졌다. 이에 영국의 여성평등부 장관은 2018년 9월경 그 이유에 대한 조사를 명했다.[677] 인권교육이 성행하는 미국, 네덜란드, 캐나다, 노르웨이, 핀란드, 오스트레일리아 등 다른 국가에서도 폭발적인 트랜스젠더 증가 현상을 보인다.[678]

영국 런던에 소재한 타비스톡(Tavistock Gender Identity Development Service)은 성정체성 혼란을 겪는 아이들을 치료하는 곳이다.[679] 타비스톡에 치료 의뢰를 한 아이들이 2009년에는 97명이었으나 2018년에는 2,519명으로 급증했다.[680] 10년 동안 25배 증가한 것이다. 법원 자료에 의하면 15년 동안 60배 증가했는데, 특히 성전환 시술을 원하는 12~17세 여아들의 숫자가 폭증했다고 한다.[681] 타비스톡 자료에 의하더라도, 2021년 기준 10년이 채 안 되어서 성전환 치료 의뢰를 받은 아이들 수가 급증했다. 남아는 1,460%(14배), 여아는 5,337%(53배) 각각 폭증했다. 2011년에는 성전환 시술을 의뢰한 아이들의 비율이 남녀 반반이었으나, 2019년에는 76%가 여아로 변했다.[682] 2019년 기준 타비스톡 환자의 반 이상은 14세보다 어렸다. 젠더불쾌증을 겪는 여아의 수가 남아의 2.8배였다.[683] 아이들 대부분은 다른 정신질환을 동반했고, 어린 시절 성적 학대와 트라우마를 경험했으며, 35%는 자폐증을 앓고 있었다.[684] 2022년 연구결과에서는 타비스톡에 치료 의뢰한 14~17세 아이들은 같은 또래의 일반 아이들보다 자살할 확률이 5.5배 높다고 밝혔다.[685] 타비스톡은 아이들에게 '자신의 정신적 문제가 성별전환을 통해 모두 해결될 수 있다고 믿게 한다'라고 믿게 한다는 비판을 받는다.[686] 트라우마를 경험했던 아이들이 사회적 성에 취약한 이유 중 하나다. 타비스톡(Tavistock)에서 25년 근무한 의사인 데이비드 벨(David Bell)이 내부 고발한다.

"타비스톡에서 아이들이 단 두 번만 진료받은 후 돌이킬 수 없는 성전환 절차를 권유받곤 합니다. 8세 아이조차도 호르몬 치료를 받습니다. 타비스톡은 성전환 결정에 직접 영향을 주는 어린 시절의 트라우마, 자폐증이나 학대 경험을 충분히 고려하지 않습니다. 돌이킬 수 없는 인생의 결정을 성급히 몰아붙이는 것입니다.[687] 이것은 트랜스 운동가들의 영향입니다. 젠더 추종자들은 아이들의 안전은 생각하지 않습니다. 오로지 정치이념에만 편향되어 있습니다. 다른 관점을 듣는 것조차 거부합니다."[688]

"타비스톡 소속의 다른 직원들도 자폐증을 포함한 다양한 아이들의 문제들을 트랜스 정체성으로만 해결책으로 제시하는 것을 우려합니다. 다른 직원들은 어린 환자들에게 제대로 된 평가 없이 사춘기 차단제를 처방하고, 타비스톡이 트랜스젠더 옹호 단체의 영향을 받는 것에 대해 두렵다고 합니다. 그 아이들에게는 (심리적으로) 복잡한 문제가 있습니다. 그런데 성전환 시술로 부적절하게 떠밀려 가는 것입니다. 중립성과 조사 대신 확인치료만을 강요하는 행태는 의사들이 복잡한 문제에 대처할 수 있는 역량을 심각히 손상합니다. 끔찍하게 잘못된 것은 의학 분야에 정치적 이데올로기가 침투했다는 것입니다."[689]

영국의 전 보건복지부 장관인 재키 프라이스(Jackie Doyle-Price)는 '성전환 이데올로기가 어린 소녀들에게 너무나 위험하며, 자폐증 증상이 있으면 더욱 치명적이다'라고 말한다.

"우리는 점점 더 많은 소녀들이 성전환 시술을 하는 것을 봅니다. 아주 어린 소녀들을 말하는 것입니다. 법적으로 동의할 수 없는 상태에 있는 아이들에게 돌이킬 수 없는 치료로 몰고 가는 것은 잘못됐다고 생각합니다. 우리는 사춘기 차단제에 대해 정말 솔직해질 필요가 있습니다.

사춘기는 힘듭니다. 저도 성장할 때 말괄량이 선머슴이었습니다. 10대가 되어 저의 몸이 변하는 것을 느꼈을 때 끔찍했습니다. 모든 순간이 싫었습니다. 저는 그래도 나무에 오르고 남자처럼 놀았습니다. 그런데 지금 아이패드를 보면 나와 같은 사람들을 많이 발견합니다. 그런데 그 사람들이 모두 타비스톡에 갑니다. 이것은 저를 심히 두렵게 합니다. 소녀들이 그냥 지나쳐갈 수 있는 경험들에 대해 해악을 끼치게 되어 두렵습니다. 몸에 변화가 일어날 때 불편한 것은 지극히 정상적인 일입니다. 성전환 치료를 받으러 가는 소녀들 상당수가 자폐증을 앓고 있다는 사실은 저를 더욱 두렵게 만듭니다.[690]

사춘기와 신체가 변할 때 느끼는 불행을 생각해 보면, 반대 성별인 척하는 것은 자연스러운 반응입니다. 만일 확인치료가 잘못된 것으로 드러날 경우, 이것을 받은 아이들에게 크나큰 해악을 끼칠 것입니다. 그럼에도 이런 치료에 대한 논의나 조사가 충분히 이루어지지 않았습니다.[691]

성전환 운동은 평등을 진전시키는 것이 아니라 젠더에 대한 고정 관념을 심습니다. 성전환 운동이 어린 시절 소녀들에게 '넌 여자아이가 아닐지도 모른다'라는 생각을 부추기는 것은 너무나 위험합니다. 우리는 단지 아이들에게 성장할 수 있는 기회를 줄 필요가 있는 것입니다.

트랜스젠더 문제에 대한 논의를 보장하기 위해서는 정부가 성전환을 지지하는 로비 단체의 영향력을 예의주시할 필요가 있습니다. 누구든지 성전환에 대한 문제를 제기할 경우 정신 나간 극단주의자로 비춰지도록 환경이 조성되었습니다. 성전환을 지지하는 로비 단체들의 견해는 절대 진리가 아닙니다. 우리는 국가기관들이 성전환을 지지하는 로비 단체의 조언을 절대 진리로 받아들이는 문화를 만들었습니다. 그러나 사실은 그 이면에 아젠다가 자리 잡고 있습니다. 이것은 학교에서 선한 의도로 시행되는 것들도 잠재적으로 해악을 끼친다는 것을 의미합니다."[692]

트랜스젠더 아동·청소년이 급증하는 상황은 젠더 이데올로기와 인권교육이 성행하는 캐나다도 마찬가지다. 캐나다 트랜스젠더 건강협회(Canadian Professional Association for Transgender Health)는 의료보험이 승인된 성전환 수술을 받은 트랜스젠더 수가 2010년 59명에서 2018년 1,460명으로 증가했다고 보고했다. 약 25배가 급증한 것이다. 트랜스 유스 캔(Trans Youth Can)

에서는 10개의 젠더 진료소에서 호르몬 치료를 받는 아동 환자가 2004년에는 거의 없다가, 2016년에는 1,000명 이상이 되었다고 한다. 10명 중 8명은 성전환을 원하는 여아로서 그중 3분의 2는 14~15세에 진료를 받았다. 토론토에 사는 크리스(Chris)는 난데없이 트랜스젠더 선언을 한 딸에 대해 말한다.

"딸은 우울증과 불안장애를 겪었지만, 전형적인 여자아이였어요. 그런데 9학년이 되자 갑자기 자기를 남자라고 선언했습니다. 알고 보니 학교에서는 벌써부터 딸 아이에게 남자 이름과 성중립적 인칭대명사로 불러 왔던 것이에요. 학교는 성전환을 지지하지 않는 부모들에게 아이의 성정체성 혼란이나 변경을 비밀로 한다고 합니다. 그래서 부모들이 모르고 있던 거에요."[693]

캐나다 인권교육의 실상을 보자. 학교에서 6세 아동에게 "여자는 진짜가 아니고 남자도 진짜가 아니다"라고 가르친다.[694] 남성과 여성이라는 생물학적 성별을 믿는 것은 '편견'이고 '괴롭힘'이며,[695] 남자와 여자가 되는 것을 편안하게 느낀다면 '억압자 집단'의 구성원이라고 교육한다.[696] 게다가 캐나다에서는 우울증이나 불안장애로 상담 치료가 필요한 아이들을 성전환 시술로 몰고 가는데, 관련 법이 이런 과정을 부모에게 비밀로 감출 수 있게 한다는 비판이 많다.[697] 결국, 인권교육은 성정체성 혼란을 유발하고,[698] 부모 몰래 진행되는 성전환 시술은 이런 정신적 고통을 고착화한다는 지적이다.[699]

트랜스젠더 중 41%는 실제로 자살 시도를 한다.[700] 앞서 언급했듯 인권교육이 시행되는 기간이나 장소와 상관없이 이 수치는 일정하다. 인권교육이 트랜스젠더의 자살 시도나 고통받는 정신질환을 개선하는데 아무런 역할을 하지 못하는 것이다.[701] 젠더 이데올로기가 만연한 국가에서도 트랜스젠더의 정신질환 수치가 유의미하게 변하지 않는다.[702] 반면 이런 고통을 받는 트랜스젠더 아동·청소년의 숫자는 폭증한다. 사실상 트랜스젠더 아젠다를 내세워 트랜스젠더 개인을 희생시키는 구조다. 트랜스젠더·젠더 비순응(gender nonconforming)적인 청소년의 61.3%가 자살을 생각하며, 건강에 위험한 행동을 할 확률이 일반 청소년보다 월등히 높다는 연구결과가 있다.[703] 이런 위험 행동은 정서적 장애와 연계된다. 젠더불쾌증 분야의 세계적 권위자인 저커(Zucker) 교수가 말한다.

"인권교육은 다양한 연령층의 아이들에게 매우 복잡한 내용의 정보를 제공합니다. 이것은 '교육학의 임상실험'이라고 볼 수 있습니다. 마치 대학생들에게 가르쳐야 할 포스트모던 사회이론을 아동에게 노출하는 것과 같습니다. 여기서 짚고 넘어가야 할 질문은 아이들이 이런 교육을 어떻게 받아들이느냐입니다. 아이들은 모두 똑같지 않습니다. 일부 아이들은 이런 내용을 들을 경우, 훨씬 더 혼란스러워하고 취약한 상태가 됩니다. 과학자로서 의문이 드는 것은 학교 당국이 이런 교육의 효과를 어떻게 평가하고 있느냐입니다. 이런 교육의 부작용을 나타내는 지표에 대해 평가를 하는지도 의문입니다. 이런 유형의 교육이 아이들에게 미칠 영향에 대해서는 실증적 증거가 거의 없습니다."[704]

연구결과 트랜스젠더는 자해할 확률도 매우 높은데,[705] 어릴수록 그 확률이 더 높아진다.[706] 자해는 자살위험을 예고하는 신호이며, 성정체성 혼란 등 해결되지 않는 근본적인 문제가 있다는 표현이다.[707] 성정체성 혼란과 자해는 밀접한 연관성이 있는 것이다. 그런데 성정체성 혼란을 유발하는 인권교육과 차별금지법의 시행 여부에 따라 아이들의 자해 현상이 극명하게 달라진다.

영국 맨체스터 대학 연구에서는 영국 일반의사(GP) 보고를 기초로 2001~2014년 사이에 13~16세 여아 자해율을 조사했다. 2001~2010년 사이에는 자해율이 거의 일정했다가 2011~2014년 사이에 68% 급증했다. 그리고 여아가 남아보다 자해 확률이 3배 높았다. 이에 따라 자살률도 덩달아 높아졌다.[708] 평등법이 2010년 시행되었는데,[709] 그전에는 자해율이 일정했다는 사실이 드러난다. 그러나 평등법이 제정된 직후 13~16세 여아 자해율이 급증한 것이다. 평등법 제정으로 인권교육이 강화된 사실과 여아 자해율의 급증 사이에 밀접한 상관관계가 나타난다. 즉, 자신의 생물학적 성별에 의문을 품게 하는 인권교육이 아이들에게 성정체성 혼란을 야기한다는 사실이 드러난 셈이다.[710] 이에 대해 영마인즈(YoungMinds)의 캠페인 책임자인 톰 매더스(Tom Madders)가 말한다.

"영국 사회에서는 애초에 아이들의 정신질환이 발생하지 않게끔 대책 마련이 필요합니다. 무엇보다 학교 교육 시스템의 개선이 절실합니다."[711]

2016년 기준 영국의 국가보건서비스(National Health Service) 통계에 의하면 5년 연속으로 자해하는 아동·청소년 수가 증가했다. 영국 평등법이 제정된 2010년 직후 자해하는 아동 수가 지속적으로 증가한 것이다. 2013~2014년에 자해하고 병원에서 치료하거나 입원한 18세 이하 청소년 수가 16,416명이었는데, 2015~2016년에는 18,788명이었다.[712] 2010~2014년 사이에는 10~14세 여아는 93%, 남아는 45% 각각 자해 수치가 증가했다. 자해하는 15세 아이 중 43%는 한 달에 한 번 이상 자해하는 것으로 나타났다.[713]

영국의 한 지방의회(Pembrokeshire council)에서는 3년 동안(2015~2017년) 관할 학교에서 자해하는 아동 수가 6배 급증했다. 그중 6세 아동도 포함됐다.[714]

스코틀랜드도 5년 동안(2010~2015년) 병원에서 자해로 치료받은 아이들 수가 2배 증가했다. 전문가들은 통계에 잡히는 수치가 빙산의 일각이라며 우려한다. 아이들은 해결되지 않는 감정과 우울증에 자해로 대응하는 경향이 있다.[715] 이런 현상은 인권교육으로 인한 성정체성 혼란에서 유발되는 것으로 보인다. 자해하는 아이들은 그렇지 않은 아이들보다 자연사가 아닌 죽음을 맞이할 확률이 9배 높고, 자살할 확률이 17배 높으며, 알코올이나 약물 남용으로 죽을 확률이 34배 높다.[716]

이와 같은 아동·청소년의 정신건강 악화는 '젠더 이데올로기 정책에 따른 외부 개입' 때문이라는 비판의 목소리가 높다. 미국 정신의학회의 DSM-5에 따르면 사춘기 차단제를 사용하지 않을 경우, 젠더불쾌증이 있는 남아의 98%와 여아의 88%가 성인이 되면 자연스럽게 젠더불쾌증에서 벗어날 것이라고 밝힌다.[717] 케네스 저커(Kenneth Zucker) 교수는 젠더불쾌증을 앓는 아이들의 80~90%가 외부 개입이 없으면 사춘기를 지나면서 본래 성을 받아들이게 된다고 밝힌다.[718] 외부 개입이 없으면 젠더불쾌증을 가진 학령기 아이들의 94%가 자연스럽게 성정체성 문제를 해결한다는 연구결과도 있다.[719]

그러나 인권교육은 아동이 자신의 성정체성에 의문을 갖도록 가르친다.[720] 그리고 이미 정서적 장애를 가진 아이들에게 성전환이 이런 문제를 해결할 것처럼 상담한다.[721] 인권교육과 성전환 시술을 파이프라인처럼 연계하는 제도적 환경을 조성하는 것이다.[722] 2018~2022년까지 진행된 3개의 연구결과, 사춘기 차단제가 투여된 아이들의 96~98%는 교차 성호르몬까지 받게 된다.[723] 이것은 외부적 개입이 없으면 성정체성 혼란을 겪는 아이 대다수가 자연스럽게 젠더불쾌증에서 벗어나는 현상과 극명하게 대조된다.[724] 인권교육은 아이들이 본래 성을 받아들일 수 없도록 외부적으로 개입하면서 이와 연계된 확인치료가 성정체성 혼란을 영구 고착화시킨다는 사실을 보여준다.[725] 연세대 의대 신경정신과의 민성길 교수가 말한다.

"많은 청소년들이 성정체성의 혼란을 겪지만, 상당수가 사춘기를 겪은 후 자기의 성정체성를 확인하고 시스젠더(생물학적 성과 성정체성이 일치하는 사람)가 됩니다. 이때 성교육이 잘못 이뤄지면 성정체성의 혼란이 있는 청소년들은 자신이 트랜스젠더라고 결정하는 오류를 범하게 됩니다. 그런데 성전환 시술은 장기적 부작용이 많아 문제입니다. 트랜스젠더를 돕는 좋은 방법이 아니며 윤리적이지도 않다는 비판이 있습니다."[726]

정리하자면, 인권교육으로 인해 젠더불쾌증을 앓는 아이들 수가 폭증하게 된다.[727] 그리고 호르몬 치료를 시작한 아이들은 영구불임 등 돌이킬 수 없는 손상을 입는다.[728] 알리지 않는 것이 인권적이라는 명분으로 학교는 이 과정을 부모에게 철저히 숨긴다.[729] 차별금지법이 아이를 위한 부모의 판단을 젠더 이데올로기에 종속된 교사, 의사, 공무원의 판단으로 대체시키는 것이다.[730] 그리고 성전환 시술에 동조하지 않는 사람은 부모를 포함한 그 누구이든 증오와 편견을 가진 혐오주의자라고 가르친다.[731] 판단 능력이 미약한 아이들은 사실상 부모의 판단이 배제된 상태에서 돌이킬 수 없는 성전환 시술을 받게 된다.[732] 그러나 아이들 상당수는 자신의 문제가 해결되지 않는다는 사실을 나중에 깨닫게 되면서 후회한다.[733] 그러나 이미 돌이킬 수 없는 단계다. 이런 후회가 자살로 이어지게 된다. 트랜스젠더의 41%가 자살을 시도하는 이유다.[734] 차별금지법은 아이들의 심신과 가족관계를 파괴하는 것이다.[735]

아동은 자신을 LGBT로 인식하는 시기가 1년씩 늦추어질 때마다 자살 리스크가 20%씩 감소한다.[736] 아동에게 젠더 이데올로기가 일찍 노출될수록 그 해악이 치명적인 것이다. 그러나 인권교육이 성행하는 국가에서는 5세 아동에게까지 젠더(사회적 성)를 가르친다.[737] 트랜스젠더 청소년(12~24세)을 대상으로 한 연구 결과에서는 젠더와 본래 성의 불일치를 느끼는 평균 나이가 8.3세며 가족에게는 훨씬 나중에 이를 공개한다고 한다. 이들 중 젠더불쾌증 비율이 매우 높았으며 절반 이상은 자살을 생각하고 3분의 1가량은 자살을 시도했다고 밝힌다.[738] 아동기 때부터 성정체성 혼란을 유발하는 교육과정에 아이들을 노출하면서 그 학부모들을 정책적으로 차단하는 것도[739] 이런 현상의 주요 원인일 것이다.[740]

호르몬 치료는 불임 등 부작용이 있는 임상실험이라는 지적이 많다. 그럼에도 젠더 이데올로기가 성행하는 국가에서는 호르몬 치료 허용 나이가 점차 낮아지고 있다. 미국에서는 원래 13세 이하 아이들에게 호르몬 치료가 금지됐으나 2017년부터 8세 이상 아동에게도 호르몬 치료가 허용됐다.[741] 영국에서는 2010년 평등법이 시행되기 이전에 16세 이하 아이들에 대한 호르몬 치료가 금지됐다. 그러나 평등법 시행 직후인 2011년부터는 11세 아동에게까지 호르몬 치료가 공식적으로 인정됐다.[742] 그 결과 성정체성 혼란과 자해로 고통받은 영국 아동들이 폭증했다. 영국의 인권교육이 시행된 8년 동안 44배 폭증했는데, 그중 76%가 어린 소녀들이다.[743] 한국도 2021년부터 영국의 인권교육을 따라가고 있다.[744] 성정체성 혼란으로 자살·자해 충동에 시달리는 아이들이 급증할 것으로 보이는데,[745] 성전환은 남아보다 여아에게 그 해악성이 훨씬 심각할 것이다. 여아들이 성정체성 혼란에 취약하다는 사실이 통계로 확인되기 때문이다.

8장

에이즈의 주요 감염경로
(감염률 180배)

8장

에이즈의 주요 감염경로 (감염률 180배)

주요 감염경로인 남성 동성애

'에이즈'(AIDS, 후천성면역결핍증)는 HIV(인간면역결핍바이러스)의 감염으로 유발된다. HIV는 인체의 면역세포를 파괴하기 때문에 지속적인 치료를 통해 억제하지 않으면 면역력이 떨어지게 된다. 면역력이 일정 수준 이하로 떨어지면 에이즈 환자가 되는 것이다.[746] 보통 사람에게는 약한 증상의 감염성 질환도 에이즈 환자에게는 심각한 질병으로 나타난다. 에이즈 환자의 암 발생 위험도는 일반인보다 20배 높다.[747] 그리고 에이즈 감염자 상당수는 뇌도 손상된다. 한 연구결과에 의하면, 에이즈 입원환자의 48%가 신경질환을 진단받았고, 44%는 정신질환을 진단받았다.[748] 이렇듯 에이즈 환자가 되면 면역 결핍으로 악성종양, 암, 감염증 등의 질병이 많이 발생하면서 사망에 이르게 된다.[749]

역학조사를 통해 밝혀진 HIV/AIDS 감염경로의 99.2%는 성접촉이다.[750] HIV 바이러스가 혈액, 정액, 질액 등을 통해 감염되기 때문이다. 그리고 미국 질병관리본부(Centers for Disease Control and prevention; CDC)는 홈페이지 곳곳에서 남성 간 성행위가 HIV/AIDS(이하 'HIV')의 주요 확산 경로임을 강조한다.[751] 특히, 항문성교가 HIV를 전염시키는 가장 위험한 행동이라고 경고한다.[752] 또 신규 및 기존 HIV 감염자의 대부분이 남성 동성애자 집단이라는 사실도 명시한다.[753] 홈페이지에서 다음과 같이 밝힌다.

"2018년 미국의 신규 HIV 진단은 37,968건으로, 그중 81%(30,691)는 남성이었다. 이 남성들 중 86%는 게이, 양성애자, 남성 간 성관계를 갖는 남성이었다."[754]

"2019년 미국의 HIV 신규 감염자(34,800명) 중 70%(24,500명)가 동성애

와 양성애를 하는 남성이었다."[755]

미국 질병관리본부는 2017년 보고서에서 남성 동성애자의 비율이 전체 미국 인구 중 2%라고 밝혔다. 즉, 100명 중 2명꼴인 것이다. 만일 동성애자와 일반인의 HIV 감염확률이 비슷하다면 미국의 HIV 감염자 중 게이(양성애자 포함)가 2%, 일반인이 98%를 차지해야 할 것이다. 그러나 미국 질병관리본부는 미국 HIV 감염자의 70%가 게이라고 하며,[756] 홈페이지에서 다음과 같이 밝힌다.

"인구 비율에 맞지 않게 HIV에 감염된 절대다수는 남성 간 성관계를 하는 게이와 양성애자다."[757]

세계보건기구(WHO) 또한 홈페이지를 통해 에이즈 바이러스 감염의 핵심 집단으로 남성 간 성행위자(MSM, men who have sex with men)를 꼽는다. 유럽의 질병관리본부(European Centre for Disease Prevention and Control)의 홈페이지도 남성 간 동성애가 에이즈 확산의 주요 경로임을 밝힌다.[758] 일본 질병관리본부(National Institute of Infectious Diseases: NIID)의 홈페이지도 마찬가지며,[759] 2013년 신규 감염자의 71%가 동성애자라고 한다.[760] 영국 공중보건국도 동성애(항문성교)와 에이즈의 연관성에 대해 명시한다.[761] 이와 대조적으로 한국 질병관리본부 홈페이지에서는 이런 정보를 숨긴다.[762]

감염내과 의사들의 교과서라 불리는 『해리슨 내과학』은 HIV 전염에서 남성 동성애자가 차지하는 비율이 75~79%라고 밝힌다.[763] 캐나다에서도 남성 동성애자가 HIV 신규 감염자 중 75%를 차지한다.[764]

미국의 질병관리본부는 2011년도 미국 청소년(13~24세) 8,792명을 대상으로 HIV 감염자 중 남성 간 성행위를 한 자들의 비율을 분석했다. 조사결과 13~19세(1,794명)의 94.1%, 20~24세(6,998명)의 93.4%가 각각 남성 간 성행위로 HIV 감염이 됐다고 발표됐다. 이것은 남성 동성애와 에이즈의 높은 유관성을 보여준다.[765]

한국에서도 HIV(에이즈) 감염자 다수가 남성 동성애자라는 역학조사 결과가 나왔다. 연세대 의과대학 교수이자 세브란스 감염내과 전문의인 김준명의 연구팀은 2006년부터 12년간 전국 21개 대학병원 및 한국 질병관리본부 등과 공동 연구를 진행했다.[766] '한국 HIV/AIDS 코호트'에 등록된 1,474명의 감염자를 추적 조사한 코호트 연구결과는 한국 에이즈 감염경로에 관한 연구 중 가장 신뢰성이 높다고 손꼽힌다. 코호트 연구는 특정 집단을 선정해 연구대상이 되는 질병의 발병률을 비교하는 연구방법이다.[767] 연구결과, 젊을수록 동성 간 성접촉에 의한 HIV 감염 비율이 높아졌다. 18~29세 연령층에서는 동성 및 양성 간 성접촉으로 인한 감염 비율이 71.5%였다. 18~19세 연령층에서는 이 수치가 92.9%로 급격히 증가했다.[768] 10대 미국 청소년 에이즈 전파경로(94.1%)와 매우 유사한 패턴을 보인다.[769] 10대의 경우 대부분이 남성 동성애로 HIV(에이즈)에 감염된다.[770]

남성 동성애와 에이즈 감염의 밀접한 관련성을 나타내는 표지가 '신규 HIV 감염자의 남녀 성비'다. HIV 감염은 99.2% 성접촉으로 이루어지고 매년 신규 감염자의 대다수가 남성이므로 HIV 감염 대다수가 남성 간 동성 성행위에 의한 것으로 볼 수밖에 없다.

한국 질병관리본부(2020년부터 '질병관리청'으로 승격)는 '2020년 HIV/AIDS 신고현황 연보'를 발간해 내국인 HIV/AIDS 감염자 중 남자가 93.5%, 여자는 6.5%라고 발표했다.[771] 또 누적 국내 에이즈 감염자는 19,741명이며, 그중 국내(내국인·외국인) 신규 HIV/AIDS 감염자의 남녀 성비가 11.5:1이라고 밝혔다.[772] 즉, 남성 감염자의 비율이 92%인 셈이다. 구체적으로 연도별 HIV/AIDS 남성 감염자의 비율(신고된 남성 감염자 수/신고된 전체 감염자 수)을 보면, 2013년 91.2%(1,016/1,114), 2014년 92.4%(1,100/1,191), 2015년 93.8%(1,080/1,152), 2016년 92.1%(1,103/1,197), 2017년 91.4%(1,088/1,190), 2018년 91.2%(1,100/1,206), 2019년 90.9%(1,112/1,223)다.[773] 현장 전문가들은 정부에 신고된 감염자 수와 실제 감염자 수는 큰 차이가 있다고 본다. 에이즈에 의한 실제 사망자 수도 파악된 통계보다 훨씬 많다고 한다.[774]

서울아산병원 의생명연구소의 전은성 교수가 말한다.

"2019년 에이즈 남녀 발생 비율을 보면 남자가 여자보다 17.9배 많고 20~34세는 남자가 같은 나이 여자보다 40.5배나 높습니다."[775]

보라매병원 감염내과의 방지환 교수가 보건복지부·질병관리본부가 후원한 국회 토론회에서 발표한 내용이다.

"국내 에이즈 역학의 특징으로 신고된 환자 수가 매년 늘어가는 추세로 지속적인 환자 증가가 있고, 성별 및 연령별 분포를 보면 남녀 성비가 11대 1 정도로 남성이 압도적으로 많으므로 아직까지 남성 동성애자 사이에서 주로 유행하는 질병입니다."[776]

한편 2011년 이후부터는 신규 감염자의 연령이 20대가 가장 많은 비중(33.8%)을 차지하고 있다.[777] 그런데 감염 후 진단까지 약 7년이 소요되는 점을 계산하면, 20대(20~29세)의 HIV 진단자 중 상당수는 13~22세 사이에 감염됐다고 해석된다.[778] 한국 10대 청소년이 남성 동성애와 HIV 감염에 노출된 상황을 엿볼 수 있는 대목이다.[779]

한국 보건복지부의 제3차 국민건강증진종합계획(2011-2015)이 밝힌 내용이다.

"동성애자의 경우 역학조사에 응할 때 실제의 성정체성을 솔직하게 밝히지 못하는 경향이 있고. 전체 HIV 감염자의 91.7%가 남성에 편중되어 있음을 감안할 때 우리나라는 아직까지 남성 동성애자 간 성접촉이 주요 전파경로인 것으로 인정된다."[780]

한국 보건복지부의 제4차 국민건강증진종합계획(2016-2020)에 명시된 내용이다.

"전체 HIV 감염인의 91.7%가 남성임과 동성애자 역학조사의 어려움 등을 고려할 때 남성 동성애자 간 성접촉이 주요 전파경로일 것으로 판단된다."[781]

"우리나라의 경우 일반 성인의 HIV 감염률 자체는 낮지만, 성접촉 그중에서도 실질적으로 동성 간 성접촉이 주된 전파경로로 작용하고 있는 HIV/AIDS의 초기 확산단계에 머무르고 있는 상태다. 남성 동성애자 등 감염 취약계층을 대상으로 한 HIV/AIDS 예방사업의 활성화가 요망된다."[782]

2014년 질병관리본부에 제출된 인하대학교 연구팀의 '국가 에이즈 관리사업 평가 및 전략개발' 내용이다.

"동성 간의 성접촉이 우리나라에서 HIV 확산의 가장 흔한 경로이다."[783]

"동성애자 중에서의 HIV 양성률이 성매매 여성들에서보다 훨씬 높은 우리나라의 역학적 현황을 고려한다면 콘돔 배포 활동은 남성 동성애자에게 집중되는 것이 타당하다."[784]

보라매병원 감염내과의 방지환 교수가 말한다.

"에이즈가 남성 동성애자들 사이에서 주로 유행하는 질병이라는 것은 여러 정황상 100% 확실하며 에이즈 전문가라면 누구나 아는 사실입니다. 그들이 에이즈의 '진원지'라는 사실이 잘 알려지지 않은 것은 남성 동성애자들의 거센 반발 때문입니다. MSM(남성과 성접촉을 하는 남성)이 가장 명확한 에이즈 감염 위험군이기 때문에 MSM과 그 주변 사람들은 반드시 에이즈 검사를 받아야 합니다."[785]

남성 동성애자들의 HIV 감염률이 일반인보다 현저히 높은 것은 전 세계적인 현상이다. 한국뿐만 아니라 전 세계적인 통계들도 남성 동성애가 에이즈의 주요 감염경로라는 사실을 뒷받침한다. 특히 10대와 젊은 연령층에서 에이즈 감염은 남성 동성애자에게 집중되고 있다[786]

감염 원인 (남성 동성애 유관성)

남성 동성애는 왜 HIV/AIDS의 주요 감염경로가 된 것일까? 앞서 언급했듯 남성 동성애자들이 하는 항문성교가 HIV 감염에 취약하기 때문이다. 그 원인에 대해 자세히 살펴보자.

정액과 혈액 속에 HIV 바이러스의 함량이 가장 많다. 그리고 항문은 점액 분비가 잘 안 될 뿐 아니라, 이를 둘러싸는 근육이 약해 여성의 질보다 마찰에 의한 상처가 생기기 쉽다. 이 상처를 통해 정액에 있는 HIV 바이러스가 혈액 속으로 침투해 감염이 쉽게 이뤄지는 것이다.[787] 영국 의학 전문지인 랜싯(Lancet)이 적시한 HIV/AIDS 감염의 위험요인은 아래와 같다.

"• 바텀 역할을 하는 남성. 즉 남성 간 성관계 시 수용적(항문을 제공하는) 위치에 있는 사람이 보호장치(콘돔) 없이 성관계를 갖는 경우.
• 남성 간 성관계 빈도가 높은 경우.
• 생애 동안에 많은 남성 성관계 파트너를 가지는 경우.
• 주된 성관계 파트너들이 바이러스에 감염된 경우가 많은 경우."[788]

미국 질병관리본부 홈페이지에서도 다음과 같이 명시한다.

"항문성교는 HIV 감염에 있어 가장 위험한 종류의 성행위다. 항문성교를 할 때 삽입 당하는 쪽인 바텀(bottom)이 삽입하는 쪽인 탑(top)보다 HIV 감염 위험이 크다. 바텀은 HIV 감염 위험이 매우 높은데, 그 이유는 직장의 점막이 얇아 항문성교 시 HIV 바이러스가 신체 안으로 침투할 수 있기 때문이다."[789]

미국 질병관리본부가 2016년 발표한 보고서에는 "항문성교를 할 때 삽입 당하는 쪽인 바텀(bottom)이 삽입하는 쪽인 탑(top)보다 HIV 감염 위험이 13배 높다"라고 밝히고 있다.[790] 그런데 23개의 논문을 분석한 연구결과, 나이가 어릴수록 바텀 역할을, 나이가 많을수록 탑 역할을 하게 된다는 사실이 밝혀졌다. 성기를 항문에 받아들이는 바텀에는 '여성성'과 '복종'을, 성기를 항문에 삽입하는 탑에는 '남성성'과 '권력'을 내포하는 의미가 있기 때문이라고 한다.[791] 결국, 동성애-에이즈 정보를 차단당한 아이들이 HIV 감염에 특히 취약한 것이다.

항문성교는 에이즈 감염에 얼마나 취약할까? 연구결과, 항문성교는 이성 간 성관계(질 성교)보다 1회 성행위 당 HIV 감염확률이 17~20배 높다고 보고한다.[792] 그리고 연세대 의과대학 교수이자 세브란스 감염내과 전문의인 김준명 교수도 감염자와 이성 간 성접촉하는 경우보다 1회 동성 간 성접촉하는 경우의 HIV 감염확률이 17.3~34.5배 더 높다고 밝힌다.[793]

HIV/AIDS 감염자들은 감염내과를 찾는다. 감염내과 의사들이 전 세계적으로 사용하는 의학 교과서인 『해리슨 내과학』(대한내과학회 편저)의 내용이다.

"에이즈의 전파는 삽입 당하는 항문성교와 깊은 연관성이 있다. 이는 점막 내 그리고 그 밑에 존재하는 감수성 세포와 정액과의 경계가 얇고 직장 점막이 얇아 항문성교 시 상처를 받고 에이즈 바이러스가 혈액으로 침투할 수 있기 때문이다."[794]

미국 질병관리본부는 젊은 남성 동성애자들이 HIV/AIDS 같은 성병을 퍼트리는 위험 행동을 많이 한다고 보고한다.[795] 2009년 구델(Gudel)의 연구결과에 의하면, 1년간 에이즈 환자 한 명당 성관계를 갖는 평균 파트너의 수는 60명이라고 한다.⁷⁹⁶⁾ 다른 연구결과에 의하면 에이즈 남성 환자들의 64%가 다른 남성과 성관계를 가진 적이 있다고 밝혔다. 남성 동성애자의 성 파트너는 대다수 모르는 사람이다. 그리고 에이즈 발견 후에도 남성 동성애자들은 여전히 모르는 사람과 위험한 성관계를 가진다.⁷⁹⁷⁾ 대부분 인터넷(동성애 앱) 등을 통해 알게 된 익명의 대상자들과 성관계를 가지는 것으로 알려졌다.⁷⁹⁸⁾

50세 이상의 남성 동성애자들을 대상으로 일생 동안 가진 성 파트너의 수를 조사한 연구결과, 1,000명 이상의 성 파트너를 가진 비율이 대략 10~16%로 나타났다.⁷⁹⁹⁾ 그리고 미국 존스 홉킨스 대학의 연구팀은 미국 남성 동성애자 100명 중 15명꼴로 에이즈 바이러스 유병률을 보인다고 발표했다.⁸⁰⁰⁾ 이처럼 남성 동성애자 집단에는 에이즈 바이러스를 가지는 빈도가 높으며, 수많은 성 파트너와 좁은 게이 커뮤니티 안에서 서로 거미줄처럼 얽히며 항문성교를 하기 때문에 남성 간 동성 성행위를 하다 보면 결국 에이즈에 걸릴 확률이 매우 높게 된다. 특히, 한국 여성가족부는 가출 남자 청소년 중 15.4%가 게이 성매매(바텀알바)를 한다고 발표했다.⁸⁰¹⁾ 이것은 영국 의학 전문지인 랜싯(Lancet)이 적시한 HIV/AIDS 감염의 위험요인을 모두 충족한다.⁸⁰²⁾

또한 남성 동성애자들이 정신건강에 문제가 있는 경우 HIV에 걸릴 위험은 더 높아진다. 그런데 게이들의 정신건강(외로움과 우울증 등)은 게이 커뮤니티가 집착하는 성적 매력에 대한 차별과 비교, 식성 경쟁에서 밀린 좌절과 소외감 등에서 비롯된다. 내재적 문제다.⁸⁰³⁾ 게다가 연구결과에 의하면 외로움을 느끼는 경우 미래에 대한 절망감을 느낄 확률이 2배 높다. 그뿐 아니라 콘돔 없이 항문성교를 하며 삽입 당하는 쪽인 바텀(bottom) 역할을 할 확률이 67% 더 높다고 한다. HIV에 감염된 남성 동성애자의 82%는 외로움을 느낀다고 밝혔다.⁸⁰⁴⁾

다른 연구결과에 의하면 게이가 우울증을 앓게 될 경우, 일반인과 다르게 더 왕성한 성 활동을 한다. 성행위로 부정적 기분을 개선하는 성향이 있기 때문이다.⁸⁰⁵⁾ 그런데 HIV에 감염된 게이는 그렇지 않은 게이보다 우울증 발병률이 2배 높다.⁸⁰⁶⁾ 다른 연구결과에 의하면 우울증을 겪는 게이는 HIV 감염 여부를 불문하고 콘돔 없는 위험한 성행위를 할 가능성이 월등히 높다. 또 우울증은 여러 성 파트너와 콘돔 없이 항문성교 할 가능성까지 높인다.⁸⁰⁷⁾ 그렇다면 HIV에 감염된 게이는 외로움이나 우울증이 심해지면서 콘돔 없는 위험한 성행위를 더 왕성히 하고, HIV에 새로 감염된 게이도 이 악순환을 되풀이하면서 HIV/AIDS의 감염은 더 확산하게 된다.

이런 악순환은 동성애에 수반되는 우울증과 연계된 내재적 문제로 발현되는 결과이기 때문에 외부적인 콘돔 홍보만으로 막기 어렵다. 한국과 같이 에이즈 감염경로에 대한 정보 차단 정책을 고수할 경우 더욱 그렇다. 아이들을 포함한 잠재적 피해자들이 예방에 대한 경각심을 갖지 못하기 때문이다.[808] 더군다나 익명 검사 시스템도 장기간의 에이즈 잠복기와 감염자의 추적을 불가능케 하므로 HIV 감염 확산을 촉진하게 된다.

HIV에 감염되면 급성 HIV 증후군 → 무증상 잠복기 → 에이즈 시기를 차례로 거치게 된다.[809] 감염 초기인 급성 HIV 증후군 단계는 2~4주간 심한 감기몸살 증상이 나타났다가 저절로 사라진다. 초기 증상을 느끼지 못하고 무증상이나 경미한 증상만 앓고 지나치는 경우도 많다.[810] 이후 아무런 증상이 없는 잠복기가 7~10년 정도 지속된다.[811] 이 기간 에이즈 바이러스는 지속적으로 면역세포를 파괴하므로 인체의 면역력이 점차 저하된다. 그리고 성관계 상대방에게도 HIV를 전염시킨다.[812] 무증상 잠복기를 지나 에이즈 환자가 되면 각종 감염성 질환이나 암이 발생하여 사망에 이르게 된다.[813] 면역 체계가 파괴되어 바이러스 억제 시기를 놓친 것이다. 문제는 남성 동성애와 에이즈의 연관성에 대한 정보를 알지 못하면 본인의 HIV 감염 사실을 알기 어렵다는 것이다. 무증상 잠복기에 HIV 검사 필요도 못 느끼고 수많은 성 파트너와 항문성교를 지속하며 본인도 모르게 HIV를 확산시키게 된다.

한국은 HIV 검사 시에 검사자의 신원을 확인하지 않는 익명 검사를 시행한다.[814] 이 경우 본인의 인적 사항 대신 가명이나 숫자로 혈액검사를 진행하며, 약 7일 후 보건소로 전화해 가명이나 숫자를 말하면 에이즈 검사결과를 알려준다. 에이즈 감염 사실에 대해 검사받은 본인 외에는 보건소 직원을 포함해 그 누구도 알 수 없는 방식이다.[815] 그리고 잠재적인 감염자에 대한 보건당국의 실질적인 조사도 불가능하다. 에이즈 관리업무 담당자가 각각의 보건소마다 한 사람밖에 없어 감염자의 진술에만 의존하기 때문이다. 게다가 HIV 감염자가 실제로 성관계하는 사람들의 숫자도 파악되지 않는다.[816] 이 같은 사실은 20여 개 보건소의 에이즈 담당 직원들을 대상으로 한 국가인권위 설문조사를 통해서도 확인된다.[817] 한국 국립보건원 연구팀이 밝힌 내용이다.[818]

"국내 HIV의 두 가지 감염경로 가운데 윤락여성을 매개로 한 계보는 비교적 추적이 쉽지만, 동성애자의 경우는 신분 노출을 꺼리는 당사자들의 침묵으로 찾기가 어렵다."[819]

그런데 에이즈 남성 환자의 64%는 성관계를 지속적으로 가지며 1년간 약 60명의 성 파트너가 있다는 연구결과가 있다.[820] 남성 동성애자들이 HIV에 감염될 경우 콘돔 없는 성관계가 감소하기는커녕 오히려 더 왕성하다는 연구결과도 있다.[821] 한국이 시행하는 익명 검사 시스템은 이런 HIV 확산 현상에 아무런 대응을 할 수 없다. 아이들도 경각심을 가질 수 없으므로 콘돔을 사용하지 않거나 소액의 용돈을 위해 바텀알바를 하며 자신을 보호하지 않는다.[822] 남성 동성애와 에이즈의 연관성에 대한 정보를 정책적으로 차단하는 한국 사회에서 에이즈가 증가하는 이유 중 하나일 것이다.

에이즈 정보 차단으로 인한 한국 에이즈 증가세

전 세계의 에이즈 신규 환자 수는 15년 동안 35% 감소했다.[823] 동남아 국가마저도 에이즈가 줄어들고 있다.[824] 이런 추세와 반대로 한국에서는 젊은 연령층을 중심으로 HIV 감염자가 빠르게 증가하는 양상을 보인다.[825] 서울아산병원 의생명연구소의 전은성 교수는 "1998~2019년 전 세계적으로 에이즈 환자가 39.3% 감소했지만, 대한민국은 892% 증가했다"라고 한다.[826] 동성애와 에이즈의 연관성을 알리는 정보를 차단한 인권교육의 영향인 것으로 보인다.

한국 질병관리본부(질병관리청)에서 만든 연도별 HIV/AIDS 신고현황 연보를 보면, 감염자 수는 2000년 이후로 꾸준히 증가했다. 신고된 누적 에이즈 감염자의 수가 2000년 1,410명에서 2020년 19,741명으로 20년 동안 14배 급증했다.[827] 한국의 연간 신규 HIV/AIDS 감염자 신고 건수도 매년 증가하고 있다. 한국 질병관리본부 통계에 의하면 2000년 244명, 2013년 1,114명, 2019년 1,223명이 각각 신규로 HIV/AIDS 감염자로 신고됐다. 2013년 이후부터 매년

1,000명 이상씩 신고된 감염자가 늘고 있다.[828] 그런데 한국의 HIV 진단율은 일본이나 미국 등과 비교해 훨씬 낮다. 진단율이 낮다는 것은 감염된 본인이 알지 못하는 상태에서 HIV를 전파할 수 있음을 의미한다.[829] 현장 전문가들은 자신이 감염됐는지조차 모르고 살아가는 이들까지 감안하면 정부가 파악하고 있는 HIV 감염자 숫자는 빙산의 일각이라고 한다.[830] 2016년 기준 질병관리본부와 의료계에서는 HIV 감염자를 최소 5만 명 이상으로 추산한다.[831] 그리고 현재까지 급격한 증가추세다.

HIV 감염자가 감소하는 세계적인 추세와[832] 대조적으로 한국만 HIV 신규 감염자들이 해마다 급증하는 이유는 무엇일까? 동성애와 에이즈의 밀접한 상관관계를 쉬쉬하는 한국 보건당국의 잘못된 정책 때문이라는 비판의 목소리가 높다.[833]

2017년 10월 13일 국회 국정감사에서 청소년의 에이즈 문제가 도마 위에 올랐다. 보건복지위원회 소속 성일종 국회의원은 한국 보건당국의 2가지 잘못을 지적했다. 하나는 동성 간 성접촉이 에이즈 확산의 주요 경로라는 사실을 질병관리본부가 홈페이지에서 제대로 알리지 않고 있다는 점이다. 다른 하나는 자가 응답식 질문지를 통해 나온 편향되고 부정확한 결과를 이용해 마치 이성애가 에이즈의 주된 감염경로라고 착각할 수 있도록 홈페이지에 게시했다는 것이다.[834]

"세계적으로 에이즈 환자가 감소추세에 있지만 유독 대한민국만 증가추세에 있습니다. 우리나라 에이즈 감염자의 92%가 남성인 상황 속에 동성 간 성접촉이 에이즈 감염 및 확산의 주요 경로인 것이 확실합니다. 이런 내용은 보건복지부와 질병관리본부 공식자료에도 분명하게 나옵니다. 또한 미국과 일본의 질병관리본부 등에서 확실하게 동성애와 에이즈의 높은 상관성에 대해서 명확하게 밝히고 있는데 우리나라 질병관리본부는 감추기에만 급급합니다. 그 결과 다른 나라의 에이즈 증가율은 감소추세인데 우리나라는 정반대로 증가추세에 있습니다."[835]

"미국이나 일본은 동성 간 성접촉에 의한 에이즈 확산을 구체적인 자료를 제시하며 공식적으로 알리고 있습니다. 반면 한국의 질병관리본부는 에이즈에 감염된 동성애자들이 이성 간 성접촉에 의한 감염이라고 거짓 체크 한 것만 듣고 제대로 심각성을 알리지 않고 있습니다."[836]

국회의원 성일종은 국정감사 때 질병관리본부장과 보건복지부 장관에게 따진다.

"여러분은 국민 건강을 다루기에 있는 그대로 다뤄야 합니다. 당신들이 국가인권위원회 하부기관입니까? 홈페이지에 미국이나 일본처럼 남성 간 성접촉에 의한 에이즈 감염을 공식적으로 밝히십시오. 정부가 (에이즈 문제에) 나서지 않고 은폐하기에 급급합니다. 언론에 알리는 것도 금기시하고 있습니다. 교육부나 질병관리본부 홈페이지도 이 문제를 방치하는 것을 넘어 옹호하는 수준입니다. 참 안타깝습니다."[837]

국가인권위는 인권보도준칙을 통해 언론이 동성애와 에이즈의 연관성을 알리지 못하도록 한다.[838] 동성애의 미화된 이미지가 실추되지 않도록 실상을 숨기는 정책을 추진하는 것이다.[839] 성 의원은 이런 정책적 영향력을 비판한 것으로 보인다.

아래에서 남성 동성애자가 에이즈의 주요 감염경로임을 밝히는 근거들을 살펴보자. 한국 보건복지부의 제4차 국민건강증진종합계획(2016-2020)에서는 "역학조사를 통해 감염경로가 밝혀진 사례의 대부분인 99%가량은 성접촉으로 인한 감염 사례였음. 그중 이성 간 성접촉과 동성 간 성접촉으로 인한 감염 사례의 비는 대략 6:4(3,364명 : 2,216명)로서 이성 간 성접촉이 더 많은 것으로 조사되나 전체 HIV 감염자의 91.7%가 남성임과 동성애자 역학조사의 어려움 등을 고려할 때 남성 동성애자 간 성접촉이 주요 전파경로일 것으로 판단됨"이라고 한다.[840] 질병관리본부의 조사는 HIV 감염자가 발생하면 관할 지역 담당 보건소 직원이 감염자를 만나 역학조사를 시작한다. 이때 HIV 감염자는 동성 간 성접촉에 감염됐다 하더라도 부정적 해석을 우려한 게이들의 편향적 응답 성향 때문에 성적지향을 솔직히 밝히지 않는다.[841] 오랜 기간 에이즈 환자를 일대일로 직접 상담했던 보건소 담당 직원들의 진술이다.

"감염인을 많이 만나고 상담하다 보니 나는 동성애자라고 느끼는데 본인은 이성애라고 대답하면 방법이 없습니다. 90% 정도가 동성애일 것입니다. 역학조사의 신뢰도 아주 낮습니다." (에이즈 환자의 90% 정도는 동성애자인 것 같다는 말)

"역시 성정체성과 관련된 질문입니다. 약 10%만이 올바로 대답한다고 생각합니다. 역학조사의 신뢰도는 아주 낮습니다." (동성애자의 90%는 거짓말

을 하는 것 같다는 말)

"역학조사에서 가장 많이 바뀌거나 혹은 신뢰하기 어려운 답은 동성애냐 하는 것입니다. 동성애자가 70% 정도 나오지만 믿기가 어렵습니다." (70%보다 훨씬 높아 보인다는 말)

"신뢰도가 낮습니다. 후에 친해지면 스스로 사실은 동성애다 고백해 오기도 합니다." (친하기 전에는 솔직히 말하기 어려움)[842]

보건복지부와 질병관리본부 공식자료에서도 이런 역학조사의 어려움을 고려할 때 남성 동성애자 간 성접촉이 에이즈의 주요 전파경로라고 명시적으로 판단한다. 그럼에도 시민들이 찾는 질병관리본부 홈페이지에서는 이성 간 성접촉이 에이즈의 주요 전파경로라고 착각하도록 게시한다. 젠더 추종자들의 영향력 때문에 왜곡된 정보가 시민들에게 전파되는 것이다. 이로 인해 우리 아이들은 동성애 유해성에 대한 경각심을 갖지 못한 채 삶이 파괴된다.[843] 이를 꼬집는 연세대 의대 감염내과의 김준명 교수의 비판이다.

"에이즈에 감염되면 보건소 직원들이 감염자를 만나 감염경로를 파악하는데, 이때 많은 감염인들이 답변을 하지 않거나 이성 간 성접촉이라며 감염경로를 제대로 밝히지 않는 경우가 많습니다. 문제는 많은 국민들이 부정확한 답변만 믿고 에이즈가 이성 간 성접촉에 의해 확산되는 것으로 잘못 알고 있다는 것입니다."[844]

"현장에서 에이즈 감염자를 치료하는 감염내과 교수들과 질병관리본부는 동성 간 성접촉이 에이즈 확산의 주요인이라는 사실을 이미 알고 있었습니다. 그럼에도 실체를 밝히는 데 어려움을 겪은 것은 객관적 자료가 없는 데다 여러 단체의 반발이 있었기 때문입니다."[845]

"우리나라 젊은이들이 심각한 에이즈 위험에 노출돼 있습니다. 전 세계적으로 에이즈 신규 감염이 줄고 있는데 우리나라에서만 급격히 증가하고 있습니다. 10대와 20대에서 가장 많이 발생하고 있습니다. 감염 원인을 조사했더니 동성 간의 성접촉이 대부분을 차지했습니다. 그래서 이런 사실을 질병관리본부가 국민들에게 올바르게 알려줘야 하는데, 보건당국에서 '성적지향' 관련된 법규와 권고 때문에 국민에게 (사실을) 얘기하지 않고 있습니다.

청소년은 무방비 상태에서 에이즈에 걸려가고 있습니다. 이제 보건당국에서는 국가인권위의 잘못된 규정과 권고에 개의치 않고 올바른 사실을 알리고 관리와 예방대책을 강구해야 할 것입니다."846)

서울아산병원 의생명연구소의 전은성 교수도 비판한다.

"전 세계에서 에이즈가 감소하고 있는 반면, 한국에서는 특히 40세 이하의 젊은 남성에서 폭발적으로 증가하고 있습니다. 미국과 UN 등 전 세계 연구 기관에서는 HIV 감염이 남성 간 성관계가 주된 원인이고, 항문 성관계가 가장 전파율이 높은 경로임을 분명히 밝히고 있습니다. 반면 한국의 질병관리청에서는 이에 대해 분명히 밝히고 있지 않습니다. 20~30대의 젊은 남성들에게 폭발적으로 증가하고 있는 HIV 감염을 차단하기 위해, 남성 간 항문 성관계가 가장 위험한 전파경로임을 분명히 밝혀야 합니다. 정확하면서도 구체적인 정보의 공개 및 효율적인 전달이 HIV 감염을 차단할 수 있는 예방적 조치이며, 균형 잡힌 성교육이 요구됩니다."847)

다른 나라와 달리 한국 보건당국은 정확한 HIV 감염경로를 국민에게 알리지 않을 뿐만 아니라 시급한 예방대책 또한 뒷걸음치고 있다.848) 그 피해는 고스란히 아이들에게 돌아간다. 2017년경 이런 한국의 현실을 비판한 JTBC 뉴스다.

"시군구 보건소에 가면 익명으로 무료 에이즈 검사를 받을 수 있습니다. 그런데 보건소에서 에이즈 검사를 받은 건수가 최근 3년 사이 배 이상으로 증가한 사실이 확인됐습니다. 하지만 익명 검사의 특성상 이들 중 몇 명이 에이즈에 감염됐는지는 확인할 수 없습니다. 이름과 주민등록번호는 물론 전화번호조차도 남지 않기 때문입니다. 현실적으로 감염자를 확인, 추적, 관리할 수 있는 방안이 전무한 셈입니다. 남은 수단은 예방 교육과 홍보밖에 없습니다. 하지만 10여 년 전 연간 6만 건에 이르던 대한 에이즈예방협회의 예방교육은 3분의 1 수준으로 줄었습니다. 같은 기간 35억 원이던 연간 예산이 8억 원으로 줄었기 때문입니다. 에이즈 공익 광고도 2012년을 끝으로 5년째 만들지도 못하고 있습니다."849)

젠더 이데올로기가 반영된 인권교육을 받는 한국 학생들은 에이즈로부터 자신을 보호할 수 있는 최소한의 지식을 배웠을까? (사)한국가족보건협회가 전국 학생 22,227명(중학생 11,171명, 고등학생 11,056명)을 대상으로 HIV/AIDS에 대한 기본 지식을 묻는 대단위 설문조사를 진행했다. '2020년 청소년 HIV/AIDS 인식 실태조사' 통계발표는 99% 신뢰 수준에 표본오차 범위는 ±0.9%p다.

전국 학생을 대상으로 'HIV/AIDS 관련 내용(감염 급증·감염경로 실태 등)의 교육을 받았는지 질의한 결과, 교과목 시간에 배운 사실이 '없다'라고 응답한 비율이 70.1%였다. '국내 10대 HIV/AIDS 감염자의 약 90%가 동성 간 접촉을 하는 청소년'이라는 사실에 대에 몰랐다는 비율이 82.3%였다.[850]

한편, 경북·대구지역 내 학생을 대상으로 조사한 결과, '국내 10~20대 연령층에서 HIV/AIDS 감염이 빠르게 증가하는 사실을 알고 있는가'라는 질의에 몰랐다는 비율이 74.3%였다. '신규 HIV/AIDS 발생자의 약 90%가 남성'이라는 사실에 대해 74.3%, '국내 HIV·에이즈 감염경로의 99%가 성관계'라는 사실에 대해 32.9%, 'HIV/AIDS를 완치할 의약품이 개발되지 않은 사실'에 대해 46.9%가 각각 모르고 있었던 것으로 조사됐다.[851]

(사)한국가족보건협회의 김지연 대표가 강조한다.

"2만여 명이 넘는 청소년 대상 대규모 조사에서 국내 10대들이 HIV 감염이 늘고 있고 그 감염경로조차 잘 알지 못하고 있는 것으로 드러나 매우 우려스럽습니다. 보건당국의 홈페이지와 교육현장, 언론 등이 협조해 에이즈 정보를 적극적으로 알려야 합니다."[852]

구미대학교 간호학과의 권연숙 교수 또한 말한다.

"청소년들의 에이즈 감염이 급증하고 있는 가운데 보건·교육 당국의 HIV/AIDS 예방 교육이 필요합니다. 에이즈의 전파경로를 교육하고 예방 방법 등에 대해 정확한 교육이 절실합니다."[853]

젠더 추종자들은 젠더 이데올로기 확산을 위해 동성애와 에이즈의 상관관계조차 부인한다. 그리고 정치 편향적인 인권 논리를 내세워 진실을 덮는다.[854] 이로 인해 아이들의 진짜 인권은 침해당한다. 젊은 연령층의 HIV 감염 통계가 이를 반증한다. 비뇨기과 전문의인 임수현이 이를 꼬집는 말이다.

"국민은 건강권 차원에서 올바른 의학적 사실을 자유롭게 들을 권리가 있습니다. 자라나는 청소년이라면 더욱 그렇습니다."[855]

HIV 바이러스 억제 기회 상실

미국 질병관리본부가 2008년경 남성 간 성관계를 하는 8,153명을 조사한 통계에 의하면 미국에서는 남성 동성애자와 양성애자의 19%(5명 중 1명)가 HIV에 감염되어 있다. HIV 감염자 중 44%는 자신의 감염 사실을 모르고 있었는데, 남성 동성애자의 나이가 어릴수록 더욱 그러했다. 남성 동성애자 중 젊은 층(18~29세) 63%가 자신의 HIV 감염 사실을 인지하지 못했다. 자신의 HIV 감염 사실을 인지하지 못하면 바이러스 억제 기회를 놓칠 개연성이 농후하다. HIV 바이러스의 감염을 예방하는 방법을 배우기도 어렵다.[856]

미국 질병관리본부는 HIV 감염자의 절반은 적절한 치료를 받지 못하고 있으며 42%만 에이즈 바이러스를 억제하고 있다고 발표했다. 미국 질병관리본부 NCHHSTP(National Center for HIV/AIDS, Viral Hepatitis, STD, and Tuberculosis Prevention)의 소장인 조나단 멀민(Jonathan Mermin)이 말한다.

"국민의 건강을 보호하고 HIV 신규 감염을 예방하는데 필요한 치료가 이를 필요로 하는 게이 남성의 극히 일부에게만 제공되는 것은 용납할 수 없습니다. 미국 질병관리본부 1순위 예방대책은 HIV에 감염된 모든 게이 남성이 자신의 상태를 알도록 해 지속적인 치료를 받게 하는 것입니다. 그렇지 않으면 HIV 전염병에 대처할 수 없습니다."[857]

다시 말해 남성 동성애가 에이즈의 주요 감염경로라는 사실을 게이 남성이 알아야 검진과 지속적인 치료를 받고 HIV 전염병에 대처할 수 있다는 의미다. 미국 질병관리본부는 1순위 예방대책으로 홈페이지를 통해 동성애와 에이즈의 연관성을 적극적으로 알린다. 이에 따라 미국 HIV 감염률이 2015년부터 감소추세다. 이에 반해 한국 질병관리본부는 동성애와 에이즈의 연관성을 적극적으로 은폐한다.[858] 인권보도준칙 때문에 한국 언론도 마찬가지다.[859] 이로 인해 한국의 게이 남성은 자신의 감염 상태에 대해 경각심을 갖기 어렵고 HIV 치료 기회도 잃게 된다.[860] 경각심을 주지 않는 한국의 예방대책이 유명무실하기 때문에 한국 HIV 감염률은 젊은 층을 중심으로 급증하는 추세인 것이다.[861]

동성애와 에이즈의 연관성을 적극적으로 알리는 미국에서도 HIV에 감염된 청소년의 50% 이상은 자신이 감염된 것을 모른다.[862] 그런데 한국에서는 관련 정보를 언론이나 보건당국의 홈페이지에서 차단한다. 이에 따라 자신의 감염을 모르는 청소년의 비율이 50%를 크게 상회할 것이 분명하다. 한국 청소년의 경우 무증상 잠복기(7~10년)를 지나서[863] 20대에 에이즈 진단을 받는 비율이 매우 높다.[864] 그 이유는 10대 시절에 본인의 HIV 감염 상태를 알지 못해 검사나 치료를 받지 못했기 때문이다. 2011년 이후부터 신규 HIV 감염자 연령 중 20대가 가장 큰 비중을 차지하는 한국 통계가 이러한 사실을 뒷받침한다.[865] HIV에 감염된 한국 청소년 상당수가 치료 시기를 놓치는 것이다. 에이즈 치료비의 국가부담 100% 정책도 게이 남성의 극히 일부에게만 제공될 수밖에 없다. 정보 접근권을 차단하는 보건당국의 잘못된 정책으로 한국 청소년들의 생명권이 침해당하는 형국이다.

국제적 에이즈 예방 단체인 애버트(AVERT)는 2016년 영국에서 HIV 감염자의 42%가 손쓰기 어려운 단계, 즉 에이즈 감염 말기에 확진됐다고 발표했다.[866] 동성애와 에이즈의 연관성을 적극적으로 은폐하는 한국에서는 이 수치가 더 높을 것은 자명하다.[867] 한국 질병관리본부는 한국 에이즈 사망자의 거의 절반(45%)이 HIV 감염진단 후 6개월 이내에 사망했다고 보고한다. 이처럼 HIV 감염 사실 발견 후 6개월 이내 사망한 사람의 비율은 한국(45%)이 프랑스와 영국(10~20%)보다 월등히 높은 수준이다.[868] 한국 질병관리본부는 이들이 적절한 치료 시기를 놓쳐 조기에 사망한 것으로 분석했다.[869]

한국 보건복지부의 제4차 국민건강증진종합계획(2016-2020)은 다음과 같이 밝힌다.

 "우리나라 남성 동성애자 등 감염 취약계층의 자발적 HIV 검사 수검률이 외국과 비교할 때 낮은 상태를 유지하고 있고, 의료기관에 내원한 HIV 감염자들을 대상으로 조사한 바에 따르면 치료순응도 또한 만족스럽지 않은 것으로 나타나고 있다. 즉, HIV 감염의 조기진단을 놓치는 경우가 빈번하고, 치료순응도에도 문제가 있는 경우가 많다는 것이다. 이는 HIV 감염자의 생명 연장 및 삶의 질 향상이라는 목표 구현을 어렵게 할 뿐 아니라 HIV/AIDS의 확산을 촉진한다는 점에서 중요한 해결과제라고 할 수 있다."[870]

만성질환 아니다

HIV/AIDS 감염은 완치하는 방법이 없다. 에이즈 치료 약도 없다. 단지 에이즈로의 이행을 늦추거나 생존 기간을 다소 연장하는 효과를 보이는 약을 사용할 뿐이다.[871] 증상이 발현된 이후 이 약을 복용해도 증상이 호전되지도 않는다. 약을 먹는 동안 증상을 일시적으로 억제할 뿐이다.[872] 약을 중단하면 바이러스가 다시 증식해 면역력이 떨어지고 각종 감염, 종양이 발생해 사망에 이르게 된다.[873] 따라서 HIV는 조기진단을 받고 항바이러스제를 평생 복용해야 효과를 볼 수 있다.

일각에서는 에이즈가 고혈압과 당뇨처럼 꾸준한 치료가 요구되는 만성질환일 뿐이라고 주장한다. 과연 사실일까? 이것은 HIV 감염을 조기에 진단받아 매일 치료 약을 먹는 사람에게만 적용 가능한 주장이다. 미국 남성 동성애자 중 젊은 층(18~29세) 63%는 자신의 HIV 감염 사실을 인지하지 못하고 있다.[874] 한국 동성애자 젊은 층의 상황은 외국보다 더 심각하며 HIV 검사 수검률도 더 낮다.[875] 에이즈 정보를 차단당하기 때문이다. 사실상 에이즈는 게이 대다수에게 만성질환이 아니라 죽을병으로 다가오는 것이다. 한편, 에이즈 변종 바이러스에 감염된다면 무증상 잠복기가 2~3년으로 단축되기도 한다. 이 경우 증상이 급격히 악화되면서 에이즈 발병단계로 바로 넘어가기도 한다.[876] 그만큼 HIV 조기 발견이나 억제 기회가 줄어들게 된다.

그렇다면 에이즈는 조기에 진단받은 소수의 게이들에게 만성질환일까? 에이즈약은 평생 동안 매일 복용해야 HIV 바이러스를 억제하는 효과가 있다. 정량의 약을 정시에 먹지 않으면 체액 속 바이러스 농도가 상승하고 이는 본인의 면역력을 파괴할 뿐만 아니라 타인에 대한 감염력도 급증한다.[877] 2017년경 세계보건기구(WHO)는 전 세계적으로 에이즈약에 내성을 띠는 경우가 증가한다고 보고한 바 있다. 바이러스에 대한 약효가 더 이상 듣지 않게 되어 치료 효과를 보지 못한다는 말이다.[878] 또 에이즈약의 부작용도 빈발해 건강상 장애를 초래한다.[879]

앞서 다룬 것 같이 HIV 감염은 면역력을 약화시켜 성병 감염을 더욱 쉽게 만든다.[880] 캐나다 보건국의 '2011년 캐나다 성매개 감염병 보고서'에 따르면 온타리오주의 경우 매독의 96%가 남성 중에서 발생하였고 그중 88%가 남성 동성애자였다.[881] 이 매독에 걸린 남성 중 40%는 HIV에도 감염된 상태였다. 이처럼 에이즈와 매독에 동시 감염되면 신경 매독 등으로 빠르게 병세가 악화될 수 있다.[882] 2019년 한국 자료에서도 국내 HIV 감염자 9,393명 중 48.3%가 매독에 중복 감염됐다.[883] 항문성교 시 매독 감염률도 문제 되며, 매독의 증가와 에이즈 감염의 증가는 시기적으로도 일치한다.[884] 그런데 HIV로 성병이나 암 등 다른 건강상 장애가 생겼다면 이를 따로 치료해야 한다. 에이즈약으로 해결될 수 없기 때문이다.[885]

무엇보다 HIV 감염 시 내재적 원인으로 자살 충동이 심각해지는 현상은 이를 단순 만성질환으로 치부할 수 없게 만드는 요인이다. 2017년경 HIV 진단을 받은 영국인 88,994명을 대상으로 약 15년에 걸쳐 연구한 결과가 발표됐다. 영국 통계청의 사망 데이터와 연계된 객관적인 자료들이 사용됐다. 그 결과 HIV 진단을 받은 사람들의 사망률은 일반인보다 6배 더 높았다. 이 중 에이즈 관련 질병 사망률이 58%로 가장 높았다. 그러나 HIV 진단 이후 에이즈로 진행되지 않았다 하더라도 다른 원인으로 사망하는 비율이 낮지 않았다. 다른 원인으로 암 8%, 심혈관질환이나 뇌졸증 8%, 감염 8%, 간질환 5%의 사망률을 보였다. 에이즈약으로 HIV 바이러스가 억제된다고 하더라도 다른 이유로 사망하는 비율이 높은 것이다. 또 자살자 10명 중 4명은 HIV 진단을 받은 후 1년 이내 자살했다. 일반인 자살률보다 5배 높은 수치다. 15년의 연구 기간 동안 자살률은 전혀 감소하지 않았다.[886] 이 연구결과는 에이즈 환자의 자살 충동이 사회적 차별이 아니라 내재적 원인에서 비롯되었음을 시사한다. 평등법이 성행하는 영국에서 오랜 기간 자살률의 변화가 없다는 점이나 HIV 진단 후 단기간 내에 자살하는 비율이 높다는 사실은 사회적 낙인이나 편견으로 설명되지 않기 때문이다.

통계에서도 감염자의 생존율은 유의미하게 향상되지 않았다. 만성질환이라는 주장과 모순된다. 서울아산병원 의생명연구소의 전은성 교수가 비판한다.

"문제는 에이즈가 진단 후 사망까지 6~7년밖에 걸리지 않는 매우 치명적인 질병임에도 고혈압이나 당뇨와 같은 만성질환처럼 알려져 있다는 것입니다. 국가통계포털에 따르면 75~89세에 사망하는 국민이 가장 많고, 간·담도·췌장암 환자는 50~84세에 주로 사망합니다. 반면 에이즈 환자는 40~59세 때 가장 많이 사망합니다. 그런데도 질병관리청은 탁월한 에이즈 치료제가 있는 것처럼, 콘돔만으로 예방할 수 있는 것처럼 호도하고 있습니다."[887]

비뇨기과 전문의인 임수현 또한 비판한다.

"통계상 2019년 국내 에이즈 사망자의 추정 평균 연령이 57세였고, 사망자의 74%가 64세 이하였는데, 질병관리청이 이런 통계까지 간과하면서 에이즈가 만성질환인 것처럼 호도해선 안 됩니다. 에이즈는 대부분 남성 동성애자 사이에서 발생하며, 완치가 불가능한 데다 감염자들의 생존율도 크게 향상되지 않았습니다."[888]

콘돔 만능예방책의 허상

한 연구결과에 의하면 게이 남성의 70%는 콘돔 없는 성관계가 더 즐겁다고 한다. 웨스트민스터 대학의 연구에 의하면 런던에 있는 10명 중 8명의 게이는 낯선 사람과 콘돔 없는 성관계를 한다고 밝혔다. 연구 대상자 94%는 잘생긴 남성과 콘돔 없는 성관계를 할 확률이 더 높다고 한다.[889] 뒤에서 보는 것 같이, 남성 동성애는 성중독 유사 증상을 보이는 경우가 많다. 중독 단계에 들어서면 성적 쾌감을 반감시키는 '콘돔 사용 성관계'를 본인 의지로 하기 어렵게 되는 것으로 보인다.

앞에서 언급했듯 게이 청소년은 콘돔 없는 항문성교로 성인 게이보다 HIV 감염 위험이 훨씬 크다는 연구결과가 있다. 왜냐하면, 성 파트너인 성인 게이와의 관계에서 청소년은 열악한 지위에 따른 힘의 불균형 관계에 있으며, 성 파트너의 콘돔 없는 항문성교 압박에 취약하기 때문이다. 이로 인해 게이 청소년은 콘돔 없는 항문성교를 거부하기 어렵다고 한다. 게이 청소년 중 35%는 성 파트너가 콘돔을 사용한 적이 없거나 사용하는 경우가 거의 없다고 밝혔다. 콘돔 없는 항문성교의 취약성, 빈도수, 정신적 괴로움 간의 연관성이 발견된다. 이런 연유로 10대 HIV 감염자 중 남성 간 성행위로 감염된 비율이 한국은 92.9%, 미국은 94.1%에 이르는 것으로 보인다.[890] 그리고 성 파트너와의 관계에서 콘돔 없는 항문성교의 잦은 빈도와 취약성을 통제하기 어려운 점도 게이 청소년이 겪는 정신적 괴로움의 원인이 되기도 한다.[891]

다른 연구결과 동성애 앱에서 거절당한 게이는 우울증이 심해지기 때문에 콘돔 없는 위험한 성행위를 할 확률이 높다고 한다. 게이 커뮤니티 안에서 유발되는 스트레스와 거절 경험이 게이의 높은 HIV 유병률의 원인이 된다는 것이다.[892]

미국 질병관리본부의 연구진도 MSM(남성 동성애 집단) 사이에서 콘돔 사용률이 장기간 지속적으로 감소하고 있으며 이런 현상은 HIV 치료제 발달과 상관없다고 밝혔다. 즉, 내재적 원인으로 설명된다. 콘돔 사용률의 감소 현상은 HIV 감염 여부를 불문하며 성 파트너의 감염 여부를 모른다 해도 마찬가지였다. 2014년 기준 남성 동성애자의 콘돔 없는 성관계의 비율은 HIV 음성의 경우 40.5%, HIV 양성의 경우 44.5%였다. 오히려 HIV에 감염된 게이들이 콘돔 없는 성관계를 더 왕성히 하였다. 전문가들은 부정적인 해석을 우려하는 게이들의 편향적 응답 성향을 고려할 때, 콘돔 미사용의 비율은 실제로 훨씬 더 높을 것으로 추정한다.[893] 다른 설문조사에서도 게이의 41%는 콘돔을 사용하지 않는다고 밝힌다.[894]

미국 질병관리본부가 2008년경 미국에서 8,175명의 남성 동성애자를 조사한 데이터에 의하면 이 중 54%가 콘돔 없이 항문성교를 한다고 밝혔다.[895] 2016년 연구결과에서는 이 수치가 57.5%다.[896] 다른 미국의 연구결과에 의하면, 남성과 성관계하는 남성(MSM)의 16.4%만 지속적으로 콘돔을 사용한다고 밝힌다.[897] 이 수치가 25%라는 연구결과도 있다.[898] 이처럼 낮은 게이의 콘돔 사용률은 상당 부분 내재적 원인에서 연유하는 것이다.

2020년 영국 조사결과에 의하면, 동성애자 5명 중 1명(19%)은 성관계 도중 성 파트너가 자신도 모르게 또는 동의 없이 콘돔을 제거했다고 밝혔다. 동성애자 28%는 알코올이나 약물 남용으로 인해 동의 자체를 할 수 없는 상태에서 성관계가 이루어졌다고 밝혔다. 2010~2012년 미국 정부 자료에 의하면, 남성 동성애자의 40%가 성폭력을 경험했다.[899] 게이 커뮤니티 내에서 콘돔 사용 자체가 어려운 상황도 빈발하는 것이다.

한국 남성 동성애자의 현주소는 어떤 모습일까? 한국 보건복지부는 게이의 콘돔 사용률이 주요 국가들과 비교해 낮은 상태라고 자인한다.[900] 외국과 달리 동성애-에이즈 정보 차단 정책을 고수하기 때문이다. 경각심을 잃어버린 콘돔 만능예방책만으로 HIV 예방효과를 기대하기 어려운 것이다. 전 세계적 추세에 역행하는 한국 에이즈의 증가추세가 이를 반증한다. 한국 보건복지부의 제4차 국민건강증진종합계획(2016-2020)은 아래와 같이 밝힌다.

"HIV/AIDS 예방에 필요한 지식수준도 그리 만족스럽지 못한 것으로 파악되고 있다. 이는 HIV 감염인의 일상 삶을 가장 어렵게 하는 요인이 되고 있으며, 결국은 HIV/AIDS 확산의 주요 원인이 되기도 한다."[901]

"남성 동성애자의 HIV/AIDS 관련 주요 행태지표인 HIV 수검률과 콘돔 사용률이 주요 국가들과 비교하여 낮은 상태다."[902]

서울대학교 보건대학원의 조병희 교수가 발표한 설문조사 결과다.

"에이즈 감염인의 과반수 정도는 에이즈 감염 후에도 성생활을 유지한다고 밝혔다. 그리고 에이즈 감염된 이후에도 성관계 중 항상 콘돔을 사용한다고 답한 감염인은 37.1%에 그쳤다."[903]

그렇다면 콘돔을 지속적으로 사용한다고 가정할 경우 HIV 감염이 완벽히 차단될까? 그것도 아니다. 항문은 질액이 분비되지 않으므로 콘돔이 찢어지거나 항문이 상처 입기가 쉽다. 따라서 성관계 파트너가 성병에 감염되었다면 콘돔을 사용하더라도 다른 파트너 역시 감염될 위험이 매우 높다.[904] 연구결과에 의하면, 콘돔을 항상 사용할 경우 항문성교 시 삽입 당하는 쪽(bottom, 바텀)에게는 72.3%(10명 중 7명), 삽입하는 쪽(top, 탑)에게는 62.9%(10명 중 6명)만 HIV를 차단하는 콘돔 효과가 있다고 밝혔다. 사용했다가 안 했다가, 했다가 안 했다가 하면 HIV를 차단하는 콘돔 효과는 8%(10명 중 1명)에 불과했다.[905]

아산병원 의생명연구소의 전은성 교수는 한국 질병관리본부(질병관리청)의 콘돔 만능예방책을 비판한다.

"한국 질병관리청은 지금이라도 에이즈 감염의 주된 전파경로가 남성 간 성행위이며, 콘돔으론 에이즈 감염을 효과적으로 차단할 수 없음을 사실대로 알려야 합니다."[906]

"한국 질병관리청에서는 콘돔을 통해 HIV 감염을 효과적으로 예방할 수 있는 것으로 홍보하고 있지만, 그 근거와 한계를 밝히지 않고 있습니다. 그렇기에 HIV 감염에 대해 잘 모르는 일반 시민들에게 잘못된 정보를 전달하게 됩니다. 콘돔은 만능예방책이 아님을 분명히 알리는 것이 필요합니다."[907]

HIV 유병률

미국 질병관리본부가 2008년경 남성 간 성관계를 하는 8,153명을 조사한 통계에 의하면 미국 남성 동성애자와 양성애자의 19%(5명 중 1명)가 HIV에 감염되어 있다.[908] 미국 질병관리본부의 2017년 HIV 감염 통계를 기준으로 할 때, 남성 동성애자 6명 중 1명이 에이즈에 걸리게 된다. 흑인 게이(양성애 포함)는 2명 중 1명, 히스패닉 게이는 4명 중 1명, 백인 게이는 11명 중 1명이 일생 중 에이즈에 걸리게 된다.[909] 미국 존스 홉킨스 대학 연구팀이 의학 전문지 '랜싯'에 게재한 보고서에서는 미국, 스페인, 칠레, 말레이시아, 남아프리카 등에서 남성 동성애자(MSM) 15%(7명 중 1명)가 에이즈 바이러스(HIV)에 감염됐다고 발표했다.[910]

2012년 영국 보건당국이 밝힌 자료에 따르면 남성 동성애자 20명 중 1명이 에이즈 바이러스에 감염됐다. 일반인 667명 중 1명이 HIV에 걸리는 비율에 비해 매우 높은 수치다.[911] 성전환 수술로 유명한 태국 방콕의 경우 게이의 31%(3명 중 1명)가 에이즈 바이러스에 감염됐다.[912] 유엔 산하 에이즈 관리국(UNAIDS)의 2017년 보고서에 따르면 스페인 남성 동성애자 11.3%(9명 중 1명), 호주 남성 동성애자 16.5%(6명 중 1명)가 HIV 감염자다.[913] 다른 연구에 의하면 남성 동성애자 HIV 유병률이 북미 15.4%, 카리브리해 연안 국가 25.4%, 대만 8.1~10.7%, 남부 및 동남아시아 14.7%, 사하라 이남 아프리카 17.9%라고 한다.[914] 한국은 해외보다 HIV 유병률이 상대적으로 낮은 것으로 보인다. 그러나 외국 보건당국과 달리 에이즈 정보 차단 정책으로 HIV 증가추세가 계속된다면 HIV 유병률도 덩달아 높아질 것이다.

1985~1992년 한국 국립보건원 조사에 따르면 동성애자가 에이즈에 걸릴 확률이 일반인보다 180배에 달한다.[915] 2004년 서울대 보고서에서도 게이의 에이즈 감염확률이 180배 높다고 한다.[916] 흡연으로 폐암에 걸릴 확률은 약 8배지만, 동성애자들의 항문성교로 인해 에이즈에 걸릴 확률은 약 178배라는 연구도 있다.[917]

사회적 유해성

세계보건기구(WHO)에서는 HIV 확산 과정을 6단계로 나눈다.

"1단계는 남성 동성애 간 성접촉을 통해 HIV가 급증하고, 2단계는 주사기를 공동 사용하는 마약 중독자의 감염 사례가 증가하며, 3단계는 직업여성의 감염이 증가하고, 4단계는 직업여성과 성접촉을 한 일반 남성 사이에 광범위하게 유행하며, 5단계는 일반 남성의 배우자 감염 사례가 급증하고, 6단계는 감염된 산모로부터 출생한 신생아의 감염 사례가 빈번해진다."[918]

에이즈 확산은 남성 동성애자로부터 시작해 성매매 여성, 일반 남성, 일반 여성을 거쳐 신생아까지 이르는 과정을 거친다. 한국은 남성 동성애를 통해 HIV가 확산되는 1단계에 속한다.[919] 다만 신고된 누적 에이즈 감염자 수가 약 2만 명이고,[920] 젊은 연령층에서 급증하는 추세이기 때문에 에이즈 확산 위험 국가라고 할 수 있다.[921] 아프리카나 개발도상국처럼 5~6단계로 넘어갈 경우, 에이즈의 주요 감염경로는 남성 동성애자 집단(MSM)을 벗어나 이성 간의 성접촉으로 확장된다.[922] 이 경우 에이즈에 걸린 남녀노소의 비율이 거의 비슷하게 나타난다.[923]

한국에이즈퇴치연맹의 권관우 상임부회장의 말이다.

"에이즈가 만연한 사회를 보면 3단계 확산 과정을 거칩니다. 동성애자에서 양성애자로, 결국 이성애자로까지 퍼지며 급속히 확산됩니다.[924] 우리나라는 남성이 92%, 여성이 8%로 남성 동성애자들이 대부분인 1단계에 머물러 있습니다. 1985년 우리나라에 첫 에이즈 환자가 나온 이후 젊은이들의 감염이 지속적으로 늘었습니다. 이렇게 감염된 젊은이들은 기혼자와 달리 성 파트너를 자주 바꾸고 충동적으로 성관계를 맺습니다. 문제는 이런 젊은 층이 빠르게 늘어서 양성애, 이성애로 확산될 가능성이 커진다는 것입니다. 3단계에 이르면 절대적인 숫자가 늘어납니다."[925]

한국은 다행히 1단계에 머물러 있다. 지금이라도 잘 대처하면 된다. 그러나 한국 질병관리본부가 에이즈의 주된 전파경로를 알리지 않는 등 지금처럼 마땅히 해야 할 직무를 태만하게 하고,[926] 오히려 에이즈 확산본부의 역할을 계속한다면 얼마 지나지 않아 에이즈가 급증해 토착화될 것이라는 우려가 있다. 1단계를 벗어나 HIV 감염자의 절대적인 숫자가 늘어날 때면 에이즈로 인한 사회적 문제가 걷잡을 수 없게 된다.[927] 우선 에이즈 치료비용을 위한 국민의 혈세 부담이 감당하기 어려울 만큼 가중될 것이다.

에이즈약은 매일 복용해야 효과가 있는데, 그 비용은 1년에 1만4,000달러에 이른다. 그리고 에이즈 바이러스 감염진단을 받으면 평생 치료비용으로 60만 달러(한화 약 6억 원)가 소요된다.[928] 또 치료제 개발로 HIV 감염자의 생존 기간이 늘어나는 만큼 치료비용도 같이 늘어난다. 미국 웨일 코넬 의과대학(Weill Cornell Medical College) 공중보건학의 브루스 샤크먼(Bruce Schackman) 교수 연구팀은 의학 전문지인 '메디컬 케어'(Medical Care)에서 에이즈 환자의 평균 생존 기간 동안 소요되는 치료비용은 1인당 61만8천 달러에 이른다고 밝혔다.[929] 2004년에 열린 국제 에이즈 심포지움에서도 30세 에이즈 환자 1인의 사회적 생애 비용(life cycle cost)은 진료비 1억 원을 포함하여 총 6억4천만 원이 소요된다고 밝혔다.[930]

미국은 에이즈 약값으로 매년 275억 달러(한화 33조1,925억 원)라는 막대한 예산을 지출하고 있다.[931] 천문학적인 예산 지출에도 불구하고 미국 HIV 감염자 중 30%는 어떤 의료보험의 보장도 못 받는다. 에이즈에 걸리고도 재정적 한계로 인해 치료를 받지 못하는 미국 사람들이 점점 증가하는 것이다. 미국은 빈곤 계층을 제외하고 에이즈에 감염된 경우 개인의 부담금이 상당히 발생하는 의료 시스템으로 운영된다.[932]

미국 질병관리본부는 2015년 기준 HIV 감염을 진단받은 그룹의 절반 이하만 정기적인 치료를 받을 뿐이라고 발표했다.[933] 이 말은 HIV 감염 상태를 몰라서가 아니라 본인이 진단받아 알고 있더라도 재정적 한계 때문에 적절한 치료를 받지 못하는 미국인이 60만 명 가까이 있다는 뜻이다.[934] 이렇게 적절한 치료를 받지 못하면 본인의 에이즈 바이러스를 억제하지 못해 생명을 위협받을 뿐만 아니라 전파력도 굉장히 강해진다. 혈중 바이러스 농도가 높아지기 때문이다. 규칙적으로 에이즈약을 공급받지 못하면 약제 내성도 생길 가능성이 크다.[935] 에이즈 치료비를 위한 재원은 한계가 있기 마련이다. 미국은 감염자가 급증하고 예산의 증가는 이를 따라가지 못했다. 그 피해는 결국 기존 에이즈 감염자에게 고스란히 돌아갔다.[936]

미국과 달리, 한국에서는 HIV 감염자 본인이 부담해야 하는 진료비가 전혀 없다. 에이즈 치료비, 입원비 전액에 간병비까지 모두 공적자금으로 지원된다.[937] 한국에서도 이런 의료적 특혜를 받는 환자는 에이즈 환자가 유일하다. 실제 HIV 환자의 입원 기간은 OECD 국가 중 압도적으로 높은 수준이다.[938] 에이즈 치료에 드는 비용은 개인 부담이 없고 국민건강보험공단(90%)과 정부(10%)가 100% 부담한다.[939]

'국민건강보험공단·질병관리본부 에이즈 환자 진료비 현황'에 따르면 2006년 160억3,700만 원이던 진료비는 2015년 810억5,100만 원, 2016년 921억 원으로 껑충 뛰었다. 진료비가 10년 동안 6배 증가한 것은 신고된 에이즈 환자가 급증했기 때문이다. 이것은 동성애 확산에 따른 남성 감염자의 급증과 직결돼 있다.[940]

2017년 10월 13일 국회 보건복지위원회 국정감사에서 질병관리본부와 국민건강보험공단으로부터 국정감사 자료를 제출받아 인용한 국회의원 윤종필의 비판이다.

"에이즈는 치료비 전액을 국가가 지원하는 제3군 감염병입니다. 그런데 급격히 증가세를 보이고 있어 국민부담이 늘어날 것으로 보입니다. 국비와 지방비로 부담하고 있는 전체 치료비용의 10%와 간병인비 지원을 포함하면 1년 동안 1천억 원 이상의 국민 세금이 지원됐습니다. 1인당 지원비도 1,100만 원에 달합니다. 에이즈로 인해 11년 동안 국비, 지방비 포함 6천억 원에 달하는 국민 세금을 투입했습니다. 질병관리본부가 에이즈 원인 분석과 예방사업을 제대로 실시하지 않아 감염자가 지속적으로 늘어나는 상황을 방치했습니다. 에이즈 관리를 방치한 것입니다."[941]

에이즈는 완치될 수 없고 치료 시기를 놓치는 사례도 많다. 따라서 사후치료보다 사전예방이 중요하다. 미국 질병관리본부는 홈페이지를 통해 HIV 감염경로와 나이별 현황에 대한 자료를 자세히 알려준다. 일본도 3개월마다 자세한 감염경로 자료를 제공한다. 외국의 질병관리본부는 이런 정보를 자세히 알려 예방 활동에 집중적인 노력을 한다. 반면 한국 질병관리본부는 이런 정보를 차단함으로써 예방 활동에 소홀한 측면이 있다.[942] 전 세계적 추세와 달리, 한국에서 신고된 HIV 감염자 수가 급증할 수밖에 없는 이유다.[943]

이런 예방정책의 차이로 인해 미국 게이들은 본인의 감염 상태를 알고 있는 비율이 높다. HIV 진단을 받았음에도 불구하고 재정적 한계 때문에 치료를 받지 못할 뿐이다. 반면 한국 게이 상당수는 감염 위험성을 몰라 HIV 진단을 받지 못한다. 적절한 치료 시기도 놓친다. 한국 보건복지부가 HIV 수검률이 외국보다 낮은 상태라고 보고한 점이나,[944] 한국 질병관리본부가 HIV 진단 후 6개월 내 사망 비율(45%)이 외국보다 월등히 높다고 보고한 점이 이를 반증한다.[945] 본인의 감염 상태를 모르고 살아가는 한국 게이들이 외국보다 월등히 많은 것이다.[946] 통계로 파악된 수보다 실제 HIV 감염자 숫자도 월등히 많을 것이다.[947] 한국의 통계적 편차 역시 외국보다 훨씬 클 것이다.

한국 보건당국이 기존 정책을 고수한다면 HIV 감염자가 급증할 것은 불 보듯 뻔하다. 이로 인해 어떤 피해가 있을까? 예방지식이 없는 청소년들이 호기심과 바텀알바 등으로 10대에 HIV 감염된 후, 20대가 되어서야 에이즈로 진단받는 비율이 높아질 것이다.[948] 치료 시기를 놓쳐 생명을 잃는 청소년들도 많아질 것이다.[949] 전 국회의원 조배숙이 비판한다.

"대한민국 국민으로서 건강하게 사는 것도 인권입니다. 그렇다면 에이즈 확산의 정확한 경로를 아는 것도 인권입니다. 청소년을 위해서, 국가의 장래를 위해서라도 에이즈 확산의 원인이 무엇이고, 어떻게 예방할 것인지 적극적으로 알려야 합니다."[950]

국가가 100% 부담하는 에이즈 치료비의 재정적 부담 역시 커질 것이다.[951] 이에 따라 일반 국민의 혈세 부담도 무거워질 것이다. 국민건강보험 재원이 에이즈 치료에 사용되는 만큼 희귀·난치성 질환 환자들이 치료받을 기회도 박탈된다.[952] 미국과 같이 국민건강보험이 재정적 한계에 봉착하는 시점도 올 것이다. 에이즈 진료 지원금이 이미 제자리걸음이고 부족하다는 우려가 있다.[953] 평생 에이즈 치료비용이 6억 원임을 감안하면 HIV 감염자들은 조기진단을 받더라도 적절한 치료를 받기가 어려워질 것이다.[954] 게이 숫자의 증가가 장기적으로 게이의 건강권과 생명권을 위협하게 된다.

15년간 동성애자로 살고 에이즈에 걸린 뒤 탈동성애 한 박진권이 말한다.[955]

"HIV 감염 후 우울증에 빠져 자살 충동을 느낄 정도로 힘든 시간을 겪었습니다. 제가 감염됐을 때에 그런 모든 상황 속에서 그 누구도 아파해줄 수 없고 그 누구도 경험해 줄 수 없는 처절한 고통을 저는 경험했습니다. 그리고 지금 그러한 고통으로 아파하고 있는 사람들이 많이 있습니다. 그들은 정말 시간을 되돌이킬 수만 있다면 항상 되돌이키고 싶다고 합니다. 인생에서 너무 후회하면서 그 누구도 자신에게 그런 경각심을 주지 않은 거에 대해서 적지 않은 분노감을 표출하고 있습니다. 기성세대 어른분들이 그러한 경각심을 줬더라면 얼마나 좋았을까 많이 생각하고 있습니다."[956]

HIV 확산 과정이 5~6단계로 넘어가면 HIV에 감염된 주부들이나 신생아들이 급증할 것이다. HIV 감염된 산모로부터 신생아가 감염될 확률은 25~35%다. 감염된 산모에 의해 태반을 통하거나, 분만 중 산모의 혈액·체액과 접촉되어 태아 및 신생아 감염을 일으키기 때문이다.[957] 동성 성행위를 하는 남편으로부터 HIV에 감염된 30~40대 '주부'들은 익명 검사 시스템 때문에 생명권을 위협받게 된다. 질병관리본부가 밝힌 내용이다.

"여성들의 연령이 비교적 높을 뿐만 아니라 그 수가 절대적으로 적다는 점을 고려할 때 이들은 대부분 보통의 주부로서 남편에 의해 감염되었을 가능성이 크다."[958]

법은 에이즈 감염 사실을 배우자에게 알리기 위해 감염자의 의사를 참고해야 한다고 명시한다. 이에 따라 보건소 직원들은 감염자 본인이 동의하거나 자발적으로 알리지 않으면 사실상 배우자나 가족에게 감염판정 사실을 알릴 수 없다고 한다.[959] 배우자가 에이즈 감염의 사각지대에 놓이게 되는 것이다. 배우자의 건강권이 우려되는 대목이다. 그리고 남편의 에이즈 감염 사실을 통보받지 못한 배우자는 경각심 없이 무증상 잠복기를 지난 후 치료 시기를 놓칠 가능성이 크다. 배우자의 생명권까지 위협받는 것이다. 익명 검사 시스템은 전염병 관련 정보를 공표하지 않음으로써 게이의 인권을 보호하겠다는 취지다. 자신의 의사와 상관없이 자신의 성적지향을 드러나게 하는 행위인 '아웃팅'을 방지하겠다는 명분인 것이다. 그러나 동성 성행위로 감염된 게이가 지속적인 치료로 생명 연장이 가능한 것과 대조적으로, 본인의 의사나 행위와 관계없이 감염된 배우자는 정보 차단으로 제때 치료받지 못할 확률이 높다. 이것은 게이의 정신적 고통받지 않을 권리를 타인의 생명권에 앞서 절대적으로 보호하겠다는 것이다. 게이의 이러한 권리는 배우자의 생명권보다 우선적 가치를 둘만큼 절대적이다. 이렇게 균형이 깨지는 현상이 나타나는 이유는 편향된 정치이념의 실현수단으로 LGBT 인권을 내세우고, 이와 충돌하는 모든 인권과 헌법적 가치를 외면하기 때문이다.

9장

성중독 유사 증상

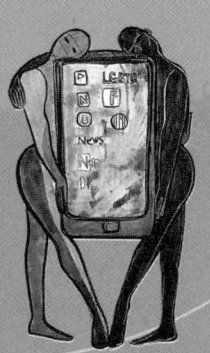

9장
성중독 유사 증상

'선택할 수 없다'의 숨은 의미

남성 동성애자 h******가 동성애자 전용 사이트에 올린 '문란한 생활 어쩌면 좋을까요'라는 글이다. 성적 충동을 억제하지 못해 자신에게 고통을 줄 정도로 심각한 장애가 있음을 엿볼 수 있다.

"중3 때부터 지금까지 바텀(남성 간 성접촉 때 여성 역할을 하는 게이)만 해서 항문은 이미 망가져 버렸고 겉은 멀쩡하지만 속은 동성애 생각으로만 가득해 제 자신이 혐오스러워요. 완벽한 삶은 없겠지만 돌이켜보면 '후회 없는 삶을 살자'가 제 모토인데, 성욕 앞에선 모든 게 무너집니다. 다른 건 자제가 가능하지만 성욕은 안 됩니다. 젊기 때문일까요. 아님 제가 정말 문란한 걸까요. 1주일 동안 3명과 3번 (성접촉을) 했는데 또 하고 싶습니다. 어떻게 하면 좋을까요."

이에 대해 연세대 의대 신경정신과의 민성길 교수가 지적한다.

"동성애자들의 성적 쾌락 추구는 성중독입니다. 음주, 흡연, 마약중독 같은 중독 현상은 점점 더 강한 자극을 추구하고 더욱 자주 탐닉 행동을 하게 돼 있습니다. 그 결과 정신과적으로 우울증 자살 불안장애 등을 일으킵니다."[960]

알코올, 흡연, 마약 중독자를 동성애자와 본질적으로 동일 비교집단에 속한다고 보는 것이다. 이 중독자들의 인권 역시 중요하다. 동성애자와 차별 없이 평등하게 보호돼야 한다.

이에 반해 젠더 추종자들은 '동성애가 타고나는 것이기 때문에 개인의 의지적 선택의 결과가 될 수 없다'라고 말한다.[961] 다시 말해, '성적지향은 성별, 인종, 피부색과 같이 선천적이라 바뀔 수 없다고 본다. 그래서 이런 비교집단과 동일하게 평등원칙이 적용돼야 한다'라고 주장한다.[962] 그러나 이에 대한 객관적·실증적 자료는 하나도 없다. 더욱이 동성애가 발생하는 원인도 모른다는 입장이다.[963] 문제는 성적지향의 선천성이나 원인에 대한 논란이 타인의 자유권 박탈의 명분이 된다는 것이다. 그리고 차별금지법 제정 등 정치적 결정에까지 큰 영향을 끼친다.[964]

앞서 다룬 것 같이 현대과학이 비약적으로 발전하면서 동성애가 '타고나지 않았다'는 사실이 밝혀졌다. 특히, 동성애 유전자가 없다는 사실이나 일란성 쌍둥이의 낮은 동성애 일치 비율이 동성애의 선천성을 부정한다. 인권교육이 성행하는 국가에서만 LGBT 청소년이 폭증하고 이성애자 중 상당수가 동성 성행위를 후천적으로 학습하여 실험해보는 현상도 관찰된다.[965] 청소년들 사이에서 성적 유동성이 뚜렷한 것도 동성애가 후천적임을 보여준다.[966] 16세에 양성애자 또는 동성애자라고 대답한 청소년 중 대부분은 1년 후인 17세에 이성애자로 바뀐다는 연구결과도 있다.[967] 이런 현상들은 동성애가 피부색과 같이 선천적이라 바뀌지 않는다는 젠더 추종자들의 주장이 틀렸다는 사실을 보여준다.[968]

젠더 추종자들은 이런 현상을 설명하기 위해 동성애자 중 타고난 사람과 그렇지 않은 사람, 두 종류가 있다는 새로운 주장을 한다. 두 종류를 구별할 수 있는 과학적 방법이나 기준은 제시하지 않는다. 단지 결과론적으로 동성 간 성행위를 끊으면 후천적이고 못 끊으면 선천적이라고 주장할 뿐이다.[969] 그러나 이런 논리는 피부색을 타고난 사람과 그렇지 않은 사람, 두 종류가 있다는 주장과 다를 바 없다. 동성애를 이데올로기적 인권과 연계한 근거가 무너진 것이다.

그렇다면 동성애가 타고난 것이 아닌데 왜 자신의 의지로 선택할 수 없다는 것일까? 탈동성애자(ex-gay, 동성애자였다가 이성애자가 된 사람)들은 한결같이 '성중독'을 얘기한다. 동성애자 중 중독된 사람과 그렇지 않은 사람, 두 종류가 있다는 것이다. 마치 술을 가끔 마시는 사람도 있지만, 자신의 의지로 선택할 수 없는 알코올 중독 환자가 있는 것과 같다. 젠더 추종자들이 설명할 수 없는 성적 유동성 등의 현상도 설명이 된다.

탈동성애자 김정현이 말한다.

"항문성교는 항문 안에 있는 전립선을 자극하는 것입니다. 처음에는 무척 아픔을 느끼지만 몇 번 하다보면 쾌감을 느끼기 시작하는데, 여기에 중독되면 그때부터는 동성애에서 빠져나오는 것은 거의 불가능합니다."[970)]

15년간 동성애자로 살다가 탈동성애 한 박진권이 말한다.

"탈동성애 뒤 깨달은 것은 '동성애는 선천적이지 않으며 당사자를 파멸로 이끄는 성중독'이라는 점입니다. 성중독은 성관계를 하기 싫은 데도 성관계를 하는 것입니다. 제게 찾아온 사람들 모두가 '하기 싫은데 또 했다'라고 고백합니다.[971)] 최근 10대 중학생이 성중독 특히 피학적 가학적 성중독에 걸린 것을 보고 너무나 큰 충격을 받았습니다.[972)]

이성애자가 아닌 동성애자가 나오는 포르노물을 봐야 쾌감을 얻는 사람들은 동성애 경증이라고 할 수 있습니다. 반면 스마트폰 앱을 통해 동성 파트너를 정기적으로 만나거나 퇴근 후 매일 동성애자들이 이용하는 찜질방을 찾는 이들은 중증입니다. 학생들의 경우 중증이면 휴학계를 내고 이 생활에 뛰어들 만큼 자기절제가 안 됩니다.

저는 중학교 때 처음 남자친구들과 유사성행위를 했고 고등학교 때부터 본격적으로 동성애를 시작했습니다. 인터넷을 통해 '파트너'를 찾았습니다. 정말 하루 종일 그 생각만 한 적도 있습니다. 그렇게 중독성이 강했지만, 막상 동성애를 하고 나면 허탈감이 밀려왔습니다. 동성애자로 살면서 많은 남성을 만났지만 남은 것은 심리적 고통과 질병뿐이었습니다."[973)]

남성 동성애 중독 증상

남성 전립선은 항문 근육을 통해 자극하는 것이 가능하다. 모든 남자가 그 자극을 느낄 수 있다.[974)] 남성 동성애자들이 항문성교를 하는 경우 남성 전립선의 자극을 통해 성적 쾌감을 얻게 된다.[975)] 남성 양성애자들은 남성 간 성행위가 이성 간 성행위보다 쾌감이 더 큰 경우가 많다고 할 정도다.[976)] 이것이 습관이 되고 중독이 되면 빠져나가는 것을 의지적 선택으로 할 수 없는 남성 동성애를 하게 된다.[977)]

한국가족보건협회 이사이자 의사인 윤정배가 말한다.

"많은 나라에서 이루어진 여러 조사들은 공통된 결과를 보여줍니다. 그것은 동성연애에 중독된 사람들은 대부분 수십 명 내지 수백 명과 성관계를 한다는 것입니다. 미국의 경우 천 명이 넘는 사람들과 성관계를 가진 비율이 28%나 되었습니다. 이것은 그들 개개인이 부도덕해서가 아니라 동성애 자체가 성중독이기 때문입니다. 지극히 정상적인 사람이 마약이나 알코올에 중독되면 비정상적인 행동을 보이는 것과 마찬가지로 항문성교를 통해서 전립선 자극에 중독되면 거기에 헤어나오기가 마약을 끊는 것만큼이나 어렵고 성중독에 빠지게 됩니다. 그래서 끊임없이 새로운 대상을 찾아 헤매게 되는 것입니다."[978]

1978년 연구결과에 따르면, 남성 동성애자의 75%가 평생 동안 100명 이상의 남성 성 파트너와 성관계를 가지는 것으로 나타났다. 이들 75%의 남성 동성애자들의 구성 비율들을 항목별로 자세히 보면, 15%는 100~249명, 17%는 250~499명, 15%는 500~999명, 28%는 1,000명 이상의 남성 성 파트너와 성관계를 가지는 것으로 나타났다.[979] 남성 동성애자의 성 파트너들은 대다수 모르는 사람들로 인터넷 등을 통해 알게 된 익명의 대상자들과 성관계를 가졌다고 한다.[980]

미국 국회(하원) 청문회에서도 이런 연구결과가 지적됐다.[981] 남성 동성애자 중 약 43%가 500명 이상, 28%가 1,000명 이상의 성 파트너를 가지고 있고, 이들 대부분은 서로 모르는 사람들과 무작위로 성관계를 맺고 있다는 사실이 지적됐다. 다른 연구결과들도 지적됐다. A형 간염에 감염된 남성 동성애자들을 대상으로 한 연구결과에서는 게이들의 1년간 성 파트너 수가 약 70명에 이른다고 밝혔다.[982] 1984년 연구결과에서는 1년 동안 평균 성 파트너 수는 이성애자가 2명인데 반해 게이는 68명이라고 밝혔다. 일생 동안의 평균 성 파트너 수는 약물을 하는 이성애자 남성의 경우 40명인데 반해 게이는 1,160명이라고 한다.[983] 불행히도 에이즈에 감염된 게이의 일생 동안의 평균 성 파트너 수도 1,100명에 이른다고 밝혔다.[984] 반면 1981년 연구결과에 따르면 평생 성 파트너 수가 10명보다 적은 게이는 불과 3%뿐이었다.[985]

1997년 50세 이상의 성인 동성애자 2,583명을 대상으로 일생 동안 가진 성적 파트너의 수를 조사했다. 연구결과, 한 명의 파트너를 가진 비율은 2.7%였고,[986]

21.6%는 최빈값(특정 집단에서 발생 빈도가 가장 높게 나타나는 통계적 변량)인 101~500명이었으며, 10.2~15.7%는 501~1,000명이고, 나머지 10.2~15.7%는 1,000명 이상의 성 파트너와 성행위를 한 것으로 나타났다.[987] 따라서 101~500명의 성 파트너를 가진 게이들이 가장 많으며, 1,000명 이상의 성 파트너를 가진 비율도 대략 10~16%로 나타난 것이다. 이 연구결과는 세계적 권위를 가진 '섹스 리서치 저널'(The Journal of Sex Research)에 게재됐다.

2000년 한국에서 커밍아웃한 게이 연예인 홍모씨는 2007년 5월 17일 서울대학교 특강에서 "중고등학교 때 성관계를 가진 남자 선배들이 300명을 넘는다"라고 고백했다.[988] 그런데 동성애 앱과 현대기술이 발전함에 따라 과거보다 훨씬 쉽게 성 파트너를 만날 수 있게 됐다. 이에 따라 게이의 성 파트너 수도 과거 연구결과보다 증가했다고 추단된다.[989]

1999년 취리히 연구에서는 남성 동성애자(20~49세)를 대상으로 설문조사를 했는데, 1년 동안 평균 10~15명과 성관계를 가졌다고 답했다. 그중 3분의 2는 1년 동안 최소한 한 명의 지속적인 남자친구가 있었는데, 90%는 같은 기간 지속적인 성 파트너와 함께 한두 명의 추가적인 성 파트너와도 동시에 성관계를 유지하고 있었다.[990] 2003년 네덜란드 연구에서는 남성 동성애자들의 관계가 평균 1.5년을 지속하지 못한다고 결론을 내렸다. 그리고 파트너십을 유지하고 있는 기간에도 각각의 파트너들은 평균 12명의 다른 파트너들과 성관계를 가졌다.[991]

정신과 의사이자 심리학자이며 동성애 커플인 마틴슨(Mattison)과 맥월터(McWhirter)는 남성 동성애자들의 관계가 오래 지속되지 못한다는 통념을 깨고자 연구조사를 했다. 그러나 기대와 달리, 자신들이 조사한 156쌍의 남성 동성애 커플 중 성적인 정절을 지킨 경우는 일곱 쌍(4%)밖에 되지 않았으며 이들 중 5년 이상 함께 한 커플은 한 쌍도 없었다(0%).[992] 다시 말해 게이 커플 156쌍 중 149쌍(96%)은 두 명 이상의 성 파트너와 동시에 성관계를 유지했다고 밝힌 것이다.

이런 현상을 보이는 것은 게이들이 부도덕해서가 아니라 동성애 자체가 성중독이기 때문이라는 지적이다.[993] 동성애자인 제이(S Jay)는 게이들이 수많은 성 파트너들과 성관계를 하지만 지속적인 관계를 유지 못하는 것을 관찰하고 동성애가 중독이라는 결론을 내렸다. 제이의 관찰은 통계적으로 입증된다. 제이는

2010년 9월 24일 "자신이 빠진 동성애 중독으로부터 탈출하여 행복한 삶을 살고 싶다"라는 글을 올렸다.[994]

남성 동성애자(게이)가 항문성교를 하는 것과 달리, 여성 동성애자(레즈비언)는 구강 섹스와 성구를 사용함으로써 상대방의 성기를 자극하고 성적 쾌감을 느낀다.[995] 레즈비언에게는 항문성교에 따른 전립선 자극이나 중독이 없는 것이다. 그 결과 성적 유동성이 게이보다 레즈비언에서 뚜렷하게 나타난다.[996] 성적 유동성(sexual fluidity)은 성적 욕구를 느끼는 대상이 변화한다는 것으로, 개개인의 성적지향은 평생 동일하지 않다는 것이다.[997] 남자와 달리, 여성의 성적 유동성이 너무나 뚜렷하여 성적지향이 고정되지 않은 것으로 보인다는 연구결과도 있다.[998]

2008년 발표한 연구결과에 따르면, 레즈비언들을 상대로 10년 동안 2년마다 한 번씩 성적지향을 조사한 결과 3분의 2는 최초 주장했던 자신의 성적지향을 변경했고 3분의 1은 성적지향을 두 번 이상 바꿨다. 여성 동성애와 양성애는 서로 다른 종류의 성적지향이 아니라 정도의 차이만 있을 뿐이라고 한다.[999] 이런 성적 유동성은 "동성애가 선천적이라 평생 바뀌지 않는다"라는 젠더 추종자들의 주장이 틀렸음을 증명한다.[1000] 대조적으로 항문성교 하는 게이들은 성적 유동성 대신 중독 증상이 뚜렷하다. 이런 게이와 레즈비언의 차이도 동성애의 후천성을 뒷받침한다.

그렇다면 전립선과 연계된 중독 증상이 없는 레즈비언은 왜 여성 간 동성애 행위를 할까? 남성으로부터 심한 학대, 특히 성적 학대를 경험한 여성은 남성과의 성관계를 피하려는 성향을 형성한다는 연구결과가 있다.[1001] 여러 조사결과, 레즈비언은 게이보다 성적 학대를 경험한 비율이 높았다. 여성 동성애자와 양성애자가 평생 동안 성적 학대를 경험하는 비율이 85%고 아동기 때 성적 학대를 경험하는 비율이 76%며, 남성 동성애자와 양성애자가 아동기 때 성적 학대를 경험하는 비율이 59.2%라는 연구결과들도 있다.[1002] 1994년 미국에서 1,925명의 레즈비언을 대상으로 조사한 결과 여성 동성애자의 32%가 강간 또는 성폭행을 경험했고, 19%가 근친상간을 경험했으며, 37%가 학대를 경험했다고 밝혔다.[1003] 그리고 인권교육이 성행하는 나라에서는 게이와 마찬가지로 여성 간 동성애 행위를 하는 청소년도 폭증하는 현상을 보인다. 연구결과에 의하면, 영국의 18~24세 여성 이성애자 중 4분의 1은 동성 성행위를 경험했다고 밝힌다.[1004] 미국 뉴욕의 고등학교 여학생의 절반 정도가 동성 성행위를 경험한다는 연구결과도 있다.[1005]

심화된 성중독 증상

제프(가명)는 결혼 29주년임에도 매월 여자들에게 5,000달러(한화 5백30만원)를 쓰는데, 성중독 때문이라고 말한다. 그는 재활 치료도 받았지만, 성중독 증세가 수십 번이나 다시 도졌다고 한다. 실제적인 고통과 상처를 호소하는 제프가 말한다.

"나의 현재 상태는 유·소년기 동안 어머니로부터 받은 성적·정서적 학대 때문입니다. 건강한 성생활이 있을 것 같다는 생각이지만 한 번도 경험하지 못했습니다."[1006]

이것은 과잉성욕 장애로 알려진 성중독이다. 성중독은 통제하지 못하는 충동성을 드러내며 일상생활에 방해될 정도로 섹스에 탐닉하게 한다. 나아가 자신과 타인에게 해로운 결과를 초래한다는 사실을 감지하고도 성행위를 억제하지 못한다. 과잉성욕 장애를 가진 사람은 유아기에 부모와 불안정한 애착을 형성한 경우가 많다.[1007] 골프황제 타이거 우즈도 성 추문이 불거진 후 성중독을 치료받았다.[1008]

그렇다면 성중독을 정신질환이라고 말할 수 있을까? 미국 정신의학회(APA)가 발표한 DSM 정신질환 목록에는 성중독이 포함되지 않았다. 관련 연구가 부족하기 때문이다. 따라서 성중독의 병리현상이 아무리 심하더라도 아직까지 정신질환이라고 공식적으로 인정되지 않는다. 성도착증은 DSM에 포함되어 정신질환으로 분류되나 성중독과 다르다.[1009] 아동을 대상으로 하는 성행위, 특정 물품과 관련한 성적 집착, 자신이나 상대방이 고통이나 굴욕을 느끼게 하는 성행위 등으로 대표되는 성도착 장애(paraphilic disorders)와 성중독은 엄연히 구별되는 것이다.[1010] 동성애는 DSM-2까지 성도착 장애로 분류되었다. 그러나 1974년경 정치적인 결정으로 정신질환 목록에서 삭제되면서 성도착의 일종으로 더 이상 간주 되지 않는다.[1011] 미국 정신의학회는 1974년 이후부터 동성애가 정신질환이 아니라는 입장을 견지한다. 그러나 이것은 성도착증이 아니라는 의미일 뿐이다. 정신질환으로 분류되지 않는 성중독인지는 판단하지 못한다.

제프가 치료받은 캐빈 중독재활센터의 앨리스테어 모디(Alistair Mordey) 소장이 말한다.

"정신질환편람(DSM)은 실제 세상에서 일어나고 있는 현상보다 몇 년 뒤 처졌습니다. 새로 나타나거나 확산되고 있는 정신질환을 실시간으로 따라잡지 못한다는 소리입니다. 비물질성 장애인 도박중독이 2013년 처음으로 정신질환편람에 수록됐습니다. 우리는 수년 동안 도박중독이 발생했다는 것을 알고 있었습니다. 그러나 겨우 2013년에야 편람에 들어간 것은 (사전에) 막대한 연구가 필요하기 때문입니다. 도박은 헤로인 중독이 뇌의 보상 메커니즘에 행하는 것과 똑같은 일을 합니다. '성중독'이 정신질환편람에는 등록되어 있지 않지만 분명히 '정신질환'이고, 일종의 '중독'입니다.[1012] 섹스 중독도 다음 개정판에는 포함되어야 합니다.

모디 소장은 성 중독자의 뇌가 약물 중독자의 뇌와 같은 현상을 보인다고 말한다.

"우리는 쾌락과 보상 메커니즘을 지배하는 호르몬인 도파민이 사람을 황홀경으로 이끌어가는 공통분모라는 걸 알고 있습니다. 성 중독자가 성행위를 가질 때 뇌에서 막대한 양의 도파민이 분비되기 때문에 황홀경을 체험합니다. 이 황홀경은 다른 사람들이 성적인 욕구의 대상이 됨으로써 일어납니다."[1013]

DSM에 실려 질환으로 인정되기 위해서는 명확한 정의와 증상, 통일된 진단기준이 제시돼야 한다.[1014] 예컨대 건강한 사람의 행위와 도박이나 성중독을 구분짓는 기준이 명확히 설정될 수 있어야 한다. 이를 위해 충분한 사전연구가 필요한 것이다.[1015] 다만 성적 욕구는 개인차가 크기 때문에 성중독의 진단기준 마련이 도박중독보다 어렵고 연구도 부족하다.[1016] 성중독은 도박중독과 같이 행위중독(behavioral addiction)의 한 유형이다. 행위중독은 외부로부터 투입되는 물질 없이도 중독의 핵심 증상이 나타난다. 성중독도 도박중독과 마찬가지로 심각한 피해를 낳는 것은 확실하다.[1017]

2010년경 미국의 정신과 의사인 마틴 카프카(Martin Kafka)는 성중독(과잉성욕 장애)의 진단기준을 제시했다. 이에 따르면 ◉ 성적 욕구를 충족하기 위해 장시간을 소요함으로써 다른 중요한 목표, 활동, 의무이행(일상생활)에 방해가 된다. ◉ 우울증을 덜기 위한 수단으로 반복적으로 성행위나 성 욕구를 해소하게 된다. ◉ 정신적 고통을 주는 문제로부터 탈출하려는 수단으로 반복적으로 성행위나 성 욕구를 해소하게 된다. ◉ 성행위나 성 욕구 해소행위를 줄이거나 스스로의 의지로 제어하고자 하는 노력들이 반복적으로 실패한다. ◉ 자신이나 타인에게 유해한 결과를 주는 위험성을 무시한 채 성행위를 반복적으로 한다.[1018]

　　2012년 미국 UCLA 심리학과의 로리 리드(Rory Reid) 교수는 성중독이 대인관계를 파괴하고 건강 문제까지 초래해 삶을 망칠 수 있는 '정신의학적 장애'라는 연구결과를 내놓았다. 그리고 DSM에 실린 다른 중독성 질환과 내용적으로 유사한 성중독의 진단기준도 제시했다. DSM-5에 포함시키고자 한 것이다.[1019] 이에 따르면 ◉ 강도 높은 성적 환상, 성 충동, 성적 행위가 6개월 이상 지속되고, ◉ 성관계 횟수가 지나치게 많고 우울함이나 스트레스 해소하기 위한 경우가 많으며, ◉ 직장을 잃거나 인간관계나 경제 활동 등에 지장이 생길 정도로 성적 욕구를 참을 수 없어 일상생활을 제대로 할 수 없고, ◉ 이런 문제가 약물이나 알코올, 기타 다른 정신장애 때문에 생긴 것이 아닌 경우 등이다.

　　연구진은 이 기준을 바탕으로 미국 전역의 정신질환 환자 207명을 대상으로 심리 실험과 인터뷰를 했다. 그중 152명은 성적 행태에 문제가 있는 것으로 파악됐고 나머지는 약물중독 등의 환자였다. 위의 기준을 적용한 결과 152명 중 134명이 성중독 진단을 받았으며 이 중 92%가 전문가들의 진단과 일치했다고 밝혔다. 성중독 진단을 받은 환자들은 익명의 파트너들과 성관계를 즐겼으며 1년 동안 평균 15명과 잠자리를 가졌다고 답했다.[1020] 리드 교수가 말한다.

　　"과잉성욕 장애(성중독) 환자들은 부정적인 결과보다 성욕이 더 중요하다고 느끼며, 심지어 이런 선택이 중대한 문제나 해악을 일으킬 수 있는 위험한 상황에서도 섹스를 선택합니다. 이들은 성욕을 억제할 수 없고 자신들의 성 충동에 따라 행동하며, 이에 따른 부정적인 결과를 무시하는 행태를 보였습니다."[1021]

과잉성욕 장애(성중독)의 증상을 반영한 이런 진단기준은 본인 의지로 통제되지 않는 성행위로 고통받는 환자들을 돕기 위해 DSM-5 관련 연구용역 그룹이 제안한 것이다. DSM의 다른 중독성 질환들과 상당히 유사한 기준들이 제시되었다.[1022] 약물에 의존하는 중독과도 상당 부분 같은 특징을 갖는다.[1023] 또 성적 충동, 정서적 조절 장애, 스트레스 취약성 등 제시된 성중독 기준은 환자들이 겪는 문제와 증상을 정확히 반영했고 시간이 지나도 일관성 있게 나타나 높은 신뢰성과 유효성을 보여준다고 평가된다.[1024] 이에 따라 성중독도 도박중독과 마찬가지로 DSM 공식 진단명으로 등재 요청되었고, 이를 지지하는 학자들도 많았다.[1025] 그러나 성욕의 정상 범위를 판단하기 어렵고 법적 상황에서 잘못 사용될 우려가 있다는 이유로 받아들여지지 않은 것이다.[1026] 성중독의 유해한 증상과 폐해가 없기 때문이 아니다.

반면 도박중독은 연구가 성숙 단계로 접어들어 2013년부터 정신질환 목록에 들어갔다. 개정된 DSM-5를 보면 이전에 사용되었던 '물질남용과 의존'(substance abuse and dependence)의 분류 대신 '중독과 관련 질환'(addiction and related disease)의 분류를 새로 만들었다. 그리고 물질중독과 동일한 범주로 도박이라는 유일한 행위중독을 추가했다.[1027] 2013년 이전에는 미국 정신의학회가 "도박중독은 정신질환이 아니다"라고 했다. 2001년만 해도 행위중독 존재 자체가 의문시되었기 때문이다.[1028] 현재 "동성애(성중독)가 정신질환이 아니다"라고 하는 상황과 아주 유사하다.

전문가들은 과잉성욕 행위에 대한 증상이나 데이터를 볼 때 이를 중독으로 이해하는 것이 적절하고 과잉성욕 환자들의 치료에도 도움이 된다고 한다.[1029] 다만 도박중독과 달리 성중독은 관련 연구가 초기 단계이기 때문에 정신질환으로 인정받지 못할 뿐이다. 일각에서는 과잉성욕 행위가 어느 정도 심각해야 성중독으로 평가할 수 있는지 모호하고 그 기준 제시가 어렵다고 한다.[1030] 그러나 이것은 알코올이나 도박중독에도 똑같이 적용되는 문제일 뿐이다.[1031] 같은 행위중독인 도박중독만큼 연구가 성숙될 경우 성중독도 정신질환으로 인정될 개연성이 높다. 이것은 성중독 증상을 보이는 동성애도 마찬가지다.

DSM-5가 개정된 이후 뇌의 보상 메커니즘이 약물중독과 성중독 간 동일하다는 획기적인 연구결과도 나왔다. 2014년 7월경 영국 케임브리지대 과학자들은 포르노 중독자가 약물 중독자와 마찬가지의 생리적 과정을 거쳐 황홀경을 체험한다고 밝혔다. MRI 스캔 결과, 성 중독자와 건강한 사람이 포르노를 시청할 때 뇌의 3영역이 다르게 반응했다. 보상, 동기부여, 갈구와 연계된 영역이다. 이 차이는 약물 중독자가 약을 할 때 나타나는 현상과 거울을 보는 것과 같이 정확히 일치했다.[1032] 남성인 성 중독자가 포르노를 시청할 때 나타나는 뇌 패턴이 약물 중독자가 약물을 갈구할 때 나타나는 뇌 패턴과 일치하는 것이다.[1033] 약물과 같이 성적 쾌감이 뇌에 신경 화학 물질을 분비해 중독에 빠지게 하는 메커니즘이 발견된 것이다.[1034] 반면 대조군인 성 중독자가 아닌 사람들은 그러한 연관 관계를 보이지 않았다.[1035]

이 연구를 주도한 케임브리지 대학의 발레리 분(Valerie Voon)이 말한다.

"강박적인 성행위를 보이는 환자(성 중독자)와 건강한 지원자 사이에는 분명한 차이가 있습니다. 이런 차이는 약물 중독자의 경우와 일치합니다.[1036]

과잉성욕 장애를 겪는 사람들이 고통받고 있다는 사실에는 이견이 없습니다. 스스로의 의지로 성행위를 통제할 수 없어서 사회생활 다방 면에 부정적인 영향을 받기 때문입니다. 과잉성욕 장애는 실질적으로 질환에 해당합니다. 과거에 질환으로 인정받지 못했던 도박중독과 본질적으로 다르지 않습니다. 사람들은 이 장애로 인해 도움이 필요하고 치료를 위한 재원도 마련될 필요가 있습니다."[1037]

심리학 전문가들은 성중독이 질환으로 인정받는데 이 연구가 중요한 근거를 제시한다고 밝힌다. 도박중독과 같은 다른 행위중독과 마찬가지라는 것이다. 콜롬비아 대학 정신과의 리처드 크리거(Richard Krueger) 교수가 말한다.

"과잉성욕 장애가 질환이라는 근거를 뒷받침하는 아주 중요한 근거를 제공합니다."[1038]

중독연구특별위원회 간사인 연세대 세브란스병원 소아청소년과의 강훈철 교수가 말한다.

"중독은 보상, 스트레스, 자기조절에 관련된 뇌 회로의 기능적 변화를 수반하고 오래 지속될 수 있기 때문에 뇌질환으로 분류됩니다."[1039]

한양대병원 정신건강의학과의 노성원 교수가 말한다.

"중독 환자는 일반인에 비해 도파민 분비가 훨씬 많습니다. 그러다 보니 결국 소소한 현실에서 행복을 느끼지 못하고 강한 자극을 주는 중독을 통해서야 행복감을 느끼게 됩니다. 중독은 뇌에 있는 보상회로에 문제가 생겨서 나타나는 질환입니다. 중독질환을 극복하기 위해서는 전문치료가 반드시 필요합니다."[1040]

연세대 의대 신경정신과의 민성길 교수가 말한다.

"알코올 중독이나 도박중독에서처럼 '동성애 중독(성중독)'을 설명하는데 학습이론이 적절합니다. 즉 한번 쾌락을 맛보면 반복하고 싶어지고, 반복하다 보면 중독이 됩니다. 일단 중독이 된 후 이를 중단하면 금단현상이 나타나 중단할 수 없게 됩니다. 이런 쾌락과 중독 현상에 대한 뇌 메커니즘(뇌의 보상회로)은 잘 알려져 있습니다."[1041]

이런 뇌 메커니즘(뇌의 보상회로)으로 인해 중독 행동을 멈추지 못하는 이유는 무엇일까? 약물 중독자와 똑같은 메커니즘으로 성 중독자의 뇌 3영역도 활성화하는 현상이 관측됐다. 이 3영역들은 뇌의 전통적인 정서와 기억 체계에 해당하며 이는 중독의 핵심적 측면이 보상 경험과 같은 강렬한 정서적 기억과 관련됨을 시사한다. 그리고 도파민 체계의 손상을 유발하면서 중독의 핵심 증상인 '내성'(tolerance)과 '금단현상'(withdrawal symptom)이 발생한다.[1042] 내성은 중독에서 종전과 같은 만족을 경험하려면 더 강한 강도나 지속 기간의 자극을 필요로 하는 것을 말한다. 내성은 신경 적응(neural adaptation)과 같은 신경생리학적 변화로 나타나고, 이는 금단증상과도 관련이 높다.[1043]

중독은 처음에는 쾌락을 주는 긍정적 보상 경험에서 시작한다. 그리고 자신에게 큰 만족을 주었던 행동은 반복되고 강한 애착을 발달시킨다. 약물 남용이나 성행위 등 특정 행동에 몰두하고 이를 조절하지 못하는 경우 그로 인한 쾌감이나 만족감을 얻으려면 점차 행위 빈도와 강도가 더해져야 한다. 쾌락의 만족감은 횟수가 거듭될수록 낮아지지만, 대개 첫 쾌락의 느낌을 갈망하면서 중독 행위를 반복하고, 그로 인해 욕망과 감정을 조절하는 뇌 능력이 손상되기 때문이다.[1044] 나아가 그 특정 행동을 중단하면 강렬하고 불쾌한 금단증상(withdrawal symptom)을 경험하게 되어 이를 해소하기 위해 다시 특정 행동의 재발을 보이게 된다. 결국, 내성과 금단증상으로 인해 중독 대상을 찾는 특정 행동에 과도하게 탐닉하게 된다. 그리고 시간이나 경제적인 균형이 깨지면서 피해가 발생한다. 특히 심리사회적 위험요인을 지닌 개인은 중독에 더욱 취약하다. 물질 중독(알코올, 니코틴, 마약중독)에서의 양상과 행위중독(도박, 성중독)에서의 양상이 일부 차이가 있으나 그 기저는 동일하므로, 중독의 내성과 관련하여 양자를 동일하게 이해하면 된다.[1045] 결국, 쾌락 중추를 강력하게 자극하는 이런 메커니즘(일명 뇌의 보상회로)은 다른 중독성 질환뿐만 아니라 '동성애 중독(성중독)'도 잘 설명한다.[1046]

DSM-5에 따른 알코올/니코틴 중독의 진단기준은 다음과 같다.[1047]
"1. 거듭된 음주(흡연)로 직장, 학교 혹은 집에서의 역할을 하지 못함
2. 신체적으로 해가 되는 상황에서도 거듭된 음주(흡연)
3. 음주(흡연)에 대한 갈망이나 강한 욕구 또는 충동
4. 음주(흡연)의 영향이 원인이 되거나 이로 인해 사회적, 대인관계 문제가 반복적으로 악화됨에도 불구하고 계속 음주(흡연)함
5. 술(흡연)에 대한 내성이 나타남
6. 금단증상이 나타남
7. 계획보다 많이, 오래 술을 마심(흡연함)
8. 금주(금연) 혹은 절제하려고 하나 실패함
9. 술을 구하거나, 마시거나, 깨기 위해(담배를 구하거나, 흡연하는데) 많은 시간이 듦
10. 음주(흡연)로 인해 사회적, 직업적, 휴식 활동을 포기하거나 줄임
11. 음주(흡연)로 인해 신체적, 심리적 문제가 악화되는 줄 알면서도 음주(흡연)를 계속한다."

DSM-5에 따른 도박중독의 진단 기준에도 ◉ 도박에 집착하고, ◉ 도박을 조절하거나 줄이거나 그만두려고 해보지만, 반복적으로 실패하며, ◉ 도박을 줄이거나 그만두려고 시도할 때 안절부절못하거나 과민해지고, ◉ 무기력감, 죄책감, 불안감, 우울감 등과 같은 정신적 문제로부터 탈출하려는 수단으로, 또는 불쾌한

기분을 덜기 위한 수단으로 도박을 하며, ● 도박으로 인해 중요한 관계가 위태로워지거나 직업적, 교육적 기회나 출세의 기회를 상실하는 증상 등이 있다.[1048]

약물이나 도박중독도 알코올/니코틴 중독의 진단기준과 유사한 증상이 많다. 여러 연구결과 행위중독인 성중독도 물질중독과 유사한 증상을 보이는데,[1049] 모든 임상적 특성들이 중독성 질환의 진단기준에 들어맞는다.[1050] 1997년 연구결과에서는 DSM-4 물질중독과 관련된 7개 물질 의존성 기준이 성중독에 74~98% 적용된다고 밝혔다. 그리고 물질중독의 금단증상 관련 기준도 상당 부분 성중독에 그대로 적용됐다.[1051] 2008년 연구결과에서는 DSM-4 물질중독의 3가지 기준을 성중독에 적용한 결과, 연구대상 100%가 이를 충족한다고 밝혔다.[1052]

성중독(sexual addiction)은 성도착이 아닌 과도한 성행위 중독이다. 강박적인 성행동(compulsive sexual behavior), 성 강박(sexual compulsivity), 성 충동(sexual impulsivity) 등의 용어들과 혼재되어 사용된다. '과잉성욕 장애'(hypersexual disorder)가 그 하위 범주에 포함되는 행위중독으로서 '성중독'으로 명명되기도 한다.[1053] 연구결과를 보면 위의 진단기준들과 성중독 증상은 내용적으로 거의 일치한다.[1054] 이것은 과잉성욕 장애(성중독)가 중독성 질환임을 시사한다.[1055] 이미 살펴본 내용을 바탕으로 이런 성중독 특징(아래 ◆ 표시)이 '선택할 수 없는 단계(중독)에 이른 남성 동성애 증상'(아래 ◆ 표시)에도 그대로 적용될 수 있는지 비교해 보자.

- ◆ 성중독은 성행위에 대한 내성이 나타난다. 중독성 질환의 핵심 증상이다. 연구결과 과잉성욕(hypersexuality)은 자신의 의지로 성행위를 통제할 수 없게 만든다.[1056] 또 성적 행동이 점진적으로 증가한다.[1057]
- ◆ 성 중독자와 마찬가지로, 남성 동성애자도 자기 '식성(이상형)'을 발견하면 성욕 제어가 안 된다.[1058] 항문에 있는 전립선 자극으로 성적 쾌감에 중독되면서[1059] 내성의 특징이 강하게 나타난다.
- ◆ 성중독은 계획보다 많은 성관계를 갖게 만든다. 과잉성욕 장애가 깊어짐에 따라 성행위 횟수도 증가한다.[1060] 그리고 계획보다 오랜 시간 성적 활동을 하게 된다.[1061] 연구결과 성중독 진단을 받은 환자들은 익명의 파트너들과 성관계를 즐겼다. 그리고 1년 동안 평균 15명과 잠자리를 가졌다고 밝혔

다.[1062)]

◆ 성 중독자와 마찬가지로, 남성 동성애자들도 대부분 인터넷(동성애 앱) 등을 통해 알게 된 익명의 파트너들과 성관계를 가진다.[1063)] 연구결과 에이즈에 걸린 남성 동성애자는 1년 동안 평균 60명,[1064)] A형 간염에 걸린 남성 동성애자는 1년 동안 평균 70명과 잠자리를 가졌다.[1065)] 다른 연구결과에서는 1년 동안 평균 성 파트너 수는 이성애자가 2명인데 반해 게이는 68명이라고 밝혔다.[1066)] 게이가 성중독 환자보다 평균 4배 많은 성 파트너들과 성관계를 갖는 것이다. 게이의 성중독 정도가 심각한 만큼 동성애가 선천적이라고 착각할 수 있다.

미국 국회(하원) 청문회에서 논의된 연구결과에 의하면[1067)] 게이의 75%가 평생 동안 100명 이상의 남성 성 파트너와 성관계를 가진다. 이중 약 43%가 500명 이상, 28%가 1,000명 이상과 성행위를 한다.[1068)] 다른 연구결과에서는 평생 1~10명의 성 파트너를 가진 게이는 2.7~3%에 불과해 극소수였다.[1069)] 연구대상 중 101~500명의 성 파트너를 가진 게이들이 가장 많았다.[1070)]

◆ 성중독은 성관계에 대한 갈망이나 강한 욕구 또는 충동이 있다. 스스로 조절이 되지 않고 성관계에 대한 강박적인 집착이 생긴다.[1071)] 이에 따라 반복적인 성 행동을 일으키는 강렬하고 반복적인 성 충동이나 성적 욕구를 제어하지 못하는 지속적인 패턴이 나타난다.[1072)]

◆ 성중독과 마찬가지로, 남성 동성애도 동성 성행위에 대한 강박적인 집착이 생기며 반복적인 성 충동이나 욕구를 제어하지 못하는 지속적인 패턴이 나타난다. 성중독 환자보다 월등히 많은 게이의 성 파트너 수가 이를 뒷받침한다.

◆ 성중독은 금단증상이 나타난다. 즉 성관계를 줄이거나 그만두려고 시도할 때 어려움을 겪으며 안절부절못하거나 과민해진다고 보고된다.[1073)] 중독성 질환의 핵심 증상이다. 연구결과 성중독은 약물중독과 유사한 금단현상을 보인다. 이때 우울증과 불안장애가 심화되며 격렬한 불쾌감이 나타난다.[1074)]

◆ 성중독과 마찬가지로, 남성 동성애도 금단현상을 보인다. 성중독 환자보다

게이의 성중독 정도가 더 심각한 만큼 금단현상 역시 더 심각하다. 동성애를 줄이거나 그만두려고 시도할 때 어려움을 겪으며 우울증과 불안장애가 심화된다. 탈동성애가 일반 성중독 치료보다 어려우므로 동성애가 타고났다고 오인될 수 있다. 탈동성애자 김정현은 "작용·반작용의 법칙처럼, 식성에서 어느 정도 자유로워지기 전까지는, 동성애를 끊으려 하면 동성에 대한 집착이 더 강해집니다. 하지만 이것은 어떠한 중독 치료도 마찬가지일 것입니다"라고 말한다.[1075]

◆ 성중독은 성관계를 줄이려고 반복적인 노력을 하나 실패하게 한다. 이것은 연구결과로 뒷받침된다. 이때 성행위에 대한 지속적인 생각을 떨쳐버리지 못하고, 성행위를 줄이지 못하는 회한과 죄책감도 들게 된다. 이것은 약물을 절제하려는 약물 중독자와 유사한 특징이다.[1076]

◆ 성 중독자와 마찬가지로, 게이도 동성 성행위를 절제하려고 하나 실패한다. 이때 동성애에 대한 지속적인 생각을 떨쳐버리지 못하고, 동성 성행위를 줄이지 못하는 회한과 죄책감으로 자존감이 낮아지게 된다. 2016년 12월 14일 국회 포럼에서 경희대 의대의 최현림 교수는 "동성애를 끊으려고 노력을 많이 했음에도 불구하고 번번이 실패함으로써 동성애를 할 수밖에 없는 몸을 가졌다는 착각을 하는 것"이라고 설명했다.[1077]

◆ 성중독은 낮은 자존감으로 정서적 어려움을 겪게 한다. 이것은 과잉 성행위를 심화시키는 변수로 작용한다는 연구결과가 있다.[1078] 다만 성중독의 경우 우울증과 같은 정신장애와 연계하여 낮은 자존감을 보인다는 특징이 있다.[1079] 도박 중독자와 약물 중독자도 낮은 자존감을 보인다는 연구결과가 있다.[1080] 낮은 자존감은 중독성 질환의 일반적 특징으로서 우울증과 불안 증세로 이어진다.

◆ 성 중독자와 마찬가지로, 게이도 낮은 자존감을 보인다. 연구결과 게이가 겪는 우울증과 자살 충동 이유의 70%는 '낮은 자존감'이라고 한다. 소외감(53%)이나 자신이 매력적으로 느껴지지 않는 점(49%)도 원인 중 하나였다. 그리고 게이의 스트레스는 성 문제와 직결되며, 정신건강 악화로 이어진다고 밝혔다.[1081] 이런 중독성 질환의 일반적 특징(내재적 원인)이 사회적 차별

때문이라고 오인될 수 있다.

◆ 성중독은 높은 확률로 부정적인 정신질환을 동반한다. 성 중독자는 일반인에 비해 강박증, 우울증, 불안장애 등이 통계적으로 유의하게 높다.[1082] 성 중독자의 17%는 자살 시도를 하며 약물이나 알코올 중독에 빠질 확률도 높다는 연구결과가 있다.[1083] 한 연구보고서에서는 성 중독자의 72%는 우울증을, 38%는 불안장애를 겪고 40%는 약물 남용을 했다고 밝힌다. 다른 연구보고서에서는 성 중독자가 DSM에 실린 정신질환과 80~100% 동일한 증상을 보인다고 밝혔다. 공유하는 증상의 예로는 불안장애, 약물 남용, 우울증, 충동조절 장애 등이다.[1084] 이것은 일상생활에 부정적인 영향을 미쳐 정신적 고통의 원인이 된다. 성 중독자는 과도한 성행위를 멈추기를 원하나 스스로의 의지로 그렇게 할 수 없다.[1085]

◆ 성중독과 마찬가지로, 남성 동성애도 부정적인 정신질환을 동반한다. 연세대 의대 신경정신과의 민성길 교수는 "수많은 연구에서 동성애자가 일반인보다 3~10배 정신질환 발병 수가 높다는 것이 증명됐는데, 이것이 자살 충동으로 연결된다"라고 말한다.[1086] 연구결과 네덜란드에서도 게이의 정신적 장애와 자살률이 일반 남성보다 월등히 높다.[1087] 연구진은 내면적 문제라고 지적한다.[1088] 중독성 질환의 특징으로 해석된다.

미국, 영국, 중국의 LGBT 청소년 5명 중 2명(40%)이 자살 기도를 진지하게 고려한다.[1089] 미국 LGBT 청소년은 일반 청소년보다 자살 시도 확률이 5배 높은데, 이 수치는 시간이 지나도 변함이 없다.[1090] 성 중독자와 마찬가지로 LGBT 청소년은 알코올이나 약물중독에 빠질 가능성도 크다.[1091] 다른 연구 결과에서는 남성 동성애자 중 상당수가 정서적으로 만족하지 못하고 동성애에서 벗어나기를 바라고 있다고 밝혔다.[1092] 그러나 금단증상 때문에 자신의 의지로 그렇게 할 수 없을 뿐이다. 성중독에서 비롯된 정신질환이 사회적 차별 때문이라고 오인될 수 있다.

◆ 성중독은 스트레스나 문제를 해소하는 수단으로 성관계를 갖게 한다. 성 중독자는 스트레스를 받는 일이 생기면 '성'에 대한 생각을 먼저 떠올린다. 성 충동을 해소할 방법을 찾게 되고 결국 어떤 형태로든 해소한다. 그 후 우울

하고 허무한 느낌을 받게 되고 그렇게 또 성 충동이 생기면서 악순환이 반복된다.[1093] 도박 중독자 역시 불안감, 우울감 등과 같은 정신적 문제로부터 탈출하려는 수단으로, 또는 불쾌한 기분을 덜기 위한 수단으로 도박을 한다.[1094]

◆ 성중독과 마찬가지로, 게이도 성행위로 부정적 기분을 개선하려고 한다. 게이가 우울한 느낌을 받는 경우 성 충동으로 더 왕성한 성 활동을 한다는 연구결과가 있다. 반면 성 중독자가 아닌 일반인의 성 활동은 감소한다.[1095] 다른 연구결과에서도 우울증을 겪는 게이는 여러 성 파트너와 안전하지 않은 성관계를 하게 될 가능성이 훨씬 크다는 사실이 밝혀졌다.[1096] 정신적 문제를 중독된 특정 행동(성행위)으로 해소하려는 게이의 성향은 중독성 질환의 일반적 특징인 셈이다.[1097]

◆ 성중독은 신체적으로 해가 되는 상황에서도 거듭된 성관계를 하게 한다. 그리고 성 중독자는 성관계로 인해 신체적, 심리적 문제가 악화되는 줄 알면서도 성관계를 계속한다.

연구결과 성 중독자는 성병 감염, 혼인 파탄이나 법적·사회적 문제와 같은 부정적인 결과가 유발될 위험을 알고 있더라도 성행위를 지속하는 패턴을 벗어나지 않는다.[1098] 부정적 결과와 정신적 건강에 해로운 결과를 낳더라도 성적 활동을 스스로의 의지로 통제할 수 없기 때문이다.[1099] 이로 인해 성 중독자 본인은 큰 고통을 받는다.[1100]

◆ 성중독과 마찬가지로, 남성 동성애는 HIV를 비롯해 다양한 성병 감염을 유발하는 상황에서도 반복적인 성관계를 하게 한다. 신체적으로 해가 되는 상황 등으로 인해 게이 수명은 일반 남성보다 25~30년, 알코올 중독자보다 5~10년 짧다고 한다.[1101] 미국 질병관리본부는 젊은 남성 동성애자들이 HIV/AIDS 같은 성병을 퍼트리는 위험 행동을 많이 한다고 보고한다.[1102] 에이즈에 걸린 남학생의 약 95%가 동성 성행위를 했을 정도다.[1103] 연구결과 항문성교는 질 성교보다 1회 성행위 당 HIV 감염확률이 17~20배 높다.[1104] 흡연으로 폐암에 걸릴 확률이 약 8배인 반면, 동성애자의 항문성교로 에이즈에 걸릴 확률은 약 178배에 이른다.[1105] 게이의 HIV 유병률이 높음에도 좁은

게이 커뮤니티 안에서 수많은 성 파트너와 거미줄처럼 얽히며 항문성교를 하므로 결국 에이즈에 걸릴 확률이 높게 된다. 에이즈로 죽는 것을 보면서도 항문성교를 제어할 수 없다는 사실은 동성 성행위가 중독임을 반증한다.[1106]
남성 동성애자는 자살 충동이나 HIV/성병을 감염시키는 결과가 초래될 위험을 알고 있더라도 수많은 익명의 성 파트너들과 항문성교를 반복한다. 특히 신체적으로 해로운 상황을 극대화하는 콘돔 없는 항문성교의 지속 패턴을 벗어나지 않는다. 2014년 기준 미국 게이의 콘돔 없는 성관계의 비율은 HIV 음성의 경우 40.5%, HIV 양성의 경우 44.5%였다. HIV 감염을 알고 있더라도 콘돔 없는 성관계를 더 왕성히 하는 것이다.[1107] 에이즈에 걸린 게이 64%가 다른 남성과 성관계를 가진 적이 있다는 연구결과도 있다.[1108] 콘돔 없는 항문성교가 그만큼 위험한 것이다.

나아가 게이의 배우자가 에이즈에 감염된 채 치료 기회를 놓칠 가능성도 크다.[1109] 혼인 파탄이나 법적·사회적 문제와 같은 부정적인 결과가 초래될 위험을 알고 있더라도 게이는 항문성교를 계속하는 것이다. 선천적이라고 착각할 만큼 내성과 금단증상이 심하여 동성애를 본인의 의지로 통제할 수 없기 때문이다. 게이는 중독으로 인해 큰 고통을 받으면서 심리적 문제가 악화된다. 자살 충동, 심각한 우울증과 불안장애는 중독에 동반되는 질환일 뿐 사회적 차별 때문이라는 실증적 근거가 없다.[1110]

◆ 성중독은 성 파트너를 구하거나 성관계를 하는데 많은 시간이 들게 한다. 성 중독자는 이런 성관계로 인해 사회적, 직업적, 휴식 활동을 포기하거나 줄인다. 게다가 거듭된 성관계로 직장, 학교 혹은 집에서의 역할을 하지 못한다.

연구결과 성 중독자는 성적 활동에 장시간을 사용하는 특성이 있다.[1111] 잠재적인 성 파트너를 찾는데 과도한 시간을 소비하며, 성중독이 깊어질수록 소비되는 시간도 따라서 늘어난다. 그리고 성행위에 대한 지속적인 생각을 떨쳐버리지 못한다.[1112] 성관계를 하지 않으면 아무것도 할 수 없는 우울증과 무기력함을 느끼는 가운데 섹스에 관한 욕구만이 비정상적으로 확대된 상태이기 때문이다. 이로 인해 과잉성욕과 관련 없는 생활영역이나 목표에 소비되는 시간이 줄어들게 된다.[1113] 이것은 일상생활에 집중할 수 없도록 방해하는 결과를 초래한다.[1114] 그리고 삶의 주요 영역까지 방해받게 된다.[1115]

◆ 성중독과 마찬가지로, 남성 동성애도 성 파트너를 구하는데 많은 시간이 들어간다. 2013년 연구결과 동성애 앱 그린더(grindr)를 사용하는 600만 명의 남성 동성애자들은 하루 평균 8번 접속하여 1시간 반을 사용한다. 이들은 평균 동성애 앱 3개를 사용한다.[1116] 2020년 그린더 사용 게이를 대상으로 조사한 결과 대부분 매일 3시간씩 동성애 앱을 사용한다고 밝혔다. 앱 사용 목적에 대한 게이들의 답변에서 '새로운 상대와의 성관계'가 가장 많았고, '로맨틱 관계 형성'이 가장 적었다.[1117] 게이들은 다수의 동성애 앱을 사용하면서 많은 시간을 성적 활동에 소비하게 된다.

2022년 연구결과 게이의 67%(연구대상 10,129명 중 6,737명)가 동성애 앱을 사용해 성 파트너를 만난다고 밝혔다.[1118] 2020년 연구결과에서는 게이 청소년의 70.3%가 동성애 앱을 사용한다고 밝혔다. 14~17세 LGBT 청소년들은 게이 동성애 앱을 사용해 성 파트너를 만나는 것이 보편화 됐다.[1119] 성인인증 절차가 형식적으로만 존재하기 때문에 13살 어린애도 몇 초 만에 동성애 앱 접속이 가능하다.[1120] 청소년과 어른을 가릴 것 없이 동성 성행위를 하는 남성 약 70%가 동성애 앱을 사용해 수많은 성 파트너와 성관계를 하는 것이다. 동성애 앱은 장소적, 시간적 제약 없이 언제나 쉽게 접속할 수 있다는 점에서, 동성애에 쉽게 빠지고 자발적인 의지로 중단하는 것을 어렵게 한다.

중독자에게는 중독 상태가 정상적이다. 다시 말해 알코올이나 니코틴 중독자는 몸에 일정량의 알코올이나 니코틴이 들어가야만 정상적인 사고와 활동을 할 수 있다. 알코올이나 니코틴이 빼앗긴다면 일상생활에 집중할 수 없게 된다.[1121] 성중독이나 남성 동성애도 마찬가지다. 반복적으로 동성 성행위를 하지 않으면 아무것도 할 수 없는 우울증과 무기력함을 느끼는 현상을 보인다. 동성애 앱을 사용하는 경우 게이 커뮤니티 내 차별로 인해 우울증이 심화되면서 정신건강이 악화되는 경우도 많다.[1122] 더구나 게이는 동성 성행위 관련 활동에 많은 시간을 소비하기 때문에 다른 삶의 주요 영역과 일상생활이 방해받는다. 수많은 성 파트너와 성관계를 하게 되면서 사회적, 직업적 활동을 포기하거나 줄인다. 이로 인해 중요한 관계가 위태로워지거나 직업적, 교육적 기회나 출세의 기회를 상실하는 증상이 나타난다.

2016년 10월경 프랑스 파리에 거주하는 게이 580명을 대상으로 한 연구결과, 45.5%는 월세 납입에 재정적 어려움을 겪는다고 답했다. 이런 상황은 게이의 약물 남용과도 밀접한 연관성이 있었다.[1123] 580명 중 30.1%는 수면의 질이 매우 낮았으며 44.7%는 잠이 드는 데 문제가 있다고 밝혔다.[1124] 게이의 거듭된 성관계로 직장, 학교 혹은 집에서의 역할을 하지 못하는 비율이 높은 것이다.

◆ 성중독은 성관계의 영향으로 사회적 관계나 대인관계에 문제가 발생하더라도 계속 성관계를 하게 한다. 연구결과 성중독은 인간관계 문제에 부정적인 영향을 미치게 된다.[1125]

◆ 성중독과 마찬가지로, 남성 동성애도 대인관계 문제가 반복적으로 악화하는 증상을 보이게 된다. 게이의 우울증과 자살 충동의 주요 원인 중 하나로 인간관계(56%)가 꼽힌다.[1126] 1977년 미국 정신의학회 의사 2,500명을 대상으로 한 조사에서 60%가 "동성애자들은 성숙한 사랑의 관계를 맺는 능력이 부족하다"라고 밝혔다.[1127] 실제 156쌍의 남성 동성애 커플을 대상으로 한 조사에서 5년 이상 함께 한 커플은 한 쌍도 없었다.[1128] 남성 동성애자들의 관계가 평균 1.5년을 지속하지 못한다는 연구결과도 있다.[1129] 중독성 질환이 인간관계에 부정적인 영향을 미치는 한 단면이다.

◆ 성중독에 빠지는 가장 큰 원인으로 어린 시절 가정문화가 지목된다. 한국심리상담센터에서 성중독 심리치료를 받는 사람들의 약 70%가 이에 해당한다. 성폭행 등 성적 충격이 성적 갈급으로 이어지기도 한다. 인간관계에 친밀감을 느끼지 못할 때도 성중독으로 이어질 수 있다. 정신적으로 관계를 맺지 못하니 몸으로라도 관계를 맺는 것이다. 성중독증을 해결하기 위해 심리적 접근법이 필요한 이유다. 전문가들은 섹스 중독증을 해결하려면 정신과 치료가 필요하다고 말한다.[1130] 어린 시절 트라우마가 성중독 확률을 높인다는 연구결과에서 성중독을 치료하려면 아동기 트라우마를 다뤄야 한다고

밝힌다.[1131]

◆ 성중독과 마찬가지로, 남성 동성애에 빠지는 가장 큰 원인도 어린 시절 트라우마가 꼽힌다. 약 2만 명을 대상으로 한 연구에서, 동성애자 중 어릴 때 불행을 경험한 사람들이 많다고 밝힌다.[1132] 어린 시절 부정적인 부모·자식 관계, 부모의 이혼 등 역경,[1133] 유년 시절의 성적 학대가 동성애를 유발하게 된다.[1134] 성중독과 마찬가지로 동성애도 정신과 치료가 필요하며 아동기 트라우마를 다뤄야 한다는 견해가 많다. 그러나 젠더 추종자들은 동성애 상담 치료를 반대하며 가로막는다.

결국, 남성 동성애는 DSM-5에 따른 알코올, 니코틴 중독의 11가지 진단기준을 모두 충족한다. 그뿐만 아니라 카프카 의사나 리드 교수가 제안한 진단기준들도 모두 충족한다. 특히 다른 성 행동으로부터 성중독을 구분하는 주요 특징은 첫째, '개인이 성행동을 통제할 수 없는 것이 명확한지', 둘째, '반복적인 성행동 조절의 실패', 셋째, '성 행동이 뚜렷하게 해로운 결과를 야기함에도 불구하고 지속되는지'이다. 이것은 성중독 진단기준의 핵심적 내용이기도 하다.[1135] 남성 동성애는 동성 성행위를 통제할 수 없고, 반복적인 절제 노력이 실패하며, HIV 감염이나 자살 충동 등 해로운 결과에도 불구하고 수많은 성 파트너와 성관계를 계속하는 증상을 보인다. 성중독의 특징을 뚜렷이 보이는 것이다.

한 연구결과에서는 LGBT 남성이 일반인을 포함한 다른 비교군보다 월등히 높게 과잉성욕 행위 요소들을 가지고 있다고 밝힌다. 또 LGBT 남성이 과잉성욕 행위를 할 위험성(성중독 위험)이 가장 높은 집단이라고 한다.[1136] 이것은 남성 동성애가 중독성 질환임을 시사한다. 성중독 증상을 모두 가지고 있는데 중독성의 정도와 그 해악성이 훨씬 위중할 뿐이다. 성중독 유사 증상인 것이다. 중독성 질환의 병리현상과 동성애 간의 상관관계는 이미 충분히 발견됐다. 단지 성욕이 왕성한 건강한 사람의 행위와 성중독을 구분 짓는 경계선 연구가 초기 단계일 뿐이다. 이런 상황을 이용해 아이들이 동성애에 빠져들고 빠져나오지 못하도록 법 제도를 운영하는 것은 반인권적이라는 지적이 나온다.

중독으로 내몰리는 아이들

앞에서 언급했듯 젠더 추종자들은 서구에서 차별금지법을 제정하는 근거로 동성애 원인이 선천적이라고 주장해왔다. 그러나 현대과학은 '동성애가 타고나지 않았다'라고 밝힌다. 그러자 젠더 추종자들은 동성애 원인이 무엇인지 모르겠다고 입장을 바꾸면서 아래와 같이 말한다.

"개인에게 이성애, 양성애, 동성애의 성적지향이 발달되는 정확한 이유에 관해 과학자들 간의 일치된 의견은 없다. 대부분의 사람이 자신의 성적지향을 선택한다는 감각을 느끼지 않거나 아주 약하게 경험한다."[1137]

왜 그럴까? 탈동성애자들은 한결같이 성중독을 언급한다. 즉, 남성 동성애도 일반적인 중독 증상이 있다는 것이다. 검증해보자.

알코올, 담배, 마약, 도박, 성중독은 그 자체만으로 신체·정신적 질환을 유발해 일상생활에 지장을 줄 뿐만 아니라 심각한 경우 자살로 이어진다. 그러나 중독 환자 본인은 병을 자각하지 못하는 경우가 대부분이다.[1138] 그래서 중독 환자는 스스로 치료받으려 하지 않고 치료도 어렵다.[1139] 전문가들은 행위중독인 도박중독이 약물중독보다 자각하기 더 어렵다고 한다.[1140] 이와 마찬가지로 행위중독인 성중독도 자각하기 어렵다. 한 연구결과에서는 '중독 증상이 발현된 게이는 보통 합리화, 최소화, 억압에 대한 방어 등을 사용하여서 그들의 삶에 문제가 있고 조절이 되지 않는다는 것을 인정하지 않으려고 한다'라고 밝힌다.[1141] 중독자는 중독된 특정 행동을 선택한다는 감각을 느끼지 않거나 아주 약하게 경험하는 것이다.

동성애를 끊으려고 노력을 많이 했음에도 불구하고 번번이 실패함으로써 자신은 동성애를 할 수밖에 없는 몸을 가졌다는 착각도 할 수 있다.[1142] 이것은 '중독' 질환의 대표적인 임상적 증상인 '내성'과 '금단'이 나타나기 때문이다. 이로 인해 발현되는 중독성 질환에 대한 완전한 치료법은 지금까지 없다. 뇌리에 각인된 쾌감의 기억이 끊임없이 중독 행위를 유발하기 때문이다. 이런 이유로 알코올 중독 치료센터에서 근무하는 A씨가 말한다.

"십수 년 가까이 술을 끊고 알코올 중독 치료를 돕고 있지만, 솔직히 지금 이 순간에도 엄청난 유혹에 시달리고 있습니다. 지금 당장이라도 그 유혹에 무너질 것만 같은 위기감을 느낍니다."

노벨상을 수상한 세계적인 뇌과학자 에릭 캔델이 말한다.

"중독된 상태에서는 의지력을 발휘하기가 어렵습니다. 약물이 의사 결정을 통제하는 뇌 영역들을 표적으로 삼기 때문입니다. 중독은 도덕적 타락이 아니라 뇌 질환이라는 관점에서 접근하고 중독자에게 치료를 제공하는 것이 중요합니다."[1143]

모든 중독은 당뇨와 같이 지속적인 관리를 필요로 하는 만성질환인 셈이다. 금단증상이 나타나고 중독 행위를 절제하려고 반복적인 노력을 해보아도 실패하는 증상을 보인다. 스스로의 의지로 중독 행위를 통제할 수 없기 때문이다. 그래서 전문가 상담 치료가 중요하다. 그럼에도 일반인은 중독성 질환을 급성 금단 시기만 지나면 끝나는 급성질환으로 잘못 인식하는 경우가 많다. 그리고 병 관리를 하지 않아서 재발이 잦다.[1144]

특히 동성애는 아동 때부터 선천적이라고 가르친다. 나아가 젠더 추종자들은 금단증상의 치료도 막는다. 게이 본인의 의지로 중독성 질환에서 벗어나기 어려운 여건을 차별금지법 등 법 제도를 통해 만든다. 반복적인 동성 성행위를 통제할 수 없는 내성으로 인해 선천적으로 동성애자로 태어났다고 착각하게 된다.[1145] 동성애를 끊으려고 노력했음에도 강한 중독성으로 인해 번번이 실패하니까 타고났다고 착각하는 것이다.[1146] 그리고 중독에 따르는 고통으로 많은 게이들이 자포자기하며 자살 시도를 하게 된다.

게이는 항문성교로 인해 에이즈가 많이 걸린다. 젠더 추종자들은 사회의 부정적 시선 탓에 감염자 당사자들이 심각한 '내재적 낙인'을 경험한다고 주장한다. 죄책감을 느끼고, 자기 탓을 하게 되며, 심지어 자살과 자해 위험이 커진다고 한다.[1147] 그리고 이를 차별금지법 제정의 근거로 삼는다. 과연 게이들의 정신건강 악화가 사회적 낙인에서 비롯된 것일까? 다른 중독 증상과 비교해 보자.

중독은 뇌의 도파민 체계에 영향을 줘 혼자 힘으로는 극복할 수 없는 지경에 이른다. 중독에 의해 인간은 정신적으로 감정조절 장애와 충동조절 장애, 우울증, 정신병 등에 시달리고, 신체적으로도 만신창이가 될 확률이 높다.[1148] 충동조절 장애의 필수 증상은 개인이나 다른 사람에게 해가 될 수 있는 행위를 수행하려는 충동이나 유혹에 저항하지 못하는 것이다. 충동조절 장애는 중독 행위를 하기 전에 각성 상태가 고조되는 것을 느끼고, 행위를 할 때 기쁨이나, 충족감, 안도감을 경험한다. 그러나 행위 후 후회, 자기 비난, 죄책감이 동반되는 경우가 허다하다.[1149] 다시 말해 중독은 쾌락에서 시작되나 중독 단계로 넘어가면 사실은 중독자들이 고통스러워서 하는 경우가 많은 것이다. 그러다 중독된 행위를 끊지 못하는 자기 모습을 보면서 자존감이 무너지고, 그러다 또 중독된 행위를 하는 악순환이 이뤄진다.[1150] 모든 중독 환자의 우울증 동반율이 20~50%에 이르는 이유다.[1151] 동성애자 모습이기도 하다. 을지중독 연구소장이자 정신과 전문의인 조성남이 말한다.

"중독 환자들 대부분은 이중 진단을 받게 됩니다. 신체적 중독 현상뿐만 아니라 80%가 정신과적 증상을 겪게 됩니다. 우울증과 불안장애, 정신병적 장애 등이 여기에 해당합니다. 따라서 일단 정신과적 치료를 해야 합니다."[1152]

모든 중독 장애는 높은 자살률을 보인다. 사회적 낙인이 아니라 내재적 원인에서 연유한다. 한국에서 2010년부터 2017년까지 정신건강 지표들을 분석한 결과, 음주율이 높은 시군이 자살률도 높게 나왔다.[1153] 특히 알코올 중독자의 자살 시도율은 일반 성인 자살 시도율보다 4~10배가량 높은 것으로 나타났으며 알코올 중독자의 50.7%가 자해 또는 타해를 경험한 것으로 조사됐다.[1154] 외국도 알코올 중독자 자살 시도율이 일반인과 비교해 약 6배 정도 높은 것으로 나타났다.[1155] 자살률은 알코올 중독자가 18%, 약물 중독자는 15~20% 정도 된다고 알려진다.[1156] 2017년 영국 조사결과 도박 중독자의 자살 충동감은 47%에 이른다. 호주, 독일, 미국도 도박 중독자의 자살 시도는 23%, 자살 충동감은 80%에 이른다고 보고했다.[1157] 연구에 따르면 알코올·마약 중독자의 40% 정도가 적어도 한 번 이상 자살을 시도하는 것으로 밝혀졌다.[1158] 미국, 영국, 중국의 LGBT 청소년 40% 정도가 진지하게 자살을 고려하고, 일반 청소년보다 자살을 시도할 확률이 5배 높은 증상도[1159] 중독 장애의 일환으로서 다른 중독자와 다르다고 볼 합리적 근거가 없다.

서울대학교 치의학대학원 분자유전학-약리학교실의 류현모 교수가 말한다.

"성행위를 일찍 시작할수록 동성애에 빠질 가능성이 높으며, 오래 지속할 수록 빠져나오기 힘든 중독성 질환의 성향을 가지고 있습니다."[1160]

중독은 보상, 스트레스, 자기조절에 관련된 뇌 회로의 기능적 변화를 수반한다.[1161] 도박중독은 마약중독처럼 특정 성분을 섭취하는 건 아니지만 신경과 심리에 대한 작용은 마약이나 알코올 중독과 흡사하다.[1162] 일반인과 달리 성 중독자도 약물 중독자가 약물을 갈구할 때 나타나는 뇌 패턴과 일치하는 현상을 보인다.[1163] 이런 메커니즘으로 인해 중독성 질환은 자발적인 의지만으로 중단이 쉽지 않은 것이다. 중단이 어렵다는 이유만으로 선천적이라고 할 수 없는 것이다. 동성애도 이런 강력한 중독성 때문에 깊게 빠져들면 헤어나오기 힘들다.[1164]

중독성 질환과 마찬가지로 동성애가 일상생활에서 쉽게 회복할 수 없는 신체적, 정신적, 사회적 기능 손상을 입힌다는 사실은 부인할 수 없다. 반면 성별, 인종, 피부색 등의 차별금지 사유는 이런 사회병리적 현상이 없다. 동성애와 본질적으로 동일한 비교집단이 중독성 질환이라는 실증적 자료들은 풍부하다. 반면 성별, 인종, 피부색 등 차별금지 사유가 의미 있는 비교집단이라는 객관적 근거는 전혀 없다.

동성애가 아이들에게 미치는 정신적, 육체적 해독이 심대하다. 인권교육이 동성 성행위를 하는 청소년의 수를 폭증시킨다는 통계가 가시화됐다. 더불어 청소년에게 에이즈나 동성 성행위 관련 질병을 확산시키는 통계도 가시화됐다. 선택할 수 없을 정도로 동성애에 중독되면 순기능은 더 이상 기대하기 어렵다. 건강 악화, 생활 파괴, 우울증 등 성격 변화, 자살 충동 등 육체적·정신적으로 부정적인 결과를 초래하며, 교사나 교우와의 관계, 학교 수업 및 학교생활에도 부정적인 영향을 끼칠 수 있다. 정신적·육체적으로 성장 단계에 있는 청소년이 건전한 인격체로 성장하는 것을 심대하게 방해하는 것이다. 그럴 뿐만 아니라 가정생활 및 사회적 관계에서도 파탄을 가져온다. 다른 중독성 질환과 유사한 증상을 보이지만 동성애가 미치는 유해성과 중독성이 더 심각하다는 차이가 있다. 이런 사회적 병리현상에 대해 젠더 추종자들도 이견이 없다. 다만 동성애로부터 유발되는 사회적 병리현상의 원인이 사회의 부정적 시각 때문이라고 탓할 뿐이다. 그러나 다른 중독성 질환에 대한 사회의 부정적 시각도 마찬가지다. 차별할 합리적 근거가 있는지 의문이다.

중독은 일단 발생하면 그 피해 회복이 어려우므로 사후치료보다는 사전예방이 더 중요하다. 특히 청소년을 중독으로부터 보호하는 것이 중요하다. 청소년은 자기 행동의 개인적 또는 사회적인 의미를 판단할 능력과 그 결과에 대한 책임능력이 성인보다 미숙해 특별한 보호가 필요하기 때문이다. 따라서 다른 중독성 질환은 청소년에게 중독의 유해성과 위험성을 적극적으로 알려 사전예방한다. 그리고 상담·치료 시스템의 정비와 상담 전문인력을 양성하며 중독 예방을 위한 환경 개선 및 정책개발 등 근본적인 해결책을 모색한다.

반면 동성애 정책은 이와 반대 양상을 보인다. 동성애는 그 유해성과 위험성에 대한 정보를 철저히 차단한다. 이를 알려 경각심을 주는 교수나 교사는 파면시킬 정도다.[1165] 그 결과 아이들은 동성애에 빠져든다. 나아가 동성애 상담 치료는 불법화한다.[1166] 상담 치료하는 의료인들의 자격을 박탈시킬 정도다. 그 결과 아이들은 동성애에서 빠져나오지 못한다. 그리고 젠더 이데올로기 확산을 위한 정책개발을 하며 인권교육을 통해 동성애에 빠져드는 환경을 만든다.[1167] 헤어나오기 힘든 중독 상태로 아이들이 내몰리는 것이다. 이것은 마치 '알코올 중독'에 빠지도록 환경을 만든 후 이를 끊기 어렵다는 이유로 중독자에게 계속 술을 마시라고 권하는 일과 같다.

HIV에 감염될 경우 게이는 자기 라이프 스타일을 탓하며 절망한다.[1168] 그러나 1차 책임은 젠더 추종자들에게 있다. 동성애 관련 유해성 정보를 차단하면서,[1169] 아동 때부터 성적 호기심만 자극하는 인권교육을 강제하고,[1170] 치료 길을 막아버리기 때문이다. 아이들이 동성애를 하거나 빠져나올 수 있는 본인의 선택권이 박탈되는 것이다. 그 결과 적극적·주동적으로 동성애자를 양산하는 폐해를 유발한다는 점에서 책임이 매우 무겁다. 그리고 삶이 파괴된 아이들과 그 부모들을 향해 '타고나서 어쩔 수 없다'라는 검증되지 않은 무책임한 변명만 늘어놓을 뿐이다.

젠더 이데올로기 확산을 위해 아이들이 임상실험 대상자로 전락했다는 목소리도 높다.[1171] 동성애는 성인보다 청소년에게 더 큰 신체적·정신적 부작용이 생기게 한다. 청소년기에 겪은 성적지향 혼란의 부작용이 성인이 된 후에 나타날 가능성도 크다. 관련 지식 없이 에이즈에 감염되어 치료 시기를 놓칠 확률도 높다.

이런 피해는 상당한 기간이 지나야 가시화된다. 동성애가 구체적으로 어떤 해악을 가져오는지를 검증하지 않은 채 서구에서 차별금지법과 인권교육이 시행됐다. 그리고 청소년에 대한 구체적인 피해가 가시화된 후에도 차별금지법은 비판하는 목소리에 재갈을 물리며 '청소년 보호'보다 젠더 이데올로기를 중시할 뿐이다.

동성애를 하는 아이들 대부분의 삶이 불행하다는 사실에는 이견이 없다. 그러나 그 원인이 후천적인 중독의 문제인지, 게이 커뮤니티 안의 차별 때문인지 아니면 선천적인 동성애에 대한 사회적 차별 때문인지 논란이 되고 있다. 아이들의 인생을 뒤바꾸는 문제기 때문에 당연히 사회적 논의와 검증이 필요하다. 이를 위해 알 권리, 표현의 자유, 학문의 자유, 언론의 자유가 보장되어야 한다. 그러나 차별금지법은 이것을 막는다. 동성애 유해성에 대한 과학적·의학적 검증의 목소리를 내는 교수·의사가 파면을 걱정해야 하는 제도적 환경을 조성한다.[1172] 동성애 확산정책을 이용해 실현되는 편향된 정치이념에 방해가 되기 때문이다. 이로 인해 아이들이 희생된다.

경희대 의대의 최현림 교수가 2016년 12월 14일 국회 포럼에서 말한다.

"태어날 때부터 동성애가 결정돼 있기 때문에 자신의 의지로는 어쩔 수 없다는 허황된 생각은 동성애를 차별금지법의 차별금지 사유 안에 넣기 위한 것입니다."[1173]

서울대의 류현모 교수가 경고한다.

"동성애는 성중독의 일종입니다. 차별금지법으로 동성애 행위를 보호하는 것은 마약, 도박, 알코올 같은 중독 행위를 장려하는 것과 다를 바 없는 무책임한 짓입니다.[1174] 동성애는 강박적 중독 성향을 갖는데, 차별금지법은 중독을 막지도 못하고 빠져나오도록 돕지도 못하게 할 것입니다."[1175]

10장

원숭이두창(엠폭스)의 주요 감염경로

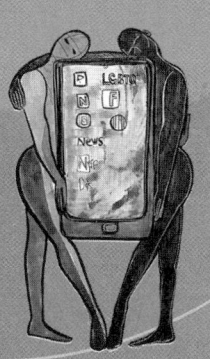

10장
원숭이두창(엠폭스)의 주요 감염경로

　원숭이두창(엠폭스, Mpox)은 1958년 실험실 사육 원숭이에서 처음 발견됐다.[1176] 이후 1970년 콩고민주공화국에서 인체감염 첫 사례가 나온 뒤 아프리카 중서부에서 주로 발생하는 풍토병으로 토착화됐다.[1177] 원숭이두창은 사람과 동물 모두가 감염될 수 있는 인수공통감염병인 것이다.[1178] 사람이 다람쥐 등 설치류를 사냥해 먹다가 동물로부터 직간접적으로 감염되는 사례가 종종 있었다.[1179] 이 풍토병은 2022년 이전까지 성적 접촉에 의해 감염되는 것으로 알려지지 않았다.[1180] 그리고 아프리카 밖에서는 감염 사례 자체가 거의 없었다.[1181]

　원숭이두창의 증상은 천연두와 비슷하며 38.5도 이상의 고열·두통·근육통 등과 함께 림프절이 붓는다.[1182] 보통 1~4일 후에 피부 발진과 수포(물집) 등이 발생해 고름이 잡히며 통증·가려움증을 동반한다.[1183] 딱지가 떨어지면 흉터(곰보 자국)가 남을 수 있다.[1184] 잠복기는 5~21일 정도이며 평균 6~13일이다.[1185] 미국 텍사스주의 보건서비스부 국장인 존 헬러스테트(John Hellerstedt) 박사는 "면역체계가 약한 사람들에게 원숭이두창은 특히 심각한 질병이다"라고 말한다.[1186]

　그런데 2022년 5월경부터 풍토병 지역이 아닌 북미와 유럽 몇몇 국가를 중심으로 원숭이두창 감염이 빠르게 확산하면서 전파 양상이 크게 바뀌었다.[1187] 주요 감염경로가 동물 감염에서 남성 간 성접촉으로 바뀐 것이다.[1188] 즉, 젠더 이데올로기가 성행하는 국가에서 남성 동성애자 중심으로 원숭이두창이 급격히 확산하게 되었다.[1189] 특히, 퀴어축제나 게이 사우나를 통해 원숭이두창이 전 세계 동시다발적으로 확산되었다는 지적이 잇따른다.[1190] 게이, 양성애자, 남성 간 성관계를 하는 남성들(gay, bisexual, men who have sex with men, 이하 'MSM')이 '고위험군'이 된 것이다.[1191] 한 연구결과에서는 이들의 항문성교가 원숭이두창을 확

산시키는 주원인이라고 밝힌다.[1192]

그리고 2022년 이전에 볼 수 없었던 증상들이 나타나는데, 가장 특징적인 것은 생식기와 항문 부위에 병변이 많이 나타난다는 것이다.[1193] 런던의 성 건강 관련 병원에 내원한 원숭이두창 환자들을 대상으로 조사한 연구결과에서 확진자 모두 MSM으로 밝혀졌는데, 그중 94%는 병변(피부 발진)이 항문과 생식기 주변에 있었다.[1194] 그리고 원숭이두창 감염자의 6분의 1은 기존 원숭이두창 증상과 완전히 달랐다.[1195]

2022년 7월 23일 세계보건기구(WHO)는 원숭이두창의 급속한 확산으로 국제적 공중보건 비상사태(Public Health Emergency of International Concern, PHEIC)를 선언했다.[1196] 당시 스페인(3,125명), 미국(2,891명),[1197] 독일(2,268명), 영국(2,208명), 프랑스(1,567명) 등 유럽과 북미 지역을 중심으로 전파되었다.[1198] 이때로부터 2주가 채 안 된 시점인 2022년 8월 4일경, 미국에서는 확진자 수가 6,600명을 넘어서 3배로 증가했다.[1199] 이에 따라 미국 역시 공중보건 비상사태를 선포하기에 이르렀다.[1200]

전 세계에서 2022년 1월 1일부터 2023년 4월 18일까지 집계한 결과, 87,039명이 확진되었고 그중 120명이 사망했다. 당시 사용 가능한 데이터를 분석해 보니 확진자의 96.4%(77,861명 중 75061명)가 남성이었고, 발병은 주로 MSM 네트워크에서 발생하고 있었다. 확진자 중 여성은 3.6%(77,861명 중 2,800명)였는데, 대부분 젠더 이데올로기가 만연한 미주 지역(2,800건 중 2,185건, 78%)과 유럽 지역(2,800건 중 433건, 15%)에 집중되었다.[1201]

미국과 유럽에서는 2022년경 원숭이두창이 크게 유행했는데 발생 빈도가 감소하는 추세이다.[1202] 그러나 이와 대조적으로 일본, 대만, 한국 등 아시아권에서는 2023년경부터 발생 빈도가 늘고 있다.[1203] 2023년 4월 기준 일본에서는 확진자가 100명을 넘어섰다.[1204]

한국에서는 2022년 6월경 첫 확진자가 보고된 후 2023년 4월부터 확진자가 잇달아 발생해 한국 질병관리본부(질병관리청)는 국내 원숭이두창 위기 경보를 관심에서 주의로 격상시켰다.[1205] 전문가들은 신고된 확진자보다 실제 숨은 환자가 10배 많을 것으로 본다. 전염될 수 있는 인큐베이션 기간이 3주 이상으로 길기 때문이다.[1206] 가톨릭대 의대의 백순영 명예교수가 말한다.

"엠폭스 특성상 방역망에 포착되지 않은 환자가 많아 환자 수는 빙산의 일각입니다. 감염원이 특정되지 않아 환자 수를 정확하게 알 수 없습니다. 6번 환자의 경우 36명과 접촉했는데 감염원을 익명으로 만났습니다. 7번부터 30번 환자의 접촉자 수는 아직 공개되지 않았지만 산술적으로도 수백 명에 달할 것으로 보입니다. 이들 대다수도 익명으로 여러 사람과 밀접 접촉이 있었던 것으로 확인됐습니다. 엠폭스는 지역사회에서 토착화되는 과정에 접어들었습니다. 이 추세대로라면 엠폭스 환자는 줄어들지 않고 계속 늘어날 수밖에 없습니다."[1207]

가천대 길병원 감염내과의 엄중식 교수가 말한다.

"엠폭스는 성접촉을 통해 가장 널리 전파됩니다.[1208] 현재까지 우리나라에서의 엠폭스 발병 현황을 보면 남성 동성애자 그룹에서 유행하는 게 특징으로, 남성의 정액 같은 체액을 통한 감염이 주된 감염경로로 보입니다.[1209] 엠폭스 고위험군에 해당하는 남성 성소수자에 대한 감염 확산 방지 전략을 정부가 어떻게 세우느냐가 매우 중요합니다.[1210] 최근 국내 감염 사례를 보거나 해외 사례들도 보면 사실상 성접촉을 통한 성매개 전파가 일어나고 있는데 (정부가) 정확하게 표현을 안 해주고 있기 때문에 필요 없는 우려가 발생하고 있다고 보고 있습니다.[1211] 성소수자(LGBT)에 대한 사회적 편견, 낙인 효과 때문에 정부가 감염경로에 대한 정확하고 구체적인 표현을 자제하고 있지만, 국민 건강을 지키기 위해 정보 전달은 명확해야 합니다.[1212]

우리나라도 남성 동성애자 중심으로 엠폭스가 퍼져가고 있습니다. 본인 스스로 검사를 안 하고 역학조사에도 잘 응하지 않아 문제입니다. 부분적으로 익명 상태서 만남을 갖는 경우가 있어 추적이 안 됩니다.[1213] 노출자 확인하고 노출 차단하기 위한 중재가 어려운 상황입니다.[1214]

양성애자가 엠폭스에 감염될 경우 감염 확산세는 지금보다 더 위험해질 것입니다. 성소수자 관련 시민단체·커뮤니티 등을 통해 엠폭스의 위험성을 적극적으로 알려야 합니다.[1215] 감염 전파 대상 중심으로 엠폭스에 대한 정보를 전달하고 충분히 설명해야 합니다. 현재는 이 단계에 집중하는 게 중요합니다. 조절 안 되어서 이성 간 전파까지 생기면 컨트롤 불가능한 상황이 올 수도 있습니다."[1216]

'양성애자가 원숭이두창에 감염될 경우 감염 확산세는 지금보다 더 위험해질 것이다'라는 전문가 발언에 대해, HIV/AIDS 인권활동가 네트워크와 성소수자차별반대 무지개행동은 '엠폭스발 성소수자 혐오를 중단하라'라고 촉구하며 성명을 냈다.[1217]

"기사에서 인용된 양성애자가 걸리면 더 위험할 수 있다는 의사의 발언은 도대체 무슨 이야기인지도 모르겠다.[1218] 양성애는 성적지향이 남성 또는 여성, 양쪽을 향할 수 있다는 것이지 양성과 동시에 만남을 갖는다는 의미가 아니다.[1219] 성소수자에 대한 기본적인 이해조차 없는 발언이 전문가의 의견으로 인용되어 근거 없는 혐오와 낙인을 전파하는 것은 인권보도준칙에도 위배되는 것이다."[1220]

남성 동성애자가 남성 양성애자를 만나 전염시킨 뒤 남성 양성애자가 여성 이성애자를 만나면 남성 이성애자들도 감염될 수 있다는 논리가 '혐오'라는 것이다.[1221] 그러나 '양성애자를 통해 원숭이두창이 일반 시민들에게까지 전파될 수 있다'라는 전문가 의견은 공중보건을 위협하는 문제를 논의하는 것임에도 혐오 프레임을 씌운다는 지적이 나온다. 더군다나 엄중식 교수의 이런 우려는 다른 나라 연구결과로도 뒷받침된다.[1222]

나아가 이투데이, 농업경제신문, 핀포인트 뉴스 등은 관련 기사 제목에 '원숭이두창 공포'라는 표현을 썼다는 이유만으로 '권고' 조치를 받았다. 인터넷신문위원회가 이것을 '과장된 표현'이라고 하기 때문이다.[1223] 인권보도준칙이 반영된 판단이라는 지적이 많다.[1224] 나아가 젠더 추종자들은 다음과 같은 주장들을 한다.

"국내외 의료계에서 엠폭스가 동성 간 성관계로 확산되지 않았다는 사실을 공인했음에도 기사에 '성소수자', '동성애', '양성애'라는 단어를 명시하며 낙인찍는 언론 보도가 확산되자 언론이 성소수자에 대한 근거 없는 혐오와 낙인을 전파하고 있다."[1225]

"엠폭스가 동성 간 성관계로 확산되지 않았다는 점은 국내외 의료계에서도 공인한 사실이다. WHO는 2022년 5월 25일 '엠폭스는 남성과 성관계를 갖는 남성에게만 국한되지 않는다'라고 발표했다."[1226]

"최근 원숭이두창의 발병 원인이 남성 동성애자라는 등 허위 사실들이 여전히 편견의 낙인을 찍고 있다."[1227]

"원숭이두창과 성소수자를 연관 짓는 보도는 질병에 대한 정확한 정보 제공에 악영향을 미친다."[1228]

그러나 젠더 추종자의 이런 주장에 대해 "동성애자라는 단어만 나와도 팩트와 의학/과학적 데이터를 무시한 채 '혐오' 운운한다"라는 비판의 목소리가 높다.[1229] 전 국제보건(HIV) 활동가이자 미국 예일대 공중보건대학원의 전염병학과 교수인 그레그 곤살베스(Gregg Gonsalves)가 말한다.[1230]

"아직 불확실성이 많음에도 MSM에 대한 낙인 위험 때문에 소통에 어려움을 겪고 있습니다. 성적 행위에 대한 솔직한 이야기라서 더욱 어렵습니다. 그러나 우리는 성에 대해 더 많이 표현해야 한다고 생각합니다. 모두가 사회적 낙인을 힘주어 말하면서 반복합니다. 그러나 우리 커뮤니티 내 (원숭이두창) 전염 위험을 다루고 이를 해결하는 것이 가장 중요한 문제입니다."[1231]

그렇다면 젠더 추종자의 주장이 맞는지 팩트체크를 해보자. 이렇게 원숭이두창의 실체를 파헤쳐보면 남성 동성애의 실체까지 엿볼 수 있을 것이다.

세계보건기구에 따르면 원숭이두창 감염자 중 96.9%가 MSM으로 확인됐다. 또한, 감염자 76.5%는 18~44세 남성이었다.[1232] 한편, 확진 3주 전에 성관계를 한 파트너의 수가 두 명 이상인 남성은 한 명인 남성보다 원숭이두창에 걸릴 위험이 1.8~6.9배 더 높다는 연구결과가 있다.[1233] 이런 이유로 세계보건기구는 MSM 집단에 성 파트너 수를 줄일 것을 촉구했다.[1234] 2022년 7월경 세계보건기구의 사무총장인 테워드로스 아드하놈 거브러여수스(Tedros Adhanom Ghebreyesus)가 기자회견에서 말한다.

"우리는 새로운 전파 방식을 통해 원숭이두창이 전 세계적으로 빠르게 확산되는 상황에 직면했습니다. 이에 따라 세계보건기구가 당분간 내릴 수 있는 최고 수준의 경보를 발령하기로 결정했습니다.[1235] 현재 국제적 공중보건 비상사태(PHEIC)를 선포하고 있지만, (원숭이두창의 확산은) MSM, 특히 성 파트너가 여러 명인 남성들에게 집중적으로 발병하고 있습니다. 이는 올바른 전략으로 멈출 수 있는 발병이라는 것을 의미합니다."[1236]

"현재 세계 78개국에서 1만8,000건 이상의 원숭이두창 확진 사례가 확인 됐습니다. 이 가운데 원숭이두창 감염 사례의 70% 이상이 유럽에서 발생하고 있으며 미주에서도 25% 정도의 감염 사례가 보고되고 있습니다."[1237]

"2022년 5월 발병 이후 확인된 원숭이두창 감염 사례의 98%는 MSM에게 발생했습니다. 위험에 노출된 이들은 자신을 보호하기 위한 조치를 취해야 합니다."[1238]

"전염병으로부터 스스로를 보호하는 가장 좋은 방법은 노출 위험을 줄이는 것입니다.[1239] MSM은 원숭이두창 바이러스 확산 위험을 낮추기 위해 당분간 성관계 횟수와 파트너 수를 줄일 필요가 있습니다."[1240]

세계보건기구의 원숭이두창 담당 기술책임자인 로사문드 루이스(Rosamund Lewis)가 말한다.

"원숭이두창 환자의 99%가 남성이며 이들 가운데 최소 95%는 MSM입니다."[1241]

요컨대, 차별금지법과 인권교육이 성행하는 국가 중심으로 원숭이두창이 확산되는 것이다. 다른 연구결과들을 살펴보자.

4,537건의 원숭이두창 감염 사례를 분석한 연구결과에서는 98.72%가 남성이었고 95.72%가 MSM이었다. 그중 28.1%가 HIV에 감염된 상태였다. 확진자 중 42.85%는 생식기 부위에, 37.1%는 항문 부위에 병변이 생겼다.[1242]

2022년 4월 27일부터 6월 24일까지 16개국에서 진단한 528건의 원숭이두창 발병사례를 조사한 연구결과도 발표됐다. 이에 따르면, 감염자 중 98%가 MSM이었다. 감염자의 41%는 HIV에 감염되었고 평균 연령은 38세였다.[1243] 감염경로의 95%는 성적인 접촉에 의한 것으로 의심되었다. 성병 검사에서는 29%가 성병에 감염된 것으로 나타났다.[1244] 이 확진자들은 최근 3개월간 평균 5명과 성관계한 것으로 알려졌다. 또 3분의 1가량은 한 달 새 게이 사우나, 파티 등 각종 동성 성행위 장소를 방문한 것으로 드러났다.[1245] 조사 대상인 감염자 528명 중 169명(32%)은 감염되기 한 달 이내에 LGBT 행사를 방문했다고 답했다. 147명(28%)은 대규모 퀴어축제에 참석한 경험이 있었다. 또 마약을 복용하며 성관계를 하는

'켐섹스'(chemsex)를 해본 적이 있다고 말한 감염자는 106명(20%)이었다.[1246]

기존 원숭이두창 감염으로 인한 피부 병변은 주로 얼굴과 손, 발 등에서 시작해 다른 부위로 퍼지는 것으로 알려져 있었다. 하지만 2022년 5월 이후 환자들의 임상적 특징은 다소 달랐다. 피부 병변이 생긴 위치와 관련하여, 항문과 성기 주변이 73%로 가장 많았고 몸통·팔·다리는 55%였다.[1247] 얼굴(25%)이나 손·발(10%)에 생긴 환자는 상대적으로 적었다.[1248] 연구팀은 말한다.

"가장 의심되는 감염경로는 MSM 사이의 성행위였습니다. 병변이 주로 생식기, 항문, 구강 점막 등에 나타난 것은 이러한 추측을 뒷받침합니다. 또한, 감염자 중 32명의 정액을 검사한 결과, 29명의 정액에선 원숭이두창 바이러스 DNA가 나오기도 했습니다."[1249]

15개국에서 226명의 원숭이두창 환자를 조사한 연구결과에서는 99%가 MSM으로 평균 연령이 37세였다. 그리고 99%가 증상이 나타나기 21일 이전에 성적인 접촉 혹은 밀접한 접촉을 했고, 이 기간 성관계를 한 파트너 수가 평균 3명이었다고 밝힌다.[1250] 그 밖에 원숭이두창 확진자의 99~100%가 남성이며 94~98%가 MSM이라는 연구결과들도 다수 있다.[1251] 아래에서는 젠더 이데올로기가 성행하는 국가별 연구결과들을 살펴보자.

벨기에 연구결과, 원숭이두창이 전 세계적으로 지리적 확장 추세를 보인 원인은 '동성 성행위 네트워크'와 관련 있다고 보고했다. 성관계 파트너를 자주 교체하는 MSM 집단이 형성한 네트워크가 바이러스의 효율적인 전파 수단이 됐다는 설명이다.[1252] 설문조사에 참여한 원숭이두창 환자 155명 중 95.5%는 MSM이었다. 이들이 최근 3주간 성관계를 가진 파트너의 평균 인원은 2명이었다.[1253] HIV 사전노출예방연구소 클리닉에 다니는 남성을 대상으로 한 설문조사도 진행했는데, 클리닉 이용자 1,322명 중 99.6%가 MSM이었다.[1254]

미국 질병관리본부(CDC)에서 2022년 7월 22일까지 집계된 원숭이두창 환자(2,891명) 중 이용 가능한 데이터를 분석한 결과, 확진자의 99%가 남성이었다.[1255] 특히 확진자 중 94%는 다른 남성과 성적인 접촉 혹은 밀접한 접촉이 있던 것으로 조사됐다.[1256] 2022년 9월 말까지 원숭이두창 감염 사례가 미국 50개 주 전 지역에서 2만6,000건이 보고됐다. 감염자 96%가 남성이었으며, 여전히

MSM 중심으로 원숭이두창 바이러스가 퍼지고 있다고 발표됐다.[1257]

영국 연구결과에서는 원숭이두창 확진자의 95%가 성관계를 통해 감염되었는데, 그중 98%는 남성 간 성관계였던 것으로 나타났다. 또한, 런던의 남성에게서 확인된 197건의 원숭이두창 중 56.3%가 생식기 부위에, 41.6%가 항문 부위에 병변이 발생했다.[1258] 런던에서 확진된 197명의 원숭이두창 환자를 조사한 다른 연구결과에서는 99.5%가 MSM이었고, 96%는 증상이 나타나기 21일 이전에 동성 성행위를 했다고 밝혔다. 원숭이두창 확진자의 35.5%는 HIV에, 31.5%는 다른 성병에 동시 감염된 상태였다.[1259]

영국 보건안전청(UK Health Security Agency, 이하 'UKHSA')의 2022년 6월 10일자 발표에 따르면, 원숭이두창 환자 중 99%(314명 중 311명)가 남성이었다.[1260] 환자 152명을 심층 조사했더니, 151명이 MSM이었고 1명은 정보 공개에 응하지 않았다.[1261] 게다가 연구에 응한 44%(45명 중 20명)는 '최근 3개월간 성적 활동의 파트너가 10명 이상이었고 잠복기에 집단 성행위를 한 것'으로 조사됐다.[1262] 그리고 64%(45명 중 28명)는 인큐베이션 기간(감염 및 증상의 발병 시간, 5~21일) 동안 위치정보를 활용하는 앱(동성애앱)을 사용해 새로운 성 파트너를 만났다고 답했다.[1263] 결국, UKHSA는 "원숭이두창의 감염이 계속되고 있으며 감염자 대부분은 MSM이다"라고 발표하면서 이 집단에 주의를 촉구했다.[1264]

2022년 6월 24일 UKHSA는 두 번째 기술 브리핑을 했다. 이 결과에 따르면 영국 감염자의 79%는 런던에 거주하고 있고, 확인된 감염자의 99%(813명 중 808명)가 남성으로 알려졌다. 평균 연령은 37세였다. 설문 조사결과, 확진자 중 96%가 MSM이었다. 또 지난해 성병에 감염된 경우가 54.2%, 최근 3개월간 10명 이상과 성관계를 한 경우가 31.8%로 나타났다.[1265]

2022년 5월 6일부터 8월 1일까지 원수이두창에 감염된 2,746명을 상대로 UKHSA는 또 다른 설문조사를 했다. 그 결과, 설문조사에 응한 95%(1,213명 중 1,160명)가 MSM이었으며 평균 연령은 37.8세였다.[1266] UKHSA의 신규 전염병 담당 이사인 미라 찬드(Meera Chand) 박사가 말한다.

"누구나 원숭이두창에 걸릴 수 있지만, 영국의 대부분 사례는 계속 MSM에서 발생하고 있으며, 서로 연결된 성 네트워크에 있는 사람들 간 긴밀한 접촉을 통해 주로 전염됩니다."[1267]

"최근에 새로운 성관계 파트너나 여러 명의 성관계 파트너가 생겼다면, 원숭이두창 증상에 주의해야 합니다. 현재 대부분 MSM에서 발생하지만, 증상이 있는 사람과 가까이 접촉한 적이 있는 사람도 위험이 높아집니다."[1268]

스페인 연구결과에서는 2022년 6월 22일까지 마드리드 지역에서 508건의 원숭이두창 확진 사례가 보고되었는데, 99%가 남성으로 평균 연령은 35세였다. 93%가 MSM이었고 84.1%는 증상 발현 21일 전에 여러 성 파트너들과 성관계를 가진 것으로 밝혀졌다. 마드리드의 게이 사우나와 그란카나리아(Gran Canaria)섬에서 열린 대규모 퀴어축제가 원숭이두창의 확산을 촉진시켰다고 분석했다.[1269] 다른 스페인 연구결과에서는 원숭이두창 환자 185명을 대상으로 조사했는데, 대다수 MSM이었고 그중 76%는 다른 성병에 동시 감염된 상태였다고 밝힌다.[1270]

저명한 의학저널 란셋(Lancet)에 게재된 연구결과에 따르면 스페인 마드리드와 바르셀로나에서 발생한 181건의 원숭이두창 사례에서 92%의 환자가 MSM으로 확인됐다.[1271] 연구진은 조언한다.

"원숭이두창이 남성 간 성관계를 통해 전파되고 있다는 증거가 잇따라 나오고 있습니다. 따라서 미국 질병통제예방센터(CDC)를 비롯한 전 세계 보건당국은 커뮤니케이션 전략을 변경해서 (전염 원인으로) MSM 성관계에 대해 더 강조할 필요가 있습니다."[1272]

독일의 연구결과 2022년 6월 23일 당시 301명이 원숭이두창으로 확진 판정을 받았는데, 모두 MSM이었고 46.7%가 HIV에 감염된 상태였다. 확진 6개월 전에 성병 감염진단을 받은 환자는 59%에 이르러 성병 유병률이 매우 높았다.[1273] 일주일이 지난 2022년 6월 30일 당시에는 확진자가 546건으로 증가했는데, 환자 모두가 여전히 MSM이었고 46.9%가 HIV에 감염된 상태였다.[1274] 독일 예방접종위원회(STIKO)에서도 2022년 6월경 '원숭이두창 감염자 130명이 모두 MSM이었으며 이 위험 그룹에 대해 백신 접종을 권고한다'라고 밝혔다.[1275]

프랑스 연구결과에서는 2022년 5월 21일부터 7월 5일까지 264명의 원숭이두창 환자를 조사했다. 그 결과 99%가 남성이었고, 95%는 MSM이었으며, 95%

가 성접촉을 했고, 42%는 확진 전 3개월 동안 켐섹스를 했다고 밝힌다.[1276] 프랑스 고등보건청(Haute Autorité de Santé, HAS)에서는 '원숭이두창 사례의 97%가 MSM과 관련 있고 그중 75%는 증상이 나타나기 몇 주 전에 여러 남성과 성관계를 가졌다'라고 밝혔다.[1277]

캐나다에서도 2022년 6월 17일 기준 168명의 확진자 모두가 남성이었고 원숭이두창의 감염 원인 대다수가 남성 간 성접촉이라고 발표했다.[1278] 포르투갈 보건당국도 '원숭이두창 확진자 대부분은 MSM이다'라고 밝혔다.[1279]

미국 국립알레르기·전염병연구소(National Institute of Allergy and Infectious Diseases, NIAID)의 앤서니 파우치(Anthony Fauci) 소장은 1984년부터 7명의 미국 대통령을 보좌해왔는데, 원숭이두창의 전파 양상이 과거 에이즈 발생 초기와 매우 유사하다는 의견을 냈다.[1280]

"5개 대륙, 16개국에서 발생한 528명의 원숭이두창 환자의 증상에 대한 연구결과를 보면 이 질병의 유행 양상이 과거와 달라졌다는 사실에 주목하게 됩니다. 원숭이두창 전파 사례의 새로운 유행 패턴은 초기 에이즈·HIV 사례와 놀랍도록 유사합니다. 이번 연구에서 MSM은 전체 사례의 98%를 차지합니다.

간병인의 사례를 제외하면 가정 내에서 원숭이두창이 전파됐다는 근거는 지금까지 거의 없습니다. 32개의 확진자 정액 샘플 중 29개에서 유전자증폭(PCR) 양성 반응이 나왔다는 점, 확진자의 23%는 입안에, 73%는 생식기에 병변을 가지고 있었다는 점을 보면 원숭이두창의 전파경로가 성접촉이라고 판단할 수 있습니다."[1281]

이와 같이 세계적으로 MSM 집단이 원숭이두창의 고위험 집단이라는 사실에는 이견이 없다. 여러 국가의 통계와 연구결과들은 'MSM 성관계'가 에이즈뿐만 아니라 원숭이두창의 주요 감염경로라는 사실을 분명히 드러낸다. 그래서 원숭이두창과 에이즈의 주된 확산 경로가 놀랍도록 유사하다는 지적이 나온다. 이런 특징으로 원숭이두창 환자들의 HIV/성병 유병률 역시 매우 높게 나타나고 있다.[1282] 한 연구결과, MSM 커뮤니티에서는 다른 커뮤니티보다 성 파트너를 더 자주 바꾸고 여러 명의 성 파트너를 동시에 가질 가능성이 훨씬 크다고 밝힌다. 게다가 성관계 네트워크가 조밀하게 연결되어 원숭이두창 감염에 취약하다고 한다.[1283] 한 걸음 더 나아가, 성적지향과 원숭이두창 사이에 밀접한 연관성이 존재한다는 연구결과도 있다.[1284]

HIV/성병 유병률 수치를 살펴보자. 원숭이두창 환자가 다른 성병과 동시 감염되는 빈도는 29~76%이다.[1285] 여러 연구결과들이 이를 뒷받침한다.[1286] 그리고 HIV 유병률은 28~51%이다.[1287] 2022년 5월 17일부터 7월 22일까지 원숭이두창 확진자 1,969명을 대상으로 조사한 결과, 41%는 전년도에 한 개 이상의 성병 진단을 받았고 38%는 HIV에 감염된 상태였다.[1288]

그런데 세계적인 추세와 달리 한국은 HIV 신규 감염자들이 해마다 급증한다.[1289] LGBT 낙인을 막는다는 명목으로 정보 차단 정책을 극단적으로 시행하기 때문에, 예방 조치의 실효성을 무력화시킨다는 비판이 많다.[1290] 이로 인해 아이/시민들은 '동성애와 에이즈의 밀접한 상관관계'에 대해 알지 못해서 스스로 보호할 수 있는 경각심을 갖지 못하게 된다.[1291] 예방정책에서 가장 중요한 정보를 은폐하기 때문이다. 시민의 보건권보다 젠더 이데올로기 실현을 위한 LGBT의 미화 정책이 더 우선한다는 지적이 잇따른다. 이와 마찬가지로 동성 성행위가 원숭이두창의 주요 감염경로라는 사실까지 은폐할 경우, 원숭이두창의 예방정책도 실효성이 떨어질 수 있다는 우려가 크다.

한편, 원숭이두창은 에이즈와 달리 성적이지 않은 접촉으로도 전염된다. 원숭이두창의 감염경로는 다음과 같다. 즉, ▲비말(코, 구강, 인두, 점막, 폐포에 있는 감염비말에 의한 사람 간 직접 전파) ▲피부병변 부산물(감염된 동물·사람의 혈액, 체액, 피부, 점막 병변과의 직간접 접촉) ▲매개물(감염환자의 체액, 병변이 묻은 리넨, 의복 등 매개체 접촉을 통한 전파) ▲공기(바이러스가 포함된 미세 에어로졸을 통한 공기 전파) 등 4가지 감염경로다.[1292]

세계보건기구도 성적 접촉뿐만 아니라 감염자와의 피부 접촉으로도 원숭이두창이 퍼질 수 있으며, 감염된 사람이 만진 의복, 호텔 침대 시트, 탁자, 수건, 컵이나 식기 등 매개체 접촉만으로도 옮을 수 있다고 한다.[1293] 이와 같은 직·간접적인 신체 접촉뿐만 아니라 얼굴과 얼굴을 맞대고 대화하다가 호흡기 분비물(침방울 등)에 의해 감염될 수도 있다.[1294] 의료진들이 진료하다가 종종 원숭이두창에 걸리는 이유다. UKHSA 역시 "원숭이두창 발진이 있는 사람이 쓰던 옷, 이불, 수건을 만지거나 원숭이두창 물집이나 딱지를 만지면 감염될 수 있다.[1295] 또 원숭이두창 감염자의 기침이나 재채기를 통해서도 감염될 수 있다"라고 밝힌다.[1296] 미국 질병관리본부는 "임신부가 감염됐을 경우 태아에게 태반을 통한 수직감염이 가능하다"라고 덧붙인다.[1297] 미국 질병관리본부는 원숭이두창 감염 사례 대다수가 남성 동성애자에게서 발생했지만, 성적 성향과 상관없이 감염자와 밀접 접촉을 한 사람은 누구나 감염 위험이 있다고 경고한다. 미국 질병관리본부 에이즈 예방국의 최고 의료 책임자인 존 브룩스(John Brooks) 박사가 말한다.

"누구나 가까이 있을 때 체액, 염증 (부위) 또는 호흡기 비말과의 접촉으로 원숭이두창을 퍼뜨릴 수 있습니다."[1298]

프랑스에서는 원숭이두창 감염자와 함께 사는 반려견이 감염되기도 했다.[1299] 동성애자 남성 커플이 사용한 침대 시트 등을 통해 감염된 것으로 추정된다.[1300] 이처럼 원숭이두창은 인간과 동물 모두를 숙주로 삼는 인수공통 병원체이므로 모든 인간과 동물에게 백신을 접종하지 않는 한 근절시킬 수 없다는 것이 전문가 소견이다.[1301] 계속해서 숙주를 바꿔가면서 살아남기 때문에 박멸이 어려운 것이다.[1302] 게다가 인수공통감염병 특성상 돌연변이가 많아 초기에 제대로 잡지 못하면 예상하지 못한 위협으로 다가올 수 있다.[1303]

포르투갈 연구진은 원숭이두창 바이러스 게놈을 분석한 결과 50개 이상의 돌연변이가 관찰됐으며, 일부는 전파력을 높인 것 같다고 밝힌다.[1304] 통상적인 경우보다 6~12배 더 많은 수치다.[1305] 매우 짧은 시기에 많은 변이가 나타난 것이어서 매우 이례적이라고 설명한다.[1306]

연구결과, 원숭이두창에 감염될 수 있는 인큐베이션 기간은 증상이 나타나기 4일 전부터 시작될 수 있다.[1307] 따라서 동성애 성 파트너에게 증상이 보이지 않는다고 하더라도 원숭이두창에 감염되지 않았다고 단정할 수 없는 것이다.[1308]

더군다나 원숭이두창 바이러스의 무증상 감염자까지 나타나면서 우려를 낳고 있다.[1309] 그동안 알려지지 않았던 초기 증상이다.[1310] 일부 감염자들은 눈에 보이는 수포와 같은 병변은 없었지만, 용변을 볼 때 통증을 느끼고 두통, 우울증, 발작 등의 증상을 보인다.[1311] 이처럼 무증상 감염 사례가 새롭게 보고되면서 '무증상자

에 의한 전염 가능성'까지 배제할 수 없게 되었다.[1312]

미국 질병관리본부는 '8세 미만의 어린이, 임신 중이거나 면역력이 저하된 사람들은 원숭이두창으로 인한 심각한 결과에 노출될 위험이 크다'라고 밝힌다.[1313] 세계보건기구도 '어린이, 임산부, 면역력이 낮은 사람에서는 중증(출혈, 패혈증, 뇌염, 융합된 병변 등)으로 진행되거나,[1314] 합병증(2차 세균감염, 심한 위염, 설사, 탈수, 기관지폐렴 등)이 발생할 수 있으며,[1315] 폐렴과 같은 합병증이나 뇌(뇌염) 또는 눈에 감염이 일어나면 치명적일 수 있다는 취지로 경고한다.[1316] 아이들은 어른처럼 상처 부위를 건드리지 않고 참는 것이 어렵다. 이에 따라 패혈증 발생도 우려된다. 감염 시 통증이 크고 중증으로 전환될 가능성이 높다는 점에서 아이들이 겪을 고통은 크다.[1317] 아이들이 원수이두창에 특히 취약한 것이다. 미국에서는 2022년 9월 1일경 원숭이두창에 감염된 어린이가 31명으로 집계되었으며,[1318] 0~4세 어린이도 감염됐다.[1319]

문제는 원숭이두창이 퀴어축제를 통해 급속히 전파될 수 있는데,[1320] 어린이들이 이에 무방비로 노출된다는 점이다. 퀴어축제는 원숭이두창 확산의 진원지로 지목된다.[1321] 국제기구와 전문가들은 2022년경 유럽 지역에서 열린 대규모 퀴어축제를 계기로 원숭이두창이 확산된 것으로 보고 있다.[1322] 세계보건기구의 응급부서를 이끌었던 경력이 있는 영국 런던위생열대의학대학원(London School of Hygiene and Tropical Medicine)의 전염병학과 교수 데이비드 헤이만(David Heymann)이 말한다.

"2022년경 선진국에서 확산된 원숭이두창의 감염은 스페인과 벨기에서 열린 두 차례 광란 파티 중에 이루어진 MSM 간의 성관계에서 비롯됐다는 것이 현재 유력한 가설입니다.[1323] 이런 국제 행사가 열려서 미국과 다른 유럽 국가로 원숭이두창이 퍼지는 씨앗이 됐습니다."[1324]

UKHSA는 여름철 퀴어축제를 앞두고 MSM에 원숭이두창 예방 접종을 받으라고 촉구했다.[1325] 대규모 동성애 행사가 원숭이두창의 전염을 '가속화'시킬 수 있다는 우려는 세계보건기구에서도 나왔다.[1326] MSM이 모이는 스페인 마드리드의 게이 사우나(일종의 찜방)도 유럽 내에서 원숭이두창을 급속도로 확산시킨 슈퍼 전파 사건이었다고 지적된다.[1327] 이 게이 사우나는 결국 폐쇄됐다.[1328]

건강한경기도만들기경기도민연합 등은 2022년 7월 7일 성명을 냈다.

"원숭이두창 확산 대응은 특정 집단(동성애자 등)에 대한 혐오나 차별이 아니라, 소위 동성애자를 포함한 모든 국민들의 안전과 공공보건을 위한 것임을 유념해야 한다. 최근 유럽 WHO나 영국 보건당국 등의 발표에 의하면 원숭이두창이 성병과 같은 패턴으로 유럽 등지의 게이 퍼레이드에서 확산되기 시작했으며, 실제로 99%가 남성 간 성행위자들에게 발생했다고 한다. 따라서 원숭이두창이 국제적으로 확산되는 시점에 서울광장에서 이와 유사한 대규모 동성애 퀴어행사나 게이 퍼레이드가 실시되는 일은 매우 위험천만한 일이 아닐 수 없다."[1329]

미국, 영국, 캐나다 등 확진자가 다수 발생한 국가들은 원숭이두창의 감염 예방용 백신 접종대상에 고위험군인 MSM을 포함시켰다.[1330] 그러나 어린아이들은 퀴어축제로부터 옮을 수 있는 원숭이두창이나 A형 간염 등의 백신을 접종받기 어렵다.[1331] 따라서 서울광장에서 열리는 퀴어축제에 어린아이들이 아무런 보호책 없이 노출된다면 원숭이두창에 감염될 수 있다. 그리고 성인과 달리, 이 아이들은 중증이나 합병증으로 고통받을 가능성이 크다.[1332] 그러나 뒤에서 보는 것 같이 이런 우려에 대한 시민 의사를 전달하거나 토론을 하는 것만으로도 '혐오 표현' 결정을 받는 것이 한국의 현주소다.[1333] 사회적 논의를 허용하지 않는 것이다.

연세대 의과대학 감염내과의 김준명 명예교수가 말한다.

"항문은 신체에서 가장 불결한 배설기관으로서, 각종 미생물과 병균으로 오염된 곳입니다. 직장의 점막은 한층 얇은 원주세포로 이뤄진 세포막으로 물리적 진입 시 무리한 마찰로 쉽게 손상받을 수 있습니다. 또한, 점막 밑에는 모세혈관이 촘촘하게 내재되어 있기에 손상 시 쉽게 출혈이 이뤄집니다. 이에 따라 상대방 정액 속에 존재하는 미생물이 유입되어 감염이 일어납니다.

에이즈 외에 동성애의 또 다른 중요한 질병으로서 원숭이두창을 들 수 있습니다. 본래는 원숭이, 쥐 같은 설치류 등에서 발생하다 1970년 후 아프리카 내 풍토병화 되면서 발생되어 왔습니다. 주로 감염동물이나 사람의 체액이나 피부와 접촉하거나 감염자의 체액, 병변에 오염된 물건과 접촉할 때 감염되는 것으로 알려져 있습니다. 2022년 5월 이후 유럽과 북미를 중심으로 환자가 급격히 발생해 100여 개국에서 약 5만 명의 환자가 발생했고, WHO가 공중보건 비상사태를 선언하기에 이르렀습니다.

환자 대부분은 동성애자 및 양성애자로, 상당수는 동성애 축제 및 퍼레이드에 참석한 이후 감염되었음이 밝혀졌습니다. 실제 유럽에서 보고된 조사 결과에 따르면 16개국에서 발생한 528건 사례 중 98%가 동성애자 또는 양성애자인 남성으로 나타났으며, 이 중 41%는 HIV에도 감염된 것으로 나타났습니다. 그런데 그들 대부분은 과거에 보였던 원숭이두창 소견과는 다르게 주로 생식기, 항문, 구강주위에 피부 병변이 발생하면서 감염경로로서 동성 간 성접촉, 다시 말해 항문성교가 가장 주된 위험 행위가 아닌가 추측하고 있습니다. 국내에서도 6월 첫 번째 환자가 나타났는데, 독일을 방문하고 입국한 양성애자로 밝혀졌습니다.

동성애는 우리 사회가 간과하는 사이 빠르게 퍼지고 있습니다. 우리나라 남성 0.7%가 동성애자로 추정하고 있습니다. 포괄적 차별금지법이 통과되면 가장 먼저 동성애가 인정되고, 동성결혼이 합법화되며, 학교에서 동성애 관련 교육이 이뤄지고, 항문성교, 구강성교 등에 대해 교육이 실시되며, 사회적으로 모든 성적인 관계가 허용되며 소아성애, 노인성애, 근친상간, 수간, 시체성애 등 차마 입에 담지 못할 일이 벌어지고, 일부다처, 일처다부, 집단혼, 근친혼 등 생각지도 못한 일들이 나타나게 될 것입니다. 우리는 동성애자들이 에이즈, 원숭이두창을 포함한 다양한 육체적 질병과 정신적 고통으로 힘들어하며 어려운 삶을 살아간다는 것을 너무나 잘 알고 있습니다. 그러기에 동성애의 폐해를 말하고 설득하며 치유하는 것은, 함께 살아가는 사회 구성원으로서 당연한 의무와 책임입니다."[1334]

11장

미국 소아과 학회, 성전환은 아동학대! ("젠더 이데올로기는 아이에게 해롭다")

11장

미국 소아과 학회, 성전환은 아동학대!
("젠더 이데올로기는 아이에게 해롭다")

2016년 3월경 미국 소아과 학회(American College of Pediatricians)는 "젠더 이데올로기는 아이에게 해롭다"라는 제목의 성명을 냈다. 아동 성전환(트랜스젠더리즘)을 아동학대로 규정하면서 다음과 같이 말한다.

"교육자 및 입법가들이 반대되는 성을 화학적 그리고 수술적으로 흉내 내는 삶을 정상인 것으로 받아들이도록 아동들을 길들이는 일체의 정책을 거부할 것을 촉구한다. 실상을 결정하는 것은 이데올로기가 아니라 사실이다."

미국 소아과 학회는 아동 성전환에 따른 젠더 재분류가 아동학대인 여덟 가지 이유를 열거했다.[1335]

"1. 인간의 성은 객관적 그리고 생물학적으로 이원적 특성을 지닌다. 'XY' 및 'XX'는 보건 의학적 유전자 표지이며, 질환의 유전자 표지가 아니다. 정상적인 인간의 디자인은 남성 또는 여성 중 하나다. 종족 번식 측면에서 이 원칙은 자명하다. 극히 이례적으로 발생하는 '성발달 장애'(disorders of sex developments, DSDs)는 정상적인 이원적 성으로부터의 일탈이며 질환에 해당한다. 성발달 장애가 제3의 성을 구성하지 않는다.[1336]

2. 그 누구도 젠더(사회적 성)를 가지고 태어나지 않았다. 모든 사람은 생물학적 성별을 가지고 태어날 뿐이다. 젠더(자신을 남성 또는 여성으로 인식하고 느끼는 것)는 사회학적 및 심리학적 개념일 뿐 객관적인 생물학적 개념이 아니다. 누구도 자신을 남성 또는 여성으로 인식하거나 느끼면서 태어나지 않는다. 이런 인식은 시간이 지나면서 형성되는 것이

다. 모든 발달 과정과 마찬가지로 이런 인식은 유아기의 부정적 경험, 아이의 주관적 인식이나 관계로 인해 탈선될 수 있다. '반대 성별인 것 같은 느낌'이나 '그 중간쯤 어디의 느낌'은 제3의 성을 구성하지 않는다. 단지 생물학적 남성이나 여성으로 여전히 남아 있을 뿐이다.[1337]

3. 자신이 실제 아닌 것을 그렇다고 믿는 것은 생각의 혼란을 나타내는 신호다. 건강한 생물학적 소년이 자신을 소녀로 믿거나, 반대로 건강한 생물학적 소녀가 자신을 소년으로 믿는다면, 객관적으로 신체적 문제가 아닌 심리학적 문제며, 이에 맞게 다루어져야 한다. 이 아이들은 젠더불쾌증으로 고통을 받는다. 그런데 젠더불쾌증이 사회적 학습의 결과라는 이론이 틀렸다고 증명된 적은 단 한 번도 없다.[1338]

4. 사춘기는 질병이 아니다. 그리고 사춘기를 억제하는 호르몬은 위험할 수 있다. 사춘기 억제 호르몬은 질병 상태를 유발한다. 사춘기를 없앤다. 그리고 이전에 생물학적으로 건강하던 아동의 성장과 임신 가능성을 방해한다.[1339]

5. DSM-V에 따르면, 성 혼란을 겪는 남자아이의 98%와 여자아이의 88%가 사춘기를 자연스레 거치면서 결국에는 자신의 생물학적 성별을 그대로 받아들인다.[1340]

6. 반대 성별을 흉내 내려고 사춘기 억제제를 쓰는 아동들은 청소년기 후반에 교차 성호르몬이 필요하게 된다. 교차 성호르몬은 고혈압, 혈전, 뇌졸중 및 암 등과 같은 치명적인 보건적 위험과 결부되어 있다.[1341]

7. 교차 성호르몬을 사용하고 성전환 수술을 겪은 성인의 자살률은 20배가 높다. LGBT에 가장 수용적인 스웨덴에서 나타난 수치다.[1342] 사춘기를 거친 88%의 여자아이들과 98%의 남자아이들이 결국에는 현실을 받아들이면서 정신적, 신체적으로 건강한 상태가 된다. 이런 사실을 알면서 어떤 연민이 있거나 합리적인 사람이 어린아이들을 성전환자의 운명으로 밀어 넣을 것인가?

8. 아동들이 화학적 및 수술적으로 반대 성별을 흉내 내는 일생을 살도록 길들이면서 이것을 정상적이고 건강하다고 하는 것은 아동학대다. 이것

은 사실상 그들이 평생 발암성과 독성 있는 교차 성호르몬을 선택하게 만들고, 건강한 신체에 불필요한 외과 수술을 받도록 이끌 가능성이 높다."[1343]

성전환과 관련된 위의 성명과 마찬가지로, 아동기부터 동성애에 흥미를 갖도록 길들이는 정책도 아이들에게 해롭다. 에이즈·성병 감염과 정신질환으로 고통받는 게이 청소년의 숫자를 폭증시키기 때문이다.[1344] 최소한의 인간적인 연민이 있거나 합리적인 사람이라면 이런 사실을 알면서 어린아이들을 동성애자의 운명으로 밀어 넣지 않을 것이다. 그러나 편향된 이념인 젠더 이데올로기를 가장 높은 가치로 추구하기 때문에 아이들의 희생을 보면서도 눈감는 것이다.[1345] 이 역시 사회적 아동학대라는 지적이 많다.[1346]

DON'T MESS

젠더 이데올로기로부터 우리 아이들을 어떻게 지킬 수 있을까?
페루에서는 150만 명 이상의 시민들이 "내 아이들을 건드리지 마!"
(Don't mess with my kids!)라는 구호 아래 반대 시위를 했다.
그 결과 자녀들에게 사회적 성을 주입하는 인권교육을 퇴출시켰다.
콜롬비아, 아르헨티나, 파나마 수도, 푸에르토리코에서도
젠더 이데올로기로부터 자녀를 지키려는 부모들의 대규모 시위가 일어났다.
자녀를 보호하려는 부모들의 목소리가 한데 모아져야 비로소
"내 아이, 꼭 지켜줄게"라고 말할 수 있을 것이다.

WITH MY KIDS

3부

내 아이를 해치는 젠더 이데올로기와 차별금지법

1장

아이를 공략하는
'젠더 이데올로기'의 사상적 뿌리

1장

아이를 공략하는 "젠더 이데올로기"의 사상적 뿌리

인권교육은 성적지향(동성애), 성정체성(성전환), 사회적 성(젠더), 제3의 성, 성평등을 가르친다. 젠더 주류화(gender-main streaming), 성인지 감수성(gender sensitivity), 정치적 올바름(political correctness) 등도 젠더 이데올로기에 대한 반대표현을 제한하는 언어 프레임이다.[1] 동성애/성전환 확산정책의 배후인 젠더 이데올로기의 주입 근거들이기도 하다.[2] 2017년 페루 대법원은 공교육에서 "성정체성을 선택하라"거나 "남성과 여성은 주관적 성별 인식에 따라 유동적이다"라고 가르치는 것은 헌법적 가치가 아닌 젠더 이데올로기를 주입하는 시도라고 판단했다. 이후 페루 정부는 젠더 이데올로기 교육과정을 공교육에서 철회했다.[3]

한 연구결과에서는 동성애 성적지향이 정신건강 악화의 위험요인으로 간주 돼야 한다고 밝힌다. 동성애 청소년이 일반 청소년보다 4배 이상 자살 시도를 하기 때문이다. 나아가 영국 보건당국이 이와 관련된 실증적 증거들이나 관련 연구들을 일부러 외면하며 정책에 반영하지 않는다고 비판한다.[4] 젠더 이데올로기 확산에 불리할 수 있기 때문이다. 이처럼 '젠더 이데올로기'는 아이들 삶을 해롭게 하는 증거들을[5] 무시할 만큼 절대적인 가치를 가진다. 그렇다면 이 '젠더 이데올로기'는 대체 어디에서 연유하는 것인가?

젠더 이데올로기의 사상적 뿌리는 네오막시즘(문화막시즘)이다.[6] 막시즘은 시대의 흐름과 함께 다양한 옷을 입고 등장했지만, 억압, 착취, 해체, 해방, 혁명 등의 핵심 가치에서는 변함이 없다. 절대적·결과적 평등을 강조하며 자본주의 체제를 해체하는 것이다.[7] 기존 질서를 억압과 착취라는 이름으로 매도하고 해체하면서 새로운 이데올로기를 주입하게 된다.

그러나 정통 막시즘은 프롤레타리아 계급투쟁을 통해 자본주의 체제 전복을 획책했으나 실패했다. 마르크스 사상이 자본주의 사회의 하부구조인 경제 영역에만 함몰되어 실천적 타당성에 한계가 있었던 것이다.[8] 정치체제를 바꾸는 정치혁명을 강행했지만 결국 사람이 근본적으로 변하지 않았기 때문에 실패했다고 진단했다. 그래서 이제는 '체제'를 바꾸는 것이 아니라 현존하는 사회질서와 가치규범을 해체시키고 '사람'을 바꾸려는 문화혁명을 추구하게 됐다.[9] 사회혁명 전략을 '무력 혁명'에서 '문화혁명'으로 수정한 것이다.[10] 이렇게 정통 막시즘의 오류를 비판하면서 정부, 교육, 미디어를 내부로부터 침투하는 전략으로 수정한 것이 네오막시즘이다.[11]

네오막시즘(neo marxism)은 전통 지배가치를 파괴하는 방법으로 기존 사회를 해체해야, 그다음 새로운 사회질서 구축이 가능하다고 본다. 이것이 네오막시즘의 사회혁명 방법론이다. 이에 따라 가정의 해체를 중시한다.

헌법재판소는 가정의 역할에 대해 판시한다.

"가정은 자녀의 출산과 양육, 사회화, 사회통제 등을 담당하는 사회적 기관으로서 자녀에게 사회적으로 안정적인 삶의 자원 및 기회를 제공할 뿐만 아니라 사회적으로 승인된 사회규범을 내면화시키고 일탈을 억제함으로써 자녀가 사회의 구성원으로 성장하는 데 있어서 중요한 역할을 담당하고 있다."[12]

가정은 자녀에게 사회적으로 승인된 사회규범을 내면화시키고 일탈을 억제하는 역할을 한다. 네오막시즘은 이것을 막는다. 해체된 가족공동체와 이를 통해 전달되는 가치 규범 자리에 이데올로기를 대신 주입하는 것이다.[13] 그리하여 네오막시즘은 국가와 사회의 기초가 되는 혼인과 가족공동체 해체를 정당화하는 이론을 정착한다.[14] 독일 철학자 헤겔이 말하는 '가정-사회-국가'라는 인간이 살아가는 근본적인 공동체의 틀을 훼손하는 것이다.[15]

젠더 추종자가 가장 흔히 쓰는 어휘 중 하나는 '억압을 당하다'(oppressed)이다. '지배자 대 피지배자'라는 렌즈를 통해 모든 사회적 상호작용과 구조를 보는 것이다.[16] 일례로, 부모와 교사의 권위를 해체하기 위해 부모-자녀, 교사-학생 관계를 억압과 착취 관계로 설정한다. 부모와 교사의 지위가 우월하다며 이런 관계를 가해자와 피해자로 정해두는 것이다.[17] 교수와 학생은 상급자와 하급자 같이 권력 기제가 작동한다며 교육기관에서의 인권교육 명분으로 내세운다.[18] 부모와 자녀의 관계를 권력 구조로 가르치게 된다.[19] 교육 등을 통해 반혐오 표현 정책을 시행한다는 명분도 있다.[20] 이런 명분을 이용해 인권교육은 5~8세 아이들에게 본인이 잘못된 신체를 타고났다고 느끼도록 조장하며 반대 성별을 흉내 내도록 가르친다. 그리고 이에 반대하는 부모는 권력적 관계로 설정하면서 차단하게 만든다.[21] 성교육이 부모의 권위나 가정을 해체하는 것이다.[22] 게다가 젠더 이데올로기에 반대하거나 그 유해성에 대한 경각심을 주는 부모나 교사는 신고하도록 가르치기까지 한다.[23]

다음으로, 네오막시즘은 인간의 원초적인 성욕을 사상적·정치적 도구로 이용한다. 사적인 영역에 있던 성을 정치적 영역으로 끌고 온다. 그리고 '성의 정치화'를 추구함으로써 국가와 사회의 가치 규범을 해체한다. 젠더 이데올로기를 '성 정치화'하여 '문화혁명'을 추진하는 것이다.[24] 특히 가치 기준이 확립되지 아니한 아이들에게 젠더 이데올로기를 주입하는 성교육을 함으로써 성혁명을 추진한다.[25] 오늘날의 성 인권교육은 성혁명적 사상에 기초한 교육인 것이다.[26] 법무부 장관이자 국정원장이었던 김승규는 "문화혁명은 무엇보다도 성혁명을 통해 이루어진다"라고 말한다.[27] 그리고 이어 설명한다.

"문화막시즘은 칼 막스(Karl Marx)의 혁명이론을 변형하여 만든 새로운 공산주의 혁명이론입니다. 그래서 이것을 신 막시즘(네오막시즘)이라고도 합니다.

칼 막스는 노동자들이 권력을 잡고 지배하는 세상을 꿈꾼 사람입니다. 그는 유럽에서 큰 전쟁이 일어나면 이 기회에 각국의 노동자들이 국가를 초월, 일치단결하여 자본가들을 쳐부수고 프롤레타리아 혁명이라는 목적을 달성할 것이라고 예언했습니다. 그러나 이 예언은 빗나갔습니다. 1차 세계대전이라는 큰 전쟁이 유럽에서 일어났으나 노동자들은 단결하여 자기들의 이익을 위해 싸우지 않았습니다. 오히려 자기 조국을 위해 서로 총을 겨누고 싸웠습니다.

왜 이런 현상이 일어났을까요? 이탈리아 공산주의자 안토니오 그람시는 그 원인을 연구하고 해결할 방법을 찾아냈다고 주장했습니다. 옥중수고에 담겨 있는 '문화 헤게모니 이론'인데, 문화막시즘의 초기 담론을 주도했습니다.[28]

문화막시즘의 내용에는 동성애 운동, 젠더 이데올로기(남녀 구분 철폐론) 등이 있습니다. 그들은 기관이나 문화계를 장악하여 이것을 강력히 추진하게 되면 마침내 그들이 원하는 세상을 만들 수 있다고 확신하였습니다.[29] 한국 사회에서 문제되고 있는 동성애, 젠더 등의 운동도 2000년경 등장하기 시작했습니다. 국가인권위원회법(이하 '국가인권위법')에 동성애를 지칭하는 '성적지향'이란 말이 인권이라는 말로 포장되어 처음 등장했고, 국가인권위가 이 운동을 강력히 추진해왔습니다.[30]

이 '문화막시즘'은 각 광역시도교육청이 만든 학생인권조례와 각 지방자치단체의 인권조례 등 각종 조례의 입법을 통해서 학생들과 지방자치단체의 주민들에게 주입되고 있습니다.[31] 또 이 사상은 초중고 및 대학생들에게 교과서를 통해서 가르쳐지고 있습니다. 이 같은 사상이 동성애, 젠더 이데올로기 등 다양성 존중이라는 이름으로 옷 입고 우리 사회에 침투해 날로 그 세력을 확장하고 있습니다. 21대 국회에서는 일부 세력들이 소위 '나쁜' 차별금지법을 만들어 동성애 등을 비판하거나 반대하는 국민들을 처벌함으로써 공권력에 의해 '문화막시즘'을 강제로 시행하려 하고 있습니다."[32]

젠더 이데올로기의 탄생 과정과 그 토양이 된 대표적인 네오 마르크스주의자들을 살펴보자. 이들이 주장한 문화혁명은 성혁명으로 발전해 갔다. 그리고 교육에서 가정의 영향력을 차단한 채 아동기 때 이데올로기를 주입해야 큰 결과를 얻을 수 있다고 한다.[33] 공략 대상인 아이들은 가르치는 대로 흡수하기 때문이다.[34] 이런 방법으로 생물학적 성별을 해체하고 사회적 성(젠더)을 부각하면서 성을 이데올로기 투쟁의 대상으로 삼아 성혁명을 추구하게 된다.[35] 그리고 남성과 여성으로 인간을 구분하는 정신문화의 해체작업을 하면서 차별금지법을 통해 법적 통치 메커니즘과 상부 권력 구조를 장악해 나간다.

안토니오 그람시(Antonio Gramsci, 1891~1937)는 혁명의 방법으로 문화막시즘을 주창했다. 그는 사법부, 교육부, 언론, 정치 같은 권력과 사회 상부구조 기관들을 장악하는 방법을 통한 긴 행진, 즉 '조용한 혁명'으로 전략을 수정했다.[36] 주요 방법은 기존 사회규범과 가치·권위를 해체하며 아노미(혼란)를 유발하고, 그 틈으로 자신들의 이데올로기를 집어넣는 것이다. 그리고 이데올로기로 국가 주요 기관을 장악하며 진지를 구축한다. 그가 제시한 '조용한 혁명'의 아젠다는 다음과 같다.

"• 지속적 사회변화로 혼란을 조성한다. • 학교와 교사의 권위를 약화시킨다. • 가족 해체를 추진한다. • 어린이들에게 성교육 및 동성애 교육을 실시한다. • 교회를 해체한다. • 대량 이주와 이민으로 민족 정체성을 파괴한다. • 인종차별을 범죄로 규정한다. • 사법 시스템을 신뢰할 수 없도록 만든다. • 복지정책을 강화하여 국가나 기관의 보조금에 의존하는 사람들을 증가시킨다. • 언론을 조종하고 대중매체의 수준을 저하시킨다. • 과도한 음주를 홍보한다."[37]

주목할 것은 '언론을 조종'하고 '가족을 해체'하며 '어린이들에게 성교육 및 동성애 교육을 실시한다'는 것이다. 사회적 성을 통한 가정해체와 동성애 확산정책이 '조용한 혁명'의 핵심 아젠다로 자리 잡은 것이다. 그람시는 '기존 권력 체제를 뒤엎기 위해 대중의 생각을 뜯어고치는 수단'으로서 헤게모니 이론을 제시했다. 지배 계급은 단지 힘의 강제만이 아닌 피지배 계급의 자발적 동의를 통해서 자신의 지배를 유지하는데, 헤게모니는 이를 가능하게 하는 문화적, 도덕적, 그리고 이데올로기적 지도력이다.[38] 그는 사회의 헤게모니는 자생적으로 발생하는 것이 아니라 헤게모니 그룹의 의도적인 노력으로 가능한 것이며 이를 제공해 주는 주요 공간으로 학교, 언론매체 등을 강조했다.[39] 다시 말해 여론기관인 신문이나 결사체를 통해 문화적 헤게모니를 행사해야 프롤레타리아 혁명이 가능하다고 설파한다.[40] 이런 관점에서 당이 국가권력을 장악하려고 꾀하기 전에 스스로의 주된 역할을 교육기관으로 규정하고, 교육을 통해 시민사회의 여러 영역에 반문화를 확산시켜야 한다고 주장한다.[41]

그람시는 진지전(war of position)과 기동전(war of movement)의 개념도 제시했다. 교육, 언론, 학계, 예술, 문화, 사법, 정치 등 상부 권력기관에 침투해 장기적으로 진지를 구축함으로써 이데올로기적 헤게모니(hegemony)를 장악한다(진지전). 즉, 진지전은 시민사회 내에서 지적·도덕적·문화적 헤게모니를 장악하기 위한 장기적 투쟁전략인 셈이다.[42] 이것은 '문화적 헤게모니'로, 강압적 힘보다 '사회적 합의'를 형성하는 시민사회 기관들의 통제권을 놓고 오랜 시간을 들여 투쟁함으로써 더 은밀한 형태의 권력을 장악하는 것이다.[43]

그렇다면 한국 사회에서 소수자 인권 보호와 관련된 헤게모니를 구축하는 예로 무엇이 있을까?[44] 성인지 예산제도(한화 35조 원),[45] 인권교육과 언론을 통제하는 인권보도준칙과 같은 제도들이 있다. 각계각층에 진지를 구축해 제도권 문화를 장악해 가는 수단들이다. 특히 인간의 생각을 뜯어고치고 지속적인 의식화를 위해 이데올로기를 주입하는 아동 교육이 중시된다. 그리고 자신과 다른 목소리를 인정하지 않으면서 문화적 조작을 한다. 차별금지법이 그 역할을 하게 된다.[46] 이후 기존 체제에 대항하는 지지자가 증가하고 헤게모니적 가치관이 대세를 점하면 전위대들이 참호에서 뛰쳐나와 '기동전'으로 결정적 승부를 내야 한다는 것이다(기동전).[47]

빌헬름 라이히(Wilhelm Reich, 1897~1957)는 '성 정치'(sex pol)라는 용어를 최초로 창안했다. 성 규범 해체를 통한 '성적으로 자유로운 사회 실현'을 목표로 성 정치 운동을 전개했다. 이런 성 정치 운동은 이후 조기 성애화와 성인지 교육, 그리고 성소수자 인권 보호 운동으로 발전했다. 그는 자신의 저서 『성혁명』(Die sexuelle Revolution)에서 성적 억압을 제거하고 부모-자녀 관계를 해체시키는 것이 가장 중요하다고 말하면서, 일단 이것이 동력을 얻으면 체제 전복을 위한 나머지 목표들은 저절로 실현된다고 강변했다.[48] 또한, 청소년에게 기성 체제에 반발하는 특성이 있으므로 혁명의 전투원으로서 안성맞춤이라고 보았다. 그래서 성혁명을 성공시키기 위해서는 청소년의 합류가 필요하다고 밝혔다.[49] 아동·청소년을 성애화 전략의 이데올로기적 희생양으로 삼은 것이다.

라이히는 성적으로 왕성한 청소년에게 사춘기부터 성행위를 시작하라고 권장했다.[50] 이것이 오늘날 조기 성애화를 부추기는 인권교육의 사상적 기원이다. 그리고 부모와 자녀 사이의 관계 단절에서 시작되는 결혼과 가족의 파괴,[51] 나아가 사회문화의 성애화를 통한 성혁명을 이루고자 했다. 이것은 자녀 양육 도구로서의 전통적 가정의 해체뿐만 아니라 동성애와 폴리아모리(poly-amory, 다중섹스) 옹호로 연계되는 성 규범 해체로 이어졌다.⁵²⁾ 가정의 양육환경이 해체되면 국가가 공교육을 통해 젠더 이데올로기를 주입할 수 있게 된다.⁵³⁾ 오늘날 사회문화의 성애화 전략 중 아이들에게 젠더 이데올로기를 주입하는 성교육(학생인권조례)이 가치 규범과 사회 전체의 구조적 질서를 해체시키는 가장 막강하고 효율적인 수단으로 이용되는 것이다.⁵⁴⁾

이런 성혁명은 문화계, 언론계 등 사회 상층부에서 아래로 향하는 '하향식' 방식으로 이루어진다.⁵⁵⁾ 이를 위해 오늘날 LGBT 인권이 이용된다.⁵⁶⁾ 차별받지 않을 권리를 표방하지만 사실상 아이들을 희생시키는 대의명분으로 삼는 것이다. 젠더 이데올로기 확산을 위해 성중독 유사 증상을 인권으로 포장해 아이들에게 장려하기 때문이다. 이렇게 젠더 이데올로기가 반영된 성교육과 미디어를 통해 아이들은 동성애 등에 몰두하게 된다.⁵⁷⁾

버트란드 러셀(Bertrand Russell, 1872~1970)은 "교사가 학생들에게 '눈(snow)이 검다'라는 확신을 가지도록 세뇌할 수 있다"라며 다음과 같이 주장했다.

"첫째, 교육에서 가정의 영향력을 차단하라.

둘째, 만 열 살 이전에 주입(세뇌)을 시작해야 큰 결과를 얻을 수 있다."⁵⁸⁾

오늘날 젠더 이데올로기를 주입하는 인권교육이⁵⁹⁾ 유치원 아동에까지 확대되는 이유다. 그리고 법 제도적으로 가정이 동성애 조장 교육을 반대할 수 없도록 차단한다. 특히 아이들은 성 욕구가 왕성하고 호기심이 많으며, 아직 판단이나 자제 능력이 미숙하다. 이데올로기를 세뇌하는 조기 성교육은 이런 점을 이용해 큰 결과를 얻게 되는 것이다.⁶⁰⁾ 미국 청소년 5명 중 1명,⁶¹⁾ 미국 고등학생 4명 중 1명이 동성 성행위를 한다는 통계들이 이런 결과의 단적인 예다.⁶²⁾ '조기 사회적 성교육'을 하는 인권교육의 큰 결과인 셈이다.

존 머니(John Money, 1921~2008)는 젠더(gender)를 최초로 주장했다. 그런데 이 '사회적 성'의 탄생 배경이 끔찍하다. 1965년경 태어난 쌍둥이 중 브루스 라이머가 포경수술 중 성기가 심하게 손상됐다. "생물학적 성별은 타고나는 것이 아니라 후천적인 사회적 교육으로 결정된다"라고 주장하던 양성애자 존 머니가 이 사건에 개입했다. 브루스 라이머의 성기를 잘라내고 아예 여자아이로 살게 하자고 그 부모를 설득해 아이를 실험대상으로 삼았다. 브루스는 여성 호르몬 주사를 맞고 치마를 입으며 여자아이로 교육되었다. 그러나 성정체성에 큰 혼란이 왔고 우울증 증세를 보이게 됐다. 그러다가 브루스는 총으로 머리를 쏴 자살했다. 이를 지켜보아 온 그의 쌍둥이 형제도 약물 과다복용으로 생을 마감했다. 한 가정의 행복을 송두리째 파괴한 비극적인 사건이 젠더 이념의 탄생 배경인 것이다.[63]

이와 유사한 불행은 오늘날까지도 이어지고 있다. 동성애자와 성전환한 아이들의 자살로 수많은 가정이 아픔을 겪기 때문이다. 아이들의 자살 충동 등 정신질환은 성중독 유사 증상이나 성정체성 혼란이라는 내재적 원인에서 비롯된다. 사실상 아이들이 동성애/성전환에 빠지도록 하는 젠더 이데올로기 정책에서 유발되는 것이다.

이에 대해 젠더 추종자들은 '선천적'이라거나 '사회적 차별' 때문이라는 실증적 근거 없는 변명을 댈 뿐이다.[64] 그러나 사회적 성은 개념 내재적으로 선천성을 부정한다. 따라서 '타고나서 어쩔 수 없다'라는 변명은 자기모순일 뿐이다. 게다가 실증적 근거를 댈 수 없으니 차별금지법을 통해 사회적 논의나 검증 자체를 가로막는다. 동성애나 성전환의 해악성도 숨긴다. 아이들은 젠더 이데올로기 확산을 위해 임상실험 대상으로 전락할 뿐이다.[65] 1990년대에 들어서면서 이런 '젠더' 개념은 모든 질서와 가치 기준을 해체하려는 포스트모던 사조를 타고 제3의 성을 선택할 수 있다고 선동되기에 이른다.[66]

주디스 버틀러(Judith Butler, 1956~)는 존 머니의 "생물학적 성별 구분은 잘못된 것이며 후천적 학습에 의해 성이 결정된다"라는 주장을 그대로 차용해 젠더 개념을 이데올로기화한다.[67] 젠더 이데올로기를 체계화한 것이다.[68] 네오 막시스트이자[69] 레즈비언인 버틀러는 그람시의 주장을 계승하며[70] 남녀 성 구분 자체를 없애자고 한다. 젠더 이데올로기는 성을 이데올로기의 투쟁대상으로 삼고 남성과 여성으로 인간을 구분하는 정신문화의 해체작업을 한다.[71] 타고난 '생물학적 성별'을 해체하고,[72] 경험에 의해 학습된 '사회적 성'을 사회에 주입해 성혁명을 이루는 것이다.[73]

버틀러는 '젠더란 자주 반복되어서 우리가 믿게 된 일종의 픽션(허구)일 뿐이다'라고 주장한다. 심지어 생물학적 성별도 언어에 의해 사회 구성적(social constructionism)으로 만들어졌으며, 사람들이 반복적으로 언어로 귀에 들려온 것을 믿기 때문에 존재할 뿐이라고 주장한다. 생물학적 성별 자체를 해체하는 이론으로써 '남자' 그리고 '여자'라는 것은 존재하지 않게 된다. 즉, 남녀 양성과 이성애 체제는 애초에 성적 금기에 의해 만들어졌다고 주장한다. 특히 근친상간 등에 대한 금기들을 해체하자고 주장한다. 이것은 소아성애 정당화로 자연스럽게 귀결된다는 지적이다. 이와 같은 젠더 이론에 인권 이론과 자기결정권 이론이 결합하면서 혁명적인 정치사상인 젠더 이데올로기가 체계화된 것이다.[74] 이로 인해 유발되는 아이들의 자살 충동과 불행은 성혁명을 위한 대가일 뿐이다.

이렇게 문화막시즘에서 파생된 젠더 이데올로기는 법 제도에 어떤 영향을 미치고 있을까? 젠더 이데올로기에 따르면 인간의 성정체성이나 사회적 성은 수십 가지가 넘는다.[75] 사회적 성(젠더)은 동성애, 양성애, 트랜스젠더, 남녀 이외의 제3의 성까지 포함하는 개념이다.[76] 그런데 뉴욕시 인권위원회는 이런 사회적 성을 공식적으로 31개까지 인정하고 있다.[77] 이렇게 개인이 '자의적으로 선택한 성정체성'을 의미하는 사회적 성(젠더)은 개인의 선택에 따라 매일 변할 수도 있으며,[78] 시간이 지나면서 진화하고 더 늘어난다. 일례로, 샌프란시스코의 트랜스젠더 소득 보장 프로그램 신청서에서는 130개 이상의 사회적 성을 선택할 수 있게 한다.[79]

뉴욕시 인권조례는 사회적 성에 대한 거부, 분리된 취급을 성차별로 평가해 민사형 벌금 250,000달러(한화 2억7천만 원)까지 부과한다. 성중립적 인칭대명사를 부르지 않거나 사회적 성을 주장하는 사람들(남성 성기를 지닌 트랜스젠더 포함)이 여성 화장실 등을 이용할 때 증서 제출을 요구하는 것도 '성차별'에 해당하게 된다. 여성 전용시설 사용 시 남성적 외모를 가진 트랜스젠더에게 여성인지 남성인지 질문하는 것조차 불법이 되는 것이다.[80]

미국 오하이오주에서는 학생에게 출생신고된 이름이나 생물학적 성별과 일치하는 인칭대명사를 사용하면 '괴롭힘'에 해당한다고 결론지었다.[81] 심지어 2022년경 미국 위스콘신주 킬(Kiel) 중학교에서 브래든(Braden)을 포함한 13세 학생 3명이 같은 반 친구에게 성중립적 인칭대명사를 사용하지 않았다는 이유로 '성추행'으로 고소당하는 사례까지 발생했다.[82] 성중립적 인칭대명사의 사용 거부를 성폭행과 같은 수준으로 처벌하려고 한다는 비판의 목소리가 높다.[83] 미국 오리건주에서는 트랜스젠더 교사에게 원하는 인칭대명사를 사용하지 않았다는 이유로 다른 교사들에게 미화 6만 달러를 배상하도록 한 사례가 있다.[84]

게다가 성중립적 인칭대명사의 사용을 거부했다는 이유로 감옥 갈 우려까지 현실화되고 있다.[85] 2018년 12월경 영국에 사는 케이트 스코토(Kate Scottow, 38세)는 트위터에서 성중립적 인칭대명사를 사용하지 않았다는 이유로 자녀들이 보는 앞에서 자신의 집에 들이닥친 허트퍼드셔(Hertfordshire) 경찰관 3명에 의해 체포되고 컴퓨터와 핸드폰을 압수당하는 사건이 발생해 논란이 됐다.[86] 표현의 자유가 극단적으로 제한된다는 지적이다.[87] 나아가 자신의 양심과 생각을 지키기 위해 강요된 표현을 거부하면 '괴롭힘 가해자' 프레임을 씌우는 공권력에 의해 오히려 괴롭힘을 당하게 된다.

2022년 9월경 아일랜드에 소재한 학교(Wilson's Hospital School)의 선생인 에녹 버크(Enoch Burke)도 '남아를 여아로 부를 수 없다'라는 생각으로 성중립적 인칭대명사의 사용을 거부했다.[88] 그는 즉시 정직 처분을 받았다.[89] 그리고 징계 결과가 나올 때까지 학교에서 가르치거나 출입할 수 없다는 법원의 명령이 있었다.[90] 버크는 학교에 나왔고 이로 인해 108일 동안 감옥에 수감됐다.[91] 이후 버크는 학교에서 해고됐다.[92]

대학교에서도 성중립적 인칭대명사를 사용하지 않은 교수와 대학생은 해임이나 퇴학 등 징계받을 가능성이 크다.[93] 이런 사례들이 실제로 증가하고 있다.[94] 초중고등학교 선생과 어린 학생도 마찬가지다.[95] 미국 버지니아주에서 피터 블라밍(Peter Vlaming, 47세)이라는 선생은 젠더가 유동적인 여학생에게 여성 인칭대명사 '그녀'를 사용했다는 이유로 고등학교(West Point High School)에서 2019년경 해고됐다.[96] 블라밍은 상호 배려 차원에서 여학생에게 새로운 남성 이름을 사용했다.[97] 다만 생물학적 여성에게 남성 인칭대명사 '그'를 사용하지는 않았다. 그 이유만으로 해고가 된 것이다.[98] 신념에 반하는 표현을 강요한다는 비판의 목소리가 높다.[99] 그는 해고 후 취직에 어려움을 겪고 있다.[100] 젠더 이데올로기에 동조하지 않을 경우, 사회적으로 매장당하는 사례가 많은 것이다. 두려움을 심기 위해 본보기로 삼는다는 지적이다.[101] 이 부당한 해고에 분노한 학생 150명이 시위까지 했으나 소용이 없었다.[102] 블라밍이 말한다.

"이것은 배려의 문제가 아니라 강요의 문제입니다. 저는 강요된 말을 하지 않았다는 이유로 처벌된 것입니다."[103]

영국, 프랑스, 스웨덴의 유치원과 학교에서는 '아버지'(father)와 '어머니'(mother)라는 단어의 사용을 금지한다. 대신에 '부모1', '부모2' 용어로 바꾸는 법이 통과됐다.[104] 성평등을 실현하고 동성 부모에 대한 차별을 금지하자는 취지로 부모의 생물학적 성별 역할을 통째로 부정하는 조치다.[105] 생물학적 성별을 기초로 한 가정 개념을 해체하고 사회적 성을 기초로 한 다양한 가족으로 이를 대체하는 정책이기도 하다.[106] 스위스도 마찬가지며 미국 의회에서도 '엄마'와 '아빠'라는 용어 사용을 금지하는 법안이 제출됐다.[107] 심지어 미국 캘리포니아 의회에서는 '남편'과 '아내'라는 단어의 사용까지 금지하는 법안도 발의 중이었다.[108] 스코틀랜드 정부는 동성 부모를 차별한다며 출산 정책에서 '어머니'라는 용어를 삭제했다. 그런데 알고 보니 LGBT 로비 단체인 스톤월(Stonewall)의 압력이 작용했다는 사실이 드러났다. 스톤월은 '어머니'라는 단어가 '젠더 이분법'에 동의하지 않는 이들을 제외하기 때문에 모욕적인 단어라고 한다.[109]

이처럼 생물학적 남녀 구분을 나타내는 단어들은 성적 중립(gender neutral)적 표현들로 대체되고 있다. 엄마 아빠 용어가 동성 부모에 대한 차별이라는 형식적 명분을 내세우기 때문이다.[110] 그러나 실재는 생물학적 성별을 해체하자는 젠더 이데올로기를 반영한 결과다.[111] 이것은 네오막시즘과 궤를 같이한다.[112] 언어 조작이라는 비판의 목소리도 높다. 언어가 어떤 세력에 의하여 그 집단의 유익을 위해 배타적으로 사용되고 다수에게 불이익을 끼치게 될 때 그 언어는 조작된 언어가 되는 것이다.[113] 그리고 특정 정치이념이 반영된 이런 언어들은 사상 통제로 이어진다. 왜냐하면, 성중립적 인칭대명사와 같은 강요된 표현은 생각까지 통제하기 때문이다.[114] 즉, 젠더 이데올로기를 '세뇌'하는 것이다.

사회적 성과 관련된 언어들은 기존 사회체제를 해체하는 데 사용된다. 성적지향은 자신이 끌리는 이성, 동성, 혹은 복수의 성이나 사회적 성(젠더)을 나타낸다. 성적지향이 지닌 문제는 자신이 끌리는 이성이 '근친'일 수도 있고, '복수의 성'일 수도 있다는 것이다. 젠더 이데올로기를 체계화한 버틀러도 근친상간 금기를 폐기해야 한다고 주장한다.[115] 양성애자의 경우 필연적으로 성관계를 위한 배우자가 2명 이상 필요하게 될 것이다. 여러 명의 배우자로 구성되는 폴리아모리가 새로운 가족체계로 재구성된다.[116] 이에 따라 가족의 개념 자체가 해체된다.[117] 젠더 이데올로기는 생물학적 성별과 사적 영역이었던 남녀 간의 성생활과 그것을 기초로 세워진 가족관계를 해체하면서 문화혁명을 한다는 지적이다.[118]

이런 가치 규범 해체를 위한 결정적 동력을 제공하는 것이 바로 동성애 확산정책이다.[119] 성중독 유사 증상을 소수자 인권으로 포장해 아이들에게 장려함으로써 동성애자들의 숫자를 늘리는 정책을 추진한다.[120] 그리고 막시즘과 마찬가지로 절대적·결과적 평등을 지향한다.[121] 그 결과 아이들에게 미치는 유해성에 대한 합리적 고려를 하지 않게 된다.

이렇게 LGBT를 이용해 정치적 지평을 확장하는 과정에서[122] 수많은 아이들이 희생된다. 다른 중독 정책과 정반대로, 정보 접근권을 차단해 아이들이 동성애에 더 많이 빠지도록 한다. 그리고 상담 치료를 막아 동성애에서 빠져나오지 못하게 한다. 아이들의 삶을 결정짓는 예방/치료 관련 선택권을 박탈하는 것이다. 성전환 정책도 마찬가지다. 젠더 이데올로기의 사상적 뿌리가 아이들을 집중적으로 공략하는 편향된 정치이념이기 때문이다.[123]

문화혁명을 추진하기 위해 젠더 이데올로기는 희생자 이데올로기와 결합한다. 동성애자를 희생자, 피해자, 피억압자로 보면서 이를 근거로 동성애자를 새로운 성혁명 주체로 만든다. 이것은 문화막시즘의 주요한 '성 정치 아젠다'이다.[124] LGBT 수가 증가할수록 문화혁명을 추진하는 동력도 더 강해진다. 이를 위해 젠더 개념을 주입하는 인권교육을 시행해 정서적 장애로 고통받는 아이들 수를 폭증시킨다.[125] 그리고 그 원인을 실증적 근거 없이 사회적 차별로 돌리면서,[126] 이를 가치 규범 해체의 원동력으로 삼는다.[127] 아이들을 동성애/성전환에 빠지도록 희생시키면서, 그 희생을 정치적으로 무기화하는 것이다.[128] 차별금지법은 이에 대한 비판을 공권력으로 처벌하는 법규범이다.[129]

2019년 6월 11일 바티칸은 공식문서를 통해서 밝힌다.

"젠더 이데올로기는 문화적이고 이데올로기적 혁명이다. '차별금지'라는 유행하는 개념은 하나의 이데올로기를 은폐하는데, 그 이데올로기는 남자와 여자 사이에 존재하는 차이와 자연적 상호성을 부정하고 있다. 법률적 혁명을 통해서 강제되는 젠더 이데올로기가 학교와 교육기관에 도입되는 것에 반대한다. 그리고 남자와 여자 사이에서 성정체성이 오고 가는 사람들에게 심리치료 조치를 추천한다."[130]

그런데 문화막시즘은 왜 가정해체를 노릴까? 가정이 견해와 사상의 다양성을 본질로 하는 문화국가의 필수적 전제조건이기 때문이다. 국가와 사회의 기초를 이루기 위해서는 무엇보다 그 근간이 되는 가정이 정립되고 유지되어야 한다. 그리고 혼인을 통한 부부관계가 가족공동체의 기본적 요소이다.[131] 이런 혼인과 그에 기초한 가정을 해체할 경우 기존의 가치 규범을 근본부터 해체할 수 있는 것이다.[132]

젠더 이데올로기 정책은 기존 가족제도의 해체와 직접 연결된다.[133] 이를 위해 아이들이 동성애와 성전환에 빠지도록 어릴 때부터 가르치면서 교육에서 가정의 영향력을 철저히 차단한다. 그리고 부모의 선택으로 이런 이데올로기적 교육을 거부할 수 없게 한다.[134] 일례로 인권교육을 통해 유아들에게 성전환을 노출해 조장한다. 그러면서 부모들에게는 이를 정책적으로 비밀로 한다.[135] 판단 능력이 미약한 아동들이 돌이킬 수 없는 결정을 스스로 하도록 만드는 것이다.[136] 이때도 세뇌된 아동들의 왜곡된 선택권을 인권으로 포장해 내세운다. 이를 너무 늦게 알아버린 부모가 자녀의 성전환 시술을 반대하면 아동학대와 혐오포비아 프레임에서 벗어나기 어렵게 된다.[137] 게다가 인권교육은 부모와 자녀 관계를 '억압과 착취 관계' 내지 '권력 관계'라고 가르친다. 성전환에 반대할 경우 자녀의 인생을 걱정하는 부모를 신고하는 사례들이 증가하는 이유다.[138] 헌법재판소는 판시한다.

"헌법 제36조 제1항은 '혼인과 가족생활은 개인의 존엄과 양성의 평등을 기초로 성립되고 유지되어야 하며, 국가는 이를 보장한다'라고 하여 혼인 및 그에 기초하여 성립된 부모와 자녀의 생활공동체인 가족생활이 국가의 특별한 보호를 받는다는 것을 규정하고 있다. 이 헌법규정은 소극적으로는 국가권력의 부당한 침해에 대한 개인의 주관적 방어권으로서 국가권력이 혼인과 가정이란 사적인 영역을 침해하는 것을 금지하면서, 적극적으로는 혼인과 가정을 제3자 등으로부터 보호해야 할 뿐 아니라 개인의 존엄과 양성의 평등을 바탕으로 성립되고 유지되는 혼인·가족제도를 실현해야 할 국가의 과제를 부과하고 있다.

혼인과 가족의 보호는 헌법이 지향하는 자유민주적 문화국가의 필수적인 전제조건이다. 개별성·고유성·다양성으로 표현되는 문화는 사회의 자율영역을 바탕으로 하고, 사회의 자율영역은 무엇보다도 바로 가정으로부터 출발하기 때문이다. 헌법은 가족제도를 특별히 보장함으로써, 양심의 자유, 종교의 자유, 언론의 자유, 학문과 예술의 자유와 같이 문화국가의 성립을 위하여 불가결한 기본권의 보장과 함께, 견해와 사상의 다양성을 그 본질로 하는 문화국가를 실현하기 위한 필수적인 조건을 규정한 것이다. 따라서 헌법은 제36조 제1항에서 혼인과 가정생활을 보장함으로써 가족의 자율영역이 국가의 간섭에 의하여 획일화·평준화되고 이념화되는 것으로부터 보호하고자 하는 것이다."[139]

더 나아가 부모가 성전환(성별정정)하면 그 가정도 해체된다. 이에 대해 대법원은 판시한다.

"이성 배우자나 미성년자인 자녀를 둔 부모가 성전환이나 성별정정을 할 경우 가족들의 입장에서는 법률적인 평가라는 이유로 부(父)가 남성에서 여성으로, 또는 모(母)가 여성에서 남성으로 뒤바뀌는 상황을 일방적으로 감내해야 하므로, 이로 인한 정신적 혼란과 충격에 노출될 수 있음을 쉽게 짐작할 수 있다. 현실에 대한 적응능력이 성숙되지 아니하고 감수성이 예민한 미성년자인 자녀를 이런 사회적 차별과 편견에 무방비하게 노출되도록 방치하는 것은 친권자로서 또는 사회 구성원으로서의 기본적인 책무를 도외시하는 것이다. 스스로의 선택에 의하여 이성과 혼인하고 자녀를 출생시켜 가족을 이룬 사람이 성별정정을 하는 것은 가족에 대한 최소한의 배려도 하지 않는 것이다. 따라서 성별정정으로 배우자나 자녀와의 신분관계에 중대한 변경을 초래하거나 사회에 미치는 부정적 영향이 현저한 경우 등 특별한 사정이 있다면, 성별정정을 허용하여서는 아니 된다."[140]

한편, 국가가 아이들에게 사회적 성을 가르쳐야 한다는 UN 조약이나 국제의무는 존재하지 않는다.[141] 이런 가르침은 자연과학이 아닌 젠더 이데올로기에서 기인할 뿐이다. 그런데 젠더 이데올로기는 아이들의 육체, 정신, 감정적 미성숙, 부모 지도의 필요성을 고려하지 않기 때문에 아이의 건강과 안전에 위협이 된다. 이런 연유로 파라과이에서는 부모들이 직접 시위에 나서 이전 정부가 채택한 젠더 이데올로기 주입식 교육을 철회시켰다.[142] 공립학교에서 젠더 이데올로기를 바탕으로 한 교육자료들의 채택과 보급을 금지하겠다는 교육부의 결단과 관련하여, 파라과이 교육부 장관인 엔릭 리에라(Enrique Riera)가 말한다.

"우리는 다양성을 존중하지만, 이것이 젠더 이데올로기 지지 의무를 의미하지 않습니다. 저는 우리 교육부가 파라과이 '헌법 제52조'와 '한 명의 아빠, 한 명의 엄마, 그리고 자녀들과 연계된 전통적인 가치 규범'과 '가족'에 기반을 둔다고 여러분에게 말씀드리고 싶습니다. 젠더 이데올로기가 전 세계에 영향을 미치는 하나의 정치적 이슈임을 인정하지만, 파라과이인으로서 우리는 아빠, 엄마, 그리고 자녀들이라는 분명한 그림을 가지고 있습니다. 이것 외에 달리 말할 길은 없습니다."[143]

한반도국제대학원 대학교의 총장인 최한우가 2017년 11월 14일 '네오막시즘과 젠더 이데올로기'라는 제목으로 국회에서 강연한 내용이다.

"사법부와 교육부, 언론과 정치계 등 상부구조 기관들을 장악하는 '조용한 혁명'으로 전략을 수정한 것이 문화막시즘, 즉 네오막시즘입니다. 네오막시즘은 동성애자들을 혁명의 전위부대로 동원합니다. 이를 위해 젠더 이데올로기를 통한 문화혁명과 성 정치를 가동시키고, 소수자 인권 보호 헤게모니를 구축했습니다. 군사 혁명으로 국가를 장악하는 시대는 끝났습니다. 한 국가를 장악하려면 의회뿐 아니라 법적 통치 메커니즘, 즉 대법원과 헌법재판소와 검찰을 장악해야 합니다. 그래야 법적 혁명이 가능합니다.

요약하면 네오막시즘은 사회구조의 모순, 착취와 억압으로 대변되는 정통막시즘을 수정하고, 여기에 프로이트의 성 철학을 융합해 만든 '포스트모던 해체 이데올로기'입니다. 그들은 한편으로 젠더 이데올로기를 확장시켜 사회를 해체하고, 다른 한편으로 '조용한 혁명'을 통해 상부조직, 즉 국가권력을 서서히 장악해 나갑니다."[144]

법적 통치 메커니즘을 장악하기 위해서는 젠더 이데올로기를 실현하는 차별금지법의 제정이 중시된다.[145] 이를 위해 젠더 이데올로기를 매개로 한 성 정치가 인권개념을 포섭하게 된다. 이렇게 포섭된 인권개념에서 혐오범죄 법 논리가 도출되는 것이다.[146] 모호하고 포괄적인 기준으로 혐오 프레임을 씌우는 차별금지법이 제정될 경우 젠더 이데올로기 반대자들을 공권력으로 처벌할 수 있게 된다.[147] 부모들은 미성년 자녀의 동성애/성전환을 우려하는 표현을 할 수 없게 된다. 교수·의사가 사회적 성에 대한 과학적·의학적 진실을 밝히려면 자격 박탈을 각오해야 한다.[148] 교사가 페이스북에서 "공교육을 통해 자녀들을 세뇌하는 젠더 이데올로기에 대해 부모들이 우려한다"라고 글을 썼을 뿐인데 파면되는 사례도 있다.[149] 지식인들이 사회적으로 매장당하는 것을 두려워해 침묵할 수밖에 없는 환경이 조성되는 것이다.[150]

게다가 사법부를 포함한 모든 국가기관은 차별금지법을 따르도록 법적 의무가 부여된다.[151] 공무원 인권교육과 코드 인사 등을 통해서도 사법부를 장악해 나간다.[152] 그 결과 헌법적 가치 대신 젠더 이데올로기가 더 중요한 법 판단의 잣대로 변하게 된다.[153] 뒤에서 보는 것처럼, 동성애 유해성을 알린 교사가 아동학대죄로 처벌되는 사례가 이를 잘 보여준다.[154] 차별금지법은 가치 규범을 견제 없이 해체하려는 문화막시즘의 전략과 기획으로 법적 혁명을 가능케 하는 것이다.[155]

멜라니 필립스(Melanie Phillips)는 20년 동안 영국의 대표언론인 가디언(Guardian)지의 편집부 요직과 BBC의 정기적인 패널로 활동해 왔다. 저명한 언론인인 필립스가 말한다.

"차별금지법은 사회주의적 '문화전쟁의 무기'로 '무기화'됨으로써 정치적, 사법적으로 탄압하고 박해하는 수단으로 쉽게 전락될 수 있는 위험을 안고 있습니다."[156]

건강한 사회를 위한 국민연대의 대표 한효관도 차별금지법 법제화에 대해 말한다.

"대한민국은 혐오와 차별을 없앤다는 명목하에 또 다른 혐오와 차별이 발생하고 있고, (이런 명분은) 개인과 사회를 통제하는 수단으로 사용되고 있습니다. 우리 사회에서 혐오와 차별을 거론하며 이를 위한 법제화를 추진하는 세력들의 배경에는 마르크시즘적 성평등 사상과 유물론적 해체 사상 등이 자리 잡고 있습니다."[157]

　차별금지법은 학교, 스포츠계, 의료계, 문화예술계, 사회 전반에 젠더 이데올로기를 확산시키면서 아이들을 위험에 빠뜨린다. 특히 인권교육과 연계되면서 아이들의 신체적·정신적 건강을 악화시킨다.[158] 그리고 언론통제와 연계되면서 시민들이 동성 성행위를 하는 아이들의 높은 자살률이나 HIV 감염률, 게이 성매매(바텀알바) 등의 사회적 병리현상에 대해 알기 어렵게 만든다.[159] 오히려 통제된 언론이 동성애와 성전환을 실상과 다르게 미화하고,[160] 사회적 차별에 의한 희생자로만 묘사하면서[161] 문화혁명을 해나간다.[162] 무엇보다 차별금지법은 동성애/성전환과 관련된 유해성 표현을 금지한다. 그 결과 아동·청소년들은 동성애/성전환을 검증이나 비판 없이 수용하게 된다.[163] 젠더 이데올로기의 오류를 정화할 수 있는 사회 시스템이 무너지는 것이다.[164] 문화막시즘 전략적 지침대로 공략된 아이들이 일차적으로 희생되면서 '조용한 혁명'이 진행되고 있다.

2장

'양성평등'을 해체하는 '성평등'
(딸, 역차별과 존엄성 침해)

2장

'양성평등'을 해체하는 '성평등'
(딸, 역차별과 존엄성 침해)

양성평등을 해체하는 성평등 정책

한국 헌법 제11조는 '성별'에 따른 차별을 금지한다. 제36조 제1항에서는 "혼인과 가족생활은 개인의 존엄과 양성의 평등을 기초로 성립되고 유지되어야 하며, 국가는 이를 보장한다"라고 규정한다. 헌법은 성별이 남자와 여자로 구별되는 양성을 기초로 양성의 평등을 추구한다.[165] 생물학적 성별을 기초로 하는 것이다. 그런데 차별금지법은 헌법과 다르게 성별을 규정한다.[166] 즉, "성별이란 여성, 남성, 그 외에 분류할 수 없는 성을 말한다"라며 제3의 성을 인정한다.[167] 제3의 성은 남성과 여성이라는 이분법적 성 구분에서 벗어난 성정체성을 의미한다.[168] 객관적 기준으로 분류되는 여성/남성과 달리, 주관적 인식을 기준으로 하는 "그 외에 분류할 수 없는 성"이 무제한 확장되는 것이다. 그리고 성적지향과 성정체성 등 사회적 성을 기초로 한다.

한편, 성평등은 양성평등의 줄임말이 아니다.[169] 오히려 양성평등을 해체하는 완전히 다른 개념이다.[170] 양성평등은 신체적인 성이 다른 남자와 여자의 사회적 기회균등의 평등을 의미한다.[171] 신체적으로 성이 다르다고 여성을 사회적으로 차별하거나 억압하지 못하도록 양성평등을 보장하고 제도화하자는 것이다. 반면 성평등은 젠더 이데올로기가 반영된 개념으로 생물학적 성별을 해체하고 자신이 자신의 성을 결정할 수 있게 하자는 뜻이다.[172] 성평등이 되면 생물학적 남녀의 성 개념을 인정하지 않는 상태가 된다.[173] 연구결과 LGBT의 49.6%는 태어날 때 기록되는 생물학적 성별을 철폐해야 한다고 밝힌다.[174]

양성평등은 태어날 때부터 주어진 생물학적 성별(sex)인 남성과 여성을 기반으로 한다.[175] 양성평등이 말하는 성별은 변하지 않는다. 반면 성평등은 임의로 선택하는 50개 이상의 성(gender)을 뜻하며 사회적 성을 기반으로 한다.[176] 성평등이 말하는 성별은 살면서 수시로 바뀐다.[177] 자신이 때에 따라 남자가 되기도 하고, 여자가 되기도 한다. 용기에 담긴 액체처럼 유동적(fluid)으로 변하는 개념이다.[178] 이런 성평등에는 동성애, 양성애, 트랜스젠더, 제3의 성 등이 포함된다.[179]

특히 트랜스젠더는 성전환 수술한 사람만을 지칭하지는 않는다. 육체적인 성과 정신적으로 느끼는 성이 일치하지 않는 사람도 포함한다. 단지 자신의 신체와 반대 성별이라고 인식하기만 하면 그만인 것이다.[180] 지극히 개인적·주관적이고 가변적인 개념이다. 따라서 생물학적 남성이 스스로 여성으로 인식한다고 주장하면 성전환 수술 없이 여성 전용공간에 출입하는 것이 정당화된다.[181]

2017~2018년에는 젠더 이데올로기를 헌법화하기 위해 '성평등' 조항을 신설하는 헌법개정 절차가 진행됐다. 국회 헌법개정특별위원회 자문위원회의 보고서는 헌법 제36조 제1항에서 '양성평등'을 삭제하거나 성평등으로 대체해 동성혼을 포함하는 다양한 가족제도의 도입을 제안했다. 아울러 양성평등과 성평등이 다르다는 사실도 명시했다.[182]

"양성평등은 생물학적인 성별인 'Sex'를 의미하고, 성평등은 사회역사적, 후천적 성인 'Gender'를 의미하며, 성평등에는 트랜스젠더를 의미하는 '성정체성'이 포함된다."[183]

양성평등이 성평등으로 대체될 경우 오늘은 남자고 내일은 여자일 수 있도록 내가 내 성을 아무 때나 맘대로 바꿀 수 있게 법 제도가 바뀌는 것이다.[184] 헌법개정은 막혔으나 이런 젠더 이데올로기 법제화는 성평등 조례(인권조례) 등을 통해 여전히 진행 중이다.[185] 이와 연계된 인권교육도 젠더 이데올로기의 산물이다.[186] 그리고 약 35조 원이 투입되는 성인지 예산제도 역시 성평등 정책의 일환으로 추진되고 있다.[187] 이런 문화혁명에 따라 양성을 기초로 하는 가정은 해체된다.[188] 게다가 남녀 구분을 폐지하는 성혁명의 법제화는 여성의 존엄과 평등까지 훼손한다.[189] 모두 양성평등을 명시한 헌법에 정면으로 위배 되는 것이다.[190] 기존 사회질서를 해체하는 젠더 이데올로기가 헌법적 가치보다 우선하기 때문이다.[191]

대법원은 2006년 "트랜스젠더가 법적 성별을 정정할 수 있다"라는 결정을 내렸고, 성별정정 신청에 대한 지침(가족관계등록예규)을 만들었다.[192] 2006년 대법원 예규는 트랜스젠더의 성별정정에 대해 '생식능력 제거, 외부 성기 성형 수술,[193] 미혼, 미성년 자녀 없음, 부모 동의' 등 엄격한 요건을 세웠다.[194] 성범죄와 가정해체 등의 혼란을 막기 위한 기준이었다.[195]

그런데 국가인권위는 2008년 트랜스젠더 성별정정 시 성전환 수술을 요건으로 하는 대법원규칙을 폐지하라는 결정을 내렸다.[196] 이에 따라 대법원은 2020년 성전환 수술 없이, 즉 외부 성기를 유지하는 성별 변경이 손쉽게 가능하도록 대법원 예규를 개정했다.[197] 바뀐 지침에 따르면 '성전환 시술 의사의 소견서' 등 이전에 요구하던 구체적 지침이 모두 사라지면서 성별정정 절차가 매우 간소해졌다.[198] 대법원 예규를 통해 성별을 생래적, 신체적 특징으로 규정한 생물학적 성별이 해체되는 것이다.[199] 이에 따라 '남성 성기를 가진 법적 여성'의 등장이 쉬워지게 됐다.[200]

2018년경 한 미용학원에서 트랜스젠더(생물학적 남성)가 여성 전용 화장실을 이용하겠다는 의사를 표시해 다른 여성 수강생들과 갈등 상황이 발생했다. 트랜스젠더는 당시 의복이나 두발 등 여성 외관을 갖추지 않았다. 미용실 원장은 갈등 해결을 위해 상당한 노력을 기울였으나 입장 차를 좁히지 못했다. 그리하여 트랜스젠더에게 다른 여자 수강생들에 대한 이해를 요청하며 민원 때문에 여성 화장실 이용을 제한했다. 이 사건에 대해 대구지방법원 포항지원은 학원장에게 불합리한 차별을 했다는 이유로 트랜스젠더에게 정신적 피해를 배상하라고 판결했다.[201] 2021년 서울행정법원도 '트랜스젠더 여성(생물학적 남성)의 여성 화장실 사용 제한은 차별행위'라고 판단했다.[202] 그리고 2022년 성공회대학교는 국내 대학 중 처음으로 남자, 여자, LGBT 모두가 이용할 수 있는 '성중립 화장실'을 설치했다.[203]

성전환 수술을 받지 않아 남성의 외부 성기를 그대로 갖춘 생물학적 남성이 여성 전용공간에 법적으로 출입할 수 있게 된 것이다.[204] 생물학적 성별 개념과 기존 사회질서가 해체되는 문화혁명의 결과다.[205] 이런 젠더 이데올로기는 여성의 존엄성을 짓밟으며 수많은 폐해를 낳게 된다.[206] 우선, 생물학적 남성이 여성 전용공간에서 자행하는 성범죄를 막을 수 있는 최소한의 제도적 장치가 무너지게 된다.[207] 이를 악용한 성범죄는 필연적으로 발생할 수밖에 없다.[208] 그리고 모든 여성이 성기를 지닌 생물학적 남성을 여성 전용공간에서 마주침으로써 수치심과 위협감을 느끼게 된다.[209]

그런데 차별금지법이 통과되면 남녀 차이로 여성들에게 생기는 본성적인 반응이나 항의조차 '혐오'와 '차별'이 된다. 피해자인 여성들이 항의하면 오히려 민사상·형사상 제재를 받고 직장에서 해고를 당하게 된다.[210] 사실상 법의 이름으로 여성에게 폭력을 행사하는 것과 똑같으며 양성평등을 보호하려는 헌법정신에 반하는 것이다. 즉, 차별금지법은 양성체제의 사회구조를 근본에서부터 해체하는 법인 것이다.[211] 바른 인권 여성연합은 성명을 냈다.

"모욕감, 수치심, 두려움 등 주관적인 감정의 영역조차 '괴롭힘'이라는 이름으로 적극적으로 법적 책임을 지게 하는 차별금지법이 제정되면 여성들은 엄청난 역차별을 받게 된다."[212]

숭실대학교 국제법무학과의 이상현 교수가 여성의 안전권에 침묵하는 국가인권위를 비판한다.

"국가인권위는 인권위법상 차별금지 규정을 근거로 중립적 차별 시정기관의 모습을 버리고 제3의 성 공문서상 표기 추진, 민간 퀴어축제 참여 등 편향적인 인권 사상을 보여왔습니다. 그리고 성전환 수술을 받지 않은 이들에게 스스로 인식하는 반대의 성별 이용시설을 사용토록 결정하면서도 다수의 성별 이용시설 사용에서 발생하는 안전권에 대한 언급은 전혀 없습니다."[213]

전국 47개 여성단체들의 모임인 '찐(眞)주권여성행동'은 성공회대학교가 설치한 남녀공용 화장실에 대해 "여성의 안전과 인권을 전혀 고려하지 않는 무책임한 처사"라며 여성의 희생에 눈감는 여성가족부를 비판했다.

"우리나라 '공중화장실 등에 관한 법률' 제7조 제1항에 따르면 '공중화장실 등은 남녀 화장실을 구분하여야 하며 여성 화장실의 대변기 수는 남성 화장실의 대소변기 수의 합 이상이 되도록 설치하여야 한다'라고 명시되어 있다. 이런 법령에도 불구하고 제대로 시행, 조치되지 않다가 지난 2016년 5월 17일에 일어났던 강남역 화장실 살인사건을 계기로 위 조항의 시행이 강화되었다. 당시 대부분의 여성들이 남녀공용 화장실에 대한 불편함과 불안을 호소하였고, 많은 전문가도 남녀 공용화장실이 상대적으로 범죄에 취약하다는 사실을 지적하였다. 당시 표창원 더불어민주당 의원은 여성 등 사회적 약자가 안전하지 않은 환경설계(공용화장실 등) 및 지나친 범죄위험 불감증이 문제의 한 부분을 차지한다고 밝힌 바 있다. 이렇듯 성공회대의 공용화장실 즉, '모두를 위한 화장실' 설치는 치안 선진국인 한국에서 아동과 여성, 그리고 장애인들의 안전과 인권을 전혀 고려하지 않은 무책임한 처사임을 분명히 알아야 한다.

실제로 성중립 화장실 정책을 우리나라보다 앞서 설치한 국가들은 빈번하게 발생하는 성중립 화장실 내 성폭력 문제로 인해 이를 폐쇄하라는 여성들과 학부모들의 요구가 끊이지 않고 있다. 세계적으로 유명한 해리포터의 저자인 작가 J.K. 롤링도 딸을 키우는 부모로서 성중립 화장실에 대해 반대하는 견해를 밝히면서 LGBT들과 그들의 옹호 집단으로부터 무차별적인 공격을 받기도 했다.

이 같은 성중립 화장실 설치를 주장하는 세력은 LGBT 단체, 국가인원위원회, 그리고 페미니즘 단체들이다. 그런데 놀라운 것은 여성가족부가 바로 이런 주장에 동조하고 있다는 것이다. 여성가족부가 시행하려던 '나다움 책' 사업을 통해서 알 수 있듯이 여성가족부가 권장하는 도서와 성교육은 사실상 여성과 어린이, 그리고 장애인들을 위험에 빠뜨리고 있다. 남성 생식기를 그대로 갖고 있는 남성을 여성이라고 둔갑시켜 여성 사우나, 여성 화장실을 사용할 수 있도록 하는 그런 성교육을 시키면서 이것이 성평등이라고 외치는데 여성가족부가 앞장서고 있다는 사실을 제대로 아는 국민들이 얼마나 되겠는가? 상식이 있는 국민들이라면 상상할 수도 없는 일이 아닌가!

트랜스젠더 허용으로 여성 스포츠계에서는 점점 더 여성이 설 자리가 사라지고 있다. 남성호르몬 투여도 성전환 중이라 주장하면 도핑 테스트에 걸리지 않는 현실이다. 온갖 편법과 위법을 합법으로, 성전환 트랜스젠더들을 여성으로 둔갑시켜 여성에게 마땅히 돌아가야 할 권익을 빼앗아 LGBT에게 나눠주는 데 앞장서고 있는 주체가 바로 여성가족부다. 한편으로는 페미니즘을 정치적으로 이용해 남성과 여성을 갈라치기 하면서 다른 한편으로는 LGBT의 권익 보호를 위한 성평등 운운하며 남녀 성별의 질서에 따라 사는 일반인들과 LGBT를 갈라치기 하고 있는 것이다. 여성가족부는 성평등이니 다양한 가족이니 하는 그럴듯한 포장으로 남성과 여성의 차별을 없애는 것을 넘어서, 남녀의 구별을 없앨 뿐 아니라 가족의 개념을 와해시키고 있다. 이러니 권력자들의 성범죄나 여성 및 아동들이 성범죄에 노출될 가능성이 높은 '성중립 화장실' 같은 이슈에는 제대로 된 목소리를 내지 못하고 있는 것이 아닌가!

우리 여성들은 더 이상 저들에게 속지 말아야 한다.

현재 우리나라 젠더 세력은 여성 인권을 위하는 척하지만, 실제로는 여성 인권을 유린하고 있다. 그들은 자신들의 역사를 여성 인권운동과 교묘하게 섞어 여성인권운동가 흉내를 내고 있지만, 실상은 수십 가지 성을 옹호하여 여성 인권을 유린하는 하나의 정치적 세력일 뿐이다. 이 젠더 세력들은 젠더 차별철폐, 낙태 합법화, 자유로운 성전환 및 동성애를 찬성하며 이른바 젠더 평등을 주도하고 있다.

이번 성공회대 '성중립 화장실' 설치에 대해서 여성 인권을 보호하는 어떠한 입장도 내지 않는 여성가족부는 그들이 추진하는 정책들을 자세하게 보면 누구나 알 수 있듯이, 실제로는 LGBT의 권리 보호를 위해서 여성의 희생에 눈을 감는 부처임을 스스로 증명했다. 여성을 보호해주지 못하고 정치 권력화된 젠더 세력을 앞세워 LGBT로 대변되는 젠더 평등을 추구하는 여성가족부는 폐지되어야 할 부처임이 분명하다."[214]

성중립 화장실이 설치된 성공회대학교 재학생 상당수는 "여성 혐오범죄나 몰래카메라 촬영 범죄 등 안전상의 문제로 실제로 사용하기 힘들 것 같다"라는 입장이다.[215] 그러나 반대하더라도 '혐오주의자'로 낙인찍힐까 봐 목소리를 내기 힘든 상황이다.[216] 서울시에서 중학교 때부터 남녀 성별을 구분하지 않는 성중립 화장실 개념을 가르치는 것으로 확인된다. 교육을 통해 젠더 이데올로기를 확산하는 것이다.[217] 차별금지법이 제정되면 '성중립 화장실' 설치가 활성화될 것으로 전망된다.[218] 문제는 여성이 자신의 의사와 상관없이 성중립 화장실을 사용할 수밖에 없는 상황이 올 수도 있다는 것이다. 미국 대학 150군데가 성중립 화장실을 설치했고, 뉴욕은 2016년에 공중화장실에 남녀 성 구분을 없애는 조례안을 통과시키기도 했다.[219] 여성 전용 화장실이 폐지되는 수순을 밟는 것이다.[220] 게다가 여성 전용 화장실이 성중립 화장실로 대체되는 사례도 증가한다.[221] 미국 인디애나주 노트르담 대학에 재학한 쥬디 김 학생의 말이다.

"미국 시민권을 가진 학생으로서 두 달 전 대학을 졸업하고 한국에 들어왔습니다. 미국에서 오래 거주한 학생으로서, '양성평등'을 '성평등'으로 대체하는 것이 무엇을 의미하는지, 이에 대한 폐해를 제대로 알고 계신지 묻고 싶습니다.

미국에서 다닐 대학교를 알아보던 중, 명문대학들은 모두 '성평등 숙소'밖에 없다는 사실을 알게 됐습니다. '성평등 숙소'란 남녀가 같은 기숙사에 살 뿐만 아니라, 화장실과 다른 시설물까지 같이 사용한다는 의미입니다. 제 가치관과 사생활을 침해당하는 상황이었지만 선택의 여지가 없었습니다. 아무리 명문대일지라도 여러분의 자녀를 섣불리 보내기 어려울 것입니다. 2012년 워싱턴주 한 대학에서는 자신을 여성이라 자칭한 한 남학생이 여성 탈의실에 나체로 들어가는 충격적인 사건이 있었습니다. 그것을 본 여학생의 어머니가 경찰에 신고했지만, 학교 측에서는 '성차별을 할 수 없다'라는 입장을 최종적으로 내놓았다고 합니다. 나아가 이 남학생은 자신이 레즈비언이라면서, '여성으로서 다른 여성을 사랑한다'라고 말했습니다. 이것이 정상이라고 생각하는가요?"[222]

영국의 법무부 장관인 수엘라 브라버먼(Suella Braverman)이 말한다.

"만일 학교가 트랜스 여성(생물학적 남성)에게 여자 화장실의 사용을 허용할 경우, 이것은 다른 여자아이들에 대한 간접적인 차별이 될 수도 있습니다. '성전환을 근거로 차별받지 않을 권리'가 곧 '반대 성별을 위해 제공된 시설에 접근할 권리'와 같다고 볼 수는 없습니다."[223]

여성 인권 추구를 위해 설립된 단체인 바른 인권 여성연합은[224] 다음과 같은 성명서를 냈다.

"화장실이라는 공간은 여성들의 생리적 욕구를 해소하는 가장 사적인 공간으로 여성들은 안전한 화장실을 사용할 권리가 있다. 그럼에도 불구하고 여성 화장실은 자주 범죄에 노출되어왔다. 2019년 6월에 긴 머리 가발을 쓰고 핑크색 후드 티셔츠와 미니스커트를 입은 여장 남성이 숙명여대 화장실에 몰래 들어갔다가 붙잡히기도 했다. 여기서 우리가 간과해서는 안 될 중요한 사실이 있다. 아마 모든 국민들이 이 사건을 기억하실 것이다. 너무 끔찍해서 입에 담기도 힘든 가장 악랄하고 잔인한 소아 성폭행 사건인 이른바 조두순 사건이 발생한 장소가 바로 화장실이었다는 사실이다. 차별금지법 23조는 '상업, 공공시설의 소유, 관리자는 성별 등을 이유로 시설물의 사용, 임대, 매매를 제한, 거부해서는 아니 된다'라고 규정하고 있다. LA 찜질방 사건이 우리나라에서도 일어날 수 있다는 것이며, 조두순 같은 범죄자도 여성 화장실을 합법적으로 드나들 수 있다는 것이다. 이것은 여성의 안전에 대한 심각한 위협이 아닐 수 없다."[225]

'강남역 살인사건'은 한국 국민에게 충격을 안겼다. 2016년 5월 17일 서울 강남역 인근의 한 상가 화장실에서 30대 가해자 남성은 화장실에서 여성이 들어오길 기다리다가 피해 여성을 보자마자 흉기를 휘둘러 살해했다.[226] 생물학적 성별로 분리한 화장실의 해체는 이런 범죄가 더 쉽게, 다양한 방식으로 일어나게 할 수 있다. 차별금지법이 제정되면 '성중립'이라는 용어는 화장실에만 국한되는 것이 아니다. 탈의실, 샤워실, 목욕탕, 사우나 등 모든 영역에 성중립이라는 팻말이 붙게 된다. 여성 전용공간이 오히려 여성의 안전을 가장 위협하는 장소로 변할 우려가 있는 것이다.[227] 성기를 지닌 남성이 자신을 여성으로 인식한다고 주장하며 여성 전용공간에 출입할 수 있고, 이를 악용한 성범죄가 언제든 발생할 수 있기 때문이다.[228] 여성의 안전권과 프라이버시권이 심각하게 침해된다. 설령 성범죄를 당한 당사자가 아니더라도 범죄에 취약한 여성과 미성년의 경우 항상 불안과 두려움을 느낄 수밖에 없다.[229] 자신을 여성으로 인식하는 남성이 여자 스포츠 경기에 출전할 경우 여성의 안전과 공정성도 위협받게 된다. 전문가들은 경고한다.

"해외에서 벌어진 이런 각종 사건들은 국내에서 차별금지법이 통과되면 마주하게 될 우리의 미래입니다."[230]

여성에게 두려운 공간으로 바뀌는 화장실

여성은 전용 화장실을 심적인 불안함과 두려움 없이 안전하게 사용할 권리가 있다. 여성이 화장실에서 두려움을 느끼지 않는 이유는 생물학적 성별로 구분 지어져 남성의 접근이 차단되기 때문이다.[231]

그러나 남성 출입이 허용되는 성중립 화장실에 대해서는 불법 촬영이나 성폭행 등을 우려하는 목소리가 높다.[232] 화장실 특성상 속옷과 하의를 탈의하는 곳이라 내부 CCTV가 없어 성범죄 발생에 더욱 취약한 곳이기 때문이다. 밀폐된 공간에서 물리적 접근성이 쉬워지는 만큼 성범죄를 막기도 어렵다. 성기를 지닌 남성이 성범죄 목적으로 여성 화장실에 출입하더라도 자신이 트랜스젠더라고 주장하면 이를 제지하기도 어렵다. 마땅한 보호책 없이 화장실을 남녀공용으로 만들어 버리면 범죄의 온상이 되기 쉬운 것이다.[233] 차별금지법이 제정된 외국의 사례들을 보면 이를 확인할 수 있다.

2019년 3월경 한 남성(32세)이 미국 인디애나주 월마트 여성 화장실에 들어가려다 제지당했다. 월마트 직원이 붙잡자 그는 "내가 여자가 아니라는 것을 당신이 어떻게 아느냐"라고 말했다. 외관상으로는 분명 남성이었지만 자신이 여성이라면서 여성 화장실을 이용할 권리가 있다고 주장했다. 미국 인디애나주는 2005년 차별금지법이 통과됐기 때문에 그를 제지할 수가 없었다.[234] 결국, 여성 화장실에 들어간 그는 뒤에 들어온 한 여성을 성추행했다.[235]

2018년 10월경 미국 조지아주에 있는 초등학교에서는 트랜스젠더 학생들에게 여성 화장실 사용을 허용한 후 한 트랜스젠더가 여성 화장실에서 5세 여아를 성폭행하는 사건이 발생했다.[236] 2020년 3월경 차별금지조례가 만들어진 미국 위스콘신주의 한 공립 고등학교 성중립 화장실에서는 18세 고등학생의 성폭행 사건이 발생해 시설이 폐쇄됐다.[237] 미국 와이오밍주에서도 생물학적 남성인 미겔이 자신의 정체성을 '여자로 느끼는 트랜스젠더'라고 주장하며 여성 화장실에서 10세 여아를 성폭행하는 일이 발생했다. 그는 성소수자의 정체성을 차별하지 말라는 와이오밍주의 차별금지법을 앞세워 여성 화장실을 사용하기 시작했다. 그는 자신이 여성이라 느껴지며 남자가 아니라고 일관성 있게 주장했다. 남성의 성기가 자신에게 있고 없음은 별로 중요하지 않다고 덧붙였다.[238]

2015년 9월경 캐나다 토론토 대학교 기숙사 내 성중립 화장실에서는 남학생들이 여학생들의 샤워 중인 장면을 핸드폰으로 불법 촬영해 체포되는 일이 벌어졌다.[239] 미국의 거대 소매업체인 타깃 스토어(Target store)는 성정체성에 따라 선택하는 화장실·탈의실을 사용할 수 있다는 정책을 가장 먼저 받아들였는데,[240] 범죄에 사용되는 몰래카메라가 반복적으로 발견되고 있다.[241] 한 남성은 타깃 스토어에서 여장한 채 몰래카메라를 찍기까지 했다.[242] 영국 스코틀랜드에서도 자신을 여자라고 주장하는 케이티라는 남성이 여성 화장실에서 10세 여아를 성폭행했다. 그러나 LGBT에게 더욱 관대할 것을 강요하는 영국의 분위기 때문에 그는 어떤 처벌도 받지 않고 거리를 활보하게 됐다. 그는 이와 비슷한 범죄를 몇 번 더 시도했지만, 매번 보호받았다. 이런 뉴스가 계속 나오자 캐나다에서는 성중립 화장실의 사용에 불편을 느낀 여학생들이 화장실 가기를 꺼리다가 방광염에 걸리는 일까지 발생했다.[243] 이처럼 성정체성에 따른 화장실 사용을 허용한 공립학교나 성중립 화장실에서는 이를 악용한 성범죄가 빈번히 발생한다.[244] 편향된 이념적 인권을 내세워 정작 어린 여자아이들의 인권이 희생되는 것이다.

　　2019년 8월경 40대 일반 남성이 여성 화장실에 들어갔으나 무죄가 선고됐다. 성범죄 여부가 논란이 됐으나, 한국 법원은 그 이유에 대해 다음과 같이 판시한다.

　　"유죄를 인정하려면 성적 욕망을 만족시킬 목적으로 불특정 다수가 이용하는 화장실에 침입한 것이 합리적 의심 없이 증명돼야 한다. 그러나 진술과 CCTV 영상만으로는 이를 증명할 수 없다."[245]

　　그런데 성범죄 목적을 가진 트랜스젠더가 여성 화장실에 출입해도 그 범죄성을 증명하는 것은 거의 불가능하다. 트랜스젠더 성정체성의 유동성 때문이다. 트랜스젠더는 자신의 성정체성을 어떤 상황에서는 남성, 다른 상황에서는 여성이라고 주장할 수 있다. 이에 따라 '성적 욕망을 만족시킬 목적'에 대한 증명은 '생물학적 성별이 고정된 일반 남성'보다 '수시로 바뀌는 사회적 성을 주장하는 남성'이 훨씬 까다롭다. 성범죄 목적으로 이런 유동성을 악용하더라도 이를 가려낼 수 있는 합리적 기준이 없기 때문이다.[246] 성범죄 피해를 실제로 당하기 이전에 제3자가 트랜스젠더 주장의 진지성을 파악하는 것도 사실상 불가능하다.[247] 트랜스젠더의 주관적 인식을 확인할 수 없으므로 이를 악용한 성범죄를 사전에 제지할 방법이 없는 것이다.[248] 그로 인한 피해와 고통은 여성과 아이들의 몫이 된다. 이들의 존엄성과 안전이 짓밟히게 된다.[249] 이것은 평생 상처가 될 수 있는 트라우마를 예방하지 않을 뿐만 아니라 성범죄에 더 취약하도록 환경을 조장하기 때문이다.[250] 여성·아이들은 늘 "내가 범행 대상이 될 수 있다"라는 공포감을 느끼게 된다. 일상적 고통이 되는 것이다. 자신이 범행 대상이 되지 않는 것은 그저 '우연'에 맡길 수밖에 없다. 젠더 이데올로기 확산으로 여성들이 화장실 이용 자체를 꺼릴 수밖에 없는 이유다.[251]

회사원인 A씨는 "여성 화장실에 들어오는 트랜스젠더가 혹시라도 나쁜 마음을 먹고 해코지하면 어떡하나 무섭기도 하고, 일부 남자들이 이걸 악용하는 사례도 생기지 않을까 걱정된다"라고 말한다. 학부모 B씨는 "우리 딸이 학교에서 그런 상황에 처하게 된다면 너무 많이 걱정되고 두렵고 무섭다"라고 호소한다.[252] '해리포터'의 작가인 조앤 롤링(Joanne K. Rowling)이 개인 소셜미디어에 공유했다.

"트랜스젠더 여성은 성적 파트너에 의해 살해당할 가능성이 아주 높습니다. 취약한 상태에 있습니다. 트랜스젠더 여성이 안전하기를 바랍니다. 그러나 동시에 생물학적 성별이 여성인 사람들과 여아들이 덜 안전해지기를 바라지 않습니다. 성별 변경 증서는 성전환 수술이나 호르몬 없이도 주어집니다. 자신을 여자로 느끼거나 믿는 아무 남자에게나 여성 화장실, 탈의실을 개방하면, 그냥 안에 들어오기 원하는 모든 남성에게 여성 전용공간의 문을 열어주는 결과에 이르게 됩니다. 이것이 단순한 팩트입니다. 성폭행이나 성범죄로 인해 남겨진 상처는 사라지지 않습니다. 아무리 사랑을 받더라도, 아무리 돈을 많이 벌더라도...... 내 딸이 나와 같이 갑작스러운 소리나 인기척 없이 뒤에 서 있는 사람이 있다는 사실만으로 깜짝깜짝 놀랄 수밖에 없는 상처가 없기를 기도합니다."[253]

생물학적 남성들과 화장실을 함께 사용할 것을 강요당하는 여성들의 감정적 반응은 불안을 넘어 '공포'로 귀결된다. 그러나 차별금지법은 이에 대한 표현이나 항의 자체를 허용하지 않는다. LGBT를 차별하는 혐오자로 낙인찍히거나 젠더 감수성 없는 인간이라고 인신공격을 받을 뿐이다.[254] 그리고 처벌되거나 금전적 제재를 받을 우려가 크다. 롤링은 이런 반대표현을 함으로써 수백 명의 트랜스 운동가들로부터 혐오 표현을 했다는 이유로 폭행, 강간, 암살, 폭탄 살해 등의 협박을 받았다고 밝혔다.[255] 그리고 각종 사회적 불이익을 감수해야 했다.[256] 반면 사회는 이런 협박에 대해서는 관대하다. 문화혁명으로 인해 가해자가 피해자로, 피해자는 가해자로 둔갑하는 사회로 변해가는 것이다. 이것은 여성의 역차별을 의미한다.

생물학적 남성이 드나드는 여성 전용공간
(여성 존엄에 역행하는 성평등)

젠더 이데올로기 확산으로 문제 되는 여성 전용공간은 화장실만이 아니다. 탈의실, 샤워실, 목욕탕, 여성 쉼터, 교도소 등도 문제가 된다. 영국 통계에서는 공공 수영장과 스포츠 및 레저 센터에서 발생하는 대다수(3분의 2)의 성범죄가 성중립 시설에서 발생한다는 사실을 밝히고 있다. 성중립 시설이 여성 전용시설보다 여성에게 훨씬 위험하다는 사실을 보여주는 것이다. 성중립 탈의실은 영국 전역에 있는 탈의실의 절반에 미치지 못한다. 그럼에도 2017~2018년에 발생한 성범죄 134건의 신고 내역 중 120건이 성중립 탈의실에서 발생했고 단일 성별 탈의실에 관한 신고는 단 14건에 불과했다.[257] 탈의실 성폭행, 관음증, 성희롱 관련 신고의 약 90%가 성중립 탈의실에서 발생한 것이다. 신고된 나머지 46건은 수영장, 체육관, 복도 등 다른 장소에서 발생했다.[258] 영국 몬머스(Monmouth)의 하원의원인 데이비드 데이비스(David Davies)가 말한다.

"이 수치는 여성과 소녀들이 성중립 탈의실에서 (성범죄에) 더욱 취약하다는 사실을 보여줍니다. 그리고 이런 장소가 성범죄자들을 끌어들이는 더 매력적인 장소로 되고 있다는 위험성도 보여줍니다. 남성이 여성의 공간에 더 쉽게 접근할 수 있도록 하는 것은 상식적으로 말이 되지 않습니다. 그러나 젠더 인식에 대한 혁명은 그런 접근권을 부여할 것입니다."[259]

영국 웨일스의 한 지방의회에서는 모든 레저 센터에 있는 단일 성별 탈의실을 성중립 시설로 대체한다는 결정을 했다. 14세 딸이 있는 엄마 리안 휴즈(Rhian Hughes)가 지방의회에 청원을 제기하며 말한다.

"저와 14살 딸은 같은 공간에서 여성과 남성이 탈의하는 시설을 사용하지 않을 것입니다. 저의 딸은 스포츠와 수영을 너무 좋아합니다. 그러나 남성이 있는 장소에서 탈의할 수 없습니다. 딸이 편안해할 리도 없거니와 제가 남성 옆에서 딸이 샤워하도록 허락할 수도 없습니다. 딸은 탈의실에 갈 수가 없습니다. 성중립 화장실이 위험하기 때문입니다."260)

성폭행 피해자인 타냐 윌슨(Tanya Wilson, 가명, 48세)이 말한다.

"저는 탈의실에 가는 것을 꿈도 꾸지 않습니다. 자신의 정체성을 어떻게 밝히든 생물학적 남성을 밀폐된 공간에서 마주치는 것은 저에게 공포심을 일으킵니다. 저는 밀폐된 공간에서 낯선 남자를 만나게 되면 무의식적으로 트라우마 반응을 보이게 됩니다. 부끄럽지만 때때로 두려움에 소변을 지리기도 합니다. 불행히도 이런 저의 반응을 통제할 수가 없습니다.

제가 사는 곳에는 여성으로 살고자 하는 생물학적 남성들이 있습니다. 그들이 자신의 삶을 살면서 행복하기를 바랍니다. 그러나 그들을 여성 탈의실이나 화장실에서 만날 것을 생각하면 움츠러들며 흠칫 놀라게 됩니다. 공중화장실에 가야 되면 반드시 다른 여성을 데리고 가야 합니다. 사회가 성범죄 피해자에게 전혀 신경 쓰지 않는 것 같아 비통합니다. 소수의 생물학적 남성들이 어떻게 느끼는지가 중요할 뿐입니다."261)

미국 여러 주의 공립 초·중·고등학교에서도 트랜스젠더는 자신이 원하는 성별의 탈의실, 샤워장 사용이 가능하다. 일례로 미국 미주리주의 한 고등학교에서 남성으로 태어난 리라 페리(Lila Perry)는 트랜스젠더 선언을 했다. 이에 학교 측은 별도로 마련된 남녀공용 탈의실 사용을 요청했다. 그러나 페리는 차별이라며 여성 탈의실을 사용하겠다고 했다. 이에 수백 명의 여학생은 두 시간 동안 한꺼번에 학교를 떠남으로써 침묵으로 반대를 표현했다.262)

여성이 생물학적 남성 앞에 자기 의사에 반해 알몸 노출을 강요당하는 것은 수치심, 굴욕감을 준다. 여성 존엄에 역행하는 것이다.263) 좌익 성향의 잡지인 뉴 스테이츠맨(New Statesman)의 부편집장 헬렌 루이스(Helen Lewis)가 말한다.

"젠더 개혁은 여성 탈의실에서 수염 난 남자가 성기를 노출하더라도 누구도 뭐라고 할 수 없게 만들 것입니다."264)

여성 전용 쉼터도 문제가 된다. 크리스토퍼 햄브룩(Christopher Hambrook,

37세)이라는 캐나다 남성은 제시카라는 여자 이름으로 자신을 소개하며 여성 전용 쉼터에 입소해 여러 명의 여성을 성폭행했다.[265] 햄브룩의 입소 거절이 불가능했기 때문에 이런 성범죄가 발생한 것이다.[266] 차별금지법이 제정되면 쉼터의 입소 거절은 차별을 근거로 소송을 당하게 된다.[267] 실제 알래스카에서도 쉼터 입장을 거절당한 남성이 자신을 여자로 인식한다며 이런 소송을 제기했다. 남성 학대를 피해 쉼터를 찾은 여성조차도 안심하고 쉴 수 있는 권리를 빼앗기게 된다.[268]

여성 목욕탕(사우나)도 문제 된다. 2021년 6월 23일 미국 로스앤젤레스(LA) 한인타운의 한 목욕탕(스파) 여탕에 자신의 성정체성이 트랜스젠더 여성이라고 주장하는 대런 머리저(Darren Merager, 52세)가 남성 성기를 지닌 알몸 그대로 출입해 큰 소동이 빚어졌다.[269] 트위터 계정에 업로드된 소셜미디어에는 당시 여탕에 있었던 여성들이 옷도 채 입지 못하고 가운만 걸친 채 뛰어나와 목욕탕 직원에게 격렬히 항의하는 영상들을 곳곳에서 확인할 수 있다. 여성 고객은 한 남성이 여탕에 들어와 성기를 그대로 드러낸 채 배회했다고 말한다.[270]

영상 속 한 여성은 "남성이 성기를 드러내며 여탕에 들어가도 되는 것이냐. 왜 남성을 여탕에 들여보내느냐"라며 강력히 항의하는 모습이 담겨 있다. 이 여성은 "당시 여탕 안에는 다른 여성들과 어린아이들도 많았다. 충격을 받아 트라우마로 남을 것 같다. 이게 과연 옳은 일이냐. 그는 여성이 아닌 분명한 남성이었다. 나는 스파 안에서 편안함을 느낄 권리를 가지고 있다"라고 말한다.[271]

스파 직원은 '성정체성에 기반한 차별금지법에 따라 남성이 스스로를 여성이라 주장한다면 여탕 입장에서는 허가할 수밖에 없다'라고 한다. 구체적으로, 이 직원은 "성별을 규정할 수 없는 그 남성은 그의 성정체성 때문에 스파 안에 들어갈 수 있었다"라고 말했다. 여성은 "무슨 성정체성을 말하는 것이냐. 그는 여성이 아니었다"라고 분노했지만, 직원은 "트랜스젠더 여성인 것 같다"라고 받아쳤다. 그러자 여성은 "트랜스젠더 같다는 건 없다. 그는 남성의 성기가 있으므로 트랜스젠더로 받아들일 수 없다. 저 사람은 분명히 남성의 신체를 가지고 있었다"라며 화를 냈다.[272] 별다른 조처를 하지 못한 스파 측은 "진짜 트랜스젠더와 사기꾼을 어떻게 구별하냐"라며 트랜스젠더라고 주장하는 사람을 출입시킬 수밖에 없다고 어려움을 토로했다.[273] 이후 스파 업소 앞에서 트랜스젠더의 여탕 출입에 대

한 찬반 시위가 수차례 벌어지며 유혈 충돌하는 사태까지 발생했다.[274]

논란이 거세지자 해당 스파 업소 측은 성명을 내고 "성소수자의 차별을 금지하는 캘리포니아주 법에 따른 조치였다. 성정체성에 기반한 차별을 금지하는 법에 따라 남성이 본인을 여성으로 주장하면 여탕 입장을 허가할 수밖에 없다"라고 해명했다. 2005년 캘리포니아주에서 당시 주지사였던 아놀드 슈왈츠제네거(Arnold Schwarzenegger)가 성정체성 관련 공공시설 이용의 차별을 금지하는 민권법(Civil Rights Act of 2005)에 서명했다. 이 업소뿐만 아니라 한인타운 내 여러 스파 업소들에서도 성전환 수술을 하지 않은 트랜스젠더가 여탕에 입장하는 일이 일어나 꾸준히 문제가 제기돼 왔다.[275] 업소 측이 트랜스젠더의 입장을 제한하면 자칫 소송에 휘말릴 수도 있다. 그런데 여성의 공간과 권리를 침해해서 유발되는 이런 갈등은 한국이 서구보다 더 격렬할 것으로 보인다. 서구보다 한국의 목욕탕(사우나) 문화가 더 발달 돼 있기 때문이다.[276]

이후 LA 경찰은 머리저가 2002~2003년 음란 노출 행위로 유죄 판결을 받았고 2006년부터 성범죄자로 등록된 인물이라고 밝혔다. 게다가 머리저의 음란 노출 관련 사건 기록은 지난 30년간 40여 건에 이른다고 전했다.[277] 머리저는 "자신이 법적으로 여성이며 노출 행위에 대한 신고는 트랜스젠더를 괴롭히는 행위"라고 주장한다.[278]

이처럼 성적 욕망을 만족시킬 목적을 위해 성정체성을 악용하면 이를 증명하거나 막는 것은 극히 어렵다. 트랜스젠더라고 주장하는 사람의 주관적인 관점에서 판단될 수밖에 없기 때문이다. 여성 전용공간에 사회적 성을 악용하는 성범죄자를 초대하는 것과 다름없다는 비판이 나오는 이유다.[279] 더군다나 젠더 이데올로기가 만연한 나라에서는 이런 성범죄자에게 관대한 처분을 하는 경향이 있다. 반면 차별금지법은 항의하는 피해 여성에게 차별을 근거로 법적제재를 가하거나 차별금지법 취지를 따르는 단체가 불이익한 조치를 취하도록 환경을 조성한다.[280] 이것은 성범죄에 취약한 여성을 더욱 취약하게 만든다.[281] 결국, 여성 존엄에 역행하고 성적 수치심을 느끼는 여성에 대한 보호를 포기하는 결과에 이르는 것이다.[282] 즉, 사회적 성은 여성 인권을 후퇴시키게 된다.

여성 전용 교도소 역시 문제가 된다.[283] 2022년 4월경 미국의 마한(Mahan) 교도소에서 2명의 여성 수감자가 임신했다. 마한 교도소는 뉴저지주의 유일한 여성 전용 교정시설이다. 당국의 조사결과 아이의 아버지는 여성 교도소 수감을 원했던 트랜스젠더 재소자 데미트리우스 마이너(Demitrius Minor, 27세)인 것으로 확인됐다.[284] 2021년 뉴저지주는 수감자에게 자신이 원하는 성별에 따라 교정시설을 선택할 권리를 주는 법을 제정했다. 이 법에는 성전환 수술을 받아야 한다는 내용이 없다. 따라서 수감자 본인이 여성 트랜스젠더라고 주장하면 여성 재소자와 함께 지내게 된다.[285]

이 사건 발생 당시 마한 교도소에는 800명의 재소자 중 27명의 트랜스젠더가 수감 중이었다.[286] 2021년경 마한 교도소에 수감 된 다른 여성 재소자 2명도 성전환 수술을 받지 않은 트랜스젠더의 이감을 요구하는 소송을 제기했다. 이들의 소장에는 "트랜스젠더라고 자신의 성적 정체성을 신고한 뒤 여성 교도소에 수감된 일부 남성 재소자가 성추행과 함께 성적 접촉을 시도했다"라고 밝힌다.[287]

2017년경에는 '가짜 트랜스젠더' 사건으로 영국이 떠들썩했다. 2001년경 2건의 아동 성추행과 2003년경 여성 강간의 전과가 있는 남성 스티븐 우드(Stephen Wood, 52세)는 2017년 노인을 칼로 찔러 남성 교도소에 들어갔다. 그는 수감 직후 자신이 트랜스젠더 정체성을 가진 여성인 카렌 화이트(Karen White)라고 주장했다. 그러면서 여성 교도소에 수용해 달라고 요구했다. 화이트는 자신이 요구한 대로 영국 웨스트요크셔주의 여성 전용 교도소(뉴홀(New Hal) 교도소)로 이감됐다.[288] 교도소 수감 이전에 여장하고 공연을 하는 '드래그 아티스트'로 활동해온 이력이 있기 때문이다. 그러나 남성 성기를 지닌 그는 2017년 9월부터 11월까지 네 명의 여성을 대상으로 성폭력을 저질렀다.[289]

영국 언론은 이 사건을 여성이 저지른 범죄로 취급했다. 그리고 강간한 화이트에게 여성 대명사를 사용했다.[290] 그런데 약 20년 동안 아이들과 취약한 성인들에게 약탈적인 성폭력을 해온 화이트의 과거가 밝혀졌다.[291] 그리고 영국 법원은 화이트가 '정체성 가면'(transgender persona)을 이용해 성범죄를 저질렀다고 판단했다.[292] 이렇듯 여성 피해가 발생하기 이전에는 성정체성을 악용하는 성범죄자의 주관적 생각을 가려낼 수 없는 것이다.[293] 이후 영국에는 트랜스젠더 전용 교도소가 2019년에 새로 생겼다. 사회적 성을 악용하는 폐해를 막을 수 없기 때문이다. 그러나 이것은 생물학적 여성과 트랜스젠더(생물학적 남성)의 차별을 금지하는 젠더 이데올로기에 반하는 조치이기도 하다.[294] 차별금지법의 자기모순을 드러낸다는 지적이다.[295]

영국의 브론즈필드(Bronzefield) 여성 교도소에 수감 됐던 에이미 존스(Amy Jones, 38세)도 남성 성기를 가진 트랜스젠더 J에게 성폭행당했다고 주장한다. 존스는 영국 법무부와 교도소 측을 상대로 민사소송을 제기했다. 관련 재판에서는 2016~2019년 사이에 영국 여성 교도소에서 발생한 성폭력이 97건에 이른다고 밝힌다.[296] 출소 후 존스가 말한다.

"교도소는 (남성 성범죄로부터) 피난처가 되어야 합니다. 그러나 성범죄자 트랜스젠더가 바로 옆에 수감 돼 있다는 사실을 안 이후에 안전을 느낄 수 없었습니다. 교도소는 끔찍한 곳인데, 이런 상황은 저의 고통을 100배 악화시켰습니다.

저를 성폭행한 J가 샤워할 때는 다른 사람들은 출입하지 말라는 팻말을 붙였습니다. 그런데 J가 인권 침해를 주장하며 '나는 여자고 다른 여자들과 샤워하고 싶다'라고 말했습니다. J가 나를 성폭행하기 직전에는 샤워 커튼을 열고 다른 여성들이 볼 수 있도록 성기를 드러내고 있는 것이 보였습니다.

성범죄자들은 조작의 달인입니다. 취약한 냄새를 맡으면 표적으로 삼습니다. 동시에 그들은 인권을 내세워 교도관에게 겁을 주면서 이런 문제를 외면하게 만듭니다. 교도관들은 여성 수감자들보다 트랜스젠더들을 더 보호했습니다. 왜냐하면, 교도관들이 트랜스포비아로 비난받는 것을 아주 두려워하기 때문입니다.[297]

저는 지금 출소한 상태입니다. 그러나 아직 수감 돼 있는 취약한 여성들은 누가 보호합니까? 일부 여성 죄수들은 트랜스젠더와 함께 수감 된 것에 항의했습니다. 그런데 '트랜스포비아적 행동'이라며 처벌을 받았습니다. 이것은 말이 안 됩니다. 우리가 처한 위험을 어떻게 인식하지 못할까요?"[298]

생물학적 남성과의 경쟁 (여성 평등을 해체하는 성평등)

남성은 XY, 여성은 XX 성염색체를 가지고 있다. 남녀는 성염색체가 다르고 그에 따라 생물학적 차이도 극명하다. 트랜스젠더 수술을 위해 성기 수술을 하고 호르몬을 주입한다고 해도 세포 내 성염색체는 바뀌지 않는다.[299] 또 생물학적 남성은 사춘기를 지나면서 테스토스테론 수치가 급격히 늘어나고 이에 따라 폐활량, 근육의 경도와 골밀도가 여성에 비해 높아진다.[300] 이에 따라 일반적으로 남성은 여성보다 근력, 순발력 등이 월등해 서로 다른 신체적 능력을 보유하게 된다.[301] 그런데 젠더 이데올로기는 이런 남녀의 생래적 차이를 도외시한다. 스포츠에서도 절대적 평등만을 내세우면서 양성평등을 해체한다.[302] 그 결과 여성의 안전과 생명이 위협받게 된다. 여성이 평생 흘린 땀의 대가도 부당하게 빼앗긴다.[303] 생물학적 남성이 불공정하게 여성 경기를 참가하기 때문이다.

헌법상 가치인 평등은 '같은 것은 같게, 다른 것은 다르게' 취급하는 상대적 평등이다. 반면 차별금지법은 '다른 것을 같게' 취급하는 절대적 평등을 지향한다. 헌법상 가치가 아니라 젠더 이데올로기가 내세우는 이념적 평등인 것이다. '차이'와 '차별'을 구분하지 않는다. 역설적이게도 생물학적 차이로 발생하는 여성의 불평등이 젠더 이데올로기가 말하는 평등인 셈이다.

2022년 3월경 트랜스젠더 여성 수영선수인 리아 토마스(Lia Thomas, 22세, 펜실베니아 대학)는 미국 대학스포츠협회(NCAA)가 주최하는 여자 자유형 500야드(457.2m) 경기에서 우승을 차지했다. 2020 도쿄올림픽 여자 400m 개인혼영 은메달리스트인 엠마 웨이언트의 2위 기록보다 1초75 빨랐다.[304] 3위는 도쿄올림픽 1,500m 은메달리스트인 에리카 설리번이 차지했다.[305] 100분의 1초까지 기록하는 수영 세계에서는 눈에 띄는 격차다.[306]

토마스의 NCAA 대회 우승 전부터 미국 스포츠계는 비판 여론으로 들끓었다. 트랜스젠더 선수의 출전이 성별·신체적인 차이를 무시한 불공정한 경쟁이라는 것이다. 생물학적 남성이었던 토마스는 3년 동안 남성 수영선수로 활동했으나, 당시 별다른 성적을 내지 못했다. 남성부 경기에서 토마스의 수영 랭킹은 462위에 불과했다.[307] 그러나 호르몬 주사를 맞고 트랜스젠더 선언한 후 상황이 완전히 바뀌었다. 여성팀에 합류하자마자 462위에서 1위로 바뀐 것이다.[308] 토마스는 2021년경 NCAA가 주관하는 수영경기 중 여성 200m, 500m 자유형 종목에 출전해 신기록을 잇따라 세웠다.[309] 펜실베니아 대학은 2022년 7월경 NCAA 올해

의 여성상에 토마스를 지명하기까지 했다.³¹⁰⁾

남자 수영선수였을 때는 그저 그런 선수였던 토마스가 트랜스젠더 선언한 직후 여자 종목에서 두각을 나타내는 것은 노력 때문이 아니라 남성으로 태어났던 그녀의 생물학적 특성 때문이라는 지적이 잇따른다.³¹¹⁾ 영국 스포츠의학 저널(British Journal of Sports Medicine)의 연구에 따르면 트랜스젠더로 식별된 남성은 '여성화' 호르몬을 복용한 지 2년이 흘러도 생물학적 여성보다 골밀도와 근육량에서 우위를 유지했다.³¹²⁾ 미국 펜실베니아 대학 소속의 동료 여성 수영선수들이 트랜스젠더인 리아 토마스에 대해 인터뷰한 내용이다.

"리아 토마스의 남성 성기가 여성에 대해 일반 남성들처럼 반응해 너무 불편합니다. 리아는 팀원들에게 여자와 데이트한다는 말을 공공연하게 하고 있으며 과도한 노출로 눈살을 찌푸리게 합니다.³¹³⁾ 리아가 다른 사람의 시선을 신경 쓰지 않아 속상한 동료들이 많습니다. 35명의 선수가 불편함을 느낀다는 사실을 알아야 합니다. 선수단 측은 리아의 편의에만 집중하고 나머지 선수들의 불편함에 대해서는 모른 체하고 있습니다. 게다가 이런 심각한 불편과 어려움을 겪는 와중에도 동료들은 자칫 '트랜스젠더 혐오자', '성소수자 혐오자' 등의 낙인이 찍힐까 봐 두려워합니다. 리아의 행동을 지적하지도 나서지도 못하는 상황입니다."³¹⁴⁾

미국 코네티컷주에서 열린 청소년 여자 육상경기에서도 생물학적 남성 안드라야 이어우드(Andraya Yearwood)와 테리 밀러(Terry Miller)가 트랜스젠더 선언 후 출전해 1, 2등을 독차지하면서 무려 15차례나 우승했다.³¹⁵⁾ 공정한 경기를 바라며 연습했던 많은 여성 선수, 특히 유력 우승 후보였던 여성 선수인 셀리나 소울(Selina Soule)은 박탈감이 컸다. 셀리나는 챔피언십 출전권을 얻지 못하고 관중석에 앉아 대회를 구경해야만 했다.³¹⁶⁾ 셀리나가 말한다.

"남자 선수들을 이기지 못하는 불공평한 경기임을 알고서 경기를 시작한다는 게 너무나 절망적입니다. 육상은 제 삶의 전부입니다. 매일 학업을 마치고 트랙에서 달려요. 남자부 경기에 출전했을 땐 별 볼 일 없는 성적을 거뒀던 그가 여자로서 정체성을 느낀다며 여자 대회에 와서는 모든 출전자를 제쳤어요. 생물학적으로 여성 선수들이 트랜스젠더 선수를 이긴다는 것은 상상할 수 없습니다."[317]

여성 선수들은 트랜스젠더 선수들 때문에 번번이 순위에서 밀려났고, 대학 입시에서 치명적인 불이익을 받게 됐다고 불평했다.[318] 한 학생은 "누군가가 자신의 성정체성을 스스로 믿는다고 해서 생물학적 차이가 사라지지 않는다"라고 한다.[319] 그러나 코네티컷주에서는 이를 대놓고 반대하지 못한다. 보복이 두렵기 때문이다. 사실상 침묵을 강요당하는 것이다.[320] "여성은 경쟁할 권리는 있되 이길 권리는 없다"라는 얘기를 노골적으로 듣는다.[321] 기울어진 운동장에서 경쟁할 것을 강요당하는 것이다. 이로 인해 운동선수의 세계를 떠나는 여성들이 많다고 한다.[322] 차별금지법이 추구하는 '여성에게 불평등한 평등'을 보여주는 사례다.

2014년경 해군 출신의 생물학적 남성인 팰론 폭스(Fallon Fox)는 트랜스젠더 선언 이후 여성 격투기 경기에 출전했다. 상대 여성 선수인 타미카 브렌츠(Tamikka Brents)는 2분 만에 뇌진탕과 두개골 골절상을 입었다.[323] 두개골이 파손된 것이다.[324] 그는 여성 선수들에게 안와골절상을 입힐 만큼 강력한 펀치와 무릎 차기로 공포감을 조성한 바 있다. 격투기 해설가와 선수들은 이미 폭스가 남성으로서 2차 성징까지 거쳤고, 뼈 밀도 등 신체 구조가 생물학적 남성의 형태라서 불공정한 경기가 이뤄질 수밖에 없다고 비판한다. 상대 여성 선수인 브렌츠가 말한다.

"저는 많은 여성과 싸운 경험이 있습니다. 그러나 폭스와 싸운 밤에 경험했던 힘은 결코 느껴보지 못했던 것입니다. 저는 의사가 아니기에 그녀가 남자인지 아닌지 답할 수가 없습니다. 그러나 확실히 말할 수 있는 것 한 가지가 있습니다. 저도 비정상적으로 강한 여자인데, 제 평생 이렇게 압도당하는 것을 경험한 적이 없습니다."[325]

미국 이종격투기 UFC의 당시 여자 밴텀급 챔피언인 론다 로지(Ronda Rousey)는 트랜스젠더 선수인 팰론 폭스와 경기를 하지 않겠다고 선언하며 다음과 같이 말한다.

"남성이 사춘기를 거치면 결코 돌이킬 수 없는 것이 있습니다. 남자의 뼈 구조 같은 것이 그것입니다. 팰론 폭스가 불공정한 혜택을 누리고 있다고 생각합니다."[326]

폭스의 발자취를 따르는 트랜스젠더 알라나 맥러플린(Alana McLaughlin, 38세)도 2021년 여성 종합격투기(MMA) 대회에 출전해 승리했다. 그는 미국 육군 특수부대에서 생물학적 남성으로 6년을 복무한 뒤 성전환 수술을 받았다.[327] 맥러플린이 말한다.

"나를 사기꾼이라고 부르는 불쾌한 메시지를 많이 받고 있습니다. 트랜스젠더에 대한 혐오는 나를 더 강하게 만듭니다.[328] 나는 폭스의 발자취를 따르고 있습니다. 나를 제외하고도 더 많은 트랜스젠더들이 앞으로 그 길을 따라갈 것입니다."[329]

2023년 3월 25일 캐나다 여자 파워리프팅 대회에 생물학적 남성인 아비 실버버그(Avi Silverberg)가 참가해 최고 기록을 경신했다. 그는 덥수룩한 턱수염과 발달된 근육질 몸매를 가지고 있었고 10년 이상 캐나다 파워리프팅 팀의 수석코치로 지냈다.[330] 이날 실버버그는 167kg에 달하는 벤치 프레스를 성공시키며 기존 124kg을 들어 올린 앤 안드레스(Anne Andres)의 기록을 갈아치웠다. 32kg이나 더 들어 올리면서 기록을 새로 쓴 것이다. 기존 일인자인 안드레스는 트랜스젠더로 지난 4년 동안 9개의 여성 대회에 참가해 8개 대회에서 우승을 거머쥐었다. 안드레스는 "여자는 왜 이리도 벤치 프레스를 못할까?"라며 온라인에서 비웃곤 했다.[331] 실버버그는 '역도 연맹(Canadian Powerlifting Union)이 성정체성과 젠더 표현에 의해 성별과 대회 출전 여부를 결정한다는 차별금지 정책'과 '트랜스젠더인 안드레스의 당당한 출전'을 황당하다고 비꼬기 위해 스스로 여자라고 주장하며 대회에 참가한 것이었다.[332] 캐나다 역도 연맹은 "운동과 관련되지 않은 개인 정보는 공개할 필요가 없으며 선수에게 호르몬 요법이나 수술 여부를 요청해서는 안 된다"라고 규정하고 있다.[333] 즉 생물학적으로는 완전한 남성일지라도 스스로 여성이라 생각하면 여성 대회에 출전해도 무방한 상황이다. 여성 스포츠 독립 위원회(Independent Council on Women's Sports)는 실버버그의 이번 대회 출전이 여성과 남성의 신체적 차이를 결코 무시할 수 없다는 것을 보여줬다고 평가했다.[334] 보디빌딩 인플루언서 그렉 더셋(Greg Doucette)이 비판한다.

"아비 실버버그는 트랜스 포용 정책이 얼마나 우스꽝스러운지 정확히 보여쭸습니다. 이것은 맹점을 드러냅니다. 한 남자가 그냥 나타나서 (여자 대회에서) 기록을 세울 수 있다면 불공평하다는 것을 증명하지 않습니까?"[335]

바른 인권 여성연합은 여성 스포츠뿐만 아니라 취업의 공정성도 문제 된다면서 성명을 냈다.

"차별금지법이 통과되면 스포츠 경기나 대학 입시, 각종 채용에 있어서 여성에게 제공되어야 할 기회를 빼앗기게 될 것이다. 생물학적 남성들이 여성 스포츠 경기에 참여하는 위험하고 불공정한 일들이 발생하게 될 것이다. 차별금지법은 LGBT를 성별에 끼워 넣으려는 기만적 시도이며, 여성들에 대한 심각한 위협일 뿐이다. 이 법을 만들려는 국가인권위원회는 LGBT를 위해서 여성들, 특히 어린 여자아이들의 인권을 철저히 무시하고 있다. 이에 차별금지법 또는 차별금지법이라는 이름으로 국민들을 속여 LGBT를 성별의 범주에 포함시켜 그들의 권리를 확대함으로써 대다수 여성의 인권을 짓밟으려는 시도를 강력하게 규탄한다."[336]

일자리의 공정성 또한 문제 된다. 차별금지법은 손해배상 조항을 포함하면서 차별했다고 지목받은 사람이 차별 피해에 대한 증명책임을 지도록 한다.[337] 근로자가 성정체성이나 성적지향을 근거로 차별을 당했다고 주장하면 기업이 차별하지 않았다는 것을 증명해야 한다.[338] '일단 신고하고 보자' 식의 신고가 급증할 수 있는 대목이다.[339] 채용에서 탈락한 취업준비생이 성정체성이나 성적지향을 근거로 차별을 받았다고 주장해도 마찬가지다. 그러나 기업으로서는 차별이 없었다는 사실을 증명하기가 매우 어렵다. 이런 문제를 회피할 목적으로 기업이 LGBT를 우선 고용하는 사례가 증가할 것이라는 지적이 쏟아진다.

일반 국민에게 균등한 취업 기회가 보장되는 것은 사회적으로 중요한 문제다. 왜냐하면, 채용은 능력이나 성적을 기준으로 공정한 경쟁을 통해 평등한 기회가 보장돼야 하기 때문이다.[340] 취업과 관련해 능력과 무관한 성적지향이나 성정체성 기준으로 불합리한 차별을 하게 되면 일반 국민은 채용 기회조차 역차별을 받게 된다. 기업이 차별금지법을 근거로 한 '아니면 말고' 식의 신고와 증명책임의 부담을 회피하기 위해 사실상 LGBT에게 특혜를 부여할 가능성이 큰 것이다. 이것은 일반 국민의 취업 기회를 박탈하거나 잠식하게 된다. 정작 차별금지법이 평등권을 침해하는 것이다. 전 헌법재판관인 안창호가 말한다.

"만약 차별금지법이 통과된 후 회사나 학교 안에서 소수자를 자처하는 사람들이 차별금지법에 명시된 차별을 받았다고 문제를 제기하면 이것을 감당할 수 있겠습니까? 차별금지법을 소수자에게 특권을 주는 특혜법이라고 부르는 이유가 여기에 있습니다."[341]

커지는 사회적 갈등

미국은 2016년경 연방정부 자금 지원과 연계해 '트랜스젠더에게 화장실을 개방하라'라는 행정명령을 내렸다.[342] 일리노이주 팰러타인(Palatine) 지역 학교에서는 교육청 요구에 따라 트랜스젠더 선언을 한 생물학적 남자 학생이 여성 이름을 사용하게 하고, 여성 운동경기 참여도 허가하며, 여성 화장실도 무제한 사용할 수 있도록 조치했다. 다만 여성 탈의실·샤워실 사용도 허용하되 개인 커튼을 치는 조건만을 제시했다.[343] 그러나 트랜스젠더 학생은 커튼을 치는 조건조차도 차별이라며 교육청에 제소했고 교육청은 학교가 수십억 원의 연방정부 자금을 잃을 수 있다고 압박하여 논란이 됐다.[344] 생물학적 성별을 해체하는 과정에서 여성의 수치심이나 프라이버시권이 고려되지 않는 것이다.[345]

앞서 언급했듯이 남녀공용 화장실은 태생적으로 성범죄에 취약하다. 그런데 이를 심화시키는 다른 요인도 있다. 사회적 성을 악용한 성범죄 목적은 증명이 어렵다는 것이다. 따라서 정당한 처벌도 어려워진다. 게다가 성범죄 목적이 어렵게 증명되더라도 성정체성을 주장하는 남성은 관대한 처분을 받거나 면책되는 사례가 많다. 젠더 이데올로기가 여성 인권보다 중시되는 것이다. 영국 스코틀랜드에서 트랜스젠더 케이티가 여성 화장실에서 10세 여아를 성폭행했음에도 처벌되지 않은 사건이 그 단적인 예다.[346]

한국의 사례도 보자. 2020년 2월 8일 서울 강남의 한 대중목욕탕에서 남자 성기를 지닌 남성이 여탕에 들어갔다. 그러나 성폭력처벌법으로 처벌되지 않았다. 여장한 남성은 탈의 후 여탕에서 20분가량 몸을 담갔다. 이후 탕에서 일어나자 그의 몸을 본 주변 여성들이 놀라 소리쳤다. 당시 현장에 있던 여성은 "그분이 탕 안에서 머리만 내놓고 제 쪽을 보고 있었다. 주요 부위를 바가지로 가리고 있어

서 다들 (남자인 줄) 몰랐다"라고 상황을 설명했다.[347]

성욕을 만족시킬 목적으로 여탕에 들어갔다면 성폭력처벌법에 따라 처벌하게 된다.[348] 그러나 자신을 '여자라고 생각한다'라고 말한 이 남성은 성폭력처벌법상 불기소처분을 받았다. 단지 주거침입죄만 인정되었을 뿐이다. 그 결과 기소유예 처분을 받았다.[349] 사회적 성을 성범죄에 악용하더라도 '성욕을 만족시킬 목적'이 있었는지를 가려내기가 거의 불가능한 것이다. 사회적 성은 성범죄에 취약한 여성을 더욱 취약하게 만들고 있다.[350] 이에 대해 바른 인권 여성연합이 성명을 냈다.

"본인을 여자라고 생각한다는 남성이 여성 목욕탕에 들어가 20여 분간 머무른 사건에 대해 우리 경찰은 이것을 주거침입죄로 판단했고 기소를 유예하는 관대한 처분이 내려졌다. 이에 대해 우리 바른 인권 여성연합은 '이 사건은 성폭력처벌법 위반'이고, '성적 수치심, 성적 모멸감을 주는 것은 현행법상 성추행'이며, '여성의 안전권, 프라이버시권을 침해한 것'이라고 외치며, 성정체성의 혼란에 관대한 수사기관에 우려를 표명한다."[351]

이렇게 성정체성을 주장하는 가해자의 처벌은 제대로 이뤄지지 않는다. 이와 대조적으로, 성범죄 피해로부터 여성을 지키기 위한 사전 조치에는 가혹한 결과가 뒤따른다. 민사상·형사상 제재를 받거나 직장에서 해고당할 우려가 큰 것이다. 관련 사례를 보자.

2018년 6월경 트랜스젠더 샬럿 클라이머(Charlotte Clymer)가 미국 워싱턴 DC에 소재한 식당(Cuba Libre)에서 여성 화장실에 들어가자 종업원 2명이 신분증 제시를 요구했다. 남성 외모의 클라이머가 법적으로 여성인지 확인하기 위해서였다. 클라이머는 그 자리에서 신분증 제시를 거부했고 차별을 받았다며 경찰을 불렀다. 그 결과 이 식당은 지역 인권법(District's Human Rights Act) 위반으로 벌금 7,000달러를 부과받았고 관련 직원들은 모두 해고됐다. 그리고 인권 당국은 이 식당에서 일하는 모든 사람에게 성인지 감수성에 대한 추가 인권교육을 받게 하고, 성정체성에 따라 화장실 사용이 허용된다는 표지판도 식당 벽에 붙이게 했다.[352] 가정연구협의회(Family Research Council)의 피터 스프리그(Peter Sprigg)가 말한다.

"남녀를 구분하는 화장실이 불법이거나 위헌이라고 판시한 판결은 아직 존재하지 않습니다. 식당 직원들이 여성 화장실은 여자들만 써야 한다고 생각한 것이고, 그것은 전적으로 합리적인 판단이었습니다.

우리에게 당연해 보이는 범죄 예방조치가 이제 워싱턴 DC와 같은 곳에서는 '성정체성 차별금지법'에 의해 불법으로 간주합니다. 남성들이 여성 전용 시설에 들어가는 것을 막기는커녕, 오히려 그것을 자제시키려는 사람들만 점점 강한 제재를 받고 있습니다. 왜냐하면, 그것을 막았을 때 그들은 심각한 벌금이나 해고를 당해 무직 상태에 직면할 수 있기 때문입니다. 만약 그들이 이번 사건처럼 손님들에게 신분증을 요구하는 것조차 허용되지 않는다면, 남성이 여성 시설에 들어가는 것을 막을 방법은 전혀 없게 됩니다."[353]

미국은 2016년경 '전국 공립학교에 트랜스젠더 학생들이 자신의 성정체성에 따라 학교 화장실, 탈의실을 사용하도록 하는 행정명령'을 내렸다. 성별과 성정체성은 생물학적 성별에 의해 제한되지 않기 때문이라고 한다.[354] 남학생이 자신을 여자라고 생각한다면 외모 및 생물학적 성별이 모두 남성이더라도 여성 화장실·탈의실을 사용할 수 있게 한 것이다. 그런데 이 행정명령은 외관상 법적 구속력이 없는 것처럼 보이나 정작 받아들이지 않으면 연방정부 자금 지원을 끊겠다고 함으로써 사실상 강제성을 부여했다.[355] 그 결과 트랜스젠더가 성정체성에 따라 화장실을 사용하는 것과 관련하여 미국 여러 주에서 상반된 주장들이 강하게 맞섰다. 성범죄의 위험성이 커져 여성·아이들에게 해롭다는 주장과 트랜스젠더의 권리라는 주장이 충돌한 것이다.[356]

미국에서 텍사스, 오클라호마, 앨라배마, 웨스트버지니아, 테네시 등 13개 주(州) 정부가 연방정부를 상대로 소송을 제기했다.[357] 미국 여학생들과 학부모들도 연방 교육부와 법무부 등을 상대로 트랜스젠더 교내 화장실 혼용을 반대하는 집단소송에 나섰다.[358] 예컨대 2016년 9월경 버지니아주에서는 8,914명의 학생·학부모들이 화장실 소송을 제기했다.[359] 미국 전역이 화장실 소송전쟁으로 갈등에 휩싸인 것이다.[360] 그레그 애벗(Greg Abbott) 텍사스 주지사는 "트랜스젠더 학생 화장실 사용 지침에 따를 바에는 100억 달러(한화 약 1조6,950억 원)에 달하는 연방 교육 지원 예산을 포기하겠다"라고 밝혔다.[361] 미국 텍사스주 북부 연방지방법원의 리드 오코너 판사의 판시내용이다.

"단순한 의미에서의 성이라는 용어가 논란의 대상이 돼서는 안 된다. 성은 태어날 때 결정된 남자 학생과 여자 학생 사이의 생물학적·해부학적인 차이를 의미한다. 교육기관이 남자 학생과 여자 학생들에게 분리된 기숙사를 제공하고, 성과 관련해 교육을 분리하는 것은 생물학적으로 반대편에 있는 성에 대해 학생 개인의 사생활을 보호하려는 취지다."[362]

트랜스젠더 전용시설을 둘러싼 혼란과 갈등도 심각하다. 관련 사례를 보자. 미국 버지니아주의 글로스터 고등학교 2학년이던 트랜스젠더 개빈 그림(Gavin Grimm)은 화장실 사용 문제로 교육위원회와 충돌했다. 그림은 성전환 수술을 받지 않았다.[363] 그럼에도 학교 측은 그림의 성정체성에 따른 화장실 사용을 허용했다. 그러나 학부모들이 반발했다. 이로 인해 교육위원회는 그림을 위해 1인용 화장실 3개를 별도로 만들었다.[364] 트랜스젠더 전용시설을 만든 것이다. 그림은 이것이 차별이라며 소송을 제기해 승소했고 학교 측으로부터 130만 달러(한화 약 15억 원)를 지급받기로 합의했다.[365]

이 사건처럼 성정체성 문제의 해결책으로 트랜스젠더 전용시설을 별도로 만들어도 이 또한 차별에 대한 문제 제기와 손해배상책임 문제가 뒤따른다. 그렇다고 트랜스젠더 전용시설을 만들지 않는다면 남녀공용 시설에서 성범죄 등의 폐해가 문제 된다. 일례로 여성 전용 교도소를 트랜스젠더가 사용하도록 법을 제정하자 이에 따른 성폭력이나 여성 수감자 임신 문제가 발생했다. 이런 폐해 때문에 영국에서는 트랜스젠더 전용 교도소를 2019년에 별도로 만들기도 했다.[366] 결국, 트랜스젠더 전용시설을 별도로 만들든 안 만들든 LGBT가 아닌 사람들이 항상 피해를 보는 셈이다.

사회적 성은 성범죄뿐만 아니라 금전적 이익을 목적으로 악용되기도 한다. 먼저, 일반 시민을 상대로 성정체성이 악용된 사례를 보자. 캐나다에서 남자 성기를 가진 트랜스젠더 제시카 야니브(Jessica Yaniv)는 인권을 외치는 트랜스 운동가다. 그런데 야니브는 여러 영세 왁싱샵들을 돌며 여성 전용 성기 제모를 해 달라고 요구했다. 왁싱을 핑계 삼아 여성이 남성 성기를 억지로 접촉하도록 요구한 것이다. 당연히 이를 거부한 업체들이 다수 있었다. 야니브는 이런 업체들 중

영어가 모국어 아닌 아시아계 여성들이 운영하는 왁싱샵만을 표적 삼아 합의금을 노렸다. 이렇게 금전적 이익을 챙기기 위해 인권위원회에 제소된 왁싱샵만 해도 16군데였다.[367] 이주 여성들이 법적으로 자신을 방어하기 어렵다고 생각한 것이다.[368] 이 사건이 알려지자 많은 여성이 트위터에서 이 사건의 부당함을 지적했다. 스스로 성정체성을 여성이라고 주장하는 이 생물학적 남성에게 남성 인칭대명사(he)를 쓰면서 비판도 했다. 그러나 이렇게 비판한 여성들은 혐오 표현을 했다는 이유로 트위터 이용금지를 당했다.[369]

다음으로, 기업을 상대로 성정체성이 악용된 사례를 보자.[370] 2018년경 캐나다 앨버타에 사는 데이비드(David, 가명, 23세)는 더 저렴한 차 보험료율을 받기 위해 트랜스젠더 선언을 했다. 이를 위해 그는 담당 의사로부터 '자기 자신을 정신적으로 여성이라고 생각한다'라는 진단서를 발급받아 지방 정부에 제출했다. 이렇게 성별을 바꾼 후 보험료를 절약하게 된 것이다. 성전환 수술을 받지 않았으나 법적으로 여성이 된 데이비드는 자신의 보험 전략에 대해 인터뷰에서 밝혔다.

"나는 나 스스로를 여성으로 느낀다고 말하기만 하면 됐습니다.[371] 내가 체제를 부순 것 같은, 승리한 기분이 들었습니다.[372] 내가 (보험사를) 이겼다고 생각합니다. 서류상 성별 변화로 1년에 거의 1,100달러(한화 123만 원)를 절약했습니다. 허점을 이용한 것입니다. 난 생물학적으로 100% 남성이지만 법적으로 여성입니다.[373] 나는 더 저렴한 보험료 때문에 이 일을 했습니다."[374]

문제는 트랜스젠더가 자신의 성정체성 악용 의도를 스스로 밝히지 않는 한 이에 대한 증명이 매우 어렵다는 점이다. 아일랜드처럼 성전환을 위해 의사 증언이나 진단서조차 필요 없는 경우에는 그 증명이 더 어려워진다. 자기 신고만으로도 성전환이 충분하게 되는데,[375] 주관적 인식을 증명하기가 사실상 불가능하기 때문이다. 더군다나 그런 증명 시도 자체가 혐오 프레임에 걸려 법적제재까지 받을 수 있다.[376]

의무징병제를 시행하는 한국에서도 성정체성이 악용될 수 있다. 병역기피를 위해 성전환이 주장될 수 있는 것이다.[377] 악용 의도를 가려낼 객관적 기준이 없기 때문이다.[378] 이것은 병역의무를 이행하는 일반 남성에게 박탈감을 주게 된다.

차별금지법이 제정되면 군대 내 동성애 성범죄가 증가하더라도 합의된 성관계로 가장해 은폐될 개연성까지 높아진다.

차별금지법의 제정은 실질적인 사회적 합의가 필요하다. 젠더 이데올로기를 실현하는 과정에서 해악적인 결과가 수반되기 때문이다.[379] 관련 입법이 공론화 과정을 거치고 이에 관한 사회적 논의가 성숙한 단계에 이르는 것이 중요하다. LGBT 사회적 병리현상에 대해 알 권리를 제한하고 입단속만 할 문제가 아니다. 사회공동체 구성원들이 담론의 장을 마련하여 숙의하고 공감대를 형성해야 한다. 이를 위해서는 차별금지법 제정으로 초래될 변화에 대한 정보를 균형 있는 관점에서 충분히 제공할 필요가 있다.

그러나 한국에서는 인권보도준칙이 시행된다. LGBT 사회적 병리현상에 대해 언론이 통제되는 것이다.[380] 이런 구체적인 정보가 제공되어야 차별금지법 제정을 통한 이익과 여성 및 아이들의 불이익 사이를 구체적으로 형량할 수 있다. 이에 대한 알 권리와 정보를 통제하는 것은 결국 국민 의사 자체를 왜곡하는 것이다. 이렇게 왜곡된 국민 의사는 차별금지법이 일단 제정되면 돌이킬 수 없게 된다.

영국 조사결과, 남성 성기를 지닌 트랜스젠더가 여성 화장실에 출입하는 것을 국민 대다수가 반대한다. 이에 동의하는 비율은 24%에 불과하다. 그러나 평등법이 시행되면 여성의 반대 의사는 의미가 없게 된다.[381] 평등법 위반을 근거로 범죄화되기 때문이다. 이처럼 차별금지법이 제정되면 반대 의견이 곧 범죄가 되는 위험이 뒤따르므로 사회적 논의 자체를 막게 된다.

국가인권위는 2020년 4월경 1,000명을 대상으로 한 자체 설문조사를 토대로 차별금지법 제정을 찬성하는 의견이 많다고 발표했다.[382] 더 이상 어떤 사회적 논의도 필요 없다며 국회에 차별금지법 제정을 촉구했다.[383] 그러나 이렇게 발표된 국민의 의사가 왜곡됐다는 목소리가 높다. 서울지방변호사회에서 개최한 '차별금지법의 올바른 제정을 위한 전문가 토론회'에서 나온 비판이다.

"국가인권위원회는 '차별에 대한 국민 인식조사' 결과를 공개하면서 '법 제정을 위한 국민적 공감대가 무르익었다'라고 발표했지만 적은 표본으로 신뢰성이 낮고, 포괄적 차별금지법이 초래할 구체적 변화에 대한 인식을 조사하는 문항이 없다는 문제점이 있다. 포괄적 차별금지법안 상정에 대해 객관적이고 사실적인 정보가 제공되지 못했고, 충분한 숙의 기간이 없었다. 사회 전반에 엄청난 변화를 수반하는 강력한 입법인 포괄적 차별금지법안은 본격적인 논의에 앞서 국민적 알 권리부터 충족시켜야 한다."[384]

국가인권위의 설문조사는 '차별금지법이 차별하지 말고 모두 평등하게 대하자는 취지인데, 찬성하느냐'를 묻는 것에 그쳤다. 누가 이런 질문에 반대하겠는가? '트랜스젠더를 선언한 남성이 여성 전용공간에 들어가는 것에 반대하는 것이 차별금지법이 말하는 차별이고 평등에 반하는 조치'라거나 그 외 구체적인 정보를 전혀 제공하지 않는다. 겉과 다른 '차별'의 속 뜻이나 실체를 알리지 않는다면 '차별하지 말자'라는 의사가 왜곡되는 것이다. 즉, '남녀 차이의 인정'을 '차별'로 오인시킨다.

반면 차별금지법이 초래할 구체적 변화를 알리면 차별금지법 제정을 반대하는 의견이 압도적으로 많다.[385] 바른 인권 여성연합의 관련 성명이다.

"여론조사 전문기관인 오피니언 코리아(Opinion Korea)에서 2020년 7월 16일 전국 만 18세 이상 성인 여성 1,029명을 대상으로 차별금지법에 대해 조사(95% 신뢰수준에서 최대 허용오차 ±3.1%p)를 한 결과를 보면 대다수 여성들이 차별금지법에 반대하는 것을 알 수 있다. 남성 트랜스젠더의 여자 화장실, 탈의실, 목욕탕을 이용하는 것에는 89.1%가 반대하였고, 남성 트랜스젠더의 여성 스포츠 경기 참여에 대해서도 87%가 불공정하다고 답하였다. 또한, 학교 등 교육기관에서 성별은 태어나면서부터 정해지는 것이 아니라 스스로 선택하는 것이라는 성정체성 교육을 하는 것에 반대하는 여성이 76.3%에 달했다.[386]

이런 결과는 2020년 4월 국가인권위가 실시한 여론조사 결과 '평등권 보장을 위한 법률 제정'에 국민 88.5%가 동의한다고 밝힌 것과는 큰 차이가 있다. 개념도 생소한 제3의 성, 성정체성 등의 의미와 그 심각한 폐해는 숨긴 채 '평등'이란 아름다운 이름으로 포장하여 차별금지법 제정에 국민적 공감대가 있는 것처럼 여론을 호도하는 것은 대국민 사기 행각에 불과한 것이다."[387]

차별금지법 제정에 대한 국민적 공감대가 없다는 사실은 '트랜스젠더 숙명여대 입학 포기 사건'이 단적으로 잘 보여준다. 2020년경 숙명여대에 남성에서 여성으로 성전환 수술을 받은 트랜스젠더 여성이 합격했다. 이 사실이 알려진 후 숙명여대를 포함해 덕성여대·동덕여대·서울여대·성신여대·이화여대 등 서울 지역 6개 여대의 21개 단체는 이를 반대하며 '여성의 권리를 위협하는 성별 변경에 반대한다'라는 성명서를 냈다.

"남성에서 여성으로 성별을 정정한 트랜스젠더가 여대에 입학하는 것을 반대하는 목소리는 혐오자들의 목소리가 아니라 그저 여성들의 안전한 공간을 지키기를 원할 뿐이다."[388]

여대생들은 성전환 수술을 받은 트랜스젠더조차 여성 전용공간에 출입하는 것을 반대한다. 하물며 남성 성기를 지닌 트랜스젠더라면 더 말할 것도 없다. 2019년 6월경 여장 남성이 숙명여대 화장실에 몰래 들어갔다가 붙잡히기도 했다. 그는 긴 머리 가발을 쓰고 핑크색 후드 티셔츠와 미니스커트를 입은 상태였다. 자신들의 전용공간을 안전하게 지키길 원하는 여대생들의 표현은 여성의 본성적인 반응으로서 시민들도 공감하기에 충분하다.

그러나 젠더 추종자들은 이런 표현조차 '혐오'라고 한다.[389] '반대는 곧 혐오'라는 이분법적 시각이 적용된다. '학교가 혐오 확산을 방치한 것'이라고 목소리를 높인다.[390] 만약 차별금지법이 당시에 시행되었다면 반대표현을 한 여대생들은 퇴학 등 징계나 처벌을 받았을 것이다.[391] 게시판에 반대하는 글을 쓴 다수의 숙명 여대생들도 마찬가지다.[392] 여성의 존엄과 안전을 지키기 위한 의사 표현도 '차별'이고 '혐오'로 금지되기 때문이다. 앞서 언급했듯이 차별금지법이 제정되면 남성 성기를 지닌 트랜스젠더가 자유롭게 여성 화장실·여탕·탈의실에 출입할 수 있고, 이에 대한 여성의 항의 표현은 혐오와 차별로 간주 될 것이다. 국민인권위가 발표한 대로 일반 국민에게 이런 극단적인 변화를 감수하겠다는 사회적 합의가 있었는지 반문해 본다. 이런 극단적인 변화를 반대하는 여대생들의 의사와 국민의 의사가 과연 다르다고 할 수 있을까?

자유와 평등을 위한 법정책 연구소의 연구실장인 전윤성이 말한다.

"차별을 금지하는 시설이 상업시설, 공공시설 등 범위가 굉장히 넓어서 모든 것에 적용 가능합니다. 그런데 성범죄자가 범죄를 저지를 목적으로 속이고 화장실에 들어가서 범죄를 저지를 수도 있습니다. 하지만 그가 성범죄자인지, 트랜스젠더인지 알 수가 없는 상태에서 차별금지 관련 법안이 통과되면 '왜 거기 들어가 있냐, 나와라'라고 제재를 할 수가 없습니다."[393]

이런 변화에 대한 공감대가 형성되지 않은 채 차별금지법이 제정된다면 사회통합은 저해된다. 특히 한국은 강남역 화장실 살인사건 등으로 국민 정서상 성범죄 등에 대해 훨씬 민감한 상태다. 사회공동체 구성원에게 구체적인 정보를 제공한 후 제대로 공감대를 형성해야 할 배경으로 볼 수 있다.[394] 미국에서 트랜스젠더의 여탕 출입 문제로 유혈 충돌이 발생한 사례는 목욕탕 문화가 발달한 한국이 눈여겨볼 대목이다. 미국에서 화장실 소송전쟁이 끊이지 않는데,[395] 한국에서도 역시 심각한 갈등을 초래할 것이다. 여성에게 가해진 공포는 시민 분노로 바뀔 것이고 집단적 항의가 잇따를 것이기 때문이다.

차별금지법이 제정되면 인권교육 강화로 인한 폐해도 발생한다. 먼저, 동성애/성전환에 빠지면서 정신질환으로 고통받는 아이들이 폭증하게 된다. 이것은 외국 사례나 통계에서 확인되는 팩트다.[396] 그뿐 아니라 아이들 간 성적 학대를 급증시킨다는 우려도 크다. 인권교육이 조기 성애화와 성중립 화장실 사용을 조장하기 때문이다.[397] 일례로 영국 런던에서 8세 이상 아이들을 대상으로 설치된 남녀공용 변기로 인해 학부모들이 크게 분노했다. 학부모들은 아이들 사이의 학대와 성적 활동을 증가시킬 위험이 크다며 진정서를 제출했다. 변기 혼용이 아이들에게 성적 행동(성폭행)을 유발시킨다는 것이다.[398] 영국 학부모들의 우려는 영국의 통계가 뒷받침한다.

영국 통계는 평등법 제정 이후 성범죄가 증가하고 있음을 보여준다. 영국 통계청(Office for National Statistics) 조사에 따르면 영국에서 성범죄가 증가하고 있는데, 1년(2014~2015년) 동안 발생한 성폭행 건수는 전년도와 비교해 33% 증가했다.[399] 평등법(차별금지법)이 성정체성에 따른 화장실 사용을 강제하고 조기 성애화 정책을 추진하는 반면, 성범죄 방지를 위한 대책을 제시하지 못하기 때문이다.[400]

경찰이 밝힌 통계에 따르면 영국 아이들 간 성적 학대는 2013년 4,603건에서 2016년 7,866건으로 3년 동안 71% 증가했다. 10세 이하 아이들 간 성적 학대도 2013년 204건에서 2016년 456건으로 증가했다.[401] 또 아이들 간 성적 학대는 2016년 7,866건에서 2018년 16,102건으로 2년 사이에 두 배 증가했다. 성적 학대 가해자의 10%는 10세 이하의 아이들로 밝혀졌다. 또한, 성적 학대의 80%는 남자아이가 여자아이를 대상으로 자행되었다.[402] 그런데 영국 아이들 간 성적 학대가 급증한 기간은 인권교육이 본격적으로 시행된 기간과 일치한다. 아이들에게 젠더 이데올로기를 주입하면서 조기 성애화를 조장한 결과다.[403]

한국에서도 학생인권조례가 2010년부터 시행되었다.[404] 그런데 2023년 3월 서울경찰청 통계에 따르면 10년(2012~2022년) 동안 서울 초중고 학교폭력 유형 중 신체적·물리적 폭행은 감소했다. 이와 대조적으로 성폭력 범죄는 10배 이상 증가했다.[405] 구체적으로, 이 기간 폭행·상해 피해는 2012년 2,935건에서 2022년 1,148건으로 60.9% 감소했다.[406] 그러나 인권교육이 시행된 10년 동안 성폭력이 2012년 42건에서 2022년 473건으로 1,026%나 급증했다.[407] 게다가 학교폭력 피해자 연령대도 더 어려졌다.[408] 조기 성애화를 부추기는 인권교육의 부작용 때문이라는 비판의 목소리가 높다.

2021년 12월 29일 오피니언 코리아가 실시한 '차별금지법에 대한 국민 여론조사'가 발표됐다.

"차별금지법에 따르면 유치원 및 초·중·고등학교에서 '성별은 태어나면서부터 정해지는 것이 아니라 스스로 선택할 수 있다'라고 교육하게 되는데 어떻게 생각하느냐는 질문을 했다. 61.5%가 '반대한다', 24.3%가 '찬성한다', 14.1%는 '잘 모른다'라고 답했다.

성별에 남성, 여성 외에 여러 가지 성별이 있다는 주장을 어떻게 생각하냐는 질문을 했다. 51.8%가 '인정하기 어렵다', 34.6%가 '인정한다', 13.6%가 '잘 모른다'라고 답했다."[409]

사회적 성을 주입하는 인권교육에 대해 국민 공감대가 없다는 사실이 확인된다. 한편, 이런 젠더 이데올로기 정책은 일반 국민의 '세금폭탄'과 '건강보험료 상승'의 문제로 이어지게 된다. 앞서 다룬 것 같이 동성애 확산정책은 에이즈까지 확산시키기 때문이다. 특히 한국에서는 다른 나라와 달리 에이즈 치료비용 전액을 국민 혈세로 부담한다.⁴¹⁰⁾ 그 반작용으로 수많은 장애인과 희귀성 난치병 환자까지 치료받을 기회를 잃는다. 이런 악순환이 계속된다면 사회가 에이즈 치료비용을 감당할 수 없는 재정적 한계점에 도달하게 된다. 이 경우 LGBT 상당수는 치료받을 기회와 더불어 생명까지 잃게 될 것이다. 편향된 이념을 위해 사회공동체 구성원 전부가 희생되는 구조인 셈이다. 이에 대한 사회적 논의와 국민적 공감대도 절실한 상황인데, 차별금지법은 이것을 가로막는다.

3장

동성애 징병제
(아들, 선임병의 성접촉 압력과 은폐)

3장

동성애 징병제
(아들, 선임병의 성접촉 압력과 은폐)

동성애 성범죄로부터 지킬 수 없는 아들

　대구에 있는 한 육군부대 소속 분대장인 선임병(20세)은 동성애자다. 이 선임병은 불과 3개월(2013년 7~10월) 사이에 후임병 17명을 대상으로 구강성교를 시키는 등 강제로 성추행했다.[411] 피해 병사들은 정신과 치료까지 받았다. 그중 한 피해 병사의 누나가 인터넷에 올린 글이다. 동성애 피해로 고통당한 가족들의 아픔이 녹아 있다.

　"저는 대구 사령부에서 군 복무를 하고 있는 22살 동생을 둔 누나입니다. 너무 억울해서 글을 올립니다. 제 동생이 군 복무 중 성추행을 당했습니다. 분대장이 영창에 갔는데 그 피해자 중에 제 동생도 포함된다고. 처음 그 얘기를 듣는 순간 아무 생각도 안 들더군요. 제 동생 맞후임은 구강성교까지 당했구요. 처음 성추행당한 애들은 14명이라 들었지만 헌병대의 조사 후 17명으로 늘어났습니다. (중략)

　저와 저의 가족, 너무 억울합니다. 정말 제 동생을 지켜주고 싶습니다. 그 동안 참았을 동생을 생각하면 가슴이 아픕니다. 더군다나 구강성교까지 당한 아이는 정말 힘들어한다고 하네요. 앞으로 미래를 짊어지고 가야 할 아이들에게 너무나 큰 상처가 됐습니다. 현재는 아이들 모두 정신과 치료까지 받고 있습니다. 하지만 정신과 치료를 받는다고 그 상처가 아물어질까요...? 저는 여성의 인권이 중요시되는 만큼 군인의 인권도 중요시되어야 한다 생각합니다. 자작극일까 생각하시는 분들, 제 이름 그대로 올리겠습니다."[412]

　피해자 가족들은 가해자의 성소수자 주장에 법원 형량이 많이 줄었다며 분통을 터뜨렸다.⁴¹³⁾ 이 사건과 같이 실제로 동성애 성향을 보이는 선임 병사 때문에 애를 먹었던 전역자가 적지 않다. 인터넷에 올라온 군 경험담이다.

> "선임이 남성적 동성애자라고 생각해 봅시다. 자기 마음에 드는 후임이 들어오면 '내 침낭에서 같이 자자'라고 합니다. 이 말이 농담이나 성희롱으로 끝나는 게 아니라 현실적 문제로 일어납니다. 후임들에겐 '탈영하고 싶다', '죽고 싶다'는 사태가 생기는 것입니다."⁴¹⁴⁾

군사법원에 따르면 4년간(2004~2007년) 군형법 제92조로 처벌된 176건 사례 중 '합의 아래 이뤄진 동성애'는 단 4건에 불과했다. 나머지 172건(97.7%)은 대부분 상급자의 '강제'에 의해 발생한 성범죄다.⁴¹⁵⁾ 탈동성애자 김정현은 "상하 계급구조 특성상 동성애 성향 고참들이 관리하는 하급자들은 동성애 위험에 노출돼 있다"라고 말한다.⁴¹⁶⁾ 육군 내 동성 간 성범죄 현황은 2019년 169건에서 2020년 251건으로 증가했다. 통계로 드러난 군대 내 동성애 성범죄만 해도 1년 사이 50%가량 폭증했다.⁴¹⁷⁾ 문제는 이 수치가 빙산의 일각이라는 것이다. 동성애 성폭행은 피해자가 수치심을 느껴 신고를 꺼린다. 가해자가 이를 악용하는 사례도 많다.⁴¹⁸⁾ 국회의원 김성은의 인터뷰 내용이다.

> "해군에서 직속 상관으로부터 성폭행을 당한 여군장교가 자살했습니다. 군인권센터 조사에 따르면 여군 5명 중 1명 이상이 성폭행을 목격했고, 피해자 중 83%가 복무기간 동안의 불이익과 조직을 신뢰할 수 없어 대응하지 않겠다고 응답했습니다. 군형법에 강간, 추행 등의 성범죄에 대한 처벌 조항이 있다고 하지만, 실제로 성범죄 사건으로 실형이 선고된 비율은 단 5%에 불과합니다. 이와 같은 성범죄는 여군만의 문제가 아닙니다. 상명하복의 특수한 폐쇄적 조직인 군대에서 남녀를 불문하고 하급자들이 상급자들의 성범죄에 노출돼 있고, 성범죄로부터 보호받을 수 있는 기본적 권리가 지켜지지 않고 있는 실정이라 해도 과언이 아닙니다."⁴¹⁹⁾

국가인권위와 (사)한국성폭력상담소는 2004년 '군대 내 성폭력 현황 실태조사'를 발표했다. 이 실태조사의 연구책임자인 권인숙은 이후 국회의원이 되어 2021년 8월 31일 포괄적 차별금지 법률안을 대표발의 했다.⁴²⁰⁾ 편향성 논란이 없는 실태조사인 셈이다. 조사결과는 다음과 같다.

첫째, 군대 내 성폭력은 악순환되고 있다는 조사결과가 나왔다. 응답 사병의 15.4%는 성폭력 피해 경험이 있고, 성폭력을 듣거나 본 적이 있다는 응답자는 24.7%에 달했다. 성폭력 발생 빈도와 관련하여, 8.7%는 '1회 이하', 40.8%는 '2~4회', 12.6%는 '5~6회', 30.1%는 '수시로 당했다'라고 응답했다. 관련 응답 사병의 반 이상이 지속적으로 성폭력 피해를 당한 것이다. 주목할 점은 성폭력 가해자 중 피해 경험이 있는 사람이 81.7%에 달해 군대 내 성폭력이 악순환된다는 사실이다. 동성애 성폭력을 경험한 피해자가 동성애를 후천적으로 학습한다는 사실이 드러난 것이다.

둘째, 모든 공간에서 상급자에 의해 성폭력이 발생했다는 조사결과가 나왔다. 가해자 계급을 질문한 피해자 응답 사례에 71.1%는 선임병, 7%는 부사관, 3.1%는 장교로 밝혀졌다. 결국, 군대 성범죄의 81.2%는 상급자에 의해 강제적으로 저질러지고 있었다. 성폭력이 가장 자주 발생하는 곳에 대해 질문한 결과, 76.8%는 내무반·화장실·샤워실 등 기본생활공간에서 발생했고, 19.8%는 행정사무실·초소·훈련장·연병장과 같은 업무수행 장소에서 발생했다.

셋째, 성폭력 신고의 공식 처리 절차에 대해 군인들이 불신한다는 조사결과가 나왔다. 신고 및 처리실태를 조사한 결과 직접 피해를 당한 경우의 신고 사례는 4.4%에 그쳤다. 신고하지 않은 이유로는 64%가 '으레 있는 일이라 문제가 되지 않아서'이고, 16%가 '상관에게 보고해도 소용이 없어서'이며, 9.3%는 '가해자와의 관계 때문에'라고 조사됐다. 성폭력 피해자의 약 95%가 신고하지 않는다. 군대 성범죄 중 4.4%만 밝혀지고 나머지는 은폐된다.[421]

넷째, 성폭력 피해 후 심각한 후유증이 발생한다는 조사결과가 나왔다. 후유증 증상으로는 14.9%는 모욕감, 14.9%는 수치심, 14%는 분노를 느꼈다. 주목할 점은 피해자 중 22.8%는 성폭력 피해 후 태도 변화를 보였다는 것이다. 즉, '자신의 남성적 정체성에 대한 회의', '후임병에게 강제적 성적 접촉 시도', '동성애자의 혐오', '남자답게 보이려고 노력하였다'라는 행동 변화가 있었다. 동성애 성폭력을 경험한 피해자가 동성애를 후천적으로 학습하게 되는 심리적 변화가 드러난다. 일부 피해 장병들의 경우 스트레스성 장애로 조기 전역하거나 전역 후에도 기억상실증 등의 후유증으로 고통받고 있다.[422]

2013년 여론 전문조사기관인 한국갤럽은 군필 남성 1,020명을 대상으로 한 조사결과(95% 신뢰수준에서 최대 허용오차 ±3.1%p)를 발표했다.

첫째, 복무기간 동안 병역 근무지 내에서 군인 간 성추행 및 성폭행 사건에 대해 듣거나 본 경험을 물어본 결과, 5명 중 2명(37.6%)이 인지한 것으로 나타났다. 한국성폭력상담소 조사결과보다 12.9% 높은 것이다. 군대 성폭력의 증가추세를 보여준다. 군대 내 성 관련 사건의 심각성에 대해 질문했다. 그 결과 성 관련 사건 인지자 중 62.3%가 '심각했다'라고 응답했다.

둘째, 군인 간 성 관련 사건의 원인에 대해 질문했다. 36.3%는 '동성애 때문'이라고 응답했다. 18.1%는 '억압적이고 폐쇄된 공간에서 생활하기 때문에', 17.3%는 '성욕을 해소할 방법이 없어서'라고 응답했다. 군대라는 폐쇄적인 환경과 상황의 특수성에 따른 성욕 해소의 어려움이 군대 성범죄의 주원인으로 나타났다.

셋째, 군인 간 성 관련 사건 피해자들의 피해 사실 신고가 용이한 정도에 대해 질문했다. 82.9%는 '쉽지 않다', 12.6%는 '쉽다'라고 응답했다. 부대 등 근무지에서 군인 간 성추행 및 성폭행이 발생해도 피해자들은 대부분 피해 사실을 신고하지 못하는 것이다. 신고가 쉽지 않다고 응답한 군필 남성들을 대상으로 그 이유를 질문했다. 24.5%는 '계급사회의 특수성 때문에', 12.8%는 '보복, 따돌림 등 2차 가해가 발생할 수 있기 때문에', 9.4%는 '주변 시선 때문에, 소문이 두려워', 8.3%는 '폐쇄적인 군대 문화 특성', 7.1%는 '신고자의 신변 보호가 잘 안 돼서', 5.1%는 '군 생활을 지속하는데 발생할 피해 때문에'라고 응답했다. 군대 성폭행 신고 후 2차 피해에 대한 우려가 큰 것이다.[423]

바른교육교수연합회 대표인 가천대의 이용희 교수가 말한다.

"상명하복이 분명한 군대에서는 상급자가 동성애자일 경우 수많은 하급자들을 성폭행, 성추행하는 것이 일반 사회보다 훨씬 용이합니다. 하급자의 보호가 절실한 군대 생활에서 상급자 한 명이 동성애 성향을 띠면 적지 않은 병사들이 신체적·정신적 피해를 입을 수 있는 것입니다. 이 같은 피해와 후유증은 전역한 뒤에도 그들의 일생을 고통 가운데 보내게 합니다. 수많은 장병들을 동성 간 성폭력으로부터 보호하기 위해서 군형법을 강화해야 합니다."[424]

바른성문화를 위한 국민연합 대표인 (전)부산대의 길원평 교수가 말한다.[425]

"엄격한 상명하복의 수직적인 인간관계로 이뤄진 군대 내에 항문성교를 합법화하면, 상급자가 하급자를 상대로 동성애 성행위를 감행할 가능성이 높고 다양한 성폭력 피해자가 급증하게 됩니다. 군 내부에 성적으로 문란한 성폭력 및 위험 행동을 막고 피해 발생을 예방할, 사회적 법익 안에서의 제도는 존치되어야 합니다."[426]

군 내에서 동성 간 성적 접촉과 성행위는 폭행·협박이 수반되는 경우가 극히 이례적이다. 계급사회의 특수성으로 인해 대부분 상급자·선임병의 심리적 압박에서 시작된다. 통계를 보면, 군대 내 성범죄의 97.7%가 합의 없이 이루어진다.[427] '군대 내 성폭력 현황 실태조사'에서 확인된 바와 같이, 위계질서를 이용한 압력이 합의로 포장되어 성폭력이 이루어지는 것이다. 게다가 군대 성폭력 피해자의 약 95%가 신고를 하지 않는다.[428] 보복, 따돌림 등 2차 가해와 군 생활을 지속하는 데 발생할 피해를 우려하기 때문이다. 동성애자 상급자·선임병의 성적 자기결정권을 위해 하급자·후임병의 성적 자기결정권이 희생되는 것이다. 국방부가 밝힌다.

"한국은 징병제를 시행하고 있고 계급 간 상하 질서로 마지못해 동성애 합의가 이뤄질 수도 있다. 한국의 관습과 규범에 비춰볼 때 상식적으로 군형법 제92조가 필요하다."[429]

이런 피해 발생을 예방할 목적으로 군형법 제92조의6은 '군인이나 군인에 준하는 자에 대해 항문성교나 그 밖의 추행을 한 사람은 처벌한다'라고 규정한다. 이는 대한민국 법률 중 유일하게 동성애를 금지한 조항이다.[430] 헌법재판소는 이 법률조항의 취지에 대해 다음과 같이 판시한다.

"이 사건 법률조항에서 '남성 간의 항문성교(계간) 기타 추행을 하는 자'에 대하여 별도의 처벌규정을 둔 것은, 상명하복의 엄격한 규율과 집단적 공동생활을 본질로 하는 군대의 특수한 사정을 고려한 것으로 보인다. 사회 구성원들이 개별적이고 독립적인 생활을 영위하는 것을 원칙으로 하는 일반 사회생활과 비교해 볼 때, 내무실 등에서 집단적으로 숙식을 하는 등 필수적으로 공동생활을 해야 하는 군대에서는 본질적으로 구성원들이 독립적인 사생활을 유지하기 어렵기 때문에 구성원들 사이에서 비정상적인 성적 교섭행위가 발생할 가능성이 현저하게 높고, 또한 엄격한 계급구조로 인하여 상급자가 직접적인 폭행이나 위력을 행사하지 않는 경우에도 하급자가 스스로 원하지 아니하는 성적 교섭행위에 연관될 개연성 역시 상대적으로 높다. 그런데, 이런 특수한 사정으로 인하여 군 내부에 성적으로 문란한 행위가 만연하게 된다면, 궁극적으로 군의 전투력 보존에 직접적인 위해가 발생할 위험성이 있기 때문에, 이런 문제 발생을 예방하기 위하여 이 사건 법률조항을 제정한 것으로 봄이 상당하다."[431]

"군대는 동성 간의 비정상적인 성적 교섭행위가 발생할 가능성이 현저히 높고, 상급자가 하급자를 상대로 동성애 성행위를 감행할 가능성이 높으며, 이를 방치할 경우 군의 전투력 보존에 직접적인 위해가 발생할 우려가 크므로, 이 사건 법률조항이 동성 간의 성적 행위만을 금지하고 이를 위반한 경우 형사처벌한다고 볼 경우에도, 그러한 차별에는 합리적인 이유가 인정되므로 동성애자의 평등권을 침해한다고 볼 수 없다."[432]

나아가 헌법재판소는 군대 내에서의 추행을 형법이나 성폭법(성폭력범죄의 처벌 등에 관한 특례법)과 달리 규정해야 하는 이유가, 군의 특성상 군인은 군영 내에서 동성 간 집단숙박을 하여야 하는 사실 및 엄격한 상명하복 관계에 있어 상관의 지시를 거역하기가 사실상 불가능한 점을 고려한 것이다. 상급자가 강제력을 행사하지 않은 경우에도 하급자가 스스로 원치 않는 성적 교섭행위에 연관될 개연성이 높은 점 등을 고려할 때, 이 사건 법률조항은 강제력 행사를 요구하지 않는 것으로 해석된다고 판단했다.[433]

이런 연유로 2008년과 2012년경 대법원은 군형법 제92조의6에 대해 '강제성 여부나 시간, 장소 등에 관계없이 군인 동성애 성행위를 처벌하는 취지'로 판단했다.[434] 즉, '성관계 합의 여부' 등을 따질 필요가 없었기 때문에 상급자의 성접촉 압력이 합의로 포장된 것인지도 따질 필요가 없었다.[435] 헌법재판소도 2002년, 2011년, 2016년 세 차례에 걸쳐 군형법 제92조의6이 합헌이라고 결정했다.[436]

그런데 국가인권위는 2010년경 항문성교를 금지하는 군형법 조항이 헌법에 정한 과잉금지 원칙을 위반해 군인 동성애자들의 평등권 등을 침해한다는 의견을 헌법재판소에 제출한 것을 시작으로 폐지 목소리를 꾸준히 내왔다. 2016년 제3차 국가인권정책기본계획(NAP) 권고에서는 LGBT 인권 보호를 위한 핵심 추진과제로 군형법 추행죄 폐지를 명시했다. 2020년 7월경에는 전원위원회 의결로 법무부 장관에게 군형법 추행죄를 폐지할 필요가 있다는 의견을 표명했다.[437]

그런데 2016~2017년경 A 중위와 B 상사는 근무시간이 아닐 때 영외에 있는 독신자 숙소(군대 부대시설)에서 합의로 항문성교 등 동성 성행위를 6차례 했다. 군사법원 1·2심은 군형법 제92조의6을 적용해 유죄를 선고했다.[438] 그런데 대법원 다수의견은 2022년 4월 21일 '동성 군인들이 사적 공간인 독신자 숙소에서 합의에 따라 가진 성관계는 군이라는 공동사회의 건전한 생활과 군기를 침해한 것으로 보기 어렵다며 군형법상 추행죄로 처벌할 수 없다'라고 판시했다. 상고심에서 기존 대법원 판례를 뒤집으며 유죄를 선고한 원심판결을 파기하고 사건을 고등군사법원으로 돌려보낸 것이다.[439] 그러나 대법원 소수의견은 이와 같은 다수의견의 판단이 법원에 주어진 법률해석 권한의 한계를 벗어난 것으로서 실질적인 입법행위에 해당한다고 비판한다.[440]

대법관 안철상·이흥구의 별개의견이다.

"다수의견은, '군이라는 공동사회의 건전한 생활과 군기'를 현행 규정의 적용 여부를 판단하는 기준으로 삼으면서도, 동성 군인 사이의 항문성교나 그 밖의 추행 행위가 사적 공간에서 '자발적 의사 합치'에 따라 이루어진 경우에는 현행 규정이 적용되지 않는다고 한다. 그러나 합의 여부를 현행 규정 적용의 소극적 요소 중 하나로 파악하는 것은 법률해석을 넘어서는 실질적 입법행위에 해당하여 찬성하기 어렵다."

"현행 규정은 여전히 동성 군인 간 성행위를 합의 여부와 상관없이 처벌하는 것으로, 보호법익에 근본적인 변화가 있다고 평가할 수는 없다. 결국, 합의에 따른 행위를 처벌할 수 없다는 해석은 현행 규정의 본질적, 핵심적 요소를 변경하는 것으로서 법률 규정의 일부 폐지에 해당한다고 할 수 있다. 따라서 현행 규정의 위헌성을 이유로 합의를 현행 규정 적용의 소극적 요소로 파악하는 것은 법률해석의 범위를 넘어서는 실질적 입법행위에 해당하여 받아들이기 어렵다."

대법관 조재연·이동원의 반대 의견이다.

"현행 규정의 '항문성교'는 그 자체로 문언의 명확성을 갖추고 있고, '그 밖의 추행' 역시 예시적 입법형식을 취함에 따라 항문성교에 준하는 행위로 해석할 수 있는 한편, 행위의 강제성이나 시간과 장소 등에 관한 구성요건요소에 별다른 제한이 없다.

다수의견은 현행 규정이 동성 군인 사이의 항문성교나 그 밖에 이와 유사한 행위가 사적 공간에서 자발적 의사 합치에 따라 이루어지는 등 군이라는 공동사회의 건전한 생활과 군기를 직접적, 구체적으로 침해한 것으로 보기 어려운 경우에는 적용되지 않는다고 한다. 그러나 이러한 다수의견은 현행 규정이 가지는 문언의 가능한 의미를 넘어 법원에 주어진 법률해석 권한의 한계를 벗어난 것으로서 이에 동의할 수 없다.

다수의견은 시민사회, 학계, 법률가 및 정치권 등의 소통을 통한 논의와 입법절차를 통하여 얻어야 할 결론을 법률 문언을 넘어서는 사법판단을 통하여 이루고자 하는 것이어서 받아들이기 어렵다."

"다수의견은 현행 규정을 그대로 적용할 경우 시대적 흐름에 맞지 않고 성적 소수자의 인권을 침해하는 등 헌법에 맞지 않는다는 이유를 들어 현행 규정에 대하여 이른바 목적론적 축소해석과 합헌적 해석의 필요성이 있다고 한다.

그런데 목적론적 해석 또는 합헌적 해석도 문언의 통상적인 의미라는 한계 내에서만 가능한 것이다. 문언에 의할 때 하나의 해석만이 가능하고 다른 해석이 불가능한 경우라면, 그 하나의 해석을 받아들이든가(합헌), 받아들이지 않든가(위헌) 하는 외에 다른 해석을 할 수는 없다. 어느 법적 규율에 대한 합헌적 해석은 어디까지나 법규 문언이 다의적이어서 위헌적으로도 합헌적으로도 해석할 수 있는 여지가 있을 때 이를 위헌으로 판단하여서는 안 된다는 원칙일 뿐, 그 법규 문언이 갖는 일반적인 의미를 넘어서거나 그 법규의 제정 목적에 비추어 제정권자의 명백한 의지와 취지에 반하는 방향으로까지 무리하게 해석하여 법규 제정권자의 입법형성권의 범주에 속하는 사항 등에 이르기까지 개입할 수 있는 것은 아니다.

현행 규정은 앞서 본 바와 같이 문언 그 자체로 명확하고 군형법을 비롯한 관련 형벌법규와의 유기적·체계적 해석을 거치면서 문언 그대로의 의미가 더욱 뚜렷해질 뿐, 여러 갈래의 해석이 가능하거나 일정한 상황에 대하여 침묵하는 경우에 해당하지 않는다. 따라서 현행 규정에 대하여 문언의 가능한 의미를 벗어나는 해석을 하는 것은 법원의 권한에 속한다고 볼 수 없다."

"법원은 국회가 제정한 법률에 대하여 그것이 헌법재판소에 의하여 위헌결정을 받기 전까지는 이를 적용하여야 하고, 군형법상 추행죄와 같이 이미 수차례 합헌 결정을 받은 경우에는 더욱 그러하다. 헌법재판소는 그동안 세 차례에 걸쳐 제정 군형법 제92조 및 군형법 제92조의6에 대하여 합의에 의한 것인지 여부나 행위의 시간, 장소 등에 관한 별도의 제한은 없는 것으로 해석됨을 전제로 합헌결정을 한 바 있고, 대법원도 거듭하여 같은 취지의 해석론을 밝혀 왔다. 이러한 종전 헌법재판소 결정이나 대법원 판례의 해석은 타당하고 그 해석은 제정 군형법 제92조(추행)뿐 아니라 현행 규정에도 유효하므로 별도의 입법 조치가 없는 한 그대로 유지되어야 한다.

비록 법률을 적용한 결과가 못마땅하다 하더라도 이는 헌법재판소의 결정과 입법기관의 법 개정을 통하여 해결하여야지, 법원이 법 해석이라는 이름으로 이들 기관을 대신하는 것은 권한 분장의 헌법 정신에 어긋난다. 법률의 노후화 또는 해석결과의 불합리라는 이유만으로 법률 그 자체의 적용을 거부한 채 형벌법규 문언의 명백한 의미를 제한하거나 수정하는 해석을 하는 것은 국민이 법원에 부여한 권한에 속한다고 할 수 없다."[441]

이 대법원 판결에 대해 이현복 대법원 공보재판연구관이 설명한다.

"동성 간 성행위는 무조건 군기 침해에 해당해 처벌 대상이 된다고 봤던 종래 판결 취지를 변경한 것입니다. 단 영내에서 근무 기간 중 동성 간 성행위가 있었다면 판례 법리처럼 군기 침해 행위가 될 수 있습니다."[442]

그러나 법조계와 군 안팎에서는 "사실상 군내 동성애를 허용한 것이나 다름없다"라는 해석을 내놓는다.[443] 군대의 특성상 군대 내 수사기관이 합의에 의한 항문성교인지 강제력에 의한 항문성교인지 분별하기 어렵기 때문이다. 군대는 계급사회이고, 같은 계급이라고 하더라도 선후임 관계가 분명하다. 군대는 상명하복의 위계질서가 강하기 때문에 상사가 항문성교(동성 간 성관계)를 요구했을 때, 부하의 위치에서 이를 거부하기는 어렵다. 군의 계급구조 특성상 강제력을 사용하지 않고도 상대방이 거절하기 어렵게 만들 수 있기 때문이다. 상급자의 성 접촉 압력이 합의로 둔갑 될 수 있는 상황에서 단 5%에 불과한 군대 내 성범죄 신고율도 더욱 낮아질 수밖에 없다.[444] 증명하기 어려운 '합의'로 성범죄 혐의에서 빠져나갈 수 있다면, 상급자·선임병의 성폭력은 폭증할 수밖에 없다. 군형법 제92조의6은 증명하기 어려운 이런 성범죄로부터 하급자·후임병을 보호하는 최후의 보루 기능을 수행하는 것이다.

2013년 여론 전문조사기관인 한국갤럽에서 군 전역자를 대상으로 "군대 내 동성애 허용이 군 기강과 전투력에 미치는 영향"에 대해 질문했다. 69.6%(10명 중 7명)는 '부정적 영향을 미친다', 22.2%는 '영향을 미치지 않는다', 2.9%는 '긍정적 영향을 미친다'라고 응답했다. 동성 간 성폭력 규제 내용을 담고 있는 군형법 제92조6의 개정 움직임에 대해서도 질문했다. 64.2%는 '강화하는 방향으로 개정해야 한다', 22.6%는 '현재 상태로 유지해야 한다', 6.5%는 '폐지해야 한다'라고 응답했다. 실제 군대를 다녀온 남성 10명 중 9명(86.8%)이 군형법 제92조의6을 '유지하거나 오히려 강화해야 한다'라는 입장이다.[445] 그 이유는 이 법률조항 없이 '군 기강 해이'나 '군대 내 성범죄와 성병 문제'를 막을 수 없다는 것을 몸소 체험했기 때문이다. 그리고 혈기 왕성하고 성욕이 강한 20대 젊은이들의 공동 숙식 공간에서 후임병들이 동성애자 상급자의 성적 대상이 될 가능성이 크다는 것을 알기 때문이다.[446]

대법원이 사상 처음으로 군대 내 남자 군인 간 성관계에 대해 무죄 판결을 내린 만큼 군형법 제92조의6 폐지 논의에도 속도가 붙을 것이 예상된다.[447] 전문가들은 이 대법원 판결이 해당 조항에 대한 헌법재판소의 위헌결정에 큰 영향을 미칠 것으로 본다.[448] 그리고 대법원 판결에 맞춰 국회에서 군형법 제92조의6을 삭제하는 개정안이 발의되면서 해당 조항이 사라질 가능성이 커졌다.[449] 대법원이 사실상 관련 입법행위에 지대한 영향을 미친 것이다.

대법원 다수의견은 '시대의 기후'를 고려한 판결을 내린 것이라고 평가된다.[450] 대법원 다수의견도 현행 규정을 그대로 적용할 경우 '시대적 흐름'에 맞지 않는다는 이유를 들어 군형법 제92조의6에 대한 목적론적 축소해석이 필요하다고 한다. '시대의 기후'와 '시대적 흐름'에는 사회적 성을 가장 우월한 가치로 보는 젠더 이데올로기가 반영되었다. 대법원 소수의견은 다수의견이 '사법부에 주어진 법률해석 권한의 한계를 벗어나 법규 제정권자의 입법형성권의 범주에 속하는 사항에 이르기까지 개입했다'라고 비판한다.[451] 대법원의 다수의견이 젠더 이데올로기 실현을 위해 권한에 속하지 않은 실질적 입법행위까지 했다는 지적이 나온다. 그러나 그 대가로 의무복무를 하는 군인들이 성범죄로부터 보호받을 수 있는 인권은 사실상 박탈된다. 동성애자는 군내에서 같은 동성애자 간의 성관계보다 동성애자가 아닌 병사들과 위계질서를 이용한 성접촉을 할 확률이 높기 때문이다. 육군에서 동성애자 분대장이 후임병 17명을 강제로 성추행한 사건이 그 한 예다.[452] 이 대법원 판결에 대해 길원평 교수가 말한다.

"군대의 특수성을 생각하지 않은 판결입니다. 지금까지 군대는 수직 관계로 이뤄져 있어서 상호 '합의'를 본다는 것이 사실상 어렵다고 보고 이를 보호했던 것인데 빗장이 풀린 거나 마찬가지입니다. 군대 계급이 낮은 약자에 속하는 이들에겐 동성애자인 상급자의 요구를 거부하기 어려운 만큼 이번 판결은 약자를 위한 것이 아닌 약자를 더 불리하게 만든 판결입니다."[453]

바른군인권연구소의 대표이자 대전시 인권센터장인 김영길이 말한다.[454]

"상명하복의 지휘체계가 분명한 군대에서 하급자의 인격을 보호하고 원치 않는 성추행, 성폭력을 사전에 차단하기 위해서라도 군형법 제92조6은 반드시 있어야 합니다."[455]

군형법 제92조의6은 하급자 보호가 절실한 군대 생활에서 동성애로 인한 병사들의 신체적·정신적 피해를 막기 위한 최소한의 규정이다. 이 조항이 폐지된다면 부모는 소중한 아들을 동성애 성범죄로부터 지킬 수 없게 된다. 나아가 이성 군인 간 성행위도 처벌하므로 동성 군인 간 성행위만 불합리하게 차별하는 것도 아니다.[456] 따라서 합의로 포장된 성폭력 피해를 예방하는 이 제도는 존치되어야 한다. 아들을 의무적으로 군대에 보내는 가족에게 아픔과 상실감을 주어서는 안 될 것이다.

동성애 확산에 이용되는 의무징병제

탈동성애자 김정현은 '군대 내 동성애의 위험성'에 대해 양심고백을 한다.

"제가 아는 한 동성애자는 군대에서 동성애를 배우게 되었습니다. 처음에 고참이 자는 도중 자신의 성기를 만졌으나 그는 부하인 자신의 처지에서 거부할 수 없었고, 그와 같은 과정이 수차례 반복되면서 자신도 고참의 성기를 만지게 되었습니다. 또 이등병이라는 어려움 속에서 고참의 편애도 좋았습니다. 점차 성접촉은 대담해졌고 동성의 성기를 통한 자극이 완전히 각인되어, 그는 제대 후 자신을 기다렸던 여성과 헤어지고 동성애자 세계로 나왔습니다.

위 사례에서 보듯이, 군대의 엄격한 상하 계급구조 특성상, 동성애 성향이 있는 사람이 고참이 되면 내무반 내에서 수많은 졸병들을 성추행, 성폭행하는 것이 용이하고 실제로 빈번하게 발생하고 있습니다. 군부대 내 동성애가 허용된다면 동성애와 에이즈가 동시에 급속하게 확산될 것입니다. 또 '소대장과 일병 ○○가 애인 관계더라' 하는 식의 소문이 군 내 퍼진다면 군 사기를 떨어뜨리고 군 기강은 무너지게 될 것입니다."[457]

앞서 언급했듯 김정현은 '항문성교는 전립선을 자극해 쾌감을 느끼게 한다. 여기에 중독되면 그때부터 동성애에서 빠져나오는 것은 거의 불가능하다'라고도 밝힌다.[458] 모든 남자가 이런 자극을 느낄 수 있는데,[459] 이성 간 성행위보다 쾌감이 더 큰 경우가 많다고 한다.[460] 중독되면 본인의 의지로 빠져나오기 어려운 이유다. 이런 중독 증상으로 인해 동성애자들 대부분은 끊임없이 새로운 성 파트너를 찾게 된다.[461] 남성 동성애자 중 43%가 500명 이상, 28%가 1,000명 이상의 성 파트너를 가지고 있다거나,[462] 에이즈에 감염된 게이의 평생 성 파트너 수가 1,100명에 이른다는 연구결과들이 이를 뒷받침한다.[463]

이런 특성을 가진 동성애자는 군대에서 선임병이 되면 성 파트너를 후임병에서 찾을 개연성이 높다. 이것은 본인의 의지로 자제되기 어렵다. 그리고 동성애 성폭력을 경험한 후임병은 전립선 자극으로 동성애에 중독될 가능성이 크다. 그 피해자가 상급자가 되면 다시 그 후임병들에게 동성애 성폭력을 하는 악순환이 반복되는 것이다. 이런 악순환은 성적 자기결정권이 아니라 성중독 유사 증상의 일환으로 이루어진다. 선택이 아닌 것이다. 동성애 성폭력 가해자 중 81.7%가 동성애 성폭력의 피해자였다는 사실을 밝힌 (사)한국성폭력상담소의 '군대 내 성폭력 현황 실태조사' 결과가 이를 실증적으로 뒷받침한다. 동성애 성폭력 피해자들이 '자신의 남성적 정체성에 대한 회의', '후임병에게 강제적 성적 접촉 시도' 등의 태도 변화를 보였다는 사실도 이를 뒷받침한다.[464] 남성으로부터 성적 학대를 받은 남성은 항문 전립선 중독으로 자신을 동성애자로 오해하거나[465] 성적지향의 혼란을 겪으며 게이로 변화될 가능성이 크다는 연구결과들도 이를 뒷받침한다.[466] 2020년 영국 조사결과에서 게이의 45%가, 2010~2012년 미국 정부 자료에서 게이의 40%가 성폭력을 당했다는 보고나 남성 간 성폭력 피해를 신고하는 것이 극히 어렵다는 조사결과도 마찬가지다.[467]

청각장애인 수용시설에서 하급생 시절 동성 성폭행당한 피해 학생들이 상급생이 되면 가해자로 변해 동성 하급생을 성폭행한 사건들도 이와 궤를 같이한다. 사회에 충격을 준 이 사건들은 무려 6년 동안이나 은밀하게 악순환되다가 그 실체가 드러났다.[468] 동성 성폭행을 당하게 되면 성중독 유사 증상을 겪으며 자신의 의지와 상관없이 동성애에 빠지는 사례들이 많은 것이다.

군대 특성상 이렇게 악순환되는 성범죄의 95%가 밝혀지지 않는다.[469] 이것을 억제하는 제도적 장치가 무너지면 의무징병제를 시행하는 군대가 동성애를 확산시키는 양성소로 변할 수밖에 없는 이유다.[470] 한국 사회 전체로 동성애가 급격히 확산하는 원인도 될 것이다.

동성끼리 장기 숙식하며 폐쇄적으로 단체생활을 하는 교도소·군대와 같은 환경 속에서 동성애를 우연히 경험하면 동성애자가 될 수 있다는 연구결과가 있다. 1982년 조사에 의하면 미국 교도소 남성 수감자 2,500명의 65%가 수감 생활 중 동성 성관계를 경험했다고 밝혔다.[471] 헌법재판소도 "폐쇄적으로 단체생활을 하면서 동성 간에 일정 공간을 공동으로 사용해야 하는 군대 내에서는 비정상적인 동성 간의 성적 교섭행위가 발생할 가능성이 높아진다"라고 판시했다.[472] 교도소 못지않게 군대도 동성애가 퍼질 수 있는 환경인 것이다. 게다가 폐쇄적 단체생활이라는 촉진제가 없는 인권교육만으로도 미국에서는 청소년 5명 중 1명이 동성 성행위를 할 정도로 동성애가 폭발적으로 확산했다.[473]

요컨대, 군대는 혈기 왕성하고 성욕이 강한 20대 젊은이들이 숙식을 함께 하는 폐쇄적인 환경이다. 그리고 성욕 해소가 어렵다. 그런데 합의로 포장된 상급자의 동성애 압력이 합법적으로 가능해질 경우 하급자는 이런 압력을 거절하기 어려울 것이다. 2차 가해가 우려되어 신고도 못 할 것이다. 이것은 군대가 인권교육이나 교도소보다 동성애를 더 빠르게 확산시키는 요인으로 작용할 가능성이 크다.[474] 의무징병제가 자신의 선택과 상관없이 동성애에 빠져들게 하는 '동성애 징병제'로 변할 우려가 있는 것이다.

병역의무의 형평성과 국가안보를 희생시키는 젠더 이데올로기

2022년경 세계적인 아티스트 그룹인 방탄소년단(BTS)의 군대 입대/면제 문제가 뜨거운 감자로 떠올랐다.[475] 이에 대해 국회의원 설훈이 말한다.

"BTS가 전 세계에 끼친 영향을 생각하면 병사로서 국방의무를 하는 거보다 훨씬 더 많은 대한민국의 플러스를 줬다고 생각할 수밖에 없습니다. 전 세계에 BTS가 뿌리고 있는 한류의 힘, 대한민국을 쳐다보는 눈을 감안한다면 BTS는 국가적 보물로 생각하고 활용해야 한다는 게 60% 국민들의 생각입니다. 그걸 왜 무시하고 군대를 보내서 BTS가 갖고 있는 국가적인 위력에 대해 눈을 감고 없애려고 하는 것입니까"[476]

문화체육관광부 장관인 황희도 말한다.

"방탄소년단은 콘서트 1회당 1조2,000억 원에 달하는 생산 유발 효과를 일으키고 해외 유수의 음악상을 석권하는 등 문화적 파급력을 보여주고 있습니다. 최근 방탄소년단 멤버의 입대를 앞두고 찬반양론이 대립하는 상황에서, 누군가는 책임 있는 목소리를 내야 한다고 생각했습니다. 대중문화예술인은 국위 선양 업적이 뚜렷함에도 병역의무 이행으로 활동을 중단할 수밖에 없습니다. 이는 분명한 국가적 손실이자, 세계적 예술인의 활동 중단이라는 점에서 전 인류의 문화적 손실입니다."[477]

이런 논란에 대해 2022년 10월 7일 국방위원회 국정감사에서 병무청장인 이기식이 말한다.

"우리의 병역환경이 감소되고 있는 상황이고 병역의무 이행은 제일 중요한 게 공정성입니다. 형평성 차원에서 본다면 방탄소년단도 군 복무를 하는 것이 바람직합니다."478)

"누구나 공정하게 군대에 간다고 느껴야 청년들이 국방의 의무를 잘 수행하지 않겠습니까."479)

결국, 한국 정부는 BTS의 병역을 면제하지 않기로 결정을 내렸다.480) 병역의무의 형평성이 얼마나 중요한지 보여주는 사례다. 한국의 특수한 안보 상황(국가안보)과 병역의무의 형평성에 대한 헌법재판소의 판단이다.

"남·북한은 정전 이후 현재까지도 이념대립 속에서 적대적 군비경쟁을 통하여 군사력을 축적하고 이를 바탕으로 군사적·정치적 대치상태에 있는 분단국가이다. 더욱이 북한의 핵무기 개발, 미사일 발사 등으로 초래되는 한반도의 위기상황은 주변국의 외교·안보 상황에도 큰 영향을 미치고 있으며, 북한의 군사적 위협은 간접적·잠재적인 것이 아니라 직접적·현실적인 것이다.481) 한반도의 역사적·정치적 환경 및 지정학적 특수성에 비추어 보면 우리나라의 안보 상황은 미국이나 서구 선진국 등과 같이 안정적이라고 할 수 없고 엄중하다고 할 것이다.

우리나라는 이러한 특수한 안보 상황, 국방의무에 대한 국민의 법 감정, 병력 수급 상황 등을 고려하여 국민개병제도와 징병제(의무징병제)에 바탕을 둔 병역제도를 채택하고 있다. 그런데 병역의무를 이행하는 군인은 전시는 물론이고 전시가 아니더라도 총기와 폭발물의 취급으로 인해 상시 생명과 신체의 안전이 위험에 노출되어 있으며, 상명하복의 엄격한 규율과 열악한 복무환경에서 신체의 자유, 거주이전의 자유, 사생활의 자유 등 기본권이 제한된 상태로 근무하고 있다. 세계 유일의 분단국가로서 현재까지도 남북이 대치하여 휴전상태로 있는 우리나라에서 병역문제보다 더 민감한 주제는 드물다. 그래서 병역기피를 정당화시키거나 병역기피의 수단으로 활용될 위험성을 내포하고 있는 제도의 도입은 더욱 신중을 기하여야 한다.482)

이와 같이 고유한 안보 상황에서 병역의무 및 병역부담의 평등원칙은 다른 나라와 비교할 수 없는 중대한 의미를 가진다. 국민개병주의를 규정한 헌법 제39조, 평등원칙을 규정한 헌법 제11조에서 나오는 병역부담 평등의 원칙은 헌법적 요청일 뿐만 아니라, 우리나라에서 그것은 다른 어느 사회와도 비교할 수 없을 정도로 강력하고도 절대적인 사회적 요구이다.[483] 국방의 개념, 현대전의 양상에 변화가 생긴 것은 사실이나, 국방력에 있어서 인적 병력 자원이 차지하는 비중은 여전히 무시할 수 없을 뿐만 아니라, 작금의 출산율 감소로 인한 병력자원의 자연감소도 감안하여야 한다.[484]

현역병을 기준으로 할 때, 병역의무를 이행하려면 대부분 20대 초반의 나이에 약 2년간 학업을 중단하거나 안정적 직업 및 직업훈련의 기회를 포기하여야 하고, 열악한 복무 여건 속에서 각종 총기사고나 폭발물 사고 등 위험에 노출되어 생활하여야 한다. 이처럼 병역의무 이행에 따른 부담이 막중하다.

누군가에게 국방의무 및 병역의무의 예외를 인정하는 것은 국가공동체의 존립과 헌법 질서를 확보하고 국민의 기본권을 보장하는 것에 역행할 수 있으며, 사회통합을 저해하고 국민개병제도와 징병제에 바탕을 둔 병역제도의 근간을 흔들 수 있다. 뿐만 아니라, 이는 병역의무를 이행하는 사람에게 가중된 희생을 요구하는 것이 될 수 있다.[485]

정당한 사유 없이 일부 국민의 병역의무를 면제 또는 경감하여 주는 경우 그에 따른 위화감 및 병역의무 부담에 대한 극심한 거부감이 발생하여 전체적인 병역의무 제도가 혼란에 빠질 위험성이 있고, 그 결과 국가안전보장에 직접적으로 영향을 미칠 수 있다. 따라서 병역의무 부담의 형평성은 매우 중대한 공익이다.[486]

병역부담 평등에 대한 사회적 요구가 강력하고 절대적인 우리 사회에서 병역의무에 대한 예외를 허용함으로써 의무이행의 형평성 문제가 사회적으로 야기된다면, 이는 사회적 통합을 결정적으로 저해함으로써 국가 전체의 역량에 심각한 손상을 가할 수 있으며, 나아가 국민개병제에 바탕을 둔 전체 병역제도의 근간을 흔들 수도 있다."[487]

정모씨는 2017년 10월경 현역 입영통지서를 받았지만 "성소수자로 폭력과 전쟁에 반대한다"라며 현역병 입대를 거부해 1심에서 징역형을 선고받았다. 정씨는 1·2심 재판을 통해 다음과 같이 주장했다.

"성소수자로 고등학교 시절부터 남성성을 강요하는 또래 집단 문화에 반감을 느꼈다. 대학 생활 도중 페미니즘을 접하게 됐고, 성소수자로서의 경험을 통해 스스로의 정체성을 '퀴어 페미니스트'로 규정하게 됐다. 다양성을 파괴하고 차별과 위계로 구축되는 군대 체제 및 생물학적 성별로 자신을 표준 남성으로 규정짓는 국가권력을 용인할 수 없다."[488]

이런 정씨의 주장이 받아들여져 대법원은 2021년 6월 24일 무죄를 선고했다. 사회적 성을 근거로 현역병 입대 거부가 처음으로 인정된 것이다.[489] 많은 LGBT가 사회적 성을 주장하며 현역병 입대를 거부할 수 있는 길이 열린 것이고, 병역의무의 형평성 관점에서 논란이 된다. 그러나 LGBT의 양심적 병역거부보다 더 큰 문제가 있다. 생물학적 남성이 자신을 여성으로 인식한다면서 현역병 입대를 거부하는 것이다. 왜냐하면, 트랜스젠더 선언이 객관적 근거를 필요로 하지 않기 때문이다.

앞서 언급했듯 대법원은 2020년경 성전환 수술 없이 성별 변경이 손쉽게 가능하도록 대법원 예규를 개정했다.[490] '남성 성기를 가진 법적 여성'의 등장이 쉬워진 것이다.[491] 그런데 이렇게 손쉬운 트랜스젠더 선언은 제도적으로 남용될 수 있다. 게다가 이렇게 주관적 인식을 남용하게 되면 이를 막기란 사실상 불가능하다.

일례로, 캐나다에서도 생물학적 남성이 오로지 더 저렴한 차 보험료율을 받기 위해 트랜스젠더 선언을 했다.[492] 그리고 인터뷰에서 이런 목적으로 법의 허점을 이용했다고 자인했다.[493] 이와 같이 사회적 성은 이를 주장하는 주체의 주관적인 관점에서 판단될 수밖에 없는 것이다. 그러나 이런 주장의 신뢰성을 판단할 준거는 존재하지 않는다. 이에 대해 의문을 제기하는 3자는 혐오주의자로 낙인찍힐 뿐이다. 지극히 개인적·주관적인 인식을 기준으로 수시로 성별을 변경할 수 있는 사회적 성의 허점이 제도적으로 악용되는 것이다.[494]

의무징병제를 시행하는 한국에서도 사회적 성의 허점이 악용될 수 있다.[495] 특히 대규모 병역기피로 이어질 가능성이 있다. 병역의무를 이행하려면 대부분 20대 초반의 나이에 약 2년간 학업을 중단하거나 안정적 직업 및 직업훈련의 기회를 포기해야 한다. 그리고 열악한 복무 여건 속에서 위험에 노출되어 생활한다.[496] 이런 막중한 부담을 회피하기 위해 트랜스젠더 선언이 악용될 수 있다.[497] 남·북한 간의 군사적 긴장 상태가 고조될 경우 사회적 성을 빙자한 병역기피자들이 더욱 급증할 수 있다. 이 경우 국방의무의 평등한 이행확보가 어렵게 된다. 그 파급효과로 전체적인 병역제도가 신뢰를 잃고 사회적 성을 빙자한 병역기피자들이 증가해 의무징병제를 바탕으로 한 전체 병역제도의 실효성이 훼손될 수 있다. '국가공동체는 반드시 우리 손으로 지켜야 한다'라는 국가공동체 구성원의 책임의식과 병역의무를 이행하고 있는 군인 등의 안보관에 부정적인 영향을 미칠 것이기 때문이다. 평등한 병역의무 이행에 대한 강한 요구와 좀처럼 끊이지 않는 병역기피 풍조가 한국 사회에 확산되어 있음을 고려할 때, 향후 이런 문제는 심각한 양상으로 나타날 수 있다.

성별 변경에 관한 대법원 예규는 생물학적 성별을 기초로 형성된 사회체제를 해체하는 것이다. 생물학적 남성의 여성 전용공간 출입뿐만 아니라 병역기피도 가능케 한다.[498] 병역기피를 억제했던 예방효과는 이런 대법원 예규로 인해 급격히 무너질 가능성이 있다. 병역 비리와 병역기피 풍조가 줄기차게 이어져 왔던 우리 사회의 지난 경험에 비추어 볼 때, 사회적 성을 악용하는 의도적 병역기피 현상을 차단할 수 있다는 전망은 너무나 낙관적이다. 의무징병제에 바탕을 둔 병역제도의 근간까지 흔들릴 수 있다. 사회통합에도 저해 요인이 된다. 생물학적 성별을 해체하는 대법원 예규는 '병역의무의 공평한 부담'과 '국가안보'에 관한 영역까지 영향을 미칠 수 있는 것이다. 국가의 안전보장과 관련된 오판은 국가공동체의 존립과 안전을 치명적으로 훼손할 수 있다. 그리고 그 회복은 영구적으로 불가능할 수 있다. 충분한 사회적 합의가 이뤄져야 마땅하고 이를 바탕으로 국민의 대표인 국회가 처리할 영역이다.

여론조사 전문기관인 오피니언 코리아에서 2020년 7월 16일 여성 1,019명을 대상으로 여론조사(95% 신뢰수준에서 최대 허용오차 ±3.1%p)를 했다. "생물학적으로 남성인 자가 자신의 성정체성을 여성이라 주장하며 국방의 의무를 면제받는 것에 대하여 어떻게 생각하십니까?"라는 질문을 했다. 76.3%는 반대하고, 13%는 찬성하며, 10.7%는 잘 모른다고 밝혔다.[499] 응답자의 4분의 3이 트랜스젠더 선언을 통한 국방의무 면제를 반대했다. 실재는 사회적 합의가 없는 상태다.

그럼에도 사회공동체 전반에 미치는 파급효과가 대단히 큰 이런 영역에까지 국가인권위가 'LGBT 인권'을 명분 삼아 사실상 '생물학적 성별과 이를 기초로 형성된 사회체제의 해체'를 권고한다. 그리고 사법부는 이를 반영한 판결이나 대법원 예규를 통해 실질적인 입법행위를 한다는 비판의 목소리가 높다. 사법부가 대법원 예규를 통해 트랜스젠더의 국방의무 면제가 가능하도록 만들었다. 국가의 안전보장보다 젠더 이데올로기를 우월한 가치로 여기는 문화혁명과 법률혁명이라는 지적이 나온다. 헌법상 가치인 '병역의무의 공평한 부담'에 역행하는 이념적 평등을 추구하는 것이다.

숭실대 법대의 이상현 교수가 말한다.

"군형법 항문성교 기타 추행죄 개정 제안은 시민사회, 전문가의 논의 및 정치권의 소통을 통해 논의해야 할 안보적 쟁점입니다. 그러나 이에 대해 성정치이념(젠더 이데올로기)에 편향된 시각을 사법판단으로 지원하게 되는 결과로 이어지고 있습니다."[500]

생물학적 남성이 군인으로 입대했다가 자신의 성정체성이 여자라며 여군으로 복무하겠다고 주장하는 사례도 문제가 된다. 군 간부를 선발하는 체력측정에서 남녀 적용기준이 다르기 때문이다. 여자의 군 입대는 치열한 경쟁으로 인해 남자보다 더 어렵다.[501] 그런데 남자 군인이 트랜스젠더 선언을 하게 되면 여군 입대 기회가 잠식된다. 생물학적 여성을 역차별하는 것이며 균등한 기회를 요구하는 평등에도 반하게 된다.[502]

미국에서는 트랜스젠더의 군 입대를 허용하면서 여군과 성전환 수술을 하지 않은 트랜스젠더가 화장실·샤워장을 같이 사용하도록 하는 미 육군의 훈련지침서를 만들었다. 여군이 성기를 지닌 생물학적 남성 옆에서 벌거벗고 샤워할 것을 차별금지법으로 강요하게 된다.[503] 여성이 수치심을 감수할 것을 공권력으로 요구하는 것이다. 차별금지법이 요구하는 배려와 인권의 실체인 셈이다. 이에 수치심을 느껴 항의한 여성은 오히려 '혐오'와 '차별'을 한 가해자로 몰려 강제 전역 처분될 가능성이 크다. 젠더 이데올로기 앞에서 여성의 존엄과 가치가 뒷전이 되는 것이다. 이런 폐해 때문에 미국 연방대법원은 2019년 1월경 '트랜스젠더는 군복무를 할 수 없다'라는 판결을 내렸다.[504]

마찬가지로, 의무징병제가 시행 중인 한국에서도 성전환 선언을 한 사람이 병역기피를 하거나 군 복무를 하더라도 해결되지 않는 갈등이 존재할 것이다. 다른 헌법적 가치보다 우위에 있는 편향된 정치이념의 실현을 위해 생물학적 성별을 해체하는 데서 유발되는 문제다.[505]

군대 내 에이즈나 전투력 손실 문제도 심각해질 것이다. 앞서 살펴본 내용에 의해 이것은 넉넉히 추단된다. 간략히 정리해보면, 일반인보다 남성 동성애자의 에이즈 감염확률이 180배 높다.[506] 한국 보건복지부는 "전체 HIV 감염인의 91.7%가 남성임과 동성애자 역학조사의 어려움 등을 고려할 때 남성 동성애자 간 성접촉이 주요 전파경로일 것으로 판단된다"라고 한다.[507] 1년간 에이즈 남성 환자 한 명당 성관계를 갖는 평균 파트너의 수가 60명에 이른다는 연구결과도 있다.[508] 게다가 한국 질병관리본부는 한국 에이즈 사망자의 거의 절반(45%)이 HIV 감염진단 후 6개월 이내에 사망했다고 보고한다. 동성애와 에이즈의 연관성을 알리지 않기 때문에 적절한 치료 시기를 놓쳐 조기에 사망하는 것이다.[509] 이 수치는 한국이 외국보다 월등히 높다. 심지어 LGBT 인권을 명분 삼아 HIV 감염자의 배우자에게 감염판정 사실을 알리지 않는다.[510] 그 결과 동성애자의 배우자는 아무런 경각심 없이 무증상 잠복기를 지난 후 치료 시기를 놓칠 가능성이 크게 된다. 배우자는 아무런 선택이나 잘못 없이 생명을 잃을 위기에 놓이는 것이다. 그리고 국가는 '인권'의 이름으로 이를 방치한다. 국민의 보건권과 생명권보다 정치적 이념인 젠더 이데올로기를 우월한 가치로 보기 때문이다.

군대에서 합의로 포장된 동성애가 가능해질 경우, 이런 에이즈 문제가 군대 내에서 더 심각해질 것이다. 전 육군 중령 출신이자 군인권문제연구소 연구위원인 김영길이 말한다.

"국방부는 소수자 인권을 보호한다는 미명 아래 군 입대 시 에이즈 검사를 하지 못하게 합니다. 동성애 병사에 대한 채혈 및 에이즈 검사 자체가 불가능하도록 훈령으로 규정하여 누가 동성애자이고 에이즈 감염자인지 서로 알 수 없다는 점이 큰 문제입니다."[511]

이와 같이 에이즈 검사 자체를 제한하는 한국 정책은 젠더 이데올로기 실현을 위해 군인의 보건권을 도외시하게 된다. 미군에서 에이즈 검사를 실시하여 감염이 확인되면 보직 해임하는 것과는 상반되는 정책이다.[512] 동성애 성폭력 가해자 중 81.7%가 동성애 성폭력의 피해자였다는 사실에 비추어 볼 때, 동성애 성폭력은 군대 안에서 악순환되며 확산된다.[513] 게다가 동성 성행위는 성중독 유사 증상으로 인해 많은 성 파트너와 성관계하는 것을 자기 의지로 절제하기 어려운 경우가 많다. 더욱이 동성애자가 상급자가 된 후 합의를 가장해 하급자를 성 파트너로 삼는 것이 사실상 허용될 경우 군 내 에이즈가 급속도로 확산하는 것은 시간문제다.[514] 또한, 한국 청소년과 HIV 감염자의 배우자와 마찬가지로, 동성애를 군대에서 처음 접한 군인들은 경각심 없이 치료 시기를 놓쳐 생명권을 위협받게 된다.

또 항문성교를 할 경우, 대부분 변실금 증상을 겪는다.[515] 변실금은 자신의 의지와 상관없이 힘을 쓰거나 재채기, 기침할 때 대변이 조금씩 흘러나오는 질환을 말한다.[516] 변을 보기 위해 하루에 12~15번씩 화장실에 가게 된다.[517] 군에서 목표로 하는 '최적의 전투력'을 유지할 수 없게 된다.[518] 그리고 군대 안에서 다양한 성병 감염이 일어날 가능성이 크다. 성매개 감염병들이 일반인보다 게이들에게 월등히 높게 나타나기 때문이다.[519] 예컨대 남성 동성애자의 매독 감염자 비율은 일반 남성보다 106배 높다.[520] 이와 같은 동성애의 신체적 유해성과 보건적 폐해는 군의 전투력에 막대한 손실을 입히게 된다.

군 기강 해이도 문제 된다. 가령, 중대장과 사병이 동성 성관계를 가질 경우, 군기에 악영향을 미칠 것이다. 그 중대장은 성관계를 가진 사병을 편애할 것이고 계급의식은 약화될 것이다. 일사불란한 지휘체계도 무너지게 된다. 다른 사병들의 사기도 저하된다. 그리고 앞서 언급한 것처럼 군대 특성상 합의 없이 이루어진 동성 성관계의 95%는 신고되지 않고 묻힐 가능성이 크다.[521] 이 또한 군기에 악영향을 미치며 군 전력 약화로 이어진다. 군 법무관 출신 변호사인 전원책이 말한다.

"군은 전쟁을 하기 위해 폭력을 관리하는 특수 집단입니다. 전투력의 생명은 기강이에요. 동성애 행위를 합법화하면 전투력은 물론이고 군 조직이 무너집니다. 같은 내무반에서 생활하는데, 동성애자끼리 애정 표현을 한다면 부대 단합과 위계질서가 어떻게 유지되겠습니까."[522]

군대 내 동성애 확산으로 유발될 사회적 병리현상과 성범죄 문제는 입대를 앞둔 청년의 인권을 침해하게 된다. 군대 가야 하는 아들의 부모들을 불안케 만들고, 의무적 군 복무에 대한 저항운동과 병역기피를 촉발할 수 있다. 학부모 단체인 참교육 어머니 전국모임은 격한 목소리를 낸다.

"나라 지키러 군대 간 내 아들, 동성애자 되고 에이즈 걸려 돌아오나! 군대 내 동성애 허용하면 내 아들 군대 절대 안 보낸다."[523]

군에 입대할 연령대의 자녀를 둔 부모 전모씨(48세)가 말한다.

"별도의 개인 방을 주면 모를까, 같은 내무반을 쓰게 하면서 동성애 처벌 조항까지 없애면 어떻게 안심하고 아들을 군에 보내겠습니까."[524]

전 병무청장인 김일생이 말한다.

"동성애자나 동성애를 처벌하는 군형법 문제를 다룰 때는 의무복무 제도와 영내 집단생활이라는 병영문화를 반드시 고려해야 합니다."[525]

'국가안보'는 국가의 존립과 모든 자유의 전제조건이다. 국가공동체 구성원의 생명과 자유, 안전과 행복을 보장하며 인간의 존엄과 가치를 실현하는 전제가 된다. 따라서 국가의 안전보장은 국가공동체의 존재와 정체성에 관한 엄중한 사안이므로, 항상 '최악의 사태'를 가정하고 이를 대비해야 한다.[526] 특히, 다른 나라와 달리 남북이 대치하고 있는 한국의 특유한 안보 상황을 고려할 때 더욱 그러하다. 그러나 군대 내 합의를 가장한 동성애 성관계를 허용하는 입법행위는 국가안보를 저해할 수 있는 무리한 입법적 실험이다. 군의 전투력에 막대한 손실을 가져와 한국의 안보 상황에 엄중한 결과를 초래할 수 있다.[527] 그런데 젠더 이데올로기는 이런 '국가안보'까지 희생시킨다. 이것은 생물학적 성별을 기초로 한 사회체제의 해체를 넘어 국가공동체의 해체라는 위험까지 초래할 수 있다.

4장

장애인과 HIV 감염자(게이)를 희생시키는 동성애 확산정책

4장

장애인과 HIV 감염자(게이)를 희생시키는 동성애 확산정책

　국민건강보험(이하 '건강보험')은 평소에 국민이 납부한 보험료를 기금화했다가 보험사고가 발생하게 되면 보험 급여를 해줌으로써 국민이 경제적 부담 없이 의료서비스를 받도록 해주는 사회보장제도다.[528] 사회연대 원칙을 근거로 사회보험 강제가입 의무가 정당화된다.[529] 따라서 국민은 건강보험료 납부 의무가 있다. 만일 한 특정 분야에서 과잉진료가 이루어진다면 건강보험재정이 악화될 수밖에 없다. 그로 인한 폐해는 건강보험료 상승이나 보험 적용대상의 축소 등을 통해 결국 보험가입자인 전체 국민의 부담으로 돌아간다.[530]

　2017년 한국 건강보험의 누적 적립금은 20조7,733억 원이었다. 그러나 2018년 1,778억 원, 2019년 2조8,243억 원, 2020년 3,531억 원의 적자 행진을 이어가[531] 2020년 적립금은 17조4,181억 원으로 감소했다.[532] 이에 건강보험 적자를 메우기 위해 국민의 건강보험료 부담이 크게 늘었다. 국민이 납부한 보험료는 2017년 58조9,990억 원에서 2021년 80조4,921억 원으로 무려 21조4,931억 원이나 증가했다.[533] 불과 4년 사이에 건강보험료가 36.4%나 인상된 것이다.[534] 2019년과 2020년의 경우, 건강보험료 상승률이 소비자물가 상승률보다 각각 19배, 18배나 더 높았다.[535]

　향후 출산율 감소와 급속한 고령화로 한국 건강보험의 지출은 급증하는 반면 수입은 감소할 것으로 전망된다.[536] 사망자 수가 출생아 수보다 많은 '데드 크로스'(dead cross) 현상이 2020년에 처음 발생했기 때문이다.[537] 건강보험의 재정 적자가 심화 될 것이라는 예상이다. 그만큼 건강보험료를 납부하는 국민의 고통도 커질 것이다. 문제는 이런 상황 속에서 에이즈 감염자의 폭증이 감당할 수 없는 재정적 부담을 가져온다는 점이다.[538] 에이즈 감염자 치료비용에 대해 90%는 건강보험료로, 10%는 세금으로 전액 지원한다.[539] 그리고 HIV 환자는 생명을 잃지 않기 위해 평생 항바이러스제를 복용해야 한다. 2013년 에이즈로 인한 사회적 비용은 최소 4조 원으로 알려졌는데,[540] 갈수록 늘어날 것으로 보인다.

이런 상황 속에서 젠더 이데올로기의 핵심 전략 중 하나인 동성애 확산정책은 세금을 부담하는 국민뿐만 아니라, 이 혈세로 치료받아야 하는 HIV 감염자(게이)와 장애인(난치성 환자)까지 희생시킨다. 왜 그런 것인지 앞서 본 내용을 토대로 살펴보자.

동성애 확산은 곧 에이즈 확산으로 이어진다. 남성 동성애와 에이즈의 높은 유관성 때문이다. 미국의 질병관리본부는 13~19세의 94.1%, 20~24세의 93.4%가 각각 남성 간 성행위로 HIV에 감염됐다고 발표했다.[541] 18~19세 한국 청소년도 이 수치가 92.9%에 이른다.[542] 미국 질병관리본부는 홈페이지 곳곳에서 남성 간 성행위가 HIV/AIDS의 주요 확산 경로라는 사실을 밝힌다. 신규 및 기존 HIV 감염자의 대부분이 남성 동성애자 집단이라는 사실도 명시한다.[543] 이런 정보를 자세히 알려 예방 활동에 집중한다.

이와 대조적으로 한국 질병관리본부는 이런 정보를 철저히 차단한다.[544] 인권보도준칙은 이런 정보가 동성애 관련 사회적 병리현상이기 때문에 '혐오'라고 한다. 그리고 언론에서 차단한다.[545] 정부 통계를 보면, 한국 청소년 70% 정도가 에이즈 전파경로를 모르는 것으로 나타났다.[546] 그 결과 1998~2019년경 전 세계적으로 에이즈 환자가 39.3% 감소했지만, 대한민국은 오히려 892% 증가했다.[547] 국정감사 자료를 인용한 국회의원 윤종필은 "질병관리본부가 에이즈 원인 분석과 예방사업을 제대로 실시하지 않아 감염자가 지속적으로 늘어나는 상황을 방치했다. 에이즈 관리를 방치한 것이다"라고 밝힌다.[548]

이와 같이 에이즈 예방사업을 제대로 시행하지 않는 것은 젠더 이데올로기 정책의 실현과 연계된다. 왜냐하면, 차별금지법 제정 등에 반대 여론이 발생하지 않도록 에이즈 관련 정보를 차단하기 때문이다.[549] 이로 인해 에이즈 예방이 무력화된다. 반면 젠더 이데올로기 확산을 위해 동성애자를 양산한다. 특히, 수많은 아동·청소년들이 게이 커뮤니티에 유입되어 그 규모가 비약적으로 확대되고,[550]

이것은 문화혁명의 원동력이 된다. 이를 위해 인권교육과 동성애를 미화하는 언론이 핵심적인 역할을 한다.

그 결과 HIV에 감염된 10대들이 치료 시기를 놓친 후 20대에 에이즈를 진단받는 비율이 가장 높은 통계가 나타난다.[551] 아이들이 실상과 다르게 배운 동성애를 호기심이나 바텀알바로 직접 경험한 후 성중독 유사 증상으로 중단할 수 없기 때문이다.[552] 나아가 외국과 상반된 한국의 정책으로 한국 청소년들이 아까운 생명을 잃게 된다. 한국 에이즈 사망자의 거의 절반(45%)이 HIV 감염진단 후 6개월 이내에 사망하는 것이 현실이다.[553]

또 적절한 치료를 받지 못하면 혈중 바이러스 농도가 높아지기 때문에 에이즈 전파력도 굉장히 강해진다. 아무런 증상이 없는 잠복기(7~10년) 동안 수많은 동성 성행위 상대방에게도 HIV를 전염시킨다.[554] 그리고 양성애자들은 여성에게 HIV를 전염시키게 된다.[555] 에이즈에 감염된 게이의 일생 동안의 평균 성 파트너 수가 1,100명에 이른다는 연구결과가 있는데,[556] 성중독 유사 증상으로 인해 동성애 성관계를 절제하기 어려워서 나타나는 현상인 듯하다. 이런 중독 현상은 에이즈에 걸려도 사라지지 않는다.[557] 동성애자 본인의 의지로 에이즈 확산의 자제를 기대하기 어려운 이유다. 이렇게 에이즈에 감염된 젊은 층이 빠르게 늘면서 양성애, 이성애로 확산된 후 에이즈 감염자의 절대적인 숫자가 늘어나는 양상을 보이게 된다.[558] 차별금지법이 제정될 경우, 동성애/에이즈의 폭증 현상과 더불어 건강보험이 재정적 한계에 봉착할 것으로 예상되는 이유다.

앞서 언급한 것 같이, 에이즈 환자 1명의 사회적 생애 비용으로 6억 원이 소요된다.[559] 미국은 에이즈 약값으로 매년 34조 원이 지출된다.[560] 그럼에도 미국 질병관리본부는 HIV 감염자의 절반 이하만 치료받을 뿐이라고 발표한다.[561] 재정적 한계 때문에 미국인 60만 명 가까이 적절한 치료를 받지 못하는 것이다.[562] 한국에서 동성애자/에이즈가 폭증하는 추세가 지속될 경우 적립금이 약 20조 원인 건강보험은 빠르게 고갈될 것이다.

그런데 젠더 이데올로기 정책으로 인한 가장 큰 피해자는 생명을 위협받는 아이들이다. 여기에는 미성숙하고 성욕이 왕성한 아이들에게 동성애의 실상을 알리는 것을 막으면서 이를 아름답게 포장한 젠더 추종자들에게 그 책임이 있다.

관련 젠더 이데올로기 정책에 따라 에이즈 예방을 도외시한 국가도 그 책임을 면하기 어렵다. 정치적 이념을 위해 희생된 아이들의 치료를 멈출 수 없는 이유다. 삶이 파괴된 아이들을 지키고 에이즈 확산을 막기 위해서도 그렇다.[563] 그러나 동성애 확산정책으로 인한 피해는 건강보험료를 납부하는 국민, 건강보험의 혜택을 받는 장애인, 그리고 결국에는 HIV에 감염된 게이들에게까지 돌아갈 것이다. 따라서 에이즈를 국가 재정으로 계속 치료하되 에이즈 예방을 무력화하는 정보 차단 정책과 동성애 확산정책은 폐기시켜야 한다.

동성애자/에이즈 확산으로 인한 국민부담은 향후 더욱 늘어날 전망이다.[564] 그런데 한국 정부는 에이즈 감염자의 의료비 지원에 대한 정보를 국민에게 공개하지 않는다.[565] 국민 대부분은 모든 에이즈 치료비가 혈세로 해결되고 있다는 사실 자체도 모르고 있다.[566] 동성애 확산정책으로 건강보험의 재정이 소진되고, 이에 따라 건강보험료가 오르는 사정에 대해 알지 못하는 것이다. 국민은 동성애자 확산으로 인한 건강보험의 적자를 메꿀 뿐 이에 대해 논의할 권리조차 박탈당하게 된다. 차별금지법은 이런 사회적 논의도 '차별'과 '혐오'라며 원천봉쇄한다. 그리고 인권보도준칙은 이런 논의의 전제가 되는 알 권리를 차단한다.[567] 반대 여론을 원천봉쇄함으로써 견제 없이 문화혁명을 해나가기 위함이다. 그 재정적 부담은 국민에게 오롯이 전가된다.

건강보험 재정이 악화되면 장애인과 희귀·난치병 환자들도 희생된다. 건강보험 재정 악화로 이들에 대한 지원이 외면될 것이기 때문이다.[568] 척수성근위축증이라는 희귀병을 앓는 1살 난 자녀를 둔 엄마의 사연이다. 그녀는 '근육병 아기들이 세계 유일한 유전자 치료제를 맞을 수 있도록 도와주세요'라는 제목의 청원 글을 올렸다.

"척수성근위축증은 퇴행성 신경질환의 하나로, 근육이 점차 위축되는 희귀 난치성 근육병입니다. 세계적으로 신생아 1만 명당 1명꼴로 나타납니다. 두 돌 전에 사망에 이를 수 있는 치명적인 병입니다. 딸아이는 태어난 직후에 증상이 있었습니다. 현재는 목을 가누지 못하고 앉아 있을 수도 없어 누워만 생활합니다. 119 부르는 건 일상이 됐고, 호흡도 불안정해 호흡기를 착용 중입니다. 그런데 국내에 '졸겐스마'라는 완치 치료제가 들어왔습니다. 한 번만 투여하면 완치됩니다. 원샷 치료제라고도 불립니다. 앉지도 못하던 아기가 서고 걷는 효과를 보이고, 정상적인 생활을 기대할 정도로 약효가 뛰어난 치료제이지만 비용이라는 산을 넘어야 합니다. 주사제 치료 가격은 210만 달러로 세계 최고가 단일 치료제입니다. 돈이 없어 맞고 싶어도 못 맞는 아이들이 없도록 건강보험 적용이 이루어질 수 있도록 도와주세요. 아이들에게 시간이 얼마 남지 않았습니다. 더 늦기 전에 우리 아이들에게 기회가 올 수 있게 도와주세요. 눈에 넣어도 안 아플 우리 아이들, 한창 꿈을 꾸며 앞으로 나아갈 우리 아이들이 꿈을 잃지 않도록 도와주세요."[569]

이와 같이 건강보험 적용을 요구하는 환자와 그 가족들이 늘고 있다. 다만 건강보험료 인상에 영향을 미칠 수 있어 사회적 합의가 필요하다는 지적과 더불어 다른 중증 질환과의 형평성 문제도 지적된다. 많은 난치병에 건강보험의 적용이 쉽지 않은 것이다.

반면 동성애/에이즈 확산으로 인한 건강보험료 인상에는 관대하다. 게이의 지위는 비교집단인 장애인과 난치병 환자의 건강보험 혜택이 제거됨으로써 상대적으로 향상되는 관계에 있다. 그래서 에이즈 치료에 대해 국민이 잘 모르게 만든다. 동성애자 확산이 젠더 이데올로기 실현에 중요하기 때문이다. 다른 국민과 달리, 평생 HIV 치료비뿐만 아니라 입원비나 간병비까지 100% 국가에서 지원하는데,[570] 형평성과 특혜 논란이 있다.[571] 그러나 동성애자 확산으로 건강보험 지출이 감당할 수 없을 정도로 폭증한다면 이런 희귀·난치병 환자들과 장애인의 치료기회는 박탈된다. 건강보험 적립금이 한정되어 있기 때문이다. 미국의 1년 에이즈 치료비 예산이 34조인데 반해,[572] 한국 건강보험 누적 적립금이 20조에 불과하다는 사정을 고려하면 더 그렇다.

동성애자 에이즈만 문제 되는 것이 아니다. 동성 성행위에 수반되는 수많은 성병도 문제 된다. 사회에 전염병을 확산시킬 우려가 크기 때문이다. 영국 동성애자와 양성애자 중 58%가 감염된 HPV를 예로 들자.[573] 항문암의 90% 이상은 HPV에 의한 것이다.[574] 그리고 게이가 일반 남성보다 17배 더 많이 항문암에 걸린다.[575] 그런데 영국은 재정적 한계로 게이에 대한 HPV 백신이 지원되지 않아 논란이 됐다.[576] 영국의 의료 전문가들은 "게이의 성병에 대처하는 예산이 축소될 경우 전염력이 강한 성병들의 폭발적인 확산이 우려되며, 이런 결과는 손쉽게 예측할 수 있다"라고 밝혔다.[577] 그러나 전염병 확산을 막기 위해 게이에게 각종 백신이 우선 지원될 경우 다른 난치병 환자들의 치료 기회는 그만큼 줄어든다.

시소미래연구소장(전 서울대병원 간호사)인 이한나가 말한다.

"에이즈 치료비용은 지금은 무료로 지원해주고 있지만, 조금이라도 본인 부담이 생기면 힘들 것입니다. 다만, 계속해서 지원받기 위해서는 신규 감염자 수가 줄어야 합니다. 건강보험 재정이 못 버티기 때문입니다."[578]

에이즈 신규 감염자 수를 줄이기 위해서는 에이즈 주요 감염경로가 남성 동성애라는 사실을 적극적으로 알려야 한다. 전염력이 강한 성병도 마찬가지다. 전염병 확산을 막기 위해서는 예방이 가장 중요하고, 스스로 지킬 수 있는 정보를 알아야 하기 때문이다. 그러나 젠더 추종자들은 이를 숨기는 정책을 추진한다. 이와 같은 동성애자 확산정책이 지속될 경우 건강보험은 소진될 것이고 역설적으로 HIV에 감염된 게이들도 치료받기 어렵게 된다.[579] 젠더 이데올로기 실현을 위해 국가의 재정 상황을 도외시할 뿐만 아니라 결국 국민건강과 게이의 생명까지 위협하는 것이다. HIV에 감염되어 절망에 빠진 청소년들은 동성애에 대한 경각심을 주지 않는 기성세대에게 분노감을 표출한다.[580] 즉, 사회적 차별이 아니라 정보 차단이 문제인 것이다.

그렇다면 동성애자를 진정으로 위하는 정책은 무엇일까? 동성애 확산정책으로 건강보험의 재정을 고갈시켜 게이들의 치료를 어렵게 만드는 것일까, 아니면 HIV에 감염된 게이들이 평생 치료받을 수 있도록 보살피는 것일까. 정보를 차단하여 진정한 선택권을 빼앗는 것일까, 아니면 불편한 진실을 알려 인생을 좌우할 결정에 대한 선택권과 자기운명결정권을 보장하는 것일까.[581]

젠더 이데올로기 정책으로 동성애자 수를 지속적으로 폭증시킨다면 건강보험의 재정이 고갈되는 시점이 올 것이다.[582] 그렇게 된다면 평생 에이즈 치료비용을 감안할 때,[583] HIV 조기진단을 받은 게이들마저 치료를 통한 생명 연장이 어려워질 것이다.[584] 이처럼 동성애자 확산을 통해 게이의 치료 기회를 박탈한다면 게이를 희생양 삼아 정치적 목표를 실현하는 결과가 된다.[585]

결국, 젠더 이데올로기는 아동·청소년, 여성, 장애인, 그리고 장기적으로 게이까지 모두 희생시키게 된다. 그리고 국가와 일반 국민에게 감당할 수 없는 재정적 부담을 가져온다. 헌법이 보호하는 사회적 약자의 인권을 뒤로 한 채 오로지 정치 이념적 인권만을 내세워 헌법적 가치를 후퇴시키는 것이다.[586]

5장

차별하는 차별금지법

5장

차별하는 차별금지법

차별금지법의 진짜 목적

포괄적 차별금지법은 사회적 성을 뜻하는 '성별', '성적지향', '성정체성'을 차별금지 사유로 새롭게 삽입한다.[587] 그리고 "성별이란 여성, 남성, 그 외에 분류하기 어려운 성을 말한다"라고 규정한다.[588] 개별적 차별금지법에 없는 내용이다. 성별의 개념을 생물학적 성별에서 사회적 성으로 대체하는 법적 효과가 있는 것이다.

사회적 성의 '성별'은 주관적 인식이 개입되는 상대적인 개념이다. 그 한계를 설정할 수 없게 되는 것이다. 제3의 성으로 불리우는 '그 외에 분류하기 어려운 성'이 수십 가지가 넘는 이유다.[589] 그리고 생래적 특징에 따라 '성별'을 여성과 남성으로 구분하는 것 자체가 '차별'이 된다.[590] 이처럼 남녀 구분을 기초로 하는 양성평등이 해체되기 때문에, 양성평등을 기초로 하는 여성 인권도 후퇴한다.[591] 남녀의 생래적 차이를 해체하는 젠더 이데올로기가 일방적으로 강요되는 것이다.[592]

그 결과 남성 성기를 지닌 트랜스젠더는 여성 전용공간에 합법적으로 출입할 수 있게 된다.[593] 여성이 항의하면 '혐오 표현'이 되어 제재를 받게 된다. 전통적인 가족제도는 해체된다. 그리고 젠더 이데올로기로 유발되는 폐해를 표현할 경우 '혐오', '차별', '반인권적'이라고 부르게 된다. '차별하지 않는다'라는 문구로 이런 비판을 규제하며 이에 대한 불이익 처분을 정당화하는 것이다.

사회적 성은 헌법상 보호되는 차별금지 사유들과 의미 있는 비교집단이라고 볼 수 있는 객관적 근거가 없다. 그러나 젠더 이데올로기를 실현하는 포괄적 법안에는 이런 사회적 성이 다른 여러 차별금지 사유들과 함께 제시된다.[594] 그리고 젠더 추종자들은 성적지향 및 성정체성이 인종, 피부색, 나이, 민족과 동일한 비교집단이라고 주장한다.[595] 그러나 그렇지 않다. 다른 헌법상 차별금지 사유들과 달리, 사회적 성은 후천적이며 주관적 인식에 따라 수시로 바뀔 수 있기 때문이다.[596] 무제한 확장될 수 있는 불확정 개념인 것이다.[597] 이런 특징은 성범죄에 악용된다. 그리고 동성애와 성전환에는 사회적 병리현상이 뒤따른다. 이런 사회적 성의 사상적 뿌리는 특정 정치이념과 연계되기도 한다.[598] 헌법상 보호되는 다른 차별금지 사유들과 본질적으로 다른 것이다.

무엇보다 수십 가지 성을 인정하며 무제한 확장되는 '사회적 성'과 이를 기초로 하는 '성평등'은 헌법상 가치인 '양성평등'과 양립할 수 없다.[599] 생물학적 성별을 기초로 하는 양성평등이 여성의 지위를 향상시키는 반면, 사회적 성을 기초로 하는 성평등이 여성의 지위를 후퇴시키기 때문이다. 성기를 가진 생물학적 남성(트랜스젠더)이 여성 전용시설에 출입하는 문제가 그 단적인 사례. 성평등은 여성 의사에 반해 이를 강제하는 반면, 양성평등은 여성 의사를 존중해 이를 금지한다.

사회적 성과 달리, 양성평등의 기초가 되는 '생물학적 성별'은 선천적이고 제3자가 객관적으로 판단할 수 있다. 헌법에 규정된 다른 차별금지 사유들과 동일한 비교집단으로 볼 수 있는 특징이다. 그런데 정치 이념적 가치인 '사회적 성'은 헌법상 가치인 '양성평등'을 해체한 후에 이를 대체하겠다는 것이다.[600] 이에 따라 남녀 구분에 따른 여성 보호장치도 함께 해체하게 된다. 여성 존엄에 역행하는 정책은 '인권'이나 '배려'라는 명분을 내세워 여성에게 강요된다. 사회적 성이라는 이질적인 차별금지 사유를 포괄적 법안에 혼합해 사회체제를 해체하는 근거로 삼는 것인데, 양성평등 해체도 그 일환인 것이다. 이것이 포괄적 차별금지법의 진짜 목적이다. 젠더 이데올로기를 실현하기 위한 혼합주의적 위장술인 셈이다.

국내외 모든 포괄적 차별금지법은 평등법, 인권법 등 이름만 다를 뿐 담고 있는 내용이 다 비슷비슷하다. 특히, 사회적 성을 어떤 사유로도 차별해서는 안 된다는 내용이 반드시 포함된다. 왜 그럴까? 이 법들의 근원이 '욕야카르타(족자카르타) 원칙'(Yogyakarta Principles)으로 동일하기 때문이다. 욕야카르타 원칙의 정식 명칭은 '성적지향 및 성정체성 관련 국제인권법 적용'이다. 국제 NGO와 국제인권법 관련 연구자 29명이 모여 성적지향과 성정체성에 대해 국제인권법

을 어떻게 적용할까 정리한 것이다.[601]

욕야카르타 원칙은 아무런 법적 대표성이 없는 젠더 추종자 29명의 주장을 정리한 것이기 때문에 국가 간의 조약도 아니고 국제법도 아니다. UN 총회를 통과한 적도 없다. 그럼에도 욕야카르타 원칙은 해외에서 시행되는 모든 포괄적 차별금지법의 이론적 기초를 제공한다.[602] 이런 욕야카르타 원칙 외에는 유엔 인권선언이나 어떤 규약에서도 성적지향과 성정체성을 명시한 조항이 없다.[603]

욕야카르타 원칙은 29개가 있다.[604] 그중 제2원칙(평등과 차별금지의 권리)은 다음 취지로 규정한다.

'성적지향 및 성정체성을 이유로 한 차별의 금지 원칙이 헌법이나 다른 적합한 법규에 명시돼 있지 않다면, 법 개정이나 해석을 통해 이 원칙을 반드시 포함시켜야 한다. 이 원칙이 효과적으로 실현되도록 보장하는 것이 국가 의무다.'[605]

남자와 여자의 생물학적 차이를 해체하려는 젠더 이데올로기의 실현을 천명한 것이다. 욕야카르타 원칙이 그대로 실행되면 젠더 이데올로기에 대한 비판은 혐오와 차별이 된다. 이에 따라 반대표현을 하는 사람들은 국가권력에 의해 반인권적 세력으로 내몰리며 법적제재를 받게 되는 것이다.

국내외 포괄적 차별금지법들은 모두 욕야카르타 원칙에 뿌리를 두기 때문에 그 내용이 대동소이하다.[606] 그 결과 이런 법이 시행되는 국가에서 나타나는 사회적 병리현상과 폐해도 공통적이다. 따라서 포괄적 차별금지법의 실체를 명확히 알기 위해서는 추상적이고 모호하게 규정한 법 문구뿐만 아니라 구체적인 적용결과를 보여주는 외국의 선례를 살펴봐야 한다. 한국에서 포괄적 차별금지법은 2007년부터 일곱 차례 입법을 시도해왔으나 실패했다.[607] 2022년에는 국회에서 네 건의 포괄적 차별금지법안들이 계류 중이다.[608] 여덟 번째 발의인 셈이다.[609] 혼합주의적 위장술로 제시된 다른 차별금지 범주와 일부 처벌조항을 제외하고는 모든 법안의 내용이 대동소이하다.[610] 왜 이렇게 포괄적 차별금지법 제정에 집착하는 것일까? 젠더 추종자들은 복합적인 차별을 막기 위해 포괄적 차별금지법이 필요하다고 주장한다. 모두에게 차별 없는 평등한 사회구현을 내세운다. 그러나 현실과 동떨어진 주장이다. 팩트체크를 해보자.

우선, 한국에서는 양성평등기본법, 남녀고용평등법, 연령차별금지법, 장애인차별금지법 등 수십 가지 개별적 차별금지법이 존재한다. 포괄적 차별금지법이 제정된다면 중복 처벌이 문제 될 수밖에 없다.[611] "이 법은 다른 법률에 따른 권리구제 절차의 이용에 영향을 미치지 아니한다"라고 규정하기 때문이다.[612]

사회적 약자에 대한 차별금지를 강화하기 위한 것이 진짜 목적이라면, 현행 개별적 차별금지법을 개정하거나 추가로 제정하는 것이 얼마든지 가능하다.[613] 그런데 개별적 차별금지법은 사회적 병리현상의 비판을 금지하지 않는다. 시민사회의 자기교정 기능이 보장되는 것이다. 이와 달리 포괄적 차별금지법은 포괄적이고 모호한 법 문언을 통해 표현의 자유를 극도로 제한한다. 여러 차별금지 사유 중 사회적 성을 삽입한 후에 생물학적 성별의 해체, 동성애, 성전환으로 유발되는 사회적 병리현상에 대한 일체의 비판과 반대를 금지하게 된다. 젠더 이데올로기에 대한 견제·감시 기능을 무력화시키는 것이다. 개별적 차별금지법으로 달성할 수 없는 이런 기능이 진짜 목적이라 할 수 있다. 그 결과 사회는 이런 사회적 병리현상에 대한 자정 능력이나 자기조절능력뿐만 아니라 자율성까지 상실하게 된다.

다음으로, 헌법은 사회적 약자인 여성·청소년·연소자·신체장애인 및 질병 사유로 생활 능력이 없는 국민 등을 특별히 배려하고 보호하도록 국가에 요구한다. 그런데 포괄적 차별금지법은 젠더 이데올로기 실현을 위해 이들 사회적 약자의 인권을 후퇴시킨다. 구체적인 예를 들어보자.

첫째, 여성의 인권이 후퇴한다. 생물학적 성별을 해체함으로써 여성을 보호하는 제도적 장치가 무력화되기 때문이다.[614] 여성 전용시설에서 성기를 지닌 생물학적 남성의 접근을 막을 수 없게 된다. 이로 인해 여성은 수치심을 강요당할 뿐만 아니라 성범죄에 더 취약하게 된다. 남성 신체 능력을 지닌 트랜스젠더가 여성 경기에서 우승하는 것도 '평등'과 '차별금지'라 부르게 된다.

둘째, 신체장애인의 인권이 후퇴한다. HIV 감염자의 대다수가 LGBT인데, 평생 그 치료비·간병비를 100% 국가에서 지원하기 때문이다. 건강보험의 재정적 한계로 인해 신체장애인 및 질병 환자들의 치료 기회가 그만큼 사라지게 되는 것이다.

셋째, 연소자·청소년의 인권이 후퇴한다. 젠더 이데올로기 정책에 의해 아동·청소년은 동성애/성전환의 사회적 병리현상에 대해 경고를 받지 못한다. 아이들을 위해 경각심을 주는 교사, 교수, 의사는 혐오 프레임을 쓴 채 파면된다.[615] 언론은 통제된다. 제공받은 정보를 기반으로 자신의 운명을 선택할 수 있는 권리가 박탈되는 것이다. 그 결과 정신질환을 앓거나 생명을 잃는 아동·청소년의 숫자가 급증하게 된다.

포괄적 차별금지법은 "현존하는 차별을 해소하기 위하여 특정한 개인이나 집단을 잠정적으로 우대하는 행위와 이를 내용으로 하는 법령의 제정·개정 및 정책의 수립·집행하는 행위는 차별로 보지 아니한다"라고 규정한다.[616] 사실상 LGBT의 우대를 명문화한 것이다. LGBT의 특혜를 위해 헌법이 보호하는 사회적 약자들이 차별당하는 것이다.[617] 포괄적 차별금지법이 말하는 '이념적 인권'이 보편적 인권을 넘어 특정 집단 중심의 인권으로 변질하게 된다. 그 결과 다수의 피해가 발생하고, 또 다른 소수에게 피해 주는 것이 용인된다.[618]

그러나 장기적으로 보면 LGBT도 젠더 이데올로기 실현을 위해 희생당한다. 우선 동성애 확산정책으로 높은 자살률과 우울증에 시달리는 LGBT 아동·청소년을 폭증시킨다. 젠더 추종자들은 이것을 사회 탓으로 돌리며 문화혁명의 원동력으로 삼지만, 젠더 이데올로기 정책과 내재적 원인에서 비롯되는 현상이다.[619] 게다가 정보 차단 정책은 자기운명결정권과 에이즈 치료 기회까지 상실케 한다. 특히 아이들의 희생이 크다. 문화막시즘의 주요 공략 대상이 아이들이기 때문이다.[620]

차별금지법은 언뜻 보기에 사회적 약자를 위하는 것으로 보인다. 그러나 '차별금지'를 내세운 진짜 목적은 문화혁명의 실현이다. 이런 목적과 충돌하는 사회적 약자는 예외 없이 역차별을 받게 된다. 차별금지법의 실체가 복합적 차별을 막기는커녕 오히려 사회적 차별을 유발한다는 비판을 받는 이유다.

'차별금지'를 '비판 금지'로 전환하는 메커니즘

사회적 성은 아이들에게 해악을 끼치는 사회적 병리현상을 유발한다. 그럼에도 포괄적 차별금지법(이하 '차별금지법')이 제정될 경우 이에 대한 반대표현이 금지된다.[621] 도대체 어떤 메커니즘으로 '차별금지'라는 문구가 사회적 성에 대한 '비판 금지'라는 법적 효과를 부여하는 것일까?

차별금지법은 "성별(제3의 성) 등을 이유로 한 괴롭힘은 차별로 본다"라고 한다.[622] 그리고 "괴롭힘이란 특정 개인이나 집단에 대하여 적대적·모욕적 환경을 조성하는 행위, 불쾌감·모욕감·두려움 등을 야기하는 행위, 부정적 관념의 표시 또는 선동 등의 혐오적 표현을 하는 행위로 인하여 정신적 고통을 주는 경우를 말한다"라고 규정한다.[623] 문제는 비판을 받는 자는 누구든지 정신적 고통을 받는다는 것이다. 그리고 비판에는 적대적·모욕적 환경이 조성되고 부정적 관념의 표시가 당연히 수반된다. 결국, 사회적 성, 성적지향(동성애), 성정체성(성전환)에 대해 비판(부정적 관념의 표시)을 한다면, 그것은 괴롭힘이 되는 동시에 차별로 본다고 명시한 것이다.

나아가 차별·혐오 의도가 없는 '간접차별'의 경우에도 반대표현을 한 자에게 불이익 처분을 한다. 차별금지법이 "외견상 중립적인 기준을 적용하였으나 그 기준이 특정 집단이나 개인에게 불리한 결과를 야기하고 그 기준의 합리성 내지 정당성을 입증하지 못한 경우에도 차별로 본다"라고 규정하기 때문이다.[624] 게다가 매우 이례적으로 '합리성 내지 정당성을 입증'할 책임까지 사회적 성의 비판자에게 지운다.[625] 그러나 이런 증명은 사실상 어렵다.

이렇게 '간접차별' 등으로 포괄적으로 규제하기 때문에 LGBT라는 특정 집단의 사회적 병리현상에 대해 말할 수 없게 된다. LGBT가 정신적 고통을 받았다고 진정하기만 하면 차별금지법의 제재를 받을 수 있기 때문이다. 명예훼손죄나 모욕죄와 달리, 차별·혐오 의도가 없었다고 증명해도 소용이 없다. 그리고 집단에 대한 비판(부정적 관념의 표시)까지 제재한다. 개인뿐만 아니라 집단에 대한 차별도 포괄적으로 금지하기 때문이다. 결과적으로 시민들은 LGBT 사회적 병리현상을 알 수 없게 된다.[626] 아이들에게 끼치는 해악성을 막고자 하는 선한 의도가 있더라도 이를 알리는 표현 자체가 금지된다. 교사가 학생에게, 부모가 자녀에게 사회적 병리현상에 대한 경각심을 줄 수 없는 것이다. 이 경우 인권교육은 아이들에게 부모와 교사가 혐오 표현을 한 것이라며 고발하도록 가르친다.[627]

차별금지법은 사회적 성에서 파생되는 사회적 병리현상에 대해 표현을 하면 혐오·차별로 간주해 제재한다. 그 효과를 극대화하기 위해 모호하고 포괄적인 용어들을 사용하게 된다.[628] 게다가 집행기관은 젠더 이데올로기에 편향된 국가인권위이고,[629] 증명책임까지 전환한다.[630] 가해자로 지목되면 사실관계를 불문하고 가혹한 제재에서 벗어나기 어려운 구조인 것이다.[631] 이런 메커니즘을 통해 '차별금지'를 내세워 젠더 이데올로기에 대한 비판이 금지된다.

역차별 유발 (미디어 공략)

문화혁명은 미디어, 교육, 정부를 내부로부터 침투하는 전략을 짠다.[632] 30년 전 수립된 동성애 아젠다에서도 미디어 전략이 중시된다.[633] 이런 전략대로 젠더 이데올로기가 반영된 미디어와 교육의 노출이 많을수록 동성애자 비율이 급증하는 현상이 통계로 가시화되고 있다. 인권교육과 미디어를 통해 아이들이 동성애/성전환에 몰두하게 되는 것이다.[634]

문화혁명을 실현하는 차별금지법도 이런 전략에 맞춤형으로 규정되어 있다. 차별금지법은 고용, 재화·용역의 공급이나 이용, 교육기관의 교육·직업훈련, 법령과 정책의 집행 등 각 영역에서 차별금지 유형을 구체화한다.[635] 이중 '재화·용역' 영역에 미디어를 통제하는 규정들이 집중되어 있다. 생물학적 성별의 해체에 따른 폐해를 언론, 인터넷, 유튜브, 소셜미디어 등에서 비판하지 못하도록 하는 것이다. 심지어 차별금지 영역에서 차별이 유발된다는 비판의 목소리도 높다. 차별금지법이 적시한 차별금지 유형과 그 메커니즘을 규명하기 위해 앞서 살펴본 내용과 연계해서 보자.

첫째, 상업·공공시설 공급·이용에서의 차별금지 조항이 있다. 여성 전용 화장실, 탈의실, 목욕탕 등에서 자신의 성정체성이 여성이라고 주장하는 남성의 이용을 제한·거부할 수 없게 한다. 남성 성기를 지닌 트랜스젠더도 마찬가지다. "성별(사회적 성) 등을 이유로 시설물의 사용을 제한·거부하여서는 아니 된다"라고 규정하기 때문이다.[636] 이를 보여주는 전형적인 사례는 2021년경 미국 로스앤젤레스 한인타운에서 남성 성기를 지닌 트랜스젠더 머리저(Merager)가 여탕을 사용하다가 논란이 된 사건이다.[637] 한인타운 내 여러 스파 업소들에서는 이런 문제가 꾸준히 제기돼 왔다.[638]

둘째, 보건의료서비스 공급·이용에서의 차별금지 조항이 있다.[639] 이에 따라 의료보건적 차원에서 사회적 성의 사회적 병리현상 등을 발표하는 것도 금지된다. 성별(사회적 성)에 대한 부정적 관념(혐오적 표현)으로 간주 되기 때문이다.[640] 한국 질병관리본부는 동성 간 성접촉이 에이즈 확산의 주요 경로라는 사실을 홈페이지에서 감춘다.[641] 동성애와 에이즈의 높은 상관성에 대한 정보를 차단하는 것이다.[642] 그 결과 HIV 감염자 수는 한국에서 급증하고 있다.[643] 그리고 적절한 치료 시기를 놓쳐 조기에 사망하는 비율이 매우 높다.[644] 특히 10~20대 아이들의 피해가 크다.[645] 이런 현상은 차별금지법 시행으로 더 심화 될 것이다.

셋째, 방송서비스 공급·이용에서의 차별금지 조항이 있다.[646] 동성애(성적지향)나 성전환(성정체성)의 사회적 병리현상을 보도하지 못하도록 언론이 통제된다. "신문기사, 광고, 방송통신 콘텐츠를 제작하거나 공급하는 자는 성별 등을 이유로 방송서비스의 제작·공급·이용에 있어 차별해서는 아니 된다"라고 규정하기 때문이다.

이런 언론통제는 한국에서 이미 이루어지고 있다. 국가인권위와 한국기자협회 사이에 2011년 9월 23일 체결된 인권보도준칙 제8장에서 규정한다.[647]

"반드시 필요하지 않을 경우 성적지향이나 성정체성을 밝히지 않는다."
"언론은 성적 소수자를 특정 질환이나 사회적 병리현상과 연결 짓지 않는다.
가. 성적 소수자의 성정체성을 정신질환이나 치료 가능한 질병으로 묘사하는 표현에 주의한다.
나. 에이즈 등 특정 질환이나 성매매, 마약 등 사회적 병리현상과 연결 짓지 않는다."[648]

전 KBS 보도본부장인 김인영은 "동성애 보도가 언론 현장에서 얼마나 어려운지 알 수 있을 것"이라며 '동성애와 언론 현장 사례'를 말한다.

"에이즈와 관련된 질병 문제 등 합리적 이유가 많은데 언론에서 다뤄지지 않는다는데 큰 문제의식을 갖고 있습니다. 10분 보도로 끝날 것이 아니라 프로그램으로 다뤄야 될 문제입니다. 누군가는 알 권리를 위해 이 문제를 다뤄야 하겠다는 생각으로 이야기했는데 임원회에서 받아들여지지 않았습니다.

인권보도준칙이 반영되고 나서 제대로 보도된 게 하나도 없습니다. 인권보도준칙 미준수 사례 58,748건 중 동성애 관련은 10건에 불과했습니다. 그런데 이마저도 직접적 표현이 아닌 간접적 표현이었으니 얼마나 동성애가 언론사에서 다루기 어려운지 알 수 있습니다.

　인권보도준칙은 충분히 문제가 있고, 이 문제가 잘 다루어지려면 질병관리본부의 통계가 제대로 공개돼야 합니다. 질병관리본부가 2011년부터 이 문제를 공개하지 않고 있습니다. 동성애 옹호론자는 조직화 돼 있는 반면 상식적인 일반 대중은 그렇지 않기 때문입니다."

김인영 보도본부장은 대부도 동성애 토막살인사건에 대해서도 말을 이었다.

　"사건 원인이 동성애였습니다. 이걸 동성애자인 걸 쓰느냐 마느냐 했는데, KBS만 썼습니다. 팩트조차 쓸 수 없는 상황입니다. 타 언론을 보면 동성애라는 단어를 빼려고 애쓴 흔적이 보입니다. 일반 언론에서 동성애 문제는 실종된 상태입니다. 인권보도준칙 때문에 자기 검열이 내재화돼 있습니다. 라디오는 상대적으로 자유로웠는데, 상황이 더 나빠졌습니다."[649]

언론의 자유를 제한하는 인권보도준칙이 법률유보 원칙을 위반한다는 비판의 목소리가 높다. 법률유보 원칙이란 개인의 자유와 권리를 보장하기 위하여 행정권의 발동은 법률에 근거를 두어야 한다는 원칙을 말한다.[650] 차별금지법은 이런 언론통제를 정당화하고 강화하는 역할을 한다. 충남대 법대의 명재진 교수가 말한다.

　"인권보도준칙은 그 형식이 자율적인 협의에 의한 보도준칙의 모습이지만, 실질적인 행정청인 국가인권위원회에 의해 행정적으로 강제되고 있으므로 국가 공권력의 효력을 지니고 있습니다. 이런 행정처분의 효력을 갖는 인권보도준칙은 법률적 근거를 가져야 합니다. 더욱이 헌법 제37조 제2항은 기본권을 제한하는 경우 법적인 근거를 두어야 한다고 명령하고 있는데, 인권보도준칙은 표현의 자유를 제한하는 내용입니다. 인권보도준칙으로 동성성행위를 비판하는 자유가 탄압되고 맙니다."[651]

넷째, 정보통신서비스 공급·이용에서의 차별금지 조항이 있다. 동성애/성전환에 대한 일체의 부정적 관념이나 비판이 방송, 인터넷, 유튜브, 정보통신 영역에서 금지되는 것이다. "정보통신서비스 제공자는 성별 등을 이유로 인터넷, 소셜미디어, 전기통신 등 정보통신서비스의 공급·이용에 있어 차별해서는 아니 된다"라고 규정하기 때문이다.[652]

언론통제를 넘어 개인이 이용하는 인터넷, 유튜브, 소셜미디어까지 통제하는 취지다. 동성애/성전환의 사회적 병리현상에 대한 의학적 진실이나 학문적 견해를 피력할 기회가 원천 차단된다. 이에 따라 국민의 알 권리도 박탈된다. '온라인 포괄적 차별금지법'이라 불리며 발의된 정보통신망법 개정안도 이런 취지를 반영한다. 사회적 병리현상이 가시화됨에 따라 악화될 수 있는 여론을 무마하는 기능을 한다. 그리고 젠더 이데올로기에 일방적으로 유리한 방향으로 여론을 왜곡하거나 유도하는 메커니즘이 된다.

다섯째, 문화·체육·오락, 그 밖의 재화·용역의 공급·이용에서의 차별금지 조항이 있다. 이 조항이 적용될 경우, 여성 체육 경기에서 여성으로 인식한다고 주장하는 생물학적 남성의 참여를 거절할 수 없어 공정성이 훼손된다.[653] 특히 격투기 등에서는 여성의 안전권이 침해된다.[654] 그리고 문학, 음악, 영화, 만화 등 제반 예술 분야에서 동성애/성전환의 사회적 병리현상을 알리지 못하도록 한다. 미화된 동성애 이미지가 실추되지 않도록 실상을 숨기는 정책을 추진하는 것이다.[655] 이로 인해 LGBT에 빠지는 아이들이 급증할 수밖에 없다. "문화 등의 공급자는 성별 등을 이유로 문화 등의 공급·이용에서 배제·제한하여서는 아니 된다"라고 규정하기 때문이다.[656]

젠더 이데올로기 세뇌 (교육 공략)

차별금지법은 교육영역에서도 차별금지 유형을 구체화한다. 문화혁명 전략대로 아동·청소년은 젠더 이데올로기를 세뇌하는 주요 공략 대상이 된다.[657] 이와 관련된 몇 가지 차별금지 유형을 보자.

첫째, 교육내용의 차별금지 조항이 있다. 사회적 성과 양립할 수 없는 생물학적 성별에 의한 남녀 구분을 말하면 제재된다. 사회적 성에서 유발되는 사회적 병리현상에 경각심을 갖도록 표현하는 것도 학교에서 금지된다. 이런 표현을 하면 학생은 퇴학을,[658] 교사는 자격이 박탈될 우려가 크다.[659] 사회적 성에 대한 교육이 강제되는 것이다.[660] "교육기관의 장은 교육목표, 교육내용, 생활지도 기준이 성별 등에 대한 차별을 포함하는 행위나 그밖에 교육내용 등에 있어 성별 등을 이유로 불리하게 대우하거나 현존하는 차별을 유지·심화하는 행위를 하여서는 아니 된다"라고 규정하기 때문이다.[661]

젠더 이데올로기가 교육영역에서 실현되면 '생물학적 성별에 의한 남녀 구분이 잘못됐다'라고 아이들에게 강제로 가르치게 된다.[662] 생물학적 성별을 지지한 표현이 차별·혐오에 해당한다는 이유로 미국 대학생이 무기정학을,[663] 영국 고등학생이 퇴학 처분을,[664] 미국 오하이오주 6학년 학생들이 정학을 당하는 사례들이 실제로 발생하고 있다.[665] 교사들도 동성애/성전환에 경각심을 주는 정보를 아이들에게 알려줄 수 없다. 판단 능력이 미숙한 아이들은 동성애/성전환의 위험성과 관련한 정보까지 제공받지 못하게 된다. 3~5세부터 사회적 성을 노출하면서 그 선택의 의미를 이해할 수 없게 만든다. 이런 교육이 주입된 아이들 중 상당수는 정신적·신체적 질환에 노출되거나 생명까지 잃는다.[666] 편향된 이념에 의해 아이들은 자기운명결정권까지 빼앗기게 되는 것이다.[667] 의사 형성에 필요한 정보에 대한 접근을 방해함으로써 행복한 인생을 선택할 기회를 아이들로부터 빼앗기 때문이다.[668]

연민이 있는 교사라면 판단 능력이 미성숙한 아이들에게 동성애/성전환 위험성에 대해 알려줄 것이다. 그러나 젠더 이데올로기가 만연할 경우 아이들을 진정으로 위하는 이런 교사들은 파면된다. 젠더 이데올로기의 실현에 방해가 되기 때문이다. 한국도 이미 그렇게 됐다. 관련 사례를 보자.

2017년 6월경 대구 달서구의 한 어린이집 원장과 보육교사는 어린이집에 봉사활동을 나온 초등학교 5~6학년 아이들 18명에게 '에이즈와 동성애, 충격적 진실'이라는 제목의 유튜브 동영상을 약 30분가량 보여주고 토론을 했다.[669] 대구 달서구청은 반동성애 강연 영상을 보여 준 어린이집 교사 2명의 보육교사 자격을 취소했다.[670] 대법원은 "이 같은 행위는 아동들에게 정신적·심리적 충격을 주는 학대 행위에 해당한다"라며 이들에게 '징역 8개월, 집행유예 2년 형'을 확정했다.[671] 아동학대라는 것이다.[672] 어린이집 원장·교사 자격 취소도 적법하다고 판단했다.[673] 이로 인해 해당 어린이집은 평가 인증에서 가장 낮은 등급인 D를 받아 3년 동안 인건비 지원 등에서도 제한을 받게 됐다.[674] 학생 인솔을 담당했던 초등학교 교사는 보직 해임 후 경고 조치를 받았다.[675] 교사들이 아이들에게 동성애 유해성을 표현할 수 없는 환경이 조성되는 것이다. 동성애의 사회적 병리현상을 알리는 교사는 파면될 우려가 크다.

어린이집 교사들이 아이들에게 동영상을 보여준 시점은 이 지역에 '대구 퀴어문화축제'가 열리기 불과 몇 주 전이었다. 퀴어축제가 이미 9차례나 백주대낮에 펼쳐진 상황이었다. 동성애 관련 사진과 음란한 물품까지 판매됐다. 퀴어축제가 열렸던 대구 동성로 일대에는 학원이 밀집해 아이들의 왕래가 잦다. 그리고 2008년경 이 지역 한 초등학교에서 집단 동성애 성폭력 사태가 벌어졌다. 당시 이 초등학교 남학생들이 인터넷 등으로 음란물을 접한 뒤 동성 후배를 성폭행한 사실이 드러난 것이다. 달서구 주민들뿐만 아니라 어린이집 교사들에게도 이 사건은 트라우마로 남아 있었다.[676]

어린이집 교사들은 퀴어축제의 '선정성'이 거리를 지나는 많은 아이에게 노출될 것을 우려했다. 그래서 에이즈 예방 교육을 위해 인터넷으로 검색했다. '에이즈와 동성애, 충격적 진실'이라는 제목으로 강연한 동영상을 발견했다. 염안섭 수동연세요양병원장이 2015년 12월경 연세중앙교회에서 초등학생들이 다수 참석한 가운데 강연한 내용이었다. 영상에서는 염안섭 원장이 에이즈 감염자들을 치료하면서 확인한 동성애와 에이즈의 긴밀한 상관성, 남성 간 성행위의 실체, 잘못된 인권 등의 문제들이 다루어졌다. 유튜브에서 120만 건 이상 조회된 영상으로 네이버에서 연령 제한 없이 공개돼 있다. 동영상에 어린이들까지 강연을 듣고 있는 모습을 보고 교사들은 별다른 의심 없이 교육자료로 선정했다. 그리고 2명의 어린이집 교사는 18명의 아이들에게 시청지도를 하면서 보여줬고 시청이 끝난 후에는 아이들과 충분한 토론 시간을 가졌다.[677] 시청지도를 한 내용은 CCTV로 모두 녹화되었는데, 기록된 영상에서 아이들이 충격받는 모습을 찾아볼 수 없었다.[678]

젠더 추종자들은 "LGBT 혐오를 만들고 있다"라며 어린이집 교사들을 매도했다. 동성애에서 유발되는 사회적 병리현상을 알리는 것이 혐오 표현이라는 것이다. 에이즈로부터 아이들을 보호하는 것은 도외시된다. 이런 사실이 알려지자 학부모 단체는 교사를 징계해서는 안 되며 동성애-에이즈 예방 교육을 오히려 강화해야 한다고 주문했다. 차세대바로세우기 학부모연합의 공동대표 박은희가 말한다.

"염안섭 원장의 강의 영상은 우리의 아이들을 동성애 폐해로부터 보호하기 위한 교훈적이고 실제적인 내용이 들어있습니다. 이걸 혐오 영상이라고 뒤집어씌우면 안 됩니다."[679]

아동들은 보호자도 동석하지 않은 채 동성애/성전환을 미화해서 노출하는 인권교육을 강제로 받는다.[680] 이에 대해 거부 의사를 표할 기회조차 없다. 어떠한 경고도 없이 동성애/성전환으로 인한 에이즈 감염이나 자살 충동을 몸소 경험할 것을 강요당하는 것과 다름없다.[681] 이런 사회적 병리현상을 예고 없이 직접 겪을 때, 아이들은 동성애/성전환의 실상을 알리는 영상에 접했을 때보다 훨씬 큰 심리적·정신적 충격을 받게 된다. 아동·청소년에게 정신건강과 발달을 저해하는 결과를 넘어 아이들의 삶을 돌이킬 수 없게 파괴하는 것이다. 전국학부모단체연합의 공동상임대표 박은희가 말한다.

"현행 서울시교육청 2기 학생인권종합계획은 사람의 성별을 임의로 선택할 수 있다는 젠더 이데올로기를 가르치고 동성애, 양성애, 다자성애 등을 정상적인 성적지향이라고 가르칩니다. 부모들은 자녀들이 잘못된 성행위로 에이즈 등 질병에 걸릴까 봐 우려해 예방 교육을 받기 원하지만, 교육 당국자들은 이를 혐오 프레임으로 씌워 비난하고 있습니다."[682]

미국 소아과 학회는 "젠더 이데올로기는 아이에게 해롭다"라는 성명을 내면서 아동 성전환을 아동학대로 규정했다.[683] 마찬가지로 에이즈·성병 감염과 정신질환의 위험성을 알리지 않으면서 아동들에게 동성애에 흥미를 갖도록 길들이는 정책도 아동학대라고 볼 수 있다. 동성애에 대한 성적 호기심을 어릴 때부터 자극받은 아이들은 아무런 경각심 없이 동성애 앱이나[684] 가출 시 바텀알바를 통해 동성애를 경험하면서 삶이 망가지는 경우가 대부분이기 때문이다.[685] 호기심으로 동성애를 시작한 경우에도 일단 중독 증상이 생기면 중단이 쉽지 않다. 이런 아동학대를 막기 위해 대구 어린이집 원장과 보육교사는 초등학생들에게 동성애로 인한 에이즈 위험성을 알린 것이다.

아이들 대부분은 동성애로 유발되는 보건적 폐해를 알지 못한다. 이런 폐해는 사전에 경고를 받아 알게 되거나 몸소 체험해서 알 수밖에 없다. 그러나 젠더 이데올로기가 만연한 사회는 학교 및 언론에서 이런 보건적 폐해를 알리지 못하게 한다. 동성애 확산정책이 아이들에게 해롭더라도 문화혁명의 원동력이 되기 때문이다.[686] 편향된 정치이념을 위해 LGBT에 빠지는 아이들을 희생시키는 것이다. 이것이 아동학대다. 이를 막으려는 양식 있는 교사들은 본보기를 위해 사회적으로 매장한다. 젠더 이데올로기가 공권력을 장악했을 때 나타나는 현상인 것이다.

차별금지법은 이런 현상을 극단적으로 강화한다. '아동학대' 오명을 씌울 필요도 없이 '차별과 혐오' 프레임을 씌워 아주 쉽게 제재할 수 있기 때문이다. 동성애의 보건적 폐해를 알리는 강연은 학교에서도 제재를 받게 된다.[687] 이렇게 동성애/성전환 유해성 표현이 금지됨으로써 아동·청소년들은 LGBT를 검증 없이 무비판적으로 수용할 가능성이 커진다.[688]

둘째, 교육 기회의 차별금지 조항이 있다. 이 조항이 적용되면 트랜스젠더의 여대 입학을 제한할 수 없게 된다. '2020년 트랜스젠더 숙명여대 입학 포기 사건'에서 여대생들은 '여성들의 안전한 공간을 지키기를 원한다'라며 트랜스젠더의 여대 입학을 반대했다.[689] 이것이 허용된다면 남성 성기를 지닌 트랜스젠더가 여성 화장실·탈의실에 출입하는 것을 막을 수 없기 때문이다. 그러나 차별금지법이 시행되면 이런 반대표현조차 금지된다. "교육기관의 장은 성별 등을 이유로 교육기관에의 지원·입학·편입을 제한·금지하거나 교육활동에 대한 지원을 달리하거나 불리하게 하여서는 아니 된다"라고 규정하기 때문이다.[690] 게다가 포괄적인 표현 규제로 반대표현을 한 여대생들은 퇴학 등 징계받을 가능성이 커진다.[691] 게시판에 반대하더라도 마찬가지다.[692]

셋째, 성별 차별을 금지하는 교육정책을 마련할 의무조항이 있다. 이것은 차별금지법의 목적을 달성하는 인권교육이 강화되는 것이다. "교육책임자(국가기관의 장)는 차별금지법의 목적을 달성하기 위해 필요한 교육정책, 제도, 인력 등을 마련하여야 하고, 교육기관 내에 차별 없는 환경을 조성하기 위한 정책·제도의 수립 등 필요한 조치를 취하여야 한다"라고 규정하기 때문이다.[693]

젠더 추종자들은 한국에서 차별금지법의 입법이 막히자 그 목적을 달성하기 위한 교육정책을 우회적으로 이미 시행하고 있다. '미니 차별금지법', '우회적 차별금지법'으로 불리는 인권조례 등을 통해 젠더 이데올로기를 아동·청소년에게 확산시키는 것이다.[694] 구체적으로, 시행된 지 10년이 된 서울시 학생인권조례는 2020년부터 청소년의 동성애를 조장하는 제2기 학생인권종합계획의 바탕이 돼 '교육계 차별금지법'의 기능을 한다는 지적이다.[695] 전 헌법재판관인 이정미가 말한다.

"서울시 학생인권조례에 따라 현재 3세 이상의 유아부터 동성결혼, 제3의 성에 대한 교육을 포함한 학생 인권교육이 시행되고 있습니다. 아직은 분별력이 없는 자녀를 둔 부모가 이런 조기 성교육을 자신의 인생관, 사회관 등에 따라 반대함에도 교육기관이 이에 대한 동의권 행사 여부를 묻지 않은 채 교육하면 그 자체로도 부모의 자녀교육권을 침해한다고 볼 수 있습니다."[696]

이런 정치 이념적인 성교육을 가능케 하는 인권조례의 모법은 국가인권위법이다. 기구 설립 근거와 그 운영에 관해 규정한 조직법에 불과하지만 그 파급력은 엄청나다.[697] '성적지향'을 차별금지 사유로 적시한 조항을 근거로 젠더 이데올로기 확산정책이 학교 현장 등 사회 곳곳에 뿌리를 내리게 한다.[698] 차별금지법에는 국가인권위법에 견주어 훨씬 강화된 조치가 담겨 있다.[699] 그만큼 젠더 이데올로기 확산을 촉진하는 강력한 모법이 된다.

국가인권위법은 외형상 '권고'를 하지만 이를 모법으로 삼는 인권조례 대부분은 처벌과 강제성을 띤다.[700] 그리고 '성적지향', '성정체성', '성평등', '성소수자' 등 젠더 이데올로기를 확산하는 용어들이[701] 인권조례 곳곳에 스며들어 있다. 이를 근거로 학교 현장에서 인권교육이 강제적으로 이루어지는 것이다.[702] 동성애/성전환의 사회적 병리현상에 대한 정보를 알리는 것도 금지된다.[703] 그뿐만 아니라 젠더 이데올로기 확산 사업에 지방자치단체 예산을 지원하는 법적 근거가 되기도 한다.[704] 편향적 정치이념 교육을 일선 학교에서 펼치겠다는 것이다.[705] 이로 인해 동성애/성전환에 빠지는 학생들이 급증한다. 현재 17개 광역지방자치단체 모두와 절반이 넘는 기초지방자치단체에서 이런 인권조례가 시행 중이다.[706] 건강한 사회를 위한 국민연대의 대표인 한효관이 말한다.

"학생인권조례는 보편적인 천부인권을 부정하고 마르크스주의의 계급적,

투쟁적인 인권만 주장합니다. 때문에 학교를 갈등과 투쟁의 장소로 만들고 어린아이들을 정치세력의 홍위병으로 만듭니다."707)

악용 가능성을 극대화한 법체계

정부가 권력을 남용하고 오류를 범할 가능성은 항상 존재한다. 그 악영향은 대단히 크다. 이에 대해 헌법재판소가 판시한다.

"자유민주주의 사회는 전체주의 사회와 달라서 정부의 무류성(無謬性)을 믿지 않으며 정부는 개인이나 일반 대중과 마찬가지로 또는 그 이상으로 오류를 범할 가능성이 있을 뿐만 아니라 권력을 가진 자가 오류를 범한 경우의 영향은 대단히 크다고 하는 역사적 경험을 전제로 하여 정부가 국민의 비판을 수렴함으로써 오류를 최소화할 수 있다는 사고방식을 보편적으로 수용하고 있다."708)

그런데 차별금지법은 포괄성·불명확성을 특징으로 하는 법규로서 '이념적 인권'을 내세워 공권력을 국가인권위에 집중시킨다. 그리고 국민의 비판을 금지하면서 자의적 권한 행사로 오류를 범할 가능성을 극대화한 법체계다. 영국의 법무부 장관인 수엘라 브라버먼(Suella Braverman)이 말한다.

"평등법(차별금지법)은 그들(젠더 추종자)의 견해에 도전하는 사람들을 혐오 표현의 가해자로 몰아서 이들과 싸우는 무기로 사용되어왔습니다. 사회가 사람들을 별개의 집단으로 나누고 일방집단에 도전하는 견해를 침묵시킬 때 진정한 다양성과 평등이 위협받습니다. 이것은 민주주의에도 어긋납니다."709)

영국에서는 그 전에 존재하지 않았던 '권리 문화'가 현존합니다.710) 그런데 권리를 위한 싸움이 이를 통해 이로움을 주고자 의도된 바로 그 사람들에게 해악을 끼치고 민주주의를 훼손하는 심각한 위험을 초래하고 있습니다. 소수자 집단이 그들의 주장을 전체 사회에 강요하는 것이 항상 옳은 것일까요? 권리 보호를 위해 치뤄야 하는 비용이 그만한 가치가 있는지 확인할 필요가 있습니다."711)

헌법재판소가 판시한다.

"국민의 기본권을 직접적으로 제한하거나 침해할 소지가 있는 법규에서는 구체성·명확성이 강하게 요구된다고 할 것이다."[712]

그런데 차별금지법은 표현의 자유 등 국민의 기본권을 침해할 소지가 크다. 따라서 구체성·명확성이 강하게 요구되는 법이다. 그러나 차별금지법은 포괄성·추상성·모호성을 극대화하여 권력의 남용 소지를 크게 한다. 문화혁명 실현을 위해 공권력 남용 가능성을 극대화한 것이다. 이를 위한 차별금지법의 이질적인 법체계에 대해 자세히 보자.

첫째, 차별금지법은 문화혁명의 최상위법으로서 국가와 지방자치단체에게 젠더 이데올로기 취지에 부합하도록 기존의 법령, 조례와 규칙, 각종 제도 및 정책을 시정해야 할 의무를 부과한다. 이 경우 국가인권위의 의견을 들어야 한다.[713] 국가인권위에게 사실상 백지위임에 가까운 실시권을 위임하는 것이다. 모든 국가기관도 생물학적 성별을 해체하는 젠더 이데올로기를 따라야 한다. 각종 법령, 제도 및 정책이 젠더 이데올로기 취지에 부합하게 시정되도록 백지위임 하는 것이다. 이것은 권력분립의 원칙, 의회유보의 원칙, 구체적·개별적 위임의 원칙에 반한다.

권력분립원칙에 대한 헌법재판소의 판시다.

"특정 권력의 일방적인 우위를 배제하고 각 권력기관의 본질적 기능을 조화롭게 유지하면서 궁극적으로 국민의 기본권을 보장하고자 하는 것이 권력분립원칙이 추구하는 이상(理想)이라는 점을 고려하면, 이로부터 헌법과 법률에 따라서 설치된 국가기관 사이에 권한과 기능의 분할뿐 아니라 그 비중에 있어서도 상호 균형이 유지되어야 하고, 어떠한 국가기관도 헌법에 근거하지 않고는 다른 국가기관에 대하여 일방적 우위를 가지거나, 헌법 및 법률에 근거하여 다른 국가기관에 귀속된 기능의 핵심적 영역을 침해하여서는 안 된다는 권력분립원칙에 따른 헌법적 기준과 한계가 도출된다."[714]

권력분립의 원칙상 입법부, 행정부, 사법부 사이에서는 '상호 협력적 견제 관계'를 예정하고 있다. 그러나 차별금지법은 다른 국가기관이 차별금지법과 국가인권위에 복종할 의무를 부여한다. 차별금지법과 국가인권위가 일방적인 우위를 차지하게 한 것이다. 권력분립의 원칙으로도 독선적인 젠더 이데올로기 실현을 견제하기 어렵게 한다. 국가인권위는 모든 국가기관이 따라야 할 뿐 아니라 국민 개개인에게도 강제력을 직접 행사할 수 있게 된다.[715] 게다가 LGBT가 누군가를 가해자로 지목해 차별했다고 진정할 경우 젠더 이데올로기에 편향된 국가인권위가 조사, 구제, 집행을 원스톱으로 처리한다.[716] 권한과 기능의 분할이 없는 것이다. 사법부도 국가인권위의 의견이나 젠더 이데올로기를 주입하는 인권교육에 종속되기 때문에 국가기관 사이의 균형을 찾아보기 어렵다. 권력분립의 원칙이 무력화되는 것이다.[717]

다음은 의회유보의 원칙에 대한 헌법재판소의 판시다.

"사실상 입법권을 백지위임 하는 것과 같은 일반적이고 포괄적인 위임은 의회입법과 법치주의를 부인하는 것이 되어 행정권의 부당한 자의와 기본권 행사에 대한 무제한적 침해를 초래할 것이기 때문에 법률로 대통령령에 위임을 하는 경우 적어도 법률의 규정에 의하여 대통령령으로 규정될 내용 및 범위의 기본사항을 구체적으로 규정함으로써 누구라도 당해 법률로부터 대통령령에 규정될 내용의 대강을 예측할 수 있도록 하여야 할 것이다."[718]

"오늘날의 법률유보원칙은 단순히 행정작용이 법률에 근거를 두기만 하면 충분한 것이 아니라, 국가공동체와 그 구성원에게 기본적이고도 중요한 의미를 갖는 영역, 특히 국민의 기본권 실현에 관련된 영역에 있어서는 행정에 맡길 것이 아니라 국민의 대표자인 입법자 스스로 그 본질적 사항에 대하여 결정하여야 한다는 요구, 즉 의회유보 원칙까지 내포하는 것으로 이해되고 있다. 적어도 헌법상 보장된 국민의 자유나 권리를 제한한 때에는 그 제한의 본질적인 사항에 관한 한 입법자가 법률로써 스스로 규율하여야 한다."[719]

"입법자는 교육에 관한 법제의 전부가 아니라 그 기본골격을 수입할 책무가 있으므로 본질적인 사항에 대하여는 반드시 스스로 기본적인 결정을 내려야 하고, 그러한 기본적 사항의 결정을 행정부에 위임하여서는 아니되는 것이며 이 원칙을 선언하고 있는 것이 헌법 제31조 제6항이다."[720]

국회인권위법의 '성적지향' 문구 하나로 인해 젠더 이데올로기를 확산하는 수많은 인권조례들이 만들어지고 그 파급력이 얼마나 큰지 목도 하고 있다.[721] 앞서 다룬 것 같이 학교 현장에서 교육의 자주성과 중립성이 침해된다.[722] 젠더 이데올로기의 주입식 교육이 국가인권위에 사실상 백지위임 된 것과 같기 때문이다. 아이들의 피해도 심각하다. 동성애-에이즈 관련 정보의 차단 정책으로 아이들은 경각심 없이 HIV에 감염된 후 치료 기회까지 잃는 경우가 허다하다.[723] 편향된 이념을 위해 아이들의 자기운명결정권과 선택권이 박탈되는 것이다.[724]

교육제도 법정주의는 교육의 영역에서 본질적이고 중요한 결정을 입법자에게 유보해야 한다는 의회유보의 원칙을 규정한 것이다. 이에 대해 헌법재판소가 판시한다.

"넓은 의미의 교육제도 법정주의는 국가의 백년대계인 교육이 일시적인 특정 정치세력에 의하여 영향을 받거나 집권자의 통치상의 의도에 따라 수시로 변경되는 것을 예방하고 장래를 전망한 일관성이 있는 교육체계를 유지·발전시키기 위한 것이며, 그러한 관점에서 국민의 대표기관인 국회의 통제하에 두는 것이 가장 온당하다는 의회민주주의 내지 법치주의 이념에서 비롯된 것이다. 헌법 제31조 제6항의 교육제도 법정주의는 교육에 관한 기본정책 또는 기본방침 등 교육에 관한 기본적 사항을 법률로 규정하게 함으로써 국민의 교육을 받을 권리가 행정기관에 의하여 자의적으로 무시되거나 침해당하지 않도록 하고, 교육의 자주성과 중립성을 유지하고자 하는 데에 그 의의가 있다."[725]

그런데 차별금지법은 학교 제도와 관련해 아동·청소년들에게 젠더 이데올로기를 세뇌할 수 있는 국가의 규율 권한을 포괄적으로 부여한 것이다. 국가와 사회질서에 미치는 영향과 파급효과가 대단히 큰 영역에 대해 젠더 추종자들에게 권한을 준 것이다. 이런 학교 교육의 제도와 운영에 관한 기본적인 사항을 사실상 포괄적으로 위임한 것과 다름없다. 이것은 교육목표 및 방법을 비롯한 전반적인 공교육 제도의 운영에 막대한 영향을 주게 된다. 국가의 백년대계인 교육이 젠더 추종자에 의해 영향을 받거나 그 의도에 따라 변경될 수 있도록 한 것이다. 이로 인해 교육의 자주성과 중립성을 유지할 수 없게 된다.[726]

그리고 LGBT에 빠지는 아이들이 폭증함에 따라 해로운 사회적 병리현상도 필연적으로 뒤따른다. 비판과 견제 등 시민사회의 자기교정 기능이 가장 필요한 영역이다. 그럼에도 차별금지법은 공권력으로 표현, 언론, 학문의 자유를 침해하는 성격이 강하다. 시민사회의 자기교정 기능을 무력화시키는 것이다.

차별금지법은 생물학적 성별을 해체하고 특정 정치이념을 교육제도에 주입하는 광범위한 권한을 부여한다. 구체적 대강도 정하지 않은 채 교육체계가 젠더 이데올로기에 따르도록 백지위임까지 한다. 이것은 교육제도 법정주의에 위반된다. 교육체계를 국민의 대표기관인 국회의 통제 아래 두는 것이 가장 온당하다는 의회민주주의 내지 법치주의 이념을 사실상 무력화하기 때문이다.

한편, 차별금지법을 시행할 경우 LGBT 특혜와 헌법이 보호하는 사회적 약자들의 이해관계가 서로 충돌한다.[727] 특히 사회적 병리현상에 노출된 채 정보를 차단당하는 아이들, 존엄성을 침해당하는 여성들, 치료 기회가 박탈되는 장애인과 난치병 환자들, 폭증하는 건강보험료를 부담해야 하는 일반 국민의 이해관계가 다양하게 얽혀 있다. 이같이 상충하는 이해관계를 조정하는 것은 국민의 대표기관인 국회가 직접 공청회 등을 통해 다양한 의견을 수렴하고 조정을 거쳐 법률로 결정해야 한다.

그러나 젠더 이데올로기에 편향된 국가인권위와 차별금지법은 LGBT 특혜를 일방적으로 우위에 둔다.[728] 게다가 젠더 이데올로기의 실현과 이해관계가 충돌하는 경우에는 명분으로 삼았던 LGBT까지도 희생시키는 정책을 추진한다. 차별금지법은 이런 권력 남용이 폭넓게 가능하도록 한다. 젠더 이데올로기를 백지식으로 행정입법에 위임하거나 그러한 위임조차 없이 행정입법이나 인권조례를 통해 그 정치이념을 실현하기 때문이다. 이것은 본질적이고 중요한 결정을 입법자에게 유보해야 한다는 의회유보의 원칙을 위반하는 것이다. 왜냐하면, 오늘날의 법률유보원칙(의회유보의 원칙)은 단순히 행정작용이 법률에 근거를 두기만 하면 충분한 것이 아니기 때문이다.

다음은 구체적·개별적 위임의 원칙에 대한 헌법재판소의 판시다.

"법률의 위임은 반드시 구체적이고 개별적으로 한정된 사항에 대하여 행해져야 한다. 그렇지 아니하고 일반적이고 포괄적인 위임을 한다면 이는 사실상 입법권을 백지위임 하는 것이나 다름없어 의회입법의 원칙을 부인하는 것이 되고 행정권의 부당한 자의와 기본권 행사에 대한 무제한적 침해를 초래할 위험이 있기 때문이다."[729]

차별금지법은 젠더 이데올로기를 실현하기 위해 표현의 자유를 제한하고 국가인권위가 국민 개개인을 직접 제재할 수 있는 공권력을 부여한다. 따라서 구체적·개별적 위임이 강하게 요구되는 영역이다. 그러나 생물학적 성별을 해체하는 이데올로기 취지에 부합하도록 각종 법령, 제도 및 정책의 시정 의무를 포괄적·백지위임을 하고 있으므로, 헌법상 포괄위임금지원칙을 위반하는 것이다.

둘째, 차별금지법은 사회적 성에서 유발되는 사회적 병리현상을 비판하는 사람에게 '차별과 혐오' 프레임을 씌워 재갈을 물린다.[730] 젠더 추종자들이 진리에 어긋나는 주장을 하더라도 표현의 자유가 제한되어 반론권이나 토론권이 박탈되는 것이다. 사회적 논의나 검증도 어려워진다.[731] 이에 따라 시민사회의 자기교정 기능이 무력화된다. 차별금지법이 제정될 경우 별다른 견제 없이 문화혁명을 실현할 수 있는 것이다.

표현의 자유에 대한 헌법재판소의 판단이다.

"오늘날 정치적 표현의 자유는 자유민주적 기본질서의 구성요소로서 다른 기본권에 비하여 우월한 효력을 가진다고 볼 수 있다. 표현의 자유가 헌법상 가장 중요한 기본권의 하나로 인식되는 것은 단순히 개인의 자유인데 그치는 것이 아니고 통치권자를 비판함으로써 피치자가 스스로 지배기구에 참가한다고 하는 자치정체(自治政體)의 이념을 그 근간으로 하고 있기 때문이다. 정치적 표현의 자유가 억압당하는 경우에는 국민주권과 민주주의 정치원리는 공허한 메아리에 지나지 않게 될 것이다."[732]

"어떤 표현이나 정보의 가치 유무, 해악성 유무가 국가에 의하여 1차적으로 재단되어서는 아니 되며, 이는 시민사회의 자기교정 기능과 사상과 의견의 경쟁 메커니즘에 맡겨져야 한다."[733]

"표현의 자유는 민주주의의 제도적 토대라고 할 수 있어 헌법에서 보장된 여러 기본권 가운데에서도 특히 중요한 기본권이며, 그러기에 의사 표현에 대하여 형벌을 과하는 법률은 최고도의 명확성이 요구될뿐더러 그 의사표현 행위를 처벌하기 위해서는 그것이 장래에 있어 국가나 사회에 단지 해로운 결과를 가져올 수 있는 성향을 띠었다는 것만으로는 부족하고, 법률에 의하여 금지된 해악을 초래할 명백하고도 현실적인 위험성이 입증된 경우에 한정되어야 하는 것이다(명백하고도 현존하는 위험의 원칙)."[734]

특정 정치이념인 젠더 이데올로기를 비판하는 표현의 자유는 정치적 표현의 자유에 해당한다. 젠더 이데올로기를 추구하는 통치권자를 비판하며 견제하기 때문에 다른 기본권에 비해 우월한 효력을 가진다. 그러나 차별금지법은 사회적 성에서 유발되는 사회적 병리현상을 지적하는 표현을 할 때 '혐오와 차별'이라는 프레임으로 규제하며 젠더 추종자들이 이를 1차적으로 재단할 수 있게 한다. 시민사회의 자기교정 기능과 사상과 의견의 경쟁 메커니즘을 무력화하는 것이다. LGBT가 받는 '정신적 고통'이나 '불쾌감 등을 야기하는 행위'와 같은 모호하고 주관적인 요건을 동원하여 사회적 성에 대한 모든 반대표현을 금지하고 처벌하는 국가의 일률적이고 후견적인 개입에 대해서는 그 필요성에 의심이 있다.

표현의 자유에 대한 규제는 급박하고 명백하며 중대한 위험이 실제로 있는 경우에 비로소 취할 수 있는 거의 마지막 수단에 해당한다. 그러나 차별금지법의 법률조항은 의사 표현의 자유를 제한하고 제재를 가하는 규정이면서도 요건이 너무 애매하여 명확성이 결여되고 지나치게 광범위하다. 그뿐 아니라 사회적 성을 비판하는 의사 표현은 그것이 현실적으로 해악을 끼칠 위험성이 명백하든지 아니든지 간에 무조건 규제대상으로 삼는다. 사회적 성에 대한 비판이나 사회적 병리현상에 관한 진실한 보도나 정당한 평가 또는 합리적인 언급조차도 권력의 선택에 따라 제재할 수 있게 된다.

표현의 자유를 규제하는 입법은 불명확한 용어로 규정된 포괄적인 법안으로 해서는 안 된다. 이에 대한 헌법재판소의 판단이다.

"표현의 자유를 규제하는 입법에 있어서 이러한 명확성 원칙은 특별히 중요한 의미를 지닌다. 현대 민주사회에서 표현의 자유는 국민주권주의 이념의 실현에 불가결한 존재인바, 불명확한 규범에 의한 표현의 자유의 규제는 헌법상 보호받는 표현에 대한 위축적 효과를 수반하고, 그 결과 다양한 의견, 견해, 사상이 자유롭게 표출되게 함으로써 이러한 표현들이 상호 검증을 거치도록 한다는 표현의 자유의 본래의 기능을 상실케 한다. 즉, 무엇이 금지되는 표현인지가 불명확한 경우에, 자신이 행하고자 하는 표현이 규제의 대상이 아니라는 확신이 없는 기본권 주체는 대체로 규제를 받을 것을 우려해서 표현행위를 스스로 억제하게 될 가능성이 높고, 그렇기 때문에 표현의 자유를 규제하는 법률은 규제되는 표현의 개념을 세밀하고 명확하게 규정할 것이 헌법적으로 요구된다."735)

차별금지법은 '불쾌감·두려움 등을 야기하는 행위', '부정적 관념의 표시로 인하여 정신적 고통을 주는 경우' 등을 금지한다.736) 또한, 차별·혐오 의도가 없는 간접차별도 규제한다.737) 사회적 성에 대한 모든 반대 의견이나 비판이 이런 불명확한 규범에 해당할 수 있다. 이런 불명확한 용어들의 범위가 한정되지 않기 때문에 차별금지법으로 금지되는 비판과 반대 의견의 범위는 무한정 확장될 가능성이 있다. 차별금지 범주를 판단할 객관적 기준이 마련되지 않아서 젠더 추종자들의 주관적인 판단으로 제재받을 수 있는 것이다. 이런 공권력의 행사는 표현의 자유를 위축시켜 젠더 이데올로기에 반대하더라도 스스로 표현행위를 자제하게 만든다. 젠더 이데올로기에 우호적이지 않은 시민 개개인에 대한 통제까지 가능해지는 것이다.

이런 이질적인 법체계는 젠더 추종자들이 거짓을 주장하더라도 반대 의견을 내기가 어렵게 만든다.738) 동성애가 타고났다는 주장이 그 단적인 예이다. 상호 검증을 거치도록 한다는 표현의 자유의 본래 기능을 상실케 하는 것이다. 그럼에도 불명확한 용어로 규정된 포괄적 법안으로 표현의 자유를 규제하는 이유는 문화 혁명 실현에 대한 견제를 억압하기 위해서다. 이에 따라 동성애/성전환 확산정책과 그 해악성으로부터 아이들을 보호하기 어렵게 된다.

셋째, 차별금지법은 자의적인 공권력 남용이 가능하도록 포괄적인 법안으로 각종 제재를 규정한다. 게다가 차별금지법의 취지에 따라야 하는 각종 제도를 통해 우회적으로 파면하거나 처벌하는 것도 가능하다. 차별금지법이 제정되면 젠더 이데올로기에 반대하는 자를 본보기 삼아 파면시키거나 처벌하는 사례들이 빈발하는 이유다.739) 심지어 젠더 이데올로기에 동조하지 않은 시민에게 불쾌감을 야기했다는 이유로 LGBT가 직접 찾아가 괴롭히는 사례들도 증가한다.740) 정당한 토론이나 비판을 한 시민에 대해서도 LGBT가 불쾌하게 느낀다며 '차별과 혐오' 프레임을 씌워 제재한다.741) 증명책임이 전환되기 때문에 억울한 프레임에서 벗어나기도 어렵다.742) 편향된 인권 당국은 이런 LGBT에 동조하며 시민 개인에게 공권력을 남용하는 모습을 보인다.743) 젠더 이데올로기의 실현을 절대적 가치로 보기 때문이다.

법집행의 악용 통로에 대해 헌법재판소가 판시한다.

"법률은 명확한 용어로 규정함으로써 적용대상자에게 그 규제내용을 미리 알 수 있도록 공정한 고지를 하여 장래의 행동지침을 제공하고, 동시에 법 집행자에게 객관적 판단지침을 주어 차별적이거나 자의적인 법 해석을 예방할 수 있어야 한다."[744]

"행정기관에게 광범위한 규제대상에 관하여 포괄적인 규제권한을 부여한다면, 규제대상인 표현이 특정인, 특정세력, 특정 집단, 특정 가치관에 불리한지, 유리한지에 따라 차별적·편향적인 법집행이 이루어질 수 있도록 통로를 제공하는 효과가 발생한다."[745]

차별금지법은 포괄적인 용어를 사용함으로써 법 집행자에게는 포괄적인 규제 권한을 부여하게 된다. 시민들 개개인에게까지 강력한 제재가 가능해진다. 불명확성이라는 위헌적 요소를 포괄적 법안이라는 형식을 통해 남겨놓는다. 이런 이질적인 법체계는 수범자가 무엇이 금지되거나 처벌받는 행위인지 예견할 수 없게 만든다. '코에 걸면 코걸이 귀에 걸면 귀걸이' 식으로 규정된 것이다. 이것은 법 집행기관의 자의적 법 해석 가능성을 초래한다. 젠더 이데올로기 실현을 위한 차별적·편향적인 법집행의 통로가 제공되는 효과가 발생하는 것이다.[746]

포괄적 차별금지법은 그 악용 가능성이 개별적 차별금지법과 비교할 수 없을 정도로 크다. 양 법체계를 비교해 보자. 개별적 차별금지법에서는 차별 사유의 심각성에 따라 제재 정도와 수위가 다르다. 각 차별행위의 개별성과 고유성에 맞추어 그 책임에 알맞은 제재가 가능한 것이다. 불법과 책임의 정도에 따라 세분하여 제재의 비례 관계를 보다 정밀하게 달성하도록 규율한다.

이와 대조적으로 포괄적 차별금지법은 모든 차별에 대해 획일적인 제재를 가한다.[747] 그 불법의 내용과 정도가 서로 다른 것을 모두 동일하게 취급하는 것이다. 이와 같이 죄질이나 비난가능성에 있어서의 질적 차이를 무시함으로써 제재 정도가 자의적으로 결정되거나 비례 관계를 잃게 한다. 차별금지법의 요건에 해당하는지 여부를 불명확하게 하고 가벌성이 현저히 다른 행위를 일률적으로 제재하기 때문에 악용될 소지가 많은 것이다.[748]

차별금지법은 젠더 이데올로기 실현을 위해 이런 이질적인 법체계를 이용한다. 이를 통해 권력 집중을 획책하고 비판 기능을 무력화하게 된다. 그리고 이념적 인권을 내세워 헌법상 보장된 기본권을 형해화한다.

6장

문화혁명의 최상위법
(성인지 예산 35조 원의 실체)

6장

문화혁명의 최상위법
(성인지 예산 35조 원의 실체)

젠더 이데올로기에 대한 복종 의무

젠더 추종자들은 "차별금지법이 세상을 뒤바꿀 것처럼 얘기하지만 그런 우려가 무색하게도 이 법에는 그렇게 무지막지한 위력을 가진 강제조치가 규정되어 있지 않다"라고 말한다.[749] 차별금지법으로 유발되는 결과도 법 문구에 직접 규정되지 않았다는 이유로 이처럼 관련이 없는 것마냥 주장한다. 과연 그럴까? 그렇다면 왜 젠더 추종자들은 끊임없이 차별금지법을 발의하는 것일까? 차별금지법이 제정되면 기존 사회체제에 극적인 변화가 나타나기 때문이다. 즉, 차별금지법에 강제조치가 직접 규정되지 않더라도 최상위법으로서 무지막지한 위력을 갖게 된다.[750] 온갖 강제조치가 규정된 모든 법 제도와 국가기관들이 차별금지법 취지에 복종할 의무가 있기 때문이다. 차별금지법이 이에 복종하는 후속법안이나 법 제도와 연계해 의료계, 교육계 등 모든 분야에 젠더 이데올로기를 침투시키는 트로이 목마라고 지적받는 이유다.[751] 따라서 차별금지법에 규정된 조항들만 가지고 판단할 것이 아니라 그 취지를 따르는 모든 법령, 조례와 규칙, 각종 제도 및 정책 전체를 유기적·체계적으로 종합 판단해야 한다. 차별금지법은 다음과 같이 규정한다.

> "제9조(국가 및 지방자치단체의 책무) ① 국가 및 지방자치단체는 이 법에 반하는 기존의 법령, 조례와 규칙, 각종 제도 및 정책을 조사·연구하여 이 법의 취지에 부합하도록 시정하여야 한다. 이 경우 사전에 국가인권위원회(이하 '국가인권위'라 한다)의 의견을 들어야 한다.
> ② 국가 및 지방자치단체는 법령 및 정책을 집행함에 있어 이 법에 부합하

도록 해야 한다.
③ 생략
④ 국가 및 지방자치단체는 교육, 홍보 등을 통하여 차별시정 및 평등문화 확산을 위한 조치를 하여야 한다."[752]

"제10조(차별시정 기본계획의 수립) ① 대통령은 차별시정 및 예방 등에 관한 기본계획(이하 '기본계획'이라 한다)을 5년마다 수립하여야 한다.
② 제1항의 기본계획에는 다음 각 호의 사항을 포함하여야 한다.
  1. 직전 기본계획에 대한 평가
  2. 차별시정정책의 기본방향과 추진목표
  3. 차별금지 및 구제에 관한 법령·제도 개선 사항
  4. 차별예방을 위한 교육 및 홍보에 관한 사항
  5. 그 밖에 차별시정을 위하여 특별히 필요하다고 인정되는 사항
③ 국가인권위는 기본계획 권고안을 마련하여 기본계획 시행 1년 전까지 대통령에게 제출하여야 하며, 대통령은 국가인권위 권고안을 존중하여 기본계획을 수립하여야 한다."[753]

"제11조(중앙행정기관의 장 등의 시행계획 수립 등) ① 중앙행정기관의 장, 특별시·광역시·특별자치시·도·특별자치도의 장 및 시·도 교육감(이하 '중앙행정기관의 장 등'이라 한다)은 제10조 제1항의 기본계획에 따른 연도별 시행계획을 수립하고, 이에 필요한 행정 및 재정상 조치를 취하여야 한다.
② 시·도 교육감은 제1항의 계획을 수립할 경우 교육기관의 교육·직업훈련에서 제4조 제1항에서 정한 사유에 따른 차별적인 제도 및 관행의 개선 등 차별시정을 위한 사항을 포함하여야 한다.
③ 중앙행정기관의 장 등은 매년 시행계획에 대한 추진실적을 평가하고 그 결과를 차별시정을 위한 정책에 반영하여야 한다.
④ 국가인권위는 중앙행정기관의 장 등에게 제1항에서 정한 시행계획 이행결과의 제출을 요구할 수 있다."[754]

"제12조(입법부와 사법부의 기본계획 수립 등 책무) 입법부와 사법부의 장

은 제10조에 따른 기본계획을 수립하고 제11조에 따른 시행계획 수립 등의 조치를 행하여야 한다."[755]

위 차별금지법 규정들에서 보는바 같이, 국가인권위의 권고안이 정부 정책의 토대가 된다. 국가 및 지방자치단체가 차별금지법에 반하는 기존의 법령, 조례와 규칙, 각종 제도 및 정책을 시정하도록 강제한다. 모든 국가단체와 지방자치단체에 젠더 이데올로기를 시행할 기본계획 수립의무를 부과하고, 법률 제·개정 시 차별금지법의 취지를 반영토록 의무를 지움으로써 초헌법적인 권한을 부여한다. 특히, 교육, 홍보 등으로 사회적 성의 확산을 위한 조치를 해야 한다고 규정한다. 행정부뿐만 아니라, 입법부와 사법부에도 젠더 이데올로기에 복종할 의무를 제도화시킨다.[756] 게다가 국가인권위가 모든 정부 부처와 입법부, 사법부에 이행결과를 요청할 수 있도록 한다. 이것은 이념적으로 편향된 국가인권위에 무소불위의 권력을 부여하는 것과 다름없다.[757]

헌법재판소는 독립행정기관인 국가인권위에 대해 판시한다.

"국가인권위는 입법·행정·사법 어느 영역에도 속하지 아니하는 독립행정기관이다. 따라서 정치적 중립성이 특별히 요구되는 업무를 독립적으로 담당하게 되어 있다. 만약 독립행정기관 설치 법률이 해당 독립행정기관에게 일방적 우위의 지위를 부여하고 다른 국가기관의 핵심적 기능을 침해하는 권한을 행사하도록 하고 있다면 이는 권력분립원칙에 위반된다. 따라서 독립행정기관의 권한 행사는 행정부 내부의 다른 조직 및 다른 국가기관과 상호 협력적 견제를 유지하도록 하여야 한다."

"독립행정기관의 권한 행사 과정에서 절차적인 공정성을 확보하도록 하여야 하고, 행정부 내부의 협력과 통제는 물론 입법부와 사법부에 의한 적절한 견제가 함께 이루어지도록 하여야 한다. 특히 독립행정기관에 대한 민주적 정당성 및 책임성을 구현하기 위해서는 입법자인 국회에 의한 견제와 감독은 매우 중요하다고 할 것이다."[758]

그러나 차별금지법은 '국가인권위 권력의 비대화'와 '권력분립원칙에 역행하는 부작용'을 초래한다. 그 이유를 보자. 차별금지법은 정부와 국회, 법원, 헌법재판소에 젠더 이데올로기에 따른 차별시정 기본계획 수립 및 시행 의무를 부과한다.

국가인권위 권고안을 사실상 따르도록 한 것이다. 견제와 감독을 해야 할 국회가 오히려 국가인권위의 통제와 감독을 받는 상황이다. 그 결과 생물학적 성별을 기초로 한 남녀 구분을 해체하고,[759] 사회적 성으로 이를 대체하려는 이데올로기 사상이 행정부·입법부·사법부를 통제하게 된다.[760] 그리고 국가인권위는 그 판단에 따를 수밖에 없는 행정부, 입법부, 사법부보다 일방적 우위를 차지하게 된다. 행정부 내부의 협력과 통제는 물론 입법부와 사법부에 의한 견제도 어렵게 되는 것이다.[761] 전국청년연합 바로서다 대표 김정희가 '20·30 청년들이 바라본 국가인권위의 문제점'에 대해 말한다.

"국가인권위는 세계인권선언과 헌법적 가치에 준하는 보편적 인권을 대다수 국민이 누릴 수 있도록 중립적으로 활동해야 하는 독립기관입니다. 그러나 지난 20년간 국가인권위는 입법, 사법, 행정 모든 국가기관에 이념 편향적이며 정치 편향적인 권고를 남발해 헌법적 가치와 자유민주주의 체제를 위협하는 정책과 입법을 지속해왔습니다."[762]

게다가 국가인권위의 자의적인 권한 행사를 제어할 수 있는 아무런 규정도 존재하지 않는다. 이념적으로 편향된 국가인권위에 대한 통제가 사실상 불가능한 상태에 놓이게 되는 것이다. 그리고 국가인권위는 독립성만을 부여받고 국민에 대하여 아무런 책임을 지지 않는다. 그럼에도 모든 국가기관의 배후에서 막강한 영향력을 행사한다. 차별금지법은 국가인권위의 위세로 시민 개개인에게 강제력까지 행사할 수 있게 한다.[763] 그런데 국가인권위는 헌법적 가치나 기본권보다 젠더 이데올로기를 우선시하는 모습을 일관되게 보여왔다.[764]

국가인권위가 최우선 가치로 실현하고자 하는 젠더 이데올로기는 정치 편향적인 이념이다. 그래서 국가인권위에 독립행정기관의 정치적 중립성을 기대하기는 어렵다. 그리고 국가인권위가 부여받은 권력은 사실상 견제받지 않는다. 이것은 국민의 기본권 보장에도 심각한 위협이 된다. 그리고 젠더 추종자들은 이런 국가인권위를 이용해 손쉽게 젠더 이데올로기를 확립하게 된다. 차별금지법의 이질적인 법체계를 남용해 자의적이고 차별적인 결정을 내릴 수 있게 되는 것이다. 특히, 젠더 이데올로기 취지에 부합하도록 기존의 법령, 조례와 규칙, 각종 제도 및 정책을 시정해야 할 의무를 부과하는 것은 국민의 자유와 권리를 행정의 편의에 맡겨버리는 위험을 초래한다. 헌법재판소는 판시한다.

"법규명령은 법제처의 심사를 거치고(대통령령은 국무회의에 상정되어 심의된다) 반드시 공포되어야 효력이 발생되는데 반하여, 행정규칙은 법제처의 심사를 거칠 필요도 없고 공포 없이도 효력이 발생된다. 결국, 위임입법에 대한 국회의 사전적 통제수단이 전혀 마련되어 있지 아니한 우리나라에서는, 행정규칙은 그 성립과정에 있어서 타 기관의 심사·수정·통제·감시를 받지 않고, 또 국민에 의한 토론·수정·견제·반대 등에 봉착함이 없이 은연중에 성립되는 것이 가능하다. 그러다 보니 행정기관으로서는 당연히 규율의 방식으로서 법규명령보다 행정규칙을 선호하게 되고, 이는 결국 국민의 자유와 권리를 행정의 편의에 맡겨버리는 위험을 초래할 수밖에 없다."[765]

차별금지법은 젠더 이데올로기 실현을 백지식으로 행정규칙이나 인권조례 등에 위임하게 된다. 이를 통해 편향된 이념이 사회 전반에 자리 잡게 된다. 그럼에도 국회의 사전적 통제수단이 전혀 마련되어 있지 않다. 국가인권위에 복종해야 하는 사법부도 사실상 이를 견제하기 어렵다. 그 결과 젠더 이데올로기와 상충하는 헌법적 가치, 기본권, 국민의 건강권, 심지어 아동·청소년의 생명권까지 도외시하는 현상이 발생한다.[766]

차별금지법이 제정될 경우 입법부·사법부·행정부는 헌법적 가치보다 젠더 이데올로기 사상을 우선시하게 된다.

첫째, 입법부를 보자. 차별금지법은 입법부의 장에게도 젠더 이데올로기에 따른 기본계획을 수립하고 시행계획 수립 등의 조치를 행할 의무를 부과한다.[767] 이에 따라 최상위법인 차별금지법이 제정되면 젠더 이데올로기를 실현하는 후속법안과 정책들이 잇따라 등장하게 된다.[768] 뉴욕주 변호사인 이태희가 말한다.

"미국에서 차별금지법이 연방 차원에서 통과가 됐기 때문에 그것을 토대로 주별로 후속법안들을 만들 수 있는 근거가 마련된 것입니다."[769]

예컨대, 미국 캘리포니아주에서는 동성애 치료 금지를 골자로 하는 법안이 발의됐고, 공립학교에서 모든 학생에게 동성애와 트랜스젠더에 대해 의무적으로 가르치도록 하는 법안이 통과된 바 있다.[770] 뉴욕주에서 일어난 '젠더인정법'도 이런 흐름 속에서 나타난 것이다.[771] 뉴욕 시민들은 공식적으로 인정하는 31개의 성정체성 항목 중 자신이 원하는 성별을 선택할 수 있다.[772] 성정체성 리스트를 보면 '젠더 퀴어'(gender queer), '범성애자'(pangender), '젠더 플루이드'(gender fluid) 등이 포함됐다. 젠더 퀴어는 "성정체성이 남녀가 아닌, 그 사이이거나 또는 몇 가지 성별이 결합된 사람", 젠더 플루이드는 "성정체성이 사회의 성별에 따른 기대에 따라 유동적으로 전환되는 사람"을 의미한다.[773] 개인이 선택한 성정체성을 인정하지 않거나 수용하지 않으면 10만 달러가량의 벌금이 부과된다.[774]

캐나다에서 발효한 'Bill C-16'(An Act to amend the Canadian Human Rights Act and the Criminal Code)에서는 "트랜스젠더들은 성을 스스로 정의할 수 있으며 본인들이 불리기를 원하는 성중립적 인칭대명사로 불릴 권리를 갖고 이를 무시하는 행위를 할 시 위법하다"라고 규정한다.[775] 이데올로기 목적으로 만들어진 용어(사회적 성에 부합하는 성중립적 인칭대명사)의 사용을 법으로 강제한다는 비판이 있다.[776] 생물학적 성별에 부합하는 용어를 사용하면 '혐오와 차별'로 간주 되어 형사처벌 된다.[777] 실제로 생물학적 남성을 남성이라고 표현했다는 이유로 벌금 미화 55,000달러가 부과된 사례도 있다.[778] 이런 표현의 통제는 급기야 사상 통제로까지 이어지게 된다.[779]

한국도 차별금지법이 제정된다면 젠더 이데올로기를 확산하는 용어들이 담긴 후속법안들이 의무적으로 통과될 것이다.[780] 예컨대 이미 발의되었으나 통과되지 못했던 인권교육지원법안, 증오범죄통계법안, 국가인권위원회법 개정안, 혐오표현규제법안, 정보통신망법 개정안, 성차별금지법안, 아동복지법 개정안, 초·중등교육법 개정안 등이 아주 손쉽게 통과될 것이다.[781] 주로 미디어와 교육영역에서 젠더 이데올로기를 확산하는 법안들이다. 문화혁명 전략대로다.[782] 몇 가지 후속법안에 대해 보자.

초·중등교육법 개정안은 성적지향을 학생 인권조항에 삽입하여 동성애 위험성에 대한 교육을 금지한다.[783] 게다가 교육의 사제관계를 노동자와 사용자의 대립적 관계로 전환하며, 전통적 가정의 가치를 해체할 것이라는 우려도 크다. 이에 따라 교사의 84%가 이 법안에 반대한다.[784] 동성애와 트랜스젠더리즘을 어린이집에서부터 교육하도록 하는 법률안이나 LGBT 사회적 병리현상을 온라인에서 비판할 수 없게 만드는 정보통신망법 개정안도 아동·청소년에게 큰 해악을 미칠 가능성이 크다.

반면 '남녀 양성평등을 기초로 국가의 혼인과 가족 보장의무'를 선언한 헌법 제36조나[785] 생물학적 성별을 기초로 제정된 양성평등기본법이나 주민등록법 등은 폐기될 것이다.[786] 양성평등이나 가정 등 기존 사회체제와 가치관들이 모두 해체되기 때문이다. 사회 근간을 이루는 제도들이 무너지는 것이다.[787] 이런 과정은 견제 없이 일방적으로 이루어지게 된다. 차별금지법이 젠더 이데올로기에 대한 복종 의무를 규정할 뿐만 아니라 비판할 수 있는 자유까지 포괄적으로 규제하기 때문이다.[788] 자유와 평등을 위한 법정책연구소의 연구실장인 전윤성 미국 변호사가 말한다.

"국내에서도 성적지향과 성정체성 등을 어떠한 이유로도 차별해서는 안 된다는 내용의 차별금지법(평등법)안이 여러 차례 발의되고 있습니다. 법이 제정되면 법에 반하는 정책, 제도를 시정해야 하기 때문에 아류 법안이 나오는 것은 시간문제입니다."[789]

둘째, 사법부를 보자. 차별금지법은 사법부의 장에게도 젠더 이데올로기에 따른 기본계획을 수립하고 시행계획 수립 등의 조치를 행할 의무를 부과한다.[790] 또 '수사 및 재판 관련 기관은 수사·재판 서비스에서 성별 등을 이유로 특정 개인이나 집단이 차별받지 아니하도록 필요한 조치를 하여야 한다'라고 규정한다.[791] 젠더 이데올로기가 모든 법령의 해석기준이 되는 것이다. 다시 말해, 사법부의 법 해석 및 적용도 젠더 이데올로기 틀 안에서 이루어지게 된다. 그리고 헌법적 가치나 기본권과 상충하면 젠더 이데올로기가 우선시 된다. 차별금지법과 국가인권위가 헌법 위에 군림하게 되는 것이다. 국가인권위 의견에 대한 복종 의무가 부과되어 사법부 독립도 파괴된다.[792] 문화막시즘에 의해 사법부가 장악되는 '조용한 혁명'이 한국에서도 진행되고 있다는 비판의 목소리가 높다.[793]

젠더 이데올로기에 의한 사법부 독립의 파괴는 인권교육과 코드 인사 등을 통해서도 이루어진다. 젠더 이데올로기를 주입하는 교육으로 형사·사법기관의 공무원 직무연수에서 LGBT 관련 인권교육이 이루어진다. 또 각 경찰서, 검찰청, 법원에 LGBT 연락담당관이 지정되고 교육 훈련이 제공된다.[794] 이런 인권교육을 위해서 많은 예산이 투입된다.

사법부 내에 젠더 이데올로기를 확산하는 코드 인사가 문제 된 사례를 보자. 김OO 대법원장은 사법부 수장이 되기 이전에 서울대 공익인권법센터와 함께 LGBT 인권에 관한 학술대회를 개최하는 등 인권 감수성이 높다는 평가를 받았다.[795] 젠더 이데올로기를 중시하는 국제인권법연구회와 우리법연구회의 회장 출신이기도 하다. 그런데 김OO가 대법원장으로 임명된 이후 국제인권법연구회와 우리법연구회 출신 판사들이 법원의 핵심 요직에 대거 배치되는 등 젠더 이데올로기를 중시하는 코드 인사가 단행됐다.[796] 원칙에 어긋난다는 비판이 많다. 이에 김 대법원장은 임기 내내 '코드 인사' 논란이 계속됐다.[797] 이에 일선 판사들은 전국법관대표회의에서 이런 코드 인사를 겨냥해 해명을 요청하며 항의했다.[798] 법관들이 공식적으로 항의하는 사상 초유의 일이 벌어진 것이다.[799] 사태가 이렇게까지 흐른 데에는 김OO 대법원장 취임 직후부터 이어진 코드 인사에 대한 불만이 터진 것이라는 지적이 나온다.[800] 게다가 특정 이념을 중시하는 연구회 출신들이 사법부를 장악해[801] 사법부의 독립성까지 훼손됐다는 비판의 목소리가 높다.[802] 판사들을 위한 포털사이트 익명게시판인 '이판사판'에는 코드 인사를 성토하는 글이 넘쳐났다.

"저에게도 국제인권법학회나 우리법연구회 같은 든든한 조직이 있었으면 썼을라나요."[803]

대한변호사협회 인사들도 사법부 독립을 우려해 성명서를 발표했다.

"지난 4년간 김OO 대법원장이 사법부 수장으로서 보여준 행태는 지극히 실망스럽다. 사법부 독립과 사법개혁에 대한 명확한 의지와 실천을 보여주지 못한 채 정치적으로 편향됐다는 우려의 목소리가 적지 않았다."[804]

이 기간 국가인권위는 사법부에 'LGBT 인권'을 명분 삼아 젠더 이데올로기를 헌법적 가치보다 우선시하는 판단을 권장했다. 사법부는 이를 반영한 판결이나 대법원 예규를 통해 실질적인 입법행위를 했다는 비판을 받는다. 관련 사례를 보자.

2022년경 국가인권위원회는 "동성 커플 등 다양한 가족형태도 법적 가족으로 인정할 수 있게 제도 개선이 필요하다"라고 발표했다.[805] 이후 동성 커플인 소성욱·김용민은 국민건강보험공단을 상대로 '건강보험 직장 가입자의 피부양자 자격을 인정해달라'며 법원에 소송을 냈다.806) 1심 재판부는 "민법상 사실혼은 남녀 결합을 근본으로 하므로 동성결합으로 확장 해석할 근거가 없다"라며 국민건강보험공단의 손을 들어 줬다.807) 그러나 2023년 2월 21일 서울고등법원은 1심을 뒤집고 동성 커플의 손을 들어줘 논란이 되고 있다.808) 국가인권위의 이념 편향적인 권고에 따라 사법부가 법의 테두리를 벗어난 실질적인 입법행위를 했다는 비판이 쏟아진다.809) 이에 대해 고려대 법학전문대학원의 헌법학 교수인 장영수가 말한다.

"동성 결혼에 대한 반대는 격렬합니다. 이는 전통적인 가족제도의 붕괴로 이어질 뿐만 아니라, 가족제도와 연결된 수많은 사안에서 갈등 요소로 작용하기 때문입니다. 서울고등법원에서 동성 결합(커플)에 대한 건강보험 피부양자 자격을 인정하는 판결이 나오면서 큰 파장이 일고 있습니다. 이 판결이 헌법과 법률의 테두리를 벗어난 건 아닌지 생각해 볼 문제입니다. 재판부가 인정했듯이 동성 커플은 법적 부부가 아닙니다. 법률혼은 물론 사실혼도 아닙니다. 그런데 판결 내용은 사실상 가족으로 인정한 것과 다름없습니다.

헌법 제103조에 명시된 바와 같이 법관은 '헌법과 법률에 의하여 그 양심에 따라' 재판해야 합니다. 그런데 첨예한 갈등으로 인해 입법부도 결정하지 못한 동성결혼에 대해 법원의 판결로 해결하려는 것은 바람직하지 않습니다. 이는 법원이 사법부의 역할을 벗어나 사실상 입법부의 역할로 기능을 확장함으로써 권력분립을 무력화할 수 있기 때문입니다.

이 판결로 인해, 민법상의 가족 개념에 대한 해석의 혼란이 야기될 것이며, 다른 사회보험의 피부양자 문제로 확산될 가능성도 큽니다. 심지어 동성 커플이라는 거짓된 외관을 갖추고 피부양자 지위를 누리려는 경우도 발생할 수 있으며, 건강보험 재정에 대한 부담의 가중 및 건강보험료 인상도 피하기 어려울 것입니다. 서울고등법원은 이런 모든 문제를 충분히 숙고해서 판결한 것일까요?

삼권분립 체계 속에서 입법·행정에 이어 사법을 최종 단계로 두고 있는 것은 사법의 역할이 변화를 주도하는 게 아니라, 그러한 변화가 헌법과 법률의 근거 없이 그릇된 방향으로 진행되는 것을 막기 위함입니다. 그런데 오히려 법원이, 법률적 근거도 없이, 삼권분립에 위배되는 위헌적인 방법으로 변화를 주도하려 한다면, 어떻게 사법부가 법치의 최후 보루일 수 있습니까?"[810]

국가인권위의 영향을 받는 사법부를 통해 젠더 이데올로기가 적극적으로 실현된다는 지적이다. 사법부 독립도 형해화된다.

또 앞서 살펴본 바와 같이, 대법원 다수의견이 국가인권위 의견에 따라 동성 군인들의 동성 성행위가 군형법 제92조의6에 해당하지 않는다고 판결했는데,[811] 대법원 소수의견은 "법원에 주어진 법률해석 권한의 한계를 벗어난 것으로서 실질적인 입법행위에 해당한다"라고 판시했다.[812]

대법원은 어린이집 교사들이 초등학교 5~6학년 아이들에게 '에이즈와 동성애, 충격적 진실'이라는 제목의 유튜브 동영상을 보여줘서 자격을 박탈하고 아동학대죄로 처벌했는데,[813] 젠더 이데올로기가 가장 중요한 법 판단의 잣대로 작용했다는 지적이 나온다.[814]

대법원은 국가인권위 결정에 따라 성전환 수술 없이 성별 변경이 가능하도록 대법원 예규를 개정함으로써,[815] 여성 전용공간에 생물학적 남성 출입이 가능해지고,[816] 성범죄나 병역기피를 위한 사회적 성의 악용 소지도 높아졌다는 우려가 크다. 시민사회 등의 소통을 통해 국회가 처리해야 할 문제를 국가인권위와 사법부가 연계해서 실질적인 입법행위를 했다는 비판의 목소리가 높다. 이것은 국민적 합의 도출 기회를 박차버리는 것이다.

차별금지법은 '국가인권위가 법원 및 헌법재판소의 재판이 계속 중인 경우 필요하다고 인정할 때에는 법원의 담당 재판부 또는 헌법재판소에 사실상 및 법률상의 사항에 관하여 의견을 제출할 수 있다'라고 규정한다.[817] 국가인권위에게 복종 의무가 있는 사법부는 이렇게 제출된 의견에 어긋나는 판단을 하기 어렵다. 편향된 정치이념에 의해 사법부의 독립이 심각하게 훼손되는 것이다. 그리고 어린이집 교사 사례에서 보는바 같이, 젠더 이데올로기에 방해되는 시민들을 파면하거나 사회적으로 매장하는 통로가 될 우려가 크다.[818]

셋째, 행정부와 지방자치단체를 보자. 차별금지법은 '국가 및 지방자치단체는 성별 등을 이유로 특정 개인이나 집단이 법령과 정책의 집행에서 차별받지 아니하도록 필요한 조치를 하여야 한다'라고 규정한다.[819] 여기서 '성별'은 제3의 성

(여성과 남성 외에 분류할 수 없는 성)을 의미한다.[820] 행정부와 지방자치단체에 생물학적 성별에 의한 남녀 구분과 이를 기초로 하는 모든 법 제도의 해체를 요구하는 것이다.[821]

이처럼 국가와 지방자치단체에 젠더 이데올로기 실현을 위한 법령과 정책집행 의무가 부과된다. 구체적으로, 모든 공무원에 대한 인권교육 정례화와 인권행정 가이드라인 등이 마련된다.[822] 이를 위해 천문학적 예산이 지출되는 것은 물론이다.

국가인권위는 지방의회에서 학생인권조례, 성평등 조례 등을 제정하고 동성애를 확산시키는 정책을 권고한다.[823] 그 결과 모든 광역지방자치단체에서 젠더 이데올로기를 확산시키는 인권조례가 시행 중이다. 그 근거법 역할을 하는 것은 조직법에 불과한 국가인권위법이다.[824] 사실상 '성적지향 차별금지' 문구 하나만 있을 뿐이다. 법적 근거가 불충분하다는 논란이 있는 이유다.[825]

그리고 차별금지법은 교육감이 성별(사회적 성)의 차별시정 계획 수립에 필요한 행정 및 재정상 조치를 취해야 한다고 규정한다.[826] 여기서 교육감은 각 시·도의 교육 및 학예 업무를 집행하는 시·도 교육청의 장을 말한다.[827] 이런 규정들을 담은 차별금지법이 인권조례의 모법이 될 경우, 젠더 이데올로기의 확산 사업은 훨씬 강력해질 것이다. 또 학생들에 대한 인권교육과 이를 위한 재정상 조치도 강화될 것이다.[828] 이것은 미국, 스페인, 영국처럼 동성애/성전환에 빠져드는 아동·청소년들의 폭증으로 이어지게 된다.[829]

차별금지법이 제정되면 사적 자치의 영역에서도 젠더 이데올로기 강제를 위해 국가권력이 개입한다. 차별금지법을 따르는 각종 법령이나 조례는 국민·주민 생활의 일상 구석구석까지 세세하게 규율하게 된다. 즉, 복종 의무가 있는 국가기관이나 지방자치단체는 국민·주민 생활에 지나치게 관여·규제·간섭하게 된다.

일례로, 2017년경 영국의 학교 감사기관(OFSTED)이 아동(3~11세)을 가르치는 비시니츠 사립 여학교(Vishnitz Girls School)에 대해 LGBT 교육 부실을 이유로 학교 폐쇄 위협을 가해 사회적 논란이 됐다.[830] 아동들에게 성전환, 동성애 등 사회적 성을 충분히 노출시킬 것을 요구하는 차별금지법의 기준을 충족하지 못했다는 근거다. 이를 시정하지 않을 경우 인가를 취소하겠다고 통보했다.[831] 젠더 이데올로기 교육 지침에 따르지 않으면 사립학교의 존망도 위협받는 것이다. 이것은 교육의 자주성을 침해한다. 차별금지법이 교육내용에 대한 교육행정기관의 권력적 개입을 가능케 하기 때문이다. 교육의 정치적 중립성도 침해한다. 편향된 정치이념이 반영된 교육을 강요하기 때문이다.[832] 교육이 외부세력인 젠더 추종자의 부당한 간섭에 영향을 받는 것이다.

젠더 이데올로기에 반대하는 의사를 표출하게 되면 '혐오자'라는 오명을 쓰고 파면되는 경우가 왜 비일비재할까?[833] 그 원인 중 하나는 권력에 의한 외압 가능성이 크기 때문이다.[834] 그러나 이런 외압은 은밀하게 이루어지는 경우가 많으므로 외부에서 포착하기는 쉽지 않다. 발각과 규명이 쉽지 않기 때문에 차별금지법으로 인한 사회적 폐해를 말하면 가짜뉴스라고 매도하는 사례도 많은 것이다.

가령 에이즈 등 동성애 유해성을 말하면 직장에서 파면되거나 처벌되는 경우가 많은데, 젠더 추종자들은 차별금지법과 관련이 없다고 주장한다. 차별금지법이 직접적으로 처벌·파면시키지 않기 때문이라고 한다. 그러나 실상은 차별금지법을 따르는 다른 법 제도나 후속법안으로 이런 처벌·파면이 이루어지는 것이기 때문에 그 근원적인 이유는 차별금지법에 있다.

반대표현을 하는 교사, 교수, 의사, 기자 등이 은밀하게 신분상, 인사상, 경제상 불이익을 받게 되는 메커니즘을 보자. 국가인권위의 학교·언론사 등에 대한 시정 요구는 권고의 외관을 띤다. 그러나 권고를 받아들이지 않았을 때 불이익이나 행정적 소모가 이루 말할 수 없게 된다.[835] 사실상 구속력이 있는 것이다. 국가인권위는 젠더 이데올로기에 불리한 표현을 한 자를 직접 규제하지 않는다. 대신 그가 소속된 학교·언론사를 정부지원금이나 감독기관 등을 통해 규제한다. 학교·언론사는 정부지원금이나 감독기관 간 원활한 협조 관계를 중시하기 때문에 젠더 이데올로기에 불리한 표현을 한 교수나 기자를 파면하는 사례가 많다.[836] 그렇게 하지 않으면 재허가에 불이익을 받거나,[837] 정부지원금이 끊겨[838] 막대한 경제상 불이익을 입을 수 있기 때문이다. 이렇게 복잡하고 은밀하게 이루어지는 메커니즘은 동성애/성전환의 사회적 병리현상을 알려야 하는 교수나 기자들이 스스로 표현행위를 자제하게 만든다. 표현의 자유를 위축시키는 것이다. 국가인권위의 시정 요구는 단순한 권고로서의 한계를 넘어 규제적·구속적 성격을 상당히 강

하게 갖는 것으로서 공권력의 행사라고 봄이 상당하다.[839]

게다가 차별금지법은 LGBT 반대표현을 한 직원이 해고되도록 유도하는 규정까지 두기도 한다. 예를 들어, 영국 평등법이나[840] 한국 차별금지법에[841] 사용자 책임 조항이 있다. 직원의 차별금지법 위반행위가 고용주의 차별행위로 간주 될 수 있도록 한 것이다. 직원의 업무와 관련된 차별행위로 고용주가 소송을 당한 경우, 고용주가 사용자 책임을 면하기 위해서는 해당 직원의 차별금지법 위반행위를 방지하기 위한 모든 합리적인 조치를 다 했음을 입증해야 한다.[842] 이런 조항들 때문에 고용주는 경미한 반대표현을 한 직원에게도 가혹한 해고나 징계 조치를 취하게 된다.[843]

문화혁명은 언론(미디어), 교육, 정부에 대한 전략을 중시한다.[844] 그리고 문화혁명을 실현하는 차별금지법은 정부의 복종 의무 규정과 학교, 언론 영역에서의 차별금지 조항을 통해 이런 목적을 달성한다. 그런데 한국에서는 차별금지법이 제정되지 않았음에도 젠더 이데올로기를 실현하는 물밑작업이 활발하게 진행되고 있다.

먼저 언론에 대해 보자. 국가인권위와 한국기자협회가 함께 만든 '인권보도준칙'은 규제적·구속적 성격이 강하다.[845] 이를 통해 LGBT에게 불리한 내용의 표현을 사전에 억제함으로써 젠더 이데올로기에 무해한 여론만 허용되는 결과를 초래한다. 동성애/성전환의 사회적 병리현상이 심화되더라도 언론통제로 시민의 알 권리가 차단되는 것이다.[846] 그 결과 아이들의 피해는 알려지지 않고 방치된다. 차별금지법 제정 등에 유리한 방향으로 여론을 형성하기 위해 사실상 국가인권위에 의한 검열제가 이루어지는 것이다. 차별금지법이 제정될 경우 젠더 이데올로기 실현을 위해 언론·출판에 대한 검열은 월등히 강화될 것이다.

다음으로 교육에 대해 보자. 인권교육의 근거가 되는 학생인권조례는 공통적으로 '성별(사회적 성)', '성정체성', '성적지향' 등을 이유로 차별해서는 안 된다고 규정한다.[847] 또 '차별받지 않을 권리'라는 명목으로 임신하거나 동성애자가 될 수 있는 권리 등을 명시한다.[848] 바꿔 말하면 학생들의 임신이나 출산, 동성애 행위를 하거나 트랜스젠더로 살아가는 일체의 행위를 권리로 규정한다고 볼 수 있다.[849] 학생인권조례는 2010년경 경기를 시작으로[850] 서울·전북·광주·충남·제주

등 6개 시·도에서 시행되고 있다.[851] 꽤 오랜 기간 동안 젠더 이데올로기를 주입하는 교육이 뿌리내린 것이다.[852] 2021년에는 만 3세 아동에게까지 그 범위를 확대했다.[853] 인권조례를 통해 육체적·정신적으로 성장기에 있는 학생들에게 이념적으로 편향되고 해악성이 수반되는 인권교육이 강요되는 것이다.[854] 빌헬름 라이히의 성 정치학에서 언급하는 사회질서의 해체와 그 궤를 같이한다는 지적이 나온다.[855]

인권교육은 정치이념적 특징을 보인다.[856] 젠더 추종자들은 학생을 지도하는 교사의 권위를 '권력'으로 표현하고, 학생은 권력의 피해자로 묘사한다. 따라서 학교라는 장소는 학생을 대상으로 폭력이 자행될 수 있는 위험천만한 곳이며, 학생들의 인권을 보호하기 위해 '학생인권조례'가 필요하다고 주장한다. 또 학생들은 자신들의 의견을 실현하기 위해 집회 및 시위의 방법들을 통해 학교 권력에 대항하는 힘을 키워가야 한다고 역설한다. 교사와 학교에 대한 투쟁 의식을 강화시키는 것이다.[857]

이런 학생인권조례가 시행된 후 교권침해가 대폭 늘었다는 사실이 통계적으로 확인된다. 경기도교육청에 접수된 교권침해 신고 건수는 학생인권조례 시행 전인 2010년엔 130건에 불과했지만, 조례 시행 후인 2012년에는 1,691건으로 대폭 증가했다.[858] 인권조례 도입 후 교권 하락으로 인한 학교폭력도 증가추세에 있다. 학교폭력은 2017년 2.9%, 2018년 3.6%, 2019년 4.8%로 늘어나고 있다.[859]

이것은 영국에서 인권교육이 본격적으로 시행된 이후 아이들 간 성적 학대가 급증한 현상과 유사하다. 경찰이 밝힌 통계에 의하면 영국 아이들 간 성적 학대는 3년(2013~2016년) 동안 71% 증가했다. 10세 이하 아이들 간 성적 학대도 2013년 204건에서 2016년 456건으로 증가했다.[860] 그 후 2년(2016~2018년) 동안 아이들 간 성적 학대 건수도 두 배 증가했다. 성적 학대 가해자의 10%는 10세 이하의 아이들인 것으로 확인된다.[861] 동성애/성전환 확산과 조기 성애화를 추구하는 인권교육이[862] 아이들 간 성적 학대와 폭력을 부추긴다는 통계가 가시화된 것이다. 한국에서 차별금지법 제정으로 인권교육이 강화될 경우, 아이들 간 성적 학대 건수도 급증할 우려가 크다.

차별금지법은 '차별금지'를 명분 삼아 사회체제를 근본에서부터 해체하는 법이다.[863] '제3의 성 차별금지'를 규정함으로써 생물학적 성별을 기초로 한 남녀 구분을 차별로 간주한다.[864] 양성평등 자체가 차별인 것이다.[865] 차별금지법이 규제하는 'LGBT 차별'에는 동성애/성전환에 대한 사회적 병리현상의 비판도 포함된다.[866] 견제기능을 무력화하는 것이다. 이런 차별금지법이 제정되면 모든 분야에서 사회적 성의 기준에 맞추어 본격적인 규제가 시작된다. 그리고 이와 상충하는 헌법적 가치나 기본권은 형해화된다.[867] 표면적으로는 평등과 차별금지를 내세우지만 헌법적 이념과 가치를 폄하하는 실질적인 효과가 인정되는 것이다. 요컨대 차별금지법의 실체는 헌법의 기본적인 틀과 판을 깨어버리는 패러다임 전환의 최상위법이다.[868]

젠더 이데올로기 확산을 유도하는 성인지 예산제도
(출산 장려 정책 저해)

문화혁명은 언론과 교육뿐만 아니라, 정부에 대한 전략도 중시한다.[869] 그 일환으로 차별금지법은 젠더 이데올로기 정책을 수행하기 위한 예산집행을 요구한다. 예산은 정부가 진정으로 어떤 정책을 수행할 의지를 가지고 있는가를 파악할 수 있는 중요한 정책 도구다. 정책의 우선순위를 나타내는 단적인 지표라고 할 수 있다.[870]

차별금지법은 국가 및 지방자치단체가 교육, 홍보 등을 통하여 성별(사회적 성)의 차별시정 조치에 필요한 재원을 마련해야 한다고 규정한다.[871] 그리고 중앙행정기관의 장, 지방자치단체의 장 및 교육감은 성별(사회적 성)의 차별시정 계획 수립에 필요한 재정상 조치를 취해야 한다고 규정한다. 국가인권위는 그 이행결과의 제출을 요구할 수 있다.[872] 중앙정부, 지방정부, 교육현장에서 젠더 이데올로기의 실현을 위한 재원 마련과 재정상 조치가 의무로 규정된 것이다.

그런데 한국에서는 이런 재원 마련의 물밑작업이 이미 진행되고 있다. '성인지 예산제도'를 통해서이다.[873] 여기서 '성인지'(gender-sensitive)는 영어 뜻 그대로 젠더가 담고 있는 성별에 따른 권력적 관계의 문제를 민감하게 고려해야 한다는 뜻이다. 주로 성인지 예산, 성인지 교육,[874] 성인지 감수성 등과 같은 방식으로 활용되고 있다.[875] '성인지 예산제도'란 예산이 성별에 미치는 효과를 고려하여 국가나 지방 재원이 성평등하게 사용될 수 있도록 하는 자원 배분의 과정을 의미한다.[876] 재정사업의 성별 영향 분석 과정을 통해 성평등 인식을 높이고 실질적인 예산 배분의 변화 유도를 목적으로 한다. 성인지 예산은 모든 수준의 예산과정에서 젠더 관점을 결합하고 성평등을 위해 세입과 세출을 재구조화하는 것이다.[877] 성평등 정책이 실현되도록 예산 분배를 유도하는 일종의 가이드라인인 셈이다.[878]

성인지 예산제도는 젠더 관점이 주류가 되어야 한다는 성 주류화 전략의 일환이다.[879] '성 주류화'(gender mainstreaming)는 성별 권력 관계를 문제 삼는 젠더 관점이 주류가 되는, 즉 정치경제 사회문화 전반에 통합적으로 적용하는 실천 전략을 말한다.[880] 젠더 이데올로기 확산 근거로 사용되기도 한다.

문제는 '성인지 예산제도'가 성별의 의미에 따라 그 기능이 완전히 달라진다는 것이다.[881] 즉, '성별'이 생물학적 성별을 의미할 경우 성인지 예산제도가 양성평등을 위해 여성의 지위를 향상시키는 반면, 사회적 성을 의미할 경우 젠더 이데올로기 실현을 위한 제도로 전락해 여성의 지위를 하락시키게 된다. 일례로, 성인지 예산제도가 남녀 구분을 해체하는 '성평등'을 실현하기 위해 쓰인다면 남성 성기를 지닌 트랜스젠더가 여성 전용공간에 출입할 수 있도록 사상 통제 등에 천문학적인 재정이 투입되는 것이다.[882]

한국 정부는 2010년부터 성인지 예산을 편성·집행하고 있는데,[883] 국가 재정의 특정 효과를 분석하는 제도다.[884] 근거는 국가재정법에 마련되어 있고, 국가 예산을 성평등 정책에 사용하기 위한 취지다.[885] 지방자치단체 역시 지방재정법 개정 이후 2013년부터 성인지 예산제도를 시행하고 있다.[886] 그 결과 '성인지' 용어가 어느새 한국 사회 곳곳에 뿌리내리게 되었다.[887]

성인지 예산으로 집행하는 '성인지 관점에 기반한 포괄적 성교육'과 '성평등 교육'은 사회적 성을 세뇌한다.[888] '성인지' 용어가 양성평등과 성평등을 혼용해 사용되면서,[889] 양성평등을 해체하고 성평등으로 은밀하게 이를 대체하는 것이다. 그 결과 사회적 성인 동성애와 성전환이 급속도로 확산한다.[890] 그 대가로 여성의 인권은 후퇴한다. 그리고 모든 공무원은 젠더 이데올로기를 주입하는 이런 성인지 교육을 의무적으로 받게 된다. 천문학적 예산을 들여 사회적 성에 대한 인식을 강제로 심는 셈이다. 젠더 이데올로기가 '성평등'을 내세운 성인지 예산제도를 통해 재원을 마련하며 확산되는 실정이다.

그렇다면 성인지 예산의 규모는 얼마나 될까? 국회예산정책처에 따르면, 2021년도 성인지 예산은 총 35조2,854억 원에 달한다.[891] 하루에 1천억 원씩 투입되는 셈이다.[892] 성인지 사업은 38개의 중앙행정기관에서 304개가 진행됐다.[893] 참고로 2021년도 국방예산이 52조8천억 원이다. 중앙정부가 쓴 액수만 놓고 보더라도, 2021년 편성된 성인지 예산은 전체 국방예산의 약 67%에 달한다. "성인지 예산을 나라 지키는 데 쓰이는 예산과 비슷한 수준으로 책정하는 건 말이 안 된다"라고 지적되는 이유다.[894]

중앙정부뿐만 아니라 지방정부의 예산도 젠더 이데올로기 실현을 위해 사용된다. 지방자치단체에서도 성인지 예산제도를 시행하는 것이다. 게다가 지방자치단체는 인권조례를 통해 젠더 이데올로기 정책을 실현할 조직 신설, 예산 확보 등 물적 자원을 별도로 동원한다.[895] 인권조례에서 '성적지향', '성정체성', '성평등' 등 사회적 성을 확산시키는 근거를 마련하고 있기 때문이다.[896] 결국, 지방자치단체에서는 성인지 예산제도를 통한 예산 분배와 인권조례를 통한 별도 예산 투입이 가능하므로, 젠더 이데올로기 실현을 위해 쓰이는 예산의 규모도 천문학적일 것으로 추정된다. 이것은 아동·청소년들이 동성애/성전환에 쉽게 빠지도록 제도적 환경을 조성하는 예산이라는 지적도 있다.

앞서 언급했듯 차별금지법이 제정될 경우 양성평등은 해체되고 사회적 성이 이를 대체하게 된다.[897] 생물학적 성별을 기초로 하는 양성평등은 '혐오와 차별'에 해당하기 때문이다. 이에 따라 성인지 예산제도는 국가인권위가 컨트롤타워가 되어[898] 젠더 이데올로기를 실현하는 대상 사업을 확대하는 데 전적으로 사용될 것으로 전망된다. 천문학적인 성인지 예산제도의 규모도 차별금지법 시행 이후 훨씬 커질 수밖에 없다. 차별금지법에 대한 복종 의무와 재정상 조치 의무를 모든 국가단체와 지방자치단체에 부과하는 규정을 두고 있기 때문이다. 더군다나 국가인권위는 이런 재정상 조치결과의 제출을 요구할 수 있다.[899] 사실상 국가인권위가 모든 국가단체와 지방자치단체의 예산을 젠더 이데올로기의 실현에 배분하도록 강제하는 효과가 발생하는 것이다. 결국, 차별금지법과 연계된 성인지

예산제도는 문화혁명을 위한 재원이 된다. 즉, 기존 사회체제를 해체하는 데 사용되는 것이다.[900]

차별금지법이 제정되면 이런 재원의 규모는 더 커질 것이다. 일례로 2021년에 공무원뿐만 아니라 어린이집 아동들을 포함한 모든 국민에게 성인지 교육을 받도록 하자는 '성인지 교육 지원법안'이 발의됐다. 국민의 혈세로 충당하는 성인지 예산과 교육의 범위를 계속 확대하자는 것이다.[901] 차별금지법이 제정되면 이런 후속법안도 견제 없이 통과될 우려가 크다.

앞서 본 것처럼 차별금지법을 통해 인권교육이 강화된다면 동성애자/에이즈가 폭증하면서,[902] 이에 따른 사회적 비용도 급격히 증가할 개연성이 크다. 에이즈 환자 1명의 평생 치료비용은 6억 원에 이른다.[903] 그런데 미국은 일부만 지원하는 에이즈 약값 예산으로 매년 34조 원이 지출된다. 이 예산으로 HIV 감염자의 절반 이하만 치료받을 뿐이다.[904] 미국과 달리, 한국은 평생 HIV 치료비, 입원비, 간병비까지 100% 국가 예산으로 지원한다.[905] 동성애 확산으로 대폭 늘어나는 재정적 부담을 국민이 모두 떠안게 되는 것이다.[906] 시민 개개인이 납부하는 건강보험료가 급격히 오르는 것은 시간문제다.

결국, 젠더 이데올로기 실현을 위해 사용되는 중앙정부와 지방정부의 예산, 에이즈 치료비용 등의 규모는 가히 천문학적이다. 그리고 이 금액은 모두 국민의 혈세로 충당된다. 게다가 차별금지법이 제정되면 젠더 이데올로기의 실현을 가속화 하기 위해 시민의 세금 부담도 크게 늘 것이다. 시민의 고혈을 쥐어짜 문화혁명과 편향된 정치이념을 실현하는 것이다. 그리고 이 예산은 아동·청소년들이 동성애/성전환에 빠지도록 유도하는 정책에 사용된다. 즉, 부모들이 부담하는 천문학적인 혈세로 우리 자녀들을 불행하게 만드는 것이다.

그렇다면 이런 혈세를 부담하는 부모의 상황은 어떨까? 한국은 고령화 속도가 경제협력개발기구(OECD) 38개국 가운데 가장 빠르게 진행되고 있다.[907] 2025년에 초고령사회에 진입할 것으로 분석된다.[908] 주목할 점은 한국의 노인빈곤율도 43.4%로 OECD 회원국 중 압도적 1위라는 것이다. OECD 평균(14.8%)의 3배에 이른다.[909] 특히, 75세 이상의 빈곤율은 55%를 넘는다.[910]

조사결과 한국 고령층 소득의 절반 이상(52%)은 일을 해서 벌어들이는 근로소

득이다.[911] 노인 소득원 중 근로소득 비중이 50% 이상인 나라는 한국과 멕시코뿐이다.[912] OECD 평균은 한국의 절반 수준인 25.8%에 불과하다.[913] 공적 연금이 부족해 노인들이 일터로 내몰린다는 분석이다.[914] 이런 재정적 어려움은 노인의 정서적 장애로 이어진다. 한국 보건복지부는 노인자살률이 OECD 회원국의 3배라고 밝힌다. 장수국가인 일본보다도 3배 가까이 높다. 자살 이유는 대부분 경제 문제와 관련 있다.[915] 고령자 4명 중 3명이 자신의 삶에 만족하지 못한다고 밝히기도 한다.[916]

한국의 주요 현금 노후복지 정책인 기초연금과 기초생활수급자 정도로는 노후의 경제생활 보장이 어렵다. 홀로 살아도 한 달에 130만 원이 필요한데, 공적 연금으로 이를 감당할 수 있는 비율은 8.41%에 불과하다.[917] 기초연금 30만 원만으로는 기본 생계유지조차 버겁다. 2022년 국민연금 평균 월 수령액도 57만 원 수준에 그치고 있으며, 65세 이상 국민연금 수급자는 전체 노인 인구 절반에도 못 미친다.[918] 반면 평생 동안 매달 지원되는 HIV 치료비용의 금액은 이와 비교할 수 없을 정도로 높다. 동성애 확산정책은 이런 사회적 비용을 급증시켜 다른 사회적 약자들을 보호할 수 없게 한다. 차별금지법이 'LGBT 집단의 우대를 차별로 보지 아니한다'라고 명문화까지 하고 있기 때문이다.[919] 급기야 재정이 바닥나면 HIV에 감염된 게이의 치료 기회도 박탈해 그들의 생명과 공중 보건을 더 위협하게 된다.

또 다른 문제는 고령화 속도가 너무 빨라서 개인 차원의 노후 대비나 국가 차원의 노인복지 안전망을 갖추기도 벅찬 상태라는 것이다.[920] 빠르게 고령화되어가는 부모 중 반 이상은 노후 대비를 하지 못한다.[921] 주요 노후 준비 방법도 국민연금(31.1%)이 가장 많다.[922] 그런데 이런 국민연금마저 2050년대에 완전히 고갈될 위기에 직면하고 있다.[923] 이와 같이 노후 대비조차 버거워하는 부모들에게 천문학적 금액의 젠더 이데올로기 예산을 혈세를 통해 강제로 부담시키는 것이다. 과연 노년에 돈이 없는 것을 개인 탓으로만 돌릴 수 있을까?[924] 그리고 이런 상황 속에서 문화혁명의 재원에 대해 국민에게 공감을 얻고 있을까? 아니면 알 권리를 차단하는 것일까? 차별금지법이 제정되면 이런 사회적 문제에 대한 기본적인 논의조차 차별 프레임에 갇힐 우려가 크다.

더 심각한 문제가 있다. 차별금지법은 인구절벽에 놓인 한국의 국가 존립까지 위협한다. 저출산 현상을 가속화 하고 인구정책에도 역행하기 때문이다. 영국 옥스퍼드의 인구문제연구소(Oxford Institute of Population Ageing)는 앞으로 지구상에서 가장 먼저 사라질 나라로 한국을 꼽았다.[925] 영국 옥스퍼드 대학교 인구학과의 데이비드 콜먼(David Coleman) 교수는 그 원인을 급격한 출산율 감소와 인구 고령화 때문이라고 한다.[926]

한국은 이미 사망자가 출생아보다 많은 '인구 데드크로스'(dead cross) 현상이 시작됐다. 총인구 감소 시점이 예상보다 훨씬 앞당겨진 것이다.[927] 출생아 수가 30년 전보다 3분의 1 수준으로 떨어졌다.[928] 인구를 유지하는 데 필요한 합계 출산율(여성 1명이 평생 낳을 것으로 예상되는 평균 출생아 수)은 2.1명이다.[929] 그런데 통계청 발표에 따르면 한국의 합계 출산율은 2018년 0.98명, 2019년 0.92명, 2020년 0.84명, 2021년 0.81명, 2022년 0.78명으로 점점 낮아지고 있다.[930] 부부 200명이 78명의 아기를 낳는 것이다.[931] 서울은 심지어 0.59명에 그쳤다.[932] 세계 최저수준인 것은 물론, 역대 최저치도 매년 갱신하고 있다.[933] 세계의 합계 출산율 2.32명의 3분의 1 수준에 그치는 것이다.[934] 전 세계 236개 국가 중 한국이 꼴찌다.[935] 경제협력개발기구(OECD) 38개 회원국의 평균 합계 출산율인 1.59명에도 한참 못 미치는 수치인 것이다.[936] OECD 회원국 가운데 한국만 유일하게 합계 출산율이 1명을 밑돌고 있다.[937] 한국이 인류 문명사에 어느 나라도 경험하지 못한 '극단적인 초저출산 국가'로 내몰리며,[938] 국가 소멸을 향하고 있다는 우려의 목소리가 높다.[939] 이대로라면 2050년에 한국의 경제성장이 완전히 멈춘다는 전망이다.[940]

게다가 OECD에 따르면 한국의 인구는 평균보다 4배 이상 빠르게 늙어간다고 밝힌다.[941] 이처럼 낮은 출산율은 정부가 고령화 인구를 부양하기 위해 더 높은 세금을 부과해야 함을 의미하게 된다. 경제 문제도 가중된다.[942] 한국은 국가의 존립을 결정짓는 골든아워에 몰린 것이다. 서울시장 오세훈이 말한다.

"저출생이 이대로 가면 복지도, 국가 시스템도 존속할 수 없습니다."[943]

한국의 합계 출산율에 대해 KDI 정책대학원의 최슬기 교수가 말한다.

"세계에서 유례를 찾을 수 없는 '인구소멸' 수준의 출산율입니다."[944]

인구학 대가인 서울대 보건대학원의 조영태 교수가 경고한다.[945]

"청년 취업자가 지금보다 10만 명 정도 줄어드는 2020년대 후반부터 고용 시장에 인구 쇼크가 현실로 닥칠 것입니다. 경기가 호황이어도 기업들이 사람을 못 구해 문을 닫고 성장률은 바닥을 치는 상황이 수년 내에 온다는 얘기입니다."[946]

감사원에 따르면 정부가 저출산·고령화 대응을 위해 저출산·고령사회 기본계획을 수립한 뒤 15년(2006~2020년) 동안 투입한 예산은 380조2,000억 원에 달한다. 2021년 저출산 예산은 46조6,864억 원에 이른다.[947] 하지만 결과는 참담하다. 2006년 1.13명이던 합계 출산율이 2022년 0.78명까지 떨어진 것이다.[948] 정부의 막대한 예산을 쏟아 만든 저출산 대책이 무용지물이었다.[949]

대한민국이 처한 저출산 문제의 원인은 복잡하게 얽혀 있다. 그 원인 중 하나로 꼽히는 것이 젠더 이데올로기의 확산이다. 왜냐하면, 젠더 이데올로기는 가정 해체와 동성애/성전환 확산을 추구하기 때문이다.[950] '한국 철학의 아버지', '이 시대의 현자'로 불리며 100세 철학자로 유명한 연세대의 김형석 명예교수가 말한다.[951]

"좋은 가정, 전통적 가정이 회복되면 저출산·고령화 문제가 해결될 수 있습니다. 전통적 가정을 침해하는 문제 중 하나는 동성애입니다."[952]

미국 펜실베니아주립대의 사회학 교수인 샘 리처드(Sam Richards)가 말한다.

"거의 모든 나라 국민이 인생을 의미 있게 만드는 가치 1순위로 '가족'을 선택했는데, 한국인만 물질적 풍요가 가장 중요하다고 응답한 것으로 나타납니다."[953]

젠더 이데올로기는 출산의 기초가 되는 전통적 가정을 해체한다.[954] 이런 이념 편향적인 인권교육을 받은 청소년들의 가치관 변화도 결혼이나 가정을 꾸리는 것을 꺼리는 분위기로 만든다.[955] 게다가 젠더 이데올로기 실현수단인 동성애/성전환 확산정책도 출산을 어렵게 만든다.[956] 성전환의 호르몬 시술은 아이들을 영구적 불임으로 만든다.[957] 동성애도 불임을 유발하는 에이즈나 성병을 사회에 급속히 확산시킨다. 양성애자로부터 성병 감염된 여성들도 불임으로 이어질 가능성이 크다.[958] 미국 질병관리본부에서는 10대 소녀 중 25%가 성병을 앓고 있으

며, 매년 2만4천 명의 여성이 성병으로 인해 불임이 된다고 밝힌 바 있다.[959]

결국, 젠더 이데올로기 정책은 저출산에 대응하는 인구정책에 역행하며 악영향을 끼친다.[960] 한국을 위해 가장 강력하게 시급히 추진해야 할 정책이 출산율을 높이는 정책이다. 그런데 천문학적인 예산을 투입하는 젠더 이데올로기 정책의 영향으로 국가 소멸을 막으려는 출산 장려 정책이 공회전한다고 분석된다.[961] 출산에 중요한 가정을 해체하고 인권교육으로 아이들에게 그런 가치관을 주입하기 때문이다.[962] 이것은 청년세대가 결혼과 출산을 꺼리는 가치관적 문제를 만드는 원인 중 하나가 된다. 이런 요인들이 쌓여 청소년 10명 중 2명만 "꼭 결혼해야 한다"라고 한다.[963] 설문조사 결과, 인권교육을 받은 한국의 20~34세 여성 96%, 남성 87%는 결혼·출산이 필수가 아니라고 밝힌다.[964] 통계청 인구동향과장 임영일은 "혼인 건수 감소가 출생아 수 감소와 이어진다고 볼 수 있다"라고 말한다.[965] 국가의 존망이 걸린 중대 사안보다 문화혁명을 더 중시한 결과라는 지적이 나온다.[966]

이와 같은 혈세 낭비로 인한 고통도 국민에게 오롯이 전가된다. 국세청의 '2020 국민 인식조사'를 보면, '세금이 적절하게 사용되지 않고 있다'라는 응답은 45.6%로, '적절하다'라는 응답의 3배 수준이었다.[967] 2021년 설문조사에서는 청년 10명 중 8명이 정부의 재정 운용 방식에 대해 부정적으로 생각한다는 결과가 나왔다.[968] 차별금지법 제정은 이런 현상을 더 심화시킬 것이다.

가정해체부터 소아성애 합법화까지

세계인권선언, 시민적·정치적 권리에 관한 국제규약 등에서 가정은 혼인한 한 남성과 한 여성의 결합과 그들의 자녀만을 의미한다. 2015년경 유엔인권이사회에서 가족 보호에 관한 결의안 채택 시 가족의 범위에 동성 커플을 포함하려는 일부 국가들의 수정안도 부결됐다. 따라서 동성결혼을 할 권리는 국제인권법상 인정되지 않고 있다.[969]

한국 헌법도 양성평등을 기초로 한 혼인과 가족생활을 국가가 보장해야 한다고 규정한다.[970] 국가에 일부일처제와 중혼 금지를 제도로 보장할 헌법상 의무가 있는 것이다. 가정은 국가와 사회의 기초를 이루고 공동체의 가장 근본적인 틀이기 때문이다. 이에 대해 헌법재판소는 판시한다.

"인간이 살아가는 가장 근본적인 공동체의 틀은 가정이다. 따라서 국가와 사회의 기초를 이루기 위해서는 무엇보다 먼저 그 근간인 가정이 바로 정립되고 유지되어야 한다. 혼인을 통한 부부관계가 가족공동체의 기본적 요소임을 감안한다면 국가와 사회의 건전한 존립과 유지를 위해 혼인을 통한 부부관계는 법적으로 보호받고 유지되어야 함이 마땅하다.

우리 헌법 제36조 제1항은 '혼인과 가족생활은 개인의 존엄과 양성의 평등을 기초로 성립되고 유지되어야 하며, 국가는 이를 보장한다'라고 규정하여 인간의 존엄과 양성의 평등이 가족생활에 있어서도 보장되어야 함을 규정함과 동시에 혼인과 가족생활에 관한 제도적 보장 역시 규정한다. 따라서 혼인과 가족생활에 관한 입법에 있어 개인의 존엄과 양성의 평등은 그 헌법적 지침이 된다고 할 것이다. 개인의 존엄성에 기초한 혼인제도는 중혼을 금지하고 일부일처제를 요청한다."[971]

그러나 차별금지법은 국가와 사회의 근간을 이루는 가정과 이를 보호하는 헌법 규정을 해체한다. 공동체의 가장 근본적인 틀까지 해체하는 것이다. 차별금지법은 '가족형태 및 가족상황'을 차별금지 사유로 새롭게 삽입한다.[972] 사회적 성을 기초로 하는 '가족형태 및 가족상황'은 헌법이 보장하는 '일부일처제'와 '중혼 금지'를 부정한다. 예를 들어 설명하면 양성애자의 경우 성관계를 위한 배우자가 필연적으로 2명 이상 필요하게 될 것이다. 이것을 '가족형태'로 보호하지 않으면 차별이 되기 때문에 시정할 의무가 있다는 것이다.[973]

차별금지법은 양성평등에 기초한 가정과 이를 보호하는 헌법에 정면으로 반한다. 그 취지에 반하는 기존의 법령, 조례와 규칙, 각종 제도 및 정책을 시정하도록 강제한다. 행정부, 입법부, 사법부, 지방자치단체 모두 이를 따라야 한다. 특정 성문헌법 조항(헌법 제36조 제1항)까지 무력화시킬 수 있는 효력을 가지게 된다. 사실상 헌법 위에 차별금지법이 있는 것이다. 혼인과 가족생활에 관한 제도적 보장뿐만 아니라 헌법적 가치나 기본권도 차별금지법이 실현하려는 젠더 이데올로기와 상충할 경우 형해화된다. 의회유보나 권력분립의 원칙, 아이들의 보건권이나 생명권, 사회적 병리현상을 비판하는 표현의 자유, 시민의 알 권리를 보장하는 언론의 자유, 젠더 이데올로기의 폐해를 지적하는 학문의 자유, 생물학적 성별이 맞다고 생각하는 사상의 자유 등이 젠더 이데올로기 앞에서 모두 무력화된다. 모든 국가기관과 국민이 존중하고 지켜가야 하는 최고의 가치 규범이 헌법 대신 차별금지법이 되는 것이다.

그렇다면 차별금지법이 지향하는 '가족형태 및 가족상황'은 구체적으로 어떤 모습일까? 먼저, '가족형태' 사례를 보자.[974] 남미 콜롬비아에서는 2016년 4월경 동성애 결혼 합법화가 이루어졌다. 이듬해인 2017년 6월경 3명의 중혼도 법적으로 인정됐다.[975] 남성 동성애자 3명인 마누엘(Manuel), 알레한드로(Alejandro), 빅토르(Victor)의 폴리아모리(다자성애, 난교)가 차별금지법이 보호하는 '가족형태'가 된 것이다.[976] 전통적 가족형태와 헌법이 보호하는 '일부일처제'와 '중혼 금지'는 차별금지법이 시정해야 할 '차별'이 된다.[977] 그리고 '다양한 가족형태'는 사회체제를 해체하는 명분이 된다.[978]

2022년 9월경 미국 뉴욕주 법원에서는 결혼하지 않은 동성애자 간의 폴리아모리 관계에 대해서도 부부와 같은 법적 보호를 인정해 논란이 됐다.[979] 스콧 앤더슨(Scott Anderson)과 로버트 로마노(Robert Romano)는 결혼한 동성애자이나 함께 살지 않았다. 앤더슨과 마커스 오닐(Markyus O'Neill)은 결혼하지 않은 상태에서 동거해 왔다. 앤더슨을 사이에 두고 동성애 관계를 맺어온 로마노와 오닐은 서로 사이가 좋지 않았다.[980] 동성애자 3명 사이에 폴리아모리 관계가 형성된 것이다. 그런데 앤더슨이 죽자 그와 결혼하지 않은 채 동거해왔던 오닐이 '다양한 가족형태'를 주장하면서 앤더슨이 임차한 집에 대한 권리를 주장했다. 집주인은 앤더슨이 로마노와 동성결혼한 상태이고 오닐과는 동거하는 상태이기 때문에 오닐에게 앤더슨이 임차한 집에 대한 법적 권리가 없으며 퇴거해야 한다고 주장했다.[981] 그러나 뉴욕주 법원은 폴리아모리(다자성애)를 '다양한 가족형태'로 인정하면서 오닐의 법적 권리를 인정했다.[982] 오닐의 손을 들어준 카렌 메이 바케이단(Karen May Bacdayan) 판사의 말이다.

"가족의 개념은 1989년 이후부터 상당히 바뀌었습니다.[983] 법이 급진적으로 변하면서 아이에게도 두 명 이상의 법적 부모를 인정하게 되었습니다.[984] 이제는 폴리아모리 관계에 대해서도 법적 보호를 인정해야 할 시기가 도래

했습니다. 동성애와 관련된 기존 판결의 문제점은 단지 두 사람의 관계에 대해서만 법적 보호를 인정했다는 것입니다.[985] 이와 같은 이전의 결정들은 전통적인 이데올로기에 뿌리를 둔 것이기 때문에 이제는 앞으로 나아가야 할 시기가 되었습니다."[986]

이 판결은 동성결혼의 합법화가 일부다처제와 폴리아모리의 법적 보호로 이어질 수밖에 없다는 비판이 옳았다는 사실을 확인해 준다.[987] 2023년경 미국 로스엔젤레스(LA)에 사는 3명의 남자(Ben Rolam, 37세, Mitch Rolam, 37세, Benjamin Rolam, 35세)들도 '남성 여러 명을 배우자로 구성한 다양한 가족형태를 인정해달라'라는 소송을 진행 중이다.[988] 폴리아모리를 공식 인정해달라는 것이다.[989] 이미 법적으로 인정된 동성결혼과 폴리아모리를 법적으로 인정하는 것이 다를 바 없다는 논리다.[990]

한국의 국가인권위도 폴리아모리(중혼)를 지지한다. 헌법적 가치보다 젠더 이데올로기를 우월한 가치로 보기 때문이다. 2017년 12월경 한동대 미인가 동아리 '들꽃' 소속 학생 석모(28)씨 등은 학내에서 다자성애(난교, 폴리아모리)를[991] 주장하고, 동성애 등의 성적지향을 옹호하며, 매춘의 합법화를 주장하는 강연을 열었다. 석모씨 등은 한동대에 집회나 시설물 사용을 요구했으나, 허락되지 않았다.[992] 건학 이념과 충돌하기 때문이다. 그럼에도 석모씨는 신고한 집회 내용을 속이고 특강을 강행함으로써 징계를 받게 되었다.[993] 2018년 12월 18일 국가인권위는 이것이 집회의 자유와 평등권에 대한 인권 침해라고 결정했다.[994] 그리고 한동대에서 징계받은 다자성애자를 '성소수자'에 포함시켰다.[995] 헌법적 가치인 '일부일처제'를 부정하는 폴리아모리도 성적지향에 포함시킨 것이다. 이렇듯 차별금지법이 보호하는 '다양한 가족형태'는 폴리아모리를 지향한다.

일반적으로 이런 '다양한 가족형태'는 생활동반자법 → 동성결혼 → 폴리아모리의 법적 인정 단계를 거쳐 진화하게 된다. 그다음 단계로 소아성애 비범죄화 단계로 나아간다는 우려도 잇따른다.[996] 2023년 4월경 한국에서는 동성결혼이 인정되기 전 단계인 생활동반자법이 발의된 상태다.[997] 혼인이나 혈연이 아니어도 같이 살면 가족으로 인정하겠다는 것이다.[998] 이를 통해 전통적인 가정은 해체된다.[999]

다음으로, '가족상황' 사례를 보자. 미국 네브라스카주에서 61세의 세실 엘리지(Cecile Eledge)는 아들과 아들의 동성 배우자를 위해 대리모가 됐다.[1000] 할머니가 직접 손녀를 출산해 사회적 이슈가 된 것이다.[1001] 이런 다양한 가족형태와 상황의 차별금지는 결국 사회적 성에 기초한 가족을 염두에 둔 것이다. 그리고 이런 명분을 앞세워 전통적 가족 개념을 해체하고 문화혁명을 실현하게 된다.

차별금지법은 일부일처제에 기초한 혼인이라는 사회적 제도를 훼손한다. 그 결과 혼인과 가족공동체의 해체를 촉진한다. 일례로 이성 배우자가 있는 양성애자가 동성 성행위를 하면 배우자에 대한 성적 성실의무를 위반하게 된다.[1002] 그러나 폴리아모리(중혼)를 법적으로 보호하는 차별금지법에 의하면 이성 배우자는 보호받기 어렵게 된다. 부부 사이의 근본적인 신뢰를 무너뜨리는 이런 행위도 이념적 인권으로 보호받기 때문이다.[1003] 이렇게 가족관계의 기본 보호막이 사라지면서 가정이 해체되는 것이다.

심지어 양성애자가 HIV 감염판정을 받더라도 배우자는 검사 결과를 통보받지 못한다.[1004] 보건권뿐만 아니라 무증상 잠복기 때문에 생명권까지 위협받게 된다.[1005] 또한, 부모가 성전환하거나 3명 이상일 경우 자녀가 정신적 충격에 노출될 수 있음을 쉽게 짐작할 수 있다.[1006] 이처럼 전통적 가족공동체의 해체는 배우자와 자녀에게 심각한 악영향을 미치게 된다. 가정해체와 혼인 파탄에 잘못이 없는 배우자와 자녀는 법적 사각지대에 놓이게 되는 것이다. 그러나 어린 자녀들의 복리를 보호하는 사회적 안전망은 구축되지 않는다. 남은 가족의 인권보다 젠더 이데올로기가 더 우월한 가치이기 때문이다. 결국, 양성평등에 기초한 혼인과 가족생활이 유지될 수 있도록 보장할 국가의 의무(헌법 제36조 제1항)는 차별금지법 앞에서 '차별과 혐오'로 전락될 뿐이다. 게다가 LGBT의 동성애/성전환은 단지 사적 영역에 머무르지 않는다. 소중한 사회제도로서의 성격을 가진 혼인 관계와 가족제도, 타인의 기본권, 나아가 사회체제의 근간에까지 파괴적인 영향을 미치게 된다.[1007]

차별금지법이 제정되면 가정해체를 위한 후속법안들도 잇따라 통과될 것이다.[1008] 입법부에 그런 조치를 행할 의무를 부과하기 때문이다.[1009] 영국은 2005년경 동성 커플의 '시민결합'을 법적으로 인정했고, 2010년경 포괄적 차별금지법에 해당하는 평등법을 제정했으며,[1010] 2013년경 동성 혼인을 합법화했다.[1011] 그런데 영국의 브링턴 및 호브 시의회 의원인 크리스티나 서머스(Christina Summers)는 2012년 7월경 동성결혼을 도입하려는 정부 계획을 지지하는 의안에 반대표를 던졌다. 이로 인해 의원들의 환경위원회에서 징계를 받고 해임됐다.[1012] 동성결혼을 포함해 젠더 이데올로기 정책에 반대표현을 하면 이렇게 제재 받을 우려가 큰 것이다. 증오범죄로 몰아가며 혐오 프레임을 씌우기도 한다.[1013] 차별금지법이 제정될 경우 표현의 자유가 제한되어 후속법안의 견제 역시 거의 불가능해진다. 차별금지법 제정이 된 다른 여러 나라를 보더라도 동성결혼은 법제도화까지 나아가게 된다.[1014]

한국도 마찬가지다. 일례로 가족 정책 추진의 근간이 되는 건강가정기본법에 대해 보자.[1015] 이 법에는 이미 미혼모가정, 장애인가정 등 다양한 형태의 가정을 지원·보호하는 규정이 아래와 같이 존재한다.

> "국가 및 지방자치단체는 한부모가족, 노인단독가정, 장애인가정, 미혼모가정, 공동생활가정, 자활공동체 등 사회적 보호를 필요로 하는 가정에 대하여 적극적으로 지원하여야 한다."[1016]

그런데 2020년 건강가정기본법 개정안에서는 '가족의 형태를 이유로 한 차별금지 조항'을 삽입하면서 가족의 정의 규정까지 삭제했다.[1017] 법안에서 가족 개념을 삭제한 이유는 가정해체를 의도한 것으로 볼 수 있다.[1018] 동성 시민결합을 제도화하는 법안이며, 동성혼 합법화의 초석인 셈이다.[1019] 이에 대해 문화막시즘의 가정해체 사상이 반영됐다는 비판의 목소리가 높다.[1020] 문화막시즘은 가정을 성차별이 시작되는 악으로 규정하고 아빠와 엄마로 구성된 가정제도의 해체를 인권으로 보기 때문이다.[1021] 차별금지법이 제정되면 가족의 개념도 재해석되면서 동성결혼과 중혼(폴리아모리)의 법적 인정도 결국 시간문제일 뿐이다.[1022] 차별금지법의 취지를 따르는 후속법안의 제·개정이 의무이기 때문이다.

문화혁명은 생물학적 성별과[1023] 가정의 해체로 끝나지 않는다. 성별을 원하고 느끼는 대로 바꿀 수 있다면 나이, 인종, 종까지 바꾸지 못할 이유가 없게 된다. 실제로 서구에서 나이를 연령 정체성대로(trans-age), 인종(transracial)을 인종 정체성대로, 종(trans-species)을 종 정체성대로 바꾸겠다는 트랜스 운동들이 일어나고 있다. 관련 사례들을 보자.

네덜란드의 에밀 라텔반트(Emile Ratelband)는 법적 나이가 69세다. 그러나 그는 자신이 느끼는 신체적, 정신적 나이가 49세라면서 나이를 바꿔 달라고 아른헴(Arnhem) 지방법원에 연령변경 소송을 냈다. 라텔반트는 자신의 주장을 뒷받침하기 위해 최근 법원에 신체나이 검증서를 제출했다. 의사들이 판단한 그의 신체 나이는 45세다. 그의 주장은 "정체성에 근거해 성(性)을 바꾸는 트랜스젠더처럼 나이도 정체성에 근거해 바꿀 수 있어야 한다"라는 것이었다.[1024] 라텔반트는 나이도 성별과 마찬가지로 정체성에 해당하며 고용에서 차별을 느껴 소송을 진행하게 됐다고 밝혔다.[1025] 그는 영국 BBC와의 인터뷰에서 말한다.

"나의 실제 나이는 내가 느끼는 나이 정체성과 일치하지 않습니다. 나는 69세라는 나이에서 편안함을 느끼지 못합니다. 나의 공식적 나이는 내 현재 정서 상태를 전혀 반영하지 못합니다. 69세가 아닌 49세로 변경할 수 있기를 바랍니다. 69세는 취업이나, 이성 만남에 한계가 있습니다. 그러나 49세는 그렇지 않습니다. 훨씬 더 많은 일을 할 수 있습니다. 나는 어린 신(young god)입니다."[1026]

캐나다 남성인 스테펀니 월슈트(Stefonknee Wolscht)는 성별과 나이 정정을 동시에 요구했다. 그는 46세인데, 여성으로 성별정정을 하기 위해 23년간 결혼 생활을 한 부인과 7명의 자녀를 두고 집을 나왔다. 그리고 더는 어른이 되고 싶지 않다면서 40대가 아닌 6세로 살기로 했다고 선언했다. 그런데 46세 남성인 월슈트를 그의 정체성에 따라 '6세 여자아이'로 인정해주는 양부모를 만나 입양됐다. 입양 전에는 8세 소녀의 삶을 살았으나 양부모의 7세 손녀가 "여동생이 갖고 싶어"라고 말하자 나이를 6세로 낮춘 것이다.[1027] 토론토로 떠난 월슈트는 양부모의 가족 모두가 이를 받아들여 즐거운 놀이를 하고 있다고 한다.[1028] 캐나다에서는 심지어 인종 정정자까지 나왔다. 캐나다의 저명한 학자인 마이클 브라운(Michael Brown) 박사가 말한다.

"트랜스젠더, 트랜스 에이저에서 더 나아가 '종 정체성 질환' 현상이 나타나고 있습니다. 이처럼 서구사회에는 자신을 개라고 여기는 사람,[1029] 6세 소녀라고 믿는 52세 남성, 자신을 여성이라고 믿는 남성, 자신을 시각장애인이라고 믿는 여성,[1030] 자신이 흑인이라고 느낀다는 백인 여성이[1031] 있습니다."[1032]

구체적으로, 자신의 종 정체성이 '개'라는 게리 매튜(Gary Matthews)는 '개 부머'(Boomer the dog)로 법적 이름을 변경해달라고 법원에 소송을 제기했다. 그는 개 사료를 즐기고 개 목걸이를 찬다. 그리고 종이 개털을 만들어 몸에 부착한 후 개처럼 행동한다. 차가 지나가면 짖기까지 한다. 진심으로 자신의 정체성을 '개'라고 믿는 것이다.[1033] 자신의 인종 정체성이 '흑인'이라는 백인 여성인 레이첼 돌레잘(Rachel Dolezal)은 '트랜스 흑인'이라는 신조어를 만들어내며 미국 사회에 엄청난 파장을 불러일으켰다. 친부모가 모두 백인이기 때문에 돌레잘도 백인이다. 그러나 돌레잘은 10년 가까이 흑인인 것처럼 살아오면서[1034] 인권운동가로 활동했다.[1035] 돌레잘의 인터뷰 내용이다.

"인종이라는 개념은 (생물학적 성별의 개념처럼) 거짓입니다. '사회적 성'처럼 '사회적 인종'이 인정됩니다. 타고나는 것이 아니라 후천적으로 결정되는 것입니다.[1036] '트랜스 인종'이라는 개념은 트랜스젠더와 매우 유사합니다.[1037] 트랜스젠더와 똑같이 개인이 잘못된 피부로 태어나는 것도 가능합니다.[1038] 내가 흑인이라는 정체성은 아주 어릴 때부터 시작되었습니다. 아동 때부터요……[1039] 비록 양부모가 모두 백인이지만 나의 정체성은 흑인이기 때문에 나는 트랜스 인종입니다.[1040] 트랜스 유동성(성적 유동성)이 인정되는 것처럼 '인종 유동성'(racial fluidity)도 인정됩니다. 단지 사회가 아직 트랜스 유동성을 더 잘 받아들일 뿐입니다. 그래서 나는 트랜스젠더보다 더 차별받고 사회적 낙인도 찍혔습니다. 나는 백인 몸에 갇힌 트랜스 인종 여성입니다.[1041]

'트랜스 인종'이란 타고난 인종과 다른 인종 정체성으로 자신을 인식하는 사람을 말한다.[1042] 돌레잘 이후 LGBT 중 자신을 트랜스 인종이라고 주장하는 사람들이 증가하고 있다. 일례로 아담(Adam)이라는 백인 트랜스젠더는 자신을 자두(Ja Du)라 부르며 필리핀인이라고 믿는다. 성별뿐만 아니라 인종까지 전환한 트랜스 인종이라는 것이다.[1043] 그는 거의 필리핀 문화에 따라 살아간다. 트랜스 인종이라고 믿는 다른 사람들과 커뮤니티도 만들었다.[1044] 그는 필리핀 삼륜차(tuk tuk)를 타고 다니며 "필리핀 음식과 음악을 접할 때 진정한 자신을 느낀다"라고 말한다.[1045]

인스타그램에서 540,000명의 팔로워를 가진 사회관계망서비스(이하 'SNS') 인플루언서도 트랜스 인종을 선언해 사회적으로 논란이 됐다.[1046]

방탄소년단(BTS) 지민을 닮고자 여러 차례 성형 수술을 한 영국 백인인 올리 런던(Oli London, 32세)이 자신을 한국인이라고 선언한 것이다. 백인에서 황인종으로 인종 정체성을 바꾼 트랜스 인종이라고 한다. 이를 위해 미화 300,000달러(한화 3억5천만 원) 이상의 비용을 들여 9년 동안 32차례 성형 수술을 해왔다.[1047]

올리 런던은 자신이 '제3의 성' 정체성을 가진 LGBT라고 밝혔다. 그 후 인종전환 수술을 해서 한국인이 되었다고 선언했다. 한 걸음 더 나아가 한국인 여성으로 성정체성까지 바꾸었다고 한다.[1048]

자신의 정체성이 인종과 성별을 전환한 '트랜스 인종'이자 '트랜스젠더'라는 것이다. 그는 자신을 영국인으로 부르지 말라고 당부한다. 자신을 지칭할 때는 성 중립적 인칭대명사인 '그들'(they/them) 또는 '한국인', '지민'을 사용해달라고 요구한다. 여기서 지민은 BTS 멤버 지민에게서 따온 한국 이름이다. 올리 런던이 말한다.

"안녕하세요. 나는 드디어 한국인이 되었습니다. 인종전환 수술을 한 것입니다. 나는 8년 동안 잘못된 몸에 갇혀 살았습니다. 잘못된 몸에 갇혀 살고 '진정한 자신이 될 수 없다'라고 생각되는 것은 세상에서 제일 불행한 느낌입니다.[1049] 그러나 드디어 한국인이 되었습니다. 진정한 내 자신이 될 수 있게 된 것입니다. 그래서 행복합니다.[1050]

나의 정체성은 한국인입니다. 한국의 문화, 역사, 국민을 사랑합니다. 나는 한국인 특징을 갖기 위해 많은 고통과 수술을 감내했습니다.[1051] 한국어와 한국 요리도 많은 시간을 들여 배웠습니다.[1052] 최근 수술한 이후 한국인 여성으로 살아가는 것을 경험했습니다. 나의 성정체성도 유동적입니다.[1053]

나는 100% 한국인이 되기 위해 성기 축소 수술도 받을 예정입니다.[1054] 평균적인 한국인으로 인정받기 위해 이 정도까지 할 의지가 있는 것입니다.[1055] 한국인이 될 수 있다면 무엇이든지 할 수 있습니다. 한국 시민권을 받을 수 있다면 2년 군 복무도 하겠다고 한국 국민에 제안했습니다.[1056]

많은 사람들은 '인종전환'을 받아들이지 못합니다. 그러나 성전환 수술을 받은 것과 마찬가지라고 여깁니다. 나는 다른 생의 지민이어야 했는데 잘못된 몸에 태어난 것입니다.[1057] 나의 상황을 설명할 수 있는 유일한 방법은 트랜스젠더와 같다는 것입니다. 트랜스젠더 커뮤니티를 불쾌하게 할 생각은 추호도 없으나, 나의 상황을 설명하기 위해서는 이 방법뿐입니다.[1058]

(인종전환 수술 후) 눈물 흘리며 생애 처음 스스로 아름답다고 생각했습니다. 전에는 행복하지 않았으나 거울에 비친 내 모습에 너무나 행복한 느낌이었습니다. 다른 사람도 내 결정을 존중해줬으면 합니다. 정체성과 관련해 오래 고통을 겪고 심각하게 몸부림쳤으며 결국 용기를 냈습니다. 적당한 말일지 모르지만 '인종전환 수술'을 받았고 한국인과 같은 모습이 돼 정말로 행복한 느낌이었습니다.[1059]

그러나 수술 후의 행복은 두 달 정도 지속될 뿐입니다. 결국, 또 수술을 받고 싶게 됩니다.[1060] 솔직히 말하면 진정한 행복에 도달한 적은 없습니다. 외모를 변경하는 것은 일시적인 행복을 위한 끝없는 여행이기 때문입니다. 어떤 면에서는 슬프지만, 그 전보다 행복하고 더 자신감도 생겼습니다.

우리는 자신이 원하는 정체성을 선택할 권리가 있습니다. 나에게는 한국인 정체성이 있고 지금은 외모도 한국인처럼 보입니다. 사람들은 이것을 받아들일 필요가 있습니다. 그러나 내 가족들도 나와 말을 하지 않기 때문에 힘듭니다. 지금 외로움을 많이 느낍니다."[1061]

런던을 지지하는 돌레잘이 인터뷰에서 말한다.

"우리는 진보해서 젠더가 이분법적으로 구분돼서는 안 된다는 것을 이해하게 됐습니다. 심지어 젠더는 생물학적 특징을 갖지 않습니다. 그런데 인종 역시도 생물학적 특징을 갖는 것이 아닙니다. 우리의 신체와 역사를 곰곰이 생각해 보면, 사실상 인종이 젠더보다 생물학적 특징이 덜 합니다. 검은 피, 하얀 피와 같이 구별되지 않기 때문입니다."[1062]

"여기서 중요한 것은 연민과 배려입니다. 누군가가 개인적인 선택을 하고 어떻게 느끼는지가 문제 되면 그의 개인적 정체성을 비판해서는 안 될 것입니다."[1063]

그런데 젠더 추종자들은 올리 런던을 강도 높게 비난한다. 트랜스젠더 문화와 논리를 도용하고 젠더에 적용되지 않는 인칭대명사를 사용한다는 이유다. 그러나 이런 비난의 진짜 이유는 트랜스젠더의 성정체성 논리가 제한 없이 확장된다는 점을 확연히 보여주기 때문이다. 이에 대해 올리 런던이 말한다.

"깨어 있는 좌파(woke left, 젠더 추종자)의 비판은 위선적입니다. 결코, 정체성을 지지하는 것이 아닙니다."[1064]

"워크 문화(woke culture, 젠더 문화)에는 많은 문제들이 있다고 생각합니다. 너무나 가혹한 비판을 합니다. 100가지가 넘는 젠더 정체성은 괜찮다고 합니다. 원한다면 외계인이라고 정체성을 밝혀도 괜찮습니다. 그렇다면 도대체 왜 내가 한국인이라고 정체성을 밝혀서는 안 됩니까?"[1065]

젠더 추종자들이 주장하는 트랜스젠더의 성정체성 논리가 연령 정체성, 인종 정체성, 심지어 종 정체성까지 그대로 확장되고 법원에서도 다뤄지는 실정이다. 각종 변환(trans)을 원하는 사람들의 논리는 아주 간단하다. "성별이라는 뚜렷한 차이에도 성을 바꿔주는 마당에 나이나 인종, 종을 못 바꿀 이유가 무엇이냐"는 것이다.[1066]

그런데 젠더 추종자들은 트랜스 인종 등을 주장하는 사람들을 강하게 비난한다.[1067] 탈동성애자/탈트랜스젠더도 비난받기는 마찬가지다.[1068] 젠더 이데올로기의 허구성을 드러내기 때문이다. 이것은 소수자 보호를 명분으로 하면서 오히려 소수자를 탄압하는 자기 모순적 행태를 보이는 것이다. 진짜 목적이 소수자 보호가 아니라 젠더 이데올로기의 실현이기 때문이다. 결국, 소수자를 옹호하냐 탄압하냐의 차이는 젠더 이데올로기에 유리하냐 불리하냐의 차이인 것이다.

수십 가지 성을 인정하는 성정체성과 마찬가지로, 성적지향도 주관적 인식에 따라 무제한 확장된다.[1069] 기준이 추상적이고 모호하기 때문에 그 범위를 한계지을 수 없는 것이다.[1070] 이에 따라 동성 성행위는 물론 소아성애, 부모와 자녀 사이의 근친상간,[1071] 동물과 성관계를 갖는 수간까지도[1072] 차별금지법이 보호하는 성적지향에 포함될 수 있게 된다.[1073] 단지 사회가 이를 받아들일 수 있는 단계인지만 문제 될 뿐이다. 특히 젠더 이데올로기의 주요 이론가들 모두가 소아성애자, 소아성애 지지자 내지 동성애자들로서 소아성애와 근친상간의 합법화를 주장해

왔다. 젠더 이데올로기는 태생적으로 소아성애 합법화를 지향하는 것이다. 주요 이론가들을 보자.

'성 정치'라는 용어를 최초로 창안한 빌헬름 라이히(Wilhelm Reich)는 권위주의의 발생은 아동의 자연적인 성에 대한 억압과 연관된다고 주장했다. 즉 권위주의를 막기 위해서는 아동의 성해방과 성혁명 운동을 일으켜야 한다는 것이다. 그는 최초의 소아성애 이론가이기도 했다.[1074] 최초로 사회적 성인 젠더 개념을 창시한 존 머니(John Money) 역시 소아성애를 지지했다.[1075]

젠더 이데올로기를 체계화한 동성애자 주디스 버틀러(Judith Butler)는[1076] 아이들의 주체적인 성적 욕망을 강조함으로써 합의적 소아성애를 지지했다. 또 근친상간에 대한 금기가 동성애 금기를 전제한다며 이를 해체해야 한다고 주장했다. 부모-자식 간 근친상간으로 인한 트라우마는 근친상간 자체가 아니라 사회적 수치심 때문에 생긴다면서 근친상간의 합법화를 지지한 것이다.[1077] 이런 논리는 LGBT의 높은 자살 충동이 사회적 차별 때문에 생긴다면서 이를 명분 삼아 문화혁명을 실현하는 것과 매우 유사하다.

퀴어 이론의 아버지라 불리며 주디스 버틀러에게 큰 영향을 끼친 미셸 푸코(Michel Foucault)도 동성애자이자 소아성애자였다. 성인을 유혹하는 아이들의 성적 욕망을 주장함으로써 소아성애와 근친상간의 합법화를 지지했다.[1078] 킨제이 보고서로 성혁명을 일으킨 알프레드 킨제이(Alfred Kinsey)[1079] 역시 동성애자이자 소아성애자였다.[1080] 소아들도 오르가즘(성)을 즐긴다며 소아성애를 옹호했다.[1081] 그러나 데이터 확보를 위해 수많은 아이에 대한 소아성애 실험이 이뤄졌다는 비판이 있다. 소아들의 눈물, 신음, 숨이 막혀 '헉헉' 대는 소리를 오르가즘이라고 간주했다는 지적이 나온다. 괴로워하는 아이들의 반응을 소아성애자의 입장에서 오르가즘으로 받아들였다는 것이다. 킨제이는 자신의 연구를 근거로 어린 아동들에게 자위, 동성 성행위, 이성 성행위 등을 가르치는 조기 성교육의 필요성을 역설했다.[1082] 오늘날 만 3세 아이들에게 강요되는 인권교육의 모태로 볼 수 있다.[1083]

독일 성인지 성교육의 아버지이자 '성교육의 교황'으로 불리는 헬무트 켄틀러(Helmut Kentler) 교수도 버틀러와 유사한 논리로 소아들의 성적 욕망을 내세우면서 소아성애를 정당화했다. 그리고 소아성애가 아이들의 교육에 유익하다고 주장했다. 그러나 그는 이론에 그친 것이 아니라 실제 실험까지 했다. 그리고 소아성애 실험으로 인한 '켄틀러 게이트'가 폭로되면서 전 세계에 큰 충격을 안겨줬다. 그는 고아와 집 없는 아이들을 소아성애자 돌봄 아버지에게 넘겨주어서 일종의 '다양한 가족(퀴어 가족)'을 구성하는 실험을 15년 동안 진행했다.[1084] 아이들은 15년간 외부와 차단된 채 성노예로 살았고 현재도 깊은 트라우마를 안고 살고 있다.[1085] 오덴발트 슐레의 경우처럼 어린 시절의 성적인 트라우마를 극복하지 못해서 자살한 사건도 발생했다.[1086] 이것은 차별금지법의 '다양한 가족형태'가 실험된 것으로 볼 수 있다. 그 배후에 문화막시즘과 젠더 이데올로기가 주리를 틀고 있다는 비판의 목소리가 높다.[1087]

독일의 녹색당도 소아성애의 비범죄화를 주도하고 부분적으로 근친상간 금지의 폐지 운동을 전개한 바 있다.[1088] 1980년 3월경 녹색당은 '성적인 주변인들에 대한 차별'에 반대하는 프로그램을 통과시켰는데, 당시 소아성애자들의 관심을 대변하는 '소아성애 위원회'도 만들었다.[1089] 2014년경 당 대표는 이런 소아성애 운동과 관련된 과거사에 대해 공식 사과를 했다.[1090]

독일 성의학자인 클라우스 베이어(Klaus Beier)의 2017년 3월 14일자 인터뷰 내용이다.

"소아성애도 정상적인 성욕입니다. 성숙한 사회라면 소아성애자를 처벌하기보단 포용해줘야 합니다. 이차성징이 나타나기 전의 소년 혹은 소녀의 사진을 보고 성적 흥분을 느낀다면 소아성애증이 있는 것입니다. 소아성애는 대체로 사춘기 시절에 발현됩니다. 소아성애는 인간의 의지로 바꿀 수 없는 운명입니다. 소아성애도 이성애나 동성애처럼 성적지향의 한 종류일 뿐입니다. 따라서 소아성애자를 사회의 일원으로 받아들여야 합니다. 자연은 다양성을 좋아하지만, 사회와 문화가 다양성을 혐오하는 것입니다. 미성년자를 위한 성교육 프로그램에 인간의 성적 취향이 다양하다는 내용이 포함돼야 합니다."[1091]

베이어 박사는 소아성애도 성적지향에 포함된다는 점에서 동성애와 다를 바가 없다고 말한다.[1092] 따라서 소아성애도 정상이라고 인권교육에서 가르쳐야 한다고 밝힌다.[1093] 미국 캘리포니아에서도 학교 공무원이 아이들에 대한 소아성애 교육을 옹호해 논란이 됐다. 그는 소아성애가 역사적으로 존재하는 다양한 성적지향 중 하나일 뿐이라고 한다.[1094] 소아성애자들도 자신들을 성소수자라고 본다.[1095] 소아성애를 성적지향으로 인정해달라고 요구하는 인권단체도 북미에서 활동한다.[1096] 결국, 젠더 이데올로기가 만연한 사회에서는 이를 체계화한 성 이념가들의 주장에 따라 소아성애 합법화를 단계적으로 지향할 개연성이 높다. 그 피해는 고스란히 어린아이들에게 돌아간다.

한편, 헝가리 보수 여당인 피데스는 2021년 6월경 미성년자에게 동성애/성전환을 묘사하거나 조장하는 행위를 금지하는 법안을 발의했다. 피데스는 이 법안의 목적은 소아성애로부터 아이들을 지키는 것이라고 한다.[1097] 그리고 헝가리에서는 동성애/성전환 등을 묘사한 아동도서 판매를 제한하는 법령도 발표했다. 역시 소아성애 퇴치를 목표로 한다.[1098] 반면 한국은 '나다움 어린이책 교육문화 사업'(이하 '나다움 어린이책') 등을 진행해 아이들을 지키지 않는다는 비판에 직면한다.

7장

아동·청소년의 삶을 파괴하는
차별금지법

7장

아동·청소년의 삶을 파괴하는 차별금지법

아동 세뇌, 나다움 어린이책

나다움 어린이책은 여성가족부가 '나다움'을 찾도록 돕는 내용의 어린이책을 선정해 초등학교와 공공도서관에 보급하는 사업이다. 어린이들이 성별 고정관념에서 벗어나 남자다움, 여자다움이 아닌 '나다움'을 배우고 찾아가도록 돕겠다는 취지로 선정된 도서들이다.[1099] 다시 말해, 생물학적 성별에서 벗어나 사회적 성을 배우고 찾아가도록 돕겠다는 것이다. 2019년과 2020년경 총 199종의 도서를 나다움 어린이책으로 선정한 바 있다. 이에 대해 여성가족부는 "전국 초등학교에 나다움 책장 보급을 확대해 어린이들이 매일 생활하는 학교에서부터 나다움 어린이책 등 성평등 도서를 손쉽게 접하고 선택할 수 있는 환경을 조성하겠다"라고 밝혔다.[1100]

이렇게 배포된 책들은 동화책 등으로 만들어져 아이들에게 읽히도록 한다.[1101] 그러나 '조기 성애화'와 '동성애 조장'의 내용을 담고 있다는 문제가 제기되고 있다.[1102] '조기 성애화'란 가치관이 정립되기 전의 어린 나이부터 성에 관해 아주 자세한 교육을 해 아동을 성적 본능의 대상이 되거나 그것의 적극적인 실행자가 되도록 만드는 것을 일컫는다.[1103] 그리고 조기 성애화를 바탕으로 동성애를 조장한다. 이것을 어린 시절부터 자연스럽게 접한 아이들은 자신도 그 같은 행동을 당연히 실행해도 된다고 생각하고 모방한다.[1104] 문화막시즘의 전략 중 하나가 '조기 성애화'다.[1105] 그리고 젠더 이데올로기 이념가들이 강조하는 것이 '합의적 소아성애의 합법화'다.[1106] 나다움 어린이책은 이런 전략과 본질적으로 무관하지 않다는 비판을 받는다.[1107] 나다움 어린이책으로 선정된 몇몇 책의 사례를 보자.

'아기는 어떻게 태어날까'의 내용이다. 남녀의 성기뿐만 아니라 성행위도 그림

으로 보여주며 자세히 묘사한다. 성교를 일종의 놀이처럼 서술한다.[1108]

"엄마에겐 가슴이 있고 다리 사이에 좁은 길이 있어. 그 길을 질이라고 해...... 아빠 다리 사이에는 곤봉처럼 생긴 고추가 있어. 고환이라고 하는 주머니도 달려 있지...... 아빠 고추가 커지면서 번쩍 솟아올라. 두 사람은 고추를 질에 넣고 싶어져. 재미있거든...... 아빠는 엄마의 질에 고추를 넣어. 그러고는 몸을 위아래로 흔들지. 이 과정을 성교라고 해. 신나고 멋진 일이야."[1109]

책에서는 '넣고 싶어져' '재미있거든', '신나고 멋진 일이야' 등의 표현을 사용해 아이들에게 성관계를 재미있는 놀이로 묘사한다.[1110] 성에 대한 개념조차 없는 아동에게 성을 재미있는 놀이로 인식시키면 성적 호기심이 유발된다. 그리고 첫 성관계 나이가 빨라질 개연성이 높아진다.[1111] 동성애도 마찬가지다.

'아기가 어떻게 만들어지는지에 대한 놀랍고도 진실한 이야기'의 내용이다. 성관계를 노골적으로 묘사한다.

"난자와 정자가 만나려면, 남자와 여자가 서로 함께해야 한다. 두 사람은 합치기 위해 옷을 벗으면서 키스를 하고 서로를 어루만지며 시작해요. 이때 어른들은 흥분하고 특별한 기분을 느껴요. 곧이어 여자의 질이 촉촉해지고 남자의 음경이 딱딱해져요. 남자가 음경을 여자의 질 안으로 밀어 넣어요. 마치 퍼즐 조각처럼 두 사람의 몸이 서로 맞춰져요. 이것이 바로 서로 사랑을 나눈다고 하는 행동...... 남자와 여자는 모두 설레고 흥분하며, 아주 사랑하는 감정을 느껴요. 그 느낌이 점점 더 강해지고, 남자가 더 빨리 움직이면...... 마침내 고환에 있던 정자들이 음경에서 솟아오르며 여자의 나팔관으로 들어가요."[1112]

이에 대한 언론 보도 댓글을 보면 "니네 손주들에게 성관계가 재미있다. 엄마와 아빠 뽀뽀하면 발기한다. 남자는 사타구니에 곤봉 같은 고추가 있고 여자는 가랑이 사이에 길(구멍)이 있다!! 거기에 고추를 넣는 거다! 이런 내용 읽어줄 수 있느냐? 니 며느리 앞에서 이 책을 손자 손녀에게 읽어줄 수 있느냐?? 니 딸 앞에서 손자 손녀에게 읽어주고 권할 수 있느냐 말이다" 등의 의견들이 줄을 이었다.[1113] 그 외 아이들의 '조기 성애화'를 일으킨다는 비판이 많았다.

'우리 가족 인권선언' 시리즈 중 '엄마 인권선언'에서는 엄마에게 "원하는 대로 사랑할 수 있는 권리, 원할 때 아이를 가질 수 있는 권리"가 있다며 두 여성 커플이 아이들을 돌보는 그림을 보여준다. 동성혼이 '권리'라는 것이다. 또 이 책은 엄마에게 "견디기 힘들 정도로 불행하다고 느낄 때 자신의 인생을 바꿀 수 있는 권리, 이혼한 뒤에 하루 종일 아이를 보지 않아도 될 권리"가 있다며 아동들에게 이혼을 여성의 '권리'로 가르친다. 이 시리즈 중 '아빠 인권선언'도 동성애를 조장하기는 마찬가지다. 이 책도 아빠에게 "원하는 대로 사랑할 수 있는 권리, 원할 때 아이를 가질 수 있는 권리"가 있다며 두 남성 커플과 아이들로 구성된 가족의 모습을 제시한다.

아울러 '딸 인권선언'은 딸에게 '남자든 여자든 좋아하는 사람을 사랑할 수 있는 권리'가 있다며 두 여자아이들이 사랑하는 눈빛으로 서로를 바라보는 그림을 보여준다. '아들 인권선언'도 아들에게 '남자든 여자든 좋아하는 사람을 사랑할 수 있는 권리'가 있다며 두 남자아이의 모습을 보여준다. 마찬가지로 동성애를 조장하는 것이다.[1114] 판단력과 절제가 미흡한 아동들에게 성관계를 놀이, 동성애를 권리라고 가르침으로써 동성 성행위를 가벼운 흥밋거리로 인식시킬 수 있기 때문이다.[1115] 실제로 인터넷 교보문고에서도 이 책들의 키워드로 '동성애'가 표기된다.[1116]

'자꾸 마음이 끌린다면'에서도 "아주 비슷한 사람들이 사랑할 수도 있다. 예를 들면 남자 둘이나 여자 둘"이라고 하며 사랑에 빠진 두 남성과 두 여성 커플의 그림을 보여준다. 특히 여성 커플은 상체를 벌거벗은 차림으로 가슴을 노출하고 있다. 마찬가지로 동성애를 조장하는 것이다.[1117] 왜냐하면, 아동일 때는 누구나 동성과 친밀한 시기를 가지는데, 이런 동성과의 친밀함을 동성애로 착각하게 할 가능성이 크기 때문이다.[1118] 또 성욕이 한창이고 충동적인 청소년으로 성장했을 때 아동 때부터 세뇌되었던 사회적 성에 대한 성적 모험을 감행하고 스스로 실험해보려는 가능성도 커진다.[1119] 특히 동성애 위험성·유해성이나 중독 유사 증상에 대한 정보를 제공받지 못하기 때문에 더욱 그러하다.[1120]

2020년 8월 25일자 국회 교육위원회 전체회의에서 국회의원 김병욱은 나다움 어린이책을 비판했다.

"(나다움 어린이책은) 성교 자체를 재밌거나 '신나고 멋진 일이야', '하고 싶어지거든'이라 표현하고 있습니다. 조기 성애화 우려까지 있는 노골적 표현들입니다. 그림도 보기 민망할 정도로 적나라하게 돼 있는 걸 초등학교에 보급했습니다. 초등학생들에게 마치 성행위를 하라고 권하는 뉘앙스가 풍겨지기도 합니다. 성교육도 좋지만 이런 내용을 과연 우리 학부모들이 납득할 수 있는지 의문입니다.

인터넷 서적 사이트(교보문고)에서 '동성애자'를 검색하면 이런 책들이 검색됩니다. 이런 책을 초등학교에 보급했다는 것은 성소수자에 대한 존중과는 별개로 동성애, 동성혼을 미화하거나 조장한다는 점에서 우려스럽습니다. 차별하지 않아야 하는 것과 조장하는 것은 별개의 문제라고 생각합니다. 특히 어린 학생들에게 동성애가 자연스러운 것처럼 묘사하고 노골적으로 성행위를 표현하는 도서를 배포하는 것은 문제가 있는 만큼 교육부가 실태를 조속히 파악해 바로잡아야 합니다."[1121]

이튿날 여성가족부는 나다움 어린이책을 회수하겠다고 발표했다.[1122] 그러나 1년 후 위 책들을 포함해 총 262종의 도서가 다시 선정되며 나다움 어린이책 사업이 재개됐다.[1123] 학부모 단체와 교사 등 각계 전문가들은 이런 나다움 어린이책이 '젠더 이데올로기 교육'에 해당한다며 반발한다. 나쁜교육에 분노한 학부모연합도 비판을 한다.

"남성과 여성의 구분이 고정관념이라고 보는 것은 우리 전통사회의 가치관에 정면으로 충돌하는 매우 위험한 발상이다. 동성애를 인권이라고 가르치고 조기 성애화의 내용을 담고 있는 등 우리 사회가 지니고 있는 고유의 가치 기준에 반하는 여러 요소들을 품고 있다. 아직 인지 능력과 지각 능력이 미성숙한 어린 학생들에게 이런 사상이 동화의 형태로 제공된다면 우리 고유의 가치 기준에 반하는 사고를 여과 없이 받아들이게 돼 오히려 반사회성을 길러주는 독소적인 역할을 자처하는 것이다. 공교육의 이름으로 시행하는 조기 성애화 성교육은 아이들을 성에 중독되고 탐닉하도록 만든다. 교육적인 측면에서 허용돼서 안 된다."[1124]

성교육 기관 카도쉬 아카데미의 최경화 소장이 말한다.

"남자로 태어나서 자연스럽게 남자로 자라고, 여자로 태어나서 자연스럽게 여자로 자랄 수 있는 자연스러운 순리를 해체시키는 교육이라고 볼 수 있습니다. 이 교육은 초등학교 저학년 아이들에게 성정체성 혼란을 줄 수 있는 뿌리가 깊은 사상 교육입니다."[1125]

전국학부모단체연합은 성명을 냈다.

"여성가족부의 나다움 어린이책에 대한 학부모들의 문제 제기는 정당한 학부모의 권리다. 젠더 이데올로기를 강제로 주입하는 여성가족부의 정책을 폐지할 것을 촉구한다."[1126]

교육과정 집필 전문 학자로 20년 이상 총론을 만들어왔던 고려대 교육학과의 홍후조 교수가 말한다.

"학교 도서관에는 여전히 성혁명 사상의 추천도서들이 즐비합니다."[1127]

차별금지법이 제정된 영국은 한 걸음 더 나아간다. 이런 아동도서를 '드래그 퀸'이라는 여장 남자가 아동들에게 직접 읽어준다.[1128] 또 6세 아동들에게 해리 왕자가 되어서 동성 하인인 토마스에게 결혼해달라는 청혼 연애편지를 쓰라는 수업도 진행한다.[1129] 이 청혼 편지에 동성인 토마스에게 왜 결혼해야 하는지 설득력 있게 쓰기를 요구한다.[1130] 캐나다에서는 8세 때 동성애와 성정체성에 대해, 11세 때 자위행위의 즐거움을, 12세 때 항문성교와 구강성교를 배운다.[1131] 학교 측은 학부모에게 이를 사전 공지할 필요가 없으며,[1132] 학부모에게 자녀의 수업 참여 여부를 결정할 권한도 없다. 또 학교는 동성애/성전환의 이해를 촉진하는 활동을 하려는 학생들을 적극적으로 지원해야 한다.[1133]

성전환을 주입하는 인권교육은 이보다 더 어린 나이에 시작된다. 영국에서 2~4세 아동에게 트랜스젠더리즘을 장려하는 아동도서 목록에 『당신은 남자아이인가요, 여자아이인가요?』(Are You a Boy or Are You a Girl?)라는 책이 있다. 이에 대해 독립 여성 포럼(Independent Women's Forum)의 선임 정책 분석가인 켈시 볼라(Kelsey Bolar)가 말한다.

"3세 아동에게 성정체성과 트랜스젠더리즘에 관한 개념을 소개하는 것은 정당화될 수 없습니다. 3세 아동의 엄마로서 이것은 터무니없이 충격적입니다. 이런 정책은 친절과 포용을 가장해 추진됩니다. 그러나 그들(젠더 추종자)이 실제로 하는 짓은 흠 없이 건강한 아이들에게 자신의 신체를 의심케

하고 혼란을 겪도록 부추기는 것입니다. 일부 아동들에게는 이런 의문들이 트랜스젠더 정체성의 형태로 나타납니다. 그리고 이것은 사춘기 차단제, 교차 성호르몬, 돌이킬 수 없는 성전환 수술로 이어지게 됩니다. 어린이들이 이 길을 걷도록 유도하는 이런 아동도서들은 비난받아 마땅합니다."

이런 아동도서에 대해 영국에 있는 심리학자와 심리치료사 단체(Thoughtful Therapists)의 공동 설립자인 제임스 에세스(James Esses)가 말한다.

"젠더 정체성 이데올로기가 반영된 이런 아동도서가 어린아이들에게 미치는 영향은 매우 우려스럽습니다. 2세 아동에게도 잘못된 신체에 갇힐 수 있다는 생각을 주는 것이기 때문입니다. 이것은 아동이 자신의 신체를 편안히 느낄 가능성을 훨씬 적게 만듭니다. 그리고 잠재적으로 돌이킬 수 없는 손상을 유발하는 성전환 시술이라는 미끄러운 경사면에 그 아이들이 서 있도록 만드는 것입니다."[1134]

그밖에 2~4세 아동을 대상으로 하는 다른 LGBT 아동도서들도 있다. 아동에게 성정체성 혼란을 유발할 수 있다는 지적이 쏟아진다. 예컨대, 『나는 재즈다』(I Am Jazz)라는 책은 소년의 몸에 소녀의 뇌를 가진 재즈라는 트랜스젠더 아이가 '그렇게 태어났다'라고 말하는 의사를 만날 때까지 온 가족이 혼란스러웠다는 이야기다. 『레드: 크레용 이야기』(Red: A Crayon's Story)라는 책은 레드라는 이름을 가진 크레용이 빨간색 라벨을 받았지만 실제로는 파란색이었고, 아무리 노력해도 레드는 파란색일 수밖에 없다는 이야기다.[1135]

또 다른 예를 보면, 스코틀랜드 정부는 4세부터 부모 동의 없이 성전환을 할 수 있다고 모든 학교에 지침을 내렸다. 지침에 따르면 아동이 성전환을 원한다고 말하면 선생은 이를 의문시하는 질문을 해서는 안 된다. 특히 젠더불쾌증이 '지나가는 단계'라고 말해서는 안 된다고 한다.[1136] 그리고 대신 불리기 원하는 '성전환에 맞는 새로운 이름'과 '성중립적 인칭대명사'가 무엇인지 물을 것을 요구한다. 게다가 아동들이 성전환을 원해도 학교는 부모에게 이런 사실을 알리지 않아도 된다고 명시한다. 4세 아동은 부모 동의 없이 자신의 성별이나 이름을 바꿀 수 있는 것이다.[1137] 이런 성중립적 인칭대명사의 사용은 젠더불쾌증을 고착화하는데, 부모에게 이런 세뇌 과정을 비밀로 하는 것이다.[1138] 그리고 트랜스젠더를 다루는 책들을 교육과정에 포함시키며 성중립적인 교복을 개발해야 한다는 내용도 담겼다.[1139] 또 반대 성별의 화장실이나 탈의실을 선택해 이용할 수 있다고 밝힌다.[1140]

미국에서도 학교 현장에서 아이들에게 성중립적 인칭대명사를 사용하고 부모에게 이를 알리지 않아도 된다는 지침을 내렸다. 이에 동조하지 않는 학교는 정부지원금을 잃게 된다. 부모의 동의나 지식 없이 자녀에 대한 성전환 시술이 이루어지는 이유다.[1141]

그러나 이런 지침에 대해 "학교 현장에서 위험한 이데올로기를 아동들에게 주입한다"라는 비판의 목소리가 높다. 단순히 인형을 갖고 노는 소년이나 로봇을 좋아하는 소녀까지 자신을 트랜스젠더로 오인하도록 인권교육이 이루어진다는 지적이다.[1142] 아동들은 성 역할을 바꾸면서 놀거나 실험하면서 성장하는 성향이 있는데, 이런 아동들에게 평생 돌이킬 수 없는 의학적 개입을 장려한다는 것이다.[1143]

3~12세 소녀를 대상으로 하는 『똑똑한 여아의 길라잡이: 신체 이미지』(A Smart Girl's Guide: Body Image)라는 LGBT 책이 미국에서 논란이 됐다. 이 책에서는 아이들이 성정체성에 의문을 가질 경우, (성전환 시술을 지지하는) 의사와 상담할 것을 장려한다. 이에 대해 탈트랜스젠더인 루카 헤인(Luka Hein)이 말한다.

"이런 책들은 정상적인 10대 문제로 여겨져야 할 것들을 불편하게 느낄 경우, 자신에게 문제가 있으므로 신체를 바꿔야 하고 의학적 개입을 추구해야 한다는 메시지를 던집니다. 그러나 10대 초반의 어린 소녀들은 자신이 어떻게 발달하는지에 대한 적절하고 편견 없는 정보를 통해 성장하고 발달하며 자신의 몸에 자신감을 가지도록 허용돼야 할 것입니다. 어린 소녀들은 이런 것들을 불편하게 느끼더라도 자신이 잘못됐다는 것을 의미하지 않으며, 괜찮고 정상적이라는 사실을 알아야 합니다.[1144] 젠더 이데올로기는 사춘기 동안 불편함을 느끼는 소녀들을 대상으로 점점 더 약탈적인 행태를 보입니다. 그리고 이런 책들은 그런 약탈적인 성격을 그대로 드러냅니다."[1145]

이와 같은 외부 개입이 없을 경우, 젠더불쾌증을 가진 아이들의 85%가 사춘기 이후 자연스럽게 성정체성 혼란 문제를 해결한다는 10개 이상의 연구결과들이 있다. 그럼에도 너무나 어린 나이에 인생을 바꾸는 결정을 아동이 내리게 한다는 비판이 따른다.[1146] 아동에게 젠더불쾌증을 유발하고 관련 정보를 부모에게 은폐하는 이런 젠더 이데올로기 정책은 '부모의 권리를 박탈하는 행위'며 '의학적 길로 들어서도록 아이들을 장려한다'는 여성단체들의 반발도 있었다.[1147] 트랜스젠더 아젠다가 문화와 의학 분야까지 장악했다는 지적이다.[1148]

이런 인권교육이 시행된 후 영국에서는 6세 아동까지 학교에서 자해하는 현상이 발생하고 자해 비율도 급증했다.[1149] 자해할 경우 자살 가능성도 현격하게 높아진다.[1150] 게다가 평등법 시행으로 인권교육이 강화된 후 영국 아이들 간의 성적 학대 비율이 3년(2013~2016년) 동안 71%, 2년(2016~2018년) 동안 두 배가 각각 급증했다고 경찰 통계가 밝혔다. 가해자 10%가 10세 이하의 아동들이라 더 충격적이다.[1151] 조기 성애화를 부추기는 인권교육의 영향이라는 지적이 나온다. 미국에서도 5세 아동들이 인권교육을 받은 후 자신의 성별이 갑작스럽게 뒤바뀔 수 있다는 두려움과 정신적 충격을 호소한다.[1152] 젠더 이데올로기를 주입하는 인권교육이 정서적 학대 행위와 다름없다는 비판이 따르는 이유다.[1153]

앞에서 언급했듯 문화막시즘의 가장 중요한 의제는 성혁명 운동이다.[1154] 그리고 주요 공략 대상은 아이들이다. "만 열 살 이전에 주입(세뇌)을 시작해야 큰 결과를 얻을 수 있다"라는 전략에 근거한다.[1155] 이에 따라 아직 성 개념도 잘 모르는 아동에게 성관계가 놀이 행위이고 사회적 성이 정상이라고 주입식으로 교육한다.[1156] 반면 동성애/성전환의 유해성과 위험성에 대한 의학적·과학적 정보에 접근할 수 있는 권리는 교육에서 철저하게 배제한다. 교육과 언론을 통해 실체와 다른 동성애/성전환에 대한 미화된 이미지만을 심는 것이다.[1157] 이것은 청소년들이 동성애/성전환에 빠지게 하는 씨앗이 된다.[1158] 그리고 LGBT 청소년을 후천적으로 폭증시킨다. 자기 통제력이 부족한 청소년들에게 동성애/성전환에 대한 단순한 호기심의 발동을 넘어 성적 욕구를 발생·증가하게 만드는 것이다.[1159] 그리고 어린 시절 트라우마의 도피처로 착각하게 한다.[1160] 이것을 경험하면 남성 동성애는 중독 때문에, 성전환은 정체성 혼란 때문에 본인 의지로 빠져나오기 어렵게 된다.[1161] 더군다나 정보 접근권 차단으로 LGBT에 빠지도록 장려하지만, 상담치료를 불법화해 LGBT에서 빠져나오지 못하도록 정책을 추진한다.[1162] LGBT 폭증으로 시민사회 내에서 지적·도덕적·문화적 헤게모니를 장악해 장기적으로 진지를 구축한다(진지전)는 지적이 현실로 드러나고 있다.[1163]

문화막시즘에서 젠더 이데올로기가 파생됐다.[1164] 그리고 권위주의가 생산되는 가정으로부터 소아들과 청소년들을 성해방 한다고 외치면서 소아성애 운동도 전개됐다.[1165] 앞서 언급한 것처럼 빌헬름 라이히, 존 머니, 앨프레드 킨제이, 미셸 푸코, 주디스 버틀러, 그리고 헬무트 켄틀러와 같은 젠더 이데올로기 이론가 대부분은 조기 성애화를 주장하는데, 이들이 모두 소아성애자들이거나 그 옹호자들이라는 사실은 결코 우연이 아니다.[1166] 이들은 모두 인권교육의 토대가 된 젠더 이데올로기 이념가들이다. 그런데 이 이념가들은 소아성애 합법화 근거로 소아들도 주체적인 성적 욕망이 있고,[1167] 오르가즘(성)을 즐긴다고 한다.[1168] 동성 성행위 등에 대한 조기 성교육의 필요성도 역설했다.[1169] 동의만 있다면 어떠한 형태의 성관계도 규제되어서는 안 된다고 가르친다.[1170] 이를 통해 아동을 소아성애 파트너로 만들어 가게 된다.[1171] 성관계를 놀이로 배운 유아를 상대로 소아성애 합의를 유도할 가능성이 커지는 것이다. 이런 이념가들의 사상은 인권교육의 토대를 마련한 동시에 인권교육의 지향점도 된다.

인권교육을 통해 조성되는 교육환경은 아동·청소년이 강압이 아닌 자율적인 의사에 의하여 소아성애나 바텀알바를 선택하도록 유도한다.[1172] 그러나 자신의 인생과 운명을 결정하는데 필요한 LGBT 유해성 정보는 제공하지 않는다.[1173] 게다가 아동·청소년은 동성애/성전환으로 인한 위험부담을 자신의 책임으로 결정할 능력도 없는 상태다. 이런 아이들에게 사회적 성을 미화하는 인권교육이 강요되는 것이다.[1174] 특히 나다움 어린이책의 '조기 성애화'와 '동성애 조장'도 이런 인권교육의 일환이라는 지적이 잇따른다.[1175] 그리고 편향된 정치이념을 위해 아동의 위험부담을 증가시킨다. 아동이 자신을 LGBT로 인식하는 시기가 1년씩 빨라질수록 자살 리스크가 20%씩 증가한다는 연구결과가 있기 때문이다.[1176]

앞서 언급했듯 수많은 아동·청소년들은 스마트폰 동성애 애플리케이션(이하 '동성애 앱')을 통해 소아성애와 바텀알바에 빠져들고 있다. 젠더 이데올로기가 반영된 교육과 미디어의 영향이라는 지적이다. 젠더 이데올로기 이념가들의 전략이 현실화되는 것이다.[1177] 그 대가로 LGBT에 빠진 아동·청소년 대다수의 삶은 에이즈나 자살 충동 등으로 회복되기 어려울 정도로 손상되고 만다.[1178] 에이즈와 성매매 등의 사회적 병리현상이 심화되는 것이다. 그런데 아이 보호를 위해서라면 이에 대한 사회적 논의를 하는 것이 상식적이다. 그러나 인권보도준칙은 이마저 막는다.[1179] 젠더 이데올로기의 실현이 아이들 생명보다 우선적이기 때문이다. 그 결과 아이들의 피해는 언론통제 속에서 눈덩이처럼 쌓여만 간다.[1180] 차별금지법이 제정된다면 이런 현상은 더욱 가속화될 것이다.[1181]

학문 통제와 교수 해임

미국 웨스트민스터 신학교의 피터 존스(Peter Jones) 교수는 미국 대학이 젠더 이데올로기에 의해 점령당했다고 말한다.

"비록 동성애가 과학적으로 유전이 아니며, 많은 증거들이 어린 시절의 학대로 인한 것임을 암시함에도 우리 세대의 문화적 환경 속에서 동성애에 대한 진지한 공적 논쟁은 더 이상 가능하지 않습니다. 현재 미국 대학에서 동성애에 관한 언론과 표현의 자유가 사라졌습니다. 그들은 반대자들의 입을 틀어막는 데 성공한 것입니다. 동성애에 대한 비판을 절대로 용납하지 않습니다. 가능한 모든 수단을 동원해 자신들의 길을 관철시키는 학생 세대를 만들어내기 때문입니다."[1182]

젠더 이데올로기가 학문의 자유를 점령하면 진리탐구의 상아탑인 대학교에서 동성애/성전환에 대한 비판적 검증이 용납되지 않는다.[1183] 헌법재판소가 판시한다.

"학문의 자유에서 말하는 '학문'이란 일정한 지식수준을 기반으로 방법론적으로 정돈된 비판적인 성찰을 함으로써 진리를 탐구하는 활동을 말한다. 학문의 자유는 곧 진리탐구의 자유라 할 수 있고, 나아가 그렇게 탐구한 결과를 발표하거나 강의할 자유 등도 학문의 자유의 내용으로서 보장된다.[1184]

대학 교원은 학문의 자유의 제도적 보장과 대학자치 보장을 통하여 일반 근로자 및 초·중등교원과 구별되는 독자성과 자율성을 보장받고 있다. 헌법 제31조 제4항은 대학의 자율성은 법률이 정하는 바에 의하여 보장된다고 규정하고, 대학의 자율성은 헌법 제22조 제1항이 보장하고 있는 학문의 자유의 확실한 보장수단으로서 꼭 필요한 것인바, 대학 교원은 학문의 자유를 실현하는 주체이다. 대학 교원은 교수내용이나 교수방법에 관한 한 누구의 지시나 감독에 따르지 아니하고 독자적으로 결정하며, 강의실에서는 학문적 견해를 자유로이 표명할 수 있는 '교수의 자유'도 보장된다.[1185]

교원의 지위에 관한 '기본적인 사항'은 다른 직종의 종사자들의 지위에 비하여 특별히 교원의 지위를 법률로 정하도록 한 헌법 규정의 취지나 교원이 수행하는 교육이라는 직무상의 특성에 비추어 볼 때 교원이 자주적·전문적·중립적으로 학생을 교육하기 위하여 필요한 중요한 사항이라고 보아야 한다. 그러므로 입법자가 법률로 정하여야 할 기본적인 사항에는 무엇보다도 교원의 신분이 부당하게 박탈되지 않도록 하는 최소한의 보호 의무에 관한 사항이 포함된다. 교원으로서의 신분이 공권력, 사립학교의 설립자 내지 기타 임면권자의 자의적인 처분에 노출되는 경우에는 교원이 피교육자인 학생을 교육함에 있어서 임면권자의 영향을 물리치기 어려울 것이며, 그렇게 되면 교육이 외부세력의 정치적 영향에서 벗어나 교육자 내지 교육전문가에 의하여 주도되고 관할되어야 한다는 헌법 원칙(교육의 자주성·전문성·정치적 중립성)에 반하게 되는 결과를 초래할 수 있기 때문이다. 이 점은 특히 일반적으로 수용되는 기존의 지식 내지 인식의 결과를 단순히 전달하는 데 그치지 아니하고 이에 대한 비판적 검증의 바탕 위에서 새로운 인식을 모색하는 학문연구와 교수활동을 과제로 하는 대학교원에 있어서 더욱 큰 의미를 갖는다."[1186]

이와 같이 대학교수에게는 일반 시민이나 초·중등 교사와 구별되는 독자성과 자율성이 헌법상 보장된다. 강의실에서 학문적 견해를 자유로이 표명할 '교수의 자유'도 헌법상 보장된다. 비판적 검증의 바탕 위에서 새로운 인식을 모색하는 학문연구를 보장할 필요가 있기 때문이다. 이를 위해 교수의 신분이 공권력이나 사립학교 임면권자의 자의적인 처분에 노출되지 않도록 해야 할 최소한의 보호 의무가 있다. 교육의 자주성·전문성·정치적 중립성을 보장하기 위해서다. 무엇보다 진리탐구의 자유가 외부세력의 정치적 영향에서 벗어나도록 해야 한다. 그러나 이런 헌법 원칙이 젠더 이데올로기 앞에서는 무력화된다. 이상원 교수 해임 건이 그 단적인 사례다.

이상원 교수는 총신대학교 신학대학원(이하 '총신대 신대원')의 기독교 윤리학/조직신학 교수다. 그는 2019년 2학기 '생명과학과 생명윤리' 수업 중에 항문성교의 위험성을 거론했다. 그런데 2020년 5월경 총신대 재단 이사회는 이것이 '성희롱'에 해당한다며 해임 징계 처분을 했다.[1187] 성희롱 프레임을 쓰게 된 이상원 교수의 녹취록 발언을 그대로 인용한다.

"생물학적으로 사람 몸이 그렇게 되어 있어요. 왜냐하면, 이… 어… 그 남성 성기가 전립선인데 전립선하고 직장 항문 근처의 근육이 바로 붙어 있어요. 전립선을 남성 성기를 통해서 자극할 수도 있지만, 전립선하고 바로 붙어 있는 항문 근육을 통해서도 얼마든지 자극이 가능해요. 그것은 모든 남자가 그 자극을 느낄 수 있습니다. 특별한 사람만 자극을 느낄 수 있는 게 아니야. 그러니까 자꾸 이제 어릴 때 어 장난을 하고 그러다 보면 누구든지 약간의 생각 같은 것을 느끼게 돼요. 그것을 자꾸 느끼고 그러면서 그것이 습관이 되고 그러면 이게 중독이 되고 나중에 빠져나갈 수 없게 되고 그러면서 동성애를 하게 되는 거야. 그죠? 이거는 모든 남성에게 생물학적으로 인체 구조가 그렇게 되어 있어요. 그쪽을 자극하면 더 느낄 수 있게 되어 있어요.

어… 예를 들어서 그 뭐냐면 이 여성의 성기라고 하는 것은 여성의 성기는 하나님께서 굉장히 잘 만드셨어요. 그래서 여성 성기의 경우에는 여러분들이 그 성관계를 가질 때 굉장히 격렬하게 이거 해도 그거를 여성의 성기가 다 받아내게 되어 있고 상처가 안 나게 되어 있어요."[1188]

내과 의사들의 교과서로 불리는 『해리슨 내과학』에도 이와 유사한 내용이 있다.

"에이즈의 전파는 삽입 당하는 항문성교와 깊은 연관성이 있다. 이는 점막 내 그리고 그 밑에 존재하는 감수성 세포와 정액과의 경계가 얇고 직장 점막이 얇아 항문성교 시 상처를 받고 에이즈 바이러스가 혈액으로 침투할 수 있기 때문이다."[1189]

연세대 의대 감염내과의 김준명 교수가 기사에 밝힌 의학적 사실이다.

"항문은 얇은 단세포로 돼 있기 때문에 물리적 압력이 가해졌을 때 상처를 입을 수밖에 없는 구조로 돼 있다. 그래서 출혈이 일어나 정액을 타고 에이즈 바이러스가 들어가게 된다. 1회 동성 간 성접촉(항문성교) 시 HIV에 감염될 확률은 이성 간 성접촉 시 감염될 확률보다 17.3~34.5배 높다."[1190]

다른 기사에도 이와 유사한 내용이 있다.

"동성 간 성접촉에서 에이즈 발생 위험이 높은 이유는 뭘까? 동성끼리는 주로 항문을 이용한 성관계를 하는 것과 관련 있는 것으로 추정된다. 항문은 점액 분비가 잘 안 될 뿐 아니라, 이를 둘러싸는 근육이 약해 여성의 질보다 마찰에 의해 상처가 생기기 쉽다. 이 상처를 통해 HIV 감염이 쉽게 이뤄지는 것이다."[1191]

동성 간 성행위가 수많은 보건의료적 문제를 유발하는 점은 명백한 사실이다. 특히 항문성교 시에는 항문 주위의 혈관들이 파열되면서 상처가 생기게 되고 이 상처를 통해 상대방에게 HIV가 들어가게 되므로 이성 간 성행위보다 HIV 감염 확률이 높아지게 된다.[1192] 그러나 한국에서는 이것을 알리지 않기 때문에 생명까지 잃게 되는 청소년들이 많은 것이다.[1193] 이상원 교수는 항문에 성기가 삽입될 때 발생할 수 있는 이런 보건 의학적 문제를 지적했다. 의학 교과서와 기사에 실린 내용을 설명하면서 남성 간 성행위로 인한 보건적 위해성이 이성 간 성행위보다 훨씬 높다는 점을 강조했다. 그리고 남성이 동성애에 이르는 유인 등에 관한 의견이나 해석을 개진했다. 동성애를 의학적으로 비판한 것이다. 그런데 일부 학생들이 이런 수업 내용을 성희롱이라고 몰고 간 것이다. '젠더 추종자들이 자신의 길을 관철시키는 학생 세대를 만들어 대학 내 동성애 비판을 용납하지 않는다'라는 피터 존스의 말대로 되었다.[1194]

총신대 성희롱·성폭력 대책위원회(이하 '대책위원회')와 교원인사위원회는 약 한 달간 철저한 조사를 했다. 조사결과 이상원 교수의 강의 내용은 성희롱에 해당하지 않으며 징계위원회에 회부하지 않기로 결정했다. 그럼에도 총신대의 관선 재단 이사회는 타당한 근거 없이 이런 결정을 번복하며 징계위원회에 회부를 했다. 그리고 이상원 교수의 해임을 의결했다.[1195] 이 사실이 알려지자 총신대 신대원 자유게시판에는 4일간 이상원 교수 해임의 부당성을 알리며 철회를 요청하는 글이 300건 이상 올라왔다. 대부분 실명으로 게시했다. 이들은 이상원 교수의 발언이 왜 성희롱이 되느냐며 해임을 납득할 수 없다는 반응을 보였다.[1196] 한 졸업생의 지적이다.

"이상원 교수님의 동일한 강의 내용을 신대원에서도 들었습니다. 이 내용은 이상원 교수님만의 주관적 사견이 아닙니다. 이미 현 사회 내에서 객관적·의학적 사실로 확인되었으며 그에 따른 건전한 성윤리를 세우고자 하는 많은 노력들이 있습니다. 이를 '성차별·성희롱' 발언으로 왜곡하는 것은 적절치 않으며, 일방적인 해임 통보는 과정과 내용에 있어 모두 문제가 있다고 생각됩니다."[1197]

신대원 재학생들을 비롯한 졸업생, 학부 구성원 등은 대자보를 게시했다. 징계의 절차상 문제나 성희롱 기준에 의문을 제기한 것이다.

"징계위원회가 판단한 이상원 교수 해임의 결정적 이유는 '성희롱'이었다. 그러나 2019년 사건 초기 대책위원회에서는 이상원 교수의 발언에 대해 성희롱이 아니라고 판단했다. 그러나 관선이사들을 비롯한 학교 당국은 이런 결정을 받아들이지 않았고, 추가적인 전수조사 없이 '교원징계위원회'를 새로 구성했다. 추가 전수조사가 없었던 것과 총장의 제청 없이 징계위원회를 구성한 것은 사학법상 명백한 절차상 문제이다. 학교 당국은 이상원 교수 발언에 대한 대책위원회와 징계위원회의 입장이 상반됨에도 불구하고 해임을 결정한 이유는 무엇인가? 절차상 문제가 명백했음에도 무리하게 징계위원회를 구성한 의도는 무엇인가?"

"성희롱 발언이라는 이상원 교수의 수업 내용을 전체적 맥락에서 살펴보면, 이번 징계위원회가 정의하는 성희롱의 개념적 정의가 무엇인지 의심스럽다. 이상원 교수의 발언은 특정인을 겨냥한 발언도, 불순한 의도에서 비롯된 발언도 아니었다. 학문의 자유를 보장받는 대학이라는 공간과 수업이라는 시간에, 교육의 목적을 달성하기 위한 과정에서 일어난 것이다. 그런데도 여전히 이상원 교수 발언이 성희롱에 해당되는 죄목이라 여긴다면, 초·중·고등학교에서 교육적 목적으로 강의하는 모든 성교육 강사들도 성희롱자로 봐야 하는가? 의학적 관점에서 설명한 이상원 교수의 상세한 발언이 성희롱에 해당되는 것이라면, 인간의 신체를 다루고 가르치는 모든 의사와 의대 교수들도 성희롱자에 해당되는 것인가?"[1198]

총신대 동아리 카도쉬도 입장문을 발표하며 정문 등에 게시했다.

"이상원 교수는 성희롱 의도가 담긴 발언이 아닌, 수업이라는 공적인 시간에 수업 내용과 상통하는 발언을 한 것이다. 징계위원회 및 학생자치회에서는 수업이라는 상황적 맥락과 신학교 정체성을 전혀 고려하지 않은 채 이상원 교수 해임이라는 결정을 내렸다. 교내에서는 이 사건에 대해 일부 학생들이 '이상원 교수 발언은 성희롱이 아니라 반동성애 메시지로 판단해야 하는 것 아닌가?'를 지적해 왔다. 이는 처음부터 '동성애 vs 반동성애 프레임'으로 시작한 의문이 아니라, 수업의 앞뒤 맥락을 파악한 학생들로 비롯된 정당한 의문이었다. 또 학교 홈페이지 내 게시판에 신학대학원 재학생, 졸업생 등 300명 넘는 인원이 해임안 가결 이후부터 지금까지 동일한 의문을 제기하고 있으며, 신대원 교수 27명이 발표한 입장문에서도 비슷한 내용을 찾아볼 수 있다."[1199]

그런데 총신대의 이재서 총장은 관선 재단 이사회, 교육부 등의 압력에 의해 이상원 교수를 어쩔 수 없이 징계 제청했다고 밝힌다.[1200] 행정 권력의 은밀한 압력 때문에 이상원 교수가 해임됐다는 사실이 드러난 것이다. 그리고 인터뷰 내용에서 총신대 총장도 징계를 반대하고 탄원서까지 썼지만, 역부족이라고 한다.

"안타깝고 유감스럽습니다. 총신대 신대원 홈페이지 게시판엔 '이상원 교수 해임 철회'를 요청하는 재학생과 졸업생의 글이 닷새 만에 300건 넘게 게시됐고 교수들도 입장문을 발표했습니다. 교원 스스로 겪어야 할 마음의 고통이 크다는 것도 잘 압니다. 총장 직권으로 '해당 교수에 관한 건이 징계에 해당되지 않는다'라는 보고를 하기도 했고 재단 이사회가 교원징계위원회를 구성하는 과정에서 신대원 교수들과 함께 탄원서까지 썼지만 역부족이었습니다."[1201]

이상원 교수도 "정당한 의학적 사실 제시를 성희롱으로 곡해했다"라며 반박 대자보를 붙였다.

"본인은 '인간론과 종말론' 강의에서 동성 간의 성관계를 비판하는 가운데 동성 간에 느끼는 성욕은 선천적으로 주어진 것이 아니라 후천적인 습관에 의하여 형성되는 것임을 지적하였습니다. 그 예로서 남성 전립선은 남성 항문 근육과 바로 붙어 있기 때문에 항문 근육을 자극하면 어느 정도의 성감을 느끼도록 되어 있다는 사실을 들었습니다. 따라서 항문 근육을 습관적으로 자극하다 보면 남성들은 성감을 느낄 수 있으며, 이 습관을 반복하면 동성 간의 성관계에 빠져들게 된다는 것입니다. 이 사실은 생물학적이고 의학적인 사실로서 얼마든지 지적할 수 있는 것입니다. 본인은 앞으로도 이 점을 본인에게 주어진 기회에 적극적으로 알려서 동성 간의 성관계에 경종을 울리는 일을 계속할 것임을 밝혀 둡니다."

"본인은 '생명과학과 생명윤리' 강의에서 남성 간에 성행위를 하는 경우에 항문 근육은 그 막이 쉽게 찢어질 수 있으며, 항문 근육 주위에 혈관이 모여 있어 각종 질병에 감염되기 쉬우며, 항문은 배출하는 구조로 되어 있고 받아들이는 구조로 되어 있지 않아서 매우 위험하다는 지적을 한 바 있습니다. 그러나 여성의 성기는 성관계를 하기에 적합하도록 매우 탄력이 있고 잘 만들어져 있어서 비록 격렬한 성관계를 하더라도 다 받아낼 수 있도록 하나님이 잘 만드셨다는 지적을 한 바 있습니다. 이것도 역시 생물학적이고 의학적인 사실로서 얼마든지 지적할 수 있는 것이며, 역시 본인은 본인에게 기회가 주어질 때 이 사실을 알려서 건전한 성관계를 증진시키는 일을 계속할 것임을 밝혀 둡니다."

"특별히 위의 내용을 성희롱으로 곡해한 대자보 게재자들의 의도가 바로 현 정부가 입법화하고자 전 방위적으로 시도하고 있는 차별금지법의 독소조항을 그대로 반영하고 있음을 밝혀 둡니다. 차별금지법은 동성 간의 성관계에 관한 생물학적이고 의학적인 사실과 윤리적인 문제점을 지적하는 것을 차단하여 건전한 성윤리를 파괴하고 동성애를 조장하는 시도인데, 이런 시도에 대자보 게재자들이 같은 태도를 보이고 있다는 점을 지적해 두고자 합니다."[1202]

이상원 교수는 동성애 위험성에 대한 객관적·의학적 사실을 대학에서 강의했다. 이런 강의 내용을 성희롱으로 곡해한 것은 동성애 문제점을 지적하는 정보를 차단하고 동성애를 조장하려는 젠더 추종자들의 의도가 반영되었기 때문이라고 한다.[1203] 대학교는 그 어느 곳보다 표현의 자유가 보장되는 공간이고 학술적으로 자기 의사 표현을 학칙에 기반해 자유롭게 말해야 하는 공간이다. 이런 대학에서 교수가 동성 성행위를 학술적으로 비판했다고 하여 해임이라는 극단적인 결정을 하는 것은 상식에 어긋난다.[1204] 그런데 젠더 이데올로기가 만연한 사회에서는 상식에 어긋나는 이런 행태가 용인된다.

왜 이렇게까지 할까? 젠더 이데올로기의 실현이 절대적 가치가 됐기 때문이다. 이를 위해서는 '동성애가 타고난다'라는 거짓 근거가 무너지지 않아야 하고, 동성애/성전환의 사회적 병리현상이 알려지지 않아야 한다. 앞서 보았듯이 젠더 추종자들은 1990년대에 쌍둥이 연구, 유전자, 호르몬, 뇌 구조 등의 연구결과들을 내세워 동성애 선천성을 주장했다. 그러나 현대과학은 이 연구결과들이 진실하지 않다고 밝힌다.[1205] 그럼에도 학문을 이용한 이런 적극적 속임수와 가짜 근거들이 오늘날까지도 강조·확대·재생산됨으로써 사실을 왜곡하고 대중들을 오해하게 만든다.[1206] 그리고 이상원 교수 사례에서 본 바와 같이, 동성애의 사회적 병리현상은 대학에서조차 발설 자체가 금기시되고 있다. 학문의 자유가 제 기능을 하기 위해서는 비판적 검증의 바탕 위에 새로운 인식을 모색하는 자유가 보장되어야 한다. 그래야 학문을 이용한 가짜 근거들도 검증하고 은폐됐던 사회적 병리현상도 치유할 수 있게 된다.

그러나 젠더 추종자들은 이런 학문의 자유를 용납하지 않는다.[1207] 사실이 아닌 것을 사실처럼 꾸민 '거짓'을 지적할 수 없게 한다. 대학교수가 젠더 이데올로기 실현에 불리한 과학적·의학적 사실을 강의하면 직위 해임까지 된다. 최상위 가치로 자리 잡은 젠더 이데올로기에 위협이 되는 대상이기 때문이다.[1208] 차별금지법이 제정되면 상식에 어긋나는 이런 현상은 훨씬 심화 될 것이다.

그런데 교수가 누리는 학문의 자유가 일반 시민이 누리는 표현의 자유보다 훨씬 두텁게 고도의 보장을 받는다. 그럼에도 행정 권력이 은밀히 개입해 절차상 위법한 방법으로 교수의 신분까지 박탈한다는 지적이 나온다. 대학에서 가르친 동성애에 관한 의학적 진실을 반동성애 메시지로 간주하고 '성희롱 프레임'을 씌워 교수를 파면시키는 것이다.[1209] 젠더 이데올로기에 불리한 표현을 하면 그 내용보다도 그 표현을 한 사람의 평판을 깎는 전형적인 수법이라는 지적이다.[1210] 학문적 표현의 자유를 행사한 대학교수가 해임당하는 마당에 일반 시민의 표현의 자유는 발붙일 곳이 사라질 것이다.

차별금지법 제정으로 심화될 그 밖의 폐해들에 대해서도 이상원 교수의 사례와 연계해서 보자.

첫째, 헌법적 가치보다 우월한 젠더 이데올로기를 통해 이중잣대가 형성된다. 이상원 교수의 발언과 나다움 어린이책의 내용을 비교해보면 이것이 명확히 드러난다.

초·중등교육과 대학 교육의 차이에 대해 헌법재판소가 판시한다.

"초·중등학교의 교육은 일반적으로 승인된 기초적인 지식의 전달에 중점이 있는 데 비하여, 대학 교육은 학문의 연구·활동과 교수 기능을 유기적으로 결합하여 학문의 발전과 피교육자인 대학생들에 대한 교육의 질을 높이는 데 중점이 있고, 초·중등교육의 경우에는 교원의 영향력이 절대적인 성장 과정의 초·중·고등학생이 그 교육 대상인 반면, 대학 교육의 대상은 어느 정도 판단 능력을 갖추고 자신의 행동에 대해 스스로 책임질 수 있는 대학생이라는 점에서 양자 사이에는 차이가 있다."[1211]

동성애나 에이즈 감염경로는 대부분 성(性)과 얽혀 있다. 구체적으로 설명하기 위해서는 성기 및 성관계 관련 발언이 나올 수밖에 없는 주제다. 그렇다면 대학생을 대상으로 강의한 이상원 교수가 '여성 성기'를 언급했다는 사실만으로 성희롱적 발언이라고 할 수 있을까? 이와 비교되는 나다움 어린이책의 내용도 아동들을 대상으로 '성기'를 자세히 묘사한다. 특히 초·중등교육 수업의 자유보다 대학에서의 교수의 자유가 헌법상 훨씬 더 보장되어야 한다는 점을 염두에 둬야 한다.[1212]

나다움 어린이책의 '내용'은 이상원 교수 발언보다 더 외설적이다.[1213] 그리고 이 내용을 듣는 아동들은 향후 동성애에 빠지면서 그 사회적 병리현상으로 인해 생명을 잃게 될 가능성도 커진다. 동성애 위험성 정보를 차단함으로써 균형을 잃은 정보만 제공되기 때문이다. 이로 인해 본인의 선택권과 자기운명결정권이 박탈된다. 그럼에도 나다움 어린이책을 읽어주는 교사는 '인권적'이라는 프레임을 쓰게 된다.

이와 대조적으로, 이상원 교수는 교과서에 있는 의학적 사실에 대해 강의했다. 그리고 이 수업을 듣는 대학생들은 동성애에서 유발되는 사회적 병리현상으로부터 생명을 지킬 가능성이 커진다. 동성애에 관한 균형 있는 정보가 제공되기 때문이다. 이로 인해 본인의 선택권과 자기운명결정권이 보장된다. 그럼에도 이상원 교수는 '성희롱자'라는 거짓 프레임을 쓰게 되었다. 이런 반헌법적이고 비상식적인 결과는 젠더 이데올로기의 유불리에 따라 이중잣대가 적용되기 때문이다.

둘째, 젠더 이데올로기를 따르는 행정 권력이 교육영역에 개입함으로써 편향된 이념에 의한 교육의 획일화가 강요된다. 자율성을 중시하는 사립대학에 대해서도 마찬가지다. 기독교 대학(총신대와 한동대)은 성별이 남녀 두 종류뿐이라는 성경을 따른다. 그런데 이런 종교적 대학마저 생물학적 성별을 해체하고 50가지가 넘는 사회적 성으로 성별을 대체하도록 획일적으로 강요당한다. 잘 드러나지 않는 공권력으로 기독교 대학이 성경까지 부정하도록 만드는 것이다. 이렇게 사립대학의 건학 이념을 구현하는 교육조차도 정치적 도구로 전락시키게 된다. 이것은 정교분리원칙에도 어긋난다.[1214]

앞서 언급했듯, 총신대 건학 이념에 부합하는 강의를 하고서도 해임됐던 이상원 교수의 사례가 그 단적인 예다. 총장은 교육부의 압력이 있었다고 밝힌다.[1215]

나아가 한동대 사례도 있다. 한동대에서는 폴리아모리(중혼), 동성애, 성매매 자유화를 옹호하는 특강을 위해 신청한 대관이 불허됐다. 성경과 건학 이념에 따른 조치였다. 그러나 국가인권위는 이것이 인권 침해라고 결정하며 시정을 권고했다.[1216] 국가인권위 조사관의 인터뷰 내용이다.

"다자(多者)연애자도 성소수자입니다. 성적지향의 일종인 다자연애를 소개하는 게 무슨 부도덕한 행위를 하거나 물의를 끼치기라도 한 겁니까. 양성애자들도 집단 난교를 하잖아요. 다자연애에 대한 비판은 차별입니다."[1217]

이에 대해 동성애 동성혼 개헌반대 전국교수연합이 성명을 냈다.

"특강을 개최한 학생들은 임옥희 작가를 초대하겠다고 신고하여 총학생회로부터 장소 허락 및 지원금을 받았지만, 당초 신고 내용과는 달리 성매매가 여성의 권리라는 왜곡된 페미니즘을 주장하면서 스스로 창녀라고 소개하는 성매매 여성과 모임을 주도한 한동대 학생과 폴리아모리(여러 남녀가 동거하면서 함께 연인관계를 유지하는 행위) 관계로 살고 있다고 주장하는 작가를 추가로 초대하여 토크쇼 형태로 모임을 진행했다. 대학에서는 이러한 집회는 대학의 정체성과 집회 규정을 심각히 위배하는 행위로서 집회를 허락하지 않는다고 사전에 분명히 경고하였지만, 모임을 주도한 학생은 학교의 경고를 무시하였을 뿐만 아니라 학문의 자유를 주장하며 학생으로서 심각하게 불손한 언행을 교수에게 하였다."[1218]

한동대에서 문제가 된 이 특강의 내용은 성매매 금지법이나 중혼 금지 등 현행 법률에 반한다.[1219] 그럼에도 이런 특강과 이를 위한 대관 신청까지도 젠더 이데올로기 실현을 위해 행정 권력으로 강력히 보호된다. 이와 대조적으로 동성 성행위의 위험성을 밝히는 의학적 사실은 행정 권력에 의해 강력히 탄압된다. 게다가 항문성교와 에이즈의 연관성을 모르기 때문에[1220] 수많은 젊은이가 HIV에 감염된 채 치료 시기를 놓쳐 목숨을 잃는 것이 현실이다.[1221] 그럼에도 예방 차원에서 필요한 의학적 사실과 교수의 수업은 학문의 자유로 보호받지 못한다. 반면 성의 상품화와 집단 난교를 옹호하는 특강은 사립대학의 자율성을 희생시키며 강력히 보호된다. 이것은 균형을 잃은 불합리한 차별이다.

셋째, 교육의 자주성이 침해된다. 교육의 자주성이란 교육내용과 교육기구가 교육자에 의하여 자주적으로 결정되고 행정 권력에 의한 교육 통제가 배제되어야 함을 의미한다.[1222] 헌법재판소가 판시한다.

"교육의 자주성이란 교육내용과 교육기구가 교육자에 의하여 자주적으로 결정되고 행정 권력에 의한 통제가 배제되어야 함을 의미한다. 이는 교사의 교육시설 설치자·교육감독권자로부터의 자유, 교육내용에 대한 교육행정기관의 권력적 개입의 배제 및 교육 관리기구의 공선제 등을 포함한다. 교육의 자주성은, 국가의 안정적인 성장 발전을 도모하기 위하여서는 교육이 외부세력의 부당한 간섭에 영향받지 않도록 교육자 내지 교육전문가에 의하여 주도되고 관할되어야 할 필요가 있다는 데서 비롯된 것이다."[1223]

총신대의 이재서 총장이 밝혔듯이, 이상원 교수의 해임에는 관선 재단 이사회, 교육부 등의 압력이 있었다.[1224] 대학 교육과 교수의 신분 박탈이 행정 권력 등 외부세력의 부당한 간섭에 영향을 받은 것이다. 다만 이런 외압은 대부분 은밀하게 이루어져 포착하기 쉽지 않다. 이것은 진리탐구 영역에 대한 젠더 추종자의 통제와 제한을 의미한다. 그리고 동성애/성전환의 후천성이나 사회적 병리현상에 대한 객관적·의학적 사실을 대학에서 연구하거나 가르치면 '혐오자'나 '성희롱자'라는 프레임을 씌워 파면시킬 개연성이 높다는 것을 의미한다.[1225] 젠더 이데올로기의 실현에 방해가 되기 때문이다.

이것은 교수의 심리적 위축 효과를 초래해 학문의 연구·활동의 독립성을 해치게 된다. 대학교수의 신분을 불안하게 하여 학문의 통제수단으로 악용되는 것이다. 현대과학이 동성애의 후천성을 밝히더라도 대학에서 이를 연구·발표·강의할 수 없는 이유다. LGBT의 사회적 병리현상이 가시화되고 아이들에게 끼치는 해악이 막대하더라도 이를 지적할 수 없는 이유다. 그리고 실증적 근거 없이 '동성애가 타고났다는 가설'이 유지되는 이유기도 하다.

넷째, 젠더 이데올로기의 지배는 독립성과 자율성을 상징하는 대학에서 사회 전 영역으로 확장된다. 성산생명윤리연구소가 지적한다.

> "신학대학에서 성경적 가치관에 기반한 '동성애 문제점'을 강의할 수 없다면, 이 사회 어디에서도 '동성애 문제점'을 강의할 수 있는 곳이 없음을 의미한다."[1226]

대학의 자율성은 대학에 대한 공권력 등 외부세력의 간섭을 배제하고 연구와 교육을 자유롭게 하여 진리탐구라는 대학의 기능을 충분히 발휘할 수 있도록 하기 위한 것이다. 이것은 학문의 자유의 확실한 보장수단으로 꼭 필요한 것으로서 이는 대학에 부여된 헌법상의 기본권이다.[1227] 특히 총신대는 한국에서 가장 보수적인 신학교 중 하나이기 때문에 건학 이념에 따른 대학의 자율성이 더욱 중시된다. 그럼에도 교육부 압력 등 외부세력의 간섭으로 이상원 교수의 신분이 상식과 절차에 어긋나는 방법으로 박탈됐다. 이를 지켜본 다른 대학에서는 젠더 이데올로기에 반대할 엄두를 내지 못한다. 대학에서 학문적 견해를 피력하는 것만으로도 인격살인과 파면을 당할 수 있기 때문이다. 자율성과 독립성이 가장 잘 보호돼야 하는 대학에서조차 눈치를 보느라 젠더 이데올로기 폐해를 지적하지 못한다면 그 두려움은 다른 모든 사회 영역으로 확장될 수밖에 없다.

정보 차단과 아동·청소년에게 끼치는 악영향

국제인권법은 아동·청소년의 정보 접근권을 보장한다. 유엔아동권리협약에서 규정한다.

> "당사국은 대중매체가 수행하는 중요한 기능을 인정하며, 아동이 다양한 국내적 및 국제적 정보원으로부터의 정보와 자료, 특히 아동의 사회적·정신적·도덕적 복지와 신체적·정신적 건강의 향상을 목적으로 하는 정보와 자료에 대한 접근권을 보장하여야 한다."[1228]

여기서 '신체적·정신적 건강의 향상을 목적으로 하는 정보'란 무엇일까? 중독성 질환을 예로 들어 설명해보자. 마약, 흡연, 알코올, 도박은 기분을 좋게 하거나 들뜨게 하는 긍정적인 면이 있다. 단기적으로 신나는 일이기도 하다. 지속한다면 금단증상으로 인한 고통도 없다. 반면 신체와 정신을 황폐화시키는 부정적인 면이 있다. 그런데 긍정적인 면만 아동·청소년에게 노출하고 그 부정적인 면에 대한 정보를 차단한다면 어떻게 될까? 중독 대상에 흥미를 유발하겠지만 그 위험성·유해성에 대한 경각심을 잃게 될 것이다. 균형 있는 지식과 정보가 전달되지 않기 때문이다. 왜곡된 인식을 심어주는 것이다. 신체적·정신적 건강의 향상을 목적으로 하는 정보에 대해 접근할 권리가 보장되지 않게 된다. 당연히 신체적·정신적 건강에 악영향을 끼칠 수밖에 없다. 그런데 동성애/성전환에서도 이와 동일한 문제가 발생한다. 이것을 유발하는 국가인권위의 정책과 연계해서 교육과 언론을 차례대로 살펴보자.

먼저 교육과 관련된 정책을 보자. 국가인권위는 2002년경 국어사전에서 동성애에 대한 부정적인 내용을 삭제하게 했다.[1229] 2009년경엔 교과서 집필 기준을 권고했는데, 동성애에 대한 부정적인 면을 모두 삭제하고 옹호하는 내용만 남기도록 했다.[1230] 그전에는 '교련', '보건' 등의 교과서에 에이즈와 동성애의 연관성, 에이즈의 감염경로 등이 상세히 기술됐다.[1231] 그러나 권고 후 이런 내용은 모두 삭제되고 동성애와 에이즈의 연관성을 명시한 중·고등학교 교과서는 사라지게 되었다.[1232] 그리고 국가인권위는 2003~2008년경 동성애 옹호 만화, 영화, 애니메이션 제작을 지원했다. 2013년에는 전국 170개 학교에서 동성애 옹호 영화를 상영하도록 했다.[1233] 2014년에는 초·중·고교, 공무원, 공공기관 등에서 동성애를 옹호하는 의무교육을 시행하도록 '인권교육 지원법안'의 제정을 권고했다.[1234]

게다가 국가인권위는 전국 각 지방자치단체에 인권조례의 제정을 권고해 인권교육이 시행되도록 했다.[1235] 학교 현장에서도 동성애의 부정적인 면을 알릴 수 없게 한 것이다.[1236] 반면 아동 때부터 동성애 성관계를 놀이나 신나는 일로 인식시킨다.[1237] 균형 잃은 정보 전달로 동성애 실상을 왜곡시켜 노출하는 것이다.

다음으로 미디어·언론과 관련된 정책을 보자. 국가인권위는 2003년경 청소년유해매체에서 동성애를 삭제하게 했다. 청소년이 동성애를 조장하는 영상물에 제한 없이 접근하도록 한 것이다.[1238] 반면 2011년경 인권보도준칙을 제정했다.[1239] "동성애를 에이즈 등 특정 질환이나 성매매, 마약 등 사회적 병리현상과 연결 짓지 않는다"라고 명시해 언론에 재갈을 채운 것이다.[1240] 이 시점을 기준으로 동성애를 지지하는 기사가 25% 정도 늘었다는 통계가 있다.[1241] 그리고 주류 언론에서는 동성애의 사회적 병리현상에 대해 언급하지 못하게 됐다. 시민의 알권리를 권력적·조직적으로 은폐하는 사이 성매매(바텀알바)나 에이즈 등 동성애와 연결된 피해는 은밀하게 확산되어 왔다.[1242]

이런 사회적 병리현상 중 하나인 에이즈는 완치될 수가 없으므로 사후치료보다 사전예방이 중요하다. 한국 질병관리본부가 2011년도까지 에이즈와 동성애의 연관성을 적극적으로 발표한 이유다.[1243] 그러나 그 이후부터는 LGBT 인권을 내세우며 사전예방을 위한 이런 정보를 더 이상 발표하지 않는다.[1244] 국가인권위가 주도한 인권보도준칙 제정 시점(2011년)부터 정책이 확 달라진 것이다. 여기서 'LGBT 인권'은 동성애의 부정적인 면을 은폐하는 것이다. 그 결과 동성애 이미지를 미화하는 대신 에이즈에 대한 경각심을 잃게 한다. 한국 질병관리본부가 에이즈 예방정책을 방기하는 것이다.[1245] 이것은 국가인권위 영향 때문이라는 비판의 목소리가 높다.[1246]

보건복지부와 질병관리본부의 내부 공식자료에서는 남성 간 동성애가 에이즈의 주요 감염경로라는 사실을 분명히 밝힌다.[1247] 미국,[1248] 영국,[1249] 일본[1250] 질병관리본부나 세계보건기구의[1251] 각 홈페이지와도 같은 입장이다.[1252] 그러나 시민들에게 노출되는 한국 질병관리본부 홈페이지에서는 이와 다르게 게시한다.[1253] 동성애와 에이즈가 관련이 없다고 착각하게 만든다.[1254] 이에 따라 한국 청소년 70%가 에이즈 전파경로를 모른다.[1255] 그 결과 전 세계적으로 에이즈 환자가 감소추세인 것과 달리, 한국만 급증추세다.[1256] 동성애-에이즈 관련 정보를 차단하

는 정책이 에이즈 전파력을 빠르고 강하게 하기 때문이다.[1257]

유엔 인권이사회에 제출된 한 에이즈 감염자의 2015년 12월 1일자 탄원서 전문이다.

"저는 남성 간 성행위가 에이즈 감염의 위험한 경로임을 언론이나 강의 등에서 전혀 들어보지 못했습니다. 오히려 동성애가 에이즈와 연관이 없다는 보도 내용과 강의를 들었습니다. 그 결과 저는 동성애가 에이즈와 전혀 관련이 없는 것이라고 생각하게 되었고, 결국 남성 간의 동성 성관계를 통하여 에이즈에 감염되었습니다.

감염 사실을 안 후 제가 겪는 혼란과 좌절은 이루 말할 수 없습니다. 그런데 최근에 알게 된 것은 대한민국의 국가인권위의 인권보도준칙으로 인해 남성 간의 동성 성관계가 에이즈 감염의 주된 경로라는 사실을 그 누구도 밝힐 수 없다는 것을 알았습니다.

그런데 이것은 대단히 잘못된 것입니다. 이것은 반드시 시정되어야 합니다. 바른 진실을 국가기관인 국가인권위가 동성애자 단체의 요구로 인하여 숨기는 것은 한국의 많은 젊은이들을 에이즈 환자가 되게 하는 결과를 초래하고 있습니다. 저는 이 잘못된 일을 바로잡고 싶습니다."[1258]

인권보도준칙은 동성애를 성매매/에이즈와 연결 짓지 않는다고 명시하나,[1259] 실상은 밀접하게 연결된다. 자세히 보자.

아동일 때는 이성보다 동성과 친밀한 시기를 가진다.[1260] 그러나 청소년기를 지나면서 이것은 바뀐다.[1261] 16세까지 동성에 끌리다가 17세에 이성애자로 바뀌었다고 대답한 청소년들이 많다는 연구결과도 있다.[1262] 이런 특징을 가진 아동·청소년에게 3~5세부터 동성애를 미화하며 '놀이'인 것처럼 노출하고 그 위험성·유해성에 대한 정보를 차단한다.[1263] 인권교육이 개입해 동성애를 고착화시키는 것이다.[1264]

성욕이 왕성해지면서 조기 성애화 교육을 받은 청소년들은 아동 때부터 세뇌된 사회적 성에 대한 성적 모험을 감행하고 스스로 실험해 보려는 가능성이 커진다.[1265] 그리고 청소년 상당수는 접근이 쉬운 동성애 앱을 통해 남성 동성애를 경험하게 된다. 특히, 바텀알바(성매매)를 통해 경험하는 경우가 많다.[1266] 조사결과 성매매 시작 평균 연령은 '만 14.7세'이다. 중학생 정도 나이의 아이들이 성 착취를 당하는 것이다.[1267]

그중 상당수는 중독 증상으로 인해 동성애를 자발적 의지로 중단하기 어렵게 된다. 그리고 에이즈에 감염될 확률이 높은데, 그중 절반 이상은 치료받을 기회까지 놓쳐 생명을 잃게 된다.[1268] 동성애-에이즈 관련 지식이 없기 때문이다. 조사결과 서울 지역 중·고생 90% 이상이 에이즈에 낙관적 편견을 갖는다.[1269]

아동·청소년과 게이 성매매(바텀알바)를 연결해 주는 동성애 앱의 특징을 보자. 동성애 앱을 통한 성관계는 상대방과 즉석에서 직접 연락하는 형태로 이루어진다. 이런 방식은 청소년이 언제 어디서든 접속을 가능하게 함으로써 바텀알바에 대한 접근도 용이하게 한다.[1270] 반면 시간이 지나면 채팅이 삭제되는 시스템 특성상 수사기관은 이용자들의 신상과 정보를 알 수도 접근할 수도 없다. 단속이 매우 어려운 것이다.[1271] 그리고 구글 플레이스토어에서 '동성애'를 검색하면 관련 앱이 100개가 넘게 나온다. 모두 최소 수십만에서 최대 수백만 개의 앱 다운로드 수를 기록하고 있다. 나이 제한이 없는 경우가 많고, 설령 있더라도 본인인증 절차가 까다롭지 않다.[1272] '만18세 이상'이라는 이용 제약이 있는 경우에도 성인의 주민등록번호만 도용하면 쉽게 가입할 수 있다.[1273] 사실상 청소년들의 접근이 자유로운 것이다. 이처럼 인권교육과 동성애 앱이 연계되면서 게이 성매매를 조장하고 성적 착취에 취약하게 만든다는 지적이 나온다.[1274]

조사결과 게이 70%가 동성애 앱을 사용해 성관계한다.[1275] 앞서 본 것 같이 동성애 앱 사용 목적도 '새로운 상대와의 성관계'가 가장 많다. 반면 '정서적 교감(로맨틱 관계 형성)'은 가장 적다.[1276] 본인인증 절차도 유명무실해서 13세 어린아이도 몇 초 만에 동성애 앱 접속이 가능하다.[1277] 그리고 동성애 앱을 사용하면 성병이나 에이즈에 걸릴 확률이 훨씬 높다는 사실도 확인됐다.[1278]

동성애 앱의 게시물을 보면 온통 성관계 파트너를 찾기 위한 글들로, 개인의 성적 취향이 적시돼 있다. 동성 성행위 시 남자 역할의 '탑'과 여자 역할의 '바텀'이라는 은어도 자주 보인다. 미성년자 사용자들은 자신을 '중학생', '고등학생'이라고 소개하면서 '게이 아르바이트 한다'며 '코스프레와 교복 의상 원할 시 추가 2만 원', '현금만 받는다' 등이 기재되어 있다. 성인 사용자들은 미성년자를 파트너로 찾는다. 여러 명을 소개해주면 소개비도 추가로 주겠다고 알선을 부탁하기도 한다. 동성애 앱에서 사실상 규제 없이 성매매 알선이 버젓이 이뤄지는 것이다.[1279] 그런데 청소년 에이즈 환자 중 앱을 통해 동성애를 경험했다는 이들이 대부분이다.[1280] 전문가들은 동성애 앱이 청소년 에이즈 확산으로까지 이어진다며 문제의 심각성을 지적한다.[1281]

청와대 대변인을 역임하고 한국양성평등교육진흥원장을 지낸 김행 원장은 2014년경 'HIV가 뭔지도 모른 채 숙식을 위해 바텀알바 하는 가출청소년들'이라는 제목의 칼럼을 내놓았다. 청소년 상담센터에서 실제로 벌어진 상담 내용을 근거로 작성된 것이다.[1282]

"동성 간의 성매매를 원하는 앱을 찾아 게시판에 올리면 쉽게 몸을 팔 수 있고 같은 처지의 청소년들이 많다. '알바합니다'라는 제목을 달고 동성애자 앱에 올라오는 글들이 청소년 성매매의 온상이 되고 있는 것도 달라진 세태다. 2013년 11월 발표된 내용에 따르면, 동성애자 앱의 '만남 게시판'에 올라오는 글 10건 가운데 3~4건 정도가 자신을 청소년이라고 소개하면서 성인 남성들을 상대로 '알바'를 한다는 내용을 적극적으로 알린다는 사실이다.

여성가족부 설문조사에 의하면 가출 또는 가출 경험이 있는 청소년 중 성매매 경험이 있는 남자가 15.4%나 된다. 청소년 D(17세) 역시 생계비가 떨어지자 인터넷 카페를 통해 혼자 사는 성인 남성들을 찾았다. 그리고 그들 집에 얹혀살면서 성관계를 맺었다. 길게는 1년, 짧게는 한 달씩 동거남을 찾아다녔다. 동거가 여의치 않은 경우엔 한 번에 7만~10만 원을 받고 성인 남성에게 몸을 팔았다. D의 증언에 따르면 10대 남자 청소년의 성매매는 여자 청소년보다 SM(sadistic-masochistic, 가학적 성행위) 플레이 등 변태 성행위에 응하는 경우가 많았다.

관련 신고가 경찰서 등에 접수되는 경우도 매우 드물고 제대로 된 통계도 거의 없다. 문제는 청소년들의 동성 간 성매매가 가정폭력이나 가출·동성 간 성폭행 등으로 시작되더라도 결국엔 빠져나올 수 없는 중독 상태에 이르게 된다는 점이다. 단속과 상담·치료·재활의 사각지대에 내몰린 남성 청소년 성매매 피해자들을 이대로 방치할 것인가?"[1283]

가출한 남자 아동·청소년은 게이 성매매에 취약하다. 아동·청소년의 가출에는 '가정해체, 가정 내 폭력 및 성 학대, 성폭력의 경험'과 같은 복합적인 문제들이 원인을 제공하는 경우가 많다. 이런 이유로 가정으로부터 탈출한 아동·청소년들이 생존에 필요한 안정적인 생활수단을 얻기란 쉽지 않다. 결국, 이들은 생존을 위한 수단으로써 돈을 벌 수 있는 아동·청소년 성매매에 유입되게 된다. 심지어 가출하지 않은 아동·청소년들 중에서도 절대적 빈곤에서 벗어나기 위하여 성매매로 나아가는 경우들이 있다.[1284] 한국청소년연구원은 이것이 일부 비행 청소년만의 문제가 아니라 경제적 어려움에 처한 남자 청소년이면 누구나 손쉽게 게이 성매매로 유입될 가능성이 높아진다고 한다.[1285]

또 호기심에서 비롯되거나 용돈과 사치품을 마련하기 위해 '항문알바'로 불리우는 바텀알바를 하는 경우도 많다.[1286] 이렇게 게이 성매매가 손쉽게 이루어지는 이유는 정보 차단 정책에 그 배경이 있다는 지적이 나온다. 청소년 대다수가 항문성교 시 유발되는 중독 상태나 에이즈 감염의 위험부담을 알지 못하기 때문이다. 동성애가 미화된 환경에만 노출되기 때문이기도 하다. 연세대 의대 감염내과의 김준명 교수가 말한다.

"젊은 동성애자는 나이가 든 동성애자보다 HIV에 걸릴 위험성이 더 높습니다. 젊은 층의 에이즈 확산을 방지하려면 가출청소년의 성매매와 인터넷을 통한 무분별한 동성애 사이트 접근을 막아야 합니다. 국가인권위가 인터넷 동성애 사이트를 유해매체에서 뺄 정도로, 정부가 젊은 층의 동성 간 에이즈 감염 확산에 대해 심각성을 인식하지 못하는 건 문제입니다."[1287]

미국 국회(하원) 청문회에서 논의된 연구결과에 의하면,[1288] 동성애자는 이성애자에 비해 미성년자와 성관계를 할 확률이 18배 더 높다. 그리고 미성년자가 첫 동성애 성관계를 하는 평균 연령은 15세 1개월이라고 밝힌다.[1289] 두 명의 동성애자가 진행한 연구결과, 전체 동성애자의 73%가 일생 중 16~19세나 그보다 어린 미성년자와 성관계를 한다고 밝힌다.[1290] 이 수치는 동성애 앱이 혁신된 이후 월등히 높을 것으로 추정된다.[1291] 동성애 앱이 혁신적으로 발달해 게이 데이팅 문화까지 바꿔놨다는 연구결과가 있기 때문이다.[1292]

미국 질병관리본부에 의하면 청소년 게이와 레즈비언 32%가 그들의 의사에 반해 성관계가 강제된 경험이 있다고 밝힌다. 동료에 의한 성폭행도 있겠지만, 미성년 LGBT가 성인으로부터 성폭행당하는 사례가 훨씬 많다. 그리고 미국 질병관리본부는 13~24세 남성 중 HIV에 감염된 80%는 게이 또는 양성애자라고 밝힌다. 이에 대해 전문가들은 "13~17세 LGBT 미성년자가 동료에 의해 에이즈 감염됐을 가능성은 극히 낮고 성인에 의해 감염됐을 개연성이 매우 높다"라고 밝힌다.[1293]

광주 바른교육학부모연대의 정미경 대표가 폭로한다.

"학교에서 동성애와 에이즈와의 상관성에 대해서 교육을 할 수 없도록 만들어 놨습니다. 일부 청소년들이 담배 5갑에, 3~4만 원에 바텀알바로 자신의 항문을 팔고 있습니다."[1294]

전 신촌세브란스 병원의 호스피스 클리닉 전문의이자 수동연세요양병원장인 염안섭 의사가 말한다.[1295]

"청소년 에이즈 환자가 20배 증가한 것은 동성애의 독특한 문화(?)인 '바텀알바' 때문입니다. 바텀알바란 비동성애자인 청소년이 용돈 마련을 위해 자신의 신체(항문)를 남성 동성애자(게이)에게 판매하는 행위입니다. 시간당 3만 원인 바텀알바는 주로 스마트폰 앱을 통해 구하고 있습니다. 결국, 3만 원 때문에 청소년들이 에이즈에 걸려 오는 것입니다."[1296]

2018년 12월 6일 국정감사장에서 국회 보건복지위원회 소속의 김순례 의원은 질병관리본부장에게 대책을 추궁하기도 했다.

"10~20대 젊은층이 아르바이트 삼아 동성 성교나 성매매를 통한 에이즈 감염률이 높아지고 있습니다."[1297]

"바텀알바를 들어봤습니까. 청소년들이 이런 항문알바를 하고 있습니다. 1년에 한 20명씩 군대에서 에이즈 감염이 된다는 것을 알고 있습니까. 군대 가서 강압적으로 성기 접촉을 하고 에이즈에 걸려 나온다는 사실을 방기하겠습니까."[1298]

그런데 아동·청소년이 바텀알바를 자발적으로 시작하더라도 중독 증상으로 인한 비자발적 요소가 필요불가결하게 개입된다. 아동·청소년이 게이 커뮤니티에 편입되는 과정은 외관상 강요되지 않은 자발적인 동성 성행위의 문제처럼 보일

지라도 그 본질은 아동·청소년에 대한 성 착취적 성격을 가지는 것이다.[1299] 젠더 이데올로기 실현을 위해 공권력과 법 제도를 통해 동성애 확산이 쉬운 환경을 만들기 때문이다. 이와 더불어 성중독 유사 증상으로 동성 성행위나 바텀알바를 그만둘 수 없는 악순환이 초래된다.

동성애에 대한 왜곡된 인식을 심어주는 인권교육은 단순히 아동·청소년과 성인 동성애자를 연결해 주는 역할만 하는 것이 아니다.[1300] 수요를 창출하고 안정적인 공급을 확보함으로써 아동·청소년의 게이 성매매를 고착화하고 이를 확산시키는 데 핵심적인 역할까지 한다. 학교 현장과 미디어는 불편한 진실을 은폐한 채 동성애를 미화해서 노출한다.[1301] 성욕이 왕성해지는 아동·청소년의 성적 호기심을 유발하고 바텀알바를 경각심 없이 시도하도록 환경을 조성하는 것이다.[1302] 이것은 아동·청소년을 게이 커뮤니티로 유입하는 중간매개 역할을 하면서 그 공급을 지속적으로 만들어낸다.[1303] 이로 인해 성매매/에이즈 등의 사회적 병리현상이 심화되면서 아동·청소년에게 악영향을 끼치게 된다.[1304] 이런 현상은 모두 젠더 이데올로기 정책의 산물인 셈이다.[1305]

그런데 젠더 이데올로기가 성행하는 국가는 젠더 이데올로기 정책으로 유발된 이런 사회적 병리현상을 정책적으로 외면한다. 그 결과 사회적 병리현상은 외부에 잘 노출되지 않는다. 동성애자들 중 거의 반(45%)이 성폭력을 당했다는 연구결과가 있다. 일반인보다 10배 많은 수치다. 18~34세 동성애자들은 거의 모두가 성적 학대를 경험했다고 한다. 그러나 동성애자 중 85%는 성폭력을 당해도 신고하지 않는다고 밝힌다.[1306] 게다가 동성애-성매매 사실은 인권보도준칙 때문에 외부에 알려지기도 어렵다. 의도적으로 은폐되는 것이다. 이에 따라 동성애 확산정책의 컨트롤타워 역할을 하는 국가인권위원장도,[1307] 에이즈에 대처하는 질병관리본부장도,[1308] 성매매에 대처하는 경찰도[1309] 모두 바텀알바의 실태를 모른다는 태도만 고수할 뿐이다. 아동·청소년의 피해 실태도 파악하지 않는다. 동성애로 인한 에이즈/성매매가 음성적으로 확산하도록 방치한다는 지적이 나온다.[1310] 이와 같은 상황에서 동성애 앱을 통해 시간과 장소에 구애받지 않고 내밀하게 이루어지는 바텀알바를 경찰 인력만으로 단속한다는 것은 애초에 거의 불가능하다.

그런데 젠더 추종자들은 아동·청소년의 생명, 건강, 안전을 지켜야 할 엄중한 책무를 정책적으로 외면하는 것에 그치지 않는다. 적극적으로 동성애의 사회적 병리현상에 대한 시민사회의 자기교정 기능까지 무력화시킨다. 정책적 책임 방기를 실증적 근거 없이 일반 시민의 차별이나 낙인 탓으로 전가하며 문화혁명에 몰두하는 위선적 행태를 보인다. 동성애의 부정적인 면에 대한 정보 접근권을 보장하는 것이 아동·청소년을 보호할 수 있는 가장 실효성 있는 조치인데, 이를 알리는 교사, 교수, 의사를 파면하면서까지 막고 있다. 동성애의 사회적 병리현상에 대한 공론화는 물론, 사회적 검증이나 비판까지 원천봉쇄하는 것이다.

그 결과 게이 성매매 시장을 지하화·음성화하여 오히려 바텀알바나 에이즈 확산 근절에 장애가 된다. 아동·청소년에 대한 동성애 성 착취 환경을 고착하고 인권 침해적인 상황을 더욱 심화시키는 것이다.[1311] 또 아동·청소년들이 법적 보호의 사각지대로 내몰리게 되는 것이다.[1312] 반면 동성애 성 착취는 전방위적으로 비판을 면하면서 법망의 테두리와 단속까지 피하게 된다. 공론화를 금지함으로써 세이프존이 조성되는 것이다. 사회에 암묵적으로 존재하는 아동·청소년의 성을 사거나 착취하고자 하는 동성애 욕구까지 더욱 확대 재생산되도록 한다. 이런 메커니즘으로 동성애 확산정책이 실현되고,[1313] 이것은 다시 문화혁명의 원동력을 강화하게 된다.

동성애 문제는 개인의 성생활이라는 내밀한 사적 생활영역에 머무르는 단계가 더 이상 아니다. 사회체제를 해체하는 명분이고 사회적 병리현상도 외부에 표출되면서 아동·청소년에게 큰 해악을 미치기 때문이다. 심지어 공권력과 법 제도가 개입하여 아동·청소년에 대한 사회 구조적 착취 모양새까지 띤다. 바텀알바와 에이즈 확산 문제도 일회적으로 행해지는 개인의 일탈 문제만으로 볼 수 없다. 젠더 이데올로기 정책으로 아동·청소년이 바텀알바에 쉽게 접근할 수 있는 길을 우회적으로 열어주기 때문이다. 청소년을 비롯한 일반 국민이 원하든 원치 않든 동성애 관련 정보를 아동 때부터 노출하면서 그 위험부담에 대한 정보는 오히려 원천적으로 차단한다. 이것은 잠재적 피해자인 아동·청소년의 보호라는 임무를 방기하는 결과를 낳는다. 사회구조 내에서 취약한 지위에 놓인 아동·청소년의 신체를 쾌락의 도구로 전락시키는 제도적 환경을 조성하게 된다. 편향된 정치이념을 위해 인간의 성과 인격에 대한 착취적 성격을 가지는 것이다. 이로 인해 유발되는 사회적 병리현상은 사회 구조적 문제가 된다.

앞에서 언급했듯 미국 소아과 학회도 젠더 이데올로기를 아동 때부터 주입해 성전환을 유도하는 것은 '아동학대'라고 성명을 냈다.[1314] LGBT 인권이 가장 잘 보장되는 스웨덴에서조차 교차 성호르몬을 사용하고 성전환 수술을 하는 경우 자살률이 약 20배 높아진다고 밝혔다.[1315] 외부 개입이 없으면 젠더불쾌증을 가진 아이들의 94%가 성정체성 문제를 자연스럽게 해결해갈 수 있다.[1316] 그런데 인권교육으로 이것을 방해한다.[1317] 부정적인 면에 대한 정보를 제공하지 않은 채 성전환을 아동기 때부터 노출함으로써 아이들이 그 사회적 병리현상을 몸소 경험하게 만든다. 이 역시 아동·청소년에 대한 사회 구조적 착취의 성격을 띤다.[1318] 이런 문제로부터 아동·청소년을 보호하는 근본적인 대책을 마련하기 위해서는 이에 대한 객관적인 비판과 자유로운 표현이 허용돼야 한다. 그러나 차별금지법은 이런 표현과 비판까지 공권력으로 제재한다.

국가의 아동·청소년 보호 의무에 대해 헌법재판소는 판시한다.

"아동·청소년은 환경과 주위의 자극에 쉽게 반응하고 감수성이 예민하며, 합리적인 사고와 판단에 기초하여 스스로 의사결정과 행동을 할 수 있을 정도로 지적, 정신적, 인격적인 측면에서 성숙되지 못하였고, 신체발달도와 사회적응도의 측면에서도 아직 미숙한 존재다. 따라서 국가는 지적, 정신적, 신체적, 인격적 발전단계가 아직 성인의 안정성에 이르지 못한 아동·청소년이 건전한 사회 구성원으로 성장할 수 있도록 유해한 물질, 물건, 장소, 행위 등으로부터 보호하여야 할 의무가 있다. 그런데 아동·청소년이 성매매로 인해 입게 되는 정신적, 신체적, 인격적인 피해는 매우 심각하므로, 아동·청소년을 기성인들이 만들어 놓은 그릇된 성문화인 성매매로부터 특별히 보호하여 이들의 건강한 성장을 도모하는 것은 이 사회가 양보할 수 없는 중요한 법익의 하나이다."

국가에는 아동·청소년이 건전한 사회 구성원으로 성장할 수 있도록 유해한 행위로부터 보호해야 할 의무가 있다. 그런데 동성애/성전환이 아동·청소년에게 유해한 영향을 끼친다는 사실에는 이견이 없다. 그 이유만 논란이 될 뿐이다. 차별금지법은 이 논란을 검증할 수 없도록 막는다. 그리고 에이즈/정신질환으로 아동·청소년들이 생명까지 잃는 상황을 방치한 채 동성애/성전환에 빠지도록 정책을 추진한다.[1319] 이것은 국가의 아동·청소년 보호 의무보다 젠더 이데올로기 정책이 우선한다는 사실을 확연히 보여준다.

이런 젠더 이데올로기 정책은 어릴 때 개입해 아동·청소년의 성적 관(觀)을 왜곡한다. 그리고 아동·청소년이 외관상 자발적으로 게이 성매매에 유입되도록 유도한다. 성적 관(觀)과 성적 자기결정권에 대해 헌법재판소가 판시한다.

"성적 자기결정권은 각인 스스로 선택한 인생관 등을 바탕으로 사회공동체 안에서 각자가 독자적으로 성적 관(觀)을 확립하고, 이에 따라 사생활의 영역에서 자기 스스로 내린 성적 결정에 따라 자기책임 하에 상대방을 선택하고 성관계를 가질 권리를 의미하는 것이다."

"자유는 곧 자기결정과 자기책임을 의미하고 자기책임은 스스로의 위험부담으로 이어진다는 점에서 성적 자기결정권은 자기결정에 의하여 자기책임 하에서 성관계를 가질 권리이다."[1320]

아직 성적 가치관과 판단 능력이 성숙하지 못한 아동·청소년은 성적 자기결정권을 자기책임 아래 스스로 행사할 능력이 없는 존재다. 다시 말해 자신의 인생과 운명에 관하여 스스로 결정하고 형성할 능력이 없는 상태다. 이런 아동·청소년에게 아동기 때부터 동성애 관련 위험부담 정보를 차단한 채 동성 성관계를 신나고 멋진 놀이로 가르친다.[1321] 심지어 성중독 유사 증상을 선천적 요인으로 착각하게 만든다.[1322] 아동·청소년의 성적 관(觀)과 성적 자기결정권이 왜곡될 수밖에 없는 이유다. 비록 외관상 자발적인 바텀알바로 보이더라도 진정한 자유의사에 기한 것이 아니게 된다. 국회 여성가족위원회에서 밝힌 내용이다.

"성에 대한 놀이 개념이 부각되고 있다. 인터넷 공간에서는 성매매를 조장한다. 청소년을 대상으로 묘사되는 성은 놀이나 유희의 개념을 강조한다. 그 결과 청소년 성매매가 확산되고 있다."[1323]

결국, 인권교육, 동성애 앱과 인권보도준칙이 복합적으로 작용해 바텀알바에 대한 준합법화 상태를 조성한다. 동성애와 에이즈가 은밀하게 확산되고 사실상 바텀알바에 대한 세이프존까지 형성되는 것이다. 정보 왜곡 정책으로 사회적 병리현상을 심화시키고 바텀알바 규제를 유명무실한 상태로 만들며,[1324] 사회안전망을 구축하지 않은 채 이에 대한 공론화까지 금지하기 때문이다. 이것은 청소년들에게 해로운 영향을 끼치면서 방치하는 것이다. 젠더 이데올로기 전략을 따르는 것인데, 소아성애나 아동 성범죄에 대해서도 이와 다를 것이라고 기대하기 어렵다.[1325]

동성애 상담 치료 금지

젠더 추종자들은 동성애자가 선천적이라는 근거로 이성애자로 전환하는 상담 치료를 금지한다.[1326] 그리고 동성애자 자신의 성적지향에 대해 자기 확신과 긍정을 강화하는 '확인치료'를 권한다.[1327] 그런데 앞서 본 바와 같이 현대과학 발달과 LGBT 폭증을 나타내는 통계 현황은 '동성애가 타고났다'라는 주장의 허구성을 드러냈다. 동성애 치료 금지의 정당화 근거가 사라지게 된 셈이다.[1328]

현대과학은 우울증 관련 유전자 153개를 특정했다.[1329] 우울증은 선천적 요인이 인정된다. 그럼에도 치료가 가능하다.[1330] 반면 현대과학은 동성애 관련 유전자가 없다는 사실을 확정했다. 즉, 선천적 요인이 없는 것이다.[1331] 유전학적 측면에서 동성애 전환치료가 가능하다는 사실을 시사한다.[1332] 다만 남성 동성애는 중독 증상 때문에 치료가 어려울 뿐이다. 이것은 남성 동성애와 여성 동성애의 차이로 알 수 있다. 항문성교에 따른 전립선 자극이 게이에게 있으나 레즈비언에게는 없다. 이런 차이로 게이는 동성애를 벗어나기 어려운 성중독 유사 증상을 보이는 반면, 레즈비언은 이성애와 동성애를 수시로 전환하는 성적 유동성을 보인다.[1333] 선천적 요인이 있다면 게이와 레즈비언이 이처럼 다르지 않을 것이다. 전립선 자극의 유무에 따라 게이와 레즈비언이 다른 양상을 보이는 것은 남성 동성애가 성중독이라는 사실을 뒷받침한다. 그리고 중독 증상에 대한 치료 가능성도 시사한다.[1334]

미국 정신의학회는 젠더 이데올로기의 영향을 강하게 받는 편이다. 이에 따라 미국 정신의학회도 1990년대까지 동성애의 생물학적 요인을 강조해왔다. 그러나 현대과학의 발달로 그 오류가 밝혀지자 입장을 변경해 성적지향의 원인을 모른다고 한다.[1335] 젠더 추종자 대부분도 동성애의 원인을 모른다는 입장이다.[1336]

반면 동성애가 '성중독'이라는 탈동성애자들과 의료계 일각의 견해가 설득력을 얻고 있다. 최소한 '게이' 그룹이 과잉성욕 행위를 할 위험이 가장 큰 집단이라는 사실에 이견이 거의 없다.[1337]

그런데 앞서 언급한 것처럼 미국 정신의학회의 성중독 연구가 아직 성숙되지 않았다. 아무리 성중독 증상이 심각하더라도 정신질환으로 인정할 수 없는 연구 단계에 머무르고 있다.[1338] 아직 DSM 정신질환 목록에 포함되지 않은 상태이기 때문이다. 따라서 성중독이나 그 치료에 대해 왈가왈부하는 것이 적절치 않은 상황이다. 다른 학계는 더욱 그렇다. 동성애자가 보이는 정신질환에 대처하기 위해 확인치료가 적절한지 전환치료가 적절한지도 검증되지 않았다. 미국 정신의학회는 "현재 전환치료의 실제적인 효능이나 해악을 판단할 수 있을 정도로 정확한 과학적 연구결과는 없다"라고 공식적으로 선언했다.[1339] 그런데 확인치료의 효능에 대해서도 과학적으로 검증할 수 있는 실증적 증거가 없기는 마찬가지다.[1340] 확인치료가 강행되는 근거는 과학적 진실이 아니라 이데올로기인 셈이다.[1341]

젠더 추종자들은 동성애를 치료대상으로 보는 것 자체를 불법으로 간주한다. 그 근거로 1950~1960년대 존재했던 전기시술 등 극단적 치료방식을 문제 삼는다. 그러나 의료계 일각에서는 "의학기술이 발달하면서 정신과 치료가 중심이 됐다. 충분히 치료할 수 있음에도 행위 자체를 금하는 것은 오히려 시대를 역행하는 일이다"라고 비판한다.[1342] 수십 년 전의 극단적 사례를 빌미 삼아 오늘날의 전문의 상담 치료 자체를 원천봉쇄하는 것이다.

여기에서 주목해야 할 논문을 소개한다. 1973년 미국 정신의학회가 동성애를 DSM 정신질환 목록에서 제외할 때 주도자 중 한 사람이었고 이후 상당 기간 DSM 위원장을 맡았던 로버트 스피처(Robert Spitzer)가 보고한 전환치료 결과 논문이다. 5년의 연구 기간 끝에 2003년경 발표됐다.[1343] 전환치료 결과, 남성 동성애자의 64%, 여성 동성애자의 43%가 이성애자로 전환했다고 보고했다.[1344] 그는 치료 실패의 가장 흔한 부작용이 우울증인데, 그의 환자들에게서는 치료 전의 우울증이 치료 후 호전되는 결과를 얻었다고 한다.[1345] 이후 젠더 추종자들은 집요한 비판과 더불어 논문 출판의 철회를 요구했다.[1346] 스피처는 자신의 연구 때문에 상처를 받았을 동성애자들에게 미안하다고 했다.[1347] 그러나 논문 자체는 학술적 오류가 없었기 때문에 철회되지 않았다.[1348] 이와 유사한 연구결과와 논문들은 다수 있다.[1349]

미국 정신의학회의 회장을 역임했던 니콜라스 커밍스(Nicholas Cummings)와 로버트 펠로프(Robert Perloff)는 "DSM 목록에서 동성애를 제외한 1973년 결정이 환자의 치료받을 자유를 제한한 것이었다"라며 우려를 표명했다.[1350] 게이 정체성을 원하지 않는 동성애 성적지향을 가진 사람들의 권리를 외면한다는 것이다.[1351] 커밍스는 "전환치료는 동성애자의 권리이고 실제 효과가 있으며 비윤리적이 아니다"라고 한다.[1352]

동성애가 타고난 것이 아니며, 전환치료가 가능하다는 결정적인 증거가 있다. 바로 탈동성애자 존재 자체다.[1353] 탈동성애자들은 자신들이 경험했던 동성애를 '성중독'이라고 밝힌다.[1354] 연세대 의대 신경정신과의 민성길 교수가 말한다.

"나를 비롯해 동성애자를 성공적으로 이성애자로 전환시킨 치료 증례는 다수 보고되어왔습니다."[1355]

"탈동성애에 대한 성공적 사례가 많은 데다 동성애를 벗어나고 싶어하는 동성애자와 부모가 많은데, 치료 가능성을 무시하고 치료 권유를 막는 것은 인권 유린입니다."[1356]

성중독 현상으로 고통을 받는 사람들이 많다는 사실에는 이견이 없다.[1357] 이런 성중독의 특징과 치료 방법에 대해 알아보자. 성중독은 골프 황제로 알려진 타이거 우즈(Tiger Woods)가 성중독 치료를 받았던 사실이 알려지면서 세간의 관심을 끌었다.[1358] 할리우드 배우 마이클 더글러스(Michael Douglas)나 데이비드 듀코브니(David Duchovny) 등도 성중독 치료를 받았다고 고백했다.[1359] 우즈가 입원한 재활원은 성중독, 약물중독, 도박중독에 걸린 사람들을 치료하는 시설이다.[1360] 6주 합숙 치료를 위해 6만 5,000달러(한화 7,500만 원)를 지불해야 한다.[1361] 일반인이라면 성중독 치료비용을 감당하기 어렵다. 성중독은 질병으로 인정받지 못해 건강보험 적용이 되지 않기 때문이다.[1362] 미국과 달리, 한국은 성중독을 치료하는 시설이나 사람도 거의 없다. 그리고 자신이 성중독인지 모르는 경우가 많다.[1363]

앞에서 언급했듯 성 중독자들에게는 공통적인 증상들이 있다. 먼저, 모든 중독에서 공통적으로 나타나는 조절되지 않는 충동이 성적으로 나타나고, 그 행동의 결과 심각한 의학적·사회적 문제를 일으킨다. 그리고 이런 위험을 무릅쓰고도 지속적으로 자기 파괴적인 성적 행동을 추구한다. 그만두기 위해 노력할 수 있지만, 번번이 실패한다. 단절 의지에 비해 실제 성관계 횟수가 오히려 증가한다. 그리고 성관계를 한 후 허탈하거나 후회와 죄책감에 빠지는 경우가 많다.[1364] 성 중독자 상당수가 정신적인 문제를 갖게 되는 것이다.[1365] 게이 대다수에게 나타나는 증상들과 일치한다.

그리고 전문가들은 성중독에 빠지는 원인 70%가 어린 시절의 문제라고 한다. 부모의 외도나 성폭행 등으로 성적 충격을 받은 사례가 많다고 한다. 이처럼 인간관계에 친밀감을 느끼지 못할 때도 성중독 될 수 있다. 즉, 정신적 교감을 충족시키지 못해 육체적 관계로 이를 대신하려는 심리가 생길 수 있으며, 이런 요인은 성중독에 더 취약하게 만들 수 있다고 한다.[1366] 아동기 때 트라우마가 이런 상황을 유발할 가능성을 높인다. 그런데 약 2만 명을 대상으로 한 연구에서도 동성애자 상당수가 어린 시절 트라우마를 경험했다.[1367] 어린 시절 부정적인 부모·자식 관계, 부모 이혼 등의 역경,[1368] 유년 시절의 성적 학대가 동성애에 빠지는 원인 중 하나로 지목된다.[1369]

전문가들은 성중독을 해결하기 위해서는 심리적 접근법으로 정신과 치료가 필요하다고 한다. 대뇌가 관장하는 충동을 조절하기 위해 약물치료도 필요하다고 밝힌다.[1370] 그리고 무엇보다 성 중독자들이 성중독의 심각성을 인식하고 자신의 문제를 받아들이면서 변화의 필요성을 스스로 느끼는 것이 필요하다고 한다.[1371] 우즈가 받은 성중독 치료도 마약, 알코올 중독자를 대상으로 시행하는 보편적인 치료 방법과 비슷하다. 중독 증상 앞에서 자신이 무력했으며 수습할 수 없는 지경에 왔음을 시인하는 데서 치료가 시작된다. 그리고 자기 고백을 통해 외상후스트레스장애 등 성중독의 원인을 찾는다.[1372] 우즈도 "내가 그렇게 나쁜 상황인지 몰라 좀 더 일찍 치료받지 않았다"라며 후회를 나타내기도 했다.[1373]

연구결과 과잉성욕은 성중독의 틀에서 접근하는 것이 치료에 도움이 된다고 한다.[1374] 성중독으로 분류해서 치료하게 되면 과잉성욕의 부정적인 영향을 감소시키는 데 효과가 있기 때문이다.[1375] 중독 모델을 차용하여 성중독을 다루는 것이 임상적으로 유용하다는 것이다.[1376] 또 어린 시절 트라우마가 성중독 확률을 높인다는 연구결과에서는 성중독 치료 시 아동기 트라우마를 다뤄야 한다고 밝힌다.[1377]

중독과 금단증상이나 트라우마를 치료하는 전문가의 도움뿐만 아니라, 이를 극복하겠다는 본인의 강한 의지가 무엇보다 중요하다. 다른 중독성 질환과 마찬가지로, 환자가 자발적으로 치료에 임해야 하고 변하겠다는 의지가 있어야 성중독 치료가 가능한 것이다. 이런 의지가 없다면 우울증 등 부작용만 발생할 가능성이 크다. 전환치료는 이런 성중독 치료 방법을 따른다. 사실상 동성애 전환을 위한 상담 치료인 것이다.[1378] 연구결과 어린 시절 트라우마는 동성애에 더 쉽게,[1379] 정신질환에 더 깊게 빠지게 하는 요인으로 작용한다.[1380] 따라서 동성애에서 벗어나겠다는 본인의 선택적 의지가 있는 경우에만 트라우마(외상후스트레스장애)와 성중독 유사 증상을 복합적으로 다루는 상담 치료를 진행하게 된다.[1381] 이것은 윤리적으로 잘못된 의료행위가 아니다.[1382] 근본적인 치료이기 때문이다. 우즈가 치료받은 방법과 마찬가지로, 성중독 유사 증상 앞에서 자신이 무력했으며 수습할 수 없는 지경에 왔음을 시인하는 데서 동성애 치료도 시작되는 것이다.[1383]

그런데 심리치료는 어떤 조건이든 간에 부작용에서 자유로울 수 없다. 특히, 중독 증상의 치료는 금단증상 때문에 치료 목적을 달성하지 못할 수도 있고 부작용이 나타날 수도 있다. 어떤 형태의 심리치료든 간에 14~24%의 아이들은 심리치료 도중 상태가 오히려 악화하는 부작용을 경험한다.[1384] 그런데 동성애 전환치료와 관련된 연구결과 가운데 평균 수치를 넘어서는 부작용이 있다는 내용은 존재하지 않는다.[1385] 오히려 전환치료의 긍정적인 효과를 나타내는 연구결과들이 있다.[1386] 결국, 전환치료에 반대하는 주장에는 과학적·실증적 근거가 없는 것이다. 이에 따라 미국의 '전국 동성애 연구·치료협회'(NARTH)와 '소아과 학회'(American College of Pediatricians)는 충분한 정보를 제공받은 아동·청소년에게 그들의 동의·선택에 따라 전문의의 치료받을 권리를 보장해야 한다고 밝힌다.[1387]

반면, 확인치료는 성중독 치료 방법을 가로막고 동성애 상태를 고착화한다. 성적 지향에 대한 자기 확신과 긍정을 강화하기 때문에 '변하겠다는 의지'를 가로막는다. 동성애가 선천적이라는 주장도 마찬가지다. 성중독 치료의 시작을 할 수 없게 한다. 게다가 트라우마, 성중독 유사 증상과 게이의 정서적 장애의 인과관계를 부정한다. 그러나 이런 게이의 고유한 상황이 정서적 장애를 진단하는 데 있어 과소평가되어서는 안 된다.[1388] 오히려 이런 고유한 상황에 대처하는 다각적 접근을 통해서만 근원적 치유가 가능할 것이다. 게이 스스로 '변하겠다는 의지'가 있는지 여부에 따라 치료 방법도 많은 차이가 있을 것이다.

따라서 의사로서는 환자의 고유한 상황에 충분히 주의하고 진료 당시의 의학적 지식에 입각해 그 치료 방법의 효과와 부작용 등 모든 사정을 고려해 치료할 주의의무가 있다. 의사는 진료 시 환자의 상황, 당시의 의료수준, 자기의 지식·경험에 따라 적절한 진료 방법을 선택할 수 있는 상당한 범위의 재량을 가진다. 그러나 젠더 이데올로기 정책은 제도적 차원에서 게이의 고유한 상황에 대한 의학적 판단을 일률적으로 금지한다. 확인치료의 경우 게이의 트라우마 등 고유한 상황을 외면하게 된다.[1389] 성중독 유사 증상으로 자존감이 낮아지지 않게 확신과 긍정을 강화해줄 뿐이다.[1390] 아무런 검증도 거치지 않은 채 근본적인 치료를 외면하는 것이다. 게이가 편향된 정치이념의 희생자라고 비판받는 이유다.

동성애 전환을 위한 상담·심리치료와 달리, 확인치료는 금단증상으로 인한 고통을 수반하지 않는다. 심리치료에 따른 부작용도 없다. 성중독 유사 증상에서 벗어나거나 절제하도록 돕는 절차가 없기 때문이다. 오히려 이런 증상이 깊어지도록 이끈다. 게다가 성중독 유사 증상에 대한 자기 확신과 자긍심을 심어주므로 본인의 우울증까지 일시적으로 호전된다는 착각이 들 수 있다.[1391] 또 과잉성욕의 충족을 장려하므로 금단증상도 회피할 수 있다.

그러나 다른 중독성 질환도 이런 확인치료를 적용할 경우 똑같은 양상을 보일 것이다. 차이점이 있다면 동성애에 대한 확인치료의 경우 본인의 선택권을 박탈한 채 근본 치료를 법 제도적으로 봉쇄한다는 것이다.

따라서 치료 효능을 판단하기 위해서는 장기적인 치료 성과를 봐야 한다. 그러나 확인치료의 장기적 치료 효과를 인정하는 실증적 근거는 존재하지 않는다.[1392] 차별금지법이 가장 일찍 시행된 네덜란드에서 확인치료가 성행하는데, 게이의 정신적 장애뿐만 아니라 자살률도 여전히 일반 남자들보다 월등히 높다는 연구 결과가 있을 뿐이다.[1393] 확인치료의 효과를 부정하는 근거인 셈이다. 게다가 확인치료로 남성 동성애가 장기간 고착화할 경우 변실금, 에이즈, 게이 커뮤니티의 구조적 차별 같은 요인 때문에 게이의 정서적 장애가 장기적으로 악화할 개연성이 높다.[1394]

차별금지법의 근원이 되는 욕야카르타 제18원칙(의료 남용으로부터의 보호)이 규정한다.[1395]

"성적지향이나 성정체성을 암묵적으로나 명시적으로 치료하거나 치료를 요하는 상태로 보는 상담 치료나 심리치료가 이루어지지 않도록 하는 것이 국가 의무다."[1396]

차별금지법이 법제화되면 동성애 전환을 위한 상담·심리치료가 불법 의료행위이자 범죄로 취급된다.[1397] 이에 따라 전환치료와 관련된 의학연구를 할 수 없게 되고 의학적 사실들을 말할 수 없게 된다.[1398] 동성애 성중독 유사 증상에서 벗어나게 하는 의학·학문의 발전을 가로막는 셈이다.[1399] 대신 치료 성과가 검증되지 않은 확인치료만 유일한 해결책으로 제시된다.[1400] 젠더 이데올로기가 만연한 사회에서는 의사가 전환치료를 위해 상담하는 경우는 물론 동성애가 치료를 요하는 상태라고 표현하는 경우마저 파면될 우려가 크다.[1401] 표현의 자유마저 침해되는 것이다.[1402] 구체적인 사례를 보자.

비뇨기과 전문의인 폴 처치(Paul Church)는 미국 하버드 대학의 비뇨기과 교수며 보스턴의 일류병원(Beth Israel Deaconess Medical Center, 이하 'BIDMC')에서 28년간 근무했다. 그는 동성애 위험에 대해 우려를 표명했다가 2015년에 해고됐다.[1403] BIDMC는 '게이 프라이드' 같은 LGBT 기념행사와 관련해 매년 전 직원에게 행사 안내 메일을 보냈다. 폴 처치는 자신에게 이런 메일을 보내지 말 것을 요구했으나 무시됐다. 그는 의료 기관이 모든 환자를 동등하게 치료할 의무가 있으나 LGBT 가치를 적극적으로 홍보하는 것은 부적절하다고 말한다. 폴 처치는 이메일과 병원의 내부 포털을 통해 건강을 돌보는 병원사회와 상충되는 라이프 스타일을 홍보하는 것이 부적절하다는 의견을 개진했다.[1404] 그 내용은 다음과 같다.

"동성애 커뮤니티에서 보통 이뤄지는 행위는 건강에 해를 끼칩니다. HIV, 에이즈, 직장암, 간염, 장내 기생충 감염, 정신적 장애를 포함해 심각한 의학적 결과를 초래할 위험성이 높다는 증거는 반박할 수 없습니다. HIV/AIDS, 다른 건강상 문제로 인한 합병증, 자살의 결과로 기대수명을 현저히 감소케 합니다. 이것만으로도 건강한 행위와 라이프 스타일을 홍보해야 할 의무가 있는 의료계를 부끄럽게 만듭니다."[1405]

결국, 병원 위원회는 폴 처치를 해고했다.[1406] '해당 의사가 동성애 위험성을 진술하는 것은 차별적 행동이다'라고 해고 근거를 들었다.[1407] '환자 차별'과 같은 민원은 전혀 없었다. 이런 사실이 알려지자 폴 처치가 28년, 6년 동안 각각 환자를 돌봐왔던 다른 두 개의 병원(Brigham & Women's Faulkner, Beth Israel Deaconess-Needham)에서도 폴 처치가 더 이상 근무할 수 없도록 조치했다. 이들 두 개 병원에서 내린 조치는 같은 병원이 아닌 BIDMC에서의 발언 때문이라고 밝혔다. 그 외 다른 병원에서의 근무도 어렵게 됐다. 병원들이 젠더 추종자와 게이 커뮤니티의 영향력을 두려워하기 때문이다. 그 결과 비뇨기과 수술을 할 수 없게 된 폴 처치는 생계마저 심각한 위협을 받게 됐다.[1408] 의사가 증거를 바탕으로 동성애 위험성에 대한 의학적 진실을 표현해도 사회적으로 매장당할 우려가 큰 것이다. 해고된 이후 폴 처치가 말한다.

"저는 어떠한 집단의 사람들도 결코 차별한 적이 없습니다. 단지 증거에 입각해서 감염률과 질병률이 높은 특정 성적 행위와 관행에 대하여 동료들에게 우려를 제기했을 뿐입니다. 사람들과 그들의 건강을 보살펴야 하기 때문입니다. 관련 데이터는 미국 질병관리본부와 같이 신뢰성 있는 자료에 근거합니다. 이 자료들은 급상승하는 성병 감염률이 주로 '남성과 성관계하는 남성'(MSM)과 '항문성교를 하는 사람'들로부터 유발되는 결과임을 보여줍니다. 미국 질병관리본부의 최근 통계에 따르면 '남성과 성관계하는 남성'이 HIV 신규 감염자의 3분의 2를 차지하고 매독이 증가하는 유일한 집단에 해당합니다. 요점은 동성 성행위나 동성애 관행이 무해하지 않다는 것입니다. 상당히 부정적인 의학적 결과들을 초래하기 때문입니다."[1409]

한국에서도 일반심리사인 홍모씨가 '동성애는 이상성욕이며 치유 상담이 가능하다'라는 내용을 인터넷에 올렸다가 2018년 9월경 한국상담심리학회에서 영구제명됐다.[1410] 그 이유는 '홈페이지에 동성애를 이상성욕으로 명시해 대중에 잘못된 정보를 호도했다. 동성애 전환치료의 정황이 의심된다'라는 것이었다. 이후 한국상담심리학회는 한국심리학회에 홍모씨에 대한 회원자격 박탈과 영구제명을 요청했다. 한국심리학회는 별도 조사 없이 한국상담심리학회의 결정을 그대로 받아들여서 윤리규정 위반으로 2019년 3월경 홍모씨의 일반심리사 자격을 박탈하고 영구제명했다.[1411] 차별금지법이 제정된다면 이처럼 의사가 의학적 판단을 피력할 수 없고, 성중독 유사 증상의 치료를 원하는 게이가 상담받을 수 없는 제도적 환경이 훨씬 강화된다. 홍모씨가 말한다.

"그동안 학문의 자유를 바탕으로 동성애에 대해 심리학적 관점에서 연구하고 검토하며 사회적 책임을 다하다가 이런 억울한 일을 당했습니다."[1412]

자유와 인권연구소의 박성제 변호사가 말한다.

"동성애를 이상성욕으로 표현한 상담사는 동성애 전환치료를 시도한 사실이 없습니다. 그럼에도 윤리강령에 성적지향을 차별금지 사유에 포함시킨 한국상담심리학회에서 제명됐고 한국심리학회도 그 결과를 인용해 제명했습니다. 동성애는 치료의 대상이 절대 될 수 없다는 신념을 가진 몇 명의 학회원들이 '동성애 전환치료가 의심된다'라는 이유만으로 다른 회원을 영구제명하려고 제소한 사건은 동성애 독재사회의 전조현상으로 마녀사냥과 다름없습니다."[1413]

차별금지법이 제정되면 LGBT를 이성애로 전환하는 치료를 금지하는 법안도 잇따를 가능성이 크다.[1414] 사실상 상담 치료까지도 금지한다.[1415] 캐나다에서는 치료사가 '이성애가 아닌 성적 행동'이나 '시스젠더(생물학적 성별과 성정체성이 일치하는 사람)가 아닌 정체성'을 억압·절제하기 위해 어떤 형태로든 상담을 제공하면 5년의 징역형에 처해질 수 있다.[1416] 미국 16개 주, 프랑스, 뉴질랜드, 남유럽을 비롯해 몰타와 독일 등도 법으로 전환치료를 금지하고 있다.[1417] 에콰도르, 영국 등도 이런 법의 도입을 추진 중이다.[1418] 전문의가 상담만 하더라도 징역형 등 형사처벌을 받는 상황에 놓이게 되는 것이다.[1419] 부작용이 발생하면 가중처벌된다.[1420] 나아가 전환치료를 한 의사의 자격까지 박탈시키는 후속법안도 제정될 가능성이 크다.[1421] 성중독 유사 증상에서 벗어나길 원하는 게이라도 상담해줄 의사를 찾기 어렵게 된다. 의사가 상담만 하더라도 수십 년간 피땀 흘려 취득한 의사 자격의 취소까지 각오해야 하기 때문이다.

전환치료 금지와 관련하여, 젠더 추종자들은 빅테크 기업에까지 영향을 미친다. 젠더 추종자들은 아마존, 애플, 마이크로소프트에 이어 구글까지 지속적인 압력을 가해 구글 플레이, 애플 앱스토어 등에서 '탈동성애자 앱'을 완전히 제거하도록 했다. 애플리케이션에서조차 전환을 위한 상담 기회가 박탈되는 것이다.[1422]

젠더 이데올로기 정책과 차별금지법은 동성애에서 빠져나오고 싶은 사람에게 그대로 있을 것을 강제한다.[1423] 어린 시절 트라우마나 성중독 유사 증상에 대한 근원적인 치료도 차단한다. 동성애의 강력한 금단증상 때문에 전문가 도움 없이 혼자 힘으로 빠져나오기도 어렵다. 자포자기하고 절망하게 될 가능성이 큰 것이다. 이에 따라 동성애자로 살 수도 없고 스스로 탈동성애를 시도조차 할 수 없어 자살하는 게이들이 많다.

탈동성애자의 존재는 젠더 이데올로기 정책의 정당화 근거를 부정하게 된다. 정책적으로 소수자인 탈동성애자가 탄압되는 이유다. 탈동성애자 존재 자체를 지워버린다. 이들이 커밍아웃하면 젠더 추종자의 표적이 된다. 차별금지법은 소수자나 게이 개개인을 진정으로 보호하지 않는다. 그들을 이용해 편향된 이념을 실현할 뿐이다. 젠더 이데올로기 실현에 도움이 되지 않는 사회적 약자들은 역차별을 당하게 된다.[1424] 탈동성애자 이요나가 말한다.

"내가 만난 많은 동성애자들은 동성애에서 탈출하고자 하는 마음을 갖고 괴로워하고 있습니다."[1425]

"지금까지 내가 상담한 탈동성애 지향자와 그 가족들은 1,000여 명에 이릅니다. 그들은 지금도 탈동성애를 위해 살을 꼬집고 눈물로 애통하며 절제의 생활을 하고 있고, 자신의 문제를 부모·형제와 친구에게도 말하지 못하고 그런 성향이 노출될까 전전긍긍하고 있습니다.

국가인권위가 친동성애자들의 인권을 보호하고자 한다면, 동성애적 지향을 갖고 있지만 그에 대해 심한 도덕적 수치심과 인격적 굴욕을 느끼며 탈출하기 위해 천신만고의 노력을 하는 이들을 위해서도 차별 없이 국가적 차원의 인권정책을 수립해야 하지 않겠습니까.

이미 친-반동성애 세력의 마찰 가운데, 동성애자로 살 수도 없고 스스로 탈동성애할 수도 없는 젊은이들이 해마다 몇 명씩 자살하고 있습니다. 이런 불행한 사태는 갈수록 더 심화 될 것이며, 이것은 인권위 정책에서 비롯된 것이라고 생각합니다."[1426]

검증되지 않은 동성애 선천성이나 확인치료의 효능은 시간이 지날수록 그 오류만 밝혀지고 있다.[1427] 동성애로부터 빠져나오고자 하는 본인의 의지가 있다면 법 제도적으로 이를 막아서는 안 될 것이다. 미국 캘리포니아에서 전환치료가 불법화되자 전국 동성애 연구·치료협회(NARTH)가 성명을 냈다.

"전환치료 불법화는 어린이들을 보살필 부모의 권리뿐 아니라, 자신이 동성애자이기를 원하지 않는 청소년들이 도움을 구할 수 있는 권리를 제한하는 것이다."[1428]

민성길 교수가 말한다.

"동성애가 타고난다는 증거는 없으며, 자연스럽게 전환될 수 있습니다. 정신성 발달이론과 정신병리학에 따라 동성애 전환·회복치료가 얼마든지 가능합니다. 동성애 때문에 상담을 원하는 내담자는 탈동성애 치료를 받을 권리가 있습니다. 동성애자의 진정한 인권은 탈동성애 후 건강하게 살 수 있도록 돕는 것입니다. 이는 인권의 문제로 법적으로 적극 보장해야 합니다. 동성애 자체나 그 치료는 선택의 문제입니다."[1429]

정신과 의사인 기정희가 말한다.

"자신의 선택에 따라 그 결과에 책임을 지면서 그대로 머물려는 자유가 있다면, 동성애에서 떠나고자 상담을 요청할 자유도 존중돼야 합니다."[1430]

성전환 상담 치료 금지

미국 정신의학회의 DSM-5에서는 사춘기 차단제를 사용하지 않을 경우 젠더불쾌증이 있는 남아의 98%와 여아의 88%가 성인이 되면 자연스럽게 젠더불쾌증에서 벗어날 것이라고 밝힌다.[1431] 여러 연구결과에서도 아동·청소년 대다수가 시간이 지나면서 자연스럽게 젠더불쾌증이 지속되지 않는다고 한다.[1432] 이에 대해 내분비학자인 폴 흐루즈(Paul Hruz)와 폴 맥휴 교수가 설명한다.

"확인치료는 트랜스젠더 정체성의 지속을 유도할 수 있습니다. 확인치료를 받지 않았다면 많은 아이들은 젠더와 본래 성을 일치시킬 수 있었을 것입니다."[1433]

폴 맥휴(Paul McHugh)는 존스 홉킨스(Johns Hopkins) 병원에서 1975년부터 2001년까지 수석 정신과 전문의였으며,[1434] 존스 홉킨스 대학의 정신의학 및 행동과학 교수다.[1435] 그는 1960~1970년대에 젠더불쾌증을 위한 성전환 수술 분야를 개척했으나 환자들의 정신건강이 악화되는 사실을 확인한 후 중단했다.[1436] 정신건강 분야에서 큰 업적을 남긴 경우에 선정되는 사르나트 상(Sarnat Award)을 2008년에 수상하기도 했다.[1437] 40년 동안 트랜스젠더를 연구해온 맥휴 교수가 말한다.[1438]

"성정체성 혼란은 대부분 심리적 문제에서 유발되기 때문에 신체적 접근보다 정신의학적 접근을 해야 한다고 판단됩니다.[1439] 성전환 수술을 하더라도 정신건강 문제가 유의미하게 변하지 않습니다. 일, 관계, 감정과 관련된 문제들이 성전환 수술 이전과 똑같이 남아 있는 것입니다. 정서적 어려움을 벗어나고 심리적 안정이 있을 것으로 기대했으나 이루어지지 않았습니다.[1440] 성전환 시술은 근본적 원인을 다루지 않기 때문에 이런 부정적 증상들이 완화되지 않는 것입니다.[1441] 성전환 수술을 하더라도 젠더불쾌증 이면에 있는 정신질환은 남게 되고 오히려 악화될 가능성이 높습니다.[1442]

치료하는 모든 의사의 책임은 치료하고자 하는 문제의 본질을 아는 것입니다. 성전환 수술을 받으러 오는 대다수 트랜스젠더의 문제는 생물적 원인이 아니라 심리사회적 원인이 본질입니다.[1443] 그러나 아동이 성별을 바꾸고자 할 때 의료 전문가들은 너무나 빠르게 이를 받아들입니다. 충분한 평가나 진단을 하지 않습니다. 즉각적으로 호르몬 치료를 처방하고 성전환 수술을 포함한 확인치료로 진행합니다.[1444]

의사들에게는 이런 치료 방법이 올바르다는 증거가 전혀 없습니다. 임상실험이라고 말하지 않은 채 아동들에게 임상실험을 하는 것입니다.[1445] 이와 같은 심각한 결과를 유발하는 치료에는 증거가 필요합니다. 특히 의료 전문가가 개입될 때는 증거와 상식이 요구됩니다. 성전환 시술은 정신질환 치료를 목적으로 뇌 일부를 절단하는 수술과 비교될 수 있습니다.[1446] 이것은 아동학대이기도 합니다.[1447] 마치 거식증이 있는 아이에게 지방흡입을 하는 것과 같습니다.[1448] 정서적 장애가 진짜 문제인데 신체적 장애로 다루기 때문입니다.[1449] 젠더불쾌증을 치료하기 이전에 그 이면에 있는 정서적 문제, 우울증, 낙담한 심리 상태를 치료할 필요가 있습니다.[1450]

우울한 사실은 이런 아이들 대부분이 자신의 오인을 바로잡아주고 갈등 해결로 이끌면서 진단하려는 의사를 찾기 어렵다는 것입니다. 오히려 아이와 그 가족들은 성별 관련 오인을 격려해주는 젠더 상담사만을 만날 수 있을 뿐입니다.[1451] 그 아이들은 평생 의사의 손길을 필요로 할 것입니다. 불임이 되어 아이를 갖지 못할 것이고, 상당수는 후회할 것입니다. 단지 살아가기 위해 평생 의사를 찾아야 하는 삶을 상상할 수 있습니까? 호르몬 등 모든 것을 계속 검사받아야 합니다.[1452]

우리 사회가 이런 열풍을 되돌아볼 때 역사적 수치심으로 기억할 것으로 생각합니다. 수많은 아이들이 상처 입고 후회하는 모습을 발견하면서 우리도 후회하게 될 것입니다.[1453] 결국에는 진실이 밝혀질 것이고 비극적으로 수많은 아이들이 잔인하게 다루어졌다는 사실을 알게 될 것입니다."[1454]

젠더불쾌증과 정신질환이 동반될 가능성이 크다는 사실에는 이견이 없다. 또 성적 학대나 가정해체 같은 아동기 트라우마나 자폐증(ASD)이 있으면 젠더불쾌증이 발생할 가능성이 매우 크다는 사실에도 이견이 없다.[1455] 그런데 전문가들은 아동기 트라우마가 있다면 '자기 거부 현상'과 성정체성 혼란이 지속되거나 악화될 가능성이 커진다고 한다. 트랜스젠더 정체성이 트라우마나 자폐증의 도피처가 될 수 있기 때문이다.[1456] 연구결과 대부분이 젠더불쾌증이 발생하기 이전에 정신질환이 먼저 발생한다고 밝힌다.[1457] 따라서 젠더불쾌증을 치료하기 위해서는 그 이면에 존재하는 트라우마 등에 대한 조사와 상담 치료(심리치료)가 필요하게 된다.[1458] 그런데 젠더불쾌증을 가진 아이들에게 이런 상담 치료를 할 수 없어 후회한다고 밝히는 의사들이 증가하고 있다. 스웨덴의 살그렌스카(Sahlgrenska) 대학병원의 아동·청소년 정신과 전문의인 안젤라 셈피오르

(Angela Samfjord)는 젠더 클리닉의 성전환 시술에 양심의 가책을 느껴 사직했다. 셈피오르 전문의가 2019년경 다큐멘터리에 출연해 말한다.

"젠더불쾌증으로 찾아오는 아동·청소년들은 많은 정신질환 증상을 보입니다. 젠더불쾌증은 복잡한 정신적 문제 중에 단지 한 부분만을 차지한다는 사실을 깨닫게 되었습니다. 그리고 정신질환 문제가 먼저 발생한 다음에 젠더불쾌증 문제가 발생한다는 사실도 알게 됐습니다. 정신질환 문제와 젠더불쾌증은 분리할 수 없습니다. 젠더불쾌증에만 집중하는 것은 정신질환 문제를 간과한다는 것을 의미합니다. 저의 환자 중 90%는 젠더불쾌증 이외에 다른 정신질환 문제로 진단을 별도로 받은 상태였습니다. 환자 80%는 정신질환 문제가 2개 이상 존재했습니다. 클리닉을 찾은 환자 20%는 이미 자폐증으로 진단을 받은 상태였고, 환자 50%는 자폐증 증상을 보였습니다. 이렇게 정신적 문제가 복잡하게 얽혀 있음에도 불구하고, 의사들에게 여전히 증거가 부족하고 검증되지 않은 확인치료의 강행을 요구한다는 사실을 깨달았습니다. 그래서 양심의 가책에 시달렸습니다. 저는 환자들에게 해악을 끼치는 리스크를 부담할 수 없었습니다. 이로 인한 결과를 받아들여야 했고 사직했습니다."[1459]

앞에서 언급했듯 전문가들은 트라우마 원인이 가족관계 불화에서 비롯되는 경우가 많다고 한다.[1460] 아이들은 부모, 형제, 동성 또래와 안정적인 애착 관계를 형성하지 못하면 깊은 불안과 두려움을 느끼게 된다.[1461] 이 경우 자신의 성정체성 문제로 대응할 가능성이 커지는 것이다.[1462] 저커(Zucker) 교수는 많은 경우 젠더불쾌증의 근본 원인 중 하나가 결손가정이나 가족 갈등으로 인한 트라우마이기 때문에[1463] 가족치료를 중시한다고 밝힌다.[1464]

"호르몬 치료 후 성전환 수술을 계획하고 있는 한 여성의 가족치료를 회상합니다. 아버지는 딸의 어린 시절 내내 지나친 분노를 표출했습니다. '이것은 딸이 남성을 믿는 것을 두려워하게 만들었다'라고 말합니다. '딸의 깊은 내면에는 그녀 자신이 남성적인 외모와 정체성을 갖게 된다면 더 안전하게 느끼는 것 같다'라고 말합니다. 딸은 곰곰이 생각하더니 '그 말이 맞는 것 같다'라고 합니다."[1465]

그러나 젠더 이데올로기 정책은 이런 상담 치료를 불법화하여 금지한다.[1466] 성전환 시술이 정신건강 문제의 유일한 해결책이라고 제시하며 확인치료를 통해 아동 성전환을 확산시키는 것이다.[1467] 그러나 성전환 시술은 수술 직후 단기적인 만족감을 줄 수 있으나 장기적인 해결책이 될 수 없다.[1468] 네덜란드에서 약 50년 동안 호르몬 치료받은 트랜스젠더들을 대상으로 연구한 결과, 트랜스 여성(생물학적 남성)은 일반 여성보다 거의 3배, 일반 남성보다 거의 2배 사망할 확률이 높다. 이 수치는 50년 동안 전혀 감소하지 않았다.[1469] 영국에서 100개 이상의 국제의학연구 자료들을 분석한 결과, 성전환 수술이 트랜스젠더의 삶을 개선하는데 기여한 증거가 없다고 밝힌다.[1470]

오히려 성전환 수술을 하면 수술 없이 젠더불쾌증을 앓는 것보다 정신질환으로 치료받을 확률이나 자살률이 더 높아진다는 연구결과들이 다수 있다.[1471] 자살 가능성이 19.1배 더 높다는 연구결과도 있다.[1472] 검증되지 않은 확인치료가[1473] 장기적으로 아이들의 자살을 유발할 수 있다는 비판을 받는 이유다.[1474] 트랜스젠더리즘이 문화적 현상이기 때문에 아이들이 희생된다는 지적도 많다.[1475] 심리치료사인 로버트 위더스(Robert Withers)는 트랜스 정체성과 관련된 의학적 개입(확인치료)은 정서적 고통을 회피하려는 시도이며 세 단계로 구성된다고 밝힌다.

"첫째, 트랜스젠더들은 애착과 관련된 트라우마, 아동기 학대, 낮아진 성적 자존감 등의 경험과 연계된 규정하기 어려운 영향으로부터 회피를 시도할 수 있습니다. 둘째, 의사들도 이렇게 규정하기 어려운 영향으로부터 유발된 두려움과 분노 같은 감정의 회피를 시도할 수 있습니다. 셋째, 사회는 트라우마, 학대, 성적 고통과 같은 실체를 인정하는 것을 회피하기 위해 트랜스 정체성이 생물학적 문제며 의학적 개입으로 가장 잘 해결될 수 있다는 가설을 세울 수 있습니다. 그러나 이런 생물학적 접근방법을 뒷받침하는 증거의 질은 매우 낮습니다. 이것은 트랜스젠더 아동·청소년으로 하여금 잠재적으로 해악적인 의학적 치료를 받도록 합니다. 그리고 젠더불쾌증 이면에 존재하는 정서적 문제를 전혀 치료하지 않은 채 방치하게 됩니다. 나중에 성전환을 후회하거나 돌이키려고 시도케 하는 위험에 노출하는 것입니다."[1476]

확인치료는 젠더불쾌증 이면에 있는 트라우마나 자폐증을 조사하지 않는다.[1477] 이런 조사를 시도하는 의사들은 오히려 '편견자'로 낙인찍힐 우려가 있다. 그 결과 젠더불쾌증이 형성된 근본 원인을 방치하게 된다.[1478] 이것은 성전환을 촉진하는 요인이 된다는 지적이다.[1479] 젠더 이데올로기 정책은 의사가 의학적 판단을 하기 위해 이런 '조사'를 할 경우 트랜스포비아로 간주해 금지한다.[1480] 그리고 돌이킬 수 없는 성전환 시술을 강행함으로써 아동이 자연스럽게 본래 성을 편안하게 느낄 기회를 박탈한다.[1481] 이렇게 성적 발달 과정에 개입함으로써 아동은 불임이 되고 평생 약에 의존하게 된다.[1482] 그리고 장기적으로 자살과 정신질환에 시달릴 위험을 크게 한다.[1483] 젠더 이데올로기의 실현이 우선되기 때문에[1484] 의학적 중립성이 부족하다고 지적되는 이유다.[1485] 젠더불쾌증을 가진 아동·청소년들의 복리보다 편향된 정치이념을 우선한다는 것이다.[1486] 이로 인해 윤리적 문제가 발생한다는 목소리가 높다.[1487] '무책임한 아동학대'라는 전문가들의 비판도 잇따른다.[1488]

의료현장에서는 성전환과 연계된 차별금지법을 우려한다. LGBT가 성전환 시술을 하기 전에 의학적 사실을 알리는 것 자체가 금지되어 환자의 알 권리를 제한할 우려가 크다는 것이다.[1489] 성산생명윤리연구소의 소장인 이명진 의사가 말한다.

"트랜스젠더가 된 이후 전환치료를 받는 것과 수술의 부작용에 대해 설명하는 것을 막아 국민들의 알 권리를 침해합니다. 트랜스젠더 수술은 비가역적 결과를 발생시키기 때문에 충분한 숙려 기간과 정보를 제공해야 합니다. 그럼에도 2011년 제정된 국가인권위원회 인권보도준칙으로 언론들이 동성애나 젠더에 대한 정확한 정보 제공을 꺼리고 있습니다. 법으로까지 제정된다면 동성 성관계의 부작용에 관한 기사나 정보 제공이 위축될 것이고 에이즈와 성병이 증가할 것입니다.

스웨덴은 30년 전 동성애나 동성혼을 허락했습니다. 1973년에서 2003년까지 성전환자들의 코호트 연구를 한 결과 건강한 통제 집단보다 전반적인 사망률, 심혈관질환 및 자살로 인한 사망, 자살 시도, 정신병원 입원율이 상당히 높은 것으로 나타났습니다. 자살률이 OECD 중 가장 높은 한국은 차별금지법이 통과될 경우 이런 일들이 더 증가할 것입니다."[1490]

"비가역적 수술을 하기 이전에 수술의 결과가 가져올 문제점을 충분히 설명하고 숙려할 기간을 줘야 합니다. 일반인에게도 이 같은 사실을 충분히 공개해 충동적인 수술로 인한 피해를 막는 것이 윤리적입니다."[1491]

확인치료는 젠더불쾌증의 유일한 해결책으로 호르몬 치료와 성전환 수술만을 제시한다.[1492] 판단 능력이 미숙한 아동·청소년으로부터 '정보가 제공된 동의'(informed consent)조차 받지 않은 채 그들의 운명을 결정하는 시술을 하는 것이다.[1493] 성전환 시술의 위험성을 알리지 않는 경우가 빈번할 뿐만 아니라 대안적 치료방안도 알리지 않는다.[1494] 심지어 성전환 결정 과정에서 부모까지 배제한다. 윤리적 딜레마가 발생하는 것이다.[1495] 이것은 정치적·문화적 영향에서 비롯된다는 지적이다.[1496] 검증된 증거나 과학이 아니라 이데올로기(사회적 아젠다)에 의해 성전환 확산정책이 강행되는 것이다.[1497] 그리고 동조하지 않는 의사들은 '편견자'로 낙인찍혀 해고된다.[1498]

나아가 반대 의견은 시스템적으로 제거되고 비난받기 때문에 공개 토론의 전제가 되는 연구 자체가 이루어지기 어렵다.[1499] 일례로 젠더 추종자들은 확인치료의 부작용을 대학에서 연구할 수 없도록 방해한다. 이것은 '정보가 제공된 동의' 자체를 사실상 불가능하게 한다. 성전환 시술의 부작용을 설명 듣지 못한 채 몸소 경험할 수밖에 없기 때문이다.[1500] 이에 따라 성전환을 후회하는 트랜스젠더들이 급증하는 추세다.[1501] 관련 사례를 보자.

성전환과 성기 재건 수술의 세계적인 권위자인 미로슬라프 조르제비치(Miroslav Djordjevic) 교수는 "성전환을 후회하고 성기를 재건하는 트랜스젠더들이 급증했다"라고 밝힌다. 그리고 성전환 수술을 받은 트랜스젠더의 평균 연령이 과거에는 45세였으나 지금은 21세로 하향했다고 한다. 그는 연간 100건 이상의 성전환 수술을 시행하는 비뇨기과 전문의이자 세르비아 벨그라데 대학(Belgrade University)의 교수다.[1502] 세르비아는 이런 수술의 세계적인 허브(hub)이며, 조르제비치 교수는 22년 이상 전 세계에서 찾아오는 환자들을 수술했다.

그는 트랜스젠더 상당수가 성전환을 후회하면서 본래 성으로 되돌리기를 원하고,[1503] 이런 상담을 깊이 있게 한다고 밝힌다. 이들 중 상당수는 자살을 생각하다가 상담하게 된다. 그러나 성전환을 되돌리는 성기 재건 수술은 수년 동안 수차례 이루어지며 비용은 수천만 원에 이른다.[1504] 그리고 이에 대해 낙인을 찍는 사회적 분위기가 있다고 말한다.[1505] 최초 성전환 수술 이전에 이루어지는 심리상담이나 평가에 대해서는 매우 우려스러운 수준이라고 비판한다.[1506]

2014년경 조르제비치 교수는 런던 식당에서 트랜스젠더를 대상으로 심리치료를 하는 제임스 캐스피안(James Caspian)을 만나 대화를 나눴다. 조르제비치 교수는 성전환 수술을 되돌리는 트랜스젠더가 급증하는 데 반해 이 분야의 학문적 연구가 부실하다는 사실을 알렸다. 이후 캐스피안 심리치료사는 영국의 베스 스파 대학(Bath Spa University)에 성전환을 되돌리는 현상을 다루는 논문연구 진행을 제안했다. 대학 측은 처음에 이를 승낙했다. 초기 조사결과, 그는 성전환 후 후회하는 젊은 트랜스젠더, 특히 젊은 여성들이 급증한다는 사실을 확인했고 이를 대학 측에 알렸다. 그러자 대학 측은 윤리위원회를 소집해 캐스피안의 학위 논문 주제를 거절하며 입장을 갑작스럽게 바꿨다. 거절한 주된 근거로 논문 주제가 '정치적 올바름'에 어긋난다고 했다.[1507] 대학이 트랜스젠더 로비 단체의 막강한 영향력과 비판을 두려워하는 것이다.[1508] 트랜스젠더를 심리치료 하는 캐스피안이 라디오 방송에서 말한다.

"저는 대학 측의 결정에 크게 놀랐습니다. 대학 측은 '잠재적으로 정치적 올바름에 어긋나는 연구는 대학에 리스크가 된다. 소셜미디어에서의 공격 대상은 연구자에 국한되지 않고 대학도 공격당할 수 있다.[1509] 이런 연구에 대한 비판은 대학에 대한 비판으로 이어질 것이다. 사람들의 기분을 상하지 않게 하는 것이 낫다'라고 거절 이유를 들었습니다.

그러나 대학이 존재하는 이유는 토론, 연구, 심지어 동의하지 않는 의견까지 장려하고, 시대에 뒤떨어지거나 유용하지 않은 이념·사상에 도전할 수 있기 위함이라고 생각합니다.[1510] 과거 연구들은 이미 시대에 뒤떨어졌고 사람들을 돕기 위해 이런 연구가 절실한 상황입니다.

저는 성전환 수술 후 후회하는 사람들의 숫자가 급증한다는 증거를 보게 됐는데 관련 연구가 없다는 사실도 알게 됐습니다. 그래서 성별전환을 한 후 되돌리는 사람들에 관한 연구를 하기 원했습니다.

성전환을 본래 성으로 되돌린 경험이 있는 사람이 그 경험에 대해 솔직히 얘기하도록 하는 것이 매우 어렵다는 사실도 알게 됐습니다. 그들이 말하기 어려울 만큼 심각하게 트라우마를 겪었기 때문입니다. 그래서 이런 연구가 정말 절실하다고 생각하는 것입니다."[1511]

"대학 측의 결정은 '검열'에 해당합니다. 표현의 자유와 비판적 사고를 가능케 하는 학문적 독립성은 민주주의의 초석입니다."[1512]

성전환과 성기를 재건하는 수술의 세계적 권위자인 조르제비치 교수가 말한다.

"성전환을 되돌리는 현상은 당혹스러우며, 이에 대해 더 깊은 이해가 절실하게 필요합니다.[1513] 성전환을 되돌리는 수술과 트랜스젠더의 후회는 분명히 관심의 초점이 되는 주제입니다. 통상적으로 이런 연구는 이 분야에서 전적으로 지원해야 합니다."[1514]

성전환 시술과 관련하여, 신뢰할 수 있는 장기적인 연구결과는 존재하지 않는다.[1515] 동성애 선천성을 지지하는 연구결과들이 젠더 이데올로기 실현을 위해 과학과 학문을 조작했듯이,[1516] 성전환 연구도 마찬가지라는 비판의 목소리도 높다.[1517] 한 연구결과에서는 호르몬 치료와 정서적 장애의 연관성이 인정되는데, 확인치료를 지지하는 일부 연구결과는 편향된 증거와 오류가 심각하다고 밝힌다.[1518] 또 성전환 수술을 지지하는 장기적인 연구에서 추적 관찰의 실패율이 49.3%에 이르는데,[1519] 성전환 수술로 심신에 문제가 생기면 환자들이 추적 관찰을 회피하기 때문이다.[1520] 게다가 조사 대상이 편향적으로 선정되며 그들의 주장만을 연구 근거로 제시한다는 지적이 잇따른다.[1521] 젠더 이데올로기에 유리한 결과를 미리 정해놓은 다음 끼워 맞추기식 연구가 이뤄진다는 비판인 것이다. 게다가 그 오류를 지적하는 학문의 연구까지 방해된다.

확인치료가 과학적으로 검증되지 않았다는 사실에는 이견이 거의 없다.[1522] 그러나 그 부작용의 연구가 제한된다. 아동·청소년을 대상으로 임상실험이 이뤄지는데,[1523] 그 부정적 결과는 언론통제로 잘 알려지지 않는다는 비판이 많다. 언론이 통제되었어도 소셜미디어나 회의에서 성전환 시술 전에 상담 치료를 제대로 받지 못해 후회한다는 트랜스젠더들이 증가하고 있다.[1524] 편향된 정치이념의 영향으로 상담 치료가 금지된 채 불필요한 의학적 개입만 장려되기 때문이다.[1525] WPATH 지침에서도 성전환을 되돌리는 현상이 세계적으로 급증하는 사실을 확인하며 이를 다루는 내용을 추가할 예정이라고 한다.[1526]

찰리 에반스(Charlie Evans)는 거의 10년 동안 트랜스젠더로 살았으나 이를 후회했다. 그가 본래의 성별로 돌아간다고 선언하자, 성전환 시술에 후회하는 수백 명의 트랜스젠더들이 조언을 구하며 연락해왔다. 그들은 자신들에게 어떤 선택권이 있는지 모른다고 한다.[1527] 성전환 시술을 장려할 뿐 그 부작용을 돌아보는 제도적 장치가 없기 때문이다.[1528] 게다가 LGBT 커뮤니티와 의료 시스템으로부터 부정적 경험을 하게 될 우려도 크다.[1529]

한 연구결과에서는 성전환을 본래 성으로 되돌리는 이유들을 조사했다. '60%는 타고난 성이 편안하게 느껴져서, 49%는 성전환 시술의 의학적 부작용이 우려되어서, 38%는 젠더불쾌증이 트라우마, 학대, 정신질환으로 유발됐다고 판단되어서, 23%는 차별을 경험해서'라고 밝혔다. 55%는 성전환 시술 이전에 의사가 적절한 상담이나 진단을 하지 않았다고 한다.[1530] 성전환 시술 후 본래 성으로 되돌린 이모씨(Lee)는 '의사가 호르몬 치료 처방을 하기 전에 정신건강이나 심리평가를 거의 하지 않았다'라고 밝힌다.

"저는 런던에 있는 젠더 클리닉 의사를 찾았습니다. 첫 번째 진료에서 의사는 '더 이상 시간을 낭비하지 맙시다'라면서 테스토스테론(남성호르몬)을 주사했습니다. 그 당시 제가 원했던 것이었지만 지금 생각해 보면 잘못됐다고 생각합니다. 저에게 정말 필요했던 것은 심리치료였습니다."[1531]

성전환 후회와 이를 돌이키는 수술이 급증하는데 왜 공론화되지 않을까? '정치적 올바름'(Politcal Correctness) 때문이다.[1532] 그리고 이를 말하면 트랜스 로비 단체의 표적이 된다.[1533] 정치적 올바름은 말과 용어의 표현 및 사용에서 사회적 성을 의미하는 성의 차별 등 편견이 포함되지 않도록 하자는 주장이다.[1534] 그러나 이것이 남용될 경우, 젠더 이데올로기에 반대하는 발언이나 쓴소리는 강제로 억압되고 말해서는 안 되는 금기 영역이 된다. 반면 젠더 추종자의 발언은 금기 영역이 없게 된다.[1535] 일례로, 캔슬 컬처를 위한 살해 협박에도 관용이 허용되는 현상을 보인다.

나아가 정치적 올바름은 존중의 수준을 떠나 정치 세력화되면서 권력을 행사하고 이로 인한 인식의 전환을 강요한다. 다수의 자연스러운 요구나 의견은 묵살된 채 모든 이에게 적용되는 보편적 가치가 아닌, 특정 정치이념을 위한 수단이 된다는 우려를 낳는다.[1536] 결국, 정치적 올바름은 젠더 이데올로기에 반대하는 표현을 금지하는 언어 프레임이라는 지적이 나온다. 그러나 사람의 생명이 관련되어 있을 때는 '정치적 올바름'보다 올바른 것이 낫다는 비판의 목소리가 높다.[1537] 젠더 이데올로기 정책은 성전환으로 고통받고 후회하는 사람들의 존재 자체를 지워버리는 것이다. 관련 사례를 보자.

LGBT 옹호 단체(Inside Out Youth Services)의 회장이자 저명한 LGBT 운동가인 제시 포콕(Jessie Pocock)은 미국 하원에서 탈성전환을 결정한 사람들에 대한 질문을 받았다. 하원의원인 마이클 클라우드(Michael Cloud)는 "탈성전환에 대한 무수한 이야기들이 쏟아지고 있는데, 부모 의견도 없이 돌이킬 수 없는 영구적인 결정을 내리는 아이들이 우려된다"라고 말하면서 포콕에게 이에 관한 질문을 했다.[1538] 포콕은 "탈성전환 사례에 대해 들어본 적이 없다. 그래서 탈성전환은 진짜가 아니라고 생각한다"라고 답했다.[1539]

이에 대해 한국 여성으로 성전환 선언을 하고 9년 동안 미화 300,000달러를 들여 32차례나 성형 수술한 영국인 남성 올리 런던(Oli London)이 비판을 한다.[1540]

"포콕의 이런 발언은 저와 같은 사람들의 이야기를 부정할 뿐만 아니라 성전환을 후회하는 사람들에 대한 증오와 괴롭힘을 유발합니다.[1541]

성전환 수술을 받은 아이들은 수천, 수만 명에 달합니다. 그런데 미국 오리건주 같은 곳에서는 15세 아이가 부모 동의 없이도 성전환 수술을 받을 수 있습니다. 정말 끔찍한 일입니다. 트랜스젠더 찬반 문제를 떠나서 이들은 아이들입니다. 부모 모르게 이 아이들이 성전환 수술을 할 수 있다는 것이 정말 충격적입니다. 질문한 클라우드 의원은 (성전환 수술을 후회하는) 아이들이 있고, 그들의 목소리를 들어야 하며, 침묵해서는 안 된다는 점을 강조한 것입니다.[1542]

그런데 포콕은 (성전환 수술을 후회하는) 이런 사람들이 존재하지 않는다고 말했습니다. 저와 같은 사람들의 존재 자체를 부정하는 것입니다. 포콕 같이 권력을 가진 이런 사람들의 발언 때문에 성전환을 후회하는 사람들이 괴롭힘을 당합니다."[1543]

"성전환을 원한다면 호르몬 치료제 등 모든 지원을 다 받을 수 있습니다. 그러나 탈성전환을 원할 경우, 지원이 전혀 없습니다."[1544]

올리 런던은 탈성전환한 아이들에 대해 말한다.

"저도 성정체성 문제로 힘든 시간을 보냈습니다. 지금은 (성전환이) 큰 실수였다는 것을 깨달았습니다.[1545] 그런데 청소년들이나 저 같은 사람들이 성별을 바꾸고 싶어했던 것은 이상할 게 없습니다. 학교에서 성전환을 정상적인 것으로 주입하기 때문입니다.[1546] 아이들은 어릴 때부터, 어떤 경우에는 5살 때부터 성별을 바꾸어도 괜찮다고 배웁니다.[1547] 남자아이가 치마를 입어도 괜찮고, 남자아이가 성중립 화장실을 사용해도 괜찮다고 배웁니다.[1548] 이것은 여자를 위험에 빠뜨리기도 합니다.[1549] 저는 어른이지만, 스스로 성전환 결정을 내려서는 안 되는 아이들도 있습니다. 이 아이들은 급진적인 아젠다에 떠밀려 성전환을 하는 것입니다."[1550]

"성전환 수술과 호르몬 투여로 끔찍한 트라우마를 겪었던 18세 여자아이들이 탈성전환을 하고 이 문제에 대해 인터넷에서 공개적으로 이야기하는 것을 보았습니다. 이 아이들에게 격렬한 반발과 증오가 이어졌습니다. 이 아이들은 자신들을 성전환으로 내몬 어른들로부터 학대와 배신을 당했습니다. 그뿐만 아니라 탈성전환 하는 지금도 이 모든 학대와 증오를 받으면서 이중의 피해를 당하고 있습니다. 이런 탈트랜스젠더들이 자신의 삶을 바꾸는 호르몬과 성전환 수술에 내몰렸다는 사실을 이제야 깨달았다는 이야기를 들으면 가슴이 미어집니다.

그들(젠더 추종자)은 자신들이 엮은 이야기가 무너지는 것을 두려워합니다. 그래서 이 사람들(탈트랜스젠더)을 침묵시키고 싶어합니다. 그들은 진실이 드러나는 것을 두려워합니다. 그들은 성별을 바꾸면 남은 인생이 행복해질 것이라는 환상을 심어줍니다. 그러나 현실은 그렇지가 않습니다.[1551]

아이들이 탈성전환에 대한 자신의 이야기를 나누고 공유하면 완전히 파괴당합니다. 비방과 살해 협박을 받습니다. 엄청난 괴롭힘을 당합니다. 이 아이들은 심각한 트라우마를 겪었고 아주 취약한 상태에 있습니다. 이 아이들에게는 사람들의 사랑과 연민이 필요합니다. 그런데 트랜스젠더 운동가와 젠더 전사들은 이 아이들을 극단적으로 공격합니다. 그 의미를 살펴봐야 합니다. 왜 그렇게 할까요? 자신들이 엮은 이야기와 맞지 않는 이 아이들의 존재를 부정하고 싶기 때문입니다. 이 아이들의 목소리에 재갈을 물리려는 것입니다.[1552]

올리 런던은 포용적이라고 믿었던 트랜스젠더 커뮤니티가 자신을 어떻게 학대했는지 말한다.[1553]

"제가 트랜스젠더 커뮤니티를 떠났더니 갑자기 저를 공격하기 시작했습니다.[1554] 그들은 저를 비인간화하고 온라인에서 저를 끔찍한 사람들과 비교하면서 욕을 합니다. 저를 히틀러와 비교하는 트윗도 봤습니다.[1555] 트랜스젠더 운동가들은 역겹고 비열하게 저를 대했고 그들이 한 말은 끔찍했습니다. 저는 혐오 캠페인의 표적이 됐습니다. 그들은 돌로 저를 쳐 죽여야 한다며 살해 협박을 보냈습니다. 그 이유는 단지 '아이들이 성전환해서는 안 되고 여성은 안전한 공간을 가져야 한다'라고 말했기 때문입니다."[1556]

캐나다 국영 방송국(Canadian Broadcasting Corporation, CBC)의 프리랜서 작가로 활동 중인 카르멘 아쿠나(Carmen Acuna)가 보낸 것으로 보이는 메시지가 올리 런던에게 특히 충격적이었다고 한다. 그 메시지에는 "나는 당신이 폭력적이고 특별히 악랄한 죽음을 맞이하고 그것이 세상에 알려지고 보여지기를 바란다...... 네가 창고로 끌려가 고문을 당했으면 좋겠다"라고 기재되어 있었다.[1557]

탈트랜스젠더뿐만 아니라 의사들도 젠더 이데올로기에 거슬리는 목소리를 내면 탄압받기는 매한가지다. 검증되지 않았고[1558] 돌이킬 수도 없는 의학적 개입(성전환 시술)을 신중히 해야 한다는 목소리가 늘고 있다.[1559] 특히 아동·청소년이 그 대상이고 성전환 수술 후 자살률이 높아진다는 통계와 연구결과들이 있기 때문이다.[1560] 젠더불쾌증에 이르게 된 아동 개개인의 독특한 상황에 대해서도 조사가 철저히 이뤄질 필요가 있다.[1561] 그러나 이런 상식적인 목소리를 내는 의사는 자격이 박탈될 우려가 크다. 젠더 이데올로기에 반하기 때문이다. 젠더불쾌증 분야의 세계적 권위자인 케네스 저커(Kenneth Zucker)에게 거짓 프레임을 씌운 후 해고한 사례를 보자.[1562]

저커 교수는 젠더불쾌증 분야에서 40년간 치료와 연구를 병행한 세계적 권위자다.[1563] 미국 정신의학협회의 DSM-V에서 사용하는 젠더불쾌증의 진료 기준을 확립하는 데 주도적인 역할을 담당했다.[1564] 그리고 WPATH의 진료 표준을 정하는 데도 역할을 했다.[1565] 게다가 캐나다에서 가장 규모가 큰 정신질환 병원(Centre for Addiction and Mental Health, 이하 'CAMH')에 고용되어 원장으로서 35년 동안 미성년자(3~18세) 젠더 정체성 클리닉을 이끌었다.[1566]

그런데 저커 교수는 유행하는 확인치료처럼 성전환 시술을 성급히 시행하지 않았다. 성정체성의 혼란을 겪는 아이들의 심리를 충분히 조사해 정보를 확보하고 아이들이 자신의 신체에 편안함을 느낄 수 없다는 사실을 확인한 이후에만 의학적 개입을 했다.[1567] 수많은 치료 경험을 바탕으로 성전환 시술을 신중히 하는 것이다.[1568]

이것은 전환치료가 아니라, '발달 추이를 보며 정보에 근거해 치료하는 방식'(developmentally informed therapy)으로서 돌이킬 수 없는 확인치료를 보다 조심스럽게 하는 것이라고 저커 교수가 말한다.[1569] 젠더불쾌증을 앓는 아이들의 80~90%가 사춘기 이후 타고난 성별을 받아들이면서 자신의 신체를 편안히 느낀다는 사실을 확인했기 때문이다.[1570] 이것은 정신질환의 바이블인 DSM-5의 내용과도 일치하는 사실이다.[1571] 그런데 성전환 시술은 자연스럽게 성정체성 혼란을 해결할 수 있는 이런 기회를 박탈시킨다.[1572]

그러나 젠더 추종자들은 즉각적으로 성전환 시술을 시행하지 않으면 젠더 정체성에 대한 거부로 간주한다.[1573] 편향된 정치이념을 실현하기 위한 성전환 확산 정책에 반하기 때문이다. 이에 젠더 추종자들은 성전환 시술을 신중히 하는 저커 교수를 비판해 왔고,[1574] CAMH는 저커 교수의 치료 방식에 대한 보고서를 작성하게 됐다.[1575]

보고서에서는 저커 교수가 전환치료를 했다는 근거를 발견할 수 없다고 한다. 그러나 그의 치료 접근 방식이 지나치게 보수적이며 최신 확인치료의 관행에 어굿난다고 비판했다.[1576] 그리고 저커 교수가 환자를 모욕했다는 거짓 근거도 담았다. CAMH는 이런 내용을 웹사이트에 발표하며 2015년 12월에 저커 교수를 해고했다.[1577] 그리고 아동의 심리를 선조사 후 신중하게 확인치료를 해왔던 미성년자 젠더 클리닉도 폐쇄했다.[1578] '정치적 올바름'에 따른 이런 부당한 조치에 500명 이상의 의사들과 연구자들은 청원을 제기했다.[1579] 저커 교수도 CAMH를 상대로 명예훼손과 부당해고 소송을 제기했다.[1580] 그 과정에서 보고서의 거짓 근거가 밝혀졌다.[1581] CAMH는 '보고서에 담긴 치료 방식 일부 내용과 환자를 모욕했다는 내용은 사실이 아니다'라고 인정하며 공식 사과를 했다.[1582] 그리고 저커 교수에게 미화 586,000달러를 배상했다.[1583] 저커 교수를 침묵시키기 위해 거짓 근거로 평판을 깎아내리는 프레임을 씌운 후 해고하는 전형적인 전략이 시행됐던 것이다.[1584] 그러나 이 사건과 달리 대부분의 사례는 프레임을 씌운 거짓 근거를 밝혀내기가 매우 어렵다. 차별금지법이 증명책임까지 전환하기 때문이다. 젠더 이데올로기에 전적으로 동조하지 않는 의학적·과학적 견해를 피력하면 혐오자로 낙인찍히면서 파면될 가능성이 큰 것이다.[1585] 저커 교수가 말한다.

"확인치료 이면에 가려진 그들이 진짜로 말하는 것을 봅시다. 아동의 젠더불쾌증 증상에는 가급적 빠르게 성전환 시술을 시행해야 한다는 것입니다. 이것은 연구 문헌들의 지나친 단순화입니다.[1586] 이런 확인치료에 도전한 결과 저는 해고되었습니다.[1587] 트랜스젠더 문제가 정치화되었기 때문입니다.[1588] 저는 전환치료를 하지 않았습니다. '발달 추이를 보며 정보에 근거해 치료하는 방식'을 택했을 뿐입니다.[1589] 학계는 보복의 두려움으로 의학적 견해를 공개적으로 표현할 수 없습니다. 이런 정치적 현상이 우려됩니다. 저의 사건도 이와 관련성이 있습니다."[1590]

저커 교수에 대한 보고서 작성이나 해고 절차가 '절차적 쇼'(show trial)였다는 비판이 많다.[1591] CAMH의 젠더 정체성 클리닉을 설립했던 수잔 브래들리(Susan Bradley)가 말한다.

"CAMH의 경영진은 젠더 정체성 클리닉을 폐쇄하기 원했을 개연성이 큽니다. 그것이 가능하도록 보고서가 고안된 것입니다."[1592]

요컨대 수많은 아이들을 치료한[1593] 젠더불쾌증 분야의 세계적 권위자인 저커 교수마저 거짓 프레임으로 해고되는 실정이다. 이런 현실을 아는 일반 의사들은 확인치료를 벗어나 의학적 진실을 표현할 수 없게 된다.[1594] 의사 자격까지 박탈될 수 있기 때문이다.[1595]

젠더 이데올로기 정책은 아이들에게 성정체성 혼란을 유발할 뿐만 아니라 그 원인에 대해서도 검증되지 않은 '타고났다'라는 메시지를 전한다. 이런 메시지를 토대로 환자 스스로가 진단한 젠더불쾌증의 원인에 대해, 의사들은 상담조차 할 수 없게 된다.[1596] 젠더불쾌증의 근원적 원인 중 하나인 어린 시절 트라우마에 관해 의학적 판단을 할 수 없게 되는 것이다.[1597] 이렇게 의학적 문제가 정치화됨으로써 젠더불쾌증의 근본 원인은 방치된다.[1598] 그리고 아이들은 성급한 성전환 시술로 돌이킬 수 없는 길로 내몰리게 된다.[1599] 30년간 수많은 성전환 환자를 치료했던 심리치료사인 밥 위더스(Bob Withers)의 말이다.

"오늘날 수많은 10대들이 성전환 수술을 받습니다. 트랜스젠더 인권을 내세워 행해지기 때문에 견제가 거의 없습니다. 하지만 20년 후 이 어리석음을 현대 의학 역사상 가장 어두운 시기 중 하나로 뒤돌아볼 것으로 생각됩니다. 우리는 '잘못된 몸에서 태어났다'라는 그들의 믿음에 왜 이의를 제기하지 못했는지 되물을 것입니다. 그들의 정신질환 문제가 경종을 계속 울리고 있었음에도 왜 그것을 무시했는지도 되물을 것입니다. 오늘날 우리가 직면한 상황은 극도로 걱정스럽습니다. 한 중학교에서 17명의 아이들이 성전환을 합니다. 다른 학교들에서도 이런 문제가 반복되리라는 점은 의심의 여지가 거의 없습니다. 우리는 상당히 복잡한 정신건강 문제를 지닌 아이들 세대를 만들어내고 있는 것입니다.

자신을 트랜스로 밝히는 것은 자신의 고통을 표출하는 하나의 방법일 수 있습니다. 그러나 외로움이나 고립감, 자폐증, 괴롭힘, 성적 학대, 자해 등으로 이어지는 원인을 이해하기보다는 곧바로 성전환을 유도합니다. 이것은 게으르고 해로운 해결책입니다.[1600] 그러나 이 문제를 공론화하기 어렵습니다. 트랜스 운동가들은 자신의 도그마에 감히 도전하는 사람들을 '트랜스포비아'로 낙인찍기 때문입니다.[1601] 이데올로기에 대한 맹목적인 집착은 실제적이고 위험한 결과를 초래합니다. 제 분야에서 많은 심리치료사들이 자신을 트랜스로 밝히는 환자에게 적절히 질문하는 것을 두려워합니다. 그들의 과거를 탐구하거나 그들의 성에 대해 질문하거나 그들의 정신건강을 들여다보는 것을 두려워합니다. 자격 박탈에 대한 두려움 때문에 그렇게 하지 않습니다. 만일 심리치료사가 자신을 트랜스젠더라고 주장하는 환자에게 동조하지 않는다면 전환치료를 했다고 비난받을 위험이 큽니다.[1602]

치료 전문가는 합리적인 근거 아래, 자신을 트랜스라고 밝히는 10대가 아동학대로 인한 상처 때문에 자신의 몸을 싫어하게 되었다고 판단할 수 있습니다. 또한, 학교에서 성전환한 여학생 또래를 보고 이를 따라 하는 여학생의 증가 패턴을 발견할 수도 있습니다. 하지만 그들은 그 가능성에 대해 진단하고 탐구할 수 없습니다. 심리치료사, 정신과 의사 또는 선생님들은 이런 가능성조차 언급할 수 없습니다. 나의 견해로는 환자, 특히 10대에게 이처럼 탐색해야 할 질문들을 회피하는 모습은 우리의 의무를 비겁하게 저버리는 것입니다. 우리가 단순히 예스맨이 되어 그들을 성전환의 다음 단계로 넘기는 것은 우리의 책임을 포기하는 것입니다.[1603] 일단 성전환으로 이어진 의료적 절차를 밟기 시작하면 이를 중단하기가 매우 어렵습니다.[1604]

영국 타비스톡의 몇몇 직원들은 아이들에게 심리치료조차 제공되지 않은 채 성전환 의료절차가 진행되는 경우가 자주 있어 경악했다고 나에게 밝혔습니다.[1605] 아이들에게 신체 발달을 멈추게 하는 사춘기 차단제를 투여하는데, 평생 뼈를 약화시킵니다.[1606] 안전성에 대한 장기적인 데이터가 거의 없음에도 불구하고 아이들에게 이것을 주기적으로 투여합니다.[1607] 아이들 대다수에게 교차 성호르몬까지 사용하는데, 여아의 경우 난소암의 위험을 높입니다. 단기간 연구에서는 성전환 환자들이 수술 직후에는 만족해한다고 밝힙니다. 그러나 몇 존재하지 않는 장기간 연구에서는 다른 양상을 보입니다. 남성에서 여성으로 성전환 수술한 사람들을 15~20년을 추적한 연구결과, 연령, 사회 계층, 정신건강 문제가 비슷한 비교집단보다 자살 확률이 20배 높다는 사실이 밝혀졌습니다.

일부 성전환자들은 유튜브에서 젊은이들에게 성별전환을 하지 말 것을 경고하고 있습니다. 반발이 시작된 것입니다. 머지않아 젊은 세대로부터 어려운 질문을 받게 될 것입니다. 그들은 '왜 성전환 치료가 성생활을 파괴할 수 있고 불임으로 만들며 불행하게 할 수 있다는 사실을 경고하지 않았느냐'라고 질문할 것입니다.[1608] 천문학적인 금액의 손해배상소송을 제기하며 변호사를 통해 똑같은 질문을 할 수도 있습니다.[1609] 우리는 정치적 올바름에서 자유로운 정직함이 필요합니다."[1610]

젠더 이데올로기 정책은 의사의 의학적 판단뿐만 아니라, 아동·청소년과 부모의 선택권까지 박탈한다. 타고난 신체를 편안히 느낄 기회와 이를 돕는 전문가의 의학적 판단을 봉쇄하기 때문이다. 부모들은 확인치료에 동조하지 않는 의사들을 찾기 어렵게 된다.[1611] 파면을 감수할 의사들이 많지 않기 때문이다.[1612] 게다가 자녀에게 강행하는 확인치료까지 거부할 수 없게 된다. 트랜스젠더 선언한 딸(14세)을 둔 엄마 일레인(Elaine)은 "딸이 확인치료 절차의 희생자가 됐는데, 의사가 딸에게 해를 끼치는 것을 막을 힘이 없었다"라고 말한다.[1613] 미국에 사는 일레인은 간간이 목소리를 떨면서 말을 잇는다.

"의사들이 건강한 아이의 사지를 제거하는 것은 허용되지 않습니다. 그런데 건강한 아이의 생식 기관을 제거하는 것은 왜 허용하는 것입니까?[1614] 부모는 자녀의 건강하고 행복한 삶을 돕기 위해 모든 것을 다합니다. 그런데 부모가 의료 전문가들에게 도움을 청할 때, 의사들은 연민, 상식, 과학에 근거하지 않은 확인치료를 제시합니다. 소위 전문가라고 하는 사람들은 부모에게 '아이들의 성전환 믿음에 의문을 제기해서는 안 된다'라고 말합니다. 평생 호르몬에 의존하는 의학적 개입을 지지하지 않을 경우, 자녀의 자살위험을 높인다고 합니다. 아이를 해롭게 하고 가족을 갈기갈기 해체하면서 부모들에게 거짓말하는 것입니다.[1615] 왜 자녀들이 타고난 자신의 몸을 사랑하도록 배울 수 없는 것입니까?[1616]

확인치료는 전문가인 의사에게 아이의 젠더 정체성과 그 뜻을 따라야 할 의무가 있다는 것을 의미합니다. 많은 미국 주들은 이를 법제화하고 전환치료를 금지하고 있습니다. 아이의 젠더 정체성을 의문시하는 것이 불법화됐다는 의미입니다. 따라서 5세 아동이 반대 성별이라고 믿을 경우, 확인치료는 이 믿음을 따라야 합니다. 가령, 10세 소녀가 성장하는 자신의 몸에 불편을 느껴 소년이라고 주장할 경우, 강력한 약물을 투여해 사춘기를 차단해야 합니다. 이에 따라 10대가 되기 이전에 호르몬 투여를 받는 아동들이 있습니다. 12세가 된 여아들은 테스토스테론, 남아들은 에스트로겐이 투여됩니다. 이 심각한 교차 성호르몬은 뇌 발달과 심혈관 건강에 악영향을 미칩니다. 암의 위험도 높입니다. 이 호르몬 치료의 안전성을 증명하는 장기적 연구결과는 존재하지 않습니다.[1617] 그러나 동일한 호르몬을 성인에게 사용할 경우에는 알려진 위험들이 많이 있습니다.

트랜스젠더 아이들은 우리의 연민과 도움이 필요합니다. 맹목적인 확인치료가 아니라, 아이들의 믿음에 대해 부드럽게 의문을 제기해주는 책임 있는 어른들이 필요한 것입니다. 자신의 몸에 혼란을 느끼는 아이들은 적절한 상담 치료와 지도를 필요로 합니다. 약물과 수술이 필요한 것이 아닙니다."[1618]

자녀를 보호할 수 없는 부모

젠더 추종자들은 젠더 이데올로기 실현을 위해 아이들을 희생시킨다. 그리고 젠더 이데올로기에 장악된 정부와 싸우기 버거운 부모들은 자녀를 보호할 수 없게 된다.[1619] 젠더 이데올로기가 성행하는 국가에서는 정부가 부모를 배제한 채 성전환 시술을 강행함으로써 많은 자녀가 생명을 잃게 되는 것이다. 언론통제로 잘 노출되지 않지만 젠더 이데올로기가 만연한 나라에서는 이런 일이 빈번하다.[1620]

정부의 '성전환 시술' 정책으로 딸의 양육권과 생명을 잃게 된 애비가일 마르티네즈(Abigail Martinez)의 비극적인 사례가 이를 단적으로 보여준다. 마르티네즈는 딸을 지키기 위해 미국 로스앤젤레스(LA) 학교, LA 지방정부, 사회복지사, LGBT 단체에 대항했다.[1621] 그러나 딸의 성전환 시술에 전적으로 동의하지 않는다는 이유만으로 마르티네즈는 양육권을 빼앗기고 딸은 성전환 시술을 받다가 19살 나이에 자살했다.[1622] 젠더 이데올로기의 해악성을 직접 경험한 마르티네즈가 고백한다.

"저는 우리 가족에게 일어난 진실에 대해 모든 사람이 알기 원합니다. 발생하지 않을 수 있는 사건이기 때문입니다.[1623] 저는 어떤 부모도 이런 경험을 겪지 않길 바랍니다. 왜냐하면, 이 아픔은 절대 사라지지 않기 때문입니다. 숨만 쉬어도 그 고통을 느낄 수 있습니다."[1624]

캘리포니아에 사는 마르티네즈는 4명의 자녀를 둔 엄마다.[1625] 딸 야엘리(Yaeli)는 6세부터 주의력 결핍 장애로 치료를 받아왔다. 야엘리는 어릴 때부터 여성스러운 여자였으나 낮은 자존감에 시달렸다.[1626] 그리고 노래, 춤, 공주 옷을 좋아했다.[1627] 그러나 10대에 외모로 놀림을 받고 중학교 때 괴롭힘을 당했다. 이로 인해 중학교 2학년(8학년)부터 우울증 증세를 보였다.[1628] 야엘리가 고등학교에 들어갔을 때 트랜스젠더 친구를 사귀었는데, 야엘리에게 우울증 원인이 잘못된 성 때문일 수 있다고 말했다.[1629] 학교 상담사(심리사)도 성전환을 장려했다. LGBT 단체와 연계된 학교 심리사의 상담 이후 야엘리는 자신이 남자라고 설득당했다.[1630] 학교 직원은 야엘리를 LGBT 단체, 외부 심리학자와 연결하면서 성전환으로 이끌었다. 야엘리의 이름도 앤드류로 새로 지어줬다. 그리고 이런 사실을 가족에게 숨길 것을 권장했다.[1631]

그러나 마르티네즈는 야엘리와 같은 학교를 다니고 있는 자녀로부터 이런 사실을 듣게 됐다.[1632] 마르티네즈는 비밀리에 진행된 성전환 상담에 항의했다. 그리고 학교 상담사에게 야엘리가 학교에서 괴롭힘을 당했던 일을 알리면서 이로 인해 유발된 우울증 증세 등 정서적 장애를 주의 깊게 살펴주기를 요청했다.[1633] 그러나 학교 측은 야엘리의 정서적 장애가 젠더불쾌증 문제라며 성전환 시술을 진행해야 한다는 입장이었다. 마르티네즈는 요구받은 대로 야엘리의 바뀐 남성적인 이름 '앤드류'와 성중립적 인칭대명사를 사용했으나, 돌이킬 수 없는 호르몬 치료까지 지지할 수는 없었다.[1634] 성전환 시술이 딸의 정신건강 문제를 해결할 수 있다는 말에 회의감을 표명한 것이다.[1635]

캘리포니아는 부모의 양육권이 없는 미성년자에게 성전환 시술 비용을 부담하는데, 이를 위해서 16세가 된 야엘리는 가출했다.[1636] 학교 상담사(심리사)는 마르티네즈가 성전환 시술을 지지하지 않는다는 이유만으로 LA 아동·가족 서비스 부서(Los Angeles County Department of Children and Family Services, 이하 'DCFS')의 개입을 촉구했다. 성전환 시술을 위해 집을 나와 다른 곳에서 사는 것이 야엘리의 복리에 부합한다고 주장한 것이다.[1637] 이에 따라 야엘리는 위탁가정에 맡겨졌다. 마르티네즈는 딸의 정신건강 상담 치료를 끈질기게 요청했으나 시스템에 의해 차단됐다.[1638] 게다가 마르티네즈의 양육권도 DCFS에 의해 박탈되고,[1639] 일주일에 한 시간만 딸을 면접하는 것이 허용됐다.[1640] 면접은 엄격한 감독 아래 이루어졌는데, 성전환이나 하나님에 대해 언급할 경우 면접권이 취소된다고 했다.[1641] 부모가 딸을 걱정하며 검증되지 않은 의학적 개입에 동의하지 않는 것을 '학대'라고 규정한 것이다. 트랜스 옹호 단체(RISE) 회원들은 마르티네즈를 정기적으로 방문하며 말했다.

"당신 딸의 장례식을 치르고 당신의 아들을 입양해라. 그리고 하나님에 대해 절대 말하지 말라. 그렇게 하지 않는다면 다시는 당신 딸을 보지 못할 것이다."[1642]

마르티네즈는 양육권을 회복하기 위해 소송을 제기했다. 그리고 재판부에게 딸의 심리평가를 요청했다. 그러나 학교 측 사회복지사는 야엘리에게 트랜스젠더로 확정시키는 확인치료가 필요하다고 주장을 했고, 재판부는 이를 받아들여 심리평가 요청을 받아들이지 않았다.[1643] 마르티네즈의 국선변호인도 16세 아이에게 테스토스테론(교차 성호르몬)을 투입하는 것이 아이 복리에 반한다고 우려를 표명했다가 소송사건에서 배제됐다.[1644] 결국, 마르티네즈는 양육권을 잃게 되고 딸은 심리평가나 우울증 치료받을 기회를 영영 상실하게 됐다. 마르티네즈는 마음 졸이며 딸을 지켜볼 수밖에 없게 된 것이다.[1645]

야엘리는 위탁가정에서 18세부터 호르몬 치료를 받기 시작했다.[1646] 그런데 정신건강은 날로 악화만 되어갔다. 그리고 테스토스테론도 야엘리에게 지속적인 고통을 유발했다. 이로 인해 의사는 대마초 성분인 칸다나비올(CBD) 오일까지 처방했다.[1647] 2019년 9월경 야엘리는 다가오는 화물 기차의 철로에서 무릎을 꿇고 하늘을 향해 손을 들은 채 자살을 했다.[1648] 나이는 불과 19살이었다.[1649] 마르티네즈는 눈물을 흘리며 말한다.

"그들이 내 딸을 죽였습니다. 철로에서 내 딸의 조각조각 난 몸을 주워야 했습니다.[1650] 내 딸의 성전환을 위해 학교 상담사, DCFS, LGBT 단체가 개입했습니다. 이들은 내 딸이 남성 정체성을 갖도록 했습니다.[1651] LGBT 단체는 내 딸에게 '국가가 성전환 시술 비용을 모두 부담해줄 것이다. 네가 불행하다고 느낀다면, 그리고 너의 몸을 싫어한다면 성전환을 해라.[1652] 지금이 가장 좋은 시기다. 지금 하지 않는다면 그 어떤 것도 너를 행복하게 하지 않을 것이다'라고 말했습니다.[1653]

내 딸은 여성스러운 여자아이였습니다. 선머슴 같지도 않았습니다. 내 딸이 남자였다는 말은 사실이 아닌데, 제가 눈을 뜨지 않는다고 비난을 받았습니다.[1654] DCFS가 내 딸을 빼앗아갈 때 저를 '나쁜 사람'으로 몰고 갔습니다. 저는 그들에게 딸의 우울증에 대해 말했지만, 그들은 관심이 없었습니다. 그들에게 상관없는 얘기였던 것입니다. 원래 그런 것인지는 잘 모르겠지만 학교에서는 단 한 번도 제 딸에게 무슨 일이 일어나고 있는지 말해주지 않았습니다.[1655] 그리고 학교와 사회복지사는 성전환 시술을 진행할 목적으로 야엘리를 위탁가정에 맡겼습니다.[1656] 그들이 유익하다고 주장하는 성전환 시술에 대해 제가 회의적인 입장을 내비친 것 외에는 아무런 이유가 없습니다.[1657]

그들은 16살인 제 딸을 빼앗아갔습니다. 최선을 다해 제 딸을 되찾고자 했습니다. 한 번도 빠지지 않고 매달 법원에 갔습니다. 저는 재판부에 젠더 정체성보다 딸의 정신건강에 더 집중해줄 것을 간청했습니다. 딸의 내면부터 도와달라고 했습니다. 제발 심리평가만이라도 해달라고 요청했습니다.[1658] 그러나 학교 사회복지사는 제 딸이 트랜스젠더로 확정돼야 한다고 우겼고 재판부는 저의 요청을 거절했습니다.[1659] 제가 원했던 단 한 가지는 제 딸이 행복하고 집으로 돌아오는 것뿐이었습니다.[1660] 제 딸은 교차 성호르몬을 투여했습니다. 그러나 행복해지지 않았습니다. 이름도 바꾸었습니다. 그러나 행복해지지 않았습니다.[1661] 그리고 제 딸은 달려오는 기차 앞에서 무릎을 꿇고 자살했습니다.[1662]

저는 시스템이 바뀌어서 젠더 정체성으로 고통받는 아이들에게 진짜 도움이 될 수 있기를 바랍니다. 아이들이 왜 그렇게 행동하고 왜 그렇게 느끼는지 그들이 조사하고 아이들의 정신건강에도 유의했으면 좋겠습니다. 그들은 이에 대해 말하지 않습니다. 많은 아이들이 자살하고 있습니다. 그런데 시스템은 호르몬 치료와 성전환 수술에 필요한 비용을 부담할 뿐, 부모나 아이들에게 진짜 필요한 도움을 제공하지 않습니다.[1663] 이 망가진 시스템은 우리 가정을 파괴하고 있습니다."[1664]

마르티네즈는 딸의 죽음 이후 DCFS에게 질문했다.

"내 딸은 어디 있습니까? 당신들이 나와 내 가족으로부터 내 딸을 빼앗아 갔습니다. 지금은 그녀가 없습니다. 당신들은 나에게 딸이 더 잘 지낼 것이라고 말하지 않았습니까?"

그러나 DCFS의 적절한 답변은 없었다. 마르티네즈를 취재한 언론사가 재차 DCFS에게 코멘트를 요청했다. 이에 DCFS는 "법이 아동 보호 서비스에 연루된 모든 아이·가족의 기록을 비밀로 보호하며, DCFS가 아이·가족 일에 개입되었는지 코멘트 하거나 확인하는 것을 금지한다"라고 답변했을 뿐이다.[1665]

딸의 조각조각 난 몸을 묻고 그 상실에 대한 아픔 속에서 평생 살아가야 하는 사람은 바로 엄마 마르티네즈다. 양육권을 빼앗아간 학교의 상담사나 사회복지사도, 선생도, DCFS나 재판부도 아니다.[1666] 야엘리는 잘못된 몸에 태어난 것이 아니다. 젠더 이데올로기 문화와 학교 시스템이 성정체성 혼란을 유발했을 뿐이다.[1667] 엄마는 딸의 정신건강 치료를 원했다. 그리고 자녀를 우려하는 부모의 뜻은 존중돼야 마땅하다. 그러나 젠더 이데올로기를 실현하는 정부는 부모의 뜻을 무시하게 된다.[1668] 몰래 아이들에게 젠더 이데올로기를 주입한 후 성전환을 강행하는 학교와 정부 시스템에 점점 많은 부모들이 충격을 받고 있다.[1669]

앞서 본 것처럼 이런 외부적 개입이 없다면 성정체성 혼란을 겪는 아이 대다수는 젠더불쾌증이 자연스럽게 해결된다.[1670] 이것은 젠더불쾌증의 세계적 권위자인 저커 교수, 미국 정신의학회, 심지어 트랜스 운동가들까지 인정하는 사실이다.[1671] 그렇다면 신체적 위험성을 수반하며 검증되지 않은 성전환 시술의 필요성에 대해서도 의문이 제기된다.[1672] 그럼에도 젠더 추종자들은 아이의 정신건강을 먼저 헤아려야 한다는 부모의 뜻조차 철저히 무시하는 시스템을 만든다. 차별금지법이 제정될 경우, 부모는 아이의 생물학적 성별을 지지한다는 이유만으로 국가에 의해 양육권을 빼앗길 수 있는 것이다.[1673] 그리고 이런 부모들이 점점 증가하고 있다.[1674] 가족을 찢어 해체하는 한이 있더라도 젠더 이데올로기의 실현이 우선되기 때문이다. 미국 LA 지방정부가 확인치료만을 적극적으로 장려하면서 한 가정을 해체한 이 사건이 그 단적인 예다.[1675] 이런 젠더 이데올로기 시스템은 부모의 자녀교육권을 박탈해 아이들을 보호할 수 없게 한다. 그 메커니즘을 더 자세히 분석해 보자.

세계인권선언이 규정한다.

"부모는 자기 자녀가 어떤 교육을 받을지를 '우선적으로' 선택할 권리를 가진다"[1676]

부모의 자녀교육권에 대해 헌법재판소가 판시한다.

"헌법은 제36조 제1항에서 혼인과 가정생활을 보장함으로써 가족의 자율 영역이 국가의 간섭에 의하여 획일화·평준화되고 이념화되는 것으로부터 보호하고자 하는 것이다. 그런데 가족생활을 구성하는 핵심적 내용 중의 하나가 바로 자녀의 양육과 교육이다. 자녀의 양육과 교육은 일차적으로 부모의 천부적인 권리인 동시에 부모에게 부과된 의무이기도 하다. 부모가 자녀의 교육에 관하여 스스로 자유롭고 독자적으로 결정할 수 있는 경우에만, 가족은 자유민주적 문화국가에서의 자녀의 양육 및 교육이란 과제를 이행할 수 있고, 문화국가가 요구하는 교육의 다양성을 보장할 수 있다."[1677]

"교육은 친권자가 그들의 자녀를 보호하고 교양할 권리의무의 일환에서 비롯된 것이므로, 인류 역사와 그 기원을 같이하는 자연법상의 권리이다. 학교 교육에 있어서 교사의 가르치는 권리를 수업권이라고 한다면 그것은 자연법적으로는 학부모에게 속하는 자녀에 대한 교육권을 신탁받은 것이고, 실정법상으로는 공교육의 책임이 있는 국가의 위임에 의한 것이다."[1678]

"부모의 자녀교육권은 자녀의 행복이란 관점에서 보장되는 것이며, 자녀의 행복이 부모의 교육에 있어서 그 방향을 결정하는 지침이 된다. 부모는 자녀의 교육에 관하여 전반적인 계획을 세우고 자신의 인생관·사회관·교육관에 따라 자녀의 교육을 자유롭게 형성할 권리를 가지며, 부모의 교육권은 다른 교육의 주체와의 관계에서 원칙적인 우위를 가진다. 한편, 자녀의 교육에 관한 부모의 '권리와 의무'는 서로 불가분의 관계에 있고 자녀교육권의 본질을 결정하는 구성요소이기 때문에, 부모의 자녀교육권은 '자녀교육에 대한 부모의 책임'으로도 표현될 수 있다. 따라서 자녀교육권은 부모가 자녀교육에 대한 책임을 어떠한 방법으로 이행할 것인가에 관하여 자유롭게 결정할 수 있는 권리로서 교육의 목표와 수단에 관한 결정권을 뜻한다. 즉, 부모는 어떠한 방향으로 자녀의 인격이 형성되어야 하는가에 관한 목표를 정하고, 자녀의 개인적 성향·능력·정신적, 신체적 발달상황 등을 고려하여 교육목적을 달성하기에 적합한 교육 수단을 선택할 권리를 가진다. 부모의 이런 일차적인 결정권은, 누구보다도 부모가 자녀의 이익을 가장 잘 보호할 수 있다는 사고에 기인하는 것이다."[1679]

"학부모의 교육권은 기본권리인 동시에 기본의무로서의 성격을 가지며 다른 기본권과는 달리 자기 자신의 교육을 위해서가 아니라 미성년인 자녀의 교육을 위해서 행사되는 권리이다. 그 교육권의 내용 중 하나로서 학부모가 자녀를 교육시킬 학교선택권이 인정되며 학부모가 자신의 자녀를 위해서 가지는 자녀에 대한 정보청구권, 면접권도 인정된다고 보아야 할 것이다."[1680]

차별금지법은 젠더 이데올로기를 교육영역에서 실현하기 위해 국가권력이 적극적으로 개입하게 한다.[1681] 직접 명문 규정이 없더라도 모든 법 제도가 차별금지법 취지에 복종할 의무를 부여하기 때문이다.[1682] 이를 위해 후속법안을 만들 뿐만 아니라,[1683] 기존 법령과 정책도 시정해야 할 의무가 부과된다.[1684] 교육영역에서 사회적 성에 관한 차별금지 조항이나 재정상 조치 의무도 그런 역할을 한다.[1685] 이에 따라 아이들에게 사회적 성을 가르치지 않거나 젠더 이데올로기에 동조하지 않는 학교는 존립하기 어렵게 된다.[1686] 정부지원금이나 감독기관 등을 통해 규제하기 때문이다.[1687] 게다가 아이들에게 사회적 성의 위험성을 알리는 선생은 파면된다.[1688] 그리고 자녀에게 사회적 성을 세뇌하는 이런 교육과정은 부모에게 비밀로 한다.[1689] 자녀·부모 모두 사회적 성의 위험성·유해성 정보에 접근할 수 없게 하는 것이다.

이런 젠더 이데올로기 정책은 자녀의 교육방법을 선택할 부모의 권리를 외면한다. 부모에게는 자녀의 교육과 관련하여 무엇이 자녀의 인격적 발전을 위해 중요하고 필요한가를 결정할 수 있는 자율영역이 보장되어야 한다. 특히, 자녀의 개인적 성향·능력·정신적, 신체적 발달상황 등을 고려할 때 3~5세 아동에게 사회적 성과 그 사회적 병리현상에 노출시키지 않거나 최소한 그 위험성에 대한 정보를 제공하는 교육 수단을 선택할 권리를 가진다. 즉, 부모에게는 사회적 성의 사회적 병리현상으로부터 자녀를 지킬 권리가 있는 것이다. 누구보다도 부모가 자녀의 행복과 복리를 가장 잘 보호할 수 있기 때문이다.

게다가 자녀에 대한 교육의 책임과 결과는 궁극적으로 그 부모에게 귀속된다는 점에서, 국가는 이차적인 교육의 주체로서 교육을 위한 기본조건을 형성하고 교육시설을 제공하는 기관일 뿐이다. 청소년을 바르게 키우고 잘못된 행동을 통제해야 할 일차적인 책임과 의무는 부모에게 있는 것이다.[1690] 부모의 자녀교육원이 우위를 가진다는 헌법적 가치가 보장돼야 하는 이유다. 세계인권선언도 부모에게 교육 수단을 '우선적으로' 선택할 권리를 가진다고 규정한다.[1691] 이것은 부모의 천부적인 권리인 동시에 가족생활을 구성하는 핵심적인 내용이기도 하다.[1692] 이런 자녀교육권에 대한 부모의 우선적 권리는 양도할 수 없는 것이다.[1693]

그러나 가정까지 해체하는 젠더 이데올로기 정책은 부모의 천부적 권리인 자녀교육권을 박탈한다. 마르티네즈 사례가 이를 잘 보여준다. 학교가 학생들의 젠더 정체성을 인정하는 데 있어 어떤 진단이나 치료 요건도 필요 없다고 한다.[1694] 그런데 성정체성을 주입하는 인권교육을 받기 이전에는 자녀들이 자신의 성정체성을 의문시하지 않았다는 부모들이 많다.[1695] 사실상 인권교육을 통해 아이들에게 젠더 정체성을 형성하는 것이다. 그리고 자녀에게 사회적 성을 세뇌하는 교육과정에 대해 부모의 의견이 반영될 여지가 없다.[1696] 오히려 부모에게 정책적으로 이를 비밀로 한다.[1697] 헌법상 인정되는 학부모의 교육권 중 자녀에 대한 정보청구권을 박탈하는 것이다.[1698]

나아가 검증되지 않은 성전환 시술에 반대하는 부모를 '학대' 등의 프레임을 씌운 후 양육권까지 박탈할 수 있게 된다.[1699] 그러나 야엘리를 잃은 마르티네즈 사례에서 본 것 같이, 자녀가 인권교육과 성전환 시술로 자살하게 된 결과와 책임은 오롯이 부모에게 귀속된다. 젠더 이데올로기 정책이 자녀에게 끼치는 해악적인 결과를 부모에게 귀속하되 이를 예방할 수 있는 부모의 권리를 박탈하는 것이다. 그런데 개인인 부모가 젠더 이데올로기를 실현하는 공권력에 대항하기는 어렵다. 차별금지법이 공권력을 견제할 수 있는 언론이나 표현의 자유까지 박탈하기 때문이다.[1700] 부모가 젠더 이데올로기 정책으로부터 자녀를 보호할 수 없는 이유다. 결국, 시민 스스로 선택한 인생관·사회관을 바탕으로 사회공동체 안에서 각자의 가족생활이나 자녀교육에 대해 스스로 결정하고 형성할 자유는 박탈당하되 그 결과에 대한 아픔과 책임만 짊어지게 된다.

조사결과 영국 부모 10명 중 4명은 아이들이 동성애자나 성전환자가 되어도 좋다는 교육에 반대한다고 한다.[1701] 다만 자녀가 이런 교육을 받지 않도록 선택할 수 없는 것이 영국의 현실이다.[1702] 그리고 연구결과, 부모의 77%는 트랜스젠더라고 밝히는 자녀의 믿음이 잘못됐다고 밝힌다.[1703] 한편, 자녀가 동성애/성전환에 빠지면 부모는 자녀를 잃는 듯한 상실감과 충격을 느낀다고 한다.[1704] 실제로 사회적 성에 빠진 자녀 상당수는 에이즈나 자살 등으로 생명을 잃게 된다. 이처럼 아이들에게 해롭다는 증거들이 나타나는 인권교육에 많은 부모들이 반대한다. 부모에게는 이런 의견을 자녀교육에 반영할 헌법상 권리도 있다.

그러나 젠더 이데올로기가 성행할 경우, 부모는 자녀에게 미치는 이런 부정적인 영향 등을 헤아려서 교육 방향을 결정할 수 없게 된다. 왜냐하면, 젠더 이데올로기 정책은 부모가 동성애/성전환에 반대하는 의견을 표현할 경우, 첫째, 자녀로부터 신고를 받게 하고,[1705] 둘째, 아동학대 등의 프레임을 쓰게 하며, 셋째, 양육권 박탈이나 형사처벌 등의 제재를 하기 때문이다. 앞서 언급한 것을 기반으로 자세히 보자.

첫째, 젠더 이데올로기 정책은 자녀가 부모를 신고하도록 교육함으로써 부모-자녀 관계까지 해체한다.[1706] 가정해체의 연장선인 것이다. 부모는 자신의 인생관·사회관·교육관에 따라 자녀의 교육을 자유롭게 형성할 헌법상 권리를 가진다.[1707] 그런데 아동기 때 이데올로기를 주입하는 인권교육은 부모의 이런 가치관을 거부하게 한다.[1708] 문화막시즘 전략의 일환이다.[1709]

부모는 자녀의 이익을 가장 잘 보호하기 위해 동성애나 성전환 시술에 반대하거나 신중할 것을 자녀에게 교육할 권리를 가진다. 생물학적 성별이 올바르다는 사회관에 따라 교육할 수도 있다. 딸이 남성 성기를 가진 트랜스젠더 옆에서 샤워하거나 탈의하는 것을 반대할 수 있다. 그러나 인권교육은 자녀를 보호하고자 하는 부모의 이런 의사 표현을 '혐오', '편견', '학대'로 가르치며 자녀가 부모를 신고하도록 가르친다.[1710] 연구결과, 트랜스젠더 정체성을 표명한 때로부터 2년 후 75.7%는 부모와 자녀 관계가 악화된다고 밝힌다.[1711]

또 다른 연구결과에서는 부모의 64%가량이 '트랜스포비아' 또는 '편견'을 가졌다고 비난을 받았다고 밝힌다. 그 사유로는 성전환을 반대하는 것뿐만 아니라 '젠더불쾌증 느낌이 지속되는지 시간을 더 갖고 신중히 보자고 하는 경우, 성중립적 인칭대명사를 잘못 사용하는 경우, 호르몬 치료나 성전환 수술이 도움 될 가능성이 낮다고 말한 경우, 출생 이름으로 부른 경우, 성전환 시술을 시작하기 이전에 젠더불쾌증 이면에 있는 정신건강 문제의 해결을 위해 노력하자고 권하는 경우'도 포함되어 있다.[1712] 자녀를 걱정하는 부모의 조언을 '트랜스포비아'로 인식하도록 가르쳐 갈등을 유발하는 것이다. 이와 같이 인권교육은 부모-자녀 관계를 갈등·투쟁 관계로 바꾼다.

한국 인권교육도 교사-학생 관계를 갈등·투쟁 관계로 바꾸는 것이 가시화되고 있는데,[1713] 이것을 부모-자녀 관계까지 확장한다.[1714] 상급자-하급자 관계같이 권력 기제가 작동한다고 가르친다.[1715] 인권교육을 받은 8세 아이는 부모가 사회적 성에 반대하면 '새로운 부모가 필요하다'라고 말하기까지 한다.[1716] 한국 인권교육에서도 '학생인권 권리구제 신청에 대한 홍보를 확대'하고, '보호자 대상 학생인권교육을 실시'한다고 한다. 이것은 교육청이 젠더 이데올로기 실현을 위해 가정교육에까지 강제력을 미치고 자녀가 사회적 성에 반대하는 부모를 인권 침해로 신고하도록 조장한다는 지적이 나온다.[1717]

젠더 이데올로기를 따르는 학교의 상담사나 LGBT 단체는 우울증 등의 원인이 신체와 일치하지 않는 성정체성 때문이라고 조언하는 경우가 많다.[1718] 이런 사유 등으로 트랜스젠더 정체성이 트라우마의 도피처가 되는 사례가 많은 것이다.[1719] 그리고 젠더불쾌증 발생 이전에 정신건강 문제가 대부분 먼저 발생한다.[1720] 따라서 성정체성 혼란의 근본적인 치료를 위해서는 그 이면에 존재하는 트라우마에 대한 조사와 상담 치료가 필요하게 된다.[1721] 나아가 전문가들은 결손가정이나 가족 갈등으로 인한 트라우마가 성정체성 혼란의 근본 원인인 경우가 많으므로,[1722] 가족치료가 중요하다고 밝힌다.[1723] 그런데 젠더 이데올로기 정책은 이런 상담 치료나 가족치료를 가로막는다.[1724] 사회적 성을 자녀에게 세뇌하는 과정을 가족에게 비밀로 하다가 성전환 시술 단계에서 가족 갈등을 심화시키기 때문이다. 부모를 차단한 채 검증되지도 않았고 돌이킬 수도 없는 성전환 시술만을 아동·청소년에게 강요하는 것이다. 이런 외부 개입이 없다면 80~90% 아이들은 젠더불쾌증을 자연스럽게 해결하는데, 이런 기회마저 박탈하게 된다.[1725]

둘째, 젠더 이데올로기 정책은 부모가 동성애/성전환에 반대하거나 경각심을 줄 경우 아동학대 등의 프레임을 씌운다. 관련 사례를 보자.

2019년경 영국에서 자폐 증상이 있는 14세 소년이 성전환 시술을 원했으나 그 부작용을 우려한 부모가 이를 반대했다. 자폐증의 영향으로 성전환을 원한다고 판단했기 때문이다. 아이는 2015년부터 자폐증과 자해로 정신건강 치료를 받아왔었다. 여자가 되고 싶다고 한 번도 말하지 않다가 갑작스럽게 성전환을 결정한 것이다. 그러나 학교에서는 부모가 성전환을 지지하지 않는 것에 대해 '정서적 아동학대'를 한 것이라고 보고했다. 학교 선생은 아이에게 "부모가 생각을 바꾸지 않으면 위탁가정에서 호르몬 치료를 진행할 수 있다"라고 조언했다. 부모에게도 위탁가정을 경고했다. 성전환 시술을 위해 공권력으로 자녀를 격리한다는 것이다. 익명을 요구한 부모가 말한다.

"저는 완전히 절망했습니다. 학교 측에서 우리 부부에 대해 보고를 했는데, '정서적 아동학대'라는 글자를 봤을 때 인생이 무너지는 것만 같았습니다. 우리가 원했던 것은 단지 아이가 잠시 멈추고 자신의 행동에 대해 생각하는 것이었습니다. 엄마로서 가장 큰 걱정은 내 아이가 성전환 시술로 떠밀려 여성이 되고 성전환 수술을 받은 다음 25세쯤 되어 '실수였다'라고 말하는 것입니다. 또 사춘기 차단제는 돌이킬 수 없고 뇌 성장에 장기적 부작용을 일으킬 수 있다고 읽은 적이 있습니다.

우리 아이는 자폐증을 앓기 때문에 자폐증 렌즈로 아이의 말을 이해해야 합니다. 자폐증이 성정체성 혼란에 영향을 끼쳤습니다.[1726] 그러나 타비스톡은 자폐증 파악은 안 하고 막연하게만 접근했습니다. 우리가 겪은 이 끔찍한 경험을 다른 가족들도 경험한다 생각하니 견딜 수가 없습니다."[1727]

미국 오하이오주에서는 성전환 시술 대신 딸에게 상담 치료를 한 것에 대해 검사가 '학대와 태만'으로 기소한 사례가 있다.[1728] 검증되지 않았고[1729] 되돌릴 수도 없는 의학적 개입을 신중히 하기 위해 젠더불쾌증의 상담 치료를 진행하는 것도 형사 범죄화한다.[1730] 사실상 젠더불쾌증 이면에 있는 정신질환의 상담 치료도 금지하는 것이다. 이와 같이 정신질환의 근본 원인을 방치하는 것은 성전환을 촉진하는 동시에[1731] 아이들의 자살을 유발한다. 젠더 이데올로기 때문에 아이들이 희생되는 상황은 동성애도 마찬가지다. 한국은 정보 차단 정책 때문에 동성애/에이즈로 목숨을 잃는 아이들이 급증하고 있다.[1732]

그런데 동성애/성전환 확산정책으로부터 자녀를 보호하려는 부모는 '아동학대', '가정폭력', '괴롭힘' 등 다양한 프레임에 갇힐 우려가 높다. 이런 부모를 조사, 판단, 구제하는 모든 국가기관이 차별금지법에 종속되기 때문이다.[1733] 연약한 개인 대 막강한 국가권력의 싸움이 되는 것이다. 더군다나 연약한 개인을 보호하는 헌법적 가치도 젠더 이데올로기 앞에서 무력화된다. 신분이 보장되는 교수가 동성애 위험성에 대한 의학적 진실을 알리거나 세계적 권위자인 의사가 성전환 시술을 신중히 해야 한다고 말한 것만으로도 거짓 프레임을 쓰고 파면되는 것이 현실이다.[1734] 부모는 이런 프레임에 더 취약할 수밖에 없다. 게다가 차별금지법의 '증명책임 전환'으로 프레임의 거짓을 입증하기도 어렵다.[1735] 차별금지법이 제정될 경우 부모는 자녀를 보호할 수 없게 된다.

셋째, 부모가 자녀에게 동성애 위험성을 알리거나 성전환 시술을 신중히 해야 한다고 말하면 양육권 박탈이나 형사처벌 받을 가능성이 커지게 된다. 이를 위한 후속법안이 제정되고 법원의 판단 잣대도 헌법적 가치보다 젠더 이데올로기를 우선하기 때문이다.[1736] 관련 해외 사례를 보자.

영국 버밍엄에서는 LGBT 주입식 교육 때문에 2,000명 이상 자녀의 부모들이 홈스쿨링을 하면서 항의해 사회적 논란이 됐다. 홈스쿨링 수치는 매년 15%씩 증가했다. 그러나 이런 부모들의 항의에도 불구하고 2020년 9월부터 LGBT 성교육은 모든 학교에서 의무가 됐다.[1737] 아이들은 동성 부모와 다양한 가족형태, 성적지향과 성정체성을 의무적으로 배우게 된다.[1738] 이에 일부 부모들은 '우리 자녀들을 빼앗아 간다'라며 항의했다.[1739] 영국 법원은 수백 명에 이르는 부모들의 이런 항의를 막기 위해 학교 앞에서 LGBT 주입식 교육에 반대하는 집회를 영구히 금지하는 결정을 내렸다.[1740] 부모들은 자녀를 지키기 위해 감옥을 감수하겠다고 한다.[1741] 부모인 자바르 후세인(Jabar Hussain, 51세)은 LGBT 교육 때문에 9세 아들 아민(Amin)을 버밍엄의 파크필드(Parkfield) 초등학교에 보내기를 거부했다. 이로 인해 후세인은 기소되었고 감옥에 갇힐 수도 있다.[1742] 후세인이 항의한다.

"LGBT 교육은 어린 학생들에게 젠더 정체성에 대한 혼란을 유발해 위험을 초래합니다. 그리고 저는 내 아들에게 '동성애자가 되어도 괜찮아'라고 교육하지 않기를 원합니다. 저를 기소하는 것은 인권 침해입니다.

우리는 누군가가 동성애나 트랜스젠더가 되기를 원할 경우, 그것을 문제 삼는 것이 아닙니다. 다만 우리 아이들에게 그렇게 되도록 가르치는 것을 문제 삼는 것입니다.[1743] 학교는 다양한 가족형태를 가르치는 것에 그치지 않고 훨씬 더 나아갑니다. 일례로, LGBT 교육은 아이들에게 젠더와 연계해서 그들이 느끼는 무엇이건 될 수 있다고 가르칩니다.[1744]

LGBT 교육은 혼란을 발생시킬 수 있습니다. 학교는 트랜스젠더가 되는 것은 '좋다'라는 메시지를 줍니다.[1745] 내 아들이 자신의 몸에 대해 혼란을 일으키면, 자신을 여자로 생각할 수 있습니다. 트랜스젠더가 된다는 것은 평생 아들의 정신과 신체를 손상하는 의학적 치료와 수술을 의미하게 되는데, 학교는 이것이 괜찮다고 생각하고 수용을 요구합니다. 나는 내 자녀에게 정신적 문제가 발생할까 봐 전전긍긍하고 있습니다. 왜 학교 프로그램으로 어린 학생들에게 동성애와 트랜스젠더를 장려하는 것입니까?[1746] 나는 이 문제를 위해 감옥에 갈 각오도 되어 있습니다."[1747]

학교 측은 평등법이 동성애와 트랜스젠더를 보호하기 때문에 이런 LGBT 주입식 교육은 문제없다고 한다.[1748] 그러나 LGBT 교육은 사회적 성의 유해성 정보를 숨긴 채 아동기 때부터 미화만 하므로 결국에는 아이들에게 사회적 성을 장려하는 효과가 있게 된다.[1749] 그리고 자녀를 우려하는 부모가 이런 세뇌 교육에 반대하면 감옥에 수감 될 수도 있다.[1750] 차별금지법으로 인해 부모의 자녀교육권이 유명무실해지는 것이다. 게다가 부모의 가치관과 상충하는 교육을 회피할 수 있는 사립학교의 자유까지 사실상 박탈된다. 헌법재판소가 판시한다.

"사립학교의 자유는 부모의 자녀교육권과 밀접한 연관 관계에 있다. 부모의 자녀교육권이 자신의 가치관·세계관에 따라 자녀의 교육을 자유롭게 형성할 권리를 의미하는 것이라면, 이런 자유는 자신의 가치관에 부합하는 교육 가능성이 국가에 의하여 제공되지 않는 경우, 사립학교의 설립과 선택을 통하여 자녀교육에서 자신의 종교관과 세계관을 실현할 자유를 포함한다. 부모에게는 사립학교의 설립이나 선택을 통하여 자신의 특별한 교육관이나 가치관을 실현하는 가능성이 주어진다."[1751]

젠더 이데올로기 정책은 초기에 학교가 동성애/성전환 교육의 실행을 선택할 수 있는 것처럼 외관을 갖춘다. 그러나 정부지원금이나 재허가를 하지 않는 방법으로 은밀하게 학교를 통제하기 때문에[1752] 사회적 성을 장려하지 않는 학교는 존립하기 어렵게 된다. 사회적 성과 상충하는 건학 이념을 가진 사립학교도 마찬가지다.[1753] 따라서 부모는 사립학교의 선택을 통하여 자녀교육에서 자신의 종교관과 세계관을 실현할 자유를 박탈당하게 된다.[1754]

그리고 젠더 이데올로기 정책이 성숙되면 LGBT 교육이 법적으로 의무가 되면서 부모의 선택권은 원천적으로 박탈된다. 영국에서는 2020년 9월부터 5세밖에 안 된 아동들도 LGBT 관계나 성전환을 의무적으로 배우도록 한다.[1755] 게다가 LGBT 교육에 반대하는 학부모들을 처음에는 처벌하지 않다가 단계적으로 처벌하는 법체계로 바뀌었다.[1756] 부모의 자녀교육권을 무력화하면서 LGBT 교육이 강화된 것이다. 캐나다에서는 성정체성 혼란을 겪는 자녀의 상담/전환치료를 위해 이사 가는 것조차 형사처벌 한다.[1757]

차별금지법이 제정될 경우 학교, 의사, 지방정부뿐만 아니라 법원도 성전환 확산정책을 위해 합세하는 법체계가 만들어진다. 최상위법인 차별금지법에 복종의무가 규정되어 있기 때문이다.[1758] 이런 성전환 확산정책은 부모를 차단하기 때문에 자녀교육권을 무력화시킨다.[1759] 그런데 이런 공권력에 개인인 부모가 맞서기 위해서는 표현·언론의 자유가 보장돼야 한다. 그러나 법원이 미성년자에 대한 임상실험적인 성전환 시술을 최종적으로 승인하는 것에 대해 부모가 이런 사실을 대중에게 알려 자녀를 지키고자 할 경우, 범법자가 되는 것은 물론 감옥까지 각오해야 한다.[1760] 개인이 공권력에 맞서지 못하도록 젠더 이데올로기 정책이 헌법적 가치인 표현·언론의 자유를 무력화시키는 것이다. 관련 사례를 보자.

캐나다에 사는 로버트 후글랜드(Robert Hoogland)는 자신의 동의 없이 14세 딸에게 교차 성호르몬을 투여한 학교 관계자, 의료 전문가, 지방정부와 2년 넘게 법정 공방을 했다.[1761] 자녀교육권을 포함한 부모의 권리가 침해된 것이다. 그러나 법원은 판결로 성전환 시술을 정당화했다. 이로 인해 후글랜드는 딸이 불임이 되고 파괴되는 것을 그저 지켜볼 수밖에 없도록 강제됐다.[1762] 이 사건에 대해 함구하라는 법원의 명령도 있었다.[1763] 그러나 후글랜드는 딸을 지키고자 하는 절박한 심정으로 이 사건을 대중에게 알렸고, 그 결과 감옥에 수감됐다. 자신의 딸이 테스토스테론(남성호르몬)을 맞는 것을 공개적으로 반대해 징역 6개월을 선고받은 것이다.[1764] 후글랜드는 감금되기를 원치 않았다. 그러나 딸을 보호하기 위한 노력을 포기하지 않는다면 불가피했다.[1765]

후글랜드는 2013년에 이혼했다. 이로 인해 딸은 정서적 고통을 많이 겪었다. 딸이 13세(7학년)일 때 남자 선생을 짝사랑했는데, 학교가 개입해 사랑 쪽지를 금지하고 다른 반으로 옮길 정도로 심각했다.[1766] 선생으로부터 거절을 당하자 딸은 여러 번 자해와 자살 시도를 하며 정신건강이 더 악화됐다.[1767] 딸은 고립된 채 살면서 우울증이 심해졌고,[1768] 이런 정서적 충격으로 자신을 레즈비언이라고 선언하기도 했다.[1769] 연구결과 '급격히 시작된 젠더불쾌증'의 경우, 동성애자 단계를 거쳐 트랜스젠더가 되는 사례가 많다고 밝힌다.[1770] 사회적 성을 세뇌하는 인권교육으로 아이들이 성적지향을 탐구하다가 성정체성 혼란이 유발된다는 지적이 쏟아진다.

그런데 학교는 후글랜드 딸에게 젠더 이데올로기를 세뇌하는 비디오들이 포함된 성정체성 교육자료들(SOGI 123)을 보여주고 있었다.[1771] 그리고 학교 상담사는 당시 13세인 딸에게 남성 정체성을 갖도록 격려하기 시작했다.[1772] 이 시기는 딸이 짝사랑 등의 사건으로 정신건강이 악화되던 시기였다. 딸은 트랜스젠더를 장려하는 영화인 '잘생기고 위풍당당한'(Handsome and Majestic)을 학교에서 시청한 후 긴 머리를 자르고 자신을 남자라고 하기 시작했다.[1773]

브리티시컬럼비아주의 성적지향 및 성정체성 규정(British Columbia's Sexual Orientation and Gender Identity regulation)에 따르면 이런 자녀의 변화나 사회적 성과 연계된 젠더와 이름에 대한 정보를 부모에게 알리지 않도록 하고 있다.[1774] 이에 따라 학교 상담사는 후글랜드에게 알리지 않은 채 딸의 이름을 남성 이름으로 바꿨다. 그리고 딸이 남성 전용 화장실을 사용하도록 했다.[1775]

이후 학교 측은 젠더 이데올로기 심리학자 월리스 웡(Wallace Wong)을 직접 추천하면서 딸과 연결시켰다.[1776] 딸이 남성 정체성을 갖도록 학교가 부모 몰래 조장한 것과 다름없다는 지적이 나온다.[1777]

심리학자 웡은 13세 딸에게 교차 성호르몬(테스토스테론)을 투여할 것을 권했고,[1778] 딸은 브리티시컬럼비아 소아과 병원(British Columbia Children's Hospital)의 내분비과로 보내졌다. 2018년 8월경 병원에서는 1시간만 면담한 후 테스토스테론을 처방했다.[1779] 그러나 후글랜드는 딸의 정신건강 문제를 근거로 성급히 진행되는 성전환 시술에 동의하지 않았다.[1780] 2019년 12월경 병원 측에서는 호르몬 치료를 시작하기 위해 부모 동의가 필요 없다는 내용의 편지를 보냈다.[1781]

"영유아법에 근거해 딸이 스스로 결정할 수 있을 만큼 성숙했다고 의료 전문가들이 판단할 경우, 성전환 시술의 동의 여부는 전적으로 자녀가 결정하며, 당신(아빠)이나 엄마가 자녀를 대신하여 결정할 수 없습니다."[1782]

캐나다 영유아법에서는 '의료 제공자가 미성년자에게 의료 시술에 따른 위험부담을 설명하고 아동이 의료 시술의 위험부담과 결과에 대해 이해할 수 있다고 판단할 경우, 미성년자가 의학적 의사결정을 독립적으로 할 수 있다'라고 규정한다.[1783] 자녀의 성전환 시술 결정에서 부모를 차단하려는 목적으로 제정되었다는 지적이다.[1784] 병원에서는 이 법을 근거로 14세 미성년자가 교차 성호르몬 투여를 독립적으로 결정할 수 있다고 한 것이다.[1785]

후글랜드는 테스토스테론 치료를 막기 위한 가처분을 신청하며 소송을 제기했다.[1786] 그러나 2019년 2월 27일 캐나다 브리티시컬럼비아주 대법원은 "성전환을 위한 호르몬 치료를 시작하기 위해서는 부모 동의와 상관없이 오로지 14세 딸의 동의만 있으면 된다"라고 판결했다.[1787] 성전환 시술의 동의권이 전적으로 14세 자녀에게만 있다는 것이다. 또 "자녀를 출생 이름이나 여성 인칭대명사 '그녀'로 부르는 것이나 딸이 젠더불쾌증 치료를 중단하도록 설득하려는 모든 시도는 '가정폭력'으로 간주 될 것이다"라고 판시했다.[1788]

젠더 정체성이 진짜가 아니라거나 성전환 시술을 신중히 해야 한다는 자료 제시도 가정폭력이라는 것이다. 부모가 자녀에게 젠더 정체성이나 성전환 시술에 의문을 품거나 신중을 요청하는 것도 형사 범죄인 셈이다. 이와 같이 표현의 자유를 극단적으로 제한하는 판결 이면에는 편향적인 정치적 동기가 도사리고 있다는 지적이 나온다.[1789]

딸에게 성전환 시술을 장려한 심리학자 월리스 웡의 실체도 재판과정에서 밝혀졌다. 밴쿠버 공공도서관이 주최하는 2019년 2월 28일자 행사에서 웡의 진술 내용이 녹화되어 사회적 논란이 된 것이다.[1790] 웡은 성전환 확인치료를 받는 자신의 환자 중에 2세 유아도 있다고 한다. 특히 녹화 내용에는 '성전환 시술을 지원받기 위해서는 자살 충동을 가장해라'라는 '자살 협박' 조언도 있다.[1791]

"그래서 당신에게 필요한 것은, 그거 아세요? 자살 스턴트 연기를 하세요. 그러면 그들은 당신들이 필요로 하는 (성전환 시술)을 항상 제공해 줄 것입니다. 젠더불쾌증을 가진 아이들은 그것을 아주 빨리 배웁니다."[1792]

"내가 확인치료하는 환자 중 아이들에 대해서만 밝히자면, 지역에 소재한 고아와 양육가정 아이들이 501명입니다. 확인치료를 받는 가장 어린 아동은 3살이 채 되지 않습니다. 나는 2010년부터 확인치료를 시작했는데, 당시 브리티시컬럼비아주 아동가족부(이하 '아동가족부')와 연계된 아이 환자는 4명에 불과했습니다. 그러나 9년이 지난 지금 확인치료를 필요로 하는 인구가 폭증했습니다. 아동가족부와 연계된 아이 환자만 놓고 보더라도 500명이 넘습니다. 개인적으로 확인치료하는 환자들까지 합치면 1,000명이 넘습니다.[1793] 확인치료의 수요가 얼마나 폭증했는지 실감할 수 있는데, 이런 폭증현상은 우리가 기대한 것보다 훨씬 빠릅니다."[1794]

이에 대해 친가족 단체인 컬처 가드(Culture Guard)의 회장 카리 심슨(Kari Simpson)이 말한다.

"이것이 사실이라면 웡은 아동가족부와의 관계를 이용해 정부 관리 아래 있는 지역 아동의 20% 이상에 대해 확인치료 진단을 했다는 것을 의미합니다.[1795] 이렇게 폭증하는 수요는 웡이 아동가족부 관리 아래 있는 취약한 아이들의 젠더를 착취해서 크나큰 수익을 냈다는 것을 보여줍니다."[1796]

젠더 이데올로기 정책이 성전환에 빠지는 아이들의 폭증 현상을 유발한다는 사실이 확인된다. 취약한 아이들의 젠더를 착취해서 정부는 젠더 이데올로기를 실현하고 웡과 같은 의사는 큰 수익을 낸다는 비판의 목소리가 높다.

캐나다 법원과 달리, 후글랜드는 14세 딸이 성전환 시술에 따른 위험부담이나 해로운 결과를 이해할 만큼 성숙하지 않았다고 판단했다. 14살이라는 어린 나이와 성전환 시술의 영영 돌이킬 수 없는 결과를 우려한 것이다.[1797] 호르몬 치료 동의서 양식에도 '장기적 리스크를 알 수 없다'라고 명시되어 있다.[1798] 그리고 영국 법원에서도 16세보다 어린 미성년자는 성전환 시술에 동의할 만큼 성숙하지 않았다고 판단한 바 있다.[1799] 이에 후글랜드는 항소했으나 2020년 1월경 실패로 끝나 났다.[1800]

한편, 캐나다 법원은 후글랜드에게 이 사건에 대해 함구하라는 보도 금지령(gag order)도 내렸다.[1801] 자녀 사건을 공개적으로 말하는 것을 제한하는 법원 명령이다.[1802] 그러나 후글랜드는 자신의 사건을 알리지 않고서는 젠더 이데올로기를 실현하는 법과 판결에 맞설 수 없다고 생각했다.[1803] 후글랜드는 몇몇 캐나다 방송자들과 인터뷰를 했다. 그러나 이 방송들은 디지털 플랫폼에서 억압됐다.[1804] 방송자들은 후글랜드의 인터뷰를 삭제하지 않으면 체포될 수 있다는 협박에 시달렸다.[1805] 빅테크 기업들은 관련 자료들을 온라인에서 삭제했다.[1806]

그리고 후글랜드는 법정 모독으로 수감됐다. 캐나다 법원은 후글랜드에게 이 사건에 대해 함구하라는 보도 금지령을 어긴 죄로 6개월의 징역형을 선고한 것이다.[1807] 그리고 미화 30,000달러를 기부할 것도 명령했다.[1808] 후글랜드는 대중에게 딸의 실명을 감추었다. 그러나 인터뷰 과정에서 생물학적 여성인 자녀에게 '딸'이라 부르고, 여성 인칭대명사인 '그녀'(she, her)로 딸을 지칭했다.[1809] 딸에게 남성 인칭대명사 '그'를 사용하지 않은 것이다.

또 소송비용 충당을 위해 기부금을 요청하는 고겟펀딩(GoGetFunding) 크라우드펀딩 페이지에서 자신의 이름과 이 사건 정보 일부가 포함됐다.[1810] 이에 따라 이미 수감 됐던 후글랜드가 경고까지 받았다. 법정 출두일 전에 그 페이지에서 자신의 이름을 삭제하지 않으면 '신상에 좋지 않을 것'이라는 경고였다.[1811] 크라우드펀딩 페이지에 기재된 내용이다.

"국가가 지원하는 아동학대에 대한 진실을 말한 죄로 최대 5년 동안 감옥에 수감 될 수 있는 재판입니다. 참고로, 저는 현재 어린이 불임을 반대하는 동영상을 공유할 수 없게 됐습니다.[1812] 겨우 올리게 된 이 비디오를 봐주시길 바랍니다. 저는 다큐멘터리에 있는 캐나다인 부모입니다."[1813]

후글랜드는 딸의 정신건강 악화 원인이 젠더불쾌증 이면에 있는 트라우마일 가능성이 크다고 생각했다. 젠더불쾌증은 딸의 정신건강 악화 원인이 아니라 그 결과라는 것이다.[1814] 따라서 젠더불쾌증 이면에 있는 트라우마의 치료가 선행될 필요가 있고, 돌이킬 수 없는 성전환 시술은 신중히 할 필요가 있다고 판단했다.[1815] 그런데 학교, 심리학자, 병원, 법원 모두 딸의 정신건강 문제를 신중히 살피지 않은 채 성전환 시술을 너무나 빠르게 진행하고 있었다. 이에 후글랜드는 성전환 시술에 동의하지 않았던 것이다.[1816] 성전환 시술을 시작하면 그 손상은 돌이킬 수 없기 때문이다.[1817] 후글랜드의 생각이 잘못됐다는 주장들은 검증되지 않았다. 오히려 젠더불쾌증의 세계적 권위자인 저커 교수를 비롯한 전문가들의 견해와 후글랜드의 생각이 일치한다.[1818] 그리고 성전환 시술이 임상실험 단계라는 사실에는 이견이 거의 없다.[1819] 동의서 양식에서도 사실상 이를 인정하는 문구들이 있다.[1820] 그렇다면 성전환 시술을 신중히 해야 한다는 후글랜드의 생각과 가치관은 지극히 상식적이고 합리적이다. 그러나 젠더 이데올로기 정책은 부모의 이런 가치관이 반영된 자녀교육권을 박탈한다.[1821] 이에 맞서는 부모에게 '가정폭력' 프레임을 씌운 채 감옥에 보내기도 한다.[1822] 후글랜드는 빼앗긴 자녀의 미래를 슬퍼하며 말한다.

"정부는 부모의 권리를 빼앗았습니다. 그들(젠더 추종자)은 딸을 임상실험에 쓰이는 실험용 쥐처럼 사용하고 있습니다.[1823] 5년 후 딸이 남성 정체성을 후회하게 될 때 병원이 신경 써 줄까요? 그렇지 않습니다. 그들은 신경 쓰지 않습니다. 그들이 원하는 것은 (성전환자) 숫자입니다.[1824] 그리고 정부는 핵가족을 해체할 뿐입니다.[1825]

그들(젠더 추종자)은 망상을 만들었고, 부모들이 그 망상 속에서 살도록 강제하고 있습니다.[1826] 이 거품이 터지고 망상이 끝나면 어떻게 되겠습니까?......내 딸은 원래 건강했던 몸으로 다시는 돌아올 수 없습니다.[1827] 이 아이들은 이해하지 못합니다. 그리고 미래를 생각하지 않고 감정적으로 결정합니다.[1828] 도대체 어떤 13살짜리 아이가 나이 들어 갖게 될 자신의 가족과 아이에 대해 생각해 보겠습니까?[1829] 이것은 내 아이만의 문제가 아닙니다. 다만 내 아이의 인생은 파괴되고 있습니다.[1830] 그러나 사람들은 이런 사실에 대해 모릅니다.[1831]

나의 아이를 불임으로 만들면서 임상실험 하는 사람들이 있습니다. 그들은 이런 미친 짓을 너무나 감추고 싶어 합니다. 그래서 나와 같은 사람의 입을 다물게 하려고 감옥으로 보냅니다. 그들은 실제로 무슨 일이 일어나는지 대중들이 모르기를 원합니다. 그들은 아이들이 자신의 진짜 젠더를 알지 못하기 때문에 자신들은 아이들을 돕는 것이라고 말합니다. 그러나 아이들은 사춘기를 겪고 있는 것입니다. 그리고 잘 이겨냅니다. 그런데 감옥에 가지 않고서는 이런 것을 말할 수 없게 만듭니다.[1832]

나는 부모로서 건강한 자녀가 파괴되는 것을 지켜보고 있습니다. 자녀의 성전환을 인정하던지, 감옥에 가던지, 그 외 할 수 있는 것이 없습니다.[1833] 가끔은 다른 부모들과 사람들이 이런 상황을 이해하고 개입할 수 있도록 소리를 지르고 싶을 뿐입니다."[1834]

후글랜드는 이어서 말한다.

"딸은 여자입니다. 그녀의 DNA가 이런 임상실험들로 변하지 않기 때문입니다.[1835] 호르몬이 몸에 미치는 영향 때문에 딸의 장기적인 건강이 위험에 빠졌습니다. 성전환 시술은 딸의 사춘기를 완전히 방해할 것입니다. 그녀의 뼈 성장이나 뇌 발육은 멈출 것입니다. 딸은 뼈의 힘이 남지 않게 되어 남자도 여자도 될 수가 없습니다.[1836] 나는 딸을 구하려는 노력을 위해 모든 것을 포기할 수 있습니다. 아빠가 얼마큼 딸을 위하는지, 얼마큼 딸을 위해 싸울 수 있는지 그들은 이해하지 못하는 것 같습니다.[1837]

1년 전만 해도 아무 문제가 없는 건강한 딸이었습니다. 그러나 합당한 이유 없이 건강했던 딸이 변화하고 파괴되었습니다.[1838] 딸은 자신이 원래 가졌어야 했던 건강한 몸의 여자아이로 결코 돌아갈 수 없습니다. 그녀는 영구히 굵고 낮은 목소리를 가질 것입니다. 얼굴 털 때문에 앞으로 계속 면도도 해야 할 것입니다. 딸은 앞으로 아이를 가질 수 없습니다.[1839]

나는 딸을 파괴하는 법률과 법원의 결정에 맞서 싸워야 한다는 도덕적 책임감을 느낍니다. 법원 등이 아이들을 훼손하며 불임으로 만들고 있다는 사실을 사람들은 깨닫고 맞설 필요가 있습니다. 이것은 국가가 지원하는 아동학대입니다.[1840] 이런 아동학대는 트랜스젠더 아젠다의 실현을 위한 것인데, 모든 학교를 통해 이루어지고 있습니다. 딸의 학교에서는 SOGI 123이라 불리는 급진적인 프로그램을 사용해 아이들에게 성적지향과 성정체성을 장려했습니다.[1841]

아이들은 자신이 특정 아젠다를 위한 도구로 사용됐다는 사실을 성인이 될 때까지 이해하지 못할 것입니다. 이 소중한 아이들을 보호하는 데 철저히 실패했습니다. 부모 권리와 상식에 대한 공격 앞에서 나는 자신에게 질문했습니다. '가족과 아이들을 계속 해칠 수 있도록 우리에게 침묵을 강요하는 이 시스템에 굴복할 것인가'라는 질문입니다.[1842]

내 딸에게 이미 일어난 일에 비하면 나에게 일어날 일들은 가볍습니다.[1843] 이런 아동학대와 싸울 방법은 나의 이야기를 공개하는 것 외에는 방법이 없다고 생각합니다. 내가 감옥 가는 것보다 내 이야기를 알리는 것이 더 중요하다고 느낍니다. 만약 10년 후에 딸이 탈트랜스젠더를 하면서 나에게 '왜 성전환을 막기 위해 아무것도 하지 않았냐', '왜 아무도 나를 위해 위험을 감수하지 않았느냐',[1844] '내가 미성숙한 아동이었을 때 왜 성전환을 하게 그냥 내버려 뒀냐'라고 묻는다면 나는 과연 어떤 아빠라고 할 수 있겠습니까?[1845] 이런 딸의 질문에 '내가 할 수 있는 것을 모두 다 했단다.[1846] 더는 가능한 것이 없었다. 내가 할 수 있는 것이 더 이상 없을 때도 멈추지 않았던 것은 내가 겪었던 일을 다른 부모들이 겪지 않기를 원했기 때문이란다'라고 대답할 것입니다."[1847]

후글랜드가 대규모 저항(Mass Resistance)이라는 단체와 인터뷰한 내용이다.

"나는 감옥에 가야 하는데, 의사들을 생각해 봅니다. 아이들의 성전환을 자랑스러워 하는 의사들은 (언론으로부터) 숨는 비겁자입니다. 내가 생각하기에는 그들은 반인륜적 범죄를 계속 저지르고 있습니다. 그들은 정부를 이용해 나를 침묵시키고 그들을 밝힐 수 없게 합니다. 만약 자신들이 하는 일이 그렇게 자랑스럽다면 왜 숨는 것입니까? 왜 그들은 대중 앞에서 그들이 한 일이 얼마나 대단한지 밝히지 않는 것입니까?

이것은 그들이 숨기고자 하는 것에 대해 많은 것을 말해줍니다. 그들은 당신 자녀에게 어떤 일을 꾸미고 있는지 당신이 모르기를 원합니다. 그들은 '규정'으로 위장하여 무슨 일이 일어나고 있는지 부모에게 알리지 않습니다. 그런데 그들이 당신에게 말해주는 것이 있습니다. 부모로부터 자녀를 지킨다는 것입니다. 얼마나 미친 소리입니까? 또 '여아가 남아로 변한다'라는 주장에 동의하지 않는다는 이유로 부모는 차별적이고 편견적이며 끔찍한 일들을 한다고 말합니다. 그래서 그들은 자녀들을 그들의 부모로부터 지킬 필요가 있다고 합니다. 학교에서는 아이들에게 호르몬 주사를 맞도록 합니다. 그러나 부모는 너무 늦어버릴 때까지 무슨 일이 일어나는지 전혀 알지 못합니다. 그들은 자녀가 성별전환 되고 있다는 사실을 부모에게 더 이상 알리지 않습니다.

강간범은 2년 징역형을 받습니다. 나는 최대 5년 징역형을 받을 수 있습니다. 이런 관점에서 보면 아이들에 대한 임상실험이 정부에게 얼마나 중요한지 알 수 있습니다. 그런데 이 아이들은 평생 감옥에서 지내는 것과 같습니다. 되돌릴 수 없기 때문입니다. 그들은 불임이 되고 아이를 가질 수 없을 것입니다. 그들의 정신건강 문제를 악화시키기 때문에 아이들 상당수는 결국 자살할 것입니다. 여자아이가 남자아이로 변신할 수 있다는 잘못된 말을 듣고 아이들은 이도 저도 아닌 상태가 됩니다. 아이들의 종신형과 같은 이런 고통에 비하면 제가 5년의 실형을 받더라도 경미하다고 볼 수 있습니다.

'반대하는 부모의 의사와 관계없이 그들의 자녀에게 교차 성호르몬이 투여될 것이다'라고 법원이 알리는 순간이 있습니다. 자신의 자녀가 영구적으로 해를 입는다는 것을 알기 때문에 매우 우울한 순간입니다. 이것을 지켜보는 부모로서는 이런 상황을 피할 수 있었다고 생각할 때 세상에서 가장 처참한 느낌을 받게 됩니다……이것은 우리 자녀들과 미래 세대의 삶을 위한 전쟁입니다. 그리고 이런 광기가 다른 나라에 확산되지 않을 것이라는 믿음은 망상에 불과합니다."[1848]

이 사건에 대해 미국 조지 워싱턴(George Washington) 대학의 법학과 교수인 조나단 터리(Jonathan Turley)가 말한다.

"국가가 가정에 대해 이렇게 강압적이고 침해적인 역할을 해야 하는지가 문제됩니다. 부모가 자녀에게 이런 문제(성전환 시술 문제)를 말하는 것 자체를 금지하거나 자녀의 생물학적 성별을 언급하는 것만으로도 체포한다는 것은 부모의 권리나 표현의 자유에 심각한 문제를 발생시킵니다.

성전환 시술을 반대하거나 성중립적 인칭대명사를 사용하지 않는 것이 해로운지 논의할 수 있습니다. 그러나 성전환을 반대하거나 성중립적 인칭대명사를 사용하지 않는다는 이유만으로 부모를 체포하는 것은 등골을 오싹하게 만듭니다. 이런 결정들은 상충되는 이해관계나 부모의 권리를 완전히 무시하는 것이기 때문입니다."[1849]

자신을 트랜스젠더로 밝히는 것은 자신의 고통을 표출하는 하나의 방법이라고 전문가들이 말한다. 그러나 성전환 확산정책은 아이들의 외로움이나 고립감, 자폐증, 괴롭힘, 성적 학대, 자해 등으로 이어지는 원인을 이해하기보다는 곧바로 성전환 시술로 유도한다.[1850] 그리고 젠더 이데올로기 실현을 위해 아이들을 부모의 양육권 밖으로 이탈시킨다.

후글랜드 사례에서도 마찬가지다. 학교 직원, 심리학자, LGBT 운동가들은 2년 넘게 합세해서 딸의 성전환을 장려했다. 딸의 우울증이나 다른 문제로 고통받는 원인이 그녀가 남자이기 때문이라고 믿도록 유도했다. 그들은 딸의 새로운 남성 정체성을 반복적으로 격려하고 확인했다. 그리고 딸이 호르몬 치료를 받도록 젠더 이데올로기를 따르는 의사들과 연계해서 일했다.[1851] 이런 일련의 과정들은 후글랜드 몰래 진행됐다.[1852] 자녀를 부모의 자녀교육권과 양육권 밖으로 이탈시키는 전형적인 수법인 것이다.

5명 중 4명이 자연스럽게 성정체성 혼란을 해결하고,[1853] 트랜스젠더의 19배 높은 자살률이 성전환 수술 이후에도 개선되지 않으며,[1854] 임상실험 단계인 성전환 시술이 심신에 돌이킬 수 없는 부작용을 유발한다는 증거들이 많다.[1855] 그렇다면 반대하는 부모를 감옥에 가두면서까지 자녀에게 성전환 시술을 강행하는 이유가 도대체 무엇일까? 인권으로 포장된 젠더 이데올로기를 실현하기 위해서다.[1856] 이에 대한 복종 의무가 있는 정부와 사법부는 이런 증거들과 위험성을 철저히 무시하게 된다.[1857] 그리고 표현의 자유를 억압함으로써 다음 세대 아이들에게 자행되는 끔찍한 일들을 은폐한다.[1858] 컬처 가드의 회장인 심슨이 말한다.

"캐나다 브리티시컬럼비아주 대법원은 공권력을 이용해 현실을 다시 쓰는 것입니다. 이것은 극단적이고 위험합니다. 법원은 '딸의 성별에 대한 망상'과 '의사 손으로 이루어지는 딸에 대한 학대'를 후글랜드가 받아들이든지 아니면 체포되든지 선택을 강요하는 것입니다."[1859]

후글랜드 사례에서도 사법부는 부모의 권리를 박탈하고 딸의 신체를 영구히 손상하는 의학적 임상실험을 승인했다. 의사와 사법부가 합세해서 자녀를 보호하려는 부모의 권리를 무력화시킨 것이다.[1860] 젠더 이데올로기가 만연한 사회에서는 사회적 성에 대한 의학적 전환치료가 자녀에게 강제된다. 그리고 이런 의학적 개입으로부터 아이를 보호하려는 부모는 감옥에 수감 될 수 있다.[1861] 정부가 편향된 정치이념을 법적으로 강제하는 시스템을 만들고 이에 반대하면 범법자로 만든다는 지적이 나온다.[1862]

미국에서도 자녀의 성전환 시술을 반대하면 부모의 양육권이 박탈·제한되는 사례들이 증가하고 있다. 호르몬 치료에 반대하는 부모 상당수는 아동학대 프레임을 쓰고 관련 사건을 대중에게 공개하지 못한다. 캘리포니아주에 사는 드루(Drew)의 부모인 테드(Ted)나,[1863] 텍사스주에 사는 제임스(James, 7세)의 부모인 제프리 영걸(Jeffrey Younger)이 그 예다.[1864] 2018년 2월경 미국 오하이오주에서도 부모 모두 17세 딸의 호르몬 치료를 반대하자 법원은 부모의 양육권을 박탈하고 조부모에게 양육권을 넘기면서 성전환 시술을 강행하도록 했다.[1865]

차별금지법과 이를 따르는 후속법안들이 제정될 경우, 성전환 시술을 신중히 하려는 양육권 행사가 '가정폭력'으로, 동성애-에이즈 정보를 알려주어 경각심을 갖게 하는 자녀교육권 행사가 '아동학대'로 둔갑될 수 있다. 동성애/성전환 확산 정책을 실현하는 공권력으로부터 자녀를 보호할 수 없을 뿐만 아니라, 젠더 이데올로기를 실현하는 정부에 의해 자녀까지 빼앗길 수 있는 것이다.

자녀에 대한 성전환 시술을 부모 의사에 반해 정당화하고 강화하는 후속법안에는 어떤 것들이 있을까? 앞에서 언급했듯 캐나다 온타리오주에서 2017년경 제정된 '아동, 청년 및 가정보호법'(Supporting Children, Youth and Families

Act of 2017, 이하 'Bill 89')이 그 단적인 예다.[1866]

Bill 89는 '성적지향, 젠더 정체성, 젠더 표현' 등이 포함된 온타리오주 인권법(차별금지법)의 후속법안으로 제정됐다.[1867] 이 법안에는 '친부모라 하더라도 자녀에게 신체·언어·감정 학대를 가하는 경우, 부모와 자녀를 다른 공간에 머물게 하며 자녀를 보호해야 한다'라는 내용이 포함돼 있다.[1868] 그리고 '성적지향, 성정체성 또는 젠더 표현'을 고려하고 존중할 것을 요구하고 있다.[1869] 부모가 자녀에게 정서적 학대 등을 했는지 판단할 때 '성적지향, 성정체성 또는 젠더 표현'이 가장 중요한 잣대가 되는 것이다. 이것은 사회복지사나 법원의 판단 기준도 된다.[1870] 결국, 자녀의 성전환 시술에 반대하는 부모와 자녀를 떼어 놓는 법인 셈이다. Bill 89를 발의한 아동·가족 서비스부 장관인 마이클 커토(Michael Coteau)가 이 법안에 대해 말한다.

"아이(자녀)가 성정체성을 밝히고 보호자(부모)가 이를 반대하면 이것은 일종의 학대라고 판단합니다. 이런 학대가 발생하면 이 같은 환경에서 벗어나 학대가 없는 보호 장소로 자녀가 옮겨질 수 있습니다."[1871]

즉, 부모가 자녀의 성전환 시술을 반대하면 이것은 Bill 89가 규정한 '학대'에 해당하고, 자녀는 위탁가정 등으로 옮기게 된다.[1872] 그리고 부모를 차단한 채 성전환 시술을 강행할 수 있게 된다.[1873] 또한, 포괄적으로 규정된 이 '학대' 개념은 '성적지향, 성정체성 또는 젠더 표현'과 연계해 무제한 확장될 개연성이 크다. 자녀의 성전환 시술 사례에서 '부모의 학대' 범위를 넓게 판단해왔기 때문이다. 사실상 부모가 성전환을 지지하지 않는 모든 행동을 '정서적 아동학대'로 보는 것이다. '신체가 젠더를 결정한다'와 같이 생물학적 성별을 지지하는 말도 학대가 된다.[1874] 그동안 여러 성전환 사례에서 부모에게 씌웠던 '가정폭력'. '괴롭힘', '아동학대' 프레임들이 모두 '학대' 개념에 포섭될 수 있다. 일례로, 캐나다 법원은 젠더불쾌증 치료를 중단하도록 설득하려는 모든 시도를 '가정폭력'으로 판시했는데,[1875] Bill 89의 학대를 근거로 더 쉽게 자녀를 부모로부터 빼앗을 수 있는 것이다.

또한, Bill 89는 성전환 확산정책을 촉진하게 된다. 앞에서 언급한 월리스 웡(Wallace Wong)의 사례가 이를 확인해 준다. 캐나다의 젠더 이데올로기 심리학자인 그는 지방정부와 합세해 고아나 위탁가정 아이들 20%에게 호르몬 치료가 필요하다고 진단을 내렸다.[1876] 그런데 윙에 의해 성전환 시술로 내몰린 아이들이 9년 동안 무려 125배(2010년 4명에서 2018년 501명)나 폭증한 것이다.[1877] 캐나다 트랜스젠더 건강협회(Canadian Professional Association for Transgender Health)에서는 온타리오주에서 의료보험 승인 성전환 수술을 받은 트랜스젠더 수가 25배(2010년 59명에서 2018년 1,460명) 증가했다고 밝힌다.[1878]

나아가 Bill 89는 젠더 이데올로기에 동조하지 않는 위탁가정이 존재하기 어렵게 만든다.[1879] 그리고 성전환에 동조하지 않을 경우, 공권력으로 부모가 있는 자녀를 위탁가정으로 옮긴다. 자녀를 부모로부터 빼앗아 성전환 시술을 강행할 수 있는 환경을 제공하는 것이다.[1880] 젠더 이데올로기를 실현하는 공권력이 학교를 넘어 가정에까지 침투하게 된다.[1881]

게다가 Bill 89는 부모의 자녀교육권을 차단하는 범위를 확장한다. 인권교육은 부모 몰래 성전환을 자녀에게 장려해 성정체성 혼란을 유발한다.[1882] 사회적 성을 세뇌하는 단계에서 부모를 차단하는 것이다.[1883]

구체적으로, 성전환에 취약한 아이들은 트라우마로 인해 정신건강이 이미 악화된 아이들이다. 학교 상담사 등은 이런 아이들에게 우울증 등의 원인이 성정체성 문제며 성전환이 행복을 줄 것이라고 상담한다.[1884] 그리고 부모가 반대하면 적대시할 것을 가르친다.[1885] 아무것도 모르는 부모에게 자녀가 갑작스럽게 성전환 시술을 요구하게 되는데, 부모가 반대하면 양육권을 박탈·제한하거나[1886] 위탁가정으로 자녀를 옮겨 성전환 시술을 강행하게 된다.[1887] 부모는 사회적 성의 위험성을 자녀에게 교육하거나 조언할 기회마저 잃게 된다. Bill 89의 '학대' 개념에 포섭되기 때문이다. 성전환 시술 단계에서도 부모가 차단되는 것이다. 모두 성전환 확산정책의 일환이다. 그리고 그 과정에서 가정이나 부모-자녀 관계는 해체된다.[1888] 캐나다 지방의회 의원인 잭 맥클라렌(Jack MacLaren)이 말한다.

> "Bill 89는 가족을 지지하는 대신 가족 해체를 유발할 수 있습니다. 가족 삶에 대한 공권력의 개입 위협이 증가했기 때문입니다."[1889]

전통적 가족, 생물학적 성별 등 기존 사회체제를 해체하는 젠더 이데올로기 실현의 일환으로 성전환 확산정책이 이루어진다. 그리고 비판의 자유를 극도로 제한하는 차별금지법이 제정될 경우, 젠더 이데올로기 실현을 위한 후속법안들이 견제 없이 제정된다. 캐나다 온타리오주의 차별금지법에서부터 Bill 89까지의 제정과정을 보면 이를 짐작할 수 있다. 온타리오주 차별금지법(인권법) 제정 이후, 2012년에는 학교에서 '호모포비아'와 '트랜스포비아'의 강력 대응을 요구하는 Bill 13, 2015년에는 미성년자에 대한 동성애/젠더불쾌증의 상담 치료를 금지하는 Bill 77, 2016년에는 '어머니'와 '아버지' 용어를 금지하고 여러 가족형태를 인정하는 Bill 28, 2017년에는 사회적 성을 지지하지 않는 부모와 자녀를 격리하는 Bill 89가 각각 제정됐다.[1890] 한국에서도 차별금지법이 제정된다면 이런 후속법안들이 신속하게 제정될 가능성이 높다.[1891]

나아가 젠더 이데올로기가 성행하면 이를 거스르는 가치관으로 자녀를 양육했다는 이유로 부모의 양육권이 박탈될 수 있다. 예컨대, 부모가 자녀에게 성경적 가정교육을 하면 이를 종교 강요로 몰아 정서적 학대로 프레임을 씌우는 현상이 나타날 수 있다.[1892] 이로 인해 부모 양육권이 박탈되는 실제 사례들이 발생하고 있다. 차별금지법이 2014년부터 시행되고 있는 노르웨이의 사례를 보자.[1893]

2015년 11월 16일 노르웨이에서 마리우스 보드나리우(Marius Bodnariu)와 루스 보드나리우(Ruth Bodnariu) 부부는 정부 기관인 '바르네베르넷'(Barnevernet)으로부터 자녀 5명에 대한 양육권을 박탈당했다. 가장 어린 자녀는 생후 3개월 된 신생아 아들(Ezekiel)이었고 가장 나이가 많은 자녀는 9세 딸이었다.[1894] 자녀들에게 '죄를 지으면 하나님이 벌하신다'라고 가정교육을 했기 때문에 5명의 자녀(Eliana, Naomi, Matthew, John, Ezekiel)를 국가에 빼앗긴 것이다.[1895] 딸들의 학교(Vevring School) 교장이 "하나님이 죄를 벌하신다는 기독교 근본주의 가정교육은 아이들 발달에 방해될 우려가 있다"라고 진정을 제기한 것이 이 사건의 발단이다.[1896] 소송에서 드러난 서류들을 보더라도 양육권 박탈의 진짜 이유는 젠더 이데올로기와 충돌하는 성경적 가치관으로 자녀들을 양육했기 때문이라는 지적이 많다.[1897]

바르네베르넷 공무원들은 학교에 들이닥쳐 부모들이 알지 못하는 사이에 두 딸을 먼저 데리고 가버렸고, 이후 집으로 와 아들 3명까지 빼앗아갔다.[1898] 그리고 신생아에 대해서는 엑스레이와 CT 검사를 진행했다.[1899] 그러나 5명의 자녀에게는 학대를 받았다는 어떠한 의학적·신체적 증거도 발견되지 않았다.[1900] 그럼에도 노르웨이 정부 기관은 5명의 자녀를 세 위탁가정에 맡겨 따로따로 격리시킨 후 다른 가정에 입양시키는 절차에 착수했다.[1901] 7개월 동안 부모의 면접도 극히 제한됐다.[1902]

이 사건이 외부에 알려지자 국제적으로 논란이 되어 60,000명이 청원을 했다.[1903] 청원자들은 "노르웨이 정부에 의해 아이들이 강제적으로 부모에게서 떨어졌다. 이들은 자식들을 하나님의 지혜로 기르기 위해 노력하는 일반적인 기독교 가정이다. 어떤 세뇌 교육도, 아동학대도 없다!"라고 탄원했다.[1904] 또한, 63개 도시와 전 세계 노르웨이 대사관 앞에서 항의 시위들이 일어났다.[1905] 자녀들을 돌려받기 위한 소송을 진행한 지 7개월 만에 노르웨이 정부는 국제적 비난 여론에 못 이겨 자녀들을 부모에게 돌려보냈다.[1906] 그러나 이미 되돌릴 수 없는 피해를 입힌 상태였다.[1907]

루마니아 가족 연합(Alliance for Romania's Families)의 회장이자 변호사인 피터 코스테아(Peter Costea)는 이 사건에 수백 시간을 들이면서 무료로 변론을 도왔다.[1908] 그는 '아이들 격리조치에 종교적 신앙이 영향을 미쳤다고 믿을 수 없다'라고 처음에 말한 바 있다.[1909] 그러나 이 사건의 소송기록을 받아서 분석한 이후, 코스테아 변호사는 처음과 달리 말을 바꿨다.

"소송기록에 있는 바르네베르넷의 의사록을 보면 '성경'이 4번, '하나님'이 1번, '종교'가 1번 언급되어 있습니다.[1910] 또한, 바르네베르넷의 문서에는 '자녀들이 하나님과 부모의 가치관을 존중하도록 양육됐다'라고 기재되어 있습니다. 바르네베르넷은 자녀들이 이런 가치관에 부응하지 못할 경우, '내적 갈등'을 유발하고 스트레스를 주는 가정환경이 조성될 가능성이 있다고 해석했습니다.[1911] 의사록을 보면 종교는 아이들에게 나쁜 영향을 미치며, 지나친 종교는 부모로부터 자녀를 빼앗을 수 있는 정당성을 부여한다는 것 같습니다.[1912]

다른 문서에는 '성경에 따라 자녀들을 양육하는 것이 우려된다'라고 명시되어 있습니다.[1913] 바르네베르넷 공무원들이 이 사건에 관심을 가진 이유가

'기독교적 가치관에 대한 가족의 헌신'이었던 것입니다. 따라서 보드나리우 자녀들을 납치한 바르네베르넷의 동기가 종교적 적개심에서 비롯되었다는 점은 정확한 사실이며 증거에 의해서도 뒷받침됩니다."[1914]

"노르웨이에 대한 국제적인 압력이 없었더라면 자녀들은 지금 부모와 함께 집에 있지 못했을 것입니다. 전 세계 100명 이상의 변호사와 법학 교수 등이 노르웨이 총리의 개입을 촉구하는 탄원서를 보낸 것이 큰 영향을 미쳤습니다. 이런 여론의 파장이 없었다면 아이들을 돌려받지 못했을 것입니다. 이것에 대해 저는 101% 확신합니다."[1915]

이 사건에 대해 항의 시위를 벌여왔던 크리스티안 요네스쿠(Cristian Ionescu)가 말한다.

"바르네베르넷은 그동안 공권력을 남용해왔던 전력들이 있습니다. 일례로, 2년 전 노르웨이 대법원에서 이 정부 기관을 상대로 소송을 제기해 승소한 라둘레스쿠(Radulescu) 가족 사례를 들 수 있습니다. 이 가족은 소송에서 승소했지만 바르네베르넷은 여전히 그들 자녀의 입양 절차를 위해 리스트 등록을 했습니다. 바르네베르넷이 입양 절차를 진행하는 이유로 밝히는 것은 (소송에) 너무 많은 시간이 흘러서 친부모에게 자녀를 돌려보내는 것이 트라우마가 될 수 있다는 것입니다.[1916] 이렇게 입양 리스트에 올려놓은 채 자녀들을 아직까지 돌려주지 않고 있습니다."[1917]

마리우스의 형제인 다니엘 보드나리우(Daniel Bodnariu)가 인터뷰에서 말한다.

"이들 부부는 한 번도 아이들을 학대한 적이 없으며, 아이들이 잘못된 행동을 했을 때 가벼운 벌을 주었을 뿐입니다."[1918]

"저는 마리우스와 루스가 기독교적 가치관을 가진 '정상적인' 가정 안에서 자녀들을 낳고 키웠음을 강력히 보증하고 증언합니다. 이 부모들은 자녀들을 사랑하고 자녀의 복지를 위해서라면 생각할 수 있는 모든 조치를 취해왔습니다. 바르네베르넷(아동복지서비스)에 의해 이 가정이 해체되는 것은 마리우스와 루스에게 살아있는 악몽 그 자체입니다."[1919]

"그들(바르네베르넷 공무원들)은 부모의 믿음, 즉 기독교적 믿음이 그들의 관점에서 잘못된 것이라고 말했습니다. '하나님이 죄를 벌한다'라고 아이들에게 말하는 것은 아이들에게 장애를 유발한다고 말했습니다."[1920]

보드나리우 부부가 말한다.

"여리고 성처럼, 법의 이름으로 자행된 이 어처구니없는 일의 배후에 있을 거대한 장벽을 하나님께서는 허무실 수 있을 것입니다. 법은 어린이들을 보호하기 위한 것이지 가정을 파괴하라고 있는 것이 아닙니다."[1921]

이 사건에 대해 노르웨이 변호사이자 인권운동가인 마리우스 레이케로스(Marius Reikeras)가 말한다.

"노르웨이에서 화목한 가정의 아이들을 빼앗아가는 것은 정말 심각한 문제입니다. 우리는 알코올 중독, 약물 남용이나 아동학대를 이야기하는 것이 아닙니다.[1922] 우리는 자녀들을 잘 돌보는 지극히 정상적이고 일반적인 가정에 대해 이야기하는 것입니다."[1923]

2015년 3월경 한국에서도 교육부가 각 교육청에 '아동학대 예방 및 신고의무자 교육 실시'라는 공문을 보내 논란이 된 바 있다.[1924] 한국 보건복지부 산하 중앙아동보호전문기관은 홈페이지에서 '보호자의 종교 행위 강요'를 아동학대 중 하나인 '정서학대'로 분류했다. 그리고 이를 5년 이하의 징역 또는 3,000만 원 이하의 벌금 대상이라고 소개했다.[1925] 게다가 교육부와 교육청은 일선 학교에 이런 내용에 대해 교직원 연수를 실시하라고 공문을 보냈다.[1926] 당시 '젠더 이데올로기와 충돌하는 성경적 가치관으로 가정교육을 하면 잠재적 범죄자로 취급된다'라는 비판의 목소리가 높았다.[1927]

2023년 4월 및 5월경 아동기본법 2개가 한국에서도 발의됐다. 이 법안에는 "국가인권위원회와 지방자치단체는 아동의 권리를 보장하기 위해서 아동 정책 등을 모니터링하고, 아동권리 침해의 구제·개선을 위한 아동권리옹호관을 둔다"라고 규정하고 있다.[1928] 그리고 "아동권리를 침해당하여 피해를 입은 아동 또는 그 사실을 알고 있는 사람이나 단체는 국가인권위원회에 그 내용을 진정할 수 있다"라는 규정 등이 담겼다.[1929]

문제는 '아동학대 예방'이라는 명목으로 아이들에게 부모나 교사를 신고하도록 독려하는 인권교육이 이루어진다는 사실이다. 전국교직원노동조합의 실태조사에 의하면 교사 '10명 중 9명'이 아동학대로 신고될까 두려워하고 있는 실정이다. 아동기본법이 통과되면 이런 현상을 부모-자녀 관계에도 확대할 가능성이 크다. 2023년 5월 24일 아동기본법의 제정에 반대하는 500여 단체들은 성명을 냈다.

"아동기본법안은 현행 아동복지법과 아동학대처벌법상 문제를 개선하기는커녕, 오히려 아동학대 및 아동권리 침해 범위를 확대하고, 아동권리옹호관과 아동권리 옴부즈퍼슨 등 신고 절차도 강화했다. 더욱이 국가인권위에 진정하는 절차도 신설했다. 국가인권위는 아동학대범죄의 법적 요건에 해당하지 않는 사건도 편향적 인권 기준을 적용하여 아동학대라고 판단할 것이 예상된다. 국가인권위는 자녀의 동성애와 성전환을 반대하는 부모를 아동학대 가해자로 몰아세울 것이고, 부모가 자녀에게 신앙을 권유하는 것조차 아동학대라고 결정하게 될 가능성이 크다. 가정을 중심으로 사랑과 보호의 대상이 돼야 할 아동에게 부모와 교사를 잠재적 가해자로 인식하게 만드는 법안을 강력히 반대한다."[1930]

이처럼 아동기본법은 젠더 이데올로기에 거슬리는 부모의 자녀교육권을 침해·박탈하는데 악용될 수 있다는 우려가 많다. 게다가 아동기본법이 진화하면 성경적 가정교육을 했다는 이유로 부모의 양육권이 박탈된 노르웨이 사례가 한국에서도 발생할 수 있는 것이다. 특히, 부모가 동성애/성전환에 빠져드는 자녀에게 어떤 조언도 할 수 없는 환경이 만들어진다.

차별금지법이 제정된다면 이런 현상은 노골적으로 심화될 것이다. 젠더 이데올로기와 충돌하는 가치관으로 아이들을 양육하는 부모들이 자칫 자녀를 빼앗기는 미래를 마주할지도 모르는 것이다. 직장에서 해고당하는 불이익을 받을 가능성도 크다. 자녀를 걱정해 동성애/성전환의 위험성을 알려주거나 생물학적 성별을 지지하는 가정교육을 하더라도 마찬가지다. 차별금지법이 시행되면 부모는 젠더 이데올로기로부터 자녀를 보호하기 어렵게 된다.

8장

혐오 프레임에 가두는 표현의 자유
(토론과 비판의 원천적 배제)

8장

혐오 프레임에 가두는 표현의 자유
(토론과 비판의 원천적 배제)

한국의 '안철수' 사례: 퀴어축제로 인한 아이 걱정과 토론의 배제

　세계보건기구(WHO)는 "미국과 유럽에서 매년 열리는 퀴어축제가 A형 간염 확산에 기여할 수 있다"라고 경고한다.[1931] 이어 "A형 간염 확산의 주된 원인은 동성애자 간 성접촉"이라고 발표했다.[1932] 그런데 퀴어축제에서도 A형 간염이 확산될 수 있는 이유는 A형 간염이 중간 매개체를 요하지 않는 세균 오염이기 때문이다. 스페인과 영국의 보건당국도 퀴어축제를 참석하려면 간염에 걸리지 않게 미리 예방 백신을 맞아야 한다고 경고한다.[1933] 구체적으로, 영국 보건당국은 세계적으로 유명한 퀴어축제인 '스페인 마드리드 게이 퍼레이드'에 참여할 사람들에게 A형 간염 백신을 맞고 참여하라고 공식 웹사이트를 통해 공지하는 상황이다. 그리고 영국 보건당국 역시 A형 간염에 걸릴 위험이 가장 큰 그룹으로 남성 간 성행위자들을 꼽았다.[1934] 실제로, 2016년 7월부터 2017년 4월 2일까지 영국에서 발병된 A형 간염의 74% 이상이 남성 동성애자였다.[1935]

　지구상의 수많은 축제 가운데 보건당국이 간염 예방주사를 맞고 참여하라고 경고까지 하는 축제는 퀴어축제가 유일하다. 그러나 한국의 보건당국은 이런 사실을 시민에게 알리지 않는다.[1936] 국가인권위의 영향 때문이라는 지적이 나온다.[1937] 인권보도준칙으로 이런 공중보건 경고까지 혐오 표현으로 규정하며 언론까지 통제한다.[1938] 시민의 건강을 지킬 수 있는 알 권리를 차단하는 것이다.

　퀴어축제는 어린아이들과 부모가 함께 여가활동을 벌이는 곳에서 이루어진다. 그런데 성문화에 대한 이해가 부족한 아동·청소년들에게 반나체 공연과 음란행위들이 무방비로 노출될 경우 정서적으로 나쁜 영향을 미칠 수 있다는 비판의 목소리가 높다.[1939] 서울광장에서 열린 퀴어축제에서는 반나체 차림의 참가자들이 각종 성적 퍼포먼스를 벌이고, 부스 곳곳에서는 남녀 생식기를 본뜬 과자와 자위기구, 콘돔 등을 판매해 사회적 논란이 됐다.[1940] 서울시는 "퍼레이드 중 운영 부스에서 성기를 묘사한 제품을 판매하는 등 실정법 위반 소지가 있는 행위를 한 사실이 확인됐다"라고 밝힌다.[1941] 2015년 6월 28일 오후 서울시청 앞 서울광장과 을지로 일대에서 퀴어축제 참가자들이 거의 알몸으로 거리를 행진한 것에 대해 검찰이 밝힌다.

"누구든지 여러 사람의 눈에 뜨이는 곳에서 공공연하게 알몸을 지나치게 내놓거나 가려야 할 곳을 내놓아 다른 사람에 부끄러운 느낌이나 불쾌감을 주어서는 아니된다. 피의자의 인적 사항을 알 수 없어 기소중지해도 검거될 가능성이 희박해 기소를 유예한다."[1942]

전 인천지검장이었던 전용태 변호사가 말한다.

"기소유예는 죄를 인정하는 것입니다. 그러나 경찰과 검찰이 적극적인 수사를 통해 이들의 신원을 확인하고 검거하지 않은 것에 대해서는 안타깝습니다."[1943]

그런데 법조계는 완전한 전라가 아닌 이상 경범죄 처벌은 어렵고, 공연음란죄를 적용해 행사 자체를 막을 수 없다고 한다. 그러나 많은 시민들은 말한다.

"매년 퀴어축제에서 차마 눈 뜨고 보기 힘든, 경범죄처벌법 위반에 해당하는 복장으로 광장을 활보한다. 청소년과 아이까지 지나다니는 곳에서 지나친 노출은 삼가야 한다.[1944] 아이들과 함께 서울광장에서 축제를 봤는데 옷을 벗고 음란 행동을 하는 등 부적절하다고 느꼈다."[1945]

여론조사 결과, 서울시민 10명 중 8명은 '동성애 퀴어축제의 서울광장 개최는 부적절하다'라고 밝힌다.[1946] 여론조사공정(주)이 성인남녀 1,024명을 대상으로 실시한 여론조사 결과다(신뢰수준 95%, 표본오차 ±3.1%p).

"서울시민 82.9%는 해마다 계속되는 동성애 퀴어축제의 과도한 신체 노출과 공연음란 행위, 성인용품 판매가 '부적절하다'라고 생각하는 것으로 나타났다.[1947] 동성애 퀴어축제 참가자들의 과도한 노출과 음란공연도 자기표현이므로 '괜찮다'라고 답한 서울시민은 11.6%에 불과했다. '잘 모르겠다'라고 답한 시민은 5.5%였다.

또 서울시민 77%는 동성애 퀴어축제가 가족과 함께 참여하기는 '부적절하다'라고 생각하는 것으로 나타났다. '가족과 함께 참여할 수 있다'라는 응답자는 17.8%, '잘 모르겠다'는 5.2%였다. 서울시가 동성애 퀴어축제 장소로 4년 연속 서울광장 사용을 허가한 것에 대해서는 서울시민 67.0%가 '적절하지 않다'라고 대답했다. '적절하다'라는 답변은 24.7%, '잘 모르겠다'는 8.3%였다.[1948] 특히 서울시민 73.9%는 동성결혼을 반대한다고 밝혔다."[1949]

한편, 동성애자들 대부분도 자신을 드러내고 싶어 하지 않고 자신들이 사회운동의 소재가 되는 것을 원치 않는다고 한다. 그래서 많은 동성애자들도 퀴어축제를 반대한다는 지적이 있다.[1950] 퀴어축제가 대다수 동성애자의 뜻을 대변하는 것이 아니라, 문화혁명의 실현수단으로 동성애자들이 이용된다는 지적이 나온다.

서울광장은 서울시에서 장소 사용 등을 주관하고 있다. 따라서 퀴어축제 서울광장 개최가 관련 규정을 따르는지 여부 등은 서울시청 공무원들이 가장 잘 알고 있다. 이런 서울시청 공무원 17인은 퀴어축제의 탈법 사례를 폭로하며 '서울시의 다수 공무원들은 서울광장 퀴어행사를 반대한다'라는 성명을 냈다.

"서울광장 퀴어행사를 반대하는 서울시 다수 공무원들은 지난 2015년부터 4년간 서울광장에서 시행된 퀴어축제 행사가 그간 광장의 사용 목적과 규칙을 위반하였으므로, 퀴어행사의 사용신고 시 불수리할 것을 요청한다. '서울특별시 서울광장의 사용 및 관리에 관한 조례'에 따르면, 서울광장은 시민의 건전한 여가선용과 문화 활동 등에 이용되어야 함을 목적으로 하나, 그간 퀴어행사는 그 음란성으로 인하여 시민 누구나 누릴 수 있는 건전함과 거리가 멀었다. '서울특별시 서울광장 사용 및 관리에 관한 조례 시행규칙'에 따르면, 서울광장 내에서는 시민의 자유로운 통행을 방해하거나 혐오감을 주는 행위, 영리를 목적으로 한 일체의 모금·판매 행위를 해서는 안 되고, 소음도 기준 이하여야 한다. 하지만 지난 4년간 실제 행사장에서는 규칙 위반이 난무했다.

구체적으로, 재작년에 이어 작년에도 서울광장에는 남성 성기 모양의 자위 도구, 남녀 성기 모양의 비누가 등장했다. '레즈비언 섹스토이 사용만화'

등 음란물도 버젓이 전시되어 판매됐다. 일부 참가자는 혐오감을 일으킬 정도의 과도한 복장을 한 채 광장을 돌아다녔다. 80개 이상의 부스에서 판매·모금·음주 행위도 곳곳에서 벌어졌다. 현장 소음 측정 결과도 '집회 및 시위에 관한 법률' 주간 기준치인 75dB(데시벨)보다 훨씬 높은 82dB이 나왔다. 또한 퀴어행사는 행사장을 둘러싼 경찰의 바리케이트로 인해 시민이 자유롭게 통행하기도 어렵고, 어린이를 동반한 경우 선정적인 전시물로 더욱 다니기가 어려웠다.

(서울광장에서 퀴어축제가 처음 열린) 지난 2015년 이미 일부 참가자들의 노출 행위에 대해 경범죄처벌법 위반이라는 검찰의 결정이 있었으나, 이후 행사에서도 일부의 노출 행위는 여전했고, 이에 대한 단속도 거의 없었다.

서울시는 '서울특별시 서울광장의 사용 및 관리에 관한 조례'에 나타난 대로, 사용 목적 이외의 용도로 사용되거나 규칙으로 정하는 사용자의 준수사항을 위반하는 경우, 사용자의 광장 사용을 적극적으로 제지하거나 행사 중지를 할 권한이 있다. 우리는 열린광장운영시민위원회 및 서울시에서 서울광장 퀴어행사에 대해 우려하는 시민 다수의 여론과, 그동안 퀴어행사 측의 서울광장 사용 목적 및 규칙 위반에 대해 면밀히 조사한 후, 올해 접수된 퀴어행사의 사용신청을 불수리하는 것이 서울광장을 사랑하는 시민들의 뜻임을 알고, 올바른 판단을 해 달라."[1951]

결국, 퀴어축제는 사회적 논의가 필요한 문제인 것이다. 특히 서울시장은 퀴어축제가 아이들에게 미치는 보건적·정서적 위해성이나 시민의 우려에 대해 논의할 수 있다. 아니, 마땅히 관심을 가져야 할 문제다. 사회적 논의가 없으면 시민사회의 자기교정 기능이 작동하기 어렵기 때문이다. 그러나 서울시장 후보자였던 안철수가 시민의 우려를 전달한 표현에 대해 국가인권위는 '혐오 표현'이라는 결정을 내렸다. 두 차례(2019년과 2021년)에 걸쳐 이루어진 공무원들의 성명서도 마찬가지다.[1952] 이에 대해 자세히 보자.

2021년 2월 18일 서울시장 보궐선거 당시 국민의당 대표 안철수 후보가 TV 토론회에서 "퀴어축제에 가볼 생각이 있느냐"라는 질문을 받았다. 이 질문에 안철수 후보가 답변했다.

"차별을 반대하는 것은 당연합니다. 개인 인권은 존중되어야 마땅합니다. 그런데 자기의 인권뿐 아니라 타인의 인권도 소중합니다. 본인이 원하는 것을 표현할 권리가 있고, 그걸 거부할 권리도 마땅히 존중받아야 합니다.[1953] 퀴어축제는 본인이 보겠다는 의지를 가진 분들이 볼 수 있도록 퀴어축제를 도심 외곽으로 옮기는 게 적절하다고 봅니다.[1954] 퀴어축제를 광화문에서 하게 되면 거긴 자원해서 보려고 오는 분도 계시겠지만, 여러 이유로 또는 아이들을 데리고 오는 분들도 있습니다. 그런 것들을 거부할 수 있는 권리도 존중받아야 합니다."[1955]

많은 시민도 '일정 이상 성적 수위가 있는 축제가 공공장소에서 지양될 필요가 있다'라며 안철수 후보의 발언을 옹호했다. 직장인 B씨(31세)가 말한다.

"LGBT 차별을 한다거나 퀴어 퍼레이드를 금지시키자는 게 아닙니다. 다만 공공장소에서 열리기에는 좀 수위가 높은 게 사실이지 않나요. 어린아이부터 어른까지 모두 어울리는 곳이 도심이고 광장인데 퀴어 퍼레이드만 존중하는 것은 오히려 역차별이 아닌가요."[1956]

반면 일부 정치권에서는 "서울시민의 평등한 권리를 적극적으로 옹호하고 보장해야 할 서울시장 후보가 성소수자 시민에 대한 혐오, 분열을 조장했다"라며 안철수 후보의 발언에 대한 사과를 촉구했다.[1957] 이렇게 LGBT 혐오, 차별 논란이 번지자 안철수는 라디오에 출연해 말한다.

"저 역시 소수자 차별에 누구보다 반대하고 이들을 배제하거나 거부할 권리는 누구한테도 없다고 생각합니다. 다만 지금까지 광화문 퀴어 퍼레이드를 보시면 신체 노출이나 성적 표현 수위가 높은 경우가 좀 있었습니다.[1958] 성적 수위가 높은 축제가 도심에서 열리면 아동이나 청소년이 무방비하게 노출되는 걸 걱정하는 시민들 의견도 있었습니다.[1959] 그래서 제가 축제 장소는 도심 이외의 곳으로 옮기는 것이 적절하겠다는 이야기를 한 것입니다."[1960]

"저는 의도도 전혀 그렇지 않고 표현도 혐오 발언을 한 적이 없습니다. 오히려 그걸 혐오 발언이라고 하면 그냥 무조건 색깔 칠하고 적으로 돌리는 것입니다. 신체 노출이나 성적 표현 수위가 높은 장면들, 성인용품 판매 이런 것들 때문에 아동이나 청소년이 무방비하게 노출되는 것을 걱정하는 시민들도 많습니다."[1961]

그러나 2021년 9월 1일 국가인권위는 '공직선거 예비 후보자의 성소수자에 대한 혐오 표현' 진정과 관련하여 "성소수자 집단에 대한 부정적 관념과 편견을 조장하거나 강화할 수 있다"라며 안철수 후보의 발언이 '혐오 표현'이라고 공식 입장을 냈다. 게다가 정당과 중앙선거관리위원회 차원에서 이런 혐오 표현을 하지 않도록 대책을 마련하라는 의견까지 밝혔다.[1962] 구체적으로, 정당 차원에서 윤리 규정에 혐오 표현의 예방과 금지에 관한 사항을 포함시킬 것을 주문했다. 그리고 중앙선거관리위원회가 선거 기간 중 이런 혐오 표현을 규제할 근거 규정을 마련함으로써 적극적으로 개입해야 한다는 의견을 냈다.[1963] 공무원들의 성명서와 관련해서는, 서울시 공무원 복무 조례를 개정하고 이를 구성원들이 명확히 인식할 수 있도록 하는 등 혐오 표현 근절·예방 조치를 촉구했다.[1964]

당시 부산시장 후보였던 이언주 전 의원은 이런 국가인권위의 결정을 비판한다.

"성소수자 인권도 중요하지만 반대 의사를 표현할 자유도 존중받아야 합니다. 동성애(행위)를 반대할 자유는 존중돼야 합니다.[1965] LGBT 집회의 자유도 존중받아야 하지만 그들이 대한민국 사회의 미풍양속을 해칠 권리까지 존중받아야 하는 건 아닙니다. 굳이 집회를 한다면서 시민들에게 동성애 성 문화를 적나라하게 강요할 권리까지 인정해야 합니까?[1966]

퀴어축제와 같은 LGBT 축제를 허가함에 있어 그 수위나 장소에 조건을 붙이는 것이 과도한 기본권 제한은 아닙니다. 마치 집회의 소음 제한이나 차도 침범제한 등을 통해 인근 주민들이나 행인의 권리도 보호하는 것처럼 말입니다.[1967] 차별금지법을 만들어 자유민주주의 국가인 대한민국에서 반대 의사도 제대로 표현하지 못한다면 그것은 소수자 인권을 빙자한 파시즘(전체주의)에 다름 아닙니다."[1968]

2021년 10월 7일 진정한평등을바라며 나쁜차별금지법을 반대하는 전국연합(진평연)도 국가인권위의 결정이 표현의 자유를 말살한다며 규탄한다.

"국가인권위는 지난 9월 1일 안철수 국민의당 대표가 '퀴어축제를 거부할 권리도 존중받아야 한다'라고 한 발언에 대해 소위 혐오 표현이라는 결정을 내렸다. 국가인권위에 묻고 싶다. 국가인권위는 국민이 낸 세금으로 운영되는 행정기관이면서도 법치행정에 대한 아무런 책임도 지지 않는 치외법권 기관인가? 현행 국가인권위원회법 어디에도 소위 혐오 표현 규제에 대한 아무런 법적 근거가 없음에도 멋대로 혐오 표현을 결정하고 발표해 버리는 대담함과 무모함은 도대체 어디에서 나오는가?

표현의 자유는 민주주의 사회를 존속시키기 위한 필수 불가결한 요소이다. 그런데, '인권'을 담당하는 국가기관이라는 국가인권위가 표현의 자유 말살에 이처럼 앞장서고 있는 걸 보니 기가 찰 따름이다. 퀴어축제를 반대하는 것과 동성애라는 인간 행동을 싫어한다는 것은 가치관을 표현하는 것으로 사람에 대한 혐오가 결코 아니다. 자유민주주의는 퀴어축제나 동성 성행위에 대해 국민들의 찬반 가치관의 자유로운 표현을 보장해야 마땅하다. 국가인권위가 무슨 근거로 모든 국민은 퀴어축제를 지지만 해야 하고 동성애를 좋아한다는 의견만을 표시해야 한다고 강요하여 자유민주주의 기초를 파괴하는 것인가!

국가인권위가 지금 하고 있는 짓은 바로 캔슬 컬처(cancel culture) 캠페인이다. 캔슬 컬처란 유명인이나 공적 지위에 있는 사람이 논쟁이 될 만한 행동이나 발언을 했을 때, SNS 등을 통해 대중의 공격을 받고 지위나 직업을 박탈하려는 캠페인의 대상이 되는 것을 말한다. 표현의 자유의 중요성을 강조하고 음란·퇴폐 축제를 보지 않을 권리의 보장을 위해 소신 발언을 한 정치인들을 매장해 버리려는 캔슬 컬처 운동에 다름 아닌 국가인권위가 앞장을 서고 있는 것이다. 반대 의사를 혐오 표현이라며 금지한다면 표현의 자유는 대한민국에서 사라지게 된다. 정치인에게 반대 토론할 권리를 박탈하겠다는 것은 이 나라를 신전체주의 독재국가로 만들겠다는 것과 다를 바 없다."[1969]

반면 성소수자차별반대 무지개행동은 국가인권위의 결정을 환영한다.

"각각 방송국, 정치인, 공무원에 의해 이루어진 혐오 표현들은 한국 사회에 만연한 성소수자 혐오와 편견을 노골적으로 보여준다. 개선을 촉구하는 의견 표명은 지극히 타당하다. 이들 혐오 표현은 국가와 지방자치단체, 공공기관이 이를 방지하기 위해 해야 할 책임을 다하지 않은 결과다. 그런 점에서 국가인권위가 직접 행위자들만이 아니라 방송통신심의위원회, 선거관리위원회, 서울시장에 대해서도 성소수자에 대한 혐오 표현이 발생하지 않도록 조치할 것을 권고한 것은 의미 깊다."[1970]

차별금지법이 제정된다면 젠더 이데올로기 정책에서 유발되는 사회적 병리현상에 대해 더는 논의하거나 검증하지 못하게 된다. 표현의 자유가 극단적으로 제한되는 것이다. 젠더 이데올로기를 따라야 할 복종 의무가 발생하기 때문에,[1971] 정당, 선거관리위원회, 언론사 등 모든 기관은 제도적 보완을 강요당한다. 옳고 그른 것을 떠나, 관련 토론 자체가 원천봉쇄 되는 것이다. 이렇게 표현의 자유를 제한함으로써 젠더 이데올로기 정책은 비판 없이 일방적·독단적으로 실현된다. 나중에는 학교에서 아동에게까지 퀴어축제 참여를 강제할 수 있게 된다.[1972] 관련된 영국 사례를 보자.

영국 런던의 헤버스 팜(Heavers Farm) 초등학교가 2018년 6월 29일 학교 안에서 퀴어축제를 열었다. 그런데 학부모 반대에도 불구하고 모든 학생들(750명)에게 퀴어축제 참여를 강제했다.[1973] 부모의 선택권이 인정되지 않은 것이다.[1974] 이조두와 몬태규(Izoduwa Montague, 35세)를 비롯한 몇몇 학부모들이 문제를 제기했으나 학교 측은 이를 받아들이지 않았다. 그리고 퀴어축제에 대한 문제를 제기했던 학부모들에게 학교 측은 적대적으로 대하기 시작했다.

2018년 9월경 몬태규는 그녀가 제기한 진정을 상담하러 학교에 갔으나, 한 선생은 '왜 가만히 있지 않고, 인종차별주의자, 성차별주의자, 동성애-트랜스젠더 혐오주의자가 되려고 하는가?'라고 적힌 티셔츠를 입고 몬태규를 만났다. 2018년 10월 8일 학교 측은 몬태규에게 "퀴어축제는 기업 안에서 허용되기 때문에 학교에서도 당연히 허용돼야 한다. 당신의 진정을 받아들이지 않는다"라는 답변서를 보냈다. 그리고 학교 측에서는 같은 날 몬태규의 5세 아들을 3시간 동안, 그 다음 날에도 1시간 동안 감금 상태에 두었다. 5세 아들이 난생처음 감금되는 징계를 받은 것이다. 2018년 10월 12일 몬태규는 그녀 아들의 감금에 대해 상담하러 갔으나 학교 출입이 금지됐다.[1975]

학부모들은 '초등학교에서 12세 이하 아동들에게 LGBT 아젠다를 공격적으로 주입하는데, 이것은 부모의 권리를 희생시킨다'라고 한다.[1976] 많은 학부모가 이를 우려하지만, 자녀들이 학교에서 피해를 당하거나 쫓겨날 것을 두려워한다는 지적이다. 몬태규가 말한다.

"제 어린 자녀가 강제로 퀴어축제에 참여하는 것에 문제를 제기하자 학교 측은 저에게 태도를 완전히 바꾸었습니다. 마치 제가 괴롭힘을 당하는 느낌이었습니다. 다른 부모처럼 대하지 않고 저에게 적대적으로 대했습니다. 제 자녀를 희생시키고, 저에게 학교 출입을 금지하며, 제 자녀에 대한 걱정을 무시했습니다. 저에 대한 비합리적인 보복이라 생각됩니다.[1977] 학교가 저를 대하는 것을 보고, 다른 부모들은 두려워 말을 하지 못합니다. 저는 퀴어축제를 막으려고 시도하지도 않았습니다. 단지 제 아이가 이데올로기 주입 대신 교육받기를 원했을 뿐입니다.[1978]

제가 진정했던 내용을 생각해보면 선생이 그런 티셔츠를 입었던 것은 분명히 의도적이었습니다. 제 입장을 비웃고 겁박하며 저를 침묵시키고자 한 것입니다.[1979] 학교는 어리고 취약한 학생들에게 시스템적으로 특정 사상을 세뇌합니다. 부모들이 자녀를 학교에 보내놓고 '마음대로 하세요'라고 하면 안 될 것 같습니다.[1980]

학교에서는 '가족을 특별하게 만드는 무지개(LGBT)'라는 행사를 주최하며 자녀들과 부모를 함께 초대했다. 몬태규는 자녀의 행사 불참을 요청했으나 거절됐다. 이에 대해 몬태규가 말한다.

"이것은 동성애 생활 방식을 장려하는 교육입니다. 학교는 다양한 신념을 관용해야 합니다. 저희는 한 남자와 한 여자가 결합해 가족을 구성한다는 신념이 있습니다. 그러나 제 눈에는 학교가 다른 생활 방식을 조장하는 것으로 보입니다. 너무나 어린 나이에 가르칠 필요가 없는 가치관들을 우리 자녀들에게 세뇌하고 있습니다. 선생들은 두 마리 수컷 펭귄들이 서로 사랑에 빠진다는 내용의 책을 아이들에게 읽어주는데, 부모에게 알리지 않습니다. 이것은 정말 불합리하다고 생각합니다."[1981]

영국의 여성부 장관 사례:
성전환 시술로 인한 아이 걱정과 토론의 배제

미국 정신의학회는 '외부적 개입'이 없으면 젠더불쾌증을 앓는 아이 대다수가 자연스럽게 젠더불쾌증에서 벗어날 것이라고 밝힌다.[1982] 여러 연구결과도 이를 뒷받침한다.[1983] 아이들이 본래 성으로 자연스럽게 돌아올 기회를 박탈하는 이런 '외부적 개입'으로 인권교육이 지적된다.[1984] 앞서 언급한 내용을 토대로 그 근거를 정리해보자.

첫째, 평등법 시행 시기와 트랜스젠더 아동·청소년의 숫자가 폭증하는 시기가 일치한다. 영국에서는 평등법이 2010년부터 시행되면서 인권교육이 강화됐다.[1985] 그런데 영국 건강보험공단의 통계를 보면 성전환 시술을 받은 18세 이하 아동·청소년이 2009년 77명에서 2019년 2,590명으로 폭증했다. 그 숫자가 3,264% 폭증한 것이다.[1986] 이런 현상은 차별금지법이 시행되는 다른 국가에서도 유사하다.[1987]

둘째, 영국의 평등법 시행 시점부터 성전환 시술을 치료한 남녀 아동의 비율이 크게 변했다. 2011년에 그 수치가 반반이었으나 2019년에는 여아 비율이 76%를 차지하게 됐다.[1988] 젠더불쾌증을 겪는 여아의 수가 남아의 2.8배로 증가한 것이다.[1989] 이런 현상은 여아가 인권교육으로 유발되는 성정체성 혼란에 더 취약한 특징을 나타내기 때문이다. 즉, 사회문화적 원인이다.[1990]

셋째, 2019년 기준 타비스톡 환자의 반 이상은 14세보다 어렸다.[1991] 일주일 동안 50여 명의 아이들이 성전환을 위해 의사를 면담하는데, 그중 4~6세 아동들도 여러 명 있다.[1992] 그런데 이 아동들은 성적 가치관이나 사회적 낙인을 이해할 수 있는 나이가 아니다. 그럼에도 성전환을 원하는 4~6세 아동들이 증가하는 이유는 사회적 낙인이 감소한 사회적 분위기 때문이 아니다. 인권교육이 아동들에게 성정체성 혼란을 유발하고, 통제된 미디어가 성전환을 실상과 다르게 미화하는 것이 주된 원인이다.[1993] 특히 학교에서는 부모 몰래 아동들에게 성중립적 인칭대명사 등을 사용하는데,[1994] 아동들의 성정체성 혼란을 키운다는 지적이 많이 있다.

다음으로, 성전환 시술도 젠더불쾌증을 고착화하는 외부적 개입을 한다.[1995] 사춘기 차단제를 시작하게 되면 90% 이상은 교차 성호르몬까지 투여하게 된다.[1996] 그런데 이것은 성전환 시술을 하지 않으면 88~98%가 자연스럽게 젠더불쾌증에서 벗어나는 현상과 대조된다.[1997] 사춘기 차단제가 성정체성 혼란을 고착화한다는 사실이 확인되는 것이다. 이렇게 검증되지 않은 의학이 아이들의 성적 발달 과정에 개입함으로써 아이들은 장기적으로 자살 충동에 시달리고 평생 불임이 된다.[1998] 아이들의 생명이 걸린 이 문제에 대해 사회적 논의와 검증이 중요한 이유이기도 하다.[1999]

영국의 여성부 장관인 빅토리아 엣킨스(Victoria Atkins)는 성정체성 혼란을 겪는 아이들의 폭증에 경각심을 가지면서, 이들에게 사용되는 호르몬 치료와 성전환 수술에 조금 신중할 필요가 있다고 말했다.

"트랜스젠더라고 밝히는 10대 청소년의 수가 급격히 증가했다고 신문에서 밝혔습니다. 왜 이런 현상이 일어나는지 그 근본 원인을 밝힐 필요가 있다고 생각합니다. 성전환은 일부 사람들이 본인에게 묻지도 않은 질문에 대한 해답으로 여겨질 수 있는 문제입니다. 특히 어린아이들에 대해서는 경각심을 가져야 합니다. 성전환 시술은 인생을 바꿀 정도로 그 여파가 심각합니다. 아이들의 남은 삶 동안 잠재적으로 미칠 영향 때문에 이런 치료법의 사용에 대해 좀 조심스럽습니다.[2000] 신체가 아직 발달되지 않은 어린아이들을 어떻게 치료할지에 대해 마땅히 제기해야 할 의문들이 많습니다.[2001] 어린아이들이 사춘기라는 어려운 여정 속에서 인생을 바꾸는 중대한 결정을 섣부르게 하지 않도록 더 많은 지원이 필요합니다."[2002]

'성전환 시술에 신중할 필요가 있다'라는 장관의 발언에 트랜스 운동가들은 편협하다고 비난하며 반발을 했다.[2003]

"트랜스 청소년이 성급하게 치료받는다고 암시하는 것은 해악적입니다. 수십 년간의 연구와 최고의 관행이 성전환 시술을 뒷받침하기 때문입니다. 트랜스젠더의 생명이 여기에 달렸습니다. 우리는 우리에게 무엇이 필요한지 잘 알고 있습니다.[2004] 진짜 우려해야 할 것은 트랜스젠더 아동·청소년의 45%가 자살을 시도한다는 사실입니다.[2005] 여성부 장관은 신문 내용을 근거로 말하기보다 전문가의 조언을 들어야 합니다."[2006]

앞에서 살펴본 내용을 바탕으로 트랜스 운동가들의 이런 주장을 팩트체크 해보자.

첫째, 트랜스젠더 아동·청소년의 45%가 자살을 시도하는 주된 이유는 사회적 차별이 아니라 젠더 이데올로기 정책 때문이라는 비판이 많다.[2007] 연구결과, 젠더불쾌증이 발생하기 이전에 트라우마 등 정신질환이 먼저 발생하는 경우가 대부분이다.[2008] 그런데 확인치료는 이런 근본 원인의 치료에 손을 놓을 뿐만 아니라,[2009] 그 기회마저 박탈한다.[2010] 성전환 시술 후 일시적으로는 정신질환에 대한 현실 도피처로 생각해 만족할 수 있지만,[2011] 장기적으로는 자살 충동이 더 강해질 수밖에 없는 것이다.[2012] 네델란드 연구결과에서 차별금지법이 가장 먼저 제정됐음에도 트랜스젠더의 높은 사망 확률이 50년 동안 감소하지 않았다고 밝히는 이유다.[2013]

둘째, 성전환 시술은 수십 년간의 연구로 뒷받침되지 않는다. 확인치료를 뒷받침한다는 일부 연구는 끼워 맞추기식 연구결과라는 지적이 꾸준히 제기된다. 장기적 연구에서 추적 관찰 실패율이 49.3%에 이르고 조사 대상이 편향적이라는 비판을 받는다.[2014] 성전환 시술에 대해 신뢰할 수 있는 장기적인 연구결과가 존재하지 않는 것이다.[2015] 구체적으로, 사춘기 차단제가 뼈를 약화하는 사실은 가시화됐다.[2016] 뇌 성장을 방해하고 불임까지 유발할 가능성이 크다.[2017] 호르몬 치료의 안전성이 검증되지 않은 것이다.[2018] '미성년자에 대한 임상실험'이라고 비판받는 이유다.[2019] 실제로 호르몬 치료 동의서 양식에도 '장기적 리스크를 알 수 없다'라고 명시되어 있다.[2020] 핀란드 등도 자체적으로 증거를 검토한 결과 사춘기 차단제 사용의 제한을 권장했다. 조기 호르몬 치료를 정당화하기에 증거가 불충분하다고 공식적으로 밝힌 것이다.[2021]

그런데 젠더 이데올로기 정책은 이렇게 인생을 바꾸는 중대한 결정을 판단 능력이 미숙한 아동·청소년이 내리도록 유도한다.[2022] 게다가 사춘기 차단제를 투여하는 연령도 점차 낮춘다.[2023] 미국에서는 2017년부터 8~9세 아동에게,[2024] 영국에서는 2011년부터 11세 아동에게 사춘기 차단제가 투여된다.[2025] 그뿐만 아니라 영국 타비스톡의 내부고발에서는 8세 아동에게도 사춘기 차단제가 투여된다고 밝힌다.[2026] 그리고 학교에서는 아동에게 반대 성별의 화장실 사용, 바뀐 이름이나 성중립적 인칭대명사의 사용을 권장해 성정체성 혼란을 유발한다.[2027] 또 트라우마나 정서적 장애가 있을 때 성정체성이 맞지 않기 때문이라고 조언하는 경우가 많다.[2028]

이 과정에서 부모는 정책적으로 배제되는데, 아동이 성전환 시술을 원할 때 비로소 이런 사정을 알게 되는 경우가 다반사다.[2029] 너무 늦게 알게 된 부모가 돌이킬 수 없는 성전환 시술에 신중할 것을 조언하거나 트라우마 치료를 선행할 것을 권하면 자녀가 부모를 '학대적 혐오포비아'나 '편견자'로 보도록 가르친다.[2030] 급기야 자녀들을 걱정하는 부모들은 아동학대 프레임에 걸려 감옥에 가거나 기소되는 사례들도 증가하고 있다.[2031] 미국 조지 워싱턴대 법학과의 조나단 터리(Jonathan Turley) 교수는 "성전환을 반대하거나 성중립적 인칭대명사를 사용하지 않는다는 이유만으로 부모를 체포하는 것은 등골을 오싹하게 만든다. 이런 결정들은 상충되는 이해관계나 부모의 권리를 완전히 무시하는 것이기 때문이다"라고 말한다.[2032]

셋째, 젠더 이데올로기의 영향을 받는 전문의보다 객관적인 통계를 신뢰할 필요가 있다. 영국 타비스톡에 25년 근무한 의사 데이비드 벨(David Bell)이 말한다. "타비스톡에서 아이들이 단 두 번만 진료받은 후 돌이킬 수 없는 성전환 절차를 권유받곤 한다. 그리고 성전환 결정에 직접 영향을 주는 어린 시절의 트라우마, 자폐증이나 학대 경험을 충분히 고려하지 않는다. 돌이킬 수 없는 인생의 결정을 성급히 몰아붙이는 것이다.[2033] 이것은 트랜스 운동가들의 영향이다. 젠더 추종자들은 아이들의 안전은 생각하지 않는다. 오로지 정치이념에만 편향되어 있다. 다른 관점을 듣는 것조차 거부한다.[2034] 중립성과 조사 대신 확인치료만을 강요하는 행태는 의사들이 복잡한 문제에 대처할 수 있는 역량을 심각히 손상한다. 끔찍하게 잘못된 것은 의학 분야에 정치적 이데올로기가 침투했다는 것이다"라고 내부고발한 것이다.[2035]

WPATH의 진료 표준과 미국 정신의학협회의 DSM-V에서 사용하는 젠더불쾌증의 진료 기준을 확립하는 데 주도적인 역할을 한 저커 교수도[2036] '즉각적으로 성전환 시술을 시행하지 않는다'는 이유로 거짓 프레임을 씌워 해고했다.[2037] 저커 교수는 "확인치료는 아동의 젠더불쾌증 증상에 가급적 빠르게 성전환 시술을 시행하도록 한다.[2038] 트랜스젠더 문제가 정치화됐기 때문이다.[2039] 확인치료에 도전한 결과 나도 해고됐다.[2040] 학계는 보복의 두려움으로 의학적 견해를 공개적으로 표현할 수 없다. 이런 정치적 현상이 우려된다"라고 말한다.[2041]

젠더불쾌증의 세계적 권위자인 저커 교수도 이렇게 해고되는 마당에 일반 의사들은 젠더불쾌증 환자 대부분이 겪는 트라우마로 인한 정신질환이나 자폐증을 무시할 수밖에 없다.[2042] 정치이념의 압력으로 환자를 위하는 의학적 판단을 할 수 없게 될 것이다.[2043] 스웨덴 대학병원의 아동·청소년 정신과 전문의인 안젤라 셈피오르(Angela Samfjord)도 환자에게 해악을 끼치는 이런 리스크로 양심의 가책을 느껴 사직했다고 말한다.[2044] 결국, 젠더 이데올로기 정책은 의사들이 해고와 트랜스포비아 낙인을 두려워해 의학적 견해를 표현할 수 없게 만들었다.[2045] 의학적 중립성이 부족한 전문의를 내세워 관련 토론이 차단되어서는 안 되는 이유다.[2046] 오히려 객관적인 통계에 근거한 사회적 검증과 진실 탐구가 절실히 요구되는 상황이다.

트랜스 운동가들의 주장에 대해 정치계와 학계에서는 '트랜스젠더 압력단체가 성전환 시술과 관련된 토론 자체를 원천봉쇄한다'라고 우려했다.[2047] 영국의 하원의원인 제이콥 리스 모그(Jacob Rees-Mogg)가 말한다.

"엣킨스 장관은 사려 깊고 온화한 방법으로 이 문제에 접근했습니다. 그러나 토론 차단을 목적으로 장관 발언에 이렇게 공격적으로 반응하는 것은 매우 유감스럽습니다. 표현의 자유는 동의하지 않는 말을 하도록 허용하는 데 그 본질이 있습니다."[2048]

영국의 전 아동부 장관이자 하원의원인 팀 로튼(Tim Loughton)이 말한다.

"아이들이 급하게 성전환하는 것에 신중할 필요가 있다는 엣킨스 장관의 말은 절대적으로 옳습니다. 그러나 (성급한 성전환 시술은) 정치적 아젠다를 가진 사람들이 정치적 올바름이라는 명분으로 아이들의 행복을 희생하려는 의도로 보여 우려됩니다. 모든 아이는 정치적 아젠다가 아니라 자신의 권리를 존중받고 지원받아야 합니다. 이것은 다른 사람의 아젠다가 아니라 그 아이 개인의 문제이기 때문입니다."[2049]

LGBT 옹호자인 하원의원 닉 볼스(Nick Boles)도 말한다.

"공격적인 반응으로 토론을 차단하지 않는 것이 매우 중요합니다. 비록 엣킨스 장관의 말에 모두 동의하지 않으나, 장관에게 그것을 말할 권리가 있고 그녀의 의무이기도 합니다. 적절한 배려와 관심으로 이런 것들을 논의할 수 있는 것은 중요합니다."[2050]

트랜스젠더를 대상으로 심리치료를 전문으로 하는 제임스 캐스피안(James Caspian)이 말한다.

"정말 대단한 것은 만일 누군가가 트랜스젠더 문제에 관해 비판적인 어떤 말을 하든지 간에 압력단체가 등장해 그 말에 대해 논의하기보다 그 말을 한 사람만 공격한다는 것입니다."[2051]

켄트(Kent) 대학교 사회학과의 프랭크 후레디(Frank Furedi) 명예교수가 말한다.

"당신이 말할 수 있는 단 한 개의 진실만이 존재한다는 가정이 있습니다. 이 가정에 의문을 제기하거나 신중한 입장을 표현하면 그 누구든지 간에 즉시 인권 침해자로 낙인찍힙니다. 이것은 논의할 수 없는 문제라는 것을 시사합니다. 당신이 할 수 있는 것은 단지 고개를 끄덕이고 입 닥치는 것뿐입니다. 이것은 민주주의 사회에서 매우 위험한 선례를 남기는 것입니다."[2052]

칼럼니스트인 제임스 커크업(James Kirkup)이 말한다.

"개인적으로 우려를 하고 있지만, 공개적으로 말하기를 이렇게까지 꺼려 하는 문제를 20년 동안 마주한 적이 없습니다. 지난달에 한 내각의 장관이 저에게 '(성전환 시술에) 심각한 문제가 있고 이에 대해 말하고 싶지만, 솔직히 두렵다'라고 말했습니다. 엣킨스 장관이 말한 '신중'은 트랜스포비아가 아닙니다. 그냥 상식입니다. 그렇게 말함으로써 엣킨스 장관은 공익을 위해 자신의 임무를 다했습니다. 정치권의 다른 사람들도 그녀의 선례에 따라 목소리를 내야 합니다."[2053]

한국은 2021년부터 성정체성 혼란을 유발하는 인권교육을 만 3세 아동에게까지 확장했다.[2054] 자살 충동으로 고통받는 트랜스젠더 아동·청소년의 증가가 한국에서도 예상되는 이유다.[2055] 특히 여자아이들이 취약할 것이다.[2056] 그런데 서울시장 후보자 당시 안철수가 퀴어축제에 대한 시민의 우려를 전달한 것만으로도 국가인권위는 '혐오 표현'이라는 결정을 내렸다.[2057] 이와 같은 국가인권위의 편향적 입장에 더해 표현의 자유를 제한하는 차별금지법까지 제정될 경우, 한국에서도 성전환 시술의 문제를 토론할 수 없게 될 우려가 있다.

캐나다의 '조던 피터슨' 사례: 생각할 권리를 앗아가는 강요된 표현

베스트셀러인 『12가지 인생의 법칙』(12 Rules for Life)의 저자이자[2058] 영미권에서 가장 영향력 있는 지식인 중 하나로 떠오른 조던 피터슨(Jordan Peterson)은 5년간 하버드 대학의 교수로 재직하다가 캐나다 토론토 대학의 심리학과 교수로 재직했다.[2059] 피터슨 교수는 진실을 옹호하고 거짓을 고발하는 자유주의 운동에서 주도적인 역할을 하며 언론과 표현의 자유를 옹호한다.[2060] 그는 막시즘이 네오막시즘(문화막시즘)으로 부활하고 절대적 가치들이 위협받고 있는 시대적 상황에서 보호하고 준수해야 할 가치들이 분명히 존재한다고 말한다.[2061] 특히, 2016년 9월 27일에 정치적 올바름(political correctness) 정책과 캐나다 법률로 발효된 Bill C-16 법안을 비판하는 일련의 비디오를 유튜브에 게시하면서[2062] 세계적인 명성을 얻게 됐다.[2063] 유튜브에서 그를 따르는 구독자들이 350만 명을 넘어섰을 정도다.[2064]

앞서 언급한 Bill C-16(An Act to amend the Canadian Human Rights Act and the Criminal Code)은 캐나다 인권법과 형법에 성 표현(gender expression)과 성정체성(gender identity)을 보호 근거로 새로 추가하는 개정안이다.[2065] 이를 혐오, 제노사이드(대량학살) 선동 행위와 같은 항목에서 규율한다.[2066] 이 법률로 트랜스젠더들은 ze, zim, sie, zie, hir, zir, ey, em, per 등의 성중립적 인칭대명사로 지칭될 권리를 가지며, 이런 요구에 불응하는 것은 차별이나 괴롭힘에 해당하게 된다.[2067] 즉, 타고난 성별이 남자라 해도 그가 여성 인칭대명사(she)나 제3의 성 인칭대명사(ze, zim, zer 등)로 불리길 원한다면 그렇게 불러 주어야 하며, 생물학적 성별에 근거해서 남성 인칭대명사(he)로 부르면, 위법행위로 내몰리게 되는 법이다.[2068] Bill C-16은 '증오범죄'를 전면에 내세워 표현의 자유에 대한 탄압을 극대화한다는 비판이 많다. 이로 인해 시민들의 표현의 자유는 자기 검열에 따라 위축되고 재갈을 물리게 된다는 것이다.[2069] 피터슨 교수가 말한다.

"인권위원회는 성정체성을 '내면적이고 개인적인 젠더에 대한 경험'이라고 정의합니다. 즉, 성정체성은 '여성, 남성, 둘 다이거나 둘 다 아니거나, 남성과 여성 사이의 젠더 스펙트럼 중 하나라는 개인의 느낌'을 말하는 것입니다. 그러나 나는 '남성도 여성도 아니다'라는 뜻을 모르겠습니다. 왜냐하면, 남성도 여성도 아니라면 도대체 남은 선택권이 무엇인지 모르기 때문입니다. 남성과 여성은 이분법적인 생물학적 성별인데, 어떻게 남성과 여성 둘 다될 수 있다는 것인지도 명확하지 않습니다.[2070] 젠더 스펙트럼이라는 발상이 있긴 한데, 증거도 없고 타당하지도 않습니다.

생물학적 성별은 두 가지만 있어서 이분법적입니다. 따라서 젠더가 생물학적 성별로부터 독립된 것이라고 말하는 것은 사실이 아니라 하나의 제안일 뿐입니다. 정치적·이데올로기적 동기와 왜곡된 정보에 기반한 의견일 뿐입니다.[2071] 나는 'they, ze, hir' 같은 성중립적 인칭대명사의 사용을 단호히 거부합니다. 내가 어떤 인칭대명사를 사용할지 결정할 권리가 다른 사람에게 있다는 것을 인정할 수 없습니다.[2072] 나는 성중립적 인칭대명사를 사용하지 않을 것입니다.[2073] 막시즘 이데올로기의 도구인 이 단어들을 전파하는 데 참여하지 않을 것입니다.[2074]

이어서 피터슨 교수가 '이 법안은 급진적 신마르크스주의 권위주의자들이 트랜스젠더를 돕는다는 미명 아래 이데올로기적 아젠다를 밀어붙이려는 노력의 산물이다'라고 비판한다. 그리고 이 법안은 잠재적으로 표현의 자유를 해칠 것이며, 이 법률에 반대하는 입장으로 인해 증오범죄로 기소당하거나, 교수직을 박탈당할 수 있다는 우려도 표명했다.[2075]

"나는 인위적으로 만들어진 zhe, zher와 같이 싫어하는 단어들을 결단코 사용하지 않을 것입니다. 이 단어들은 내가 경멸해 마지않는 급진적인 좌파 이데올로기와 포스트모더니즘의 선봉에 서 있습니다. 나의 전문적 견해로는 이 사상은 20세기에 1억 명을 죽인 마르크스주의와 무서울 정도로 닮아있습니다. 나는 35년 동안 좌익과 우익의 권위주의를 연구해 왔습니다. 나의 저서(Maps of Meaning: The Architecture of Belief)에서는 '이데올로기가 언어와 믿음을 어떻게 훔치는지'를 주제로 탐구한 내용이 있습니다. 연구결과, 나는 마르크스주의가 살인적인 이데올로기라고 믿게 되었습니다. 오늘날의 대학에서 잔인하고 반인권적이며 옹호해서는 안 되는 이런 사상을 학생들에게 지속적으로 주입하는 자들이 스스로 부끄러워해야 마땅하다고 믿습니다. 따라서 나는 마르크스주의적 언어들을 입에 올리지 않을 것입니다. 그것은 나를 급진적인 좌파 세력의 꼭두각시로 만드는 것이며, 그런 일은 결단코 일어나지 않을 것입니다.

나는 젠더 논의를 우려하고 있습니다. Bill C-16은 터무니없는 넌센스에 근거하고 있습니다. 성별은 해부학과 염색체로 결정되는 생물학적 사실입니다. 인권위원회에 의하면 성정체성(gender identity)과 젠더 표현(gender expression)은 생물학적 성별로부터 독립된 것이라고 합니다. 그리고 성정체성은 여성과 남성, 둘 다이거나 둘 다 아니거나, 또는 젠더 스펙트럼 중 하나라고 인식되는 개인적인 느낌을 말한다고 합니다. 젠더 표현은 화장, 옷, 머리 미용 등과 같이 자신의 젠더를 어떻게 표현하는지를 의미한다고 합니다.[2076] 이것들은 순전히 주관적인 선택으로 나타나게 됩니다. 새로운 입법체계를 보면 이것은 자명한 사실이며 사회적 성을 법적으로 승인했습니다. 정치적 올바름 정책이 전면에 등장한 것입니다."[2077]

"이데올로기적 언어인 성중립적 인칭대명사의 사용을 강제하는 것은 매우 위험합니다. 이것은 급진적인 좌파의 정치적 동기와 연계되어 있습니다. 이런 언어를 만드는 사람들을 믿을 수 없습니다. 그들이 어떤지 알고 있으며 그들의 대변인이 되지 않을 것입니다. 그들은 연민의 가면을 쓴 채 권력을 추구합니다. 성중립적 인칭대명사를 사용함으로써 이런 살인적인 이데올로기의 도구로 이용되지 않을 것입니다.[2078] 정치적 올바름이 전체주의를 지향할 수 있는 것입니다."[2079]

"누군가의 감정이 상하지 않도록 그냥 인칭대명사를 사용할 수 없겠냐는 사람들이 있습니다. 그러나 나의 주된 관심사는 '누군가의 감정을 상하지 않게 하는 것'이 아닙니다. 중장기적으로 유익한 것이 단기적으로 사람의 감정을 상하게 하는 것들이 너무나 많기 때문입니다."[2080]

"특정 용어를 사용하도록 강요하는 법률은 사법제도 역사상 처음 있는 일입니다. 이렇게 발언의 자유를 제한하는 것은 곧 생각할 권리를 앗아가는 행위와 다를 바 없습니다. 전체주의는 표현의 자유를 제한함으로써 시작되는 것입니다."[2081]

이후 피터슨 교수는 토론토 대학 측으로부터 두 장의 경고장을 받았다.[2082] 첫째는 표현의 자유가 캐나다 인권법이 허용하는 범위 안에서만 허용되며, 둘째는 성중립적 인칭대명사를 사용하지 않는 것이 차별에 해당할 수 있다는 것이다. 2016년 10월 26일 캐나다 공영방송(TVOntario)의 시사 프로그램에서 '젠더, 권리, 그리고 표현의 자유'(genders, rights and freedom of speech)라는 주제로 토론회(유튜브 조회수 923만 회, 이하 '공영방송 토론회')를 진행했는데, 피터슨 교수도 참여했다.[2083] 공영방송 토론회 패널로 5명이 참석했는데, 피터슨 교수 외 4명은 Bill C-16을 지지했고, 그중 두 명은 트랜스젠더였다. 피터슨 교수의 토론 중 발언이다.

"표현의 자유를 제한하는 것은 급진적인 좌파의 관점이 반영된 것인데, 사람들이 자신이 선택한 언어를 사용하거나 다양한 문제에 대해 자신의 의견을 개진하는 것을 제한합니다. Bill C-16은 특정 정치적 이데올로기를 가진 사람들이 만든 특정 언어들을 모든 사람이 사용하도록 강요합니다. 언어를 통제하기 위해 인위적으로 만든 성중립적 인칭대명사가 그 예입니다. 이것은 매우 위험하다고 생각합니다. 제가 유튜브에 게시한 비디오의 제목은 '정치적 올바름에 대항하는 교수'입니다. 정치적 올바름에는 사회의 근본 가치를 도끼질하는 이데올로기가 반영되어 있습니다. 그리고 모든 정치적 문제를 단 하나의 렌즈를 통해서만 바라보도록 강제합니다.

이런 토론이 불법화되는 문제도 논하겠습니다. 토론토 대학교 측에서는 나에게 두 번 경고장을 보냈습니다. 그리고 두 번째 경고장에서는 이런 논의나 발언을 하지 말 것을 요구했습니다. 내가 이런 논의를 하는 것이 인권법과 대학 정책을 준수하지 않는다는 것입니다. 그리고 나에게 이런 경고를 보낸 또 다른 이유가 있습니다. Bill C-16 같은 법률은 이런 발언을 한 교수 못지않게 대학교 측에게도 책임을 부담시키기 때문입니다. 즉, 성중립적 인칭대명사를 사용하지 않거나 이런 논의를 하는 것은 내가 증오범죄를 저지르는 것이 될 뿐만 아니라 대학교 측도 이에 대한 법적 책임을 지게 되는 것입니다."

토론토 대학에서 트랜스젠더(트랜스 연구)를 가르치는 니콜라스 매트 (Nicholas Matte)가 토론 중 패널로서 말한다.

"생물학적 성별이 존재한다는 것은 틀린 말입니다…… 피터슨 교수가 성중립적 인칭대명사를 사용하지 않는 것은 존중받아야 할 학생들을 학대하는 것입니다.[2084] 성중립적 인칭대명사를 사용하지 않는 것은 폭력이며 증오 발언에 해당하기도 합니다."[2085]

피터슨 교수가 이에 반박한다.

"생물학적 성별이 존재하지 않는다는 주장을 이해할 수 없습니다. 이에 대해 무슨 과학적 합의가 있다는 식의 주장은 오류입니다. 성중립적 인칭대명사는 생물학적 성별을 부정합니다. 그런데 성중립적 인칭대명사를 사용하지 않는 것은 차별을 넘어 증오 표현으로 간주합니다. 그래서 유튜브에 비디오를 게시한 것입니다. 특정 언어 사용의 거부를 홀로코스트(대량학살) 제재 범주에 넣고 있습니다. 이것은 결코 사소한 문제가 아닙니다. 젠더 문제에 대해 우리 사회에서 많은 논의가 이루어지고 있는데, 이런 논의조차 급속도로 불법화될 위험이 있습니다. 우리가 이런 논의를 할 수 있는 기간이 얼마 남았는지도 우려됩니다.

언어는 도구입니다. 좋은 도구로서 새로운 단어를 개발한다면 사람들은 이를 빠르게 습득합니다. 그러나 지금 문제 되는 단어들은 좋은 도구가 아닙니다. 그래서 사람들이 사용하지 않는 것입니다. 사람들의 거부에도 불구하고 공권력으로 사용하게 만듭니다. 나는 비디오를 게시할 때 성중립적 인칭대명사를 사용하지 않는 것은 증오범죄로 간주 될 수 있다고 말한 바 있습니다. 토론회 패널 중 한 명도 내가 증오범죄를 저질렀다고 정죄합니다.

Bill C-16 법안의 쟁점은 아주 명확합니다. 정부가 우리에게 특정 언어의 사용을 요구하는 것입니다. 이것은 특정 언어를 사용하지 않는 것과 완전히 다릅니다. 이것은 결코 넘어서는 안 될 선입니다. 우리가 어떤 단어를 사용할지 허용하는 결정권을 정부에게 주어서는 안 됩니다. 그것은 표현의 자유를 근본적으로 훼손하는 실수이기 때문입니다. 표현의 자유는 우리 사회에서 문제를 규율하고 해결책을 도출하며 합의점에 도달하는데 사용되는 프로세스입니다. 단순히 하나의 가치에 그치는 것이 아니라 사실상 하나의 메커니즘인 것입니다. 표현의 자유를 제한하기 위해서는 극도로 주의해야 합니다. 왜냐하면, 사람들이 생각하고 소통하는 능력에 개입하는 것이기 때문입니다."

한 청취자가 '피터슨에게 플랫폼을 제공해서는 안 된다'라는 제목으로 메시지를 보냈다. "조던 피터슨에게 플랫폼을 제공하는 것은 편협함과 잘못된 정보에 기반한 그의 견해를 정당화하는 데 도움을 준다. 그런데 트랜스젠더의 권리와 인권은 토론의 대상이 아니다. 그리고 트랜스 커뮤니티의 인권과 피터슨의 견해를 동등하게 취급하는 것은 트랜스포비아다"라는 메시지였다. 한편, 사회자는 "동영상을 보면 피터슨 교수가 대학교 캠퍼스 안에서 연설하려고 시도했는데 굉장히 무자비하게 말하지 못하도록 만들었습니다. 표현의 자유와 관련된 토론을 대학 캠퍼스 안에서 할 수 없다면, 이에 관한 토론 자체가 불가능하겠군요. 왜냐하면, 원래 대학에서 이런 토론이 이루어져야 하는 것 아닙니까?"라고 말한다. 이에 대해 피터슨 교수가 말한다.

"많은 사람들은 나의 견해 표현을 더 이상 허용해서는 안 되며, 나의 견해를 표현할 수 있는 플랫폼도 제공해서는 안 된다고 주장합니다. 그러나 위협 받고 있는 중대한 문제에 비하면 이것은 사소한 문제입니다. 이 토의를 시작할 때도 '생물학적 성별 같은 것은 존재하지 않는다'라는 주장이 있었습니다. 이와 같은 방향으로 계속 진행된다면 대학 안에서도 생물학적 성별이 존재하는지 아닌지를 토론할 수 없게 될 것이라고 예상됩니다."

사회자는 '당신의 견해로 인해 사회가 당신에게 고통을 가한다면 그 결과를 감수할 준비가 되어 있습니까'라고 묻자, 피터슨 교수가 답한다.

"내가 성중립적 인칭대명사를 사용하지 않을 경우, 인권 재판부는 나에 대해 재판할 의무가 있을 것입니다. 나에게 벌금을 부과한다면 납부하지 않을 것입니다. 감옥에 보낸다면 가겠습니다. 그리고 단식투쟁을 할 것입니다. 나는 결단코 성중립적 인칭대명사를 사용하지 않을 것입니다. 나는 남들이 강제하는 단어들을 사용하지 않을 것입니다. 특히, 성중립적 인칭대명사는 급진적인 좌파 이데올로기에 의해 만들어진 단어들이기 때문입니다. 만일 우리 사회가 인칭대명사 문제를 해결하는 합의에 도달하고, 인칭대명사의 단수와 복수의 구별을 희생하지 않으며, 숫자가 무제한인 인칭대명사를 모두 암기하도록 나에게 요구하지 않고 인칭대명사가 대중적인 용어가 된다면 나의 입장을 재고할 수 있습니다. 그러나 법률로 성중립적 인칭대명사의 사용을 강제하기 때문에 이것을 부분적으로 반대하는 것입니다.[2086] 토론되는 이 문제가 유튜브에서 엄청난 관심을 받고 많은 논란이 생기는 이유는 우리 문명의 근본을 위태롭게 하는 것들이 있기 때문입니다."[2087]

성중립적 인칭대명사는 언어와 신체 간 연결고리의 단절을 요구한다. 젠더 이데올로기가 언어를 현실과 괴리시키는 것이다. 인칭대명사 '그들'(they)을 단수로 사용함으로써 복수 인칭대명사와 단수 인칭대명사의 경계도 허문다. 이것은 언어를 통한 소통 능력에 개입하는 것이다.[2088] 게다가 이렇게 강요된 표현은 생각과 사상까지 통제한다.[2089] 단적인 예로, 젠더불쾌증을 가진 아이에게 성중립적 인칭대명사로 지칭할 경우 성정체성 혼란이 고착화될 수 있다. 인권교육을 시행하는 학교는 부모에게 이를 비밀로 한다.[2090]

설문조사 결과, 캐나다인의 5분의 3(57%)은 자녀가 성중립적 인칭대명사를 사용하거나 성전환을 원할 경우, 학교가 부모에게 이를 알릴 필요가 있다고 답했다. 그렇지 않다는 응답은 18%에 불과하며, 잘 모르겠다는 응답은 25%였다. 캐나다의 교육부 장관인 빌 호건(Bill Hogan)에 따르면 이런 비밀 정책을 우려하는 학부모들로부터 수백 건의 진정을 접수했다고 한다.[2091] 캐나다 뉴브런즈윅(New Brunswick)의 주지사인 블레인 힉스(Blaine Higgs)는 '어린아이들이 학교에서 부모 모르게 반대 성의 이름과 인칭대명사를 쓸 수 있도록 하는 정책에 문제가 있다'라고 말한다.[2092]

"의도적으로 부모에게 (자녀의 성중립적 인칭대명사 사용) 사실을 감추도록 하는 것은 문제입니다. '자녀의 인생에 아무런 역할도 할 수 없다'라는 말을 부모들은 받아들이지 않습니다. 부모도 자녀 인생의 일부가 되기를 원합니다.[2093] 학교 환경에서 모든 학생이 안전하고 환영받도록 보장해야 하지만,

부모는 학교에서 자녀에게 무슨 일이 일어나는지 알 권리가 있습니다.[2094] 부모와 자녀가 있고, 성인과 아이가 다른 데는 이유가 있습니다. 부모들이 몰라도 괜찮다고 말할 게 아니라 한 번 멈춰서서 생각해봐야 할 일입니다."[2095]

더 큰 문제는 이런 사실을 너무 늦게 알아버린 부모가 자녀의 성중립적 인칭대명사의 사용을 거부하게 되면 아동학대 프레임을 쓸 가능성이 크다는 것이다. Bill C-16 같은 후속법안이 제정될 경우, 형사처벌까지 가능하게 된다. 젠더 이데올로기가 만연할 경우, '엄마'와 '아빠' 같이 생물학적 성별을 기초로 한 단어들도 혐오 표현으로 전락한다. 이런 강요된 표현과 언어 통제를 통해서도 젠더 이데올로기가 실현되는 것이다.

캐나다의 '린제이 셰퍼드' 사례:
진실 탐구와 대학 토론의 중립적 입장 금지

진실은 토론을 통해 드러날 기회를 얻는다. 따라서 토론을 검열할 경우, 진실에 재갈을 물리게 된다. 진실을 추구하는 대학에서조차 토론이 보장될 수 없다면 사회 어느 곳에서도 토론이 보장되지 않는다. 그 결과 진실도 은폐될 수밖에 없다. 젠더 이데올로기의 문제점들을 드러내는 진실들이 특히 그러하다.[2096]

대학 내 구성원들이 젠더 이데올로기에 동조하지 않을 때 받는 극단적인 괴롭힘에 대해 대중은 의식하지 못했었다. 그러나 '린제이 셰퍼드' 사건이 언론에 보도되면서 전 세계에 충격을 안겼다. 대학에서도 토론을 검열당하고 중립적 입장을 취한 것만으로도 대가를 치러야 한다는 사실을 알게 된 것이다. 그 후 많은 일화적 증거들로 이런 이데올로기적 흐름에 반대하는 견해를 표현한 교수·학생들이 캔슬 컬처(cancel culture)로 시련을 겪는다는 사실이 드러났다.[2097]

린제이 셰퍼드(Lindsay Shepherd)는 캐나다의 윌프리드 로리에(Wilfrid Laurier) 대학교의 대학원생 겸 보조교사로서 대학생들에게 '의사소통'(communication)을 가르치는 튜토리얼을 담당했다. 튜토리얼(tutorial)은 소규모 학생들과 토론하는 방식으로 진행하는 수업이다.[2098] 튜토리얼 진도는 '그들'(they)이 단수 인칭대명사로 사용되는 것과 성별 대명사에 대해 배울 차례였다.[2099] 이것은 영문법과 관련해 논쟁이 되는 이슈다.[2100] 셰퍼드는 많은 사람이 반대하지만, 복수 인칭대명사 '그들'(they)이 단수 인칭대명사로 사용될 수 있다고 말했다.[2101] 진보 성향이 강하고 종교도 없던 셰퍼드는 조던 피터슨의 입장을 지지하지 않았다.[2102] 그리고 2017년 11월 1일자 튜토리얼 수업에서 영어 문법의 복잡함과 실생활에 미치는 영향을 토론하기 위해 공영방송 토론회 일부를 교육자료로 사용했다.[2103] 이 자료는 납세자가 부담하는 공적자금으로 방영되는 공영방송 토론회 일부를 담은 동영상이다.[2104] 여기서 조던 피터슨(Jordan Peterson)은 급진적인 좌파 이데올로기가 반영된 언어(성중립적 인칭대명사) 사용의 강제를 반대하는 반면, 니콜라스 매트(Nicholas Matte)는 트랜스젠더 존엄의 존중을 위해 이런 표현이 법적으로 강제되어야 한다고 주장한다.[2105] 셰퍼드는 동영상 공개 이전에 '자신은 어느 쪽 편도 들지 않겠다'라고 밝히면서 중립적 입장을 견지했다.[2106] 그리고 피터슨 교수가 발언한 2분짜리 동영상과 매트 교수가 발언한 3분짜리 동영상을 차례대로 보여준 후 대학생들이 토론하도록 했다.

첫 번째 동영상에서 사회자가 Bill C-16에 반대하는 이유를 묻자 피터슨 교수가 발언한다.

"위험한 정치적 이데올로기를 가진 사람들이 만든 일련의 단어들을 모든 사람이 사용하도록 강제하는 것이 문제입니다. 그런 단어들로는 인위적으로 만든 성중립적 인칭대명사가 있습니다. 제가 보기에 이것은 자연스럽지 않은 방법으로 언어를 통제하려는 시도입니다. 사람들이 새로운 단어를 습득하는 전형적인 방법으로 성중립적 인칭대명사를 습득하는 것이 아니라 강제력과 명령으로 습득하게 만듭니다. 입법적 권력을 이용해 'zie, zher'와 같이 인위적으로 만든 단어의 사용을 강제하는 것입니다.

복수 인칭대명사인 '그들'(they)은 새로 만든 단어는 아니나, 개인을 지칭하는 단수 인칭대명사로 사용합니다. 그러나 단수와 복수의 구별을 없앨 수는 없습니다. 그들(they)이 단수로 쓰여왔다는 주장이 있는데, 이것은 극히 이례적인 상황에서만 사용되며 문법적으로 맞지도 않습니다. '그들'(they)이 '그'(he)와 '그녀'(she)라는 단수 인칭대명사를 대체하는 방식으로 사용된 적은 전혀 없습니다. 이것은 지지할 수 있는 해결책도 아닙니다."[2107]

두 번째 동영상에서 매트 교수가 발언한다.

"누군가가 개인적이고 바꿀 수 없는 것을 공격할 때, 그것을 정치적이라고 합니다. 그리고 무엇을 하든지 간에 인종, 젠더, 성폭력적 근거로 공격하는 사람들이 있다는 사실을 깨닫게 될 때 사람들은 정치적이 됩니다. 이런 이유로 사람들은 반대하고 반격을 시작하는 것입니다. 피터슨 교수가 '자신의 언어 사용을 통제하려는 시도'라고 하는데, 나는 피터슨 교수의 언어 사용에 관심이 없습니다. 내가 관심 있는 것은 피해를 입는 사람들의 안전입니다."

피터슨 교수가 '당신 같은 주장을 하는 사람들은 항상 다른 사람의 안전에 관심이 있다는 논리를 내세운다'라고 하자 매튜 교수가 이어서 말한다.

"나의 안전에도 관심이 있습니다. 여기에 있는 것만으로도 나의 신체적, 정서적 삶과 생계가 위협받습니다. 그러나 모든 사람이 그런 것은 아닙니다. 다양한 젠더와 트랜스 커뮤니티, 특히 유색인종이 신체적으로 위협받고 표적이 됩니다. 표현의 자유도 멋진 생각이고 평등도 멋진 생각입니다. 그러나 사람들이 참석조차 할 수 없을 때 이런 대화를 가져서는 안 됩니다."[2108]

동영상을 시청한 후 튜토리얼에 참여한 학생들은 우호적인 분위기 속에서 활기찬 토론을 벌였다.[2109] 그러나 대학의 '다양성 및 형평성 사무소'(diversity and equity office)에 이런 사실이 알려졌다. 그리고 2017년 11월 7일 셰퍼드의 감독관인 나단 람부카나(Nathan Rambukkana) 교수는 우려하는 문제를 논의하기 위해 셰퍼드와 회의 하겠다고 이메일을 보냈다.[2110] 그 회의에 람부카나 교수, LGBT를 지원하는 '다양성 및 형평성 사무소'의 관리자(Adria Joel), 학술 프로그램 책임자 교수(Herbert Pimlott), 이렇게 3명(이하 '교수 등')이 참석한다고 밝혔다.[2111] '다양성 및 형평성 사무소'의 관리자가 참여한다는 말에 셰퍼드는 부모의 조언에 따라 40분간 진행된 2017년 11월 8일자 회의 내용을 몰래 녹음했다.[2112] 녹음하지 않으면 아무도 자신을 믿지 않을 것이기 때문이다.[2113] 그리고 프레임 씌우기 등으로부터 자신을 보호할 수 있는 유일한 방안이기도 했다.[2114] 회의 참석 결과, 회의 목적은 사실상 셰퍼드를 심문하고 징계하려는 것이었다. 셰퍼드가 토론에서 중립적인 입장이었다는 이유였다.[2115] 녹음된 회의 내용을 보자.[2116]

교수 등은 셰퍼드가 중립적으로 동영상을 공개했다는 이유로 트랜스젠더를 표적 삼고 젠더 폭력을 저질렀으며 트랜스포비아를 퍼뜨렸다고 질책했다.[2117] 그리고 동영상에 Bill C-16을 비판하는 내용이 있다는 이유로 대학의 젠더 및 성폭력 정책 및 캐나다 인권법과 Bill C-16까지 위반했다고 비난했다.[2118] 그러면서 학생들에게 안전하지 않고 해악적인 분위기를 만들었으며,[2119] 학생들이 셰퍼드에 대해 진정을 제기했다고 밝혔다. 셰퍼드가 진정을 몇 명이 제기했는지 등을 묻자, 교수 등은 개인정보 보호 때문에 밝힐 수 없다고 답했다.[2120] 그러나 독립된 조사 결과, 이런 진정은 애초에 존재하지 않았다.[2121] 거짓 주장이었다.[2122]

이런 공격에 셰퍼드는 울기 시작했고,[2123] 자신은 피터슨 교수의 관점을 지지하지 않는다고 했다.[2124] 그러나 토론의 정신을 위해 한쪽 편을 들어서는 안 되며 양쪽 관점을 동등하게 보여줬다고 항변했다.[2125] 자신이 중립적인 입장을 취한 이유는 학생들의 토론을 촉진하기 위해서라고 밝혔다. 그리고 주류가 아닌 다른 사상들을 학생들에게 노출해야 하는 장소가 바로 대학이고,[2126] 대학에서는 모든 관점이 유효하다고 말했다.[2127] 게다가 공영방송 토론회 내용은 이미 현실에서 존재하고 실제로 논의되고 있는 사상들인데, 학생들에게 이런 사상들을 차단하는 것이 대학의 역할이 아니라고 했다. 학생들이 대학을 떠나서도 이 사상에 노출될 텐데, 수업 중 노출됐다고 어떻게 해를 끼쳤다는 것인지 이해할 수 없다고 울먹였다.[2128] 그리고 '이미 존재하는 사상에 도전하는 것이 대학의 정신이 아니냐'라고 반문했다.[2129]

그러나 교수 등은 피터슨 교수의 발언을 비판하지 않으면서 동영상을 보여준 것은 그의 주장을 유효한 관점으로 정당화하는 것으로서 중립적으로 히틀러의 연설을 보여준 것과 마찬가지라고 비난했다.[2130] 그리고 백인 우월주의 선전에 비유하기도 했다.[2131] 그러면서 피터슨 교수의 발언은 그동안 강의해왔던 모든 내용과 정반대이며 이것은 중립적으로 토론해서는 안 되는 주제라고 밝혔다.[2132] 람부카나 교수는 셰퍼드에게 앞으로 튜토리얼 수업에 앞서 수업 계획서를 제출해 승인받을 것을 지시하고,[2133] 학교 관계자가 수업에 참관하겠다고 말했다.[2134] 이것은 대학 관행에 맞지 않는 조치였다.[2135] 그리고 향후 어떤 일이 일어날지 확신할 수 없으며, 다른 교수진들과 이 문제를 상의해야 한다고 말했다. 대화 내용에서 문제점들이 드러났기 때문에 이를 처리하는 절차도 필요하다고 했다. 이런 조치에 셰퍼드는 자신의 학비를 충당하는 보조교사 직위에서 해임될까 두려워하게 됐다.2136) 그리고 셰퍼드는 징계 회의를 녹음한 파일을 언론사에 공개했다.2137) 2017년 11월 10일 '조던 피터슨 비디오를 보여줬다는 이유로 징계당한 윌프리드 로리에 대학원생, 다시 한번 강타한 사상 통제 경찰'이라는 헤드라인이 신문을 장식했고, 이로 인해 사회적 파장이 커지게 됐다.2138) 대학 측은 사상과 표현의 자유를 탄압한다는 비난을 받게 되자 3자에게 독립된 조사를 의뢰했다.2139) 조사결과, 동영상은 학문적 토론을 위한 합리적인 교육자료이며 셰퍼드에게 잘못한 사실이 없다고 밝혔다.2140) 또 비공식적/공식적으로 제기된 진정도 존재하지 않는다고 했다.2141) 셰퍼드에게 악의적으로 씌웠던 프레임에 아무런 실체가 없다는 사실이 확인된 것이다.2142) 이후 대학 총장은 셰퍼드에게 공식적으로 사과했다.2143) 감독관이었던 람부카나 교수도 사과했다.2144)

"논쟁을 불러일으키거나 반대하는 관점을 위해 자리를 만드는 것은 중요하며 대학의 필수적인 가치라는 셰퍼드의 말이 맞습니다. 또 세 명의 교수 등이 셰퍼드와 권력 불균형적인 회의를 진행한 것도 사과합니다."2145)

그러나 언론의 집중적인 관심과 대중의 분노로 인해 어쩔 수 없이 이루어진 학교 측의 사과는 진정성이 없다는 비판이다.2146) 교수 등에 대한 징계는 없는 반면, 셰퍼드만 학계에서 경력을 이어갈 수 없도록 점차 소외됐다.2147) 심지어 괴롭힘과 학대도 계속됐다.2148) 좁은 학계에서 셰퍼드가 고용될 가능성마저 박탈된 것이다.2149)

이 사건에 대해 셰퍼드가 말한다.

"공영방송 토론회 동영상을 강의실에서 보여줬다는 이유만으로 스캔들이 될 만큼 사회가 변하게 될 줄은 상상도 하지 못했습니다.2150) 진실을 자유롭게 탐구하고 추구해야 하는 환경에서 토론을 억누르는 것은 옳지 않습니다.2151) 토론회에서 저의 의견을 표현하지 않겠다고 밝혔지만, 다른 사람의 의견을 듣는 것은 중요하다고 생각합니다. 그것이 대학의 본질이기 때문입니다.2152) 인기가 없는 의견을 침묵시키는 것은 지적 탐구를 목적으로 하고 장려하는 대학의 근본정신에도 맞지 않습니다.2153)

정말 충격적이게도, 피터슨의 관점을 비난하지 않은 채 중립적으로 동영상을 보여준 것이 히틀러의 연설을 중립적으로 보여준 것과 다를 바 없다는 말을 들었습니다. 결국, 저의 중립적인 입장이 문제였던 것입니다.[2154] 단도직입적으로 피터슨의 발언을 비난하지 않았던 것이 제가 응징당한 이유입니다.[2155] 그런데 학생들에게 어떤 문제에 대해 미리 어떻게 생각할지 말하는 것은 자신의 의견을 형성할 수 있는 능력까지 상실시킵니다.[2156]

교수 등은 '피터슨의 관점이 옳든지 그르든지 상관없이 토론해서는 안 되는 내용이다'라고 반복적으로 강조했습니다. 동영상 재생 전에 피터슨의 관점을 철저히 비난하는 경우만이 동영상의 공개를 허용할 수 있는 유일한 방법이라고 말했습니다. 그들은 이것이 논의하거나 토론할 수 없는 문제라고 했습니다. 그러나 저는 이것이 위험하다고 생각합니다. 조던 피터슨은 캐나다 뉴스에서 매일 오르내리는 유명한 인물입니다. 이런 그의 관점에 대해 논의조차 할 수 없다는 것은 위험합니다. 교수 등은 동영상을 보여준 저의 행동을 백인 우월주의와 비교했습니다. 저는 백인 우월주의와 아무런 관련이 없는데, 저를 계속 그렇게 몰아가 괴로웠습니다.[2157] 제가 이런 프레임으로 인해 크게 다치지 않을 수 있었던 유일한 이유는 공익을 위해 몰래 징계 회의를 녹음하고 언론에 알렸기 때문입니다.[2158]

보수적 생각과 표현에 대한 검열은 전보다 훨씬 강해지고 있습니다. 시간이 갈수록 상황이 악화되고 있습니다. 모든 캐나다 대학에 존재하는 '다양성 및 형평성 사무소'는 이데올로기에 순응하도록 집행자 역할을 합니다. 젠더는 선택할 수 있고 트랜스 여성은 진짜 여성이며 사회가 시스템적으로 인종차별적이라고 믿게 합니다.[2159] 이에 동조하지 않는 사람들에게는 협박을 통해 두려움을 주고, 그래도 생각을 바꾸지 않는다면 '친절함'을 앞세운 사회에서 퇴출시킵니다.[2160] 이런 검열을 주도하는 것은 각 대학에 존재하는 '다양성 및 형평성 사무소'입니다. 그들은 평등을 앞세우지만, 실상은 모든 사람이 똑같이 생각하도록 합니다. 현재 캐나다 대학에서는 자유 사상의 억압과 검열, 그리고 심지어 자기 검열까지 거의 일상이 된 상황입니다. 너무나 많은 학생이 이런 상황에 직면하지만, 언론에 가기를 꺼립니다. 그들은 평판이 깎이거나 비방을 당하지 않기 위해 침묵하게 됩니다.[2161]

불행히도 대학원 수강 프로그램에서도 이데올로기를 촉진하는 사회정의(social justice) 프로그램만 존재할 뿐입니다. 이것은 학문적으로도 도움이 되지 않습니다. 이것은 이데올로기만 주입할 뿐 비판적 사고를 가르치지 않습니다. 제가 배우는 것이 정치적인 것뿐이라면 '진실이 무엇일까'라는 의구심을 품게 됩니다. 그런데 토론도 막고 검열까지 당하면 진실에 접근할 수 없게 됩니다. 전체 그림을 알 수 없기 때문입니다. 대학은 원래 모든 것을 논의할 수 있는 환경이어야 하는데, 사실상 특정 주제의 논의가 금지됩니다. 이것을 거론하면, 이데올로기 실현을 위해 존재하는 '다양성 및 형평성 사무소'에 끌려가 징계받습니다. 대학에서도 사상의 자유시장이 인정되지 않는 것입니다.[2162]

아무리 듣기 좋은 말로 포장해도 특정한 방식으로만 생각해야 하고 특정 쟁점을 논의조차 할 수 없다고 하는 것은 심각한 문제입니다.[2163] 대학은 더 이상 생각과 사상을 자유롭게 교류할 수 있는 장소가 아닙니다. 정치적 올바름에 맞지 않는 사상을 거론할 경우, 잘못된 생각으로 간주해 공공의 적으로 낙인을 찍어버립니다.[2164] 대학은 더 이상 다른 관점의 사상을 논쟁할 수 있는 장소가 아닌 것입니다. 단지 좌파 이데올로기를 위해 메아리치는 장소가 되었을 뿐입니다.[2165] 이런 경직된 이데올로기에 조금이라도 동조하지 않는 사람은 그 누구라도 배척됩니다."[2166]

이 사건에 대해 피터슨 교수가 말한다.

"녹음 파일을 들으면 셰퍼드는 나의 견해를 공유하지 않으나 그것은 중요하지 않습니다. 사람은 자신이 원하는 대로 생각할 자유가 있습니다. 셰퍼드가 나의 관점에 동의하기를 기대하거나 원하지도 않습니다. 셰퍼드는 아무 데도 메이지 않아야 할 자유로운 사람이기 때문입니다.[2167] 반면, 대학의 징계 회의가 표현의 자유로 면책된다는 주장은 올바르지 않습니다. 표현의 자유는 아무런 제재 없이 거짓말하고 비방할 수 있다는 것을 의미하지 않기 때문입니다.[2168] 그리고 니콜라스 매트는 공영방송 토론회에서 남성과 여성 사이에 생물학적 차이가 없다고 주장했습니다. 이것이 사실이 아니라고 믿고 발언한 것이 저를 히틀러로 만들었습니다.[2169] 이런 사건이 발생한다는 것은 끔찍합니다. 그러나 Bill C-16을 경고하는 비디오를 만들었을 때 이 법이 제정될 경우 이런 사건이 발생할 것이라고 말했습니다. 입법체계에 이를 유발하는 내용이 포함됐기 때문에 이런 사건들이 불가피하게 발생하는 것입니다. 정말 불행한 일입니다."[2170]

윌프리드 로리에 대학의 종교문화학과 교수인 데이브 해스켈(Dave Haskell)이 이 사건에 대해 말한다.

"대학 총장에게 셰퍼드를 지원하는 조치에 대해 문의했는데 답장이 없습니다. 학생들에게 생각하는 방법을 가르치지 않고 무엇을 생각할지만 가르치는 것은 잘못됐습니다. 대학의 기능이 멈춘 것입니다. 이것은 마치 광신적 행태와 같습니다."[2171]

윌프리드 로리에 대학의 금융학과 교수인 윌리엄 맥널리(William McNally)가 이 사건에 대해 말한다.

"표현의 자유는 정말 위협받고 있습니다. 대학은 표현의 자유를 장려해야 합니다. 표현의 자유 없이 어떻게 대학의 임무를 계속할 수 있겠습니까? 표현의 자유를 공개적으로 지지하는 소수의 교수도 '트랜스포비아'로 낙인찍힙니다. 대학에서는 지금 '진실 탐구'와 '사회정의 옹호'(젠더 이데올로기 추구)라는 두 가지 관점이 있습니다. 그런데 우리 대학의 문양에는 '진실이 모든 것을 정복한다'라고 기재되어 있습니다. 진실이 승리하는 과정은 사상의 싸움을 통해서입니다. 그런데 한 쪽 사상이 검열당해서 거론될 수 없다면 진실이 어떻게 싸움에서 승리할 수 있겠습니까?"[2172]

진리탐구와 표현의 자유를 억압하는 명분으로 내세우는 것은 정서적으로 불쾌한 발언을 금지하는 것이다. 특히 동성애/성전환과 연계되는 부정적 측면을 표현하면 LGBT 존재의 혐오로 몰아간다. 그러나 토론 중 반대 의견이 치열할 경우, 정서적으로 불쾌한 감정은 불가피하게 수반될 수밖에 없다. 이것을 막는다면 진실 탐구를 막는 것이다. 젠더 이데올로기에 불리한 내용은 아무리 아이들에게 해롭더라도 논의나 진실 탐구 자체가 금지된다. 성중립적 인칭대명사의 사용은 강요된 표현일 뿐만 아니라 젠더불쾌증까지 고착화할 수 있다. 동성애 항문성교는 에이즈 감염에 취약하게 한다.[2173] 이런 사실까지 토론이나 검증할 수 없게 되는 것이다.

미국 시카고 대학이 제정한 표현의 자유에 관한 지침이 존재한다. 그러나 정치적 올바름이나 캔슬 컬처가 이 지침을 무력화한다는 비판이 많다.[2174] 수많은 대학이 채택하고 있는 표현의 자유에 관한 지침이다.[2175]

"교육은 사람에게 불편하지 않은 감정을 갖도록 의도하는 것이 아니라, 그들이 생각하게 만드는 것을 목적으로 한다. 달갑지 않고, 불쾌하며, 심지어 모욕적이기까지 한 의견과 사상으로부터 개인을 차단하려고 시도해서는 안 된다. 이것은 제대로 된 대학의 역할이 아니기 때문이다.[2176] 대학의 근본적인 책무는 토론과 사상을 억압해서는 안 된다는 원칙을 지키는 것이다. 왜냐하면, 이렇게 거론되는 사상들은 대학 공동체의 일부 또는 대부분 구성원에 의해 모욕적이고 현명하지 못하며 부도덕하고 비뚤어지게 잘못됐다고 생각될 것이기 때문이다.[2177] 이런 사상에 관한 판단은 대학 기관이 아니라 대학 공동체의 구성원 개개인이 내려야 한다. 그리고 개개인의 판단으로 그 사상을 반대할 경우, 표현을 억압하는 방식이 아니라 공개적이고 치열하게 반박하고 논쟁해야 한다."[2178]

젠더 이데올로기에 동조하지 않는 표현을 억압하는 것은 대학뿐만 아니라 소셜미디어 회사도 심각하다.[2179] 젠더 이데올로기의 유불리를 기준으로 표현의 자유에 대한 이중잣대를 적용하는 것이다. 관련 사례들을 보자.

2021년 5월경 스페인 보수정당 복스(Vox)의 부대표인 프란시스코 콘트레라스(Francisco Jose Contreras)가 트위터에서 '남자는 자궁이나 난자가 없어서 임신할 수 없다'라고 글을 썼다가 트위터 계정의 접속을 일시적으로 차단당했다. 트위터는 콘트레라스에게 '혐오 발언' 정책을 위반했다는 경고 메시지를 보냈다. 콘트레라스의 글이 성적지향, 성별, 성정체성 등을 근거로 타인에 대한 위협·괴롭힘·폭력을 행사했다는 것이다.[2180] 트위터는 다음 메시지도 보냈다.

"반복되는 위반은 당신의 계정을 영구적으로 차단하는 결과로 이어질 수 있음을 명심하시기 바랍니다. 지금 트위터로 이동해서 당신의 계정과 관련된 문제점을 시정하시기 바랍니다."[2181]

콘트레라스가 말한다.

"제가 삭제하도록 강요받은 혐오스러운 트윗은 '남자는 임신할 수 없다'라는 말이었습니다. 생물학적 진실이 '혐오 발언'으로 간주 되어서는 안 됩니다. 이것은 편견이 아니라 생물학입니다. 이미 파시스트(전체주의적) 생물학이 되었다는 것을 볼 수 있습니다. 다음에는 2+2=4를 시도해 보겠습니다."[2182]

지극히 당연한 말을 했는데 혐오 발언으로 삭제 강요를 당했으니 다음에 시도하는 2+2=4라는 당연한 말도 삭제 강요를 당할지 보겠다는 것이다. 빅테크 기업이 젠더 이데올로기와 상충하는 과학적 진실을 표현하는 것까지 검열하는데,[2183] 그 정도가 매우 심각하다는 비판이 많다.[2184]

셰퍼드 역시 트위터 계정을 차단당했다. 2019년 7월 14일 셰퍼드는 트위터에서 트랜스젠더인 제시카 야니브(Jessica Yaniv)로부터 성적 수치심을 느끼게 하는 모욕을 당했다. 이에 성중립적 인칭대명사를 사용하지 않은 채 맞대응을 했다. 그런데 트위터에서 먼저 싸움을 건 야니브는 아무런 제재를 받지 않은 반면, 이에 반격한 셰퍼드만 트위터 사용이 금지됐다.[2185] 앞서 언급했듯 남성 성기를 지닌 야니브는 16명의 이민 여성 미용사에게 자신의 성기에 대한 왁싱을 요구해 거절당하자 국가인권위에 진정을 제기한 트랜스젠더다.[2186] 성정체성을 악용해 사회적 약자를 대상으로 금전적 보상을 노렸다는 비판의 목소리가 높다.[2187]

이런 야니브가 셰퍼드에게 '당신의 음부는 헐겁다'라고 말하며 트위터에서 싸움을 걸었다. 실제로는 '음부'를 훨씬 더 저속적으로 표현했다. 셰퍼드는 "만일 여성처럼 말하고자 한다면 그렇게 말하면 안 된다. 당신의 말은 건강한 로맨틱 관계를 갖지 못한 남성처럼 들린다"라고 답했다. 이에 야니브는 셰퍼드의 높은 유산율을 유발하는 격막자궁 질환을 조롱하면서 "도날드 트럼프가 당신 자궁 안에 장벽을 쌓고 있어서 생식능력이 비정상적이라고 들었다. 그 장벽이 의도대로 잘 작동되기를 바란다"라며 여성 혐오적인 발언을 했다. 이에 격분한 셰퍼드는 "나는 최소한 자궁이라도 있다. 이 뚱뚱하고 못생긴 남자야. 물론 당신은 출산을 조롱할 문제로 생각하지만"이라고 말했다.[2188] 셰퍼드는 다음 날 자신의 메시지를 삭제했지만, 셰퍼드의 트위터만 차단당했다.[2189] 인칭대명사를 잘못 사용했다는 이유다. 아무런 제재를 받지 않은 야니브는 "파티해야겠다. 나는 자랑스러운 레즈비언이다. 평등한 인권을 위해 계속 싸울 것이다"라는 메시지를 남겼다.[2190] 이중잣대가 적용된다는 지적이 잇따른다.

페미니스트인 메간 머피(Meghan Murphy)도 트위터에서 야니브와 다투다가 계정을 차단당했다. 머피는 생물학적 남성인 트랜스젠더 야니브가 여성 전용공간인 왁싱샵에 들어가 사회적 약자를 괴롭히는 것을 우려했다. 이를 다투는 과정에서 야니브에게 '그'라고 부르고 '남성은 여성이 아니다'라고 했다가 트위터 계정을 차단당한 것이다.[2191] 이처럼 트위터는 젠더 이데올로기에 불리한 메시지를 엄격히 검열한다. 그러나 이와 대조적으로 소아성애나 진짜 심각한 범죄와 관련된 메시지를 방관한다는 비판을 받는다.[2192]

조던 피터슨도 2021년 6월 22일 트위터에 "앨런 페이지(Ellen Page)는 범죄를 저지르는 의사에 의해 유방을 제거당했다.[2193] 배우인 페이지는 여성으로 태어났으나 유방절제술을 받았다. 그리고 앨런에서 엘리어트로 이름을 바꿨으며, 남성으로 정체성을 밝히기 시작했다"라고 글을 남겼다.[2194] 공인인 배우에 대해 객관적 사실을 밝힌 것이다. 그러나 트위터는 이것을 젠더 정체성에 대한 혐오 행위로 몰았다.[2195] 그리고 피터슨 교수의 트위터 계정을 영구적으로 차단했다.[2196] 심지어 피터슨 교수의 글을 공유한 사람까지 트위터를 차단했다.[2197] 이와 관련하여 트위터를 인수한 엘론 머스크(Elon Musk)가 비판한다.[2198]

"트위터의 반대 의견을 짓누르는 행태가 극단으로 흐르고 있습니다."[2199]

이런 트위터 차단에 대해 셰퍼드가 말한다.

"소셜미디어 회사도 표현의 자유를 위협합니다. 저는 트위터에서 혐오 행위를 했다고 차단당했습니다. 살해나 강간 협박과 같이 진짜 혐오하는 메시지는 삭제되지 않는 경우가 많습니다. 저도 그런 메시지를 경험해 신고했습니다. 야니브와 옥신각신한 사실은 맞습니다. 그런데 트위터는 야니브에 대해서는 성차별적이고 여성 혐오적인 발언을 해도 허용합니다. 그러나 제가 반격할 수 없게 하면서 그의 무례한 발언만 허용하는 것은 잘못됐다고 생각합니다. 그가 말했던 내용은 너무나 잔인하고 역겨워서 반격할 필요가 있었습니다. 그런 발언을 하도록 그냥 내버려 둘 수 없기 때문입니다.[2200]

그러나 야니브는 트랜스젠더이기 때문에 건드릴 수가 없습니다. 그들은 나의 생물학적 신체를 조롱하고 잔인한 말을 원하는 만큼 할 수 있습니다. 그러나 저의 여성성을 옹호하기 위해 그들에게 반격할 경우, 저는 영구적으로 퇴출당합니다.[2201] 트위터는 자신의 플랫폼을 사용하기 위해서는 젠더 이데올로기를 수용해야 하고, 그렇지 않을 경우 입 닥치거나 플랫폼에서 떠나라는 입장인데, 이에 대해 생각해 볼 필요가 있습니다."[2202]

해리포터 작가와 초중고·대학생의 사례: 생물학적 성별을 지지하는 표현의 탄압

'해리 포터'를 쓴 세계적 베스트셀러 작가인 조앤 롤링(Joanne K. Rowling, 56세)은 '생물학적 성별을 부정할 수 없다'라는 취지의 주장을 했다가 수백 명의 트랜스 운동가들로부터 폭행·강간·살해 협박을 받았다.[2203] 롤링이 이런 협박을 받게 된 이유는 트위터(SNS)에 여성을 '생리하는 사람'이라 칭한 칼럼을 문제 삼으면서 '여성을 여성이라 불러야 한다'라는 취지로 말했기 때문이다.[2204] 생물학적 여성을 지칭하는 말이 사라지는 것을 지적한 것이다.[2205]

"남성과 여성이라는 성별이 실제로 존재하지 않는다면 동성끼리 이끌릴 일도 없고, 전 세계에서 여성들이 사는 현실을 지우는 것입니다. 난 트랜스젠더들을 알고 사랑하지만, 성별 개념을 없애면 많은 사람이 자신의 삶을 의미 있게 토론할 수 있는 능력을 제거당하는 것입니다.[2206] 이런 진실을 말하는 것은 결코 혐오가 아닙니다.[2207] 저의 삶도 여성이라는 성별에 의해 형성됐고 이를 있는 그대로 밝히는 것은 증오 표현이 아닙니다.[2208]

저는 수십 년간 트랜스젠더들이 여성인 저처럼 약자라는 사실에 공감해왔습니다. 저 같은 여성들이 '성별은 존재하고 그에 따라 삶이 달라진다'라고 생각하는 것만으로 트랜스젠더를 혐오한다는 것은 말도 안 됩니다."[2209]

"최근엔 성전환 수술이나 호르몬 변화 없이 성별을 구분하고 있습니다. 이것은 모든 남성에게 여성 화장실 문을 열어주는 꼴입니다. 트랜스젠더 여성(생물학적 남성)이 여성용 화장실과 탈의실에 들어가는 일은 없었으면 합니다.[2210] 저의 딸을 비롯해 여성들을 덜 안전하게 만들고 싶지 않습니다."[2211]

이처럼 롤링은 '정치적 올바름'이 생물학적 성별 구분을 의미 없다고 규정하는 것에 대해 비판했다. 생물학적 여성 개념을 해체하는 젠더 이데올로기에 반발한 것이다.[2212] 특히, 성중립 화장실에서 성범죄가 월등히 많이 발생한다는 통계가 가시화되고 있다.[2213] 잠재적 피해자인 여성으로서 화장실 같은 전용공간에서 생물학적 남성을 두려워하지 않을 수 있는 권리에 대해 목소리를 낼 이유가 있는 것이다.

그러나 LGBT 커뮤니티에서 비난이 쏟아졌으며 트랜스 운동가들은 롤링에게 수치심을 주기 위한 캔슬 컬처를 진행했다.[2214] 그 일환으로 수많은 협박이 있었는데,[2215] '우편함에 아주 멋진 파이프 폭탄이 있길 바란다'라고 적힌 메시지도 공개됐다.[2216] 롤링은 "지금까지 수백 명의 트랜스 운동가들이 나를 폭행하고 강간하며 암살하고 폭파하겠다고 위협해왔다"라고 밝힌다.[2217] 이런 가운데 3명의 트랜스 운동가들이 롤링의 집 앞에서 사진을 찍으며 집 주소를 온라인에 유출했다. 롤링의 생명을 위험에 빠뜨리려는 의도라고 지적된다.[2218] 스코틀랜드 경찰은 이들 3명을 수사했지만 아무런 제재도 없었다.[2219] 롤링이 말한다.

"지난 금요일(2021년 11월 19일) 세 명의 트랜스젠더 인권운동가들에 의해 우리 가족의 주소가 트위터에 노출됐습니다. 그들은 집 앞에서 주소가 확실히 보이도록 자세를 잡고 사진을 찍어 올렸습니다.[2220] 이 세 명의 트랜스 운동가들은 제 신상을 노출함으로써 여성의 권리를 위한 목소리를 내지 못하도록 저를 겁줄 수 있다고 믿었습니다.[2221] 실제로 그 이후에도 저는 엄청나게 많은 살해 위협을 받았습니다. 가족들은 트랜스 운동가들로 인해 두려움을 느끼며 고통을 받고 있습니다.[2222] 너무 많은 살해 협박 메시지를 받아서 온 집안을 도배할 수 있을 지경입니다.[2223] 그러나 계속해서 생물학적 여성의 권리를 위해 목소리를 내겠습니다. 다만 이 점을 짚고 싶습니다. 당신들의 활동이 여성에게 위협이 되지 않는다는 것을 증명하는 가장 좋은 방법은 우리를 스토킹하고 괴롭히며 위협하는 일을 멈추는 것입니다."[2224]

"이제는 여성에게 성전환에 동조하는 것만으로 충분하지 않게 됐습니다. 여성은 트랜스 여성과 자신들 사이에 아무런 차이가 없다는 점까지 인정해야 합니다.[2225] 그러나 제 이전에 많은 여성들이 말했듯이, 여성은 의상이 아닙니다. 여성은 남성의 머릿속에 있는 아이디어가 아닙니다."[2226]

"(생물학적 남성인) 강간범이 법적으로 성전환하지 않은 채 자신을 여성으로 주장만 하면 '여성에 의해 저질러진 강간'으로 등록하겠다는 스코틀랜드 경찰의 새로운 정책은 매우 실망스럽습니다."[2227]

"(젠더 이데올로기에 반하여) 여성 권리를 위한 목소리를 낼 경우, 끊임없는 강간과 살해 협박, 생계권 박탈에 대한 위협, 고용주에 대한 공격, 신체적 괴롭힘, 온라인에 집 주소와 함께 게시된 폭탄 제조 매뉴얼 사진 등을 감수해야 합니다.[2228] 단순히 못된 댓글을 다는 것과 비교될 수 없습니다."[2229]

"제가 바라는 것은 여성들에게까지 공감과 이해가 같은 정도로 확대되는 것입니다. 여성들의 유일한 죄는 협박과 학대를 받지 않은 채 자신들의 우려를 들어주기를 바라는 것뿐입니다."[2230]

이어서 롤링은 생물학적 성별을 지지하는 표현을 했다는 이유로 이런 협박 캠페인에 고통당한 여성 이름들을 구체적으로 게시하며 말한다. 이 긴 명단에는 영국 노동당의 국회의원(Rosie Duffield)이나 변호사(Joanna Cherry)까지 포함되어 있다.[2231]

"지난 몇 년간 저에게 연락해온 수많은 여성들이 소셜미디어에서 괴롭힘을 당하는 등 위협의 대상이 되는 것을 보면서 소름이 끼쳤습니다. 인지도가 없는 여성들은 제가 보호받는 방식으로 보호받지 못했습니다. 그들은 강간 협박 등을 포함한 학대와 고용주 압박이나 악의적인 신상 노출로 두렵고 고통스러운 상황에 놓여 있습니다.[2232] 사회적 성인 성정체성이 생물학적 성별의 개념을 대체해야 한다는 그들 주장에 대해 무비판적인 수용을 거부한다는 이유였습니다."[2233]

롤링에 관한 캔슬 컬처에 대해 방송인이자 영국 기자인 피어스 모건(Piers Morgan, 56세)이 말한다. 그는 오래전부터 롤링과 갈등이 있어왔다.[2234]

"만일 당신이 '여성'이라고 불릴 여성의 권리를 감히 옹호하거나 성별에 관한 단순한 생물학적 사실을 말한다면 편협한 캔슬 컬처 무리로부터 악의적으로 수치를 당하고 비난과 학대받을 준비를 해야 합니다. 그들은 '친절하라'라는 미명 아래 당신의 인생과 커리어를 파괴하려고 시도할 것입니다. 그 희생자가 해리포터 저자인 조앤 롤링입니다. 트랜스젠더에 대한 그녀의 견해

로 인해 롤링은 캔슬 컬처의 대상이 됐습니다.[2235]

저는 롤링을 위해 목소리를 낼 이유가 없습니다. 도널드 트럼프 대통령에 대한 견해 차이로 저와 불화를 겪었기 때문입니다.[2236] 그러나 역설적이게도 생물학적 진실을 고수하는 그녀의 모습에 목소리를 낼 수밖에 없습니다. 롤링은 여성 보호를 위해 점점 독해지는 논쟁에 자신의 견해를 용기 있게 나눈 것 외에 잘못한 것이 없습니다.[2237] 정치적 올바름의 제단에서 여성의 권리를 박탈하는데 맞섰다는 이유로 경멸적인 취급을 당한 것입니다."[2238]

"젠더 추종자들은 다시 한번 자신들이 친절이나 배려와 정반대라는 것을 보여줬습니다."[2239]

교육에 목소리를 내왔던 영국의 저자인 조앤 윌리엄스(Joanna Williams) 박사도 말한다.

"(트랜스) 운동가들은 롤링에게 두려움을 주는 데 실패했지만, 공개 토론을 냉각시키는 데 성공했습니다. 이 운동가들의 행동은 목소리를 내고자 하는 모든 여성에게 '당신도 마찬가지로 직장을 잃을 수 있고, 사생활이 침해당하며 학대당할 수 있다'라는 메시지를 보낸 것입니다. 이런 겁박 앞에서 많은 여성이 그들의 권리가 침해당하고 취약한 여성의 안전권이 위협받더라도 침묵을 택하게 되는데, 이런 결과가 놀랍지 않습니다. 침묵은 개념상 정량화될 수 없어서 도대체 얼마나 많은 사람이 성별과 젠더에 대해 표현을 자유롭게 할 수 없다고 느낄지 알 수가 없습니다."[2240]

롤링을 공격 표적으로 삼은 트랜스 운동가에 대해 영국 총리의 공식 대변인이 비판한다.

"어떤 개인도 롤링이 당하는 방식으로 공격 표적이 되어서는 안 된다고 생각합니다. 모든 사람은 존중하는 방식으로 그들의 의견을 공유할 수 있고 존엄성 있는 대우와 존중받을 권리가 있다고 믿습니다."[2241]

영국의 전 보건복지부 장관인 재키 프라이스(Jackie Doyle-Price)도 말한다.

"펜의 대가인 롤링의 글에는 혐오라고 오해받을 만한 것이 아무것도 없습니다. 그러나 그녀가 무더기로 받는 비난의 정도는 굉장히 역겹습니다."[2242]

롤링과 마찬가지로, 이 시대의 대표적인 페미니즘 작가로 불리는 진보 성향의 마가렛 엣우드(Margaret Atwood)도 '트랜스포비아'라고 비난받았다. 그녀는 여성의 억압을 다루는 베스트셀러인 『시녀 이야기』(The Handmaid's Tale)의 캐나다 저자다.[2243] 엣우드가 트랜스 운동가들의 표적이 된 이유는 아무런 코멘트 없이 '왜 우리는 더 이상 여성이라고 말할 수 없는가?'(Why can't we say 'woman' anymore?)라는 제목의 기사를 자신의 트위터에 공유했기 때문이다.[2244] 성중립적 언어(급진적인 젠더 이데올로기적 언어)로 인해 '여성'이 더러운 단어가 될 위험에 처한 것을 우려한 기사다. 여성의 존재를 지운다는 비판인 것이다.[2245] 그리고 선의를 가진 사람들까지 재갈을 물리고, 순응하지 않는다고 사회적 성에 민감하지 않다거나 '트랜스포비아'라고 공격해서는 안 된다는 내용도 있다.[2246] 이 기사가 엣우드의 소셜 네트워크 서비스(SNS)에 게시된 후, 트랜스 운동가들은 온라인에서 엣우드의 집 주소를 노출하고 성적 학대를 가했다.[2247]

2020년 7월 7일 엣우드, 롤링, MIT, 예일대, 하버드대 교수들을 포함한 153명의 학자, 예술가, 저자들은 검열 문화를 거부하고 표현의 자유를 옹호하기 위해 성명서를 냈다.[2248]

"특정 이데올로기에 순응시키기 위해 다른 관점을 용인하고 공개 토론하는 우리의 일상을 위축시키는 새로운 가치들과 정치적 책무들이 강화되고 있다.[2249] 자유로운 사회의 생명선인 자유로운 사상의 교환도 점점 옥죄고 있다. 우리 문화에 검열이 널리 퍼진 것이다. 반대 견해를 용인하지 않고, 공적으로 수치심을 주면서 배척하는 것이 유행한다. 성급하고 균형 잃은 처벌도 흔하게 들을 수 있다. 기자들은 특정 주제의 기사를 쓸 수 없고, 편집자는 논란이 되는 기사를 게재했다고 해고되며, 교수들은 수업 중 특정 문헌을 원용했다고 조사받고, 연구자는 동료의 심사를 마친 학술 연구결과를 유포했다고 해고된다. 보복의 위협으로 작가, 예술가, 언론인들은 (젠더 이데올로기적) 합의에서 벗어나거나, 심지어 충분히 동조하지 않았다는 이유만으로 생계를 걱정해야 한다. 나쁜 사상을 물리치는 방법은 재갈을 물리는 것이 아니다. 이 사상을 노출하고 논쟁과 설득을 통해야 한다. 자유와 정의는 불가분적 관계이기에, 우리는 거짓된 양자택일적 선택을 거부한다."[2250]

생물학적 성별을 지지하거나 동성애/성전환에 대한 의학적·과학적 사실을 말한 사람이 해고되거나 캔슬 컬처의 표적이 됐다는 소리는 흔히 들을 수 있다.[2251] 이와 대조적으로 젠더 이데올로기에 반대표현 한 사람을 대상으로 겁박하는 동성애/트랜스 운동가들이 제재받았다는 소리는 듣기 어렵다. 왜 그럴까?

그 이유는 젠더 이데올로기가 만연하거나 차별금지법이 시행될 경우, 표현의 자유에 대한 극단적인 이중잣대가 적용되기 때문이다. 젠더 이데올로기는 생물학적 성별을 해체하고 사회적 성으로 이를 대체함으로써 기존 사회체제를 해체하려는 정치이념이다.[2252] 그리고 모든 공권력은 젠더 이데올로기의 실현을 최우선 가치로 삼는 차별금지법에 복종해야 한다. 이에 따라 젠더 이데올로기에 유리하면 극단적으로 관대한 처분을, 불리하면 균형 잃은 가혹한 처분을 하는 이중잣대가 적용된다. 다시 말해 젠더 이데올로기를 옹호하는 표현을 할 경우, 전방위적 면책과 특혜가 사실상 주어지는 것이다. 반면 젠더 이데올로기에 반대하는 표현을 할 경우, 사회적으로 매장당할 우려가 크게 된다.[2253] 이와 같은 메커니즘으로 캔슬 컬처를 조장하는 차별금지법은 차별과 혐오를 역설적으로 유발케 한다. 게다가 동성애/트랜스 운동가뿐만 아니라 공권력도 반대표현을 한 자를 표적 삼아 캔슬 컬처를 진행하고 사회적 매장을 조장한다. 토론을 막고 재갈을 물리는 법체계가 구축되는 것이다.[2254] 이런 역차별적인 조치로 젠더 이데올로기가 견제 없이 실현된다.

'이런 현상은 롤링이나 엣우드가 활동하는 예술계·문학계뿐만 아니라 정치계, 학계, 교육계, 의학계에서도 일어난다. 심지어 LGBT보다 사회적으로 더 약자인 탈동성애자/탈트랜스젠더들도 예외가 아니다. 관련 사례들을 차례로 보자.

첫째, 정치계 사례다. 2020년 11월경 호주 퍼스의 베이질 젬필러스(Basil Zempilas) 시장도 라디오 프로그램에서 신체적 특징이 성별을 나타낸다고 말했다가 캔슬 컬처 표적이 됐다. 그는 '자녀가 18세가 될 때까지 성별을 결정하지 않겠다'라는 어떤 여성의 말에 대해 "남성 성기가 있으면 남자고, 여성 성기가 있으면 여자다"라고 말했다.[2255] 생물학적 성별을 지지한 것이다. 이 발언 후 젬필러스 시장에 대한 사임 청원과 온라인에서의 비난이 쏟아졌고,[2256] 그의 집을 파손하는 사람도 있었다. 그는 결국 '제가 한 말은 저의 가치관과 다르다'라며 사과했다.[2257]

한국에서는 앞에서 언급한 안철수 사례가 그러한 경우에 해당한다.[2258] 국회의

원 김순례도 청소년 에이즈의 심각성을 알리는 과정에서 고초를 겪었다고 토로한다.

"국정감사 때 동성 간 성접촉과 에이즈의 긴밀한 연관성을 밝히지 않는 질병관리본부를 질타한 것 때문에 동성애 옹호 진영으로부터 숱한 협박 전화를 받았습니다."[2259]

둘째, 학계와 교육계 사례다. 젠더 이데올로기가 성행하는 나라에서 학자들은 젠더 추종자의 캔슬 컬처 대상이 되어 소속 대학으로부터 불이익 받는 것을 두려워한다. 이에 따라 교수·연구자들은 실명을 밝힌 채 동성애/성전환의 객관적 사실을 말하거나 학문적 표현하는 것을 회피하게 된다.[2260] 동성애 관련 논문을 집대성해서 단행본을 출판한 화이트헤드(Neil E. Whitehead) 박사도 동성애 운동가의 탄압으로 모든 연락처를 홈페이지에서 삭제했다.[2261] 앞에서 언급했듯 캐나다 대학의 보조교사인 린제이 셰퍼드(Lindsay Shepherd)도 성중립적 인칭대명사에 관한 토론에서 중립성을 견지했다는 이유만으로 거짓 프레임을 쓰고 징계당할 뻔했다.[2262] 관련 징계 회의 녹음 파일이 공개된 덕분에 이런 캔슬 컬처의 실체가 밝혀지고 사회적 논란이 됐다.[2263] 한국에서는 이상원 교수나 대구 달서구 어린이집 교사들의 사례가 그러한 경우다. 동성애-에이즈 관계를 알렸다고 사회적으로 매장당한 것이다.[2264] 평판을 깎고 인생을 나락으로 떨어뜨리려고 시도하는 이런 캔슬 컬처는 교수·선생·연구자뿐만 아니라, 대학생이나 초중고등학교 학생에게도 적용된다. 관련 외국 사례를 보자.

미국 뉴욕 주립대학의 학생인 오웬 스티븐스(Owen Stevens)는 생물학적 성별을 지지하는 글을 인스타그램에 게시했다. 그러나 이를 이유로 대학에서 무기정학을 당했다.[2265] 2020년 11월 22일 스티븐스가 SNS에 썼던 글이다.

"남자는 남자입니다. 여자는 여자입니다. 남자는 여자가 아니고, 여자는 남자가 아닙니다."[2266]

"남자는 여자가 될 수 없고 여자는 남자가 될 수 없습니다. 만약 내가 남자이고 내가 여자라고 생각한다면, 나는 여전히 남자입니다. 만약 내가 남자라고 생각하는 여자라면, 나는 여전히 여자입니다. 당신이 내면에서 어떻게 느끼든 당신의 생물학적 상태와는 무관합니다. 생물학을 바꿀 수는 없습니다.²²⁶⁷⁾ 생물학은 이분법적으로 분류되고 아주 명확합니다. '남자'나 '여자' 둘 중 하나일 수밖에 없습니다."²²⁶⁸⁾

이에 대학 측은 무기정학 처분을 하며 그 이유에 대한 성명서를 냈다.

"스티븐스의 행동은 전문적이고 윤리적인 기준을 충족하는 데 필요한 헌신이나 합리적으로 기대되는 잠재력을 보여주지 않는다. 구체적으로 그의 인스타그램 게시물들은 정체성·문화에 대한 자신의 좁은 견해 밖에 있는 개인들의 고유한 존엄성과 가치에 대해 존중을 보여주지 않는다."²²⁶⁹⁾

이런 성명서에 스티븐스가 말한다.

"인스타그램 게시물 때문에 나를 무기정학시킨 우리 학교의 메시지입니다. 이것은 단지 시작에 불과합니다. 좌파주의는 파괴적입니다. 이것이 그 증거입니다. 진짜 심각합니다."²²⁷⁰⁾

"진실에 반하는 이념에 침묵 당하지 않을 것입니다. 그들은 보수적인 반대 의견을 욕보이려고 노력합니다. 완전히 비현실적입니다. 저의 의견 때문에 협박까지 당했습니다."²²⁷¹⁾

"대학은 한 가지 종류의 사상만 허용되는 곳이 아니라 사상의 자유시장이어야 합니다. 소셜미디어 플랫폼에서 이루어지는 표현을 감시하는 대신 세계 지도자를 교육하는 데 집중해야 합니다."²²⁷²⁾

생물학적 성별을 지지하는 표현을 할 경우, 대학생뿐만 아니라 심지어 초중고 학생까지 불이익을 받게 된다. 관련 사례를 보자.

2022년경 캐나다의 성 요셉 가톨릭 고등학교(St. Joseph's Catholic High School)에서 16세인 조쉬 알렉산더(Josh Alexander)가 수업 토론 중 생물학적 성별을 지지하는 발언을 했다가 1년간 정학 처분뿐만 아니라 체포까지 당해 논란이 됐다.²²⁷³⁾ 이 가톨릭 고등학교 웹사이트에서는 "가톨릭 기독교 환경의 틀 안에서 교육한다"라고 명시되어 있다.²²⁷⁴⁾ 사람이 남자와 여자로 창조됐다는 성경을 따르는 가톨릭 교육의 틀은 전통적으로 생물학적 성별을 지지한다.

그런데 선생을 포함한 모든 학생들이 참여하는 젠더 관련 토론 수업이 이 사건의 발단이었다. 토론 주제는 '남학생(트랜스젠더)의 여자 화장실 사용, 젠더불쾌증, 남성의 모유 수유'에 대한 것이었다.²²⁷⁵⁾ 알렉산더는 "성별은 두 가지뿐이고 사람은 남성 또는 여성으로 태어난다. 젠더가 생물학에 우선될 수 없다", "남학생의 여자 화장실 사용을 허용해서는 안 된다"라고 토론 중 말했다.[2276] 이 발언은 가톨릭 교육의 틀에 부합한다. 그럼에도 이 발언으로 알렉산더는 정학 처분을 받았다.[2277]

정학 처분이 끝나기 바로 전날 밤에 교장(Derek Lennox)은 징계는 아니지만 정학 처분과 유사한 효과가 있는 배제 명령(exclusion order)을 내려 알렉산더의 학교 출입을 금지했다.[2278] 그러나 2023년 2월 6일 알렉산더는 수업을 듣고자 학교에 나타났다.[2279] 이에 학교 측은 무단침입으로 그를 고소했고 2명의 경찰이 학교에서 그를 체포해 갔다.[2280] 학교 측은 트랜스젠더의 여성 전용 화장실 사용에 항의하거나 성별이 남자와 여자로 구분된다고 말하는 것을 '괴롭힘'으로 규정했다.[2281] 2023년 2월 13일 관할 교육청(Renfrew County Catholic District School Board)의 교육 이사인 마크 시어슨(Mark Searson)이 성명을 발표했다.

"우리 학생들에게 안전하지 않은 공간을 만드는 괴롭힘 행위는 용납할 수 없다.... 다른 사람들이 불편함을 표현하거나 '트랜스젠더가 여성에게 위협이 된다'와 같은 트랜스포비아적 태도를 보인다는 이유만으로 트랜스젠더에게 별도의 화장실·탈의실을 사용하도록 요구해서는 안 된다."[2282]

이에 대해 알렉산더의 변호사인 제임스 키친(James Kitchen)이 말한다.

"그들의 생각으로는 '두 가지 성별만 있다'라고 말하는 것 자체가 괴롭힘입니다. 이런 말을 하는 조쉬 알렉산더의 존재 자체가 피해와 정신적 고통을 유발한다는 것입니다. 이 사건은 헌법에 반하는 종교적 차별과 검열에 해당합니다. 이 나라의 자유와 법치주의가 혼란에 빠진 예라고 할 것입니다. 우리는 한때 자유로웠던 사회가 권위주의 사회로 변모하는 것을 목격하고 있습니다. 그 유일한 수단은 평화로운 집회의 자유, 종교의 자유, 표현의 자유를 제거하는 것뿐입니다. 이런 기본권을 근본적인 자유라고 부르는 데에는 다 이유가 있습니다. 이것을 제거하게 되면 더 이상 자유로운 사회가 아니라 권위주의 사회에서 살게 되기 때문입니다.[2283] '냄비 속의 개구리 비유'를 알 것입니다. 적응할 만큼 충분히 느리게 일어나기 때문에 이런 변화를 인식하기 어려운 것입니다."[2284]

알렉산더와 같은 학교의 동년배 여학생이 익명을 요구하며 말한다.

"화장실에 있었는데 한 트랜스젠더 남성이 제 뒤를 따라 들어왔습니다. 당시 그 남학생이 자신의 정체성을 여성이라고 밝힌 사실조차 몰랐기 때문에 정말 당황스러웠어요. 아무 말도 하지 않으려고 했지만 다른 친구들이 '굉장히 섬뜩하다'라고 말하는 것을 알아차렸습니다. 그래서 제 프라이버시와 안전을 위해 무언가 말해야 할 것 같았습니다. 저는 알렉산더에게 이 사실을 말했고 교장 선생님께도 찾아가 갔어요. 교장 선생님은 정중히 대해 줬지만 실제로 어떤 조치를 취하실 거라는 느낌이 들지는 않았습니다."[2285]

알렉산더가 말한다.

"남학생들이 여자 화장실을 사용하고 있다는 사실을 여학생들로부터 들어서 알게 되었습니다. 여학생들은 분명히 불안해하고 불편해했습니다.[2286] 수업 토론에서 이 문제가 제기됐고, 다른 학생들이 그 기회에 자신의 의견을 얘기한 것과 마찬가지로 저 또한 의견을 공유했을 뿐입니다. 저는 성경을 인용하며 성별이 두 가지뿐이라고 말했습니다. 그런데 반에 트랜스젠더 학생들이 있었기 때문에 제 발언이 괴롭힘으로 간주됐습니다.[2287]

그러나 저는 수업시간에 제 종교적 신념을 표현했을 뿐입니다. 모든 사람이 그것을 좋아하지는 않을 것입니다. 그렇다고 제가 누군가를 괴롭히는 사람이 된다는 뜻으로 몰아서는 안 됩니다.[2288] 그들은 그들의 신념을, 저는 저의 신념을 표현했을 뿐입니다.[2289] 단지 제 발언이 그들의 이야기에 맞지 않았던 것입니다.[2290]

제가 제기한 문제는 트랜스젠더 학생 개개인에 대한 것이 아니었습니다. 저는 잘못된 행동을 조장하는 시스템에 문제를 제기한 것입니다. 저는 성정체성 혼란을 겪는 트랜스젠더 학생들을 안타깝게 생각합니다. 왜냐하면, 그들은 이데올로기를 주입하는 부모, 사회, 교육 시스템에 의해 피해를 받았기 때문입니다. 하지만 그렇다고 해서 그들의 잘못된 행동, 특히 또래 여성의 프라이버시를 침해하는 행위를 묵인할 수는 없습니다.[2291]

저는 가톨릭 고등학교에서 종교적 신념을 포기하지 않겠다는 의사를 표시했다는 이유만으로 정학 처분을 받았습니다. 그리고 수업에 참석했다는 이유로 체포되고 기소되었습니다. 그들은 저를 본보기로 삼으려 합니다. 수업에 복귀하기로 예정된 날의 전날 밤에 배제 명령 통보를 했습니다. 저의 존재 자체가 '(트랜스젠더) 학생의 신체적, 정신적 안녕에 해로울 것'으로 생각한다는 이유였습니다. 이런 배제 명령은 법적 근거가 없습니다. 그래서 저는 그냥 수업에 참석했습니다. 그날 밤 학교 측은 무단침입 통지서와 함께 수업 출석을 금지하는 또 다른 정학 처분을 저에게 내렸습니다. 그리고 그 학기의 학점을 모두 잃은 것으로 알고 있습니다.[2292]

가족 단위를 무너뜨리는 것을 목표로 그들(젠더 추종자)은 교육 시스템에 공격을 시작합니다. 보시다시피, 그들은 아이들이 어리고 감수성이 예민할 때 접근합니다. 그들의 아젠다에 맞서는 사람들은 체포되고 (젠더 이데올로기를 따르는) 폭도들이 그들을 공격하도록 허용하면서 방치합니다. 이것은 언론의 자유, 종교의 자유, 그리고 우리 선조들이 목숨 바쳐 지켜낸 모든 자유에 대한 명백한 공격입니다.[2293]

한때 당연시하던 자유들이 사라지고 있습니다. (이 사건은) 우리나라에서 표현의 자유가 얼마나 적게 남았는지 보여줍니다.[2294] 종교의 자유는 가장 중요하기 때문에 박해가 있더라도 포기할 수 없습니다.[2295] 우리가 오랫동안 당연하게 여겨왔던 모든 자유를 곧 잃게 될 것이라는 데는 의심의 여지가 없습니다. 일부 또래 젊은이들은 자신의 의견 표현을 두려워합니다. 그러나 너무 늦기 전에 목소리를 내야 합니다.[2296]

알렉산더는 권력을 가진 젠더 추종자들과 다른 견해를 가졌다는 이유만으로 교육을 거부당했다.[2297] 그는 트랜스젠더 이데올로기에 반대한다는 이유만으로 정학을 당한 것이다.[2298] 이처럼 종교계 학교에서 종교적 신념을 표현하는 것조차 배려되지 않고,[2299] 10대 청소년의 교육받을 권리를 포함한 모든 권리보다 젠더 이데올로기가 우선한다는 비판의 목소리가 높다.[2300]

이외에도 2019년경 영국에서 머레이(Murray, 17세)라는 학생이 성별은 2개 뿐이라고 말했다가 수업 중 쫓겨나 퇴학 처분까지 받은 사례가 있다.[2301]

미국 오하이오주 학교에서도 2019년경 생물학적 성별을 지지하는 6학년 학생들을 징계해 논란이 됐다. 성정체성 혼란을 겪는 생물학적 남학생 A가 여성 인칭대명사를 사용했다. 아이들이 성전환 시술을 얘기하던 중 존(John)이라는 초등학생은 '생물학적 남성인 A가 여자라는데 사실적 문제로서 동의할 수 없다'라고 말했다. 다른 학생도 '성별은 타고난 것이다. 호르몬 치료와 성전환 수술을 하더라도 성별이 변할 수 없다'라고 말했다. 이를 엿들은 미술 선생은 존과 아이들이 남학생 A를 '괴롭혔다'라고 신고했다. 이로 인해 존은 체육 수업 중 친구들 앞에서 끌려나갔고 남학생 A에게 여자라고 말하는 것을 거부하면 처벌된다고 경고받았다. 교감은 6학년 아이들에게 트랜스젠더리즘에 대한 목소리를 낸 것에 따른 결과가 따를 수 있다고 말했다. 그리고 남학생 A에게 여성 인칭대명사를 사용하지 않으면 징계 될 것이라고 경고했다. 급기야 아이들은 당일 학교 안에서, 다음 날 학교 밖에서 정학당했다.[2302] 어린아이가 과학적 사실을 바탕으로 공손하게 반대하거나 의견을 내더라도 검열되고 '괴롭힘' 프레임을 쓴 채 처벌되는 것이다.[2303] 이렇게 젠더 이데올로기 실현을 위해 아이들의 표현뿐만 아니라 사상까지 통제된다.

영국의 법무부 장관인 수엘라 브라버먼(Suella Braverman)이 말한다.

"어떤 아이도 자신이 배우는 것(생물학적 성별이 틀렸다는 주장)에 의문을 제기하거나, 성중립적 인칭대명사의 사용을 거부하거나, 스톤월 같은 조직 (LGBT 단체)이 장려하는 행사 참가를 거부하거나, 젠더를 의문시하는 반대성의 아이가 화장실·탈의실을 같이 사용하는 것에 대해 불평했다고 해서 그에 따른 불이익이나 처벌을 두려워하게 해서는 안 됩니다.[2304] 자유롭게 믿고 생각하며 양심을 형성하고 표현할 수 있는 권리가 보호돼야 합니다.[2305]

셋째, 의학계 사례다. 앞서 언급했듯 젠더불쾌증의 세계적 권위자인 저커 교수는 아이들을 위해 성전환 시술에 신중하자는 입장이다.[2306] 이에 젠더 추종자들은 거짓 프레임을 씌워 그의 평판을 깎은 후 해고했다.[2307] 거짓 프레임을 이용한 캔슬 컬처에 희생된 것인데, 관련 소송에서 이런 사실이 적나라하게 밝혀졌다.[2308] 그는 트랜스젠더 문제가 정치화됐고,[2309] 그 결과 의학계는 보복의 두려움으로 의학적 견해를 공개적으로 표현할 수 없다고 밝힌다.[2310] 성전환/동성애를 유발할 수 있는 트라우마 상담만 하더라도 의사들은 캔슬 컬처의 표적이 되어 해고될 우려가 크다.[2311] 정치이념의 압력으로 의사들은 환자를 위해 소신껏 의학적 판단을 할 수 없는 것이다.²³¹²⁾ 이에 따라 성전환/동성애에서 벗어나기를 원하는 아이·부모들은 비전문가로부터 상담 받을 수밖에 없는 경우가 많다. 그런데 이런 비전문가들도 상담을 했다는 이유로 캔슬 컬처의 표적이 된다. 관련 사례를 보자.

2018년경 미국 미시간주 교회의 제레미 쇼싸우(Jeremy Schossau) 목사는 '부끄럽지 않은 정체성'(unashamed identity) 워크숍을 6주 동안 개최한다고 페이스북에 게시했다. 여아들이 타고난 성정체성을 부끄러워 하지 않도록 상담하는 과정이다. 누구를 판단하거나 바꾸려는 목적이 아니다. 이 워크숍은 탈레즈비언들을 포함한 여성 자원자들이 진행한다.²³¹³⁾ 그 대상은 자신을 '트랜스젠더, 양성애자, 동성애자'라고 생각하면서 고통받고 있는 12~16세 여아들이다. 성경적 관점에서 이 아이들과 상담하는 프로그램인 것이다. 이 게시물을 보고 분노한 LGBT 커뮤니티는 이 프로그램이 전환치료라고 주장하며 극단적인 증오와 음란물이 담긴 수천 건의 협박 메시지를 보내왔다.²³¹⁴⁾

"너희 교회와 집을 불살라 버리고 너와 가족 모두를 죽여버리겠다."²³¹⁵⁾

이런 수많은 협박에 쇼싸우가 말한다.

"이 프로그램은 전환치료가 아니라 비난 없이 대화하는 것입니다. 프로그램 대상자도 성적 가치관이 형성되기 이전의 아이들이 대부분입니다. 왜냐하면, 12~16세 아이들은 자신의 성적지향을 확정적으로 안다고 하기에 너무 어린 나이기 때문입니다.²³¹⁶⁾

그리고 그들이 우리에게 (강제적으로) 오도록 만들지도 않습니다. 부모와 아이가 함께 상담하기를 원해서 이 워크숍에 오는 것입니다. 우리는 아이들이 워크숍에 오도록 강제한 것이 아니라 그곳에 오기를 원하는지 물었을 뿐입니다. 그들은 몸부림치고 있기에 그곳에 오는 것입니다. 그들이 그곳에 있는 이유는 그들이 원했기 때문입니다.²³¹⁷⁾ 그들은 상담을 구하고 있습니다. 누군가가 그들의 말을 들어주기를 원하면서 나아갈 방향을 구하고 있습니다. 이성애를 떠나 동성애를 선택할 수 있지만, 동성애를 떠나 이성애를 선택할 수 없다는 동성애 커뮤니티의 사고방식은 철저하게 위선적입니다.²³¹⁸⁾ 서로 다를 것이 없기 때문입니다.²³¹⁹⁾

LGBT 커뮤니티는 관용, 타인 관점의 이해, 자유와 선택에 대해 목소리를 높여왔습니다. 그러나 선택권을 이렇게까지 지지하는 LGBT 커뮤니티가 섹슈엘리티에 관해서는 선택권을 이렇게까지 반대하는 것이 정말 이상하다고 여겨집니다.[2320]

워크숍에 오는 아이들은 자신의 성정체성을 의문시하거나 동성애 커뮤니티에서 편안함을 느끼지 못할 수 있습니다. 그들은 그 상태에서 더 이상 머물러 있지 않기를 원한다고 생각할 수도 있습니다. 그리고 대화와 상담을 찾게 된 것입니다. 다시 말하지만, 그 누구도 그들이 여기에 오도록 강요하지 않았습니다.[2321]

고통받고 아파하는 누군가가 대화할 사람을 찾기 위해 우리에게 연락하는 것이 도대체 왜 잘못되었다는 것입니까? 그들이 이성애로 나아가고 우리가 그것을 응원하는 것이 왜 잘못입니까?[2322]

그런데 우리에게 10,000통 이상의 협박이 담긴 이메일과 메시지, 그리고 전화가 끊이지 않고 왔습니다."[2323]

의학박사인 염안섭 전문의는 신촌 세브란스병원의 호스피스 의사였다. 그리고 국정감사에 증인으로 채택돼 에이즈 문제를 증언한 전문가다.[2324] 그는 에이즈 환자를 진료하고 상담하면서 이들 대다수가 게이라는 사실을 알게 됐다. 이후 동성애-에이즈 관련성을 대중에게 알리는 활동을 해왔다. 염안섭 전문의가 말한다.

"저는 강연을 하면서 동성애자를 욕하거나 비판한 일이 없어요. 오히려 동성애자 단체가 제게 집단적으로 혐오를 가하고 있어요. 유명한 동성애자 인권운동가들에게 집단 구타당하기도 했고요. 몇 달 전엔 '이태원 남성 동성애자 수십 명을 풀어서 성폭행하겠다'라는 문자를 받았어요. 연락처를 어떻게 알았는지 70세 넘은 우리 아버지에게도 '네 아들을 가만두지 않겠다'라는 식으로 문자 테러를 해요."[2325]

한국가족보건협회 대표인 김지연 약사도 동성애 관련 보건학적 사실을 대중에게 알려왔다. 그러나 젠더 추종자로부터 수년간 집요한 협박에 시달려 공황장애 진단을 받고 2022년경 입원 치료에 들어갔다.[2326] 김지연 약사가 말한다.

"국내 최대 동성애자 단체인 '행동하는성소수자인권연대'의 사회관계망서비스(SNS) 계정에 저의 사진을 벽에 붙여놓고 해머로 내리치는 장면이 게시됐다는 사실을 확인했습니다. 저의 얼굴 사진을 붙여놓고 폭력을 행사하는 것을 만천하에 알리고 싶었는지 그들의 공식 SNS 계정에 올려놨습니다.

저는 해외 보건당국의 홈페이지를 통해 다양한 자료를 구해서 공신력 있는 자료들을 가감 없이 그대로 인용해 강의하다 보니 교육부와 여성 정책 당국이 주관하는 성교육 표준안 공개 공청회 및 좌담회 등에도 발제자로 수차례 섰습니다. 그런데 더 이상 동성애에 대한 보건학적 '팩트'를 언급하지 말라는 무언의 경고가 들어오기 시작했고 저는 이를 거절했습니다. 급기야 그들이 해머를 들은 것입니다. '이제 말 안 듣는 너희는 밤길을 조심해라. 죽기 싫으면 지금이라도 에이즈나 성병 등에 대한 팩트는 절대 알리지 말라'며 협박과 모욕을 가한 것입니다.

'인권단체'라는 이름을 쓰는 그들은 혐오자라는 낙인을 뒤집어씌우고 필요하면 살해 협박이나 퍼포먼스도 거리낌 없이 저지릅니다. 거짓을 강요하는 해머 질은 누가 봐도 비상식적 폭력 행위입니다. 이게 진짜 혐오입니다."[2327]

넷째, 탈동성애자/탈트랜스젠더에게도 이중잣대가 적용된다. 일례로 동성애와 탈동성애 광고 문구 사이에도 역차별 논란이 있다. 영국 런던 시내버스에 "어떤 사람들은 동성애자다. 인정해라!"와 "나는 예전에 동성애자였다. 탈동성애자인 것이 자랑스럽다. 극복해라!"라는 두 개의 광고 문구가 게재됐다. 그러나 항의를 받은 운송회사는 탈동성애 광고만 중단했고 영국 법원도 이를 정당하다고 판단했다.[2328] 이중잣대가 적용됐다는 지적이다. 나아가 탈동성애자/탈트랜스젠더들이 커밍아웃할 경우 젠더 추종자들의 표적이 된다.[2329] 탈동성애자 이요나가 말한다.

"소수자 인권으로 말하자면, 탈동성애자·탈동성애 지향자들은 지구상에서 숨을 쉬기조차 어려운 상황에 있는 소수의 무리입니다. 이들은(젠더 추종자들은) 우리의 탈동성애 인권 세미나를 '속임수'로 표현하고 '한국 기독교 인구의 소수를 구성하는 그룹'으로 폄하하고 있으나, 자칭 성소수자로 선전하는 저들이 동성애에서 천신만고 끝에 탈출한 이들과 탈동성애를 지향하는 극소수 사람들을 소수 그룹으로 매도하는 것은 자기모순의 논리이자 형평성에 문제가 있는 것입니다. 이런 비인권적 작태는 명백히 탈동성애자들에 대한 인권 유린 행위이자, 자신들을 향해 혐오를 말라고 외치면서 정착 본인들은 더 소수인 탈동성애자들을 혐오하는 이중적 태도입니다."[2330]

탈트랜스젠더 월트 헤이어(Walt Heyer)가 말한다.

"성전환 수술을 후회하는 사람들은 너무나 많습니다. 그들이 본래 성으로 전향하는 수술에 대해 공개적으로 얘기하는 순간 트랜스 운동가들의 표적이 됩니다. 그들이 커밍아웃하면 인권운동가들로부터 경멸과 신랄한 비판받을 것을 잘 압니다. 그들은 그것을 견딜 수 있는 심리 상태가 아닙니다.[2331] 성전환을 후회하는 사람들의 고통은 진지하게 받아들여야지, 소외시키거나 경멸해서는 안 됩니다. 그들의 인권은 사회에서 존중받지 못합니다."[2332]

이와 같이 젠더 이데올로기 정책은 탈동성애자/탈트랜스젠더 존재를 지워버린다. 차별금지법이 시행될 경우, 이들에 대한 탄압과 역차별은 더욱 심해질 뿐이다. 게다가 LGBT 권리와 충돌하는 사회적 약자인 연소자·난치병 환자·여성들의 인권도 도외시된다. 장기적으로는 LGBT 본인까지 희생된다. 왜냐하면, 부모나 본인 의사와 상관없이 3~5세부터 사회적 성을 세뇌당하고,[2333] 부정적 측면에 대한 정보와 전문가 상담의 손길을 차단하는 정책으로 LGBT 본인의 선택권이 박탈되기 때문이다.[2334] 이를 통해 동성애/성전환이 확산된다.

표현의 자유를 혐오 프레임에 가두는 메커니즘

앞서 본 사례들과 내용을 바탕으로 젠더 이데올로기 정책에 대한 비판과 토론이 원천적으로 배제되는 메커니즘을 분석해 보자. 비판에는 필연적으로 부정적 관념의 표시가 수반된다. 이에 따라 비판받는 자에게 불쾌감과 정신적 고통이 유발된다. 그러나 의견 교환에서 오는 이런 정신적 고통을 감수해야 토론이 가능해진다. 그리고 진실 탐구를 위한 생각을 할 수 있게 된다.[2335] 그런데 차별금지법은 성별을 사회적 성으로 대체한 후 관련 표현이 불쾌감이나 정신적 고통을 주게 되면 제재한다.[2336] 게다가 차별·혐오 의도가 없는 '간접차별'과 집단에 대한 표현까지 규제한다.[2337] 사회적 성이나 그 사회적 병리현상이 아이나 여성에게 해악을 끼치는 객관적 사실을 말하더라도 불이익을 받게 되는 것이다. 차별·혐오 의도가 없거나 특정인에게 말한 것이 아니어도 상관없다. 게다가 모든 국가기관과 법 제

도는 이런 차별금지법 취지에 복종해야 한다.[2338]

젠더 추종자가 말하는 혐오 표현은 젠더 이데올로기에 불리하면 그만이다. 경멸적인 감정까지 요구하지 않는다. 앞서 본 내용 중 과학적·의학적 사실을 근거로 '동성애는 선천적이 아니다'라고 하거나, 보건·의학적 통계를 인용해 '동성애 항문성교는 에이즈에 취약하다'라고 말하는 것도 차별이자 혐오가 된다.[2339] 헌법상 가족제도나 양성평등을 기초로 '인간은 남녀가 결합해서 사는 것이 정상이다'라거나,[2340] '생물학적 성별을 지지한다'라고 표현하는 것도 마찬가지다.[2341] 심지어 증오범죄로 몰아간다.[2342] 영국에서는 이를 극단주의자로 몰아 테러리즘으로 규정하는 사례들이 실제 발생하고 있다.[2343] 젠더 이데올로기에 동조하지 않으면 파면시킬 뿐만 아니라 잠재적인 테러리스트로 낙인찍어 제재한다는 비판의 목소리가 높다.[2344]

국가인권위는 '에이즈 환자 때문에 재정이 고갈된다'라고 말하는 것도 혐오 표현이라고 한다.[2345] 그런데 앞서 언급했듯 에이즈 환자 1명의 사회적 생애 비용으로 6억 원이 소요된다.[2346] 이에 따라 동성애 확산정책은 건강보험료·세금 폭증뿐만 아니라 다른 장애인·난치성 환자의 치료 기회도 박탈한다. 장기적으로는 재정 고갈로 이어져 게이의 치료 기회까지 박탈된다.[2347] 젠더 이데올로기 정책의 실현을 위해 국민 모두를 희생시키는 것이다.[2348] 따라서 동성애 축소정책을 통해 국민의 재정적 부담도 경감시키면서 게이의 치료 기회도 지속할 수 있는 여건을 마련하는 것이 합리적이다. 마땅히 사회적으로 논의해야 할 문제다. 그러나 젠더 이데올로기 정책의 문제점을 드러내는 이런 토론은 국가인권위가 나서서 금지시킨다. 국가인권위에 무소불위의 권력을 부여하는 차별금지법이 이런 토론까지 규제할 수 있는 이유는 '불쾌감'이나 '정신적 고통' 같이 주관적 감정이 개입되는 모호하고 포괄적인 상대적 개념으로 표현의 자유를 규제하기 때문이다.[2349] 표현의 자유의 본질적 기능을 무력화하는 것이다. 영국 고등법원의 노레스(Knowles) 판사가 말한다.

"표현의 자유는 '고양이가 귀엽다' 같은 말만 보호하는 것이 아니라 불쾌한 말도 보호하기 위해 존재합니다. 표현의 자유의 기능은 사람들이 듣기 싫어하는 것들을 노출하는 데 있습니다."[2350]

그런데 차별금지법은 혐오 표현에 대한 주관적 기준만을 규정할 뿐 이를 한정하거나 그에 관한 어떤 지침도 제시하지 않는다. 따라서 차별금지법이 규제하는 혐오 표현의 내용은 무한정 확대될 수밖에 없다. 또 특정한 표현이 과연 혐오 표현인지 여부에 대하여 그 경계를 객관적으로 설정하기도 어렵다. 게다가 입증책임까지 전환한다.[2351] 입증책임이란 특정한 법률효과의 발생·불발생을 판단하는 데 필요한 사실의 존부가 불분명한 경우에 어느 당사자에게 불리하게 사실을 확정시킬 것인가에 관한 문제다.[2352] 입증책임은 이를 주장하는 측에게 부담시키는 것이 자연스럽다.[2353] 그런데 차별금지법은 '합리성·정당성을 입증'할 책임을 사회적 성의 비판자에게 지운다.[2354] 이에 대해 전문가들은 법의 일반원칙에 반하는 '독소조항'으로서 법체계의 근간을 흔든다고 비판한다.[2355] 왜냐하면, 차별금지법은 '괴롭힘' 등에 대해 주관적 기준을 잣대로 매우 포괄적이고 모호하게 규정하므로 '괴롭힘' 성립 여부가 전적으로 LGBT의 주장에만 치우는 결과에 이르기 때문이다. '묻지마식 진정이나 제소'가 남발돼 표현의 자유가 위축되는 법체계를 만드는 것이다.[2356] 안창호 전 헌법재판관이 말한다.

"차별금지법안은 입증책임마저 전환시켜서 가해자라고 지목된 단체나 개인이 소송에서 이긴다는 것은 사실상 불가능하다."[2357]

충남대 법학과의 정주백 교수가 말한다.

"차별금지법의 증명책임에 관한 부분을 보면 결국 피해자가 불리하게 대우하는 행위가 있었다는 사실을 주장하기만 하면 그 상대방이 그러한 사실이 없었다는 사실 또는 정당한 사유가 존재함을 입증해야 하는 것입니다. 이는 입증책임의 분배에 있어 지나치게 피해자에게 유리한 것으로 보이며, 적어도 어떤 표지에 의한 차별인지에 대해서는 피해자가 입증하고 정당한 사유가 있음은 상대방이 입증하도록 정하는 것이 공정한 분배입니다."[2358]

입증책임의 전환과 관련하여 이해도를 돕기 위한 사례를 들어보자. 2021년 11월 기준 한국 내 코로나19 백신 접종 후 부작용 의심 사망자 수는 1,346명이었는데, 그중 2명만이 사망에 대한 '인과성 있음' 판정을 받았다.[2359] 인과성에 대한 증명책임을 입증이 상대적으로 용이한 국가 대신 유가족에게 부담시켰기 때문이다. 이와 마찬가지로 LGBT의 주관적 기준과 관련된 증명책임을 가해자로 지목된 상대방에게 부담시키는 것도 가혹한 결과를 초래할 수 있다. 특히, 젠더 이데올로기에 불리한 표현을 하는 사람에게 거짓 프레임을 씌우는 사례가 많은데,[2360] 입증책임 전환은 이런 거짓 프레임에서 벗어나기 어렵게 만든다.[2361] 표현의 자유를 혐오 프레임에 가두는 메커니즘인 것이다.

젠더 추종자들과 차별금지법은 행위 비판을 행위자 비난과 동일하게 취급하는 독특한 해석을 한다.[2362] 행위를 반대하면 행위를 한 존재를 반대한다고 한다.[2363] 이에 따라 동성애/성전환 행위로 유발되는 사회적 병리현상의 지적도 행위자에 대한 비난으로 포장하게 된다. 직접적으로 특정 상대방의 명예를 훼손하거나 모욕하는 것이 아니라, 어떤 특정 행위에 대한 부정적·비판적 의견 표명에 불과함에도 LGBT 중 누군가가 불쾌하다고 주장하면 제재를 가한다. 특정 집단의 행동에서 유발되는 결과를 비판·반대·비난하는 의견만으로도 그 집단 속 개인에 대한 비판·반대·비난으로 간주하는 것이다.[2364] 이런 사례로는 아이 걱정으로 퀴어축제의 도심지 개최를 반대한 안철수의 발언이 혐오 표현으로 결정된 것을 들 수 있다.[2365] 사회에 해악을 가져오는 사회적 성에 관한 모든 행동과 사회적 병리현상에 대해 침묵해야 하는 결과가 초래된다. 헌법적 가치나 다른 사회적 약자가 아무리 희생되더라도 젠더 이데올로기 정책은 반대·비판이 허용되지 않는 절대 성역이 되는 것이다.

이것이 온당한지 앞에서 본 흡연 사례에 빗대어 설명해보자. LGBT는 존중받아야 한다. 마찬가지로 흡연자도 존중받아야 한다. 그러나 흡연 행위와 그로 인해 유발되는 사회적 병리현상을 비판·반대한다고 해서 행위자인 흡연자의 인권을 침해하는 것이 아니다. 특히 아이들에게 흡연 행위에 대한 부정적 정보를 차단한 채 미화해서 노출하면 그 부작용이 심각하다. 만일 아이들에게 흡연이 노출될 수밖에 없는 환경이라면 경각심을 갖도록 흡연 행위와 관련된 사회적 병리현상에 대해 말해주는 것이 인권적이다. 이런 표현조차 금지된다면 정보를 차단당한 아이들은 선택권을 박탈당한 채 해를 입게 될 것이기 때문이다.

또한, 흡연하면 폐암에 걸릴 확률이 약 8배 높아지고 미성년자에게 특히 해롭다.[2366] 사람의 수명도 1~7년 단축된다.[2367] 물론 흡연하면 모두 폐암 환자가 되는 것은 아니다. 그러나 흡연과 폐암이 별 상관관계가 없다고 주장하는 것은 사실을 호도하는 것이다.[2368] 미성년자가 흡연하지 않도록 제도적 환경을 조성하는 이유다.

그런데 동성 성행위를 하면 에이즈에 걸릴 확률이 178배 높아진다.[2369] 사람의 수명도 8~30년 단축된다.[2370] 흡연과 비교할 수 없을 정도로 그 해악성이 심각하다. 문제는 젠더 추종자들이 동성애와 에이즈가 별 상관관계가 없는 것처럼 사실을 호도한다는 것이다. 특히 3~5세 아동기부터 동성애를 주입한다.[2371] 반면 동성 성행위에서 유발되는 사회적 병리현상에 대한 정보를 차단해 경각심을 갖지 못하게 한다. 흡연 정책과 반대로, 미성년자가 호기심으로 동성애에 빠지도록 제도적 환경을 조성하는 것이다. 그 결과 수많은 아이들은 동성애에 대한 경각심을 갖지 못하고 생명을 잃게 된다.

동성애/성전환의 사회적 병리현상에 대해 젠더 추종자가 취하는 조치는 이 사실이 외부에 알려지지 않게 언론을 통제하는 것이다. 그리고 이를 지적하는 학문·표현의 자유를 탄압한다. 특히, 전문적 식견을 가진 교수와 의사는 해임당하는 사례가 많다. 관련 토론·검증과 감시·비판·견제 활동을 원천봉쇄함으로써 아이들을 보호할 수 없는 사각지대를 만드는 것이다. 이런 젠더 이데올로기 정책으로 아이들의 자살 등 그 피해가 심해질수록 그 결과를 사회 탓으로 돌리며, 오히려 그 원인이 되는 젠더 이데올로기 정책을 강화하는 원동력으로 삼는다. 문화혁명을 위해 아이들을 희생하는 악순환이 벌어지는 것이다. 이념적 인권으로 포장한 젠더 이데올로기 정책이지만 사실상 아동·청소년의 생명권·보건권·인권을 유린하는 방법으로 기존 사회체제를 해체하고 특정 정치이념을 실현하게 된다. 젠더 이데올로기 정책의 사상적 뿌리가 아이들을 주요 공략 대상으로 삼기 때문이다.[2372]

이런 표현 규제로 침해되는 공익과 사회적 병리현상은 실로 중대하다. 반면 차별금지법이 보호하는 LGBT의 불쾌한 감정은 사실상의 이익이나 반사적인 이익에 지나지 않으며, 법적으로 보호되는 이익 또는 법률상의 이익이라고 보기 어렵다. 아동·청소년의 생명이나 헌법적 가치보다 우월한 젠더 이데올로기가 절대적인 가치로 군림하는데, LGBT의 불쾌한 감정이 이를 위해 이용되면서 이런 극단적인 법익 불균형이 발생하는 것이다. 심지어 관련 토론도 봉쇄한다. 일례로, 영국의 여성부 장관인 빅토리아 엣킨스(Victoria Atkins)가 성정체성 혼란을 겪는 아이들의 폭증에 경각심을 가지면서 성전환 시술에 조금 신중할 필요가 있다고 발언한 것조차 젠더 추종자들로부터 공격당한다.[2373]

젠더 추종자들은 동성애의 사회적 병리현상을 지적하면 '동성애자의 존재를 반대한다'라고 주장한다. 이것이 타당한지 우울증과 알코올 중독 사례를 비교해 살펴보자. 우울증과 알코올 중독에 걸린 사람의 행위나 그로 인한 사회적 병리현상을 지적한다고 해서 그 행위를 한 사람의 존재를 반대한다고 말하지 않는다. 그런데 현대과학은 우울증과 알코올 중독이 동성애보다 선천적 요인이 더 많다는 사실을 밝혀냈다. 우울증 발병 위험을 높이는 44종의 유전자 변이와 우울증 관련 유전자 153개가 특정됐다.[2374] 그리고 알코올 중독과 유전적 연관성이 있는 29개의 유전자 변이도 특정했다.[2375] 반면 동성애 행동과 관련 있는 유전자 변이는 5개만 특정됐다.[2376] 사실상 선천적 요인이 없는 것이다. 동성애 선천적 요인을 주장했던 1990년대 연구결과들의 거짓성도 모두 드러났다.[2377] 이에 미국 정신의학회는 "과학자들은 성적지향이 어떠한 요인 때문에 결정되는지 발견하지 못했다"라며 동성애 원인을 모른다는 입장으로 선회했다.[2378] 이처럼 LGBT의 선천성이 증명될 수 없다면, 그 행위·사회적 병리현상의 비판과 행위자 비난을 동일시하는 주장은 그 근거를 잃게 된다.

그렇지만 LGBT와 연관된 사회적 병리현상을 지적하면 증오범죄에 상응하는 제재를 하는 시스템이 갈수록 강화된다. 객관적 근거를 토대로 이런 사실을 지적하는 지식인들은 사회적으로 매장당한다. 그리고 트랜스젠더리즘에 의문을 제기하는 사람에 대해서는 LGBT 운동가들이 캔슬 컬처를 진행하며 살해·강간 협박까지 해댄다.[2379] 이질적인 법체계를 남용하기 쉽게 규정된 차별금지법은 그 법집행기관인 국가인권위의 편의적·자의적인 법집행을 가능하게 만든다.[2380] 즉, 표현의 자유를 제한하는 관련 규범의 의미 내용으로부터 무엇이 금지되는 행위이고 무엇이 허용되는 행위인지를 수범자가 알 수 없게 포괄적 법안을 제정한다. 이로 인해 법적 안정성과 예측 가능성이 확보될 수 없고, 법집행 당국에 의한 자의적인 집행이 가능해지는 것이다.[2381]

게다가 차별금지법은 편향적인 국가인권위에 모든 국가기관과 법 제도가 복종해야 할 의무를 사실상 부여한다. 젠더 이데올로기 유불리에 따라 극단적인 이중 잣대로 표현의 자유가 규제되는 제도적 환경이 조성되는 이유다. 이것은 사회적 성에 대한 비판을 차단하고 기존 사회체제를 해체하기 위해 사상을 통제하는 시스템인 셈이다. 그리고 '사상의 공개시장'에서 젠더 이데올로기에 불리한 사상과 견해가 옳고 그른지, 가치가 있는지 여부를 평가하고 결정할 수 없게 한다. 사실의 권력적·조직적 은폐에 따라 객관적 진실이라 믿어지던 것이 후에 허위인 것으로 밝혀지는 것을 막는 것이다.[2382] 이런 메커니즘 뒤에서 젠더 추종자까지 비판받지 않을 특혜를 누리게 된다. 이를 위해 젠더 이데올로기 정책에 불리한 토론을 배제하고 강요된 표현을 통해 사상을 통제하는 단계를 거치게 된다. 차례대로 보자.

먼저, 토론이 배제되는 단계를 보자. 인권교육이 시행될 경우 동성애/성전환에 빠지는 아이들 수는 폭증한다.[2383] 후천적 요인을 시사한다. 이 아이들 상당수가 높은 에이즈 감염률과 자살률로 생명을 잃고 불행해진다는 사실에는 이견이 없다. 그런데 동성애와 관련하여, 젠더 추종자들은 그 원인을 모른다고 한다.[2384] 반면 탈동성애자 대부분과 많은 의료 전문가들은 성중독이라고 밝힌다.[2385]

앞서 언급했듯 성전환 시술이 임상실험 단계라는 사실도 이견이 없다.[2386] 성전환 시술 동의서 양식에 장기적 효과를 모른다고 아예 명시되어 있다.[2387] 게다가 미국 정신의학회는 아이의 88~98%가 젠더불쾌증에서 자연스럽게 벗어난다고 하는데,[2388] 성급한 성전환 시술이 그 기회를 박탈한다고 세계 최고 권위자인 저커 교수가 밝힌다.[2389] 그렇다면 성정체성 혼란을 유발하는 인권교육이나 이를 고착화하는 성전환 시술은 많은 아이들에게 트랜스젠더가 되도록 부추긴다는 사실이 확인된다. 그럼에도 젠더 추종자들은 아동에 대한 성전환 시술 결정에 부모를 정책적으로 배제한다.[2390] 그리고 동성애/성전환을 주입하는 인권교육을 3~5세 아동을 대상으로 시작한다.[2391] 결국, 상호 검증하거나 논의해야 할 문제가 많은 것이다.

이런 문제를 제기하고 건전하게 해소하기 위해서는 다양한 의견 간의 자유로운 토론과 비판을 통해야 한다. 그런데 관련 토론이나 의견교환과정에서 사용된 일부 부정적인 언어나 예민한 이슈에 관한 비판적 표현을 제재하게 된다면, 표현행위를 위축시키고 열린 논의의 가능성이 줄어들어 표현의 자유의 본질적인 기능이 훼손된다. 또한, 광범위한 개념을 잣대로 표현의 허용 여부를 특정 공권력이 재단하게 되면, 언론과 사상의 자유시장이 왜곡되고 정치적으로 악용될 우려도 크다. 따라서 어떤 표현이나 정보의 가치 유무, 해악성 유무가 국가에 의하여 일차적으로 재단되어서는 안 되며, 이는 시민사회의 자기교정 기능과 사상과 의견의 경쟁 메커니즘에 맡겨져야 한다.[2392]

그런데 차별금지법은 그 법집행기관인 국가인권위에 사회적 성에 관해 포괄적인 규제 권한을 부여하고, 규제대상인 표현이 젠더 이데올로기를 실현하는 특정인, 특정세력, 특정 집단, 특정 가치관에 불리한지, 유리한지에 따라 차별적·편향적인 법집행이 이루어질 수 있도록 통로를 제공하는 효과를 발생시킨다.[2393] 젠더 이데올로기에 반대하는 사람들이 규제받을 것을 우려해서 표현행위를 스스로 억제하게 만드는 것이다. 그리고 동성애/성전환의 사회적 병리현상으로 악화되는 여론을 무마하고 이를 들추어 내거나 표현하는 사람들을 상징적으로 처벌하는 제도적 환경을 조성한다.[2394] 이 과정에서 이들은 젠더 추종자의 블랙리스트에 올라 혐오자라는 오명으로 낙인찍힌다.[2395] 이런 메커니즘을 통해 젠더 이데올로기에 불리한 내용의 표현을 사전에 억제함으로써 젠더 이데올로기에 유리한 의견이나 젠더 추종자에게 무해한 여론만이 허용되는 결과가 초래된다. 젠더 이데올로기 정책에 대한 감시와 비판의 근거가 될 진실한 사실도 표현할 수 없는 것이다.

앞서 본 사례들과 같이, '피터슨' 교수는 성중립적 인칭대명사에 반대 의견을 냈다는 이유로 히틀러에 비유되고 증오범죄를 저질렀다고 비난받았다.[2396] '린제이 셰퍼드'는 이런 토론에 중립적이었다는 이유로 거짓 프레임을 쓰고 징계 회의가 진행됐다.[2397] 이것은 토론 배제 현상을 잘 드러낸다. 한국에서 차별금지법을 발의한 더불어민주당에 소속된 국회의원 김희재가 말한다.

"현 국회 상황을 소개하면 대부분 의원이 차별금지법의 세부 내용을 잘 모르고 막연하게 찬성하고 있습니다. 반대 토론 자체를 법으로 금지하는 차별금지법이 통과된다면 정치인의 권리와 자유도 제한될 것입니다. 차별금지라는 슬로건 이면에 숨은, 자유를 심각히 제한할 우려가 있는 부분에 대해 고민

해야 합니다.[2398]

포괄적 차별금지법은 제가 여기서 반대하는 것조차 혐오 표현이자 LGBT를 괴롭히는 것으로 만듭니다. 지금까지 단순 의사 표현으로는 처벌되지 않았으나, (이 법은) 손해배상과 시정명령, 심지어 형사처벌까지 할 수 있도록 제재 규정을 만들었습니다. 아찔합니다. 정치인으로서 반대 의견을 제시하고 토론해야 하는데 그 자체를 법으로 금지한다면, 정치인으로서 권리와 자유가 지나치게 제한하는 게 차별금지법입니다."[2399]

다음으로, 표현이 강요되면서 사상이 통제되는 단계를 보자. 성중립적 인칭대명사는 편향적 이념이 투영된 인위적으로 조작된 언어다.[2400] 이런 언어 사용을 어린 학생과 시민에게 법률로 강제하고 불응 시 증오범죄로 취급한다.[2401] 전문가들은 이런 '강요된 표현'이 젠더불쾌증을 고착시키고 성전환을 확산한다고 지적한다.[2402] 게다가 생물학적 성별을 해체하는 젠더 이데올로기를 강제로 주입하기 때문에, 사상 통제로 이어진다.[2403]

캐나다 상원의 법제사법위원회에서 Bill C-16에 대해 증언했던 캐나다 퀸스대학(Queen's University) 법학과의 브루스 패디(Bruce Pardy) 교수가 말한다.

"성중립적 인칭대명사를 사용하지 않으면 곤경에 빠지게 됩니다. 시정명령, 사과, 소련식 재교육, 벌금뿐만 아니라 반복적 위반 시에는 법정 모독죄로 감옥에 갈 수도 있습니다.

인권은 원래 자유를 위해 고안됐습니다. 국가의 억압으로부터 사람들을 보호했습니다. 인권의 목적은 국가의 자의적인 체포, 구금, 고문, 검열을 제한하는 것이었습니다. 이런 인권은 무제한 인정될 수 있습니다. 왜냐하면, 사람들을 내버려 두는 것을 요구하는 것이기 때문입니다. 그런데 우리는 문화전쟁 중이며 인권은 사회정의 가치(젠더 이데올로기 가치)를 실현하고 이와 충돌하는 신념들을 비합법화 하는 무기가 되었습니다. 다른 사람들의 자유를 제한하기 위해 이 권리들이 적용되고 있습니다.

표현의 자유는 침해받지 않을 권리가 있는 전통적인 인권입니다. 그런데 국가가 표현을 재단할 경우 우리의 생각까지 통제하게 됩니다. 그리고 강요된 표현은 가장 극단적인 형태로 표현의 자유를 침해하는 것입니다. 시민들에게 특정 언어를 강요하고 따르지 않으면 처벌하겠다고 위협합니다. 표현이 단지 제한될 경우, 그래도 자기의 생각을 혼자서 유지할 수 있습니다. 그러나 표현이 강요될 때에는 자신이 동의하지 않는 것들을 말해야 합니다.

인권위원회는 차별금지법(Bill C-16) 조항의 의미 해석과 적용에 대해 우선적으로 통제할 수 있습니다. 그런데 인권위원회는 중립적 기관이 아닙니다. 방대한 아젠다를 옹호하는 기관입니다. 그리고 Bill C-16은 트랜스젠더나 제3의 성을 주장하는 사람들에게 다른 사람의 표현을 지시할 수 있는 능력을 줍니다.

일부 상원의원들은 누군가가 원하는 인칭대명사로 부르게 하는 것이 합리적이기 때문에 성중립적 인칭대명사 사용을 강제하는 것도 합리적이라는 견해를 표명했습니다. 이것은 자유로운 사회 안에서 표현의 자유가 하는 역할에 대해 이해하지 못하는 것입니다. 강제되는 표현이 '합리적'인 표현인지 여부가 문제 되는 것이 아닙니다. 가령 법률이 시민에게 '안녕하세요', '부탁합니다', '감사합니다'를 말하도록 강제한다면 그 법률은 압제적입니다. 왜냐하면, 이 용어들이 비합리적이라서가 아니라 국가가 사적 대화의 내용을 지시했기 때문입니다.

침해받지 않을 전통적인 인권은 보복에 대한 두려움 없이 자신들이 원하는 방식대로 자유를 누릴 수 있게 합니다. 모든 사람이 타인의 권리를 제한하지 않으면서 자신의 권리를 행사할 수 있었습니다. 그러나 새롭게 등장한 인권은 그렇지 않습니다. 당신은 자신이 사용할 단어와 태도를 스스로 결정하기를 기대합니까? 그렇다면 새롭게 등장한 인권은 당신 편이 아닙니다.[2404] 이 인권은 제로섬 게임이 되었습니다. 누군가에게 권리를 주는 것은 누군가로부터 권리를 빼앗는 것을 의미하게 되었습니다."[2405]

강요된 행동과 편향된 정치이념을 실현하는 메커니즘

젠더 이데올로기 확산 전략은 사상 통제를 위한 강요된 표현에 그치지 않는다. 신념 번복을 위해 특정 행동까지 강요하게 된다. 젠더 이데올로기를 받아들이지 않는 개인의 신념까지 공권력을 이용해 번복시키는 것이다. 신념 포기나 사회적 매장, 둘 중 하나를 선택할 수밖에 없는 법체계를 만든다.[2406] 관련 사례를 보자.

제빵사인 잭 필립스(Jack Phillips)는 미국 콜로라도에서 1993년 9월경부터 주문형 수제 케이크를 제작하는 가게를 운영해 왔다. 신념에 반하는 메시지를 요구하지 않는 한 누구를 위해서든 예술적인 아트 케이크를 고객의 주문에 따라 제작했다.[2407] 특정 메시지를 거절할 뿐 사람에 따라 차별하지 않고 서비스를 제공했다.[2408] 따라서 젠더 이데올로기적 메시지를 요구하지 않는 게이나 트랜스젠더 중에도 단골손님들이 있다.[2409]

그런데 2012년 7월경 동성애자인 찰리 크레이그(Charlie Craig)와 데이비드 물린스(David Mullins)는 동성혼 축하 메시지가 담긴 케이크를 주문했다.[2410] 그러나 필립스에게는 결혼이 '남자와 여자의 결합'이라는 성경적 신념이 있었다. 이에 따라 필립스는 동성애 커플에게 말했다.

"저는 당신들에게 생일 케이크, 출산 축하 샤워 케이크, 쿠키나 브라우니를 다 팔겠습니다. 그러나 동성결혼식을 위한 주문 케이크는 만들지 않습니다."[2411]

이에 동성애 커플은 필립스에게 욕하고 곧바로 가게를 나갔다. 이 대화는 약 20초 걸렸을 뿐이다.[2412] 당시 콜로라도주는 동성결혼이 합법화된 상태도 아니었다.[2413] 그런데 이들은 필립스에 대해 콜로라도주 차별금지법 위반으로 인권위원회에 진정을 제기했다.[2414] 성적지향을 근거로 차별받았다는 것이다. 콜로라도 인권위원회는 필립스에게 동성혼 축하 케이크 제작을 명령했다.[2415] 또 89세인 어머니, 아내, 딸에게도 재교육을 명령했다.[2416] 필립스가 성경적 신념에 따라 사업을 운영했던 것이 잘못됐다는 것을 교육하라는 것이다.[2417] 이에 불응하자 콜로라도 인권위원회와 필립스 간의 첫 번째 소송이 6년간 진행됐다.[2418] 그리고 콜로라도주 항소법원까지는 인권위원회의 손을 들어 줬다.[2419] 그러나 2018년 6월경 미국 대법원은 콜로라도 인권위원회가 차별금지법을 집행하는 데 있어 종교적 신념에 대한 적대감을 드러내며 중립성을 보이지 않았다는 이유로 항소법원 판단을 파기했다.[2420] 인권위원회의 명백한 편향성을 확인한 것이다.[2421] 예컨대 당시 인권위원회 위원인 디안 라이스(Diann Rice)는 종교의 자유를 나치즘과 노예 제도에 비유하곤 했다.[2422] 필립스도 종교 때문에 공개적으로 비난받으며 나치로 비유됐

다.[2423] 다만 대법원은 종교·표현의 자유가 침해된 것을 판단하지 않았다.[2424]

그런데 첫 번째 소송이 진행되던 중 또 다른 차별금지법 진정사건으로 인권위원회가 필립스와의 두 번째 소송을 제기했다. 대법원이 본안판단을 허락한 날인 2017년 6월 26일에 트랜스젠더 운동가이자 변호사인 어텀 스카르디나(Autumn Scardina)가 필립스에게 성전환 축하 메시지가 담긴 케이크 제작을 주문한 후 진정한 것이다.[2425] 얼마 후 스카르디나는 마리화나를 피는 사탄 이미지를 묘사한 케이크까지 주문했다.[2426] 스카르디나의 주문은 우연이 아니라 필립스를 괴롭히기 위한 함정이라는 비판이 나온다.[2427] 필립스는 신념에 반하는 이런 주문을 거절했고 스카르디나는 차별금지법 위반으로 콜로라도 인권위원회에 진정을 제기했다.[2428] 인권위원회는 이 진정도 받아들여 필립스에 대한 두 번째 소송을 제기했다.[2429] 필립스에 대한 트랜스 운동가의 함정과 괴롭힘에 대해 알고 있음에도 인권위원회가 동조한다는 지적이 나온다.[2430] 트랜스 운동가와 편향적인 공권력이 합작하여 '국가가 후원하는 괴롭힘'이 발생하는 것이다. 그러나 2018년경 두 번째 소송에서도 인권위원회의 반종교적 적대감을 확인할 수 있는 증거들이 발견됐고, 2019년 3월경 인권위원회의 두 번째 소송이 취하됐다.[2431] 그리고 2019년 6월경 진정을 했던 변호사인 스카르디나가 차별금지법 위반을 근거로 필립스에게 미화 100,000달러를 청구하는 소송을 직접 제기했다.[2432]

단지 신념을 지키고자 했던 필립스는 연이어진 이런 악의적인 소송에 10년 동안 고통을 겪어야 했다.[2433] 필립스는 매년 300개의 주문 케이크를 만들어 왔다.[2434] 그러나 콜로라도 인권위원회의 시정명령과 벌금으로 필립스는 케이크 주문 제작을 중단할 수밖에 없었다.[2435] 이에 따라 수입의 40%가 감소했고 10명의 직원 중 6명이 직장을 잃게 됐다.[2436] 온 가족도 살해 협박과 반달리즘에 따른 파괴행위에 시달렸다.[2437] 젠더 추종자들은 돌로 창문을 깼고 아내는 가게에 가기를 두려워했다.[2438] 캔슬 컬처의 표적이 된 것이다. '국가가 후원하는 괴롭힘'이라는 비판의 목소리가 높다.[2439] 젠더 이데올로기에 동조하지 않는 신념을 포기하든지, 사업을 폐업하든지 선택할 것을 국가가 강요하는 것이다.[2440] 아무리 필립스가 소송에서 외관상 승리했더라도 젠더 추종자가 실질적으로 승리했다는 지적이다.[2441] 신념을 지키려고 하면 이런 악몽을 감수할 수밖에 없다는 젠더 추종자의 메시지가 확실하게 전달되기 때문이다. 필립스가 10년 동안 겪었던 악몽을 감수할 사업자는 많지 않다.[2442] 센너 이데올로기에 동조하는 특정 행동을 강요하고 이에 반하는 신념을 번복하도록 차별금지법이 제도적 환경을 조성하는 것이다.

필립스의 사건이 언론에 노출된 후 필립스의 신념을 조롱하는 이런 괴롭힘이 계속 이어졌다. 사탄 숭배자들도 필립스에게 사탄의 탄생일을 기념하는 케이크를 주문했다.[2443] 케이크 주문이 거절될 경우, 사탄 숭배자들은 종교적 차별을 이유로 진정을 제기할 수 있는 것이다.[2444] 실제로 종교적 차별을 금지하는 차별금지법이 무기화되어 이런 행태가 조장된다는 지적이다.[2445] 필립스는 이와 유사한 주문을 주기적으로 받는다.[2446] 필립스의 가게 앞에서도 일부러 케이크 주문을 거절당해 '차별받았다'라고 외치려는 사람들이 줄을 섰다.[2447] 필립스가 말한다.

"저는 25년 이상 케이크 아티스트로 일하면서 단순한 정책을 지켜왔습니다. 저는 모든 사람을 위해 봉사하지만 모든 메시지가 담긴 케이크를 만들 수 없다는 것입니다.[2448] 많은 창작 전문가가 그렇듯이, 저도 주문형 예술을 통해 표현할 수 없는 메시지들이 있습니다. 저의 근본적인 신념에 어긋나는 메시지들이 있기 때문입니다. 모든 사람에게는 자신의 뿌리 깊은 신념에 따라 일하고 평화롭게 살아갈 권리가 있습니다.[2449]

저는 신념에 어긋나는 메시지를 표현하는 케이크를 만들 수가 없었습니다. 그래서 저는 고객(어텀 스카르디나)을 위해 기꺼이 다른 제품을 판매하거나 제작할 수 있다고 설명하면서 예의를 갖춰 성전환 기념 케이크 제작을 거절했던 것입니다. 우리는 이 고객에게 주문에 담긴 메시지 때문에 케이크를 제작할 수 없다고 말했습니다.[2450] 그러나 이 고객은 우리를 고소했습니다. 이 고객은 수년간 우리의 사건(동성혼 기념 케이크 사건)을 추적해왔습니다. 그리고 의도적으로 우리의 종교적 신념에 어긋나는 케이크 제작을 주문했습니다.[2451] 이 사건은 단지 우리를 함정에 빠뜨리기 위한 요청이었던 것입니다.[2452] 만일 이 사건이 기각될 경우, 그들은 바로 다음 날 다시 돌아와서 다른 케이크 주문을 요청한 뒤 저를 고소할 것입니다.[2453]

우리의 가게는 반달리즘으로 파괴되었습니다. 우리는 살해 협박들을 받았습니다. 한 남자는 '가게로 와서 너의 머리를 총으로 날려버리겠다'라고 저에게 계속 전화를 했습니다.[2454] 이런 사건들은 단지 케이크나 제빵의 문제가 아닙니다. 단지 아트의 문제도 아닙니다. 저의 믿음의 문제입니다. 저의 창의력과 예술적 재능을 저의 종교적 신념에 위반하는 행동에 사용하도록 강요당하고 있습니다."[2455]

필립스는 성경을 믿기 때문에 성별이 남자와 여자만 있다는 신념을 가지고 있다.[2456] 성별은 생물학적으로 결정되는 것이지 개인의 느낌으로 선택하거나 결정할 수 없다는 신념이다.[2457] 젠더 추종자는 이런 신념을 번복하지 않거나 젠더 이데올로기에 동조하지 않는 사람을 대상으로 캔슬 컬처를 진행하고 사회적으로 매장하기 위해 차별금지법을 무기화한다.[2458] 단지 강요된 행동을 따르지 않았다는 이유로 재정적으로 파산시키는 것이다.[2459] 그리고 차별금지법에 대한 복종 의무를 가진 전체 법체계가 무기화된다.[2460]

필립스 사건은 차별에 관한 문제가 아니다. 젠더 이데올로기에 동의하지 않을 수 있는 자유에 관한 문제다.[2461] 필립스는 지키고자 했던 신념 때문에 표적이 됐다. 필립스와 같이 자신의 신념을 번복하지 않을 경우, 'LGBT가 예외 없이 보호받아야 한다'라는 명분으로 공권력을 악용한 괴롭힘이 이어진다.[2462] 국가의 반헌법적 공권력이 평등하게 보호받을 시민 개인의 권리나 표현의 자유를 박탈하는 것이다.[2463] 이것은 자녀를 보호하고자 하는 부모가 젠더 이데올로기에 반대하는 신념을 가지더라도 마찬가지다. 젠더 추종자가 악용하는 공권력은 모든 시민에게 미친다.[2464] 차별금지법을 그물망과 같이 포괄적으로 규정하는 이유다.

한국의 차별금지법에서도 젠더 이데올로기에 반대하는 신념을 포기하지 않을 경우, 국가인권위가 개인을 재정적으로 파산시킬 수 있는 제도를 마련했다. '이행강제금'을 통해 젠더 이데올로기에 따르는 특정 행동을 강요하는 것이다. 차별금지법에서는 '국가인권위가 차별금지법이 금지하는 차별행위를 한 자에게 시정명령을 할 수 있다'라고 규정한다.[2465] 필립스처럼 신념을 지키기 위해 강요된 행동에 따르지 않는 경우도 이런 차별행위에 해당한다. 생물학적 성별이 옳다는 생각을 갖고 개인의 느낌만으로 성별을 바꿀 수 없다고 의견을 제시하는 행위도 마찬가지다. 심지어 남자 성기를 지닌 트랜스젠더가 여성 전용공간에 출입하는 것을 거부하는 행위도 차별행위다. '국가인권위는 이런 차별행위의 중지, 시정, 재발 방지를 위한 조치나 피해의 원상회복을 명할 수 있다'라고 규정한다.[2466] 그리고 '국가인권위는 시정명령을 받은 자가 계속하여 시정명령의 내용을 이행하지 않는 경우 해당 내용이 이행될 때까지 3천만 원 이하의 이행강제금을 다시 부과할 수 있다'라고 규정한다.[2467] 한 마디로, 시정명령에 따르지 않으면 재정적으로 파산할 때까지 이행강제금을 무제한 반복해서 부과할 수 있다는 것이다.[2468]

즉, 필립스와 같이 자신의 신념을 유지하며 시정명령을 따르지 않을 경우, 국가인권위는 이행강제금을 통해 필립스의 재산권을 형해화할 수 있게 된다. 왜냐하면, 이행강제금은 시정명령 이행 시까지 지속적으로 부과하는 시정명령에 대한 이행확보 수단으로서 부과 횟수의 상한선이 정해져 있지 않기 때문이다. 그 부과액이 무한대로 증가하여 신념을 위해 위법한 상태를 유지하는 자의 재산권을 본질적으로 침해할 수 있는 것이다.[2469] 이행강제금은 필립스 같은 사람에게 심리적 압박을 가해 본인 스스로가 자신의 신념을 번복하고 젠더 이데올로기가 요구하는 특정 행동을 따르도록 이용될 수 있다. 그리고 젠더 이데올로기에 편향된 국가인권위는 이런 공권력을 시민들에게 직접 행사할 수 있게 된다.[2470] 충남대 법대의 명재진 교수가 말한다.

"국가인권위에게 차별행위자 이행강제금 부과 등 평등권에 대한 집행권을 부여하는 것은 국가인권위의 권한을 무한히 확대하는 것입니다. 권력에 대한 제한과 균형을 목적으로 하는 국가 운영의 기본원리인 삼권분립의 원칙을 무너뜨리는 행위입니다."[2471]

2015년경 미국 오리건주의 한 제과점 주인도 동성결혼을 축하하는 케이크 판매 요청을 거부했다는 이유로 주정부로부터 미화 13만5,000달러(한화 1억 6,000만 원)의 벌금을 부과받기도 했다.[2472] 젠더 이데올로기에 반대하는 필립스와 같은 사람에게 재정적 제재를 가하는 유사 사례들이 속출하는 것이다. 미국 비영리기구인 가족연구협의회(Family Research Council)에 따르면 이런 제재가 3년간 76% 이상 증가했다고 한다.[2473]

필립스의 신념은 성경에 따라 행동하지 않고서는 자신의 인격적 존재가치가 허물어지고 말 것이라는 정도의 진지성을 가진 내적 확신이다. 필립스는 이런 신념을 지키면서 살아갈 수 있어야 자기 정체성을 확립할 수 있다. 따라서 개인이 이런 신념을 형성할 자유는 인간의 존엄성과 불가분의 관계에 있으며 내심에 머무르는 한, 절대적으로 보호되는 기본권이다. 그런데 차별금지법은 자신의 신념에 따라 살아가는 사람을 젠더 추종자가 적극적으로 찾아가 괴롭히고 신념에 반하는 행동을 강요할 수 있게 만든다. 그럼에도 자신의 신념을 포기하지 않으면 공권력이 개입해 재정적으로 파산시킬 수 있게 한다. 반면 공권력은 필립스 같은 사람에게 향하는 젠더 추종자의 살해 협박 등에는 관대하다. 이중잣대가 적용되기 때문이다. 차별금지법은 표현과 행동을 강요해 사상을 통제하고 신념을 번복시키는데, 이에 굴하지 않는 필립스 같은 사람이 정신적 고통까지 받도록 법체계를 구축한다. 젠더 이데올로기로부터 자녀를 지키려는 부모의 신념도 탄압받기는 마찬가지다.

차별금지법은 이와 같은 강요된 행동뿐만 아니라 특정 정치이념을 실현하는 메커니즘이 작동하는 제도적 환경까지 조성한다. 모든 국가기관과 법 제도가 젠더 이데올로기에 복종해야 할 의무까지 부여되기 때문이다.[2474] 행정부가 이런 편향된 이념에 따라 행정상 조치를 취했던 외국 사례를 보자.

미국 미시간주에서 사과 과수원을 운영하는 스티븐 테니스(Stephen Tennes)는 이스트 랜싱(East Lansing) 시당국이 운영하는 농산물 시장에 2010년부터 사과를 판매해왔다.[2475] 이것은 테니스 가족의 주 수입원이기도 하다.[2476] 그런데 2016년경 테니스는 페이스북에 '결혼은 한 남자와 한 여자 사이의 결합이라는 성경적 신념에 따라 자신이 운영하는 사과 과수원에서 동성애 결혼식을 주최하지 않겠다'라는 글을 남겼다.[2477] 2017년경 시당국은 이 글이 차별이라며 테니스에게 농산물거래 금지처분을 내렸다.[2478] 젠더 이데올로기에 반대하는 신념을 가질 경우, 시민의 생계를 제한하는 행정상 조치를 취함으로써 행정부가 응징·보복한다는 비판이 쏟아진다.[2479] 버지니아 대학의 헌법학 교수인 더글러스 레이콕(Douglas Laycock)이 말한다.

"테니스는 단순히 그의 의견을 표현했을 뿐입니다. 그리고 시당국은 (결혼식) 서비스 공급을 강제하는 상황도 아니었습니다. 그런데 시당국이 동의하지 않는 의견을 표현했다는 이유로 그에게 부당한 대우를 하면서 전혀 관련성이 없는 다른 혜택(농산물 판매권)을 박탈하고 있습니다."[2480]

스티븐 테니스가 말한다.

"저는 LGBT 커뮤니티 구성원들에게 서비스를 제공하고 그들을 고용하며 농산물 시장에서도 계속 그렇게 할 것입니다. 그러나 결혼이 한 남자와 한 여자의 결합이라는 종교적 신념에 따라 표현하고 행동할 수 있는 자유는 헌법상 보장되는 권리입니다.

결혼에 대한 저의 종교적 신념과 우리 집과 농장 뒷마당에서 결혼식을 주최하는 것은 이스트 랜싱 시당국과 아무 관련이 없습니다. 그리고 농산물 시장에 참석하는 모든 사람에게 농산물을 파는 것과도 관련이 없습니다.[2481] 저는 우리 가족이 운영하는 농장에서 종교적 신념에 따라 결혼식에 참석하고 주최하겠다고 페이스북에 썼습니다. 이 게시물은 이스트 랜싱 시당국이나 농산물 시장과 전혀 관련성이 없는 글입니다. 그러나 시당국 공무원들이 이 게시물에 대해 알게 되자 저를 농산물 시장에서 퇴출키로 했습니다. 저의 개인적인 종교적 신념이 시당국의 정책을 위반했다는 이유입니다.

시당국이 좋아하지 않는 표현을 했다는 이유만으로 공무원이 시민의 공적 생활 참여를 금지해서는 안 됩니다. 이스트 랜싱 시당국은 우리의 신념을 평화롭게 표현하는 것과 우리의 생계 중 하나를 선택할 것을 강요하고 있습니다. 그 누구도 이런 선택에 직면해서는 안 됩니다.[2482] 이것은 저의 표현의 자유를 침해하고 종교적 신념을 이유로 차별하는 것입니다."[2483]

넷째, 젠더 이데올로기에 반대하는 표현을 할 경우, 관련 행위와 책임과의 균형적인 비례 관계를 과도하게 일탈하는 조치가 이루어지게 된다. 생물학적 성별을 지지하는 표현을 홀로코스트와 같은 증오범죄로 간주하면서 가벌성이 현저히 다른 행위를 대등하게 처벌하기 때문이다.[2484] 균형을 잃은 제재로부터 시민을 보호해야 할 헌법적 가치는 이념적 인권 앞에서 유명무실해진다.[2485] 그리고 공적·사적 영역을 규제하는 모든 법체계가 차별금지법 취지에 복종해야 하므로 젠더 이데올로기를 실현하는 하위 법 제도로 전락한다.[2486] 그 결과 사회 모든 영역에서 젠더 이데올로기에 불리한 표현을 하는 사람들을 파면·해임하는 극단적인 조치들이 손쉽게 내려진다. 특히 아동들에게 사회적 성을 세뇌하는 인권교육을 반대하면 가혹한 제재를 받게 된다.

일례로, 초등학생 자녀에게 젠더 이데올로기를 주입하는 인권교육에 대해 우려하는 글을 페이스북에 게시하자, 2019년 1월경 영국의 한 부모가 직장에서 해고됐다.[2487] 즉, 아들이 다니는 초등학교에서 시행되는 인권교육에 대해 걱정하는 표현을 하자 자신의 직장인 중학교에서 해고된 것이다.[2488] 이 게시물은 페친(페이스북 친구) 100명 외에는 비공개되었던 사적인 글이었고 직장과 관련이 없음에도 해고의 원인이 되었다.[2489] 관련 사례를 보자.

두 아이의 엄마인 크리스티 힉스(Kristie Higgs, 44세)는 영국의 한 중학교(Farmor's School)의 직원으로 고용되어 오점이 없는 경력으로 7년 동안 일해 왔다.[2490] 그런데 힉스는 아들이 다니는 초등학교(Church of England primary school)에서 트랜스젠더 아동도서를 교육자료로 쓰는 인권교육에 대해 깊이 우려했다.[2491]

이런 아동도서에는 '치마를 입고 싶어 하는 소년 제이콥'(Jacob's New Dress)과 '빨간색 크레용이 자신이 진짜로는 파란색이었다는 사실을 발견한다'(Red: A Crayon's Story)라는 내용의 책들이 있다.[2492] 4세 아동부터 이런 책들로 가르치는데, 성정체성 혼란을 유발하는 교육자료인 셈이다.[2493] 이런 인권교육이 부모 선택과 상관없이 영국에서 의무적으로 시행될 예정이었기 때문에 아들이 걱정되었던 것이다.[2494]

이에 힉스는 2018년 10월경 100명의 팔로워에게만 공개되는 페이스북 계정에 두 개의 게시물을 올렸다.[2495] 첫 번째 게시물은 정치평론가인 주디베스 왜그너(JudyBeth Wagoner)의 글을 볼 수 있는 링크를 달았다.[2496] 힉스가 쓴 문구는 링크 위에 "이런 일이 지금 우리 초등학교에서 일어나고 있습니다"가 전부다.[2497] 링크된 왜그너의 글에서는 트랜스젠더 이데올로기가 녹아 있는 아동도서에 대해 말한다.[2498] 그리고 이런 아동도서를 사용해 아이들에게 성전환을 가르치는 미국 학교를 비판했다. 성별은 생물학적으로 결정되기 때문에 이런 아동도서의 내용은 진실을 왜곡하고 아동학대의 한 형태라고 지적한다.[2499] 왜그너가 말한다.

"급진적인 학교 시스템이 아이들을 세뇌하고 있습니다. 유치원과 1학년 아이들을 성적 유동성 사회를 위해 준비시키는 것입니다. 물론 학교에서는 괴롭힘 방지 캠페인의 이름으로 이런 의제를 도입하지만, 우리는 그 실체를 잘 알고 있습니다. 그들(젠더 추종자)은 트랜스젠더 명단에 아이들을 모집하느라 바쁜 것입니다. 그들의 아젠다는 괴롭힘이 아닙니다. 우리 아이들을 이용해 젠더 이데올로기 사회를 실현하는 것입니다."[2500]

힉스의 두 번째 게시물에서는 의무적으로 시행될 인권교육에 반대하는 청원서를 공유했다.[2501] 스페인 보수 가톨릭 단체로서 온라인 청원운동을 펼치는 '시티즌고'(CitizenGo)의 청원서인데, 서명한 사람의 수만 115,000명을 넘는다.[2502] 힉스가 2018년 10월 24일에 공유한 온라인 청원서의 내용이다.[2503]

"관계성 교육(인권교육)을 초등학교에서 의무화하고, 성과 관계성 교육(인권교육)을 중학교에서 의무화하는 정부의 협의가 (2018년) 11월 7일에 마감됩니다. 이것은 다음과 같은 내용을 아이들에게 가르친다는 것을 의미합니다. 동성결혼은 전통적인 결혼과 완전히 똑같고, 성별은 생물학적인 것이 아니라 선택의 문제며, 아이들이 자신의 성별을 선택할 수 있다고 가르칩니다. 모든 관계가 똑같이 정상적이고 적절하다고 가르칩니다.

동시에 이것은 남성과 여성의 결혼과 창조에 대한 기독교의 근본적인 신념을 가르치고 표현하는 것이 금지된다는 것을 의미하게 됩니다. 왜냐하면, 이런 기독교적 신념은 받아들일 수 없는 종교적 편협함을 세뇌하는 것으로 간주되고, 새로운 가치와 충돌하기 때문입니다. 이것은 신념을 형성할 자유를 박탈하고, 당의 노선(젠더 이데올로기)을 따르는 사람들을 위한 표현의 자유만 허용된다는 것을 의미하게 됩니다. 우리는 다시 말하지만, 이것은 기독교를 공적 영역에서 퇴출하고 탄압하려는 목적을 가진 악의적인 전체주의의 한 형태입니다."[2504]

이렇게 공유한 청원서와 관련하여 힉스가 쓴 글은 다음 내용이 전부다.

"이것을 읽어주세요! 그들은 우리 아이들을 세뇌하고 있어요! 이 청원서에 서명해주세요. 그들은 아름답게 창조된 우리의 순수한 아이들을 이미 세뇌하기 시작했습니다. 우리 지역 초등학교에서 지금 일어나고 있는 일입니다."[2505]

그런데 이 게시물들을 봤던 100명의 페친 중 1명이 2018년 10월 26일에 힉스의 직장인 중학교에 익명을 요구하며 이메일로 진정을 제기했다.[2506] 이 게시물들이 LGBT 커뮤니티에 편견과 혐오를 조장한다는 이유다.[2507] 힉스는 즉시 정직되었고 징계 회의가 열렸다.[2508] 징계 회의에서는 힉스가 불법적인 차별을 했고 소셜미디어를 부적절하게 사용했다는 이유로 해고를 결정했다.[2509] 특정인에 대한 차별이 없지만 불쾌하고 공격적인 표현을 사용했다는 이유다.[2510] 심지어 징계 회의의 위원장은 힉스의 게시물을 친나치 성향을 보이는 극우 극단주의자의 코멘트로 비유했다.[2511] 영국 브리스톨의 고용법원도 힉스의 게시물이 트랜스포비아를 유발하는 표현이라는 이유로 해고가 정당하다고 판결했다.[2512]

힉스는 사회적 성을 의무적으로 세뇌당해야 하는 아들을 걱정하면서 수많은 부모의 우려가 반영된 글을 페이스북에 공유했을 뿐이다. 자신이 직접 작성한 글도 아니었다.[2513] 가족과 페친 외에는 비공개된 사적인 글이었다.[2514] 그럼에도 힉스는 직장과 그 가족의 주요 수입원을 잃게 된 것이다.[2515] 그리고 혐오 프레임을 쓴 채 아이들과 일할 수 있는 경력까지 끝나게 됐다.[2516] 젠더 이데올로기 때문에 자기 아들을 걱정하는 표현을 했다는 이유만으로 부모가 사회적으로 매장당하는 것이다. 힉스가 말한다.

"제가 게시물을 공유한 이유는 영국 초등학교에 다니는 9살짜리 아들에게 강제적인 성교육(인권교육)이 강요되는 것을 깊이 우려했기 때문입니다.[2517] 저는 부모에게 종교적 신념에 따라 자녀를 양육할 수 있는 자유가 인정되기를 원합니다.[2518] 그리고 어린아이들이 해로운 이데올로기로부터 보호받기를 원합니다.[2519] 이를 위해 직장을 잃을 두려움 없이 자신의 의견과 신념을 공유할 수 있어야 합니다.[2520]

저도 아들이 다니는 초등학교에서 이 문제가 제기되기 전에 관심이 없었습니다. 많은 부모들도 세상에서 어떤 일이 일어나고 있는지 모르고 있습니다.[2521] 제가 유일하게 잘못한 것은 학교에서 일어나는 일에 대한 정보를 다른 부모들과 공유한 것입니다. 이것이 왜 그렇게 끔찍한 잘못이라는 것인지 도무지 알 수가 없습니다.[2522] 저의 유일한 동기는 아들이 성별을 바꾸는 것을 이해하기에 너무나 어리다고 판단한 것입니다. 이것은 저의 종교적 신념과도 어긋납니다.[2523]

저는 인권교육에 대한 우려를 공유했기 때문에 응징당했습니다. 영국 전역에서 수십만 명의 부모들이 함께 공유하는 종교적 신념을 저 역시 갖고 있을 뿐입니다. 저의 가장 큰 걱정은 젠더를 가르치는 인권교육이 너무나 어린 나이의 아동들에게 끼칠 영향입니다.[2524] 저는 누구를 차별한 적도 없고, 차별하지도 않을 것입니다.[2525] 저는 단지 아들에게 주입되는 교육이 저의 종교적 신념과 맞지 않는 문제에 대해 우려를 제기했을 뿐입니다. 사람들은 이것에 동의할 수도, 안 할 수도 있습니다. 저도 다른 사람에게 어떻게 생각하라고 말하지 않습니다."[2526]

힉스가 징계 회의에 대해 이어서 말한다.

"징계 회의에서 기독교적 관점이 담긴 게시물을 나치에 비유하며 정치적 극단주의자로 분류하는 것에 저는 충격을 받았습니다.[2527] 이것은 너무나 모욕적입니다.[2528]

그들은 기본적으로 제가 게시물을 올린 것이 잘못이고 어떤 부모가 이에 대해 진정을 제기했다고 말합니다. 그러나 저 역시 부모입니다. 진정을 제기한 부모에게 신념이 있는 것처럼 저 역시 신념을 가지고 있습니다. 그러나 저의 신념은 고려되지 않습니다. 저는 친구들과 무엇인가를 공유했다는 이유만으로 이 지경에 이른 것이 믿기지 않습니다.[2529] 단 한 개의 익명 진정서로 학교가 이렇게까지 이 일을 확대시킨다는 것도 믿기지 않습니다.[2530]

제가 이 일을 얘기했을 때 큰아들은 실제로 울었습니다. 왜냐하면, 저의 신념을 표현했다는 이유만으로 학교가 저를 해고한 것이 너무나 혼란스러웠기 때문입니다. 저는 종교적 신념을 표현할 수 있는 권리가 완전히 빼앗겼다고 느낍니다. 저는 세상은 물론, 심지어 제 아들의 학교에서 일어나는 일에 대해서도 의견을 가지는 것이 허용되지 않는 것으로 보입니다. 아무도 감히 반대할 수 없는 정치적 올바름의 아젠다를 위해 제 표현의 자유가 희생되었습니다."[2531]

힉스는 종교적 신념에 대해서도 말한다.

"저는 종교적 신념 때문에 해고되었습니다. 저는 하나님이 남성과 여성을 창조했고 이것이 실수가 아니라고 믿습니다. 그래서 저는 현대 사상인 성적 유동성이나 트랜스젠더리즘을 믿지 않습니다.[2532] 그리고 거짓되고 해로운 이데올로기가 성행할 때 성경적 진실을 표현해야 한다는 신념이 있습니다. 저는 소셜미디어에서 게시물을 올린 것이 잘못되었다고 생각하지 않습니다. 왜냐하면, 우리 아이들이 세뇌당하고 있다고 생각하기 때문입니다. 저는 정보를 제공하기 위해 게시물을 공유했습니다. 그리고 저의 종교적 신념은 결혼이 한 남자와 한 여자 사이에 이루어진다는 것입니다. 하나님의 법은 성별을 바꿀 수 없다고 합니다. 반면 차별금지법은 성별을 바꿀 수 있다고 하는데, 제가 이것을 받아들여야 한다는 것을 의미하지 않습니다. 이것은 제가 그들을 혐오하거나 그들이 제 친구가 아니라는 것도 의미하지 않습니다.[2533] 저의 종교적 신념 때문에 직장을 잃었는데, 우리 사회가 더 이상 이런 신념을 용인하지 않는 것으로 보입니다."[2534]

힉스가 우려했던 똑같은 인권교육 프로그램에 대해 버밍엄에서도 많은 학부모들이 들고일어나 항의했다.[2535] 그러나 집회의 자유조차 금지됐다.[2536] 10세 딸을 우려하는 학부모인 파티마 샤(Fatima Shah)가 말한다.

"아이들이 집에 와서 소년은 자신이 여자아이가 될 수 있다는 말이 사실인지, 소녀는 자신이 남자아이가 될 수 있다는 말이 사실인지 물어보고 있습니다. 이것은 아이들에게 필요치 않은 의문을 심기 때문입니다. 우리는 동성애자를 혐오하는 무리의 엄마들이 아닙니다. 우리는 단지 이런 인권교육이 부적절하다고 느낄 뿐입니다.[2537] 어른들이 논의해야 할 매우 복잡한 문제에 노출되었기 때문에 아이들이 혼란을 겪고 있습니다."[2538]

힉스가 우려한 대로 영국의 인권교육은 초등학생을 대상으로도 2020년 9월부터 의무적으로 시행되었다.[2539] 영국 교육부 가이드라인에서는 5세 아동에게도 LGBT 관계와 성전환에 대해 수업을 받게 한다. 이런 인권교육에 자녀의 참석을 원하지 않는 부모의 의사가 있어도 무시할 수 있게 된다.[2540] 초등학교 때는 의무적으로 동성애 부모와 다양한 형태의 가족에 대해 배우고, 중학교 때는 의무적으로 성적지향과 성정체성에 대해 배워야 한다.[2541]

이와 같은 젠더 이데올로기 정책을 실현하는 과정에서 그 문제점이나 부모의 우려를 제기하는 표현의 자유는 극도로 제한된다. 자녀를 보호하기 위해 이런 표현을 하는 부모는 직장을 잃거나 수감 될 위험에 처하게 된다.[2542] 사회적으로 매장당할 수 있다는 공포심을 조장해 비판과 토론을 차단하는 것이다. 젠더 추종자들이 내세우는 이념적 인권 앞에서 헌법적 가치도 제 기능을 하기 어렵게 된다.[2543] 젠더 이데올로기가 견제 없이 실현되는 메커니즘인 것이다.

젠더 이데올로기가 만연할 경우, 힉스와 같이 젠더 이데올로기에 불리한 표현을 해서 파면되는 사례들은 사회 전 영역에서 발생하게 된다.[2544] 언론통제로 시민들이 잘 알지 못할 뿐이다. 관련 사례들을 보자.

2019년경 영국에 사는 마야 포스타터(Maya Forstater)는 "트랜스젠더 여성들은 그들의 생물학적 성별을 바꿀 수 없다"라고 트위터(SNS)에 글을 썼다가 약 9년 동안 근무했던 엑세터(Exeter) 대학교의 씽크탱크 연구원직에서 해고됐다.[2545] 젠더 이데올로기에 어긋나는 신념을 언급했다는 이유만으로 생계를 잃은 것이다.[2546] 해리포터 작가인 롤링 역시 '포스타터가 성별이 진짜라고 말했다는 이유만으로 직장을 잃는 현실'을 비판했다가 젠더 추종자들의 거센 비난을 받았다.[2547]

2013년경 미국 스포츠 방송 해설자인 제임스 크레이그(Craig James)는 동성결혼에 반대하는 발언을 했다가 폭스 스포츠 해설가 자리에서 해고됐다.[2548] 심지어 해고의 원인이 된 발언을 방송 중에 한 것도 아니었다.[2549] 크레이그는 젠더 이데올로기와 충돌하는 자신의 종교적 신념 때문에 해고되었다고 밝힌다.[2550]

2014년경 영국 치안판사(magistrate)인 리처드 페이지(Richard Page, 68세)가 "아이는 결혼한 엄마와 아빠가 있는 가정에서 자라는 것이 제일 좋다"라고 발언했다가 치안판사 직에서 해임됐다.[2551] 이 사건은 사회 전 영역에 메시지를 보냈다. 특히 공공분야에서 자신의 직업을 소중히 여긴다면 입을 닫으라는 메시지다.[2552] 정신건강 분야에서 20년의 경력이 있고 15년간 치안판사로 근무했던 페이지가 말한다.

"정치적 올바름을 따르거나 침묵할 것을 요구하는 엄청난 압력이 존재합니다.[2553] 저는 한 남성과 한 여성과 한 아기가 함께하는 것이 가장 자연스럽다고 생각했습니다. 그리고 치안판사로서 아이의 복리를 위해 무엇이 최선인지 합리적으로 생각해야 합니다. 아이의 복리를 위해서라면 한 남성과 한 여성으로 구성된 가정에서 아이를 입양하는 것이 더 좋다고 생각했습니다. 그래서 그런 말을 했던 것입니다."[2554]

앞서 본 것처럼 2012년경 영국의 시의회 의원인 크리스티나 서머스(Christina Summers)는 동성결혼 의안에 반대표를 던졌다가 환경위원회에서 해임됐다.[2555] 2019년경 미국 고등학교 선생인 피터 블라밍(Peter Vlaming)은 성중립적 인칭대명사를 사용하지 않았다는 이유로 해고됐다.[2556] 2015년경 미국 비뇨기과 전문의인 폴 처치(Paul Church)는 동성애와 관련된 의학적 위험에 대해 우려를 표명했다가 병원에서 해고됐다.[2557] 2015년경 젠더불쾌증 분야의 세계적 권위자인 케네스 저커(Kenneth Zucker)는 성전환 시술을 신중히 해야 한다는 입장을 견지했다가 병원에서 해고했다.[2558] 이후 관련 소송에서 부당해고를 위해 거짓 프레임을 씌웠다는 사실도 밝혀졌다.[2559] 그밖에 언론통제로 알려지지 않은 수많은 해고 사례들이 있다.[2560]

젠더 이데올로기에 반대해서 해고되는 사례들의 원인을 추적하면 차별금지법 때문이라는 결론에 도달하게 된다. 그 이유를 정리해보면 공적·사적 영역을 불문하고 모든 법 제도와 기관은 젠더 이데올로기를 실현하는 차별금지법에 복종하고 그 취지에 따라 시정조치를 해야 하기 때문이다. 그런 명문 규정이 있을 뿐만 아니라,[2561] 그렇지 않은 기관에 대해서는 은밀하게 불이익을 주는 메커니즘까지 작동하게 된다.[2562] 또 사용자 책임 규정도 있다.[2563] 이에 따라 모든 법 제도와 기관은 차별금지법의 취지에 따라 젠더 이데올로기에 반대하는 개인을 가혹하게 제재하게 된다.[2564] 하위 법 제도 단계에서 이런 파면 조치가 이루어지기 때문에 표면적으로 내세우는 구실은 매우 다양하다. 그러나 그 근본적인 원인은 그 이면에서 최상위법으로 작동하는 차별금지법과 최상위 가치로 자리매김한 젠더 이데올로기다.

이런 구실을 만들기 어려운 경우, 캔슬 컬처의 일환으로서 거짓 프레임을 씌우거나 살해 협박하는 사례도 흔하게 나타난다. 차별금지법을 따르는 법 제도나 기관들이 캔슬 컬처를 진행하는 젠더 추종자들에게 이중잣대로 관대한 처분을 하기 때문이다. 표현의 자유가 쉽게 제한되는 메커니즘 때문에 이념적 인권의 완장을 찬 젠더 추종자들은 비판을 면제받는 특혜까지 누리게 된다. 결국, 젠더 이데올로기에 동조하지 않는 개인을 사회적으로 쉽게 매장할 수 있는 제도적 환경이 차별금지법에 의해 조성되는 것이다. 이를 통해 기존 사회체제를 해체하고 견제 없이 편향된 이념을 실현하게 된다.²⁵⁶⁵⁾ 그리고 그 과정에서 부모조차 보호할 수 없는 아이들이 검증이 금지된 사각지대에서 가장 큰 해악을 당하게 된다.

형사처벌 받는 '생각 범죄' (젠더 이데올로기 정책의 진화)

동성애/성전환 확산정책뿐만 아니라 낙태를 인권으로 간주하며 이를 조장하는 정책도 젠더 이데올로기의 산물이다.²⁵⁶⁶⁾ 그런데 젠더 이데올로기에 반대할 경우, 표현의 자유를 제한하는 것을 넘어서 이제는 표현되지 않은 생각까지 범죄화하는 제도적 장치들이 등장해 우려를 낳고 있다. 지금은 낙태 영역에서 생각 범죄를 형사처벌하지만, 앞으로 동성애/성전환 영역으로 확장될 수 있다는 지적이 많다. 영국에서 낙태에 반대하는 생각까지 범죄화하는 사례들을 보자. 그 전제로 먼저 낙태와 관련된 영국 통계들을 살펴보겠다.

태아는 임신 22주부터는 독자적 생존이 가능하다. 2000년 일본 조사에서는 임신 21~23주 사이에 태어난 태아 중 40%가 생존했다는 보고가 있다.²⁵⁶⁷⁾ 한국 헌법재판소는 태아가 모체를 떠난 상태에서 독자적으로 생존할 수 있는 시점을 임신 22주 내외라고 판시했다.²⁵⁶⁸⁾ 산부인과 교과서에서도 임신 20주 이후 태아가 자궁에서 나오는 것을 '분만'이라고 가르친다. 실제로 임신 22~23주에 출생 체중이 400g 미만으로 태어난 많은 미숙아들은 생존하여 성장하고 있다.²⁵⁶⁹⁾ 태아는 23주 차에 엄마의 움직임을 감지하고 소리도 들을 수 있다고 한다.²⁵⁷⁰⁾ 이때 낙태를 하게 되면 태아의 신체를 절단하며 수술 도구로 자궁에서 이를 긁어 내거나 흡입하게 된다.²⁵⁷¹⁾ 그런데 영국의 낙태법은 임신 24주까지 낙태를 허용하고 있다.²⁵⁷²⁾

영국 통계에 의하면 영국에서 낙태법이 시행된 1968년부터 55년 동안 약 1천만 명 이상(10,135,618명)의 태아가 낙태로 생명을 잃었다.²⁵⁷³⁾ 이 수치는 스코틀랜드 인구의 두 배, 헝가리 인구의 절반에 달하는 수치다.²⁵⁷⁴⁾ 그리고 영국 런던의 전체 인구보다도 많다.²⁵⁷⁵⁾ 친생명 단체인 '영국 생명권'(Right to Life U.K.)의 대변인 캐더린 로빈슨(Catherine Robinson)이 말한다.

"1967년 낙태법이 발효된 이래 10,135,618명의 생명을 잃은 것은 국가적 비극입니다.²⁵⁷⁶⁾ 이 수치는 국가가 뱃속 아기의 생명을 보호하지 못하고 계획되지 않은 임신을 한 여성에게 전폭적인 지원을 제공하지 못한 총체적인 실패를 나타냅니다."[2577]

그런데 2022년에 진행된 BBC 조사결과에 따르면 낙태를 하는 여성 중 15%가 자신의 의지에 반해 낙태를 강요당하는 것으로 나타났다.[2578] 구체적으로 1,060명의 여성(18~44세)을 대상으로 조사한 결과, 158명(15%)이 '의사에 반해 낙태를 강요당했다'라고 보고했다. 이 중 33명(3%)은 본인 모르게 또는 동의 없이 낙태를 유도하는 약물을 투여받은 경험이 있다고 답했고, 54명(5%)은 낙태 의도로 신체적 폭력을 당한 경험이 있다고 응답했다.[2579]

BBC의 조사결과가 나온 후 친생명 단체(Compassion Scotland)의 대변인 한나 맥니콜(Hannah McNicol)이 말한다.

"2022년 3월 14일에 발표된 BBC의 조사결과에 따르면 여성의 15%가 원치 않는 낙태를 강요당한 경험이 있다고 답했습니다. 누군가로부터 강제로 무언가를 하도록 강요받았다면 강요받은 사람은 동의하지 않았다는 것이 분명합니다. 이 통계가 충격적인 이유는 영국에서 낙태의 15%가 온전한 동의 없이 이루어진다는 것을 의미하기 때문입니다. 낙태 시술소 밖에서 열리는 친생명 집회는 선택할 수 있는 대안들을 보여줌으로써 낙태를 종용하는 강압에 대응할 수 있는 마지막 보루이며 안전장치입니다."[2580]

"계획되지 않은 임신에 직면한 여성들은 정서적·실질적 지원을 받아 마땅합니다. 낙태 시술소 밖에서 제공되는 지원도 마찬가지입니다. 오늘날 많은 아기들이 살아있는 것은 그들의 어머니가 예상치 못한 도움을 받았기 때문입니다. 낙태의 15%가 강압에 의한 것이라는 최근 연구결과를 고려할 때, 이런 지원은 더욱 중요합니다."[2581]

낙태를 고민할 때 친생명 단체(Be Here for Me)로부터 지원받았던 경험이 있는 알리나 덜게리우(Alina Dulgheriu)가 말한다.

"취약한 여성에게 도움을 차단하는 사회는 도대체 어떤 사회입니까? 저는 낙태를 원하지 않았습니다. 그러나 저는 파트너, 친구, 사회로부터 버림을 받았습니다. 당시 저의 재정적 상황은 아이 키우는 것을 매우 어렵게 만들었습니다.[2582]

낙태 예약 시간 전에 시술소 밖에서 한 단체가 제안해준 지원 덕분에 제 딸은 이 자리에 지금 있습니다. 저와 똑같은 경험을 한 다른 사람들도 수백 명에 이릅니다. 전형적인 사례인 것입니다. 저와 같은 상황에 있는 여성들에게 절실히 필요한 지원을 제안해주는 자선 봉사자들의 차단은 잘못된 일입니다.[2583]

낙태 대안으로 지원을 제안하는 것은 법적으로 허용할 필요가 있습니다. 이것은 낙태를 반대하지 않더라도 공감할 수 있을 것입니다. 제가 낙태 예약을 하고 갔을 때 병원 밖에서 한 자선 봉사자가 전단지를 건네주었습니다. 그 전단지 안에는 제가 찾던 도움을 제공하는 정보들이 있었습니다. 제 앞에 놓인 두 가지 선택지를 놓고 고민한 끝에 모성을 선택했습니다. 유모차, 유아용 침대, 기저귀뿐만 아니라 일자리와 집을 구하는 데 지원을 받기로 했습니다. 쉽지 않은 일이었습니다. 하지만 그 전단지를 건네준 친생명 단체의 지원 덕분에 딸과 함께할 수 있는 삶을 사는 게 자랑스럽습니다.[2584]

제 경험을 일회성 사례로 치부하지 말기를 바랍니다. 제가 사는 런던과 북아일랜드에서는 저와 같은 혜택을 받은 여성들이 수백 명에 이릅니다."[2585]

영국 보건복지사회부의 통계에 따르면 2021년 영국에서 시행된 낙태는 214,869건이다.[2586] 이 수치에 BBC 조사결과를 적용해 보면, 2021년 한 해 동안에만 32,230명(15%)의 여성이 온전한 동의 없이 강압으로 낙태했다는 사실이 추정된다. 이 32,230명의 여성은 태아의 생명을 살릴 수 있는 실질적 지원을 받을 수 있었다면, 낙태하지 않았을 가능성도 크다. 젠더 이데올로기 정책은 '임산부에 대한 위협을 막겠다'라는 명분을 내세워 이 가능성을 원천봉쇄한다는 지적이 나온다.

그러나 2018년 영국 정부의 조사결과에 따르면 낙태 시술소 근처에서 일어나는 위협이나 괴롭힘은 극히 드물다고 밝힌다.[2587] 스코틀랜드 통계에서도 2016년 1월 1일부터 2021년 12월 31일까지 스코틀랜드 전역의 13개 병원 및 낙태 시술소에서 친생명 집회와 관련된 범죄 기록이 전혀 없다고 나타난다.[2588] 괴롭힘이나 위협의 증거가 발견되지 않는 것이다. 그럼에도 젠더 이데올로기 정책은 낙태에 반대하는 표현뿐만 아니라 합의된 대화나 실질적인 지원을 위한 정보 공유,

심지어 생각(기도)까지도 형사범죄화 하는 방향으로 나아가고 있다. 그 결과 낙태를 강요받는 15% 여성들의 자기결정권과 태아의 생명권이 사실상 침해받는다는 지적이다.[2589]

텍사스주 의원인 칩 로이(Chip Roy)를 비롯한 미국 하원의원 8명(Jeff Duncan, Mary Miller, Randy Weber, Andrew Clyde, Ben Cline, Andy Ogles, Glenn Grothman)은 국제종교자유를 위한 미국 국무부 대사인 라샤드 후세인(Rashad Hussain) 앞으로 서한을 보내면서, 영국 기독교인의 종교/사상의 자유를 위협하는 '생각 범죄(thought crime)의 현실화'를 우려했다.[2590] 서한의 내용은 다음과 같다.

"영국은 현재 언론의 자유, 종교의 자유, 심지어 사상의 자유에 대해 실존적 위협을 초래할 수 있는 불안한 길을 걷고 있습니다. 현재까지 최소 5곳의 영국 지방자치단체에서 신앙인이 생명 존중과 종교적 견해를 표현했다는 이유만으로 기소할 수 있도록 허용하는 '공공장소 보호령'(Public Spaces Protection Orders, 이하 'PSPO')을 통과시켰습니다.

이 부당한 법은 낙태 시술소 주변에 축구 경기장 크기의 '검열 구역'을 만들어 친생명 활동가들이 도움을 제공하거나 기도하거나 낙태 반대 의견을 표명할 수 없도록 합니다. PSPO는 특히 신앙인들의 활동을 표적으로 삼습니다.

이런 법의 시행은 낙태를 고려하는 여성들에게 지원을 제안하는 목소리를 내고 생명의 신성함을 지지한다는 이유로, 국가 차원에서 법적으로 괴롭히는 패턴을 만들어내고 있어 매우 우려스러운 상황입니다. 또한, 언론의 자유, 종교의 자유뿐만 아니라, 심지어 사상의 자유를 행사했다는 이유로 이런 괴롭힘이 이루어집니다.

이사벨 본 스프루스(Isabel Vaughan-Spruce)는 영업이 끝난 낙태 시설 근처에서 조용히 속으로 기도했다는 이유로, 아담 스미스 코너(Adam Smith-Cornor)는 낙태로 잃은 아들을 위해 개인적으로 기도했다는 이유로, 숀 고프(Sean Gough) 신부는 검열 구역에서 기도하고 '태아 생명은 소중합니다'라는 범퍼 스티커를 부착한 차량을 검열 구역 안에 주차했다는 이유로

기소당했습니다. 이것은 영국 정부가 종교의 자유를 침해한 구체적인 세 가지 사례에 불과합니다. 마음속으로 기도했다는 이유로 본 스프루스와 고프 신부는 기소됐고, 스미스 코너는 벌금까지 물었습니다. 세 사람 모두 검열 구역 안에서 자신들이 무슨 생각과 기도를 했는지 그 내용에 대한 심문을 받았습니다.

더 충격적인 사실은 의회가 영국 전역의 낙태 시설 주변에 이런 반종교적 검열 구역을 설치하는 법안의 시행을 검토하고 있으며, 침묵 기도와 합의된 대화가 범죄로 해석될 수 없음을 명확히 하는 수정 법안을 부결시켰다는 것입니다. 침묵 기도를 했다는 이유로 개인을 체포하는 것은 개인의 근본적인 자유에 대해 총체적이고 끔찍하며 불필요한 폭력을 확대하는 것입니다.

미국과 영국은 특별하고도 긴밀한 관계를 맺고 있는 만큼, 영국이 불가침의 기본적 인권을 보호하지 못할 때 미국은 우방국에 대담하고 분명한 목소리를 내야 합니다. 자유로운 국민은 자연권을 행사한다고 해서 법적 박해를 받지 않습니다. 우리는 친생명 시민들의 생각을 범죄화하는 영국 지방자치단체의 조치와 의회가 심사 중인 잠재적인 법안을 강력하게 규탄합니다."[2591]

공공질서법 개정안(Public Order Bill)은 축구장보다 큰 검열 구역 안에서 낙태 서비스를 이용하려는 사람의 결정에 영향을 끼칠 수 있는 모든 형태의 활동을 금지한다.[2592] 이 법안은 낙태 시술소 반경 500피트(약 150m) 내에서 모든 형태의 항의나 시위를 금지시키는 것이다.[2593] 반사회적인 행위를 막기 위한 목적이라고 한다.[2594]

그런데 이런 명분으로 '생각 범죄'까지 처벌하게 된다.[2595] 사회·경제적 사유로 낙태가 강요되는 임산부에게 실질적인 지원을 제안·제공하는 모든 행위나, 이를 위해 합의된 평화로운 대화나, 심지어 머릿속으로 하는 기도까지 모두 범죄화하는 것이다.[2596] '엄마'나 '아기'라는 표현을 쓰면 범죄가 되고, 지원 정보를 담은 전단지도 건넬 수 없는 것은 물론이다.[2597] 낙태에 반대하는 사람들이 낙태 시술소와 가까운 가정집에서 모임을 가질 수 없으며, 태아 생명을 보호하자는 게시물도 게재할 수 없게 된다.[2598]

이 법안은 2년의 징역형 또는 무제한 벌금형을 형사적 제재 규정으로 두고 있다.²⁵⁹⁹⁾ 그리고 5개(Manchester, Richmond, Ealing, Birmingham, Bournemouth) 이상의 지방자치단체에서 시행되던 PSPO를 영국 전역으로 확대하게 된다.²⁶⁰⁰⁾ 앤드류 루어(Andrew Lewer) 하원의원은 '침묵 기도'와 '합의된 대화'를 금지행위의 예외사항으로 하자는 수정 법안을 제안했다.²⁶⁰¹⁾ 그러나 하원에서는 이를 거부한 채 원래 법안을 통과시켰다.²⁶⁰²⁾ 침묵 기도와 합의된 대화조차 형사처벌 하기로 의도된 법안인 것이다.²⁶⁰³⁾

침묵 기도는 생각에 해당한다. 이에 따라 PSPO는 생각할 자유(사상의 자유)를 제한한다는 비판을 받는다. 사상의 자유는 주류적 견해와 다른 사유를 추구할 수 있는 자유다.²⁶⁰⁴⁾ '누구나 사색에 대하여는 처벌받지 아니한다'라는 법언에서도 알 수 있듯이 내심의 의사는 어떠한 경우에도 제한받거나 강제되어서는 안 된다. 즉, 내심의 의사만으로 범죄가 성립되지 않는다는 것이 형사법 원리다.²⁶⁰⁵⁾ 그리고 신앙의 자유는 그 자체가 내심의 자유의 핵심이기 때문에 법률로써도 이를 침해할 수 없다.²⁶⁰⁶⁾ 생각할 자유와 신앙의 자유는 법률로 제한할 수 없는 절대적 자유라는 의미다.²⁶⁰⁷⁾

내심의 생각(기도)을 근거로 개인을 형사처벌하는 PSPO는 사상의 자유뿐만 아니라 근본적인 법원리까지 침해한다. '내심의 의사만으로는 처벌받지 않는다'는 형사법의 대원칙도,²⁶⁰⁸⁾ '어떠한 생각을 가지고 있다고 하더라도 그것이 내심에 머무르는 한 절대적인 자유이므로 제한할 수 없다'는 헌법상의 대원칙도 PSPO의 배후 사상인 젠더 이데올로기 앞에서 무력화된다는 지적이다.²⁶⁰⁹⁾

미국 하원의원들이 PSPO를 우려하며 언급한 본 스프루스, 고프 신부, 스미스 코너의 사례들을 차례대로 더 자세히 살펴보자.

2022년 12월 6일 '생명을 위한 영국 행진'(UK March for Life)이라는 친생명 시민단체의 이사인 이사벨 본 스프루스(Isabell Vaughan-Spruce, 45세)는 버밍엄(Birmingham)의 한 낙태 시술소(BPAS Robert Clinic) 근처에서 머릿속으로 조용히 기도했다는 이유로 체포되고 기소됐다.²⁶¹⁰⁾ 버밍엄 지역에서 2022년 9월 7일부터 시행된 PSPO를 위반한 혐의다.²⁶¹¹⁾ 당시 낙태 시술소는 영업이 끝나 근처에 임산부도 없었다.²⁶¹²⁾ 본 스프루스는 누구에게 접근하지도 않았다.²⁶¹³⁾ 팻말도 들지 않고 소리도 내지 않은 채 그냥 가만히 서 있었다.²⁶¹⁴⁾ 그럼에도 그녀는 3

명의 경찰에 의해 몸수색을 당한 후 연행됐다.[2615]

당시 본 스프루스의 체포 경위와 대화가 모두 녹화됐다.[2616] 한 목격자가 그녀의 사진을 찍은 후 낙태 시술소 근처에서 기도하는 것 같다는 제보를 했다.[2617] 경찰들은 본 스프루스에게 다가와 제보 사진을 보여주면서 기도를 했는지 추궁했다.[2618] 그녀는 사진이 찍혔을 당시 기도했을 수도 있지만,[2619] 점심 식사와 같은 다른 생각을 하던 중일 수도 있다며 항변했다.[2620] 그리고 항의하지 않았다고 밝혔다.[2621] 그러나 경찰은 "당신은 기도했다고 말했는데, 이것이 범죄입니다"라고 대답했다.[2622] 이후 그녀의 머리카락 등 몸수색을 하고 나서 경찰서로 연행해 감금했다.[2623] 그리고 보석으로 석방될 당시 PSPO 검열 지역을 벗어난 공개된 장소에서도 기도를 제한한다는 보석 조건을 달았다.[2624]

2022년 12월 15일 본 스프루스는 기소됐다.[2625] 영업이 끝난 낙태 시술소 근처에서 조용히 서서 기도했던 행위가 '위협'이 된다는 이유다.[2626] 생각 범죄로 체포된 이런 사실이 알려지자 전 세계적인 파장을 일으키면서 6만 명 이상이 기소 취하를 청원했다.[2627] 2023년 2월 16일 검찰(CPS)은 증거 불충분으로 기소를 취하한다고 밝혔지만,[2628] 추가 증거가 확보될 경우 언제든지 다시 기소될 수 있다고 경고했다.[2629] 본 스프루스는 법적으로 불안정한 이런 지위를 해소하기 위해 형사법원의 판결을 요구했다.[2630] 유죄일 경우 2년 징역형까지 선고될 수 있는 상황이었다.[2631] 그러나 버밍엄 치안 법원은 검찰 측이 증거를 제출하지 않았다는 이유로 무죄 선고를 내렸다.[2632] 이 사건에 대해 본 스프루스가 말한다.

"기도를 개인적인 생각만으로 했는데 몸수색과 체포·감금을 당하고, 경찰의 심문 끝에 기소된 것은 끔찍하게 잘못된 처사입니다.[2633] 검열 구역은 괴롭힘을 막기 위한 목적이라고 합니다. 그러나 괴롭힘은 이미 불법으로 처벌되고 있는 상황입니다. 괴롭힘은 당연히 비난받아 마땅합니다. 그 누구도 괴롭힘의 대상이 되어서는 안 됩니다. 그러나 제가 했던 행동은 이런 해악적인 것과 거리가 먼 것이었습니다.[2634] 저는 마음 깊숙한 프라이버시 속에서 제 생각의 자유와 종교의 자유를 행사했을 뿐입니다.[2635] 영국의 공공장소에서 생각하고 기도했다는 이유로 그 누구도 형사처벌을 받아서는 안 됩니다.[2636]

저는 임신으로 인해 위기에 처한 여성들을 지원하는 데 평생을 바쳐왔습니다. 또한, 낙태 후유증으로 어려움을 겪고 있는 여성들을 지원하는 일도 하고 있습니다. 수년 동안 제가 지원했던 많은 여성과 가까워졌고, 매일 더 많은 여성이 이런 일을 겪고 있다는 사실에 가슴이 아픕니다. 신앙은 저의 정체성의 일부입니다. 그래서 낙태 시설 근처를 걷다가 가만히 서서 이런 문제에 대해 가끔씩 기도하곤 했습니다.[2637]

경찰서에서 심문받을 당시 경찰들은 제가 무슨 기도를 하고 있었는지 물었습니다. 그들은 제 머릿속에 있는 생각을 실제로 알고 싶어 했습니다. 슬프게도 현재 영국에서는 생각 범죄가 현실화 되고 있는 것으로 보입니다."[2638]

"길에서 묵묵히 기도했다거나 생각했다는 이유로 체포되어 범죄자 취급을 받지 말았어야 했습니다.[2639] 검열 구역에서 평화로운 기도와 임신으로 위기를 겪는 여성들에게 지원과 도움을 제안하는 것은 이제 '범죄' 또는 '반사회적'인 것으로 묘사되고 있습니다.[2640] 그러나 심각하게 반사회적인 것은 표현의 자유, 지원이나 도움을 제안할 자유, 기도할 자유, 심지어 생각할 자유까지 검열하는 조치입니다.[2641] 우리는 이에 굳건히 맞서서 가장 근본적인 자유를 옹호하고 우리의 모든 법률이 이를 반영하도록 해야 합니다.[2642] 포괄적이고 균형성을 잃은 검열 구역 때문에 저는 기도했다고 체포되었습니다. 그 누구도 지원이나 도움을 제안했다고 처벌받아서는 안 됩니다. 그 누구도 기도했다고 범죄자가 되어서는 안 됩니다. 그 누구도 자신의 머릿속 생각 때문에 처벌받아서는 안 됩니다.[2643]

합의된 평화로운 대화나 마음속으로 하는 침묵 기도에 대해서도 표현과 생각의 자유를 제한하는 이 법(PSPO)의 모호함으로 인해 근본적인 인권 침해가 발생하면서 극심한 혼란으로 이어지고 있습니다.[2644] 그 누구도 자신의 생각 때문에 범죄자로 처벌받아서는 안 됩니다."[2645]

영국 전역에 검열 구역이 설치될 것이 예상되는 가운데 본 스프루스가 이어서 말한다.[2646]

"제 사건은 낙태 찬반 문제가 아니라 생각할 자유와 더 관련이 있습니다. 심지어 기도할 자유까지 넘어서는 문제입니다. 우리는 캔슬 컬처와 공개적으로 발언하는 사람들이 매장당하는 것을 우려하고 있습니다. 눈으로 볼 수

있는 행동이 아닌 생각만으로 누군가를 체포한다는 것은 너무나도 터무니없는 현실입니다.[2647]

검열 구역에서 특정 생각들이 정말로 금지될까요? 그 지역에서 우리가 어떤 생각을 할 수 있고, 어떤 생각을 할 수 없는지 검열을 당할까요? 사람들이 무슨 생각을 하고 있는지 경찰들이 단속한다는 것은 정말 믿기 어렵습니다. 그러나 이것이 현실입니다. 생각이 범죄화되고 있습니다.[2648]

공공장소에서 사적인 생각을 하거나 머릿속으로 기도했다는 이유만으로 체포되어 범죄자 취급받는 것은 옳지 않습니다.[2649] 소위 '검열 구역 법안'은 임신으로 위기에 처한 여성들에게 자선 지원을 제공하는 선하고 합법적인 활동을 하거나 단순히 머릿속으로 기도했다는 이유만으로 범죄자 취급을 받고 형사 재판까지 받는 저 같은 사람들을 수없이 많이 양산할 것입니다."[2650]

이 사건에 대해 GB 뉴스 진행자인 캘빈 로빈슨(Calvin Robinson)이 말한다.

"이 경찰관들은 기도가 범죄라는 점을 분명하게 밝혔습니다. 마음속으로 하는지 상관없이 기도하는 행위 자체가 범죄인 것입니다. 그러나 자유주의 사회에서 생각 범죄가 설 자리는 없어야 합니다. 종교·예배·표현·언론의 자유에 반하기 때문입니다."[2651]

"이것은 공포스럽습니다.[2652] 낙태 찬반 입장을 떠나 생각만으로 체포되는 것은 잘못됐습니다.[2653] 우리 사회가 어떻게 변하고 있는 것일까요?"[2654]

PSPO 수정 법안을 제안한 앤드류 루어(Andrew Lewer) 하원의원은 '생각 범죄'가 다른 영역으로도 쉽게 확장될 수 있다고 말한다.[2655]

"문화 전쟁이 격화되고 있는 현대 영국 사회에서는 친생명 견해가 그다지 인기가 없을지도 모릅니다. 하지만 조용히 생각한 것 때문에 형사처벌을 받는다고요? 이것은 분명 우리가 자랑스러워하는 민주주의가 아닙니다. 그럼에도 영국의 5개 지방의회에서는 상당한 크기의 검열 구역 내에서 서로 동의한 성인들끼리 기도하고, 도움을 제공하고, 평화롭게 정보를 교환한 것까지 범죄로 처벌하도록 했습니다. 영국에서는 이미 낙태 시술소 접근을 방해하거나 괴롭히는 것이 불법입니다. 그렇다면 검열 구역이 어떤 효과를 더 추가시킬까요?

문제의 법안은 '영향력'까지 금지하면서 괴롭힘 금지보다 훨씬 더 나아갑니다. 이 용어의 범위는 위험할 정도로 포괄적이고 광범위합니다. 낙태를 시도하는 여성을 괴롭히거나 학대하는 행위는 불법이어야 할까요? 당연하며 이것은 이미 불법입니다. 그러나 낙태 대신 다른 대안을 선택하기 원하는 여성에게 지원 정보가 담긴 전단지를 제공하는 것만으로도 범죄가 돼야 할까요? 마음속으로 평화롭게 기도하거나 '도움이 필요하다면 여기 있습니다'라고 적힌 팻말을 들고 있는 것만으로도 무거운 벌금을 물어야 할까요? 북아일랜드의 '검열 구역' 법안에 따르면 이런 행위들은 전면적으로 금지됩니다.

자유롭고 민주적인 사회의 기준은 의견 대립이 심하고 감정이 격화된 이슈에 대해 공개적인 대화를 용인할 수 있는지 여부입니다. 설사 기도하는 사람들이 해충이라고 생각되더라도 그들의 평화로운 발언, 심지어 그들의 조용한 생각까지 금지하는 것이 어떤 의미가 있는지 생각해 볼 필요가 있습니다.

'검열 구역'은 앞으로 또 다른 영역에도 적용될 수 있을까요? 성전환 시술소 밖에서 걱정하는 부모가 자녀에게 조언하는 것을 막는데 사용될 수 있을 것입니다. 대사관 밖에서 특정 정치이념에 반대하는 견해를 막는 데도 사용될 수 있을 것입니다. 이것을 부인하는 사람들은 '절대 일어날 수 없는 일이다', '과장이다'라고 말하겠지만, 이미 이 나라에서 생각 때문에 체포되는 일들이 벌어지고 있습니다.[2656]

경찰은 '무슨 생각을 하고 있느냐'라고 신문해서는 안 됩니다.[2657] 이런 종류의 검열은 미끄러지기 쉬운 악명 높은 경사면이라고 할 있습니다.[2658] 오늘은 당신의 생각이 범죄가 되지 않을지 모르지만, 내일은 그것이 범죄가 될 수 있습니다. 이 문을 열지 않도록 조심해야 합니다.[2659] 이 문을 연다면 다른 문제와 관련된 생각들도 범죄화될 수 있는 것입니다.[2660]

경찰 연맹의 대표들은 업무 과다로 경찰력 붕괴 위험이 있다고 말합니다. 경찰의 업무 압박이 이렇게 심각한 상황에서 '생각 범죄'를 업무 목록에 추가하는 것은 다소 괴이합니다. 경찰이 진짜 문제를 다루는 것만으로도 벅차지 않겠습니까?[2661] 평화롭게 서 있는 사람들을 기소하게 되면 강력 범죄에 대응

할 수 있는 경찰 자원도 그만큼 줄어든다는 의미가 됩니다.[2662]

2018년 정부 조사에 따르면 낙태를 반대하는 거의 모든 활동은 평화적으로 이루어지고 도움이 되며 괴롭힘 사례는 극히 드물다고 밝혔습니다. 괴롭힘과 관련된 모든 범죄는 기존 법률만으로도 처벌하고 완벽하게 대응할 수 있기 때문에 검열 구역의 설치는 균형에 맞지 않아 불필요하다는 결론에 이르렀습니다. 도대체 무엇이 바뀌었나요? 법은 증거에 기반해야 하나 이런 증거들이 빈약합니다.[2663]

공공질서법(PSPO) 개정안은 생각 범죄의 영역으로 우리를 끌어들일 것입니다. 이것은 표현의 자유와 생각의 자유에 대한 전례 없는 침해를 초래할 것입니다.[2664] 영국에서는 '생각 범죄'의 도입이 필요하지 않습니다."[2665]

태아 보호 협회(Society for the Protection of Unborn Children)의 공공 정책 매니저인 알리테아 윌리엄스(Alithea Williams)가 PSPO 법안 통과에 대해 한탄을 한다.

"(법안 통과로) 평화적인 평범한 시민들은 공공장소에서 기도하거나 도움이 필요한 여성에게 지원을 제안하는 단순한 행위만으로도 범죄자로 낙인찍힐 것입니다. 그리고 엄청난 금전적 처벌을 받게 될 것입니다.[2666] 의회는 문자 그대로 동정심을 범죄화했습니다. 오늘날 많은 아이들이 살아있는 것은 그들의 어머니가 낙태 시술소 밖에서 동정심을 가진 친생명 운동가로부터 자선 도움과 지원을 받았기 때문입니다. 많은 여성이 낙태를 선택할 수밖에 없다고 느낄 때 친생명 집회는 그들에게 선택권을 제공했습니다. 그러나 이제 그들의 선택권이 박탈당했습니다.[2667] 그리고 영국에서 생각 범죄가 현실화 됐습니다."[2668]

"생각 범죄가 영국법에 들어서지 않도록 하려는 수정 법안조차 하원에서 거부한 것은 매우 실망스럽습니다."[2669]

이 사건에 대해 본 스프루스의 변호사인 제레마이야 이구누볼레(Jeremiah Igunnubole)가 말한다.

"조용히 생각한다는 이유로 아무도 체포되어서는 안 됩니다. 본 스프루스는 PSPO 검열 구역이 설치된 이래 자신이 그 구역 안에서 한 일은 오로지 마음속에서 조용히 기도한 것뿐이라고 분명히 밝혔습니다. 경찰이 그녀에게 무엇을 하고 있는지 묻지 않았다면, 그리고 그녀가 마음속으로 기도하고 있다는 사실을 알려주지 않았다면, 그녀가 PSPO를 위반했다는 이유로 기소될 근거가 전혀 없습니다. 만일 그녀가 검열 구역 내 길거리에서 기후 변화에 반대하는 캠페인을 시끄럽게 벌였다면 PSPO 위반으로 기소되지 않았을 것입니다. 그러나 마음속으로 낙태에 관한 생각과 기도를 했다는 그녀의 자백만을 근거로 그녀가 기소된 것으로 보입니다.[2670] 개인이 자신의 생각 때문에 기소를 당하고, 공공장소에서 평화롭게 조용히 기도하는 것이 '위협'이 된다고 해석한다면 우리는 전례 없는 새로운 영역에 들어서게 됩니다. 시민을 보호하는 표현과 신념의 자유, 그리고 이제는 생각할 자유까지 일상적으로 무심하게 침해될 것입니다."[2671]

"저의 의뢰인은 그녀의 생각 때문에 체포되었습니다. 그 누구도 마음속으로 조용히 기도하고 생각한다는 이유로 기소될 것을 두려워해서는 안 됩니다.[2672] 당국이 단순히 어떤 생각을 했다는 이유만으로 개인에 대해 굴욕적으로 몸수색하고 체포하는 것은 문제입니다. 그러나 처음에 이런 생각만으로 기소할 수 있는 충분한 증거가 있다고 판단했다가 '증거 불충분'으로 기소를 취하한 다음, 다시 불분명한 혐의와 관련된 추가 증거가 나올 경우 처음부터 다시 이 가혹한 재판과정을 시작할 수 있다고 경고하는 것은 완전하게 다른 문제인 것입니다.[2673] 이것은 형사 절차 자체가 처벌의 효과를 가지게 만듭니다.[2674] 이로 인해 표현의 자유와 사상, 양심, 신념의 자유를 위축시키게 됩니다."[2675]

"본 스프루스는 영업시간이 끝나 이용자가 없는 낙태 시술소 밖에서 머릿속으로 단순히 기도했다는 이유로 형사 기소되었습니다. 낙태 찬반과 상관없이 머릿속으로 기도하고 생각할 수 있는 것은 모든 사람에게 인정되는 인권의 핵심적 가치입니다.[2676]

본 스프루스의 경험은 우리가 힘겹게 쟁취한 근본적인 기본권이 보호할 가치가 있다고 믿는 모든 이들에게 깊은 우려를 불러일으킬 것입니다.[2677] 이제는 '잘못'으로 여겨지는 생각조차 굴욕적인 체포와 형사고발로 이어질 수 있도록, 법이 지방 당국에 이토록 광범위하고 무책임한 재량권을 부여한 것은 어처구니없습니다.[2678] 성숙한 민주주의 국가는 '범죄 행위'와 '헌법상 보호되는 기본권의 평화적인 행사'를 구분할 수 있어야 합니다.[2679] 본 스프루스는 여성과 어린이를 돕는 자선 활동을 통해 지역사회에 지속적으로 봉사한 선한 성품의 여성이지만 폭력적인 범죄자와 다를 바 없는 대우를 받았습니다."[2680]

영국 전역에 검열 구역이 설치될 것이 예상되는 가운데 이구누볼레 변호사가 이어서 말한다.

"현대 영국법에 '생각 범죄'가 들어설 여지가 없어야 합니다. 평화적인 표현의 자유나 사상의 자유라는 근본적인 인권까지 논쟁의 대상이 된다는 사실이 심히 우려스럽습니다. 그 누구도 생각이나 기도, 공공장소에서 이루어진 합의된 대화를 이유로 형사처벌을 받아서는 안 됩니다.[2681]

하지만 우리 의회는 검열 법안의 시행을 고려하고 있는데, 이로 인해 사람들의 생각이 재판에 회부 되는 상황이 더 늘어날 수 있습니다.[2682] 분명한 것은 본 스프루스나 고프 신부가 똑같은 자리에서 (낙태 외) 다른 생각을 하고 있었다면 체포되지 않았을 것으로 보입니다."[2683]

"우리 모두는 공공장소에서 이루어지는 괴롭힘을 단호히 반대합니다. 이런 괴롭힘은 이미 불법입니다.[2684] 2018년 정부 조사에 따르면 낙태 시설 근처에서 괴롭힘을 당하는 경우는 드물고, 평화로운 기도와 자선 단체의 도움 제공이 가장 흔한 활동인 것으로 나타났습니다.[2685] 당시 정부는 검열 구역 지정이 균형성을 잃었다는 결론을 내렸습니다. 그 이후 더 이상의 조사는 진행되지 않았습니다. 그렇다면 지금은 도대체 무엇이 바뀌었나요?[2686]

의회가 전국에 검열 구역을 도입하게 된다면, 본 스프루스와 같은 무고한 사람들이 조용히 생각했다거나 자선 단체의 지원에 대해 듣기 원하는 여성들에게 그 정보가 담긴 전단지를 건넸다는 이유로 형사처벌을 받게 될 것입니다. 이런 검열 구역은 선택권을 보장한다는 명목으로 여성들이 다른 대안을 선택할 수 있는 권리를 실질적으로 박탈하게 됩니다. 자유로운 사회는 평화로운 정보 교환을 금지해서는 안 됩니다.[2687]

오늘은 낙태가 문제 되지만 내일은 정치적으로 논쟁이 되는 또 다른 문제가 (생각 범죄) 대상이 될 수 있습니다. 의회는 절대적인 권리인 생각의 자유를 범죄화하는 것을 거부할 기회가 있었습니다. 그러나 의회는 검열을 지지했고 침묵 기도와 합의된 대화와 같은 평화로운 활동까지 범죄화하는 것을 선택했습니다."[2688]

다음 사례를 보자. 2022년 말경 숀 고프(Sean Gough, 33세) 신부도 버밍엄의 검열 구역 안에서 '표현의 자유를 위해 기도합니다'(praying for free speech)라고 쓰인 팻말을 들고 머릿속으로 기도했다는 이유로 기소당했다. 당시 낙태 시술소는 영업이 끝난 상태여서 임산부가 주위에 없었다.[2689] 게다가 검열 구역 안에 차량을 주차했는데, '태아 생명은 소중합니다'(unborn lives matter)라고 쓰인 작은 범퍼 스티커가 부착돼 있다는 이유로 추가 기소까지 당했다.[2690] 이 범퍼 스티커는 오랜 전부터 차량 뒷부분에 부착되어 있었다.[2691] 모두 '위협'으로 간주한다며 PSPO 위반 혐의로 기소된 것이다.[2692] 고프 신부 역시 경찰서에서 무슨 생각을 했는지 신문 당한 후 기소되었다가 증거 불충분으로 무죄 선고를 받았다.[2693] 고프 신부가 말한다.

"모든 사람은 마음속으로 기도할 권리가 있습니다.[2694] 낙태 대신 다른 대안을 선택하기를 원하는 여성들에게 큰 도움이 될 수 있는 정보 공유와 평화로운 대화, 심지어 침묵 기도까지 당국이 길거리에서 검열하는 것은 잘못입니다.[2695] 저는 표현의 자유를 위해 기도했다는 이유로 기소됐습니다.[2696] 저는 어디를 가든지 매일 기도하는데, 기도는 결코 범죄가 될 수 없습니다."

"저는 태아의 생명도 소중하다는 신념을 가지고 있습니다.[2697] 그러나 낙태에 대한 견해가 다를 수 있겠지만, 민주주의 국가에서 생각 범죄를 기소해서 안 된다는 데에는 모두 동의할 수 있을 것입니다.[2698]

만약 논의 중인 공공질서법 개정안처럼 영국 전역의 모든 낙태 시술소 주변에 검열 구역이 설치된다면 얼마나 많은 사람들이 지원을 제안하거나 마음속으로 기도했다는 이유로 형사 재판을 받고, 심지어 감옥에 갈지 알 수가 없습니다."[2699]

"저는 어디를 가든 머릿속으로 주변 사람들을 위해 기도합니다. 성직자가 기도하는 것이 어떻게 범죄가 될 수 있습니까?[2700] 저는 종종 낙태 시설 근처에서도 머릿속으로 기도합니다. 그러나 문제된 이 사건 당시에는 오늘날 영국에서 심각한 탄압을 받는 표현의 자유를 위해 기도하고 있었습니다.[2701] 저는 제 행동이 합법적이라고 믿습니다. 평화적인 표현의 자유가 국내법과 국제법으로 보호받기 때문입니다. 공공장소에서 검열한다는 것은 매우 비민주적인 조치입니다. 특히 많은 여성이 평화적인 지원 제안을 통해 도움을 받아 왔던 것으로 알려진 공간이라 더욱 그렇습니다."[2702]

고프 신부는 여성들이 낙태 트라우마에서 치유될 수 있도록 돕는 자선 단체인 레이첼의 포도원(Rachel's Vineyard)에서 일한다.[2703] 낙태 문제가 왜 개인적으로 중요한지 고프 신부가 이어서 말한다.

"저는 낙태를 한 사람들을 판단하거나 비난하지 않습니다. 시간을 들여 그들의 치유를 위한 일을 하고 있습니다.[2704] 제가 아기였을 때 어머니는 저의 생명을 위한 담대한 선택을 했기 때문에 낙태 이슈는 저에게 큰 의미가 있습니다.[2705] 저는 폭력이 심각한 상황 속에서 잉태되었고, 어머니는 우리 둘을 위해 싸울 힘과 은혜를 얻었습니다.[2706] 어머니가 저를 낙태해야 한다고 많은 사람들이 생각했지만, 하나님의 은혜로 어머니는 저를 낙태하지 않으셨고, 오늘날 우리 둘은 이를 매우 감사히 여기고 있습니다."[2707]

고프 신부를 법적으로 지원하는 단체(ADF UK)의 대변인 로이스 맥래치(Lois McLatchie)가 말한다.

"숀 고프 신부에게 일어난 사건은 소위 '검열 구역'이 근본적인 인권을 침해할 뿐만 아니라, 생각 범죄를 기소하는 데까지 나아가고 있음을 분명히 보여줍니다. 모든 사람은 생각할 자유를 누릴 권리가 있습니다. 머릿속으로 하는 기도까지 금지하는 검열 구역은 양심에 따라 자유롭게 생각할 수 있는 인간의 근본적인 인권을 침탈합니다."[2708]

본 스프루스와 고프 신부가 증거 불충분으로 무죄 선고를 받은 것과 달리, 검열 구역 안에서 머릿속으로 기도한 아담 스미스 코너(Adam Smith-Connor, 49세)는 이를 자백했다가 형사처벌을 받게 됐다. 2022년 11월 24일 영국 본머스(Bournemouth)에 있는 낙태 시술소(British Pregnancy Advisory Service clinic) 근처에서 스미스 코너는 22년 전 낙태로 생명을 잃은 그의 아들 제이콥(Jacob)을 위해 마음속으로 기도하고 있었다.[2709] 이때 경찰관 2명이 다가와 무슨 기도를 하고 있었는지 물었다.[2710] 스미스 코너는 낙태로 사망한 자기 아들을 위해 기도하고 있었다고 답했다. 이에 경찰관은 "유감스럽지만 우리는 PSPO 지침을 따를 수밖에 없다. 당신은 기도를 금지하는 PSPO를 위반한 것으로 판단된다"라고 답했다.[2711] 이후 스미스 코너는 벌금을 물게 됐다.[2712] 영국군 참전 용사이자 물리치료사인 스미스 코너가 말한다.[2713]

"속으로 조용히 기도했다는 이유로 전과가 생길 위험에 처할 줄은 상상도 하지 못했습니다.[2714] 과거에는 군대에서 낙태 수술을 도왔지만, 지금은 낙태가 여성과 가족에게 얼마나 해로운지, 그리고 생명은 아무리 작더라도 소중하다는 사실을 깨달았습니다.[2715] 무엇보다도 제 아들 제이콥에게 일어난 일(낙태) 때문에 기도하게 되었습니다."[2716]

제레마이야 이구누볼레(Jeremiah Igunnubole) 변호사가 말한다.

"표현의 자유가 제대로 보호되지 않는 사회에서는 국가기관이 가장 기본적 인권인 생각할 자유까지 침탈하게 됩니다.[2717] 영국 시민의 자유에 대한 제한이 점점 커지는 가운데 발생한 스미스 코너와 본 스프루스의 사건들은 이것이 시간문제임을 보여주는 증거입니다."[2718]

고프 신부는 낙태 대신 표현의 자유를 위해 기도해 무죄 선고를 받았다. 본 스프루스는 제보 사진이 찍혔을 당시 자신이 기도했는지 점심 등에 대해 생각을 했는지 불확실하다고 밝혀 증거 불충분이 된 것으로 보인다. 만일 낙태 생각을 했다는 추가 증거가 발견됐다면 이들은 유죄 선고를 받았을 가능성이 크다. 반면 스미스 코너는 낙태 관련 기도를 했다고 자백하는 바람에 벌금을 물게 됐다. 이들은 모두 머릿속으로 무슨 생각을 했는지 경찰로부터 심문당했다. 생각 범죄가 현실화 된 것이다. 나아가 검열 구역 밖에서 기도해 PSPO에 위반하지 않았음에도 탄압받는 사례들이 나타난다.

영국 본머스에 거주하는 리비아 토시치 볼트(Livia Tossici-Bolt)는 PSPO를 위반하지 않은 채 검열 구역 밖에서 기도하고 있었다. 그럼에도 경찰이 자리를 떠나라고 강요해 논란이 됐다. 그녀는 2022년 11월 24일 낙태 시술소 반경

150m 밖에서 친구와 조용히 기도하고 있었다. 이때 경찰 2명이 토시치 볼트에게 접근해 "기도 행위가 위협과 괴롭힘을 유발할 수 있다. 즉시 자리를 떠나라"라고 강요했다.[2719] 그녀는 공공 거리에서 기도할 수 있는 권리를 침해당한 것에 대해 지방 당국에 공식적으로 진정을 제기했다.[2720] 전직 임상 과학자이며 친생명 단체(40 Days for life Bournemouth)에서 활동하는 토시치 볼트가 말한다.[2721]

"누구나 공공장소에서 조용히 기도할 자유가 있습니다. 저는 위협과 괴롭힘을 유발하는 일을 절대 원치 않습니다. 우리는 지방의회가 제정한 새로운 규정(PSPO)을 준수했고 검열 구역 내에서 기도하지 않았습니다. 그럼에도 경찰들은 기도하지 못하게 우리를 위협했습니다.[2722] 여러 세대에 걸쳐 우리 사회의 근간이 되어 온 생각할 자유와 표현할 자유를 기도의 형태로 행사하지 못하게 한 것입니다."[2723]

"모든 사람은 공공장소에서 조용히 기도할 자유를 가져야 합니다. 모든 사람은 정보를 주고받을 자유를 가져야 합니다. 저와 자원봉사자 그룹은 위협과 괴롭힘을 유발하는 행위를 꿈도 꾸지 않습니다. 이런 근거 없는 비난(위협과 괴롭힘)들은 특정 이데올로기를 위해 진정한 인도주의적 노력을 폄하하는 데 오용되어 심히 우려스럽습니다.[2724] 우리는 이미 생각과 표현할 자유를 행사하지 못하도록 위협을 받고 있지만, 평화적인 방법으로 이런 기본권을 계속 지키려 하고 있습니다.

친생명 집회는 임신으로 위기에 처한 여성과 부부에게 새로운 가능성을 열어주는 정보를 제공합니다. 낙태 외 아무런 대안이 없다고 믿었던 상황에서 진정한 선택을 할 수 있도록 도와주는 역할을 합니다. 최근 BBC의 조사에 따르면 전체 가임기 여성의 15%가 낙태 강요를 받는다고 밝힙니다. 이렇게 우려되는 현실 속에서 강압으로 낙태 시술소에 오게 된 여성들에게 우리의 존재가 매우 중요하다고 생각합니다. 또한, 낙태 트라우마로 치유가 필요한 모든 사람에게 상담을 위한 정보를 제공합니다. 이런 현실 또한 무시되고 있습니다.

PSPO를 강제함으로써 지방의회는 낙태를 강요당하는 여성들의 도움받을 기회를 막습니다. 어려운 상황에 처한 여성과 부부가 낙태 대신 선택할 수 있

는 지원 대안과 정보를 차단하는 것입니다."²⁷²⁵⁾

"자유로운 사회의 기본 원칙들이 이데올로기적 아젠다로 대체되고 있습니다. 평화로운 친생명 집회는 협박과 괴롭힘이라는 근거 없는 비방에 시달리고 있습니다. 낙태 시술소(BPAS)의 어떤 고객도 이러한 이유로 경찰에 신고한 적이 없습니다. 친생명 자원봉사자 중 법으로 처벌될 수 있는 범죄로 기소되거나 체포된 사람도 전혀 없습니다. (본머스) 지방의회는 이런 사실을 무시한 채 낙태 찬성론자들의 일방적인 주장들만 받아들입니다. 지역 언론도 왜곡된 이미지를 만드는 데 일조하고 있습니다."²⁷²⁶⁾

공공질서법 개정안(PSPO 법안)에 관한 영국 상원의원들의 비판을 들어보자. 낙태 찬성론자인 상원의원 클레어 폭스(Claire Fox)가 말한다.

"공공질서법 개정안이 통과된다면 다른 기관에서도 검열 구역의 설치를 요구하지 않겠습니까? 검열 구역은 낙태 시술소로부터 150m 반경입니다. 그리고 매우 광범위하게 정의되어 있습니다.²⁷²⁷⁾ 그렇다면 병원에 대한 모든 종류의 시위가 불법이 될 가능성도 있지 않겠습니까?²⁷²⁸⁾ 예컨대, 청소년에게 사춘기 차단제를 사용하는 것을 반대하는 집회도 금지되지 않겠습니까?"²⁷²⁹⁾

"민주주의의 기초는 영향을 끼치는 것입니다. 그리고 여성은 낙태하거나 그러지 않는 마지막 순간까지 어떤 방향으로든지 언제든지 마음을 바꿀 자유가 보장돼야 합니다.²⁷³⁰⁾ 다시 잘 생각해보면 (낙태 반대론자의 활동은) 강압적이지 않습니다."²⁷³¹⁾

"정부가 논의하는 사안에 따라 시위를 제한하는 것은 표현의 자유를 위협합니다. 사안별로 시위를 금지하는 것은 입법 방법으로 적절하지 않은 것입니다.²⁷³²⁾ 이는 필연적으로 논란의 여지가 있거나 인기 없는 다른 대의와 관련해서도 표현이나 발언, 정보 공유, 집회 또는 보호받는 신념을 가로막는 시도로 이어지게 선례를 남길 것입니다."²⁷³³⁾

상원의원 스튜어트 잭슨(Stewart Jackson)이 말한다.

"본 스프루스나 스미스 코너 사건들은 사람들을 충격에 빠뜨렸습니다. 왜냐하면, 침묵 기도의 범죄화를 알지 못했기 때문입니다. 이 사건들은 검열 구역이 내재적으로 표현의 자유와 신념을 위협한다는 것을 드러냅니다. 그리고 검열 구역 안에 있는 동안 머릿속에 어떤 생각을 했는지에 따라 손쉽게 범죄자가 된다는 사실도 보여줍니다. 공공질서법 개정안은 검열 구역에서 사유 재산을 배제하지 않습니다. 그렇다면 개인의 정원이나 자신의 차량 안에서 양심에 따른 신념을 표현하게 되면 누구나 범죄자가 될 수 있습니다."[2734]

상원의원 데이비드 프로스트(David Frost)가 말한다.

"'영향을 미치려고' 또는 '알리거나 알리려고 시도'하는 것을 불법화하는 것이 옳지 않다고 생각합니다. 이것은 낙태 시술소 근처이든 아니든 마찬가지입니다."[2735]

상원의원 피터 위어(Peter Weir)가 말한다.

"민주주의의 핵심적 가치이자 표현의 자유의 개념적 본질은 자신의 관점을 다른 사람들에게 평화로운 방법으로 설득하려는 것입니다.[2736] 설득을 넘어 위협이나 협박으로 나아가는 것은 범죄이고 용납될 수 없지만, 의견을 표현하거나 영향력을 끼치는 것을 범죄화한다면 이는 근본적으로 잘못된 것입니다."[2737]

상원의원 앨런 비스(Alan Beith)가 말한다.

"저는 '영향을 미치려 하거나', '정보를 제공하거나', '의견을 표명하는' 사람을 범죄화하는 조항을 지지할 수 없습니다.[2738] (공공질서법 개정안은) 제가 본 영국 법률 중 표현의 자유를 가장 심각하게 제한하고 있습니다."[2739]

공공질서법 개정안(PSPO 법안)에 대해 영국 하원의원들도 비판의 목소리를 낸다. 하원의원이자 전직 장관이었던 존 헤이즈(John Hayes)가 말한다.

"공공질서법 개정안이 낙태에 대한 논쟁으로 여겨져서는 안 됩니다.[2740] 이것은 표현을 보호할 것인지에 대한 문제입니다. 이것은 자유에 관한 문제입니다.[2741] 자유롭게 생각하고, 말하고, 기도할 수 있는지에 관한 문제인 것입니다."[2742]

"이제는 기도했다는 이유로 체포되어 경찰의 조사를 받고 무엇을 생각하고 기도했는지 심문을 당하는 사람들이 생겨나고 있습니다.[2743] 이것은 디스토피아적인 모습입니다.[2744] 사람들이 무엇을 생각하는지가 경찰의 관심사인 사회에서 살아가야 한다는 것을 상상할 수 없습니다."[2745]

하원의원 에드워드 리(Edward Leigh)가 말한다.

"본 스프루스는 어떤 식으로든 불쾌한 행동을 하거나 괴롭히지 않았습니다. 경찰관은 실제로 그녀의 마음속을 조사해야 했습니다.[2746] 이것이 굉장히 위험하다는 것은 분명합니다."[2747]

"공공질서법 개정안이 표적으로 삼는 사람들은 평화적으로 시위하는 사람들입니다. 솔직히 말해서 전단지를 건네고 정중하게 기도하는 할머니들이 많습니다. 이것은 환경 운동가들이 종종 사회에 큰 소란을 일으키더라도 자유롭게 돌아다닐 수 있는 것과 대조적입니다."[2748]

하원의원 닉 플레처(Nick Fletcher)가 말한다.

"여성들이 강제로 낙태를 강요받는 경우라면 '의지할 수 있는 누군가'를 실제로 원할 수 있습니다.[2749] 그리고 실제로 도움을 주기 위해 거기 나와 있는 자원봉사자들이 '의지할 수 있는 누군가'일 수 있습니다."[2750]

하원의원 미리엄 케이츠(Miriam Cates)가 말한다.

"여성이 자유롭게 전단지를 받고, 임신에 대한 실질적인 지원을 받을 수 있는 선택권이 존재한다는 것을 깨달으면서 마음도 자유롭게 바꿀 수 있어야 합니다. 마음 바꿀지를 국가가 결정해서는 안 됩니다.[2751] 합법적으로 도움을 제공하는 사람을 범죄화하는 것도 국가의 역할이 아닙니다. 기도와 대화라는 합법적인 활동을 범죄화하고 전면적으로 금지하는 것은 잘못입니다."[2752]

하원의원 피오나 브루스(Fiona Bruce)가 말한다.

"언제부터 이 나라에서 기도하는 것이 불법이 되었습니까?[2753] 공공질서법 개정안은 세계인권선언이 보장하고 있는 사상의 자유, 양심의 자유, 언론의 자유, 종교의 자유, 집회의 자유를 모두 위반합니다.[2754]

그리고 이 법안은 낙태 시술소 밖에 서서 조용하게 기도하는 사람들을 겨냥할 수 있습니다. 표현하지 않은 생각을 범죄화하는 새로운 영역이 영국법에 생겨날 수 있습니다."[2755]

하원의원 제프리 도널드슨(Jeffrey Donaldson)이 말한다.

"생각이나 기도 때문에 체포되는 사람이 없어야 합니다. 영국 전역에 있는 경찰들은 우리의 생각을 단속하는 대신 진짜 범죄 해결에 집중할 수 있어야 합니다."2756)

하원의원 대니 크루거(Danny Kruger)가 말한다.

"우리가 합의된 대화나 기도를 범죄화할 때 엄청난 의미가 있는 거대한 강을 건너는 것입니다.2757) 사람들이 혼자서 조용히 기도하는 것을 허용해서는 안 된다고 말하고 있는데, 우리는 도대체 무슨 짓을 하는 것입니까?"2758)

'생각 범죄'는 영국만의 문제가 아니다. 차별금지법이 시행되는 국가들의 문제다. 프랑스, 네덜란드, 스페인, 캐나다, 호주, 북아일랜드와 스코틀랜드 등에서도 PSPO(검열 구역)가 시행되고 있거나 그 도입을 준비하고 있다.2759) 일례로, 스코틀랜드 법안에서도 낙태 시설로부터 150m 반경 이내에 '영향력'을 끼치는 모든 활동을 금지하는데, 이 영향력의 범위에 기도가 포함됨을 분명히 밝혔다.2760)

스코틀랜드 초대 총리인 니콜라 스터전(Nicola Sturgeon)은 검열 구역이 인권법과 관련해 심각한 우려를 낳는다고 인정했다.2761) 북아일랜드의 하원의원인 칼라 록하트(Carla Lockhart)도 말한다.

"우리는 이제 기도 같은 생각 범죄가 단속의 우선순위가 되는 영역 속으로 확실히 들어섰습니다."2762)

젠더 이데올로기 정책이 반대하는 표현을 넘어 생각까지 범죄시하는 단계로 진화한다는 지적이다.2763) 조던 피터슨(Jordan Peterson)은 표현의 자유에 대한 위협이 사상의 자유에 대한 위협이라고 했는데, 이것이 현실화 됐다. 생각 범죄의 첫걸음은 표현을 제한하는 데서 시작하는 것이다.2764) 헌법재판소가 판시한다.

"표현의 자유는 주류적 견해와 다른 표현을 할 수 있는 자유이고, 사상의 자유는 주류적 견해와 다른 사유를 추구할 수 있는 자유이다. 자유민주주의는 난립하는 정견들의 대립을 그대로 용인하고 그로 인한 불편 내지 불이익을 감수하는 것이 궁극적으로 더 큰 사회적 이득을 가져온다고 믿는 것이다. 여기서 말하는 사회적 이득이란 개인의 자율성과 민주적 정치의 이념을 실현하고 이를 기초로 우리 사회의 모든 구성원들이 존엄한 인간으로서의 가치를 향유하는 데 보다 적합해질 수 있는 상태를 말한다. 따라서 구체적이지 못한 위험성이나 이념적 이질감, 정서적 불편함을 이유로 어떤 사상이나 견해의 표명을 억압하는 태도는 자유민주주의 사회에서 회피되어야 할 가장 큰 오류이다."[2765]

주류적 견해인 젠더 이데올로기와 다른 표현을 하거나 다른 사유를 추구할 수 있는 자유는 헌법상 보장된다. 이를 억압하는 것은 자유민주주의 사회에서 회피되어야 할 가장 큰 오류인 셈이다. 나아가 젠더 이데올로기 정책은 순수한 내심의 영역을 근거로 형벌 상의 규제를 하는 단계로 진화했다.[2766] 젠더 이데올로기가 헌법과 형사법의 대원칙을 무너뜨린다는 비판의 목소리가 높다.[2767] 그만큼 시민의 인권을 보호하는 대원칙까지 무너지는 것이다.[2768] 본 스프루스를 변호한 단체의 대변인인 로이스 맥래치(Lois McLatchie)가 말한다.

"그 어떤 시민도 합법적이고 평화로운 활동, 심지어 기도했다는 이유로 형사처벌을 받아서는 안 됩니다.[2769] 본 스프루스의 사례는 우리가 근본적 인권과 자유권이 침탈되지 않도록 바짝 경계하지 않으면 국가 정책이 어디까지 진화할 수 있는지 잘 보여줍니다."[2770]

낙태 반대 금지정책과 동성애/성전환 확산정책은 젠더 이데올로기를 실현한다는 공통점이 있다. 이에 따라 이들 정책 사이에서는 유사한 특징들이 많은데, 살펴보자.

첫째, 위법한 행위가 기존 법률로 규제되고 있음에도, 포괄적이고 모호한 용어로 그물망처럼 규제하는 포괄적인 법안을 새로 제정한다. 이를 통해 위법한 행위는 기존 법률로 중첩적으로 규제되는 반면, 젠더 이데올로기를 거스르는 적법한 행위는 포괄적인 법안으로 규제하게 된다.[2771]

예컨대, LGBT에 대한 혐오 표현은 모욕죄, 명예훼손죄 등으로 중첩적으로 규제된다. 반면, 동성애/성전환의 사회병리적 현상을 지적하거나 관련된 의학적/과학적 사실을 표현하면 차별금지법이나 이에 복종하는 법 제도를 통해 처벌되거나 파면된다. 낙태와 관련하여, 괴롭힘과 위협은 기존 법률로 완벽하게 대처할 수 있다.[2772] 젠더 이데올로기를 거스르는 합의된 대화나 기도는 PSPO로 규제하게 된다.[2773] 결국, 포괄적인 법안의 표적은 헌법상 보호돼야 하지만 젠더 이데올로기를 반대하는 생각, 신념, 표현, 행위 일체라는 지적이 나온다.[2774] 헌법적 가치가 젠더 이데올로기 앞에 무력화되는 이유다.

둘째, 보호하겠다고 내세우는 사람들(LGBT나 임산부)의 자기결정권과 선택권을 정보차단과 도움의 손길 차단 정책으로 사실상 박탈시킨다.[2775] 보호하겠다는 이 사람들은 젠더 이데올로기 실현의 명분과 원동력으로 삼는다는 지적이다. 그리고 젠더 이데올로기를 거스르는 이들에 대한 도움의 손길이나 정보 공유는 반사회적인 행위로 규정하게 된다.

예컨대, 성전환이나 동성애에서 벗어나고자 하는 사람들에 대한 상담을 불법화한다.[2776] 그리고 상담한 전문의는 파면시키는 경우가 많다. 또한, 아이들에게 아동기부터 동성애/성전환을 노출시키는 것과 대조적으로, 이로 인한 신체적/정서적 해악성과 관련된 정보를 공유하게 되면 사회적으로 매장시키는 경우가 많다.[2777]

낙태와 관련해서는 임산부 중 15%가 자기 의사에 반해 낙태를 강요당한다고 한다.[2778] 그럼에도 임산부가 다른 선택을 할 수 있는 실질적인 지원이나 합의된 대화, 정보 공유, 심지어 개인의 생각까지 형사처벌하게 된다.[2779] PSPO가 시행되면 머릿속으로 하는 기도까지 반사회적인 행위가 되어버린다.[2780] LGBT가 동성애/성전환에서, 임산부가 낙태해야 하는 상황에서 벗어나는 것은 젠더 이데올로기를 거스르기 때문이라는 지적이 나온다. 탈동성애자/탈트랜스젠더들이 젠더 이데올로기 정책에 의해 탄압받는 이유다.[2781]

셋째, 표현의 자유뿐만 아니라, 언론과 학문의 영역도 통제된다. 이를 통해 젠더 이데올로기 정책에서 유발되는 사회병리적 현상을 검증할 수 없게 되고, 시민의 알 권리가 가로막히게 된다. 젠더 이데올로기가 내세우는 명분이 허구인지 진실인지 사회적 논의도 할 수 없다. 이를 통해 시민사회의 자기교정 기능도 무력화된다. 비판이나 견제 없이 젠더 이데올로기의 실현이 가능해지는 것이다.[2782]

예컨대, 동성애/성전환 정책은 LGBT가 타고났다는 명분을 내세웠고, 낙태 반대 금지정책은 친생명 단체가 임산부를 위협하거나 괴롭히는 것을 막기 위함이라는 명분을 내세운다.[2783] 그러나 관련 법률을 제정할 당시 이런 명분의 진위를 적극적으로 검증하지 않는다.[2784] 이후 명분의 거짓성이 밝혀지지만, 표현과 언론이 통제되기 때문에 시민에게 잘 알려지지 않는다.[2785] 증거보다 이데올로기에 따

라 정책을 시행한다는 비판의 목소리가 높다.2786)

　영국의 PSPO와 개인의 생각까지 범죄화하는 사례들에 대해 미국의 하원의원들과 미국의 주류 언론들은 우려를 표시했다. 반면 영국의 주류 언론들은 이에 대해 침묵했다.2787) 또한, 임산부가 낙태를 강요당하는 현실에 관해 학문적 연구나 통계가 없다.2788) 젠더 이데올로기를 거스르는 현실에 대해 언론과 학문이 침묵할 수밖에 없는 제도적 환경이 조성되는 것이다.

　생각 범죄를 처벌하는 제도가 안착하면 이것을 성전환 정책으로 쉽게 확장할 수 있다는 우려가 잇따른다.2789) 자녀가 어린 나이에 성전환 시술을 원할 경우, 부모가 조언하는 것은 물론 이를 반대하는 생각까지 가까운 미래에 처벌될 수 있는 것이다.2790)

9장

판도라 상자, 어떻게 닫을까

9장

판도라 상자, 어떻게 닫을까

그렇다면 한국에서 아이들에게 해악을 끼치는 이런 판도라 상자를 어떻게 닫을 수 있을까?

첫째, 인권교육이 부모를 차단한 채 사회적 성을 어린아이들에게 세뇌할 수 없도록 해야 한다. 이를 위한 법안으로 참조될 수 있는 외국 입법례를 보자.

헝가리에서는 아이들을 소아성애로부터 지키는 것이 목적이라며 동성애/성전환 등을 묘사한 아동도서의 판매를 제한하는 법령을 제정했다.[2791] 인권교육의 토대가 된 젠더 이데올로기를 창시하고 체계화한 이론가들이 한결같이 '소아성애 합법화'를 주장했기 때문이다.[2792] 이것은 조기 성애화 교육과 무관치 않다는 지적이 나온다.[2793] 인권교육은 사회적 성에서 파생되는 유해성 정보를 차단한 채[2794] 아동·청소년이 자율적인 의사에 의하여 소아성애나 바텀알바를 선택하도록 교육환경을 조성한다.[2795] 게다가 소아성애가 '성적지향의 한 종류일 뿐'이며 사회가 성숙하면 동성애와 마찬가지로 소아성애도 포용될 것이라는 주장이 대두되고 있다.[2796]

미국 플로리다주에서는 2022년 7월 1일부터 '부모의 교육 권리법'(Parental Rights in Education, 이하 '부모권리법')이 시행됐다.[2797] 이 법에서는 "학교 직원이나 제3가 성적지향이나 성정체성에 대해 교실에서 가르치는 것은 '유치원에서 3학년까지' 또는 '학생의 연령에 맞지 않거나 국가 표준에 비추어 발달에 적절하지 않은 방식'으로 이루어져서는 안 된다"라고 명시하고 있다.[2798] LGBT를 내세워 젠더 이데올로기를 주입하는 인권교육에 대응하는 법률인 셈이다.[2799]

그런데 부모권리법은 교실에서 성적지향이나 성정체성에 대한 자연스러운 논의까지 금지하지 않는다.[2800] '동성애'라는 말 자체를 금지하지 않기 때문이다.[2801]

단지 사회적 성을 조장하는 수업 지침을 금지할 뿐이다. 그리고 학생이 부모에게 정보를 숨기도록 장려하는 학교의 행태를 금지한다.[2802]

부모권리법은 학생의 정신적, 정서적 또는 신체적 건강이나 복리에 영향을 미치는 중요한 결정이나 변화에 대해 교직원이 부모에게 알리도록 요구한다.[2803] 다만 이런 정보 제공으로 인해 아동학대나 유기가 초래될 것이라는 믿을 만한 이유가 있을 때 예외가 인정된다.[2804] 부모가 자녀에 대한 학교의 의료 정보, 기록 및 서비스에 접근할 수 있는 권리를 보장하는 것이다. 젠더 이데올로기 정책에 따라 학교가 자녀에 대한 정보를 부모로부터 차단하는 것을 막는 것이다.[2805] 이런 조치가 위반되거나 부모의 우려가 무시 될 경우, 학부모는 해당 학군을 상대로 소송을 제기할 수 있다.[2806] 그리고 플로리다 교육부는 부모권리법에 따라 관련 정책을 시정해야 한다.[2807] 자녀에게 노출되는 사회적 성에 대해 부모의 의사가 반영될 수 있도록 한 것이다. 이를 통해 자녀의 양육에 관한 부모의 근본적인 권리가 존중된다.[2808]

부모권리법 제정을 시작으로 미국 알리바마주에서도 이와 유사한 법이 통과됐다.[2809] 그리고 2022년경 미국의 19개 주에서 부모권리법과 유사한 법안들이 발의됐다.[2810] 게다가 부모권리법이 시행된 후 성정체성을 장려하는 아동도서의 퇴출이 시작됐다고 한다.[2811] 부모권리법안에 서명한 플로리다의 주지사이자 미국 대통령 선거의 유력한 후보자로 거론되는 론 드샌티스(Ron DeSantis)가 말한다.[2812]

"부모권리법은 자녀가 학교에서 세뇌를 받는 대신 교육을 받을 수 있도록 보장합니다.[2813] 세뇌가 아닌 교육을 위해 부모가 자녀를 학교에 보내기 때문입니다.[2814] 저의 목표는 아이들에게 수학, 과학, 읽기 등 중요한 모든 것을 학교에서 교육하는 것입니다. 학교가 이념적 논쟁을 위한 놀이터로 전락되지 않기를 원합니다.[2815]

부모권리법은 '아이들에게 자신의 성별을 선택할 수 있다'라고 가르치는 것과 같은 성적인 문제들을 규제합니다. 유치원생인 자녀에게 트랜스젠더리즘의 주입을 원하는 부모가 얼마나 될까요?[2816] 가장 어린 학생들에게 트랜스젠더리즘에 초점을 맞춘 성적인 문제들을 가르치고 아동들이 자신의 성별을 선택할 수 있다고 가르치는 것을 부모들은 원하지 않습니다.[2817] 그래서 부모권리법이 정당성을 갖는 것입니다.[2818] 부모들은 유치원, 1~2학년에서 이런 것이 일어나지 않기를 원합니다. 우리는 우리 아이들이 '아이'이기를 원할 뿐입니다.[2819] 유치원 연령의 학생들이 '자신이 원하면 무엇이든 될 수 있다'라고 배우는 것은 적절하지 않습니다.[2820]

자녀 교육과 관련하여 지난 몇 년간은 부모의 권리가 미국 전역에서 점점 더 무시되는 현실을 보여주었습니다.[2821] 우리는 젠더 이데올로기와 섹슈얼리티에 대한 교육자료가 아주 어린 아이들에게 주입되는 인권교육의 실체를 보았습니다.[2822] 우리는 아동들을 위한 부적절한 포르노 자료들이 도서관에 비치된 것도 보았습니다.[2823] 우리는 학교에서 학생들에게 '당신의 성별을 아직 선택하지 말라(자신의 성별을 미리 단정 짓지 말라)'라고 얘기하고 부모들에게 이런 논의에 대해 말해주지 않는 것을 보았습니다.[2824] 그러나 부모는 학교에서 무슨 일이 일어나고 있는지 마땅히 알아야 합니다.[2825] 자녀에게 사용되는 자료가 있다면 부모는 그것을 이해하고 알 권리가 있습니다. 자녀교육에 대한 부모의 역할에 대해 논의되고 있습니다. 우리는 자녀교육에 참여할 수 있는 부모의 천부적인 권리가 있다고 믿습니다.[2826]

6~8세 아동의 교육과정에 젠더 이데올로기를 주입하는 것을 막는 교육법안과 부모의 권리를 반대하는 사람들은 문화전쟁을 벌이고 있습니다.[2827] 부모권리법을 비판하는 이 사람들(젠더 추종자들)은 아이들에게 부적절한 젠더 이데올로기를 옹호합니다.[2828] 예컨대, 그들은 유치원생들의 조기 성애화를 지지합니다. 그리고 그들은 2학년 교실에서 젠더 이데올로기를 주입하는 것을 지지합니다.[2829] 그래서 그들은 슬로건을 통해 그들의 진정한 의도를 위장하려고 노력합니다.[2830]

6살짜리 아이에게 잘못된 몸에서 태어났다고 말하는 것은 부적절합니다. 8살짜리 아이에게 여아로 태어났지만 실제로는 남아일 수도 있다고 말하는 것도 부적절합니다. 이것은 잘못된 것입니다. 우리는 이 아이들에게 읽기, 쓰기, 더하기, 빼기와 같은 기본적인 것을 가르칠 필요가 있습니다.[2831] 아동의 젠더불쾌증은 대부분 성인이 될 때까지 저절로 해결됩니다. 그런데 (인권교육은) 이들의 생식기를 훼손하는 것을 사실상 장려하는데, 이 역시 부적절합니다.[2832] 이런 젠더 이데올로기 같은 것들이 학교에서 설 자리를 없애야 합니다.[2833] 우리는 5~7세 아동을 대상으로 솔직하지 않은 슬로건이 남용되지 못하도록 할 것입니다.[2834] 교육과정에서 이런 것들이 주입될 걱정 없이 부모가 자녀를 유치원에 보낼 수 있게 할 것입니다.[2835] 우리는 젠더 이데올로기 아젠다가 우리 학교와 직장을 장악하도록 내버려 두지 않을 것입니다."[2836]

둘째, 젠더 이데올로기 정책의 뿌리가 되는 모법을 개정해야 한다.[2837] 이를 위해 2017년 9월 19일과 2019년 11월 12일에 발의됐던 국가인권위법 개정안이 통과될 필요가 있다. 여야 44명의 의원들이 동참한 이 개정안의 내용은 젠더 이데올로기 정책(동성애 확산정책)의 뿌리가 되는 문구를 삭제했다.[2838] 그리고 성별의 의미를 생물학적 성별에 근거하도록 명시함으로써 성평등을 내세워 성별을 무제한 확장하지 못하도록 했다.[2839] 남녀 외 50가지 이상의 성별이 주관적 인식에 따라 인정될 경우, 헌법적 가치인 양성평등을 해체할 뿐만 아니라 사회적 성이 어릴 때부터 주입된 아이들에게 해악을 끼치기 때문이다. 구체적으로, 이 개정안에서는 국가인권위법 제2조 3호에 나열된 '차별금지 사유'에서 '성적지향' 문구를 삭제한다.[2840] 그리고 성별의 의미를 "개인이 자유로이 선택할 수 없고 변경이 어려운 생래적, 신체적 특징으로서 남성 또는 여성 중의 하나를 말한다"라고 규정한다.[2841] 이 개정안이 다시 발의되어 통과될 필요가 있다.[2842]

국가인권위법 제2조 3호의 '성적지향' 문구에서 생물학적 성별과 이를 기초로 형성된 사회체제를 해체하는 젠더 이데올로기 정책이 파생한다는 비판이 잇따른다.[2843] 오늘날 한국 사회에서 사회적 성을 확산시키는 젠더 이데올로기 정책이 곳곳에 뿌리를 내리게 한 조항인 셈이다.[2844] 그리고 국가인권위는 젠더 이데올로기 정책을 실현하는 컨트롤타워 역할을 한다는 지적이다.[2845] 그 폐해도 심각하다.

앞서 다룬 것 같이 국가인권위가 추구하는 편향적인 정치이념 앞에서 헌법적 가치는 무력화된다. 동성애 확산정책은 아이들을 희생시킨다.[2846] 국가인권위가 제정한 인권보도준칙은 동성애를 성매매/에이즈와 연결 짓지 않는다고 명시해 시민들이 이런 사실을 알지 못하도록 한다.[2847] 전 세계적 추세와 달리, 한국만 에

이즈 환자가 급증하는 추세도 쉬쉬한다.[2848]

그리고 국민적 합의를 회피한 채 국가인권위와 사법부가 연계해 실질적 입법 행위를 한다는 우려가 크다.[2849] 그 결과, 남성 성기를 지닌 트랜스젠더가 여성 화장실·여탕·탈의실에 출입할 수 있는 법체계가 형성되고 있다. 여성에게 수치심을 강요하고 성범죄에 더 취약하게 만드는 것이다. 또한, 군대 내 항문성교를 금지하는 군형법 조항의 폐지도 추진하고 있다.[2850] 의무적으로 군 복무해야 하는 청년들을 동성애 성폭행과 에이즈에 취약하게 만드는 것이다.[2851] 이것은 대부분 군대 안에서 은폐되는 문제다.[2852]

숭실대학교 국제법무학과의 이상현 교수가 말한다.

"국가인권위는 국가인권위법상 차별금지 규정을 근거로 중립적 차별 시정 기관의 모습을 버리고 편향적인 인권 사상을 보여왔습니다."[2853]

이런 정책의 뿌리가 되는 국가인권위법 제2조 3호의 '성적지향'이 삭제되어야 비로소 국가인권위가 정치 편향적인 이념으로부터 자유로워지고,[2854] 독립행정기관의 정치적 중립성을 기대할 수 있게 된다. 그리고 언론을 통제하는 인권보도준칙이나 질병관리본부, 사법부 등에 정치 편향적인 영향을 끼치는 법적 근거가 사라지게 될 것이다.[2855] 아울러 국민이 애써 마련한 천문학적인 혈세가 자녀들에게 해악을 끼치는 편향된 정치이념이 아니라 국민을 위해 쓰일 수 있다.[2856]

2023년 4월 4일 전국 348개 대학교 3,239명 교수들이 '국가인권위는 소아성애, 동성애 성 착취물 제작 및 성추행 사건 보도를 막아 학부모들과 국민의 알 권리를 심각히 침해한 인권보도준칙을 즉각 폐지하라'라며 성명을 내기도 했다.

"2022년 어린 남자아이에 대한 성 착취물 제작 유포와 성추행으로 징역형을 받은 최OO(당시 26세) 사건은 단순한 성 착취물 사건이 아니라 소아성애·동성애 등의 문제였다. 11~13세의 어린 남자아이들 357명이 피해자인 소아성애와 동성애 사건은 피해자 부모는 물론 어린 자녀가 있는 학부모들에게 매우 심각한 문제였지만, 국가인권위가 요청한 인권보도준칙 때문에 마치 일반 성추행 사건처럼 보도됐고, 소아성애와 동성애 사건임이 전혀 알려지지 않은 채 지나갔다.

국가인권위는 소아성애·동성애·다자성애 등이 성소수자 인권이고 그들의 인권을 보호해야 한다고 주장하면서 한국기자협회와 함께 소위 인권보도준칙을 제정, 언론보도의 자유를 심각히 침해하고 있다. 이는 우리 주변에 이미 깊숙히 침투한 소아성애·다자성애·동성애 등에 대한 경각심을 가지게 만드는 보도를 할 수 없게 해, 자라나는 다음 세대를 무방비 상태로 만들어 돌이킬 수 없는 폐해를 주는 심각한 사회적 문제가 아닐 수 없다. 최OO에 의해 심각한 신체적·정신적 피해를 당한 피해 아동 인권은 물론, 향후 발생할지 모르는 불특정 다수 남자 아이들과 부모들의 인권까지 짓밟은 처사라 아니할 수 없다.

국가인권위는 과학적 근거는 물론 사회적 합의도 없는 소위 젠더 이데올로기에 사로잡혀, 동성애는 물론 다자성애·소아성애 등을 소위 성소수자 인권이라 주장하며 사회적 약자처럼 이들을 보호해야 한다고 주장한다. 국가인권위가 편향된 이념에 사로잡혀 국민의 진정한 인권을 침해하고 있는 현 사태가 심히 개탄스럽다. 민주사회를 위한 변호사 모임(민변) 등 편향된 이념을 가진 단체 출신들이 국가인권위 위원장·사무총장 등으로 계속 자리잡고, 국가인권위 내 각종 위원회 구성원으로 자리 잡으면서 편향된 이념에 기반해 헌법에 반하는 사회체제를 만들기 위한 이념적 집단이 되어가는 것에 심각히 우려한다.

국가인권위가 편향된 이념에 기반해 헌법에서 보장한 국민의 알 권리와 언론보도 자유를 심각히 침해하는 인권보도준칙을 즉각 철폐할 것을 엄중히 명령한다. 만약 이념 편향적 작태를 지속할 경우 국민적 심판을 면치 못할 것이다."[2857]

셋째, 각종 법률에 나오는 '성평등' 표현을 일괄적으로 '양성평등'으로 바꾸는 법률을 제정할 필요가 있다. 2023년 5월 기준 한국 법체계에서는 성평등 혹은 양성평등 단어가 들어간 법률들이 총 28개 존재한다. 이중 '성평등'이라는 단어가 포함된 법률들은 총 11개다.[2858] 이렇게 개념상 양립할 수 없는 단어들을 혼용함으로써 양성평등을 은밀히 해체하게 된다. 나아가 '일부일처제'나 그 전제인 '성별이 남자와 여자로 되어있다'라는 헌법적 가치를 차별·혐오로 간주한다. 2023년 5월경 발의된 관련 법률안은 헌법에 반하는 이런 문화혁명을 저지하는 효과가 있을 것이다. 이를 대표발의 한 국회 법제사법위원장 김도읍 의원이 말한다.

"헌법에 따르면 혼인과 가족생활은 개인의 존엄과 양성의 평등을 기초로 성립되고 유지되어야 하며, 국가는 이를 보장하도록 규정하고 있습니다.[2859] 하지만 헌법과 양성평등기본법에 '양성평등'을 규정하고 있음에도 불구하고 '성평등'이라는 표현을 일부 법률에서 사용하고 있어 해석에 혼란을 초래할 우려가 있습니다. 우리나라에서는 양성평등만 헌법에서 인정하고 있어 양성평등으로 일률적으로 법을 정비하자는 것입니다."[2860]

2018년 10월경 국정감사에서도 김도읍 국회의원은 국가인권정책 기본계획의 문제점을 지적한 바 있다.

"정부가 방송계에 성평등 교육을 실시하라고 하는 것은 '방송장악 보도지침'입니다.[2861] 성평등은 남녀 양성뿐만 아니라 동성애자, 트랜스젠더 등을 포함하는 것입니다. 이래서 양성평등과 성평등을 구분하고 있는 것입니다. '공무원, 방송관계자 등에 대해 성평등 관점이 반영된 교육을 실시하라', '방송사업자 및 관계자, 방송심의 모니터 요원 등을 대상으로 성평등을 교육하라'는 지침에 깜짝 놀라지 않을 수가 없습니다. 이 정부가 방송을 완전히 장악하고 있다는 반증입니다."

"양성이라 하면 헌법이든 법률이든 대한민국에서 남녀 문제입니다. 양성평등교육만 하라는 것입니다. 양성평등이라는 것은 생물학적으로 남녀를 이야기하는 것입니다. 법무부라는 데서 성평등 교육을 시키고 있는 아연실색케 하는 이런 현실은 좌시할 수 없습니다."[2862]

넷째, 인권조례를 폐지하거나 젠더 이데올로기를 확산하는 근거가 되는 용어들을 모두 삭제할 필요가 있다.[2863] 2014년 2월경 서울시교육청도 학생인권조례가 동성애를 부추긴다는 지적에 따라 '성적지향' 등을 삭제한 개정안을 서울시 의회에 제출한 바 있다.[2864] 학생인권조례는 공통적으로 '성별(사회적 성)', '성정체성', '성적지향' 등을 이유로 차별해서는 안 된다고 규정한다.[2865] 또 '차별받지 않을 권리'라는 명목으로 동성애자가 될 수 있는 권리 등을 명시한다.[2866] 그런데 국가인권위법이 인권조례 등의 모법 역할을 하면서 직접 강제성이 없는 외관을 띠는 것과 달리, 이를 따르는 인권조례 대부분은 직접 처벌과 강제성을 띤다.[2867] 교육감은 3년마다 동성애/성전환의 차별을 포괄적으로 금지하는 이런 학생인권조례에 근거해 학생인권종합계획을 수립·시행한다. 그 결과 동성애/성전환을 확산하는 학생인권종합계획이 만들어진다. 학생인권조례가 '교육영역에서의 차별금지법'이라고 불리는 이유다.[2868]

이를 바탕으로 시행되는 인권교육은 아동들에게 자신이 반대 성일 수 있다는 의문을 갖게 만든다.[2869] 그리고 앞서 본 대로 동성애-에이즈의 연관성을 알린 선생은 징계를 받게 된다.[2870] 학교 현장에서 동성애/성전환을 미화할 뿐, 그 부정적인 면을 알릴 수 없게 해 학생들이 경각심을 갖지 못한다.[2871] 동성애/성전환의 차별금지를 내세워 교육영역에서도 젠더 이데올로기 정책을 실현하는 것이다.[2872] 이렇게 아이들을 희생해 양성평등을 기초로 한 사회체제를 해체하게 된다.[2873] 게다가 인권교육은 가정해체 사상까지 아이들에게 주입해 혼인과 출산을 감소시킨다.[2874] 이것은 수백조 원이 투입되는 한국의 출산 장려 정책까지 저해한다는 지적이 나온다.[2875]

국가인권위는 전국 각 지방자치단체에 인권조례 제정을 권고해 인권교육이 시행되도록 했다.[2876] 2010년부터 시작된 인권교육은 이미 뿌리를 굳게 내렸다.[2877] 이로 인한 판도라 상자를 닫기 위해서는 인권조례 폐지 외에 인권조례의 모법인 국가인권위법 제2조 3호의 '성적지향'을 삭제하고,[2878] 미국 플로리다주에서 시행되는 부모권리법의 제정을 고려할 수 있다.[2879] 그리고 정보를 차단당해 생명을 잃는 청소년들을 위해 2000년 이전처럼 교과서에 동성애와 에이즈의 관련성을 수록할 필요도 있다.[2880] 이런 정보를 기반으로 자신의 행동을 선택할 수 있어야 학생들의 자기운명결정권이 보장되기 때문이다.[2881] 그리고 가정을 해체하는 가치관 교육을 폐기함으로써 인구감소로 인한 '국가 소멸'을 막는 첫 단추가 될 것으로 기대된다.[2882]

다섯째, 발의된 포괄적 차별금지법이 통과되지 못하도록 해야 한다. 차별문제를 개선하기 위해서라면 포괄적 차별금지법이 아니라 개별적 차별금지법을 보완해야 할 것이다.[2883] 포괄적 차별금지법의 이질적인 법체계가 남용되면 헌법적 가치가 무력화되기 때문이다.[2884] 특히, 동성애/성전환 확산정책에서 파생되는 사회

적 병리현상과 아이들에게 끼치는 해악에 대해 사회적 논의나 검증을 가로막는다.[2885]

앞서 언급한 사례들을 보면 이미 한국에서도 이런 환경이 조성되고 있다. 예컨대, 서울시장 후보자 당시 안철수는 퀴어축제가 아이들에게 미치는 영향에 대한 시민의 우려를 전달했다. 그러나 국가인권위는 이를 '혐오 표현'으로 결정했다.[2886] 서울시청 공무원들도 퀴어축제가 현행법을 위반한다고 성명서를 냈는데 '혐오 표현' 결정을 내렸다.[2887] 한국 총신대의 이상원 교수는 동성애 항문성교에 대한 의학적·과학적 사실을 수업 중 강의했다가 교육부의 압력으로 비정상적인 징계 절차를 거쳐 교수 해임까지 의결됐다.[2888] 의학 교과서에 있는 내용을 강의했을 뿐인데 성희롱 프레임을 쓰고 해임된 것이다.[2889] 나중에 그 해임의 부당성이 밝혀졌다.[2890] 젠더 이데올로기에 불리하면 아이들을 걱정하는 시민의 의사나 이를 전달하는 정치인의 표현도, 현행법 위반을 지적하는 공무원의 표현도, 대학 내 학문적 표현의 자유도 모두 차별과 혐오로 간주 되는 것이다. 차별금지법이 제정되면 이런 현상은 극단적으로 강화된다.[2891] 그리고 차별금지법을 따를 수밖에 없는 모든 국가기관과 법 제도도 젠더 이데올로기에 불리한 표현을 하면 제재를 가하게 된다.[2892] 아이들에게 미치는 해악을 표현하면 사회적으로 매장당하는 제도적 환경이 조성되는 것이다.[2893] 이것은 자녀를 보호하고자 하는 부모도 예외가 아니다.[2894]

나아가 한국에서는 남용되기 쉬운 차별금지법을 굳이 제정할 이유도 찾기 어렵다. 왜냐하면, 한국 사회에서는 LGBT 차별로 이어지는 혐오 표현 자체를 개념적으로 인정할 수 없기 때문이다. 젠더 추종자들도 차별금지법이 규제하는 혐오 표현으로 인정하기 위해 일정한 요건을 요구한다. 즉, 특정 집단이 차별받아온 '과거'와 차별받고 있는 '현재'와 차별받을 가능성이 있는 '미래'라는 맥락이 있어야 한다고 말한다.[2895] 따라서 각국이 처한 현실이나 역사에 따라서 특정 집단에 대한 혐오 표현의 인정 여부가 달라지는 것이다. 그런데 서구사회와 달리,[2896] 한국 사회에서는 LGBT 집단이 핍박받고 차별받아온 역사가 없다.[2897] 오히려 한국 시민들이 노후 대비조차 버거워하는 상황 속에서 HIV 치료비 전액을 부담해온 역사가 있을 뿐이다.[2898] 그 치료비 대부분은 LGBT가 수령한다. 이것은 차별이 아닌 배려의 역사인 것이다. 이런 시민들을 잠재적 혐오자로 모는 것은 가당치 않다.

또한, 게이에 대한 사회적 차별이 없다는 사실은 국가인권위의 통계로도 나타난다. '2016년 12월 기준 차별행위 접수 사건처리 현황'을 보면, 차별행위 진정사건은 15년(2001~2016년) 동안 총 23,407건에 이른다. 이 중 성적지향에 따른 차별행위로 접수된 진정사건은 총 81건으로서 전체 차별행위 진정사건 중 0.3%에 불과하다. 이 중 11건에 대해서만 권고 결정이 내려졌다.[2899] 그러나 명확하거나 심각한 차별행위가 발생했을 때 국가인권위가 내리는 수사 의뢰나 조정, 고발 및 징계 권고 결정은 단 1건도 없었다.[2900] 2017년과 2018년도 마찬가지다.[2901] 이런 통계자료는 성적지향에 따른 사회적 차별이 실증적 근거는 물론 실체도 없다는 사실을 확인해 준다. 문화혁명 실현을 위해 만들어진 명분일 뿐이다. 그런데 게이의 높은 자살 시도율은 엄연한 현실이다.[2902] 왜 통계에서는 그 원인이 드러나지 않을까? 게이 커뮤니티의 구조적 차별 등 내재적 원인에 대해서는 국가인권위의 진정사건 접수처리가 불가능하기 때문이다. 게이의 정서적 장애를 유발하는 진짜 원인을 통계에 반영할 수 없는 것이다.

충남대 법대의 명재진 교수가 말한다.

"혐오 표현에 대한 규제의 직접 배경이 된 것은 제2차 세계대전에서 나치가 보여준 유대인에 대한 폭력과 살인의 선동표현과 메시지였습니다. 영국에서는 과거 종교와 성소수자에 대한 탄압이 있었고, 그 보상으로 평등법이 제정된 것입니다. 이처럼 대부분 개인이 아닌 집단에 대한 증오적 발언이 대부분입니다. 혐오 표현을 규제하는 국가는 대부분 특정 집단에 대한 혐오가 장기간에 걸쳐 사회 전반에 깊숙이 침투돼 있던 곳들입니다. 한국에서는 특정 집단에 대한 혐오·차별이라는 사회적 관습이나 제도화가 거의 없었기 때문에, 표현의 자유를 전방위적으로 제한·규제하는 시도는 정당성이 없습니다."[2903]

이처럼 혐오 표현/증오범죄에 대한 문화적·역사적 배경이 다름에도 불구하고,[2904] 서구사회의 차별금지법을 한국의 제도에 기계적으로 대입할 이유가 없다. LGBT 집단에 특혜를 주고 결과적으로 다른 사회적 약자들을 역차별하는 것은 사회통합에도 저해 요인이 될 뿐이다.

여섯째, 인권교육에 반대하는 부모들의 목소리가 필요하다.[2905] 현재 인권교육의 반대는 주로 기독교계 목소리에서 나온다.[2906] 왜냐하면, 젠더 이데올로기의 사상적 뿌리가 '교회 해체'를 지향하면서 종교의 자유를 침해하기 때문이다.[2907] 특히, 사람을 남자와 여자로 창조했다는 성경은 수많은 성별이 있다는 사회적 성과 상충되기 때문에 불법적인 금서가 된다.[2908]

그러나 인권교육의 반대는 기독교계 목소리만으로는 한계가 있다. 왜냐하면, 이미 오랜 기간 '조용한 혁명' 전략으로 젠더 이데올로기가 언론계, 교육계, 학계, 사법부, 정치 같은 권력과 사회 상부구조 기관들을 장악하며 진지를 구축했기 때문이다.[2909] 그리고 젠더 이데올로기를 주입하고 사상을 통제하는 인권교육이 아이들과 공무원들을 대상으로 오랫동안 진행되어 왔다.[2910] 그 재정으로 하루에 1천억 원 이상이 소요된다.[2911] 심지어 젠더 이데올로기 정책은 표현, 언론, 학문, 사상의 자유를 무력화시키기 때문에 사회적 병리현상에 대한 시민사회의 자기교정 기능이 작동할 수 없게 만든다.[2912] 젠더 이데올로기의 진지가 나날이 더 단단하고 공고해질 수밖에 없는 것이다.

젠더 이데올로기 정책의 사상적 뿌리를 보면 기존 사회체제를 해체하는 수단으로 아이들을 주요 공략 대상으로 삼는다.[2913] 사회적 성을 강제로 주입 당해 삶이 파괴되는 아이들의 숫자가 날이 갈수록 급증할 수밖에 없는 것이다.[2914] 미국처럼 동성 성행위를 하는 청소년이 5명 중 1명으로 폭증하는 것도 시간문제가 될 수 있다.[2915] 이런 통계를 분석하면, 내 아이가 사회적 성에 빠질 확률이 20%인 셈이다. 그리고 성정체성 혼란으로 자살을 시도하는 자녀도 급증할 것이다.[2916] 그런데 차별금지법이 제정되면 관련 토론조차 불법이 되고 사회적 매장을 각오해야 이런 문제를 지적할 수 있게 된다.

그렇다면 젠더 이데올로기로부터 우리 아이들을 어떻게 지킬 수 있을까? 페루에서는 150만 명 이상의 시민들이 "내 아이들을 건드리지 마!"(Don't mess with my kids!)라는 구호 아래 반대 시위를 했다.[2917] 그 결과 자녀들에게 사회적 성을 주입하는 인권교육을 퇴출시켰다.[2918] 콜롬비아, 아르헨티나, 파나마 수도, 푸에르토리코에서도 젠더 이데올로기로부터 자녀를 지키려는 부모들의 대규모 시위가 일어났다.[2919] 자녀를 보호하려는 부모들의 목소리가 한데 모아져야 비로소 "내 아이, 꼭 지켜줄게"라고 말할 수 있을 것이다.[2920]

에.필.로.그.

아이들을 지키는 목소리를 한데 모아...

"형님, 내용 잘 봤습니다. 그런데 동성애 이슈나 이런 부분은 언론에서 손대기가 좀 애매합니다. 워낙 논쟁적인 주제라서 그렇고요. 제 생각에 국민일보 같은 기독교 재단 신문은 충분히 책과 관련한 기사화나 인터뷰 등이 가능할 것 같습니다. 그쪽으로 혹시 기사화를 원하시면 한 번 제가 알아보고 말씀드리겠습니다."

모 신문사의 기자인 대학 후배가 저자에게 보낸 메시지다. 후배에게 아이들을 보호하기 위한 취지를 설명했다. 그러나 동성애/성전환이 우리 아이들에게 끼치는 사회적 병리현상이 아무리 심각하더라도, 언론 대다수는 이를 다룰 수 없다. 바로 인권보도준칙 때문이다. 언론의 사각지대에서 우리 아이들의 삶이 파괴되더라도 외면할 수밖에 없는 것이다. 게다가 이 상황마저 급속도로 나빠지고 있다.

2023년 4월 27일 한국인터넷자율정책기구(KISO)는 '혐오 표현 자율정책 가이드라인'을 발표했다. 그 내용은 "특정 집단이 혐오 표현으로 인해 차별, 배제되지 않도록 피해 예방 및 구제를 하여, 표현의 자유가 존중되는 건강한 인터넷 문화를 조성한다"는 것이다. 이 '혐오 표현'에 '성적지향'도 새로 추가했다. 그런데 이런 결정을 한 KISO의 정책위원 8명 중 3명이 국가인권위 소속이다. 언론을 통제하는 인권보도준칙을 강화하는 조치라는 지적이다. 이제는 언론의 기사나 방송뿐만 아니라, 일반 시민의 블로그, 카페, 뉴스 댓글 등 온라인의 수많은 공간에서도 젠더 이데올로기에 거슬리는 표현이 검열·삭제될 우려가 있는 것이다. 이 발표 직후인 2023년 5월 2일 젠더 이데올로기에 반대 목소리를 내던 사람의 카카오톡과 이메일 계정이 영구 정지됐다.

목소리 차단은 언론과 인터넷뿐만 아니라 사회 전 영역에서도 이루어진다. 다음 사례들을 보면 한국의 현주소를 가늠할 수 있다.

총신대 교수가 수업 중 동성애에 대한 의학적·과학적 사실을 강의했다가 비정상적인 징계 절차를 거쳐 교수직 해임까지 의결됐다. 의학 교과서에 있는 내용을 대학에서 강의해도 젠더 이데올로기에 거슬리면 교수직에서 해임되는 실정이다. 가장 보수적인 신학교 중 하나인 총신대에서조차 이런 일이 벌어졌다면, 이를 지켜본 다른 대학은 물론 사회 어느 곳에서도 젠더 이데올로기의 폐해를 지적할 수 없게 된다.

서울시장 후보 토론회에서 안철수는 아이들 걱정으로 '서울광장에서 퀴어축제를 개최하는 것은 부적절하다'라는 시민의 우려를 전달했다. 그러나 국가인권위로부터 '혐오 표현' 결정을 받았다. 아이들을 보호하기 위한 취지더라도 젠더 이데올로기에 거슬리는 사회적 논의나 토론은 시민의 의사를 대변하는 정치인에게조차 허용되지 않는 것이다.

다른 국가들과 달리, 한국의 보건당국은 2011년부터 '남성 간 동성애가 에이즈의 주요 감염경로라는 사실'을 시민들에게 알리지 않고 있다. 이런 정보 차단 정책의 시작은 2011년부터 시행된 인권보도준칙의 제정 시점과 일치한다. 정부 통계를 보면, 한국 청소년의 70%가 에이즈 전파경로를 모르는 것으로 나타난다. 세계적인 추세와 달리, 한국 청년층에서 에이즈가 급증하고 있으며 외국보다 치료의 기회와 생명을 잃는 비율이 훨씬 높은 이유다. 한국 보건당국은 한국 에이즈 사망자의 거의 절반(45%)이 HIV 감염진단 후 6개월 이내에 사망한다고 보고한다. 알 권리를 차단당한 우리 아이들이 생명을 잃고 있는 것이다.

젠더 이데올로기의 최상위법인 '차별금지법'과 사회적 성을 세뇌하는 '인권교육'이 우리 아이들에게 미치는 해악적 영향력은 통계를 통해 가시화됐다. 그러나 동성애/성전환의 사회적 병리현상에 대해서는 그 논의·검증·비판이 금지된다. 젠더 이데올로기에 불리한 표현을 그물망처럼 규제하는 차별금지법과 젠더 이데올로기 정책이 이를 용인하지 않기 때문이다.

또한, 모든 법 제도와 국가기관이 젠더 이데올로기에 복종하는 메커니즘도 작동한다. 모든 공권력이 젠더 이데올로기의 실현을 위해 작동하는 것이다. 그래서 젠더 이데올로기 정책은 견제 없이 계속 진화한다. 표현의 자유를 제한하는 것으로 시작해 젠더 이데올로기 유불리에 따라 극단적인 이중잣대가 적용된다. 그리고 시민의 사상을 통제하는 단계를 거쳐 생각 범죄까지 형사처벌하는 영역으로 나아간다.

편향된 정치이념인 젠더 이데올로기 앞에서 헌법적 가치나 인권은 시민 개인을 보호할 수 없게 된다. 이 '시민 개인'에는 '부모'도 포함된다. 왜냐하면, 동성애/성전환으로부터 자녀를 보호하려는 부모의 목소리도 젠더 이데올로기에 반대하는 표현으로 간주하기 때문이다. 그리고 앞서 언급했듯, 젠더 이데올로기에 동조하지 않는 부모 목소리도 법 제도적으로 차단당한다. 게다가 젠더 이데올로기 정책이 진화하면서, 자녀를 보호하려는 부모는 아동학대 프레임에 씌워 양육권이 박탈되고, 감옥에 수감되며, 직장에서 해고되는 사례들이 점점 늘고 있다. 개인인 부모가 젠더 이데올로기에 복종하는 공권력에 맞서서 자녀를 보호하기 위해서는 무슨 일이 일어나는지 알릴 수 있어야 한다. 언론의 자유가 필요한 것이다. 그러나 젠더 이데올로기 정책은 이것부터 차단한다.

편향된 정치이념을 위해 우리 아이들만 희생되는 것이 아니다. 젠더 이데올로기 정책은 '여성 인권'과 '국가안보'도 후퇴시킨다. 성전환 수술을 하지 않은 생물학적 남성(트랜스젠더)이 여성 화장실·여탕·탈의실에 출입하거나 군대를 회피할 수 있게 된다. 사회적 성이 악용되는 사례도 급증하는데, 통계상 여성은 성범죄에 더 취약해진다. 그리고 '병역의무의 공평한 부담'이 훼손되면서 의무징병제에 바탕을 둔 병역제도의 근간까지 흔들릴 수 있다.

군대에서는 동성애 성폭행의 95%가 신고되지 않고 은폐된다. 그럼에도 '군대 내 동성애 합법화'를 위해 국가인권위와 사법부가 연계해 실질적 입법행위를 한다는 비판을 받는다. 이로 인해 후임병 성폭행과 에이즈가 폭증할 수 있다는 우려가 잇따른다. 북한과의 갈등으로 국가안보가 중요한 이 시점에 군 전투력 손실 문제도 심각해질 수 있다.

젠더 이데올로기는 생물학적 성별을 해체한다. 성별을 남자와 여자로 구분하면 혐오·차별이 된다. 여성 전용공간을 함께 쓰는 생물학적 남성 앞에서 수치심을 감내하는 것이 여성의 '배려'이고 '인권'이라고 한다. 여성이 이에 항의하는 것 역시 '혐오'이고 '차별'이 된다. 심지어 증오범죄로 간주되어 해고 등 각종 불이익을 받을 가능성이 크다. 민형사상 소송도 잇따른다. 2023년 5월경 성전환 수술하지 않은 미국 트랜스젠더가 여성들의 항의로 요가 학원에서 여성 탈의실 사용을 제지당하자, 66억 원 상당의 소송을 제기해 논란이 되고 있다.

한국의 존립을 가장 위협하는 '인구절벽' 문제도 악화시킨다. 왜냐하면, 출산의 기반인 가정을 해체하고 인권교육으로 아이들에게 그런 가치관을 주입하기 때문이다. 이것은 청년세대가 결혼과 출산을 꺼리는 가치관적 문제를 만드는 주요 원인 중 하나가 된다. 젠더 이데올로기 정책이 국가 소멸을 막으려는 출산 장려 정책까지 저해하는 것이다.

그렇다면 아이들의 삶을 파괴하고 한국의 존립을 위협하는 이 판도라 상자를 어떻게 닫을 수 있을까? 이를 위해 기독교계가 목소리를 내고 있다. 젠더 이데올로기는 성경을 불법화하기 때문이다. 그러나 젠더 이데올로기 실현을 위해 언론이 통제되고, 사상 통제를 위해 하루 천억 원 이상 혈세를 쏟아붓는 상황에서 한계가 있다고 보인다. 방법은 하나라고 생각된다. 자녀를 보호하려는 부모들의 목소리가 한데 모아져야 한다. 페루에서는 150만 명 이상의 시민들이 "내 아이들을 건드리지 마!"(Don't mess with my kids!)라는 구호 아래 젠더 이데올로기 반대 시위를 했다. 그 결과 자녀들에게 사회적 성을 주입하는 인권교육을 퇴출시켰다.

차별금지법이 제정된다면 지금 우리가 당연시하던 자유가 사라지게 된다. 근본적 인권이 침탈되지 않도록 바짝 경계하지 않으면 젠더 이데올로기에 복종하는 국가 정책이 어디까지 진화할지 알 수 없다. 자녀를 보호할 수 있는 인권도 젠더 이데올로기 앞에서 유명무실해진다. 특히, 언론이나 인터넷을 통해 목소리를 낼 수 있어야 하는데, 그 통로가 속속 차단되고 있다.

골든타임이 지나가면 사회적 매장을 각오해야 비로소 자녀를 지키는 목소리를 낼 수 있다. 그럼에도 비난 여론을 비롯한 사회적 파장이 없다면 실패할 가능성이 크다. 젠더 이데올로기에 의해 언론과 인터넷이 한꺼번에 통제되는 상황이라면 더더욱 그렇다. 개인이 공권력에 홀로 맞설 수 없기 때문이다. 더 늦기 전에 우리 아이들을 지키는 목소리들을 한데 모을 수 있도록 이 책이 기여했으면 좋겠다.